FINNLAND
HELSINKI
OSLO
ST. PETERBURG
SCHWEDEN
STOCKHOLM
REVAL
ESTLAND
GÖTEBORG
LETTLAND
RIGA
MOSKAU
ÅRHUS
KOPENHAGEN
MALMÖ
RUSSLAND
O S T S E E
LITAUEN
KIEL
ROSTOCK
LÜBECK
MINSK
WEISSRUSSLAND
BERLIN
WARSCHAU
P O L E N
LEIPZIG
DRESDEN
LÓDŹ
CHARKOW
KIEW
PRAG
KRAKAU
LEMBERG
TSCHECHIEN
UKRAINE
BRÜNN
SLOWAKEI
LINZ
WIEN
PRESSBURG
SALZBURG
EBBS
ÖSTERREICH
BUDAPEST
MOLDAWIEN
GRAZ
KISCHINEW
KLAGENFURT
U N G A R N
ODESSA
SLOWENIEN
TRIEST
ZAGREB
R U M Ä N I E N
VENEDIG
RIJEKA
KROATIEN
BOSNIEN UND HERZEGOWINA
BELGRAD
BUKAREST
KONSTANZA
SCHWARZES
SARAJEVO
A D R I A
SPLIT
JUGOSLAWIEN
ANCONA
MEER
B U L G A R I E N
SOFIA
PLOWDIW
SKOPJE
ISTANBUL
TIRANA
MAKEDONIEN
NEAPEL
ALBANIEN
SALONIKI
ANKARA
GRIECHENLAND
T Ü R K E I
I T A L I E N

Das Brandzeichen des Haflingers (Hauptstammbuch): Symbol einer züchterisch konsolidierten und weltweit verbreiteten Pferderasse.

Otto Schweisgut

Haflinger

Ursprung

Zucht und Haltung

Pferde

Weltweite Verbreitung

BLV

Die deutsche Bibliothek-
CIP-Einheitsaufnahme

Haflinger-Pferde : Ursprung, Zucht und Haltung, weltweite Verbreitung / Otto Schweisgut. – 4., völlig überarb. u. erw. Aufl., Neuausg. – München : Wien : Zürich : BLV, 1995

ISBN 3-405-14559-7

NE: Schweisgut, Otto

BLV Verlagsgesellschaft
München Wien Zürich
80797 München

Vierte, völlig überarbeitete und erweiterte Auflage, Neuausgabe

Umschlagfotos: Archiv Fohlenhof Ebbs
Umschlaggestaltung: Network, München

Satz: Appl, Wemding,
Ludwig Auer, Donauwörth
Druck: Appl, Wemding
Bindung: Sellier, Freising

Printed in Germany · ISBN 3-405-14559-7

Inhalt

Vorwort

Ein trockener, edler Kopf dürfte nicht nur beim Haflinger Pferd, sondern bei jeder Rasse erwünscht sein.

Die Vorderpferde einer Dreier-Fahrschule vom Sattel mit Gestütspferden des Fohlenhofes Ebbs.

Der Grundstein für die weltweite Verbreitung der Haflinger-Rasse wurde im Jahr 1945/46 mit dem Aufbau des Hochzuchtlandes Tirol gelegt, dessen erstes Zuchtbuch schon im Jahr 1926 angelegt werden konnte. Die Führung dieses Zuchtgebietes nach dem Muster eines Gestütsbetriebes hat den Siegeszug des Haflingers ermöglicht, den Weg zur Entwicklung als Weltpferderasse geebnet.

Die herausragenden Anlagen der Haflinger-Rasse durfte ich schon in meiner frühesten Jugend, meiner Lehrzeit und vor allem während des Kriegsdienstes erfahren. Die Widerstandsfähigkeit, Leistungsbereitschaft, Lernfähigkeit, Gesundheit und die Charakterstärke der Haflinger-Rasse hielt jedem Vergleich mit anderen Pferderassen stand, ja haben mich davon überzeugt, daß eine Förderung dieser Rasse zum Lebenswerk werden könnte. Die Haflinger-Rasse durch gezielte Zuchtarbeit noch weiter zu verbessern, die Population zu vergrößern, wurde schließlich zum festen Vorsatz. Natürlich konnte ich damals noch nicht ahnen, daß die Entwicklung des Haflingers so rasch und so erfolgreich hin zu einer Weltpferderasse führen würde.

Über Jahrhunderte, bis in das 20. Jahrhundert hinein, diente das Pferd mit seiner Zug- und Tragkraft in der Wirtschaft und in der Landwirtschaft und war für Soldaten Kriegskamerad. Die Technisierung und Motorisierung haben dem Pferd im 20. Jahrhundert vorerst mehr und mehr seinen Lebensraum eingeengt. Doch schließlich konnte dem Pferd gerade durch diese Entwicklung eine neue Daseinsberechtigung geschaffen werden. Die ständig wachsende Freizeit, das Bedürfnis der Menschen, wieder zurück zur Natur zu finden, haben dem Pferd und ganz besonders den Freizeitpferderassen, zu denen auch der Haflinger zählt, ein neues Aufgabengebiet geschaffen. Der Umgang mit dem Pferd verlangt Autorität, Verständnis, Selbstdisziplin, Güte und Einfühlungsvermögen. Reiten und Fahren bedeuten somit nicht nur Sport, sondern tragen auch, speziell bei Jugendlichen, zum Formen der Persönlichkeit bei. Der Haflinger mit all seinen positiven Eigenschaften als unkompliziertes Familienpferd konnte diesem Trend der Zeit voll gerecht werden. Das Ansteigen der Haflinger-Bestandszahlen weltweit auf ca. eine Viertelmillion spricht für sich. Die Erhaltung der Rasse in Reinzucht mit all ihren positiven rassetypischen Eigenschaften darf wohl zweifelsohne dem Hochzuchtland Tirol zugesprochen werden.

Die Zuchtgrundlage im Haflinger Pferdezuchtverband Tirol lag im Jahr 1945 noch bei 1000 Zuchtstuten. Das Ziel war vorerst, den Bestand auf ca. 2000 Zuchtstuten bei ca. 1500 gedeckten, eingetragenen Stuten anzuheben, um greifende Selektionsmaßnahmen durchführen zu können. Diese Zuchtgrundlage bot dann die Möglichkeit für eine gezielte Zuchtarbeit bei konsequenter Reinzucht, strenger Vatertierauswahl und interner Selektion. Die generelle Qualitätsverbesserung der Rasse wurde angestrebt. Ein Zurückführen der Rasse hin zu jenem Stockmaß, welches die Haflinger-Rasse bei ihrer Entdeckung bereits aufwies, nämlich zwischen 140 und 150 cm, wurde zu einem weiteren Ziel. Leider war dieser Weg der Anhebung des Größenmaßes mit weit größeren Schwierigkeiten verbunden als vorauszusehen war und ist nur mit ganz kleinen Fortschritten von Generation zu Generation zu erreichen gewesen. Die Errichtung des eigenen Hengsteaufzuchthofes, die genaue Kontrolle aller Nachzuchtprodukte, das Finden und Bestätigen von guten Hengstmutterlinien waren nur einige Hauptaugenmerke, die verfolgt wurden. Der Haflinger Pferdezuchtverband Tirol bemühte sich auch ganz besonders um den Ausbau und die Erhaltung aller 7 in der Haflinger-Zucht vorhandenen Hengstlinien. Ganz speziell der Aufbau der A-Linie, allein aus dem 21jährigen Hengst Anselmo hin zur Spitzenblutlinie der Haflinger-Rasse, bedarf einer besonderen Erwähnung. Auch die Blutlinien B und S konnten ab dem Jahr 1965 in Tirol ausgebaut und erhalten werden.

Das Haflinger-Gestüt Fohlenhof Ebbs schließlich hat für die Haflinger-Züchter Tirols eine Multifunktion übernommen. Als Hengsteaufzuchthof, Deckstation, Gestüt, Ausbildungs- und Absatzzentrale, Veranstaltungsort und Ferienziel genießt dieses Gestüt Weltruf. Als Mekka der Haflinger-Züchter bezeichnet, wird der Fohlenhof Ebbs auch jährlich anläßlich der Auktion

zum internationalen Treffpunkt für tausende Haflinger-Züchter aus aller Welt. Vielleicht drückt der Ausspruch des Schaukritikleiters anläßlich der 1. Haflinger-Weltausstellung am besten aus, was die Tiroler Zuchtgrundlage und Ebbs für die internationale Haflinger-Zucht bedeuten. »Es ist klar, daß jede Rasse sozusagen ein Vollblut braucht, soll es um das Einbringen neuer Gene im Sinne der Modernisierung oder um die Konsolidierung der vorhandenen genetischen Basis gehen. Wir können ruhig sagen, daß das, was für die weltweite Vollblutzucht die Zucht des Vollblüters in England mit Newmarket bedeutet, bleibt für die Haflinger-Zucht auf der ganzen Welt die Tiroler Haflinger-Population mit Ebbs.« Mein größtes Anliegen war und ist es, daß die Haflinger-Rasse nicht nur quantitativ ständig wächst, sondern auch qualitativ in allen Teilen der Erde weiterhin eine kontinuierliche Verbesserung erfährt. Möge der lose Zusammenschluß im Rahmen der Welt-Haflinger-Vereinigung jener Haflinger-züchtenden Länder, die ihn in Reinzucht weiterführen, einen positiven Beitrag zu diesem Ziel leisten.
In mehr als 40 Staaten der Welt wird der Haflinger heute erfolgreich gezüchtet und vielseitig eingesetzt. Zahllose Menschen auf allen Kontinenten, unter verschiedensten klimatischen und geographischen Verhältnissen, sind vom Haflinger begeistert und werden es auch in Zukunft sein, sofern die rassetypischen Merkmale des Haflingers erhalten bleiben, wofür die züchterische Arbeit einer jeden einzelnen Haflinger-Zuchtorganisation der Welt die Bausteine liefert. Die Weiterführung der Rasse in Reinzucht wird vom überwiegenden Teil der Haflinger-züchtenden Staaten befolgt und wie sich im Laufe des letzten Jahrzehntes gezeigt hat, auch gezielt verfolgt. Die großartige Entwicklung der Haflinger-Rasse zur Weltrasse ist auf die positiven Eigenschaften wie Leistung, Charakter, ansprechendes Erscheinungsbild und Widerstandsfähigkeit des reingezogenen Haflingers zurückzuführen – dies sollten wir nie außer acht lassen.

Dieses Buch soll dem Leser den Weg der Haflinger-Rasse vom stämmigen Bergpferd über das Universalpferd bis zum heute gesuchten Freizeitpferd schildern, einen oft steinigen Weg mit züchterischen und wirtschaftlichen Höhen und Tiefen.

Ein Einblick in die Zucht, Haltung, Verwendung und die heutige weltweite Verbreitung der Rasse wird dem Leser nahebringen, warum und wie diese Rasse den unwahrscheinlich raschen Aufstieg zur Weltrasse schaffen konnte.

Dieses Buch soll für Laien, Züchter und Hippologen Abschnitte enthalten; es möge auch dazu beitragen, dem Haflinger neue Freunde zu gewinnen.

Dieses Buch wird wohl die letzte von mir verfaßte aktualisierte Auflage sein. Es soll zur Verdeutlichung der Lage darauf eingegangen werden, welche Rolle dem Entstehungsgebiet und welche dem Hochzuchtland im Hinblick auf die Haflinger-Rasse zugeordnet werden muß.

Dieses Buch soll all jenen gewidmet sein, die mir im Laufe meiner Tätigkeit zur Seite gestanden sind, seien es nun Pioniere, Funktionäre oder Züchter. Ihnen gilt mein Dank, ohne gemeinsames Wollen wäre ein Erfolg nicht möglich gewesen. Danken möchte ich auch meiner Familie, meiner Frau und meinen Kindern, die viel persönlichen Einsatz für die Haflinger-Rasse geleistet haben. Meiner Tochter möchte ich für ihre große Mühe bei der Erarbeitung des Buches danken. Besonders hervorheben möchte ich auch meinen jüngeren Sohn, der seit nunmehr 10 Jahren erfolgreich als Zuchtleiter tätig ist. Unter seiner Führung konnte die Haflinger-Zucht im Hinblick auf die Qualität und Wirtschaftlichkeit nochmals um einige Stufen dazugewinnen. Bei mir löst dies Beruhigung, Zufriedenheit und Freude aus. Möge auch mein Sohn Hannes noch über Jahrzehnte die gleiche Schaffenskraft haben – zum Wohl der Rasse und deren Züchter.

Otto Schweisgut

Der Autor

Ing. Otto Schweisgut, Jahrgang 1920, hat als international anerkannter Hippologe die Geschichte der Haflinger-Zucht nach dem Zweiten Weltkrieg geprägt.

Seine umfassende züchterische Erfahrung mit dem Haflinger Pferd und sein berufliches sowie persönliches Wirken für diese so beliebte Pferderasse sind einmalig. Wenn heute in über 40 Staaten der Welt und auf allen Kontinenten Haflinger Pferde gezüchtet werden, so ist das wesentlich sein Verdienst.

Sein beruflicher Werdegang wird durch die Arbeit mit und für Haflinger Pferde bestimmt.

1945–1985
Geschäftsführer des Haflinger Pferdezuchtverbandes Tirol

1965–1986
Geschäftsführer der Arbeitsgemeinschaft der Haflingerzüchter Österreichs

1974–1989
Geschäftsführer der Zentralen Arbeitsgemeinschaft österreichischer Pferdezüchter

Seit 1976
Präsident der Welt-Haflinger-Vereinigung

Daß *Otto Schweisgut* im Laufe seiner mehr als 50jährigen Tätigkeit für die Haflinger-Zucht außerdem noch 5 Bücher über diese Pferderasse geschrieben sowie die erste Internationale Stammtafel für Haflinger-Hengste herausgegeben hat, beweist sein fachlich fundiertes Wissen. Das vorliegende Standardwerk ist das eindrucksvolle Ergebnis all seiner beruflichen Erfahrungen und seines persönlichen Wissens über Haflinger Pferde.

Tiroler Zuchtstuten im Frühsommer auf der Hochweide.

Alpung bedeutet für Jungpferde Abhärtung, Stärkung und Erholung.

Entstehung und Verbreitung

Historische Entwicklung der Rasse

Über die Frage, wie lange die Haflinger Pferderasse schon bestehe, vor allem wann sie ihren Anfang genommen habe, wurden schon viele Nachforschungen angestellt. Auch wurde versucht, durch Hypothesen eine Lösung für das Rätsel über die Abstammung der Rasse zu finden. Genaues ist uns, so wie auch bei den anderen Pferderassen, nicht bekannt.

Tirol, das mit Naturschönheiten reich gesegnete Land, im engeren Sinne Südtirol, südlich des Alpenhauptkammes gelegen, ist als Heimat des Haflingers anzusehen. Südtirol ging ja erst mit dem Friedensvertrag von St. Germain am 10. September 1919 von Österreich an Italien verloren. Als Entstehungsgebiet ist uns heute das Salten-Möltenplateau im Etschtal bekannt.

Wann das Salten-Möltenplateau besiedelt wurde, ist ebenfalls nicht nachzuweisen. Sicher reicht die Besiedlung dieses Gebietes jedoch in die vorgeschichtliche Zeit zurück, was prähistorische Funde in Jenesien und Mölten sowie der Fund keltischer Gräber in Rumsein beweisen. Dr. Leo Pretz führt in seiner Schrift über das Haflinger Pferd vom Jahr 1925 an, daß in diesem Gebiet schon sehr früh Pferdezucht vorgeherrscht haben muß, da in »Bestätigung alter Rechte vom neunten Hornung 1282« schon Pferde im Etschtal erwähnt sind.

In Schriften des späten Mittelalters wird bereits eine »kleine Gebirgspferderasse südlich der Alpen« angeführt. Eine kartographische Tafel aus jener Zeit zeigt, daß nördlich der Alpen das Kaltblutpferd beheimatet war, während südlich des Alpenhauptkammes ein leichter, dem orientalischen Pferd nahestehender Reit- und Wagenpferdetyp dominierte.

Im Jahr 1847 schrieb *Staffler* über die schwierige wirtschaftliche Lage der Südtiroler Berggemeinden: »*... vielfach sind die Gemeinden und Gehöfte nur auf sehr schlechten Saumpfaden erreichbar und nur die in dieser Gegend beheimateten, sehr beweglichen Saumpferde sind ohne größere Gefahren in der Lage, diese Wege zu begehen.*

Gemälde des Tiroler Malers Altmutter aus dem Jahr 1825 in der Innsbrucker Hofburg: Dieses Bild zeigt den ursprünglichen Einsatz der Vorfahren des heutigen Haflinger Pferdes im Tiroler Hochgebirge.

Dazu darf festgestellt werden, daß es naheliegend ist, daß in diesem geschlossenen, früher nur auf schmalen Gebirgspfaden zugänglichen Gebiet das Pferd seit jeher das wichtigste Verkehrs- und Beförderungsmittel war, um einerseits die Verbindung zwischen den oft weit auseinanderliegenden Gemeinden und Weilern herzustellen, und andererseits Handel und Wandel mit den Märkten im Tale, vor allem mit Bozen und Meran, zu ermöglichen ...«

Mehrere altösterreichische Hippologen, unter anderen auch Gassebner, bestätigten in Ausführungen, daß seit dem Mittelalter im Norden Tirols ursprünglich das Norische Pferd, im Süden ein leichter Pferdeschlag, meist mit orientalischer Blutmischung, heimisch waren. Dies läßt den Schluß zu, daß der Haflinger in seiner Entwicklung mehr vom orientalischen als vom Kaltblutpferd beeinflußt wurde.

In der Innsbrucker Hofburg befindet sich ein Gemälde aus dem Jahr 1825 des Tiroler Malers Altmutter aus Axams, einem Vorgänger Defreggers. Auf diesem Bild ist die Säumung über einen Bergpaß dargestellt. Ein Pferd trägt einen Reiter mit Tracht, die anderen sind schwer bepackt und werden gesäumt. Auf dem Bild erscheint das Reittier als ein sehr edles, kleines Pferd, bei dem besonders der trockene, schmale, fast überzüchtete Hechtkopf unverkennbar auf sein orientalisches Erbgut hinweist.

Der Import dieses orientalischen Blutes in der Pferdezucht kann zur Zeit der asiatischen Einfälle in Europa begonnen und sich dann, besonders während der weit über ein halbes Jahrtausend dauernden Zugehörigkeit Südtirols zu Österreich, fortgesetzt haben. Die Tiroler Adelsgeschlechter nahmen ja stets an Feldzügen gegen die Türken und an Kreuzzügen teil; sie brachten somit auch Beute mit nach Hause. Es scheint daher wohl sicher, daß in Österreich kein Mangel an orientalischen Pferden bestand.

Die Bewohner Südtirols haben aufgrund des großteils unwegsamen Geländes für ihre Zwecke ein leichtes, kleines Pferd dem großen, schweren vorgezogen. Mit dem Ausbau der Verkehrswege, besonders der Landstraße im Sarntal, kam dann wohl das Bedürfnis nach schwereren Pferden auf, was möglicherweise die Einkreuzung mit norischem Blut zur Folge hatte.
Dr. Leo Pretz versuchte durch Messungen nachzuweisen, daß Klima, Bodenbeschaffenheit und besonders die Haltung sich formverändernd auf das Pferd auswirken. Eine fast ausschließliche Verabreichung von Rauhfutter habe eine Verlängerung des Darmtraktes und somit eine Streckung der Mittelhand bewirkt. Die Gestaltung des Quadratformates und Hochrechteckformates der Blutpferde zum Langrechteckformat des Kaltblutes sei darauf zurückzuführen, betont Pretz.

Beginn geregelter Zucht

Heute wissen wir, daß die Haflinger-Rasse im Jahr 1874 in ein neues Stadium trat: mit der Geburt des Hengstes 249 FOLIE, Nachkomme des Halbblut-orientalen 133 EL'BEDAVI XXII (1868) und einer veredelten Landstute.

Die Nachkommen des 133 EL'BEDAVI XXII entsprachen für den Aufbau der Haflinger-Zucht. Die Abkömmlinge der Orientalen DAHOMAN, TAJAR und GIDRAN ließen jedoch bereits den eigentlichen Haflinger-Typ vermissen; die Versuche mit diesen Hengsten wurden daher nicht weiter fortgesetzt. Es ist folglich unwahrscheinlich, daß der Orientale allein dem Haflinger den Rassestempel aufgedrückt hat.

Seinen Namen hat der Haflinger von dem kleinen Ort Hafling bei Meran. Laut Überlieferungen dürfte der Name »Haflinger« jedoch noch nicht sehr alt sein.

Im Jahr 1874 wurde nicht nur der erste eingetragene Haflinger-Hengst, 249 FOLIE, in Schluderns, Südtirol, geboren und von Rochus Eberhöfer, dem bekannten Hengsthalter in Laas, entdeckt und zur Aufzucht eingestellt. Der damalige Besitzer der Fragsburg bei Meran, Graf Moritz von Leon, wurde auf diesen bemerkenswerten Pferdeschlag am Salten aufmerksam.

Die Tränke, das Zentrum alter Tiroler Bergdörfer.

Der Hengst Hafling auf der 1. Internationalen Haflinger-Schau in Innsbruck 1965 – typischer Vertreter der Südtiroler Haflinger-Zucht.

Im Jahre 1875 erreichte Graf Moritz von Leon eine kommissionelle Besichtigung dieses Pferdezuchtgebietes durch das K. und K.-Ackerbauministerium. Von diesem Zeitpunkt an kann man, abgesehen von kleinen Unterbrechungen, von einer Zucht dieser Rasse sprechen – die Hengste wurden fortlaufend registriert; der mütterlichen Seite schenkte man allerdings anfangs noch wenig Beachtung.

Im Laufe der Jahre bis 1895 wurden verschiedentlich prominente Persönlichkeiten beim österreichischen Ackerbauministerium vorstellig, um zu erwirken, daß dem leichten Pferdeschlag im südlichen Tirol mehr Beachtung geschenkt werde. Die Interventionen blieben jedoch zunächst noch ohne ausschlaggebenden Erfolg.

Der erste Pionier in der Geschichte der Haflinger-Zucht war Major Graf Huyn, 1852 in Wien geboren, 1897 bis 1906 Depotkommandant von Stadl-Paura, von 1906 bis 1910 Pferdezuchtinspektor in Wien. Als großem Freund der Alpenwelt lag ihm Tirol besonders am Herzen. Er betrachtete es deshalb als eine seiner ersten und vornehmsten Aufgaben, als Depotkommandant von Stadl der Pferderasse dieses Gebietes besonderes Augenmerk zu schenken.

Bildausschnitt vom Riesen-Rundgemälde »Schlacht am Bergisel bei Innsbruck am 13. August 1809« von Michael Zeno Diemer in Innsbruck. Auf diesem Bild sind zwei Vorfahren des heutigen Haflingers im Freiheitskampf der Tiroler unter Andreas Hofer abgebildet.

Nach einer eingehenden Besichtigungsreise im Jahre 1897 legte er dem Ackerbauministerium einen ausführlichen Bericht vor, in dem er das planlose und wilde Belegen der Pferde in Südtirol kritisierte. Er schlug vor, eine planmäßige Zucht aufzubauen, um den Fortbestand dieser für die Tiroler Bergbauern so enorm wichtigen Pferderasse zu gewährleisten. Diesem Bericht wurde Rechnung getragen und damit das Fundament für eine planvolle, organisierte Zucht gelegt, so wie wir sie heute betreiben.

Der Pferdefachmann Graf Huyn hat mit sicherem Griff unter dem Angebot an Hengstfohlen jene Tiere ausgewählt und zur Aufzucht nach Ossiach, Stadl und Piber überstellt, die für die heutige Zuchtrichtung der Haflinger-Rasse mittlerweile enorme Bedeutung erlangten. Es waren dies die Hengste 108 MÖLTEN, 32 CAMPI, 252/233 HAFLING, LIZ. 42 MANDL, 54 GENTER und 291 JENNER.

Leider ist es Major Graf Huyn nicht gelungen, die Aufstellung von Norikern im Sarntal ganz zu verhindern. Trotz diesbezüglicher Vorstellungen ordnete das Ackerbauministerium auf Anraten einflußreicher bäuerlicher Abgeordneter die Aufstellung von zwei Norikern im Sarntal an. Ein geschlossenes, einheitliches Zuchtgebiet für den Haflinger zu erreichen, wurde durch diese Maßnahme auf lange Zeit hinausgeschoben.

Bereits 1899 wurden die ersten Haflinger-Stuten in das Subventionsverhältnis des Staates in der Pferdezucht aufgenommen. Nach einer Besichtigung des Gebietes Grödental, Jenesien, Hafling, Kastelruth wurden die Qualitätsstuten für das Subventionsverhältnis ausgewählt.

Ein weiterer Schritt vorwärts konnte durch die Anordnung des Ackerbauministeriums, jährlich sechs bis zehn der besten Hengst- und Stutfohlen anzukaufen, erreicht werden. Die Hengstfohlen wurden auf dem Staatsfohlenhof Ossiach in Kärnten, im Sommer auf den hochgelegenen Almen des Staatsgestütes Piber, Steiermark, fachmännisch und hart aufgezogen. Mit vollendetem vierten Lebensjahr wurden die Junghengste, je nach Tauglichkeit, in das Hengstendepot Stadl-Paura, Oberösterreich, überstellt, wo sie ausgebildet und später als Landbeschäler auf die Stationen gestellt wurden.

Ansonsten wurden sie an die Armee als Tragtiere abgegeben. Die Staatsstuten wurden bis zu ihrem vollendeten dritten Lebensjahr am Tschaufenhof aufgezogen und dann an Züchter unentgeltlich abgegeben. Diesen Aufzeichnungen ist zu entnehmen, daß sich der Staat bis dahin intensiv für die Entwicklung der Haflinger-Zucht einsetzte.

Im Jahr 1904 wurde die erste Haflinger-Pferdezuchtgenossenschaft mit Sitz in Mölten gegründet, deren Sinn und Zweck die Verbesserung der Haflinger-Zucht im allgemeinen, insbesondere aber die Reinzucht des Haflingers und das Anlegen von Hengst- und Stutbüchern gewesen wäre. Leider wurden die nachstehend angeführten Zuchtförderungsbestimmungen zur damaligen Zeit nicht im wünschenswerten Rahmen erfüllt.

Zugwille und Geländegängigkeit waren und sind wesentliche Anforderungen des Bergbauern an den Haflinger.

Die Versorgung im Hochgebirge wird auch heute noch meist durch den Einsatz von Tragtieren gewährleistet. Der Haflinger beweist gerade hierbei seine Qualitäten: Gutmütigkeit, Trittsicherheit, Ruhe, Arbeitswille und Ehrgeiz.

Die Genossenschaft verankerte daher in ihren Satzungen, die auch heute noch Gültigkeit haben könnten, folgende Artikel, wodurch sie ihre Ziele zu erreichen versuchte:

□ *durch richtige und sorgfältige Zuchtwahl die Haflinger-Rasse reinzuhalten und aus sich selber zu verbessern und zu fördern;*

□ *durch die Einführung der Stut- und Hengstbücher, aus welchen die Abstammung der Tiere zu entnehmen ist;*

□ *durch Beschaffung nur reiner, lizenzierter Beschälhengste mit vorzüglichen Körperformen und Gängen sowie verläßlicher Abstammung;*

□ *durch Kontrolle und Beglaubigung der für die Eintragung in die Grundbücher gelieferten Angaben;*

□ *durch das Bestreben, die besten Mutterstuten der Genossenschaft zu erhalten;*

□ *durch Ausschalten der für Zuchtzwecke aus irgendeinem Grund der Genossenschaft nicht entsprechenden Tiere;*

□ *durch die Veranstaltung von Genossenschafts-Pferdeschauen und durch Beteiligung an größeren Pferde- und Tierschauen des In- und Auslandes;*

□ *durch das Erteilen von Auskunft an auswärtige Käufer, Führen von Listen verkäuflicher Pferde, durch redliche und anständige Werbung sowie durch Förderung des direkten Absatzes durch die Kennzeichnung der in das Grundbuch aufgenommenen Stuten und Hengste sowie der den Genossenschaftsmitgliedern gehörigen, reinrassigen Haflinger Pferde durch ein im Einvernehmen mit der Tiroler Zuchtkommission festgesetztes Brandzeichen;*

□ *durch Belehrung über Zucht, Aufzucht und Haltung von Zuchttieren.*

Als Brandzeichen wurde folgendes Zeichen gewählt und auf der linken Hinterbacke des Pferdes eingebrannt:

Das Ackerbauministerium stellte beträchtliche Subventionen zur Verfügung. Von Beginn an wurde auf die Alpung der Pferde großer Wert gelegt, wobei für jedes gealpte Pferd eine Prämie ausgezahlt wurde. Des weiteren bedachte der Staat die alljährlichen von der Genossenschaft abgehaltenen Prämierungen reichlich mit Geld- und Medaillenpreisen. Daraus ist ersichtlich, in welchem Ausmaß das K. und K.-Ackerbauministerium die Haflinger-Zucht unterstützte.

Züchter dieses Gebietes, die sehr hart um ihre Existenz ringen mußten, machten jedoch den Fehler, daß sie oft das beste Zuchtmaterial abverkauften. Das K. und K.-Ackerbauministerium versuchte, diesem Übel durch langfristige Subventionsverträge zwischen Staat und Züchter abzuhelfen.

Hengstnachzuchtsammlung – Instrument zur Prüfung der Erbqualität eines Zuchthengstes. Im Bild die Hengstnachzuchtsammlung nach dem Hengst Maat.

Der Altbauer mit seinem verläßlichen Gespann.

Die Haflinger-Zucht konnte durch diese Hilfsmaßnahmen in dieser Zeit eine erfreuliche Entwicklung verzeichnen und begann sich bereits Ende des 19. Jahrhunderts auszubreiten. Wohlhabende Großgrundbesitzer in Österreich richteten sich Haflinger-Zuchten ein, so beispielsweise die Liechtensteinschen, die Kruppschen und die Kuppelwieserschen Gutsverwaltungen.

Längst hatte der Haflinger auch in Nordtirol Fuß gefaßt. Die drahtigen, wendigen Haflinger wurden auf den Pferdemärkten Südtirols von den Nordtirolern gerne gekauft, besonders von den Bewohnern der südlich verlaufenden Hochtäler Nordtirols wie des Ötztales, aber auch des oberen Inntales und des Wipptales. Diese Täler hatten aufgrund der schlechten Straßenverhältnisse einen weit größeren wirtschaftlichen Anschluß an Südtirol.

Trennung von Nordtirol und Südtirol:

Folgen für die Haflinger-Zucht

Mit dem Ausbruch des Ersten Weltkrieges im Jahr 1914 nahm das erfolgreiche Beginnen der Haflinger-Zucht ein jähes Ende. Jung und alt wurden zum Kampf an die Grenzen des Reiches berufen. Es ist daher nicht verwunderlich, daß die Strenge der Beschälordnung, die Pflege und Wartung der Pferde nachzulassen begannen. Die Organisation der Haflinger-Zuchtgenossenschaft löste sich völlig auf.

Mit dem Friedensvertrag von St. Germain am 10. September 1919, dem Zusammenbruch der Donau-Monarchie, wurde Tirol entzweit. Der Süden Tirols fiel an Italien, der Norden an Österreich. Somit ging das gesamte geschlossene Haflinger-Zuchtgebiet Österreichs an Italien verloren. Fast sämtliche Staatshengste befanden sich jedoch zu diesem Zeitpunkt im Bundeshengstenstallamt Stadl-Paura, Oberösterreich. Lediglich vier Hengste, die in Privatpflege standen, blieben dem alten Zuchtgebiet erhalten. Somit war nicht nur das Land getrennt, sondern auch die Haflinger-Zucht: die Stuten standen zum Großteil in Südtirol, die Hengste in Österreich.

Das Durchqueren eines Gebirgsbaches mit schwerer Last stellt höchste Anforderungen an die Trittsicherheit eines Pferdes.

Auf der Heimweide.

Fortsetzung der Zucht in Italien

Verständlich, daß sich in dieser Zeit die Haflinger-Zuchtgenossenschaft in Südtirol kaum noch um Zusammenarbeit kümmerte. Im abgetrennten Südtirol oblag es nun dem italienischen Staat, die Neuregelung und Fortführung der Landeszucht aufzugreifen. Für den Bezirk Bozen wurde eine Pferdezuchtkommission gebildet, deren Vorsitz Friedrich Graf Hartig, der langjährige und verdiente Delegierte für die Pferdezucht Tirols, innehatte. Für den Bezirk Meran fand man in Otto von An der Lan einen Fachmann und rührigen Vorstand.

Diese Pferdezuchtkommission trat mit folgenden Vorschlägen an die italienische Regierung heran:

□ *Sorge zu tragen für einen geregelten Betrieb in den öffentlichen Beschälstationen durch Abschaffung wenig fruchtbarer Hengste und Anhalten der Privaten und der Genossenschaften zur Haltung eigener Hengste durch Inaussichtstellen hoher Subventionen.*

□ *Die Zuchtzonen für die zwei Landesrassen Noriker und Haflinger genau festzulegen, um die Gefahr von Kreuzungen zu vermeiden.*

□ *Auch in den nächsten Jahren die eingeführten Prämierungen abzuhalten, um den Eifer der Züchter anzuregen, Fortschritte festzulegen und entscheidende Fehler zu vermeiden.*

□ *Die Genossenschaft tatkräftig zu unterstützen.*

Die Präfektur Trient ermächtigte hierauf die Pferdezuchtkommission zur jährlichen Revision der Staatshengste, bestätigte die Subventionen an Staatshengsthalter und stellte für kommende Prämierungen eine größere Summe in Aussicht. Von Privathengsten sollten nur Genossenschaftshengste begünstigt werden. Die Prämierungen wurden nun gleichzeitig mit den Norikern durchgeführt und vom Staat zudem mit Diplomen, Geldpreisen und Medaillen durch die Brescianer Pferdezuchtgenossenschaft dotiert.

Die erfreulichsten Zuchtergebnisse konnten zu jener Zeit in Jenesien festgestellt werden; mit guter Qualität und wenig Kreuzungsprodukten, im Gegensatz zum Sarntal. Im Sarntal wurde schon vor dem Ersten Weltkrieg gelegentlich mit Kaltbluthengsten gekreuzt, ohne daß es dabei gelang, einen einheitlichen Typ oder Ausgeglichenheit zu erzüchten. Diese Kreuzungsprodukte wurden dann als »Sarntaler Schlag« bezeichnet.

Im Jahr 1921 stellte die Regierung den Hengst PEPELINO II – aus einer sardinischen Stute, nach einem Vollblutaraber – in Deckverwendung. In Südtirol, dem nunmehr italienischen Zuchtgebiet, fehlte jetzt natürlich die große Anzahl an Hengsten, die den Zuchtaufbau auch in Südtirol erschwerte. Für Südtirol galt es somit, so rasch als möglich eine entsprechende Anzahl an Vatertieren zu finden, wenn diese auch in den ersten Jahren in keiner Weise die benötigte Qualität aufwiesen.

Aufbau der Zucht in Österreich – insbesondere in Nordtirol 1919 bis 1945

Hätten sich zur Zeit des Zusammenbruches der Österreichisch-Ungarischen Monarchie nicht mit wenigen Ausnahmen sämtliche Haflinger-Hengste im Hengstendepot Stadl-Paura befunden, wäre es wohl fraglich, ob es heute in Österreich eine Haflinger-Zucht gäbe.

In der breiten Landeszucht hatte der Haflinger in Österreich zu dieser Zeit noch nicht entsprechend Fuß gefaßt. Leider konnten die Privatgestüte, die, wie bereits erwähnt, schon vor dem Ersten Weltkrieg mit der Haflinger-Zucht begonnen hatten, keinen bedeutenden Einfluß auf die Landeszucht nehmen. Die Ausgangssituation war somit in Österreich in der Nachkriegszeit keineswegs leichter als jene in Südtirol. Auch hatte der österreichische Staat verständlicherweise in der ersten Nachkriegszeit andere Sorgen, als sich um dieses Kleinod Tirols, die Haflinger-Rasse, zu bemühen.

Es mußte jedoch rasch gehandelt werden: 1918 sah sich Oberlandstallmeister Rudolf Köhler, 1915 bis 1918 Depotkommandant von Stadl, später Pferdezuchtinspektor im Landwirtschaftsministerium, vor die schwierige

Ein Bild, wie es fast nur unsere Väter kennen: Haflinger im Arbeitseinsatz auf dem Feld.

Aufgabe gestellt, die in Stadl stationierten Haflinger-Hengste planvoll in großteils neu zu schaffenden österreichischen Zuchtgebieten einzusetzen. Fünf Hengste verblieben in Stadl, die übrigen wurden auf die Bundesländer Niederösterreich, Steiermark, Oberösterreich, Salzburg und Tirol verteilt.

Oberlandstallmeister Köhler versuchte, die Haflinger-Zucht in jenen Gebieten anzusiedeln, in denen sich zum Teil schon vor dem Ersten Weltkrieg Privatgestüte etabliert hatten, so vor allem im Kuppelwieser-Gestüt in Lunz am See, in Waldhof in Niederösterreich, in Grein, in Kirchberg an der Mark, in Kalwang (Steiermark), in der Fürst-Liechtensteinschen Gutsverwaltung sowie der Kruppschen Gutsverwaltung in Halltal bei Mariazell, in Oberösterreich im Gebiet von Weyer, wo bereits 1911 Haflinger-Hengste aufgestellt waren, in Salzburg im Haflinger-Gestüt Blühnbach. In Tirol wurden vorerst nur drei Haflinger-Hengste aufgestellt, und zwar auf den Stationen Zams, Imst und Wildschönau, denen 1920 dann die Stationen Serfaus, Aldrans, Straß, Westendorf und Kitzbühel sowie Ötztal folgten.

Aus dieser Verteilung ist zu ersehen, daß allen Bundesländern, mit Ausnahme von Burgenland und Vorarlberg, die gleichen Startmöglichkeiten für den Aufbau einer Haflinger-Zucht gegeben wurden. Nicht ganz verständlich war die Aufstellung einzelner hervorragender Vererber in relativ belanglosen Zuchtgebieten, beispielsweise in Niederösterreich, wobei nicht versucht wurde, mit diesen Vererbern in Österreich ähnliche Vatertiere zu züchten, wie sie in Südtirol bereits in Zuchtverwendung standen.

Als Beispiel möchte ich nur den zuchtleistungsmäßig wohl berühmtesten Hengst, LIZ. 42 MANDL, erwähnen, der mit BOLZANO (Jahrgang 1915), HIRN-MANDL I (Jahrgang 1912) und GEORG MANDL (Jahrgang 1911) bereits 1920 Zuchthengste in der dritten bis siebten Generation stehen hatte und der in Österreich bis in sein hohes Alter in Neulengbach, einem belanglosen Zuchtgebiet in Niederösterreich, nur einen einzigen Hengst aufstellen konnte. Ähnlich erging es 291 JENNER u.a.

Von allen Bundesländern war natürlich Tirol am meisten daran interessiert, die Haflinger-Zucht zu erhalten, denn was lag näher, als zu versuchen, in dem klimatisch und bevölkerungsmäßig Südtirol am ehesten verwandten Gebiet, vor allem an den sonnigen Hängen des Oberinntales, diesem originellen Tiroler Zuchtprodukt eine neue Heimat zu geben. Die beiden nacheinander folgenden Landwirtschaftsminister, Haueis aus Zams und Thaler aus der Wildschönau, haben Tirol in diesem Bestreben unterstützt, zumal beide aus typischen Bergbauerngebieten stammten und für die kleinbäuerlichen Betriebe Tirols eine Nebeneinnahmequelle schaffen wollten.

Anmarsch zur winterlichen Holzarbeit.

Der Haflinger - hier mit Fohlen - als treues und braves Familienpferd.

Hermann Haueis, Gastwirt und Weinhändler aus Zams, hatte, aufgrund seines Berufes, seit jeher enge Kontakte mit Südtirol, wobei er den Haflinger kennengelernt hatte. Er stellte es sich nun zur Aufgabe, die Haflinger-Zucht in Tirol aufzubauen. Es gelang ihm, im Gebiet Zams einige verläßliche Stützpunkte zu schaffen. Albert Murr, St. Anton; Hermann Falch, Grins; die Landwirtschaftliche Lehranstalt Imst; Karl Graber, Landeck; Bartlmä Venier, Schönwies; Jakob Gröber, Pettneu; Engelbert Grissemann, Flirsch, und eine beträchtliche Anzahl an Interessenten in der Gemeinde Zams – Grissemann, Grüner, Hammerl, Schweisgut – bemühten sich um den Aufbau der Haflinger-Zucht in Tirol.

Haueis erkannte bald, daß nur eine straff organisierte Zucht Aussicht auf Erfolg hat. Daher wurde bereits im Jahr 1920 die Möglichkeit erwogen, eine Pferdezuchtgenossenschaft ins Leben zu rufen, was dann auch mit der Gründung der 1. Nordtiroler Haflinger-Pferdezuchtgenossenschaft im Jahr 1921 realisiert wurde. Der Vorstand wurde gebildet aus: Hermann Haueis (Obmann); Hans Grissemann (Geschäftsführer); Johann Partoll (Obmann-Stellvertreter); Karl Fadum, Albert Murr (Vorstandsmitglieder).

Bereits am 13. Oktober 1922 wurde die erste Haflinger Pferdezuchtschau abgehalten, zu der schon prominente Persönlichkeiten wie Oberlandstallmeister Köhler, Wien, Landesrat Gebhard, Landstallmeister Ingenhoeff, Tierzuchtinspektor Kögl u. a. begrüßt werden konnten. Auf dieser ersten Haflinger-Schau in Nordtirol konnte bereits eine erfreuliche Anzahl an Original-Haflinger-Stuten vorgestellt werden. Allerdings waren die Hengste mit dem vorhandenen Stutenmaterial noch nicht ausgelastet.

Im Jahr 1922 wurde das Huzulengestüt in Waldhof, Niederösterreich, aufgelöst. Man glaubte, damit dem Mangel an Stuten für die Haflinger-Zucht einigermaßen abhelfen zu können. In früher erschienener Literatur über die Tiroler Haflinger-Zucht wurde des öfteren irrtümlich auf die Bedeutung dieser Huzulen-Pferde für die Haflinger-Zucht hingewiesen, so beispielsweise in den ansonsten anerkannt guten Büchern von Oberregierungsrat Dr. Thurner (1938/1942). Er schreibt in einem seiner Bücher: »... *Es war uns gelungen, aus dem aufgelösten Huzulen-Gestüt Waldhof in Niederösterreich eine größere Anzahl wertvoller Huzulen-Stuten für Zams zu erwerben. Als Stutenbasis bedeuteten die kleinen, hart aufgezogenen Huzulen, bekannt ausdauernde Tragtiere, einen willkommenen Zuwachs...*«

Bei Übernahme des Zuchtvereines Zams hatte ich selbstverständlich die Möglichkeit, Einsichtnahme in die damalige Korrespondenz zu nehmen. Es war daraus zu ersehen, daß die Hereinnahme der Huzulen keineswegs einen Vorteil für die Haflinger-Zucht bedeutete. Vielmehr war dieser Pferdezuwachs die erste große Krise für die Haflinger-Zuchtgenossenschaft. Als Beispiel möchte ich nur einige Ausschnitte aus Briefen zitieren.

So schrieb Landesrat Gebhard am 29. November 1922 an die Pferdezuchtgenossenschaft: »... *Direktor Egger machte es sich ziemlich einfach, indem er uns die zwei übernommenen Huzulen-Pferde einfach aufoktroyierte und zusandte. Dadurch bin ich in eine wenig beneidenswerte Lage gekommen. Das ältere Pferd ist fast zum Verschenken nicht wegzukriegen. Solche Pferde zu verteilen bedeutet Zwang und ist völlig eine Katastrophe...*«

Landeskulturratspräsident Sigele aus Arzl schrieb:
»*Werte Pferdezuchtgenossenschaft! Direktor Egger wird der geehrten Genossenschaft bereits mitgeteilt haben, daß ich die beiden Stuten samt Fohlen wieder zurückstellen mußte, da sie gänzlich ungeeignet sind. Die eine schlägt und beißt, die zweite dürfte auch in ihrem Leben kein Geschirr gesehen haben und man kann mit ihr überhaupt nichts anfangen...*«

Die Genossenschaft Zams schrieb an das Bundeshengstenstallamt in Innsbruck: »*Sehr verehrter Herr Landstallmeister! Ich möchte Ihnen heute anbei einen kleinen Bericht über den Stand der Huzulen-Geschichte geben. Seit meinem letzten Besuch bei Ihnen hat sich nichts verändert. Alles gleich unverkauft wie damals. Es kommt jetzt frischwegs gar niemand mehr, sich wenigstens die Pferde anzuschauen...*«

Solche und noch negativere Schreiben sind in der Korrespondenz des Gründungsvereines Zams zu finden. Die Genossenschaftsleitung hat es gut gemeint, als sie versuchte, die mangelhafte Stutenbasis mit den Huzulen zu stärken. Doch Fachleuten hätte von Anfang an klar sein müssen, daß man mit Gestütspferden, die an keine Arbeit gewöhnt sind, in einer Landeszucht nichts anfangen kann.

Im tiefverschneiten Gelände ersetzt der Haflinger nach wie vor Maschinen.

Was den züchterischen Wert dieser Huzulen-Stuten für die Tiroler Haflinger-Zucht betraf, so haben die Nachforschungen eindeutig ergeben, daß nicht ein einziges dieser Pferde, auch nicht deren Nachzucht, jemals in das Zuchtbuch eingetragen werden konnte. Alle diese Pferde wurden von den Züchtern auf dem schnellsten Weg wieder abgesetzt.

Es zeigte sich somit klar, daß man alles daransetzen mußte, Original-Haflinger-Stuten aus Südtirol herbeizuschaffen. Obmann Haueis, Johann Partoll sowie Murr machten sich verdient, indem sie laufend Haflinger-Stuten aus dem Südtiroler Zuchtgebiet importierten.

Im Jahre 1926, als auf Anregung von Oberregierungsrat Dr. Thurner die Anlegung des Zuchtbuches erfolgte, in das nur Original-Haflinger-Stuten eingetragen werden durften, verfügte die Genossenschaft bereits wieder über eine erfreuliche Anzahl von Stuten.

Die Gründung der beiden Zuchtgenossenschaften Weer und Wildschönau im Jahre 1927 bzw. 1928 wurde begünstigt durch die Initiative des Bundesministeriums für Land- und Forstwirtschaft, dem es gelungen war, von italienischer Seite die Bewilligung zum Ankauf von 100 Original-Haflinger-Stuten zu erhalten. 70 dieser Stuten kamen nach Tirol, 30 wurden Oberösterreich und der Steiermark zugeteilt. Damit war für Nordtirol erstmals eine wirklich quantitative Zuchtgrundlage gegeben.

Der Ankauf von 100 Stuten bedeutete für die Südtiroler Zucht einen enormen Aderlaß, wenn man bedenkt, daß in Südtirol vor diesem Zeitpunkt etwa 300 eingetragene Stuten vermerkt waren und eine beträchtliche Anzahl der noch verbliebenen 200 zusätzlich von Privatinteressenten nach Nordtirol exportiert wurden. Die beiden Zuchtgebiete waren zu dieser Zeit somit ungefähr gleich stark. Österreich konnte sich rühmen, keine schlechteren Vatertiere zu besitzen als das Original-Zuchtgebiet Südtirol.

Holzabfuhr beim Bergbauern wäre ohne Pferd auch heute nicht möglich.

Trotz Technisierung und Motorisierung ist der Haflinger bei der Gebirgstruppe unentbehrlich.

Das Erfreulichste und Wertvollste an dieser Aktion aber war, daß sich die Ankaufskommission durchwegs aus Haflinger-Fachleuten zusammensetzte, die nur das beste Zuchtmaterial auswählten. Das wirkte sich auf die Tiroler Zucht natürlich positiv aus. Die Zusammenstellung der Kommission war das Werk von Oberlandstallmeister Köhler, der sich damit ein Denkmal in der Geschichte der Tiroler Haflinger-Zucht gesetzt hat.

Im Jahr 1931 wurde die Zuchtgenossenschaft Defreggen in Osttirol gegründet; so war die Haflinger-Zucht nun auf das ganze Land Tirol verbreitet.

Bis zum Jahr 1938 stand es nicht besonders rosig um die Haflinger-Zucht; die Wirtschaftskrise machte sich auch in der Pferdezucht bemerkbar. In den Jahren 1938 bis 1945 erfuhr die Pferdezucht jedoch, insbesondere auch die Haflinger-Zucht, intensive Förderung. Oberregierungsrat Dr. Thurner wurde mit der Führung der gesamten Haflinger-Zucht des Alpenlandes betraut, doch lag ihm Tirol immer besonders am Herzen.

Auch bis zu 40 Minusgrade an der Murmanskfront während des Zweiten Weltkrieges waren dem Haflinger kein Hindernis, alle an ihn gestellten Aufgaben zu erfüllen.

Dr. Thurner hatte sich durch das Anlegen des ersten Zuchtbuches für die Haflinger-Rasse im Jahr 1926 in der Genossenschaft Zams große Verdienste erworben. Auch die Erstellung der ersten Stammtafel für Haflinger-Hengste ist sein Werk. Ab 1926 bis zum Jahr 1938 wurden nur reine Haflinger-Stuten ins Zuchtbuch eingetragen.

Das Jahr 1938 brachte schlagartig eine Verbesserung auf dem Pferdemarkt; alle bisher fast unverkäuflichen Hengstfohlen und Kreuzungsfohlen konnten plötzlich an die Wehrmacht abgesetzt werden. Die Haflinger-Zucht erhielt in diesem Zeitraum enorme Förderungsmittel, wie sie weder früher noch später jemals wieder erreicht werden konnten.

Es mußten, bedingt durch die große Nachfrage an Tragtieren durch das Heer, züchterisch gesehen jedoch enorme Nachteile verzeichnet werden. Ab sofort wurden alle verfügbaren Stuten gedeckt; die Belegzahlen stiegen

sprunghaft von 215 Deckungen im Jahr 1937 auf 450 Belegungen im Jahr 1939, 654 Belegungen im Jahr 1941 und 1037 Deckungen im Jahr 1943 an. Bei einem Stand von etwa 600 in diesem Zeitraum eingetragenen Zuchtstuten zeigt dies deutlich, daß in dieser Zeit etwa 50 Prozent nichteingetragene Stuten den Haflinger-Hengsten zugeführt wurden.

In den Jahren 1938 bis 1940 wurde nochmals eine Importwelle aus dem Originalzuchtgebiet Südtirol verzeichnet, die hauptsächlich zur Aufstokkung der Zuchtgebiete des oberen Inntales und des Vereins Telfs dienen sollte. Interessant war, daß bei diesen neu importierten Stuten erstmals eine Anzahl von Stuten mit einem Bandmaß von 140 cm bis 142 cm zu verzeichnen war, während bei den Importen von 1927 bis 1930 kaum Stuten mit einem Bandmaß unter 146 cm waren, die Maße eher über als unter 150 cm lagen.

Die Aufnahme von Stuten ins Zuchtbuch – auch aus dem Originalzuchtgebiet –, die mütterlicherseits keine oder nur eine lückenhafte Abstammung aufzuweisen hatten, war für den Zuchtaufbau ein ebenso großer Fehler wie die Aufnahme unzähliger landeseigener Stuten ohne Abstammung. Die Haflinger-Zucht hat in diesem Zeitraum quantitativ eine enorme Verbreitung erfahren, mußte jedoch qualitativ schwere Einbußen verzeichnen.

In den Kriegsjahren wurden auf Anordnung der Wehrmacht alle brauchbaren und Haflinger-ähnlichen Stuten aus ihrem Bestand an Züchter verteilt, um die Produktion weiter zu erhöhen. Zudem suchte man in diesem Zeitraum die kleinsten und drahtigsten Haflinger-Hengste für die Zucht aus, um den Haflinger möglichst zum »kleinen Tragtier« zu stempeln.

Aufbau der Haflinger-Zucht in Bayern 1935 bis 1945

Bereits in den dreißiger Jahren wurde in Deutschland von der Remontierungskommission an die bayerischen Pferdezuchtstellen der Wunsch herangetragen, im Voralpenland eine Kleinpferdezucht aufzubauen. Da das Haflinger Pferd schon damals als Vielzweckpferd in der Landwirtschaft und beim Heer im Ersten Weltkrieg als vielfach erprobtes, bestens geeignetes Tragtier bekannt war, wandte man sich dieser Rasse zu.

In den Jahren 1935/36 wurde in Zusammenarbeit mit den Landwirtschafts- und Wehrmachtsbehörden der Grundstein zum Aufbau der Haflinger-Zucht in Bayern gelegt. Das erste Gestüt entstand in Wiesen bei Oberaudorf, das sich im Besitz von Major a. D. Rudolf Erhard befand, einem passionierten Freund und Förderer des Haflinger Pferdes. Erhard kaufte in Nord- und Südtirol seine ersten Stuten; er verstand es, im Gegensatz zu den großen österreichischen Privatgestüten, zur Ausbreitung der Haflinger-Zucht im Inntal einen wesentlichen Beitrag zu leisten. Weitere Privatgestüte entstanden, wie beispielsweise der Schörghof, der Boschhof, der Steinberghof, Eckhof, Widenhof, Weitnau u. s. w.

Major Erhard hatte beim Ankauf seiner Hengste nicht gerade die glücklichste Hand. Der Hengst HELD deckte nur in den Jahren 1936/37 in Wiesen. Der Hengst URBAN, den Major Erhard selbst ankaufte, stand jedoch von 1936 bis 1950 in Wiesen. Der Hengst XANDL verkörperte einen mehr kaltblütigen Typ, mütterlicherseits hatte er keine Abstammung aufzuweisen. Großes Geschick hatte Major Erhard beim Ankauf verschiedener Stuten, so vor allem mit der Stute AKELEY, einer Tochter der 1/I ALMA-LIESL und STUDENT, auf der in Deutschland eine der verbreitetsten und besten Mutterlinien aufbaut.

Die Remontierungskommission hatte in Deutschland enormen Bedarf an Tragtieren. Es wurden somit nicht nur sämtliche Haflinger, sondern auch alle Nachzuchtprodukte von Kleinpferdehengsten, ja sogar drahtige, kleinere Oberländer von der Remontierungskommission mit großer Begeisterung erworben.

In den Jahren 1936 bis 1938 kaufte die bayerische Kommission ungefähr 100 Original-Haflinger-Stuten in Südtirol, die mit beträchtlichen Zuschüssen aus Reichs- und Wehrmachtsmitteln verläßlichen Züchtern im Inntal, im Chiemgau und im Oberallgäu übergeben wurden. Interessant war dabei, festzustellen, daß die bayerische Ankaufskommission eher die derberen und schweren Haflinger in Südtirol suchte, hingegen die Ankaufskommission aus Tirol stets die edelsten Stuten in Südtirol ankaufte.

In diversen Gebirgsstaaten der Welt steht der Haflinger als ideales Tragtier in der Armee im Einsatz, so wie beispielsweise hier auf dem Truppenübungsplatz in Hochfilzen, Tirol.

Für die Südtiroler Haflinger-Zucht bedeuteten diese weiteren Verkäufe selbstverständlich einen beträchtlichen Aderlaß für den Bestand an eingetragenen Zuchtstuten, der ohnedies schon sehr gering war. Es wurden in dieser Zeit von österreichischen Kommissionen und Privateinkäufern noch viele Stuten in Südtirol erworben.

Die bayerische Haflinger-Zucht hatte von Beginn an durch die große Nachfrage der Wehrmacht bis zum Jahr 1945 keinerlei Absatzsorgen. Heeresfohlenhöfe wurden eingerichtet, wodurch die Züchter die Gewähr hatten, jedes Fohlen absetzen zu können. Die Wehrmacht verpflichtete sich des weiteren, den Züchtern gute zweieinhalbjährige Stuten wieder für Zuchtzwecke zurückzugeben.

Etwas unverständlich sind die Ausführungen in Dr. Gentners Schrift »Der Haflinger und seine Zucht« (1957): *»Der gute Stand in der Haflinger-Zucht in Bayern findet seine Erklärung in der Feststellung, daß nur reingezogene Haflinger die Grundlage der Zucht bilden und Kreuzungstiere von Anfang an für das Zuchtbuch ausgeschlossen blieben sowie bei den Stutbuchaufnahmen ein strenger Maßstab angelegt wurde...«*

Unverständlich ist diese Feststellung von Dr. Gentner vor allem deshalb, weil nicht nur bei den Stuten zu dieser Zeit Kreuzungsprodukte im Zuchtbuch eingetragen waren, sondern sogar Hengste, wie beispielsweise der Hengst TOBLACH 4 und der Hengst LUCKI 5, beide mütterlicherseits von einem Warmbluthengst abstammend, in der Zucht standen. Weder der Hengst WINZER 18 hatte mütterlicherseits eine Abstammung aufzuweisen noch der vielgepriesene Hengst WIELAND 5807/25 – alles in der bayerischen Haflinger-Zucht bekannte Hengste.

Aufbau der Zucht 1945 bis 1975

Die Hauptzuchtgebiete der Nachkriegszeit: Nordtirol, Südtirol, Bayern

Jeder Wirtschaftsexperte weiß, daß eine Produktion nicht ausschließlich auf einen Abnehmer ausgerichtet sein darf. In der Haflinger-Zucht war dieser Fehler mit der Massenproduktion an Tragtieren während der Kriegsjahre gemacht worden. Zudem war von seiten der Zuchtleitung zu dieser Zeit der nachhaltige Fehler begangen worden, den Haflinger gezielt und konsequent kleiner zu züchten, wodurch der Haflinger nach Kriegsende als Wirtschaftspferd, die einzige Verwendungsmöglichkeit nach dem Krieg, unbrauchbar schien. Somit drohte der Haflinger-Zucht nach Kriegsende der Zusammenbruch – der einzige Abnehmer, die Wehrmacht, existierte nicht mehr, die Heeresfohlenhöfe waren aufgelöst.

Dr. Thurner hatte während der letzten Kriegsjahre nicht nur die Haflinger-Zucht des Großdeutschen Reiches unter seiner Obhut, sondern auch die Haflinger-Zucht in Südtirol. Durch diese Situation war die gesamte Haflinger-Zucht in jener Zeit auf das gleiche Ziel ausgerichtet. Tragtiereigenschaften wurden verbessert, andere wertvolle Eigenschaften des Haflingers jedoch verdrängt. Dr. Thurner war ein großer Experte des Haflingers, jedoch wenig praxisverbunden. Die Folge: Es wurden alle Haflinger-Zuchtgebiete nach dem Krieg von der gleichen Krise erfaßt.

Dr. Gentner schreibt beispielsweise in seinem Buch:
»... In ihrer besten Entwicklung traf die Haflinger-Zucht im Jahr 1945 der Zusammenbruch Deutschlands und die Zerschlagung der Wehrmacht. Die Heeresfohlenhöfe wurden aufgelassen, was einen schweren Verlust für den Fohlenabsatz, besonders der Hengstfohlen, bedeutete, der im Rückgang der Stutenbedeckungen seinen Niederschlag fand. Es fehlte auch nicht an Stimmen, die den Haflinger schwerer, kräftiger haben wollten und mit Verstärkung durch norische Hengste liebäugelten. Zur Ehre unserer bäuerlichen Haflinger-Züchter sei aber festgestellt, daß sie mit wenigen Ausnahmen in den kritischen Jahren treu zur Zuchtleitung und zur Haflinger-Zucht standen...«

In Tirol waren viele der Ansicht, das Schicksal der Haflinger-Zucht sei nun wohl besiegelt. Idealisten im Kreise der Haflinger-Züchter Tirols stellten es sich jedoch zur Aufgabe, den Tiroler Bergbauern auch in Zukunft eine Nebeneinnahmequelle zu sichern. Eine Neuorientierung auf eine zeitgemäße Verwendung des Haflingers mußte gefunden werden.

Bereits in den Sommermonaten des Jahres 1945 trafen sich in Zams die führenden Männer der Tiroler Haflinger-Zucht: Grissemann, Unseld, Haueis, Grüner und Schweisgut. Vor allem mußte nach dem Ausscheiden von Dr. Thurner ein neuer Zuchtleiter für den nunmehrigen Haflinger Pferdezuchtverband Tirol (Zusammenschluß der Vereine) gefunden werden.

Für den Bergbauern ist der Haflinger ein unentbehrlicher Helfer.

Der Vorstand des Haflinger Zuchtvereines Zams schlug meine Person für diese bestimmt nicht einfache Arbeit vor.

Tirol wurde bekanntlich nach Kriegsende von den Amerikanern besetzt, wobei sie selbstverständlich den Heeresfohlenhof Zams beschlagnahmten. Die Amerikaner stellten der Zuchtleitung jedoch frei, aus den 100 dort stehenden Junghengsten (3 Jahrgänge) 30 der besten auszuwählen, um sie später in Zuchtverwendung stellen zu können. Die übrigen 70 Junghengste wurden den Spitälern zur Fleischverwertung zur Verfügung gestellt.

Diese 30 Junghengste wurden im Sommer auf der in Vorarlberg gelegenen Kops-Alm gealpt, einem Gebiet, das sich in französischer Besetzung befand. Damals geschah folgendes: Die Verbandsleitung wurde eines Tages verständigt, daß der Hirte der Kops-Alm eingesperrt in seiner Hütte vorgefunden wurde und die Hengste verschwunden seien. Nach Berichten sind die Hengste in Bludenz bahnverladen worden. Die Hengste konnten von den Tiroler Haflinger-Züchtern nie mehr ausfindig gemacht werden, was einen weiteren Rückschlag im Zuchtgeschehen bedeutete. Alle Interventionen, auch bei den höchsten französischen Behörden, blieben erfolglos.

Da während des Krieges sämtliche Hengstfohlen in den Heeresfohlenhöfen aufgezogen wurden, gab es auch in der Landeszucht keine ein-, zwei- und dreijährigen Junghengste. Es mußten daher in den Herbstmonaten vom Fohlenjahrgang Hengstkandidaten ausgesucht werden.

Die wichtigste Aufgabe der Zuchtleitung war zunächst die Erstellung eines neuen Zuchtzieles in Richtung des Universalpferdes sowie dessen konsequente und selektive Verfolgung. Um dieses Ziel so rasch als möglich zu erreichen, wurde meinerseits ein Konzept vorgelegt, das folgende Maßnahmen beinhaltete: Der Haflinger Pferdezuchtverband Tirol sollte als großes Gestüt gelten, mit Vatertierbeschaffung, Vatertierzuteilung und Selektion durch eine Hand.

Dieser Zuchtplan forderte von seiten der Züchterschaft und des Verbandsvorstandes viel Vertrauen in den Zuchtleiter. Der Vorschlag wurde jedoch angenommen. Dem Vorstand des Verbandes war zudem klar, daß er, parallel zu den züchterischen Aufgaben, die Organisation von Absatz und Werbung zu übernehmen hätte. Nur durch einen marktwirtschaftlichen Aufschwung, Hand in Hand mit rigorosen Zuchtförderungsbestimmungen, konnte es gelingen, die Haflinger-Zucht den Bergbauern als Nebeneinnahmequelle zu sichern, ja auszubauen.

Im Jahr 1946 wurde Verbandsobmann Grüner in seiner Funktion von Kommerzialrat Angelus Scheiber, Obergurgl, abgelöst. Alle Vereinsobmänner hatten Sitz und Stimme im Vorstand, nur Beschlüsse mit mindestens 80 Prozent Stimmenmehrheit wurden vom Haflinger Pferdezuchtverband Tirol auch durchgezogen.

Winterarbeit
in einem Tiroler Bergdorf.

In den ersten Nachkriegsjahren war die Absatzlage nicht einmal so trist wie ursprünglich angenommen, da in manchen Gebieten Pferdemangel herrschte, so daß man, wenn man kein Kaltblut als Wirtschaftspferd bekommen konnte, auch mit einem Haflinger vorliebnahm.

Im Jahr 1946 beschloß der Haflinger Pferdezuchtverein Zams, der damals noch mehr als 50 Prozent des Mitgliederbestandes des Haflinger Pferdezuchtverbandes Tirol ausmachte, die Reinzucht. Im Jahr 1947 wurde die Reinzucht für das gesamte Verbandsgebiet eingeführt. Die Errichtung eines eigenen Hengstaufzuchthofes im Jahr 1947, daraus folgend ein Verbot privater Hengsthaltung für die Züchter, d. h. eine hundertprozentige Kontrolle der Vatertiere über die Verbandsleitung, war mit ein Grundstein zum Erfolg des Haflinger Pferdezuchtverbandes Tirol.

Die bayerische Haflinger-Zucht konnte noch einige Hengste der Jahrgänge 1942 bis 1944 retten, vor allem hatte man in Bayern die Möglichkeit, in den Privatgestüten, wie beispielsweise am Boschhof, die Hengstaufzucht zu forcieren. In der Nachkriegszeit bestand ein erfreulich enger Kontakt zwischen den Haflinger-Züchtern Bayerns und Tirols. Besonders Konsul Wessel bemühte sich intensiv, die freundschaftlichen Beziehungen zu verbessern.

Aufgrund der guten Zusammenarbeit wurde im Jahr 1951 der Hengst Sturmwind 60 von Tirol an Konsul Wessel abgetreten, obwohl Tirol zu diesem Zeitpunkt selbst noch größten Bedarf an Qualitätshengsten hatte. Es folgte die Freigabe des 1951 geborenen Hengstes Nastor 68, der in Bayern zu einem der bedeutendsten Hengste überhaupt wurde.

Durch das Fehlen von drei Hengstjahrgängen sah sich der Haflinger Pferdezuchtverband Tirol gezwungen, zu versuchen, in Südtirol die fehlenden Hengste nachzukaufen. Die Südtiroler Zuchtleitung war jedoch verständlicherweise keineswegs interessiert, Qualitätshengste der jüngeren Jahrgänge abzugeben. Der Haflinger Pferdezuchtverband Tirol mußte daher zu den älteren Jahrgängen greifen und konnte schließlich 1947 neben einigen Junghengsten (die jedoch, wie erwähnt, qualitativ nicht entsprachen), ein paar Althengste erwerben. Besonderer Wert wurde auf den Ankauf eines Hengstes der Blutlinie A gelegt. Leider mußte festgestellt werden, daß nur noch der damals bereits zwanzigjährige Hengst Anselmo zur Verfügung stand, der dann auch mit den Hengsten Bacco und Cacciatore angekauft wurde.

Im Jahr 1947 wurde die Arbeitsgemeinschaft der Haflinger-Züchter Österreichs ins Leben gerufen. Anläßlich dieser Gründungsfeier wurde in Zams die erste große Haflinger-Schau, die 25jährige Jubiläumsschau des Haflinger Pferdezuchtvereines Zams (Zuchtgenossenschaft Zams), abgehalten.

Erfreulicherweise konnten bereits zahlreiche ausländische Interessenten auf dieser Schau begrüßt werden, und zwar aus der Bundesrepublik Deutschland, aus Italien und der Schweiz.

Kurze Zeit nach dieser Ausstellung kam die erste Ankaufskommission aus der Schweiz nach Tirol. Dr. Fromm, Dr. Krapf, Oberst Ruckstuhl und Major Mettler sowie Forstrat Jenny müssen hier als Begründer der Haflinger-Zucht in der Schweiz angeführt werden.

Weniger Absatzsorgen hatte das Südtiroler Zuchtgebiet nach dem Krieg zu verzeichnen, da es vermehrt den gesamtitalienischen Raum als Absatzgebiet in Anspruch nehmen konnte. Es entstanden in der Folgezeit Zuchtinseln über ganz Italien verstreut, sogar bis Sizilien.

Verbreitung des Haflingers von Nordtirol auf andere europäische und außereuropäische Staaten

Es darf nicht übersehen werden, daß in den Jahren ab 1950 die Pferdebestandszahlen in ganz Europa aufgrund der immer stärker aufkommenden Technisierung und Motorisierung drastisch abnahmen. So zählte man in Europa beispielsweise im Jahr 1950 noch 16 511 000 Pferde, im Jahr 1974 nur mehr 6 508 000 Stück. Bei den eingetragenen Haflinger-Stuten Tirols konnten wir trotz harter Zuchtförderungsbestimmungen in diesem Zeitraum einen Zuwachs an eingetragenen Stuten von 1562 auf 2043 registrieren. Tirol mußte aber alle Anstrengungen unternehmen, um den Haflinger mit gezielten Werbemaßnahmen zu einem gefragten »Markenartikel Tirols« zu machen.

Im Jahr 1951 trafen sich die Haflinger-Zuchtorganisationen aus Deutschland, Südtirol und Österreich sowie Zuchtexperten aus der Schweiz anläßlich einer Großausstellung in Zams. Bei diesem Anlaß wurde in Zusammenarbeit aller anwesenden Ländervertreter ein Zuchtziel für das Haflinger Pferd beschlossen.

Das Haflinger-Gespann verläßt den Schloßbesitz.

In den fünfziger Jahren kam im deutschen Raum ein zweites Kleinpferd, aus Norwegen und Dänemark importiert, nämlich das Fjordpferd auf, was sofort den Lebensraum des Haflingers einengte. Intensive Aufklärungs- und Werbevorträge für den Haflinger mußten deshalb unverzüglich angesetzt werden. Der Haflinger Pferdezuchtverband Tirol verfügte über gute Werbefilme, von Hermann Haueis gedreht, die den Haflinger in seiner Leistung und harten Aufzucht im Tiroler Hochgebirge während der Sommermonate darstellten. Werbereisen vom Bodensee bis in den hannoverschen Raum wurden durchgeführt. Wer sich damals bereits mit der Haflinger-Zucht beschäftigte, kann sich bestimmt noch an den harten Konkurrenzkampf »Haflinger-Fjordpferd« erinnern.

Haflinger-Stutenkollektion auf der Messe in Verona 1950.

Für das Fjordpferd setzten sich besonders Prof. Dr. Löwe, Hannover, und Frau Schwarz, Hessen, ein. Deutscherseits kam dann der Vorschlag, nördlich des Main dem Fjordpferd, südlich des Main dem Haflinger seinen Platz zuzugestehen. Dieser Vorschlag konnte jedoch von seiten des Haflinger Pferdezuchtverbandes Tirol nicht akzeptiert werden. Die Werbung für den

Der Haflinger als Hirtenpferd bei Büffelherden im süditalienischen Raum.

Haflinger-Gespann auf dem Gestüt in Santa Maria C.V.

Fünfspänner auf der Haflinger-Schau in Münster-Handorf, 1983.

Haflinger wurde um so intensiver fortgesetzt. Vor allem lag es dem Haflinger Pferdezuchtverband Tirol daran, den Haflinger in den großen, traditionellen Pferdezuchtgebieten wie Westfalen, Hessen, Baden-Württemberg anzusiedeln. Die Werbung für den Haflinger war nicht umsonst. Überall war es möglich, den Haflinger heimisch zu machen. Heute ist der Konkurrenzkampf »Haflinger–Fjordpferd« schon längst abgeschlossen.

Von seiten der bayerischen Zuchtleitung waren diese Werbereisen des Haflinger Pferdezuchtverbandes Tirol nicht gerne gesehen, obwohl sie damals für den Aufbau der Haflinger-Stützpunkte in den heute in der Bundesrepublik Deutschland dominierenden Haflinger-Zuchtgebieten wie Westfalen, Hessen und Rheinland unerläßlich waren. In Hessen, wo das Fjordpferd stark vertreten war, kann der Haflinger heute sowohl quantitativ als auch qualitativ einen erfreulichen Stand aufweisen. In Westfalen versuchten wir den Haflinger dem Kaltblut, das ja überall stark an Bestandszahlen verlor, nachfolgen zu lassen.

Beim Fjordpferd wurde wohl, gleich wie beim Haflinger in Bayern in den dreißiger Jahren, der Fehler begangen, nicht das drahtige, edle Fjordpferd anzukaufen, sondern sich auf das schwere, derbe zu verlegen. So konnte man in der »Pony Post« XII/7 vom Juli 1969 im Artikel »Das Fjordpferd – Aufstieg und Zukunft« lesen:

»... Wir tragen da an einer Hypothek, die uns die ›Pferdefachleute‹, welche die ersten Norweger einkauften, eingebracht haben... Die Skandinavier bekamen helle Augen. Endlich waren sie die Bomber los. Vor 80 Jahren hatten sie auch so ›optisch vertrauenserweckend‹ schwere Schläge eingekreuzt, waren aber schnell wieder auf konsequente Reinzucht gekommen...«

Oberst Dr. Rede auf der Fahrt zum Ausstellungsplatz in Jugoslawien.

Haflinger-Gespann beim Verlassen eines Schloßgutes in Südtirol.

In den fünfziger Jahren konnte die Haflinger-Zucht in der Bundesrepublik Deutschland auf eine breite Basis gestellt werden. Hätten die bayerischen Haflinger-Zuchtorganisationen Hand in Hand mit dem Haflinger Pferdezuchtverband Tirol gearbeitet, wäre dieser Schritt sicherlich schneller, leichter und weitreichender zu vollziehen gewesen.

Im württembergischen Raum setzte sich Oberlandwirtschaftsrat Reiff besonders für die Verbreitung des Haflingers ein.

In Hessen sind vor allem das Gestüt von Ludwig Edel, Frankfurt, das Freigehege von Dr. von Opel sowie die Züchter um Oberlandwirtschaftsrat Hohenbaum besonders hervorzuheben.

In Westfalen ist das Gestüt der Anker-Werke, mit Dr. zur Nieden, der bereits nach dem Zweiten Weltkrieg Haflinger per Fußmarsch von Österreich nach Bielefeld brachte, speziell zu erwähnen. In Hans Möllhoff, dem anerkannten Pferdefachmann, auch ehemaliger Turnierrichter, hatte das Haflinger Pferd in Westfalen einen weiteren Experten auf seiner Seite. Möllhoff hatte es verstanden, einen Spitzenhengst aus dem Fohlenhof in Ebbs für die westfälische Haflinger-Zucht auszuwählen.

Unter anderen muß auch Ewald Tegelmann als Pionier der westdeutschen Haflinger-Zucht erwähnt werden. In Westfalen konnte die Haflinger-Zucht relativ früh, dank der Unterstützung des damaligen Zuchtleiters, Dipl.-Ing. Fritz Böllhoff, in das Westfälische Pferdestammbuch e. V. integriert werden, was dem Aufbau einer gezielten Haflinger-Zucht in Westfalen sehr förderlich war.

Im Jahr 1950 stellte der Haflinger Pferdezuchtverband Tirol erstmals eine Kollektion Haflinger-Stuten auf der 52. Internationalen Messe in Verona aus, wobei wir mit dem ersten vierfarbigen und viersprachigen Prospekt für das Haflinger Pferd warben. Der Haflinger wurde schon damals als »Vielseitigkeitspferd«, als »Universalpferd« (Reit-, Kutsch- und Wirtschaftspferd) propagiert.

Wie bereits erwähnt, brachten die fünfziger Jahre einen generellen Rückgang der Pferdebestandszahlen mit sich. Der Haflinger Pferdezuchtverband Tirol versuchte daher seine Werbung Jahr für Jahr noch mehr zu aktivieren.

Einen neuen Schritt bedeutete die Herausgabe des Haflinger-Buches »Der Haflinger in Tirol – das Universalpferd« sowie eine große Landesausstellung in Innsbruck im Jahr 1954. Mit einer Kollektion von 250 Pferden regte der Haflinger Pferdezuchtverband Tirol das Interesse fast aller Nachbarstaaten Österreichs an. Hippologen aus Italien, der Schweiz, Deutschland und Jugoslawien waren gekommen, um sich über den Stand unserer Zucht zu informieren. Die Schau mit den 250 präsentierten Pferden untermauerte den hohen Qualitätsdurchschnitt der Tiroler Haflinger-Zucht.

Italien und Jugoslawien traten bereits im Jahr 1954 als Käufer in Tirol auf. Jugoslawien konnte somit, unter Führung von Oberst Dr. Rede, in die Gemeinschaft der Haflinger-züchtenden Staaten eingereiht werden. Die italienische Kommission setzte sich aus dem Referenten für Tierzucht, Prof. Dr. Possagno, Dr. Magnani und General Mammola zusammen.

Verladen von Haflingern auf ein Container-Schiff in Rotterdam.

Seitens der Deutschen Demokratischen Republik wurden die ersten Ankäufe im Jahr 1956 unter der Leitung von Prof. Dr. Fritz Hofmann, Vorstand des Universitäts- und Versuchsgutes für Tierzucht in Jena, getätigt.

Im Jahr 1958 gelang es erstmals, Haflinger in die USA auf die Tempel Farms, Illinois, zu exportieren. Hatten die Befürworter des Fjordpferdes seinerzeit spaßeshalber gesagt, man sollte den Haflinger in eine »Schwimmschule« schicken, damit er den Main überqueren könne, so konnte der Haflinger Pferdezuchtverband Tirol auf seiner Jahreshauptversammlung im Jahr 1958 verkünden: *»... der Haflinger hat die ›Schwimmschule‹ erfolgreich absolviert – er konnte den Ozean überqueren.«*

Bereits im Jahr 1959 kaufte die Tschechoslowakei Haflinger-Hengste zur Aufkreuzung der Huzulen-Pferde. Sogar die fanatischen Huzulen-Fachleute waren davon überzeugt, daß der Haflinger zur Kaliberverstärkung in der Huzulen-Zucht bestens geeignet sei. Spätere Berichte haben den Erfolg dieses Importes voll bestätigt.

Die Konkurrenz bemühte sich inzwischen, in Deutschland der Ausbreitung des Haflingers entgegenzuwirken; dem Haflinger fehle es, so wurde behauptet, an Ausgeglichenheit, Durchgezüchtetheit, Langlebigkeit und Fruchtbarkeit. Diesen Gegnern des Haflingers mangelte es allerdings für diese Behauptungen an jeglichem Beweis.

Auf dem Flughafen Frankfurt/Main: Verladen von Haflingern nach Übersee.

Verladung auf Paletten zu je 5 Pferden am Flughafen Wien-Schwechat für den Transport nach Indien.

Haflinger an Bord eines Schiffes bei der Überfahrt nach Nordamerika.

Der Haflinger Pferdezuchtverband Tirol beschloß deshalb, seine zweite Landesausstellung im Jahr 1961 unter das Motto »Ausgeglichenheit, Langlebigkeit und Fruchtbarkeit« zu stellen. Eine Kollektion Stuten im Alter zwischen 20 und 30 Jahren, von denen alle mindestens 10 Fohlen nachweisen mußten, wurde vorgestellt; die beste Stute hatte bereits 20 Fohlen gebracht. Bei den ausgestellten Stutenfamilien mußte jede mindestens vier lebende Generationen präsentieren. Des weiteren wurden 10 Hengstnachzuchtsammlungen mit je 10 eingetragenen Töchtern vorgestellt.

Ebenfalls im Jahr 1961, anläßlich der zweiten Landesausstellung, wurde die 1. Internationale Stammtafel für Haflinger-Hengste sowie die Broschüre »Der Haflinger – das Universalpferd« aufgelegt.

Neue Interessengebiete kamen auf; noch im Jahr 1961 kauften Holland und die Türkei Haflinger aus Tirol. Für die Türkei wurden die Haflinger von Prof. Dr. Selâhattin Batu von der Universität Ankara für die Karacabey State Farm in Westanatolien angekauft, wo der Haflinger sowohl in Reinzucht als auch zur Kreuzung mit dem Karacabey-Pferd – einem halbblütigen Araber – in Zuchtverwendung gestellt wurde.

Die ersten Haflinger stehen zur Verteilung in 's-Hertogenbosch, Niederlande.

Der Haflinger im Arbeitseinsatz in der Türkei.

Im Jahr 1963 gelang der große Schritt, den Haflinger in England, *dem* Kleinpferdeland der Welt, heimisch zu machen. In England wurde schon bald ein Zuchtverband (Haflinger Society of Great Britain) gegründet.

Bei der Ankunft der ersten Haflinger in England.

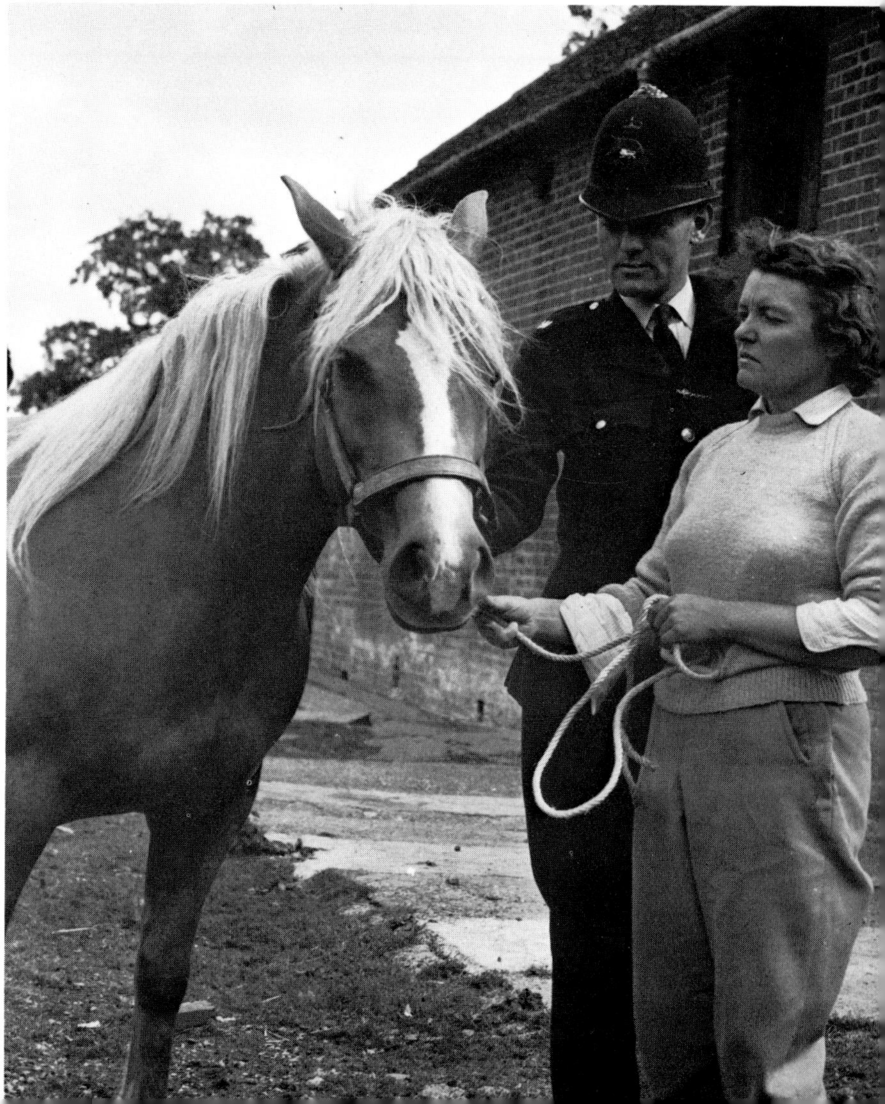

Bayerische Haflinger-Kollektion auf der DLG-Ausstellung in München.

Wurde der Haflinger im Jahr 1945 in drei Staaten gezüchtet, konnten im Jahr 1963 bereits 13 Haflinger-züchtende Staaten verzeichnet werden. Es darf jedoch nicht übersehen werden, daß es gerade in dieser Zeitspanne auch gelang, die Haflinger-Zucht in Deutschland auf eine breite Basis zu stellen – Früchte einer intensiven Werbung, die nicht geringer einzuschätzen ist als jene in den übrigen Staaten. In diesem Zusammenhang muß auch erwähnt werden, daß die bayerischen Haflinger-Züchter auf den diversen DLG-Ausstellungen für den Haflinger im deutschen Raum einen erfreulichen Werbebeitrag leisteten.

Schon im Jahr 1964 wurden die ersten Haflinger nach Frankreich exportiert, ein Land, das sich in späteren Jahren zu einem bedeutenden Nachzuchtland entwickeln konnte.

Im Jahr 1965 organisierten wir in Innsbruck die 1. Internationale Haflinger-Schau mit einer Beteiligung von Deutschland, Holland, Italien, der Schweiz und Österreich, wobei der Qualitätsstand der einzelnen Zuchtgebiete als auch der Gesamtzucht demonstriert werden konnte. Anläßlich dieser Schau erschien das Buch »Haflinger – ein Pferd erobert die Herzen der Völker«, viersprachig und mit ergänzter Hengststammtafel.

Im Jahr 1966 konnten die ersten Haflinger nach Belgien exportiert werden.

1968 folgte der erste große Transport nach Bhutan am Himalaja, ein Schritt, der für die Ausbreitung des Haflingers im asiatischen Raum noch große Bedeutung erlangen sollte. In den Folgejahren konnten neue Exporte nach Polen, Ungarn und Albanien verzeichnet werden. In diesem Zusammenhang darf nicht vergessen werden, daß sich diese Ausbreitung der Haflinger-Zucht in einer Zeit vollzog, in der die Pferdezucht im allgemeinen mit großen Absatzschwierigkeiten und generellen Rückgängen der Bestandszahlen zu kämpfen hatte.

Holzabfuhr im Winter.

Beim Abfahren vor dem Driving Grand Prix in Windsor.

Anläßlich des Staatsbesuches Ihrer Majestät Königin Elisabeth II. von England im Jahr 1969 wurden vom österreichischen Bundespräsidenten zwei Haflinger-Stuten als Staatsgeschenk überreicht. In den Folgejahren stießen viele prominente englische Pferdezüchter zu den Reihen der Haflinger-Züchter.

Im Jahr 1971 fand in Innsbruck die Jubiläumswoche (50 Jahre nach der Gründung der Haflinger-Pferdezuchtgenossenschaft Zams) statt. Zu diesem Termin erschien die Broschüre »Der Haflinger, das Freizeitpferd aus den Bergen Tirols«, wiederum mehrsprachig, um Interessenten aus der ganzen Welt damit anzusprechen. 213 Pferde aus allen Blutlinien, davon 30 Vatertiere, boten einen Überblick über den Stand der Zucht.

Dänemark, Luxemburg, Thailand, Australien, Kolumbien, Brasilien und Südwestafrika sowie Kanada, Schweden und Irland kamen in den Jahren von 1970 bis 1975 als neue Zuchtgebiete zur Haflinger-Gemeinschaft.

1. Österreichische Bundespferdeschau: Anka, Bundessiegerstute 1975.

Die Zucht

Organisation: Tirol, Österreich, Welt-Haflinger-Vereinigung

Frühsommer der Junghengste auf der Alm.

Die Pferdezucht erfuhr verhältnismäßig früh eine systematische Förderung, wenngleich sie zu Beginn fast ausschließlich ein Privileg von Herrscherhäusern und Klöstern war. Bei Verbreitung einer Rasse auf das ganze Land wurde schon bald versucht, die Züchter in Organisationen zusammenzufassen. Die Haflinger-Rasse zählt zu den wenigen Pferderassen, die über eine kleinbäuerliche Grundlage aufgebaut wurden. Hippologen haben später die Haflinger-Rasse entdeckt und deren weitere Betreuung übernommen.

Die Organisation eines Haflinger Pferdezuchtverbandes wird nachfolgend anhand des Haflinger Pferdezuchtverbandes Tirol erörtert. Die Organisation eines Zuchtverbandes ist zu einem großen Teil von den landesüblichen Tierzuchtgesetzen abhängig, so daß hier kein allgemein gültiges Beispiel für die Organisation gegeben werden kann. Es soll lediglich ein Modell für den organisatorischen Aufbau eines Pferdezuchtverbandes vorgestellt werden.

Als führende Kräfte der Haflinger-Zucht Tirols müssen angeführt werden:

Hermann Haueis
Von 1921 bis 1931 Obmann der Haflinger Pferde-Zuchtgenossenschaft Zams.

Ferdinand Grüner
Von 1931 bis 1946 Obmann der Haflinger Pferdezuchtgenossenschaft Zams, später des Haflinger Pferdezuchtverbandes Tirol.

Kommerzialrat Angelus Scheiber
Obmann des Haflinger Pferdezuchtverbandes Tirol von 1946 bis 1972.

Ökonomierat Franz Greiter
Obmann des Haflinger Pferdezuchtverbandes Tirol von 1972 bis 1985 und wieder seit dem Jahr 1987.

Romed Posch
Obmann des Haflinger Pferdezuchtverbandes Tirol von 1985 bis 1987.

Major Graf Huyn
Erster Zuchtleiter der Haflinger-Zucht.

Oberlandstallmeister Rudolf Köhler
Zuchtleiter von 1919 bis 1935.

Oberregierungsrat Dr. Karl Thurner
Zuchtleiter von 1935 bis 1945.

Ing. Otto Schweisgut
Zuchtleiter von 1945 bis 1985.

Johannes Schweisgut
Zuchtleiter seit 1985.

Die Vorsitzenden (Obmänner) des Verbandes wurden stets von der Vollversammlung gewählt und bestätigt, die Zuchtleiter zunächst vom Staat, später über Vorschlag der Vollversammlung

Altobmann Kommerzialrat Angelus Scheiber bei der Übergabe eines Ehrenpreises anläßlich einer Pferdezuchtschau in 's-Hertogenbosch, Holland, bei der auch die heutige Königin Beatrix anwesend war.

Verbandsobmann Ök. Rat Franz Greiter beim Haflinger Wintercup 1994.

durch die Landeslandwirtschaftskammer bestellt. Die Obmänner, Obmann-Stellvertreter und Geschäftsführer eines jeden Vereines bilden die Vollversammlung des Zuchtverbandes.
Im Jahr 1947 wurde die Arbeitsgemeinschaft der Haflinger-Züchter Österreichs gegründet. Mit Ausnahme von Tirol, Vorarlberg und einem Teil von Salzburg sind die Landespferdezuchtverbände der übrigen österreichischen Bundesländer für alle Rassen (Kaltblut, Warmblut, Haflinger, Kleinpferde) zuständig. Die Führung der Arbeitsgemeinschaft der Haflinger-Züchter Österreichs wird von den Landesvertretern der Haflinger-Zucht gewählt. Die Satzungen besagten ursprünglich eine Funktionsperiode von drei Jahren, was jedoch um die Arbeitsfähigkeit dieser Organisation zu erweitern, auf sechs Jahre verlängert wurde.

Vom Jahr 1965 bis 1992 wurden bei jeder Wahl der Obmann und Geschäftsführer des Haflinger Pferdezuchtverbandes Tirol wieder mit der Führung der Arbeitsgemeinschaft der Haflinger-Züchter Österreichs betraut. Im Jahr 1992 erfolgte aufgrund von Unstimmigkeiten, insbesondere wegen der Reinzuchtbestimmungen, der Austritt des Haflinger Pferdezuchtverbandes Tirol von der Arbeitsgemeinschaft. Die Arbeitsgemeinschaft der Haflinger-Züchter Österreichs hat damit ihren Status für den gesamten Bundesbereich verloren. Es erfolgte eine Trennung in Ost- und Westösterreich.

Nachdem sich die Haflinger-Zucht in den siebziger Jahren auf viele Staaten ausgedehnt hatte, wurde von seiten zahlreicher Zuchtorganisationen der Wunsch geäußert, eine Dachorganisation für alle Haflinger züchtenden Staaten zu schaffen. Ein Proponentenkomitee, bestehend aus Dr. Krapf (Schweiz), Reiterer (Italien), Le Petit (Frankreich), Baron de Loe (Holland), Bromiley (Großbritannien), Schweisgut (Österreich), wurde mit der Ausarbeitung der Statuten betraut. Die Satzungen wurden in Sitzungen in Innsbruck, Bozen und Paris erarbeitet.

Im Jahr 1976 fand auf dem Fohlenhof in Ebbs die konstituierende Generalversammlung der Welt-Haflinger-Vereinigung statt. Ök. Rat Ing. Otto Schweisgut wurde zum Präsidenten, Dr. Willi Krapf (Schweiz) zum 1. Vizepräsidenten, Léon

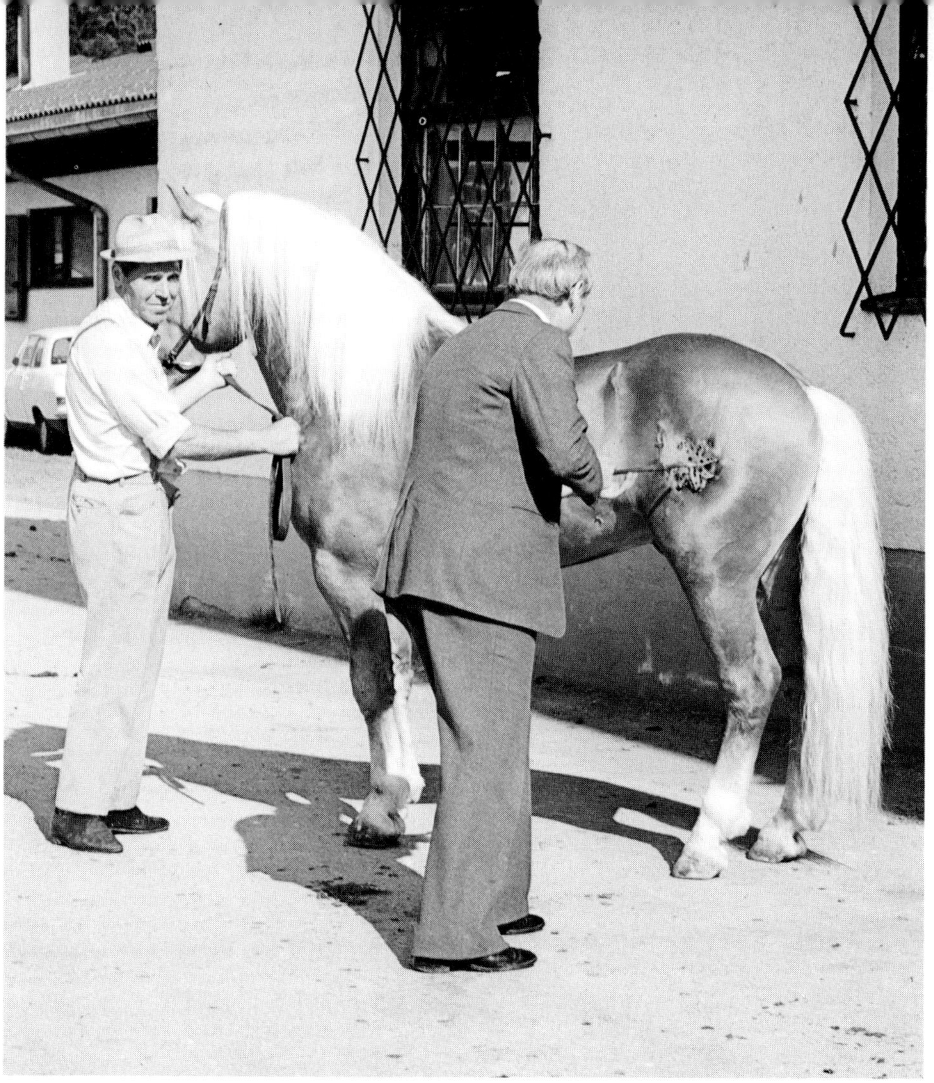

Gelassen läßt sich der Haflinger das Brandzeichen aufbrennen.

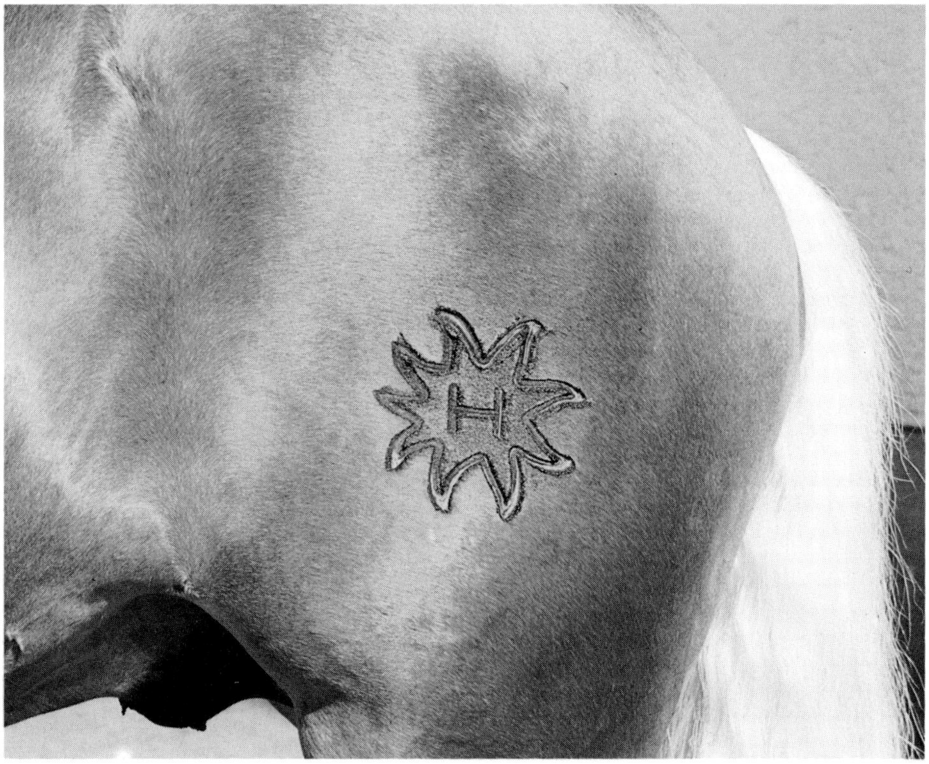

Le Petit (Frankreich) zum 2. Vizepräsidenten und Mary Bromiley (England) zum 3. Vizepräsidenten gewählt.
Die Vereinigung trägt den offiziellen Namen »Welt-Haflinger-Vereinigung«, hat den Sitz am Wohnort des Präsidenten und führt als offizielle Sprache Deutsch. Die Vereinigung bezweckt den Zusammenschluß der Haflinger züchtenden Organisationen zur Förderung, Verbesserung und Verbreitung des reingezogenen Haflingers. Ursprünglich konnten nur nationale Organisationen als ordentliche Mitglieder aufgenommen werden. Im Jahr 1990 wurden von seiten der Welt-Haflinger-Vereinigung Statutenänderungen beschlossen, um Reinzüchtern aus der ganzen Welt die Möglichkeit zu bieten, auch mit kleineren Organisationen Mitglied zu werden. Bei den Neuwahlen im Jahr 1986 wurde Léon Le Petit (Frankreich) als Vizepräsident bestätigt. Als 2. Vizepräsident wurde Robert W. MacArthur (U. S. A.) gewählt.

Der Mitgliederstand der Welt-Haflinger-Vereinigung lautete im Jahr 1987: Australien, Belgien, BRD, Brasilien, Dänemark, Frankreich, Großbritannien, Luxemburg, Niederlande, Österreich, Schweiz, U. S. A. Kontakte mit der Welt-Haflinger-Vereinigung hielten zu dieser Zeit: die DDR, Indien, Italien, Jugoslawien und die Türkei. Italien war bereits zur Zeit der Gründung der Vereinigung in den Jahren 1975/76 stark engagiert. Der tatsächliche Beitritt des italienischen Nationalverbandes erfolgte jedoch erst im Jahr 1992. Deutschland schied im Jahr 1990 aus der Vereinigung aus. Schweden wurde Mitglied.

Alle Zuchtorganisationen, die der Welt-Haflinger-Vereinigung im Anschluß neu beigetreten sind, wurden unter der Auflage aufgenommen, die mit Araberblut eingekreuzten Haflinger in einem separaten Zuchtbuch zu führen.

Jährlich werden zahlreiche Vereins- und Bezirksschauen im Verbandsgebiet Tirol abgehalten, was den Züchtern einen Qualitätsvergleich bietet.

Unumstößliche Voraussetzung für jegliche Mitgliedschaft bei der Welt-Haflinger-Vereinigung ist und wird es auch in Zukunft sein, daß sich die jeweiligen Zuchtorganisationen bereiterklären, das Haflinger Pferd in Reinzucht weiterzuzüchten, um die rassetypischen Eigenschaften des Haflingers auch der Nachwelt zu erhalten.
Eingriffe in das Zuchtgeschehen der Mitgliedsorganisationen sind von seiten der Welt-Haflinger-Vereinigung nicht möglich, da jedes Land bzw. jede nationale Zuchtorganisation an die landesüblichen Tierzuchtgesetze gebunden ist.

Tagung der Welt-Haflinger-Vereinigung Ebbs 1990

Im Anschluß an die 1. Haflinger-Weltausstellung fand am Montag, dem 28. Mai 1990, in Ebbs die Tagung der Welt-Haflinger-Vereinigung statt. Nach dem Bericht des Präsidenten Ök.-Rat Ing. Otto Schweisgut, der nachstehend angeführt ist, kam es zur Diskussion über die Mitgliedschaft der FN (BRD) in der Welt-Haflinger-Vereinigung im Hinblick auf die Erfüllung der Reinzuchtbestimmungen. Die FN war vier Jahre zuvor – unter der Voraussetzung der Erfüllung der Reinzuchtbestimmungen der Welt-Haflinger-Vereinigung – Mitglied geworden. Es war damals festgelegt worden, daß Stuten nach sechs Generationen Reinzucht den Bestimmungen entsprechen würden. Bei den Hengsten wird väterlicher- und mütterlicherseits Reinzucht gefordert. Nach jahrelangen Diskussionen wurde von den drei Delegierten der FN auf dieser Tagung 1990 erklärt, daß man nicht bereit sei, diese sechs Generationen zu akzeptieren, sondern man bestehe auf vier Generationen Reinzucht. Die Anfrage zweier Delegierter der Welt-Haflinger-Vereinigung, warum sich 80% Reinzüchter in der BRD 20% Kreuzungszüchtern anpassen müßten, blieb ungeklärt. Da von seiten der Welt-Haflinger-Vereinigung von den sechs Generationen Reinzucht kein Abstand genommen wurde, beschlossen die Delegierten aus der BRD, die Welt-Haflinger-Vereinigung zu verlassen.
Von seiten der Welt-Haflinger-Vereinigung wurden Statutenänderungen beschlossen, um Reinzüchtern aus der ganzen Welt die Möglichkeit zu bieten, auch mit kleineren Organisationen Mitglied zu werden.
Bei den Neuwahlen der Vizepräsidenten wurden Tom Crane, Großbritannien, und Inge Nobel, Dänemark, zum 2. und 3. Vizepräsidenten gewählt. R. W. MacArthur, USA, wurde in seiner Funktion als 1. Vizepräsident bestätigt.
Den beiden scheidenden Vizepräsidenten, Léon Le Petit, Frankreich, und Markus Ziegelmüller, Schweiz, wurde der herzlichste Dank für ihre Tätigkeit ausgesprochen.

Des weiteren wurde anläßlich dieser Tagung auf Antrag des Australischen Haflinger-Verbandes einstimmig beschlossen, der langjährigen Präsidentin E. Paxton-Brown das Silberne Ehrenzeichen der Welt-Haflinger-Vereinigung zu überreichen. Außerdem erfolgte der Beschluß, dem Präsidenten der Welt-Haflinger-Vereinigung, Ök.-Rat Ing. Otto Schweisgut, das Goldene Ehrenzeichen für seine großen Verdienste um die weltweite Haflinger-Zucht zu verleihen.

Referat von Präsident Ök.-Rat Ing. Otto Schweisgut auf der Tagung der Welt-Haflinger-Vereinigung 1990

Vor 15 Jahren, im Jahr 1975, wurde anläßlich der großen Haflinger-Eliteschau auf dem Fohlenhof in Ebbs ein Proponentenkomitee bestellt, um die Gründung der Welt-Haflinger-Vereinigung vorzubereiten, welche schon im Jahr 1976 realisiert werden konnte.

Vom 25. bis 27. Mai durften wir die 1. Haflinger-Weltausstellung miterleben – eine Zuchtschau, die uns allen Anerkennung abverlangt, vor allem aber auch den Dank an all jene, die diese Schau ermöglicht haben. Eine Weltrasse, wie sie der Haflinger darstellt, muß auch entsprechend vorgestellt werden, was mit dieser Weltausstellung auch voll und ganz gelungen ist. Weltweit kann die Haflinger-Rasse heute auf eine Populationsbreite mit einem Qualitätsstand verweisen, was selbst jedem Skeptiker Respekt abringt. Diese 1. Haflinger-Weltausstellung hat allein durch die Beschikkungszahl mit nahezu 400 Zucht- und Jungstuten sowie 62 Zuchthengsten und der repräsentativen Anzahl von 88 Gastpferden aus europäischen Staaten und Übersee ihren Zweck, die Haflinger-Rasse als Weltrasse zu präsentieren, voll und ganz erreicht.

Der Ausstellungsmodus, nämlich das Vorstellen aller Schaupferde in Sammlungen und Familien - Hengste mit mindestens 10 eingetragenen Nachkommen, Hengste mit mindestens 3 Generationsfolgen, Stutenfamilien mit mindestens drei eingetragenen Nachkommen und Stutenfamilien in Generationsfolge bis zu 5 Generationen - unterstrich die konsequente Zuchtarbeit, die in der Haflinger-Zucht seit vielen Jahrzehnten verfolgt wird.

Durch das Ausstellen auch nicht eines Einzelpferdes wurde auf dieser 1. Haflinger-Weltausstellung verdeutlicht, daß Züchten »Denken in Generationen« bedeutet. Diese Zuchtschau hat in jedem Fall gezeigt, daß die Reinzuchtbestimmungen im Rahmen der Welt-Haflinger-Vereinigung ihre Früchte tragen; der Erfolg dieser Schau spricht selbst dafür. Konsequente Zuchtarbeit auf Reinzuchtbasis mittels rasseinterner Selektion als »Pedigreezucht« abwertend zu beurteilen, ist durch diese Weltausstellung erneut eindeutig widerlegt worden.

Diese Tagung der Welt-Haflinger-Vereinigung wird einen weiteren Meilenstein in der Geschichte der Haflinger-Zucht darstellen. Es muß noch einmal klar hervorgehoben werden, daß alle Mitglieder der Welt-Haflinger-Vereinigung bis dato unter der Zusage aufgenommen wurden, die Haflinger-Zucht in Reinzucht zu betreiben. Seit dem Jahr 1986, dem Jahr, in welchem die Deutsche Reiterliche Vereinigung Mitglied bei der Welt-Haflinger-Vereinigung geworden ist, ist eine Unruhe über den Begriff »Reinzuchtbestimmungen in der W.-H.-V.« eingekehrt. Die Diskussion ist nicht mehr abgerissen.

Die ausgesandten Vorschläge für Statutenänderungen in der Welt-Haflinger-Vereinigung haben das Reinzuchtproblem für einzelne Mitglieder wieder ganz in den Vordergrund gerückt. In ihrer Stellungnahme schreibt beispielsweise die FN aus der BRD an die Welt-Haflinger-Vereinigung: *»Die Definition des Begriffes ›Reinzucht‹ ist strittig, insbesondere bei einer so jungen Pferderasse wie beim Haflinger. Bei strenger Auslegung des Begriffes, so wie sie in der Vollblutzucht erfolgt, kann der Begriff ›Reinzucht‹ beim Haflinger überhaupt nicht angewendet werden.«*

Die wissenschaftliche Auslegung des Begriffes »Reinzucht« ist so definiert, daß eine Anwendung in der Rassentierzucht keine klar gültige Anwendung finden könnte. Die Welt-Haflinger-Vereinigung kann jedoch den Begriff »Reinzucht in der Haflinger-Rasse« ihrerseits klar definieren. Wie streng der Begriff »Reinzucht« in der Vollblutzucht ihre Anwendung findet, liegt allein im Aufgabenbereich der Verantwortlichen für die Vollblutzucht. Der Begriff »Reinzucht« in der Haflinger-Zucht ist im Rahmen der Welt-Haflinger-Vereinigung klar definiert und in ihrer Auslegung streng genug.

Die Haflinger-Rasse geht auf den Begründerhengst FOLIE, geb. 1874, mehr als 125 Jahre zurück. Leider wurde die mütterliche Seite im Ursprungszuchtgebiet nicht gleichermaßen eingeordnet wie die Vatertiere. Allerdings sollte dabei doch einmal klar und deutlich hervorgehoben werden, daß selbst heute noch vielfach in der Pferdezucht bedauerlicherweise der mütterlichen Seite viel zu wenig Beachtung geschenkt wird.

Das Vatertier wird vielfach als das für die Verbesserung und Gestaltung in der Pferdezucht alleinig ausschlaggebende Zuchtprodukt hingestellt. Diese Auffassung sollte an dieser Stelle einmal deutlich korrigiert werden.

Seit dem Jahr 1926 wird im Hochzuchtland Tirol ein Stutbuch geführt, in welchem 10 und mehr Generationen aufgezeichnet sind und mit ihrer gesamten Nachzucht kontrolliert geführt werden. In den einzelnen Stutenfamilien sind bis zu dreihundert Nachkommen erfaßt. Nachweislich ist in diesen Generationsfolgen kein Tropfen fremdes Blut zugeflossen.

Heute verfechten die Reinzucht-Gegner und Arabo-Befürworter die Ansicht, daß ab der 5. Generation kein Fremdblut mehr vorhanden sei und aus diesem Grunde alle Zuchtprodukte dieser Art in die Stutbücher für reingezogene Haflinger zurückgeführt werden könnten. Allerdings wird in einem Atemzug von den gleichen Leuten die Ansicht vertreten, daß die Haflinger-Rasse ja überhaupt nicht berechtigt sei, sich als »Reinzucht-Rasse« zu bezeichnen.

Meiner Ansicht nach obliegt die genaue Definition des Begriffes »Reinzucht in der Haflinger-Zucht« einzig und allein der Welt-Haflinger-Vereinigung.

Seit mehr als 50 Jahren beschäftige ich mich intensiv mit der Haflinger-Zucht. In diesem Zusammenhang war es mir jedoch auch ein Bedürfnis und Interesse, den Zuchtaufbau sowie die Selektionsmöglichkeiten anderer Rassen zu verfolgen. Im Rahmen des Hochzuchtlandes Tirol hat es nach dem 2. Weltkrieg die schärfsten Zuchtförderungsbestimmungen gegeben, die ich jemals bei einer Pferderasse beobachten konnte.

Im Hochzuchtland Tirol war und ist es oberstes Gebot, daß Vatertiere aus durchgezüchteten Mutterstämmen stammen müssen. Wie viele Zuchten sind eingegangen, wie viele haben an Qualität eingebüßt, wenn sie den Mutterlinien nicht entsprechenden Wert beigemessen haben! Mit Sicherheit würde die weltweite Haflinger-Zucht heute nicht in der Lage sein, den derzeitigen Qualitätsstand aufzuweisen, wenn das Hochzuchtland Tirol nicht über 40 Jahre den größten Wert auf Selektion bei den Mutterlinien gelegt hätte.

Den besten Beweis für diese oben angeführten Aussagen liefern die Hengstnachzuchtsammlungen der Deckhengste aus den jüngeren Jahrgängen, welche auf der Weltausstellung während der letzten 3 Tage gezeigt wurden. Es gibt heute kein Nachzuchtland auf der ganzen Welt, in welchem nicht ein Zuchthengst aus dem Hochzuchtland Tirol in Deckverwendung stünde und erfreulicherweise zu einer Qualitätsverbesserung beiträgt. Selbst die ältesten Zuchtgebiete Italien und Deutschland bauten ihre Zuchten mit Hengsten und Mutterlinien aus dem Hochzuchtland Tirol auf. Fast alle Bundesländer der BRD, mit Ausnahme von Bayern und Saarland, haben im Laufe der letzten 5 Jahre Deckhengste aus Tirol, aus abgesicherten Mutterstämmen, erworben. Liegen die durchschnittlichen Belegzahlen in der Bundesrepublik Deutschland bei den Haflinger-Hengsten bei 20 Stuten, so weisen jene aus dem Fohlenhof Ebbs, die in der Bundesrepublik decken, Deckziffern zwischen 50 und 80 pro Jahr auf. Die deutschen Züchter ihrerseits haben somit erkannt, was mit durchgezüchteten Hengsten zu erreichen ist. Die Zuchtprodukte, welche daraus entstehen, sprechen ihrerseits für die richtige Entscheidung der Züchter.

Ich möchte in diesem Zusammenhang nochmals darauf verweisen, daß man der mütterlichen Seite schon allein dadurch wieder mehr Bedeutung beimessen sollte, indem den Mutterstuten wieder der Anfangsbuchstabe der Mutter bei der Namensgebung verabreicht wird. Derzeit werden sie in so manchem großen Zuchtgebiet mit dem Anfangsbuchstaben der Hengstnamen versehen. Eine Rückverfolgung der Mutterlinie wird dadurch erschwert.

Das Fundament jeder Qualitätsverbesserung liegt in durchgezüchteten Mutterlinien, aus welchen die Vatertiere gezogen werden.

Was die Leistungsprüfungen anbelangt, die von prominenten deutschen Zuchtleitern als »Feigenblatt!« bezeichnet werden, muß klar herausgestellt werden, daß diese Hengstleistungsprüfungen wertlos sind, wenn nicht auch die Mutter, Großmutter und Urgroßmutter sowie drei Generationen väterlicherseits geprüft werden.

Das Züchten, das Denken in Generationen, kann nur über einen langen Zeitraum mit viel Geduld, Geschick und Weitblick zum Erfolg geführt werden. Ein ständiger Wechsel in der Zuchtleitung kann somit für eine Zucht kaum eine positive Auswirkung haben. Auch dieser Faktor sollte von den Kommissionen in den diversen Ländern berücksichtigt werden.

Abschließend möchte ich allen Ländervertretern für das Kommen danken. Gedankt werden soll jedoch auch allen Ausstellern, die die weite Anreise nicht gescheut haben, an der 1. Haflinger-Weltausstellung teilzunehmen. Ich möchte die Delegierten bitten, diesen Dank an ihre Züchter weiterzuleiten. Der Haflinger als Weltrasse muß in großem Rahmen gezeigt werden, um einen weiteren Siegeszug unserer Rasse, unseres Haflinger-Pferdes, zu gewährleisten. Diese Haflinger-Weltausstellung hat zudem erneut bewiesen, daß der reingezogene Haflinger diesen weltweiten Qualitätsstand verkörpert. Es dürfte wohl niemand der Welt-Haflinger-Vereinigung noch zumuten, daß diese sich die erzielten Erfolge durch Fremdblutzufuhr verwässern, wenn nicht auf lange Sicht gesehen, sogar in Frage stellen ließe.

Die Generalversammlung der Welt-Haflinger-Vereinigung im Jahr 1992 wurde von seiten Frankreichs in Tours abgehalten. Italien wurde in diesem Jahr Mitglied der Welt-Haflinger-Vereinigung. Der Haflinger Pferdezuchtverband Tirol wurde ebenfalls im Jahr 1992 als Vertreter Westösterreichs als ordentliches Mitglied bei der Welt-Haflinger-Vereinigung aufgenommen. Eine Vorstandssitzung der Welt-Haflinger-Vereinigung folgte im Jahr 1993 in Australien. Die nächste Tagung wird im Mai 1995 im Anschluß an die 2. Haflinger Weltausstellung in Tirol stattfinden. Neuanträge für die Aufnahme von Neumitgliedern liegen vor.

Stutbuch

Eine wesentliche Aufgabe jeder Zuchtorganisation ist eine geordnete Zuchtbuchführung, um eine systematische Zuchtplanung zu gewährleisten und damit einen züchterischen Fortschritt anzustreben. Auch die Zuchtbuchführung soll im folgenden anhand des Haflinger Pferdezuchtverbandes Tirol erläutert werden.

Bereits im Jahr 1926 übernahm in Tirol Oberregierungsrat Dr. Thurner die Zuchtbuchführung; vorher oblag diese Aufgabe den Haflinger-Zuchtgenossenschaften. Dr. Thurner zeichnete ganz genaue Angaben über die einzelnen Zuchttiere auf, wodurch das Stutbuch auf einer sicheren Grundlage aufgebaut werden konnte.

Implantieren des Mikrochips und Brennen anläßlich des Jährlingsbrennens und der Stutbuchaufnahmen.

Das Ausstellen des Belegscheines und Geburtsscheines, der Fohlenbrand, die Stutbuchaufnahme und die erst daraus resultierende Deckerlaubnis stellen den Kreislauf des züchterischen Geschehens eines Pferdes im Haflinger Pferdezuchtverbandes Tirol dar.

Eine Stute darf im Haflinger Pferdezuchtverband erst gedeckt werden, wenn sie in das Zuchtbuch aufgenommen ist. Wird eine Stute gedeckt, stellt der Deckstellenleiter (Stationsleiter) einen »Belegschein« aus, der auf der Vorderseite die Abstammung des Hengstes und der Stute aufweist und vom Deckstellenleiter zu unterzeichnen ist. Die Rückseite des Belegscheines stellt den »Geburtsschein« dar, der je nach Zuchtergebnis vom Deckstellenleiter auszufüllen und zu unterzeichnen ist.

Die Fohlen werden jährlich, und zwar innerhalb des ersten Halbjahres, von seiten einer Kommission der Zuchtleitung besichtigt, wobei festgestellt wird, ob das Fohlen für die Zucht geeignet erscheint. Bis zum Jahr 1991 erhielten die Fohlen im Laufe der Wintermonate den Fohlenbrand, um gleichzeitig eine Kontrolle über den Halte- und Pflegezustand zu haben. Seit dem Jahr 1991 wird der Fohlenbrand anläßlich der zentralen Stutbuchaufnahmen auf vier Auftriebsplätzen vergeben. Nach Erhalt des Fohlenbrandes wird für das Fohlen seitens des Zuchtverbandes anstelle des Belegscheines ein Abstammungsnachweis ausgestellt.

Dreijährig werden die Pferde zur Stutbuchaufnahme vorgestellt, und zwar einer für das Verbandsgebiet einheitlichen Kommission. Seit dem Jahr 1991 finden im Verbandsgebiet Tirol zentrale Stutbuchaufnahmen auf 4 großen Auftriebsplätzen mit jeweils ca. 100 dreijährigen Jungstuten statt. Als jährlich fixer Termin gilt dafür das erste März-Wochenende von Donnerstag bis Sonntag. Wird das Pferd in das Hauptstammbuch aufgenommen, erfolgt das Ausfüllen des Abstammungsnachweises auf der Rückseite, d. h. die Maße und die Beschreibung der Stute werden festgehalten und vom Zuchtleiter unterzeichnet. Gleichzeitig wird ein Zuchtblatt für dieses Pferd angelegt, in welchem ebenfalls die Beschreibung, die Maße sowie die Klassifizierung des Pferdes eingetragen werden. Auf der Rückseite des Zuchtblattes ist Platz für die Nachzuchtbewertungen der Stute.

Selbstverständlich werden im Haflinger Pferdezuchtverband Tirol nur noch Stuten in das Hauptstammbuch aufgenommen sowie zur Deckung zugelassen, die mindestens 6 Generationen Abstammung aufweisen können.

Im Haflinger Pferdezuchtverband Tirol wurden im Jahr 1947 das Vorbuch und im Jahr 1958 das Stammbuch geschlossen. Alle Stuten, die nicht für die Aufnahme in das Hauptstammbuch geeignet erscheinen, werden aus der Zucht genommen und deren Abstammungsnachweise eingezogen, die satzungsgemäß Eigentum des Haflinger Pferdezuchtverbandes Tirol sind.

Bis zum Jahr 1985 erfolgte die Aufnahme ins Stutbuch nach Klassen, und zwar: Klasse Ib (Ib +, Ib, Ib –), Klasse IIa (IIa +, IIa, IIa –), Klasse IIb (Klasse IIb +, IIb, IIb –) und Klasse III.

Im Haflinger Pferdezuchtverband Tirol wurde ab dem Jahr 1985 das 100-Punkte-System eingeführt. Diese Neuregelung stellt für den Haflinger Pferdezuchtverband Tirol aufgrund der bis zu dieser Neuerung gültigen Einteilung in 10 Bewertungsklassen keine Schwierigkeit dar, da jeder Klasse eine entsprechende Punkteanzahl zugeordnet werden kann. Für nachfolgende Zuchtleiter ergeben sich somit durch die Umstellung auf das 100-Punkte-System keine Unklarheiten.

Punkteanzahl:	Qualitätsklasse:
ab 85 Punkte	Klasse Ib +
83 bis 84 Punkte	Klasse Ib
81 bis 82 Punkte	Klasse Ib –
79 bis 80 Punkte	Klasse IIa +
77 bis 78 Punkte	Klasse IIa
75 bis 76 Punkte	Klasse IIa –
73 bis 74 Punkte	Klasse IIb +
71 bis 72 Punkte	Klasse IIb
66 bis 70 Punkte	Klasse IIb –
60 bis 65 Punkte	Klasse III

Bei der Beurteilung nach dem 100-Punkte-System erfolgt eine Einteilung nach 10 Bewertungskriterien:

Typ	Hinterhand
Kopf	Vordergliedmaßen
Hals	Hintergliedmaßen
Vorhand	Gangkorrektheit
Mittelhand	Raumgriff

Für jeden Beurteilungspunkt wird von seiten der Richter eine Punkteanzahl zwischen 5 und 10 Punkten vergeben, woraus sich folgende Bewertungsnoten ergeben:

5 = Ungenügend	8 = Gut
6 = Genügend	9 = Sehr gut
7 = Befriedigend	10 = Ausgezeichnet

Bei den Stutbuchaufnahmen im Verbandsgebiet Tirol werden Stuten mit einer Gesamtnote unter 69 Punkten oder mit einer Bewertungsnote 5 nicht in das Zuchtbuch aufgenommen.

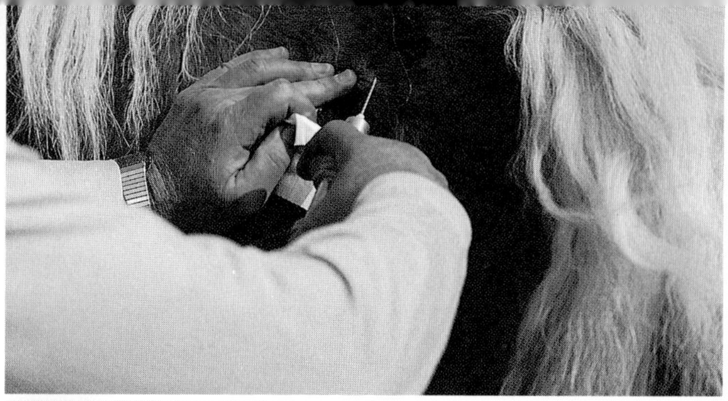

46

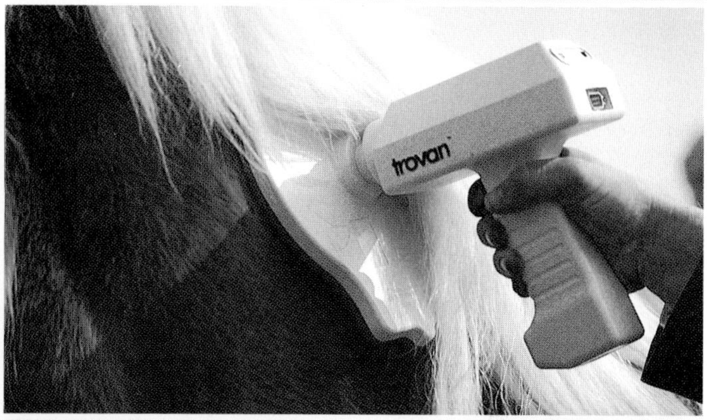
trovan

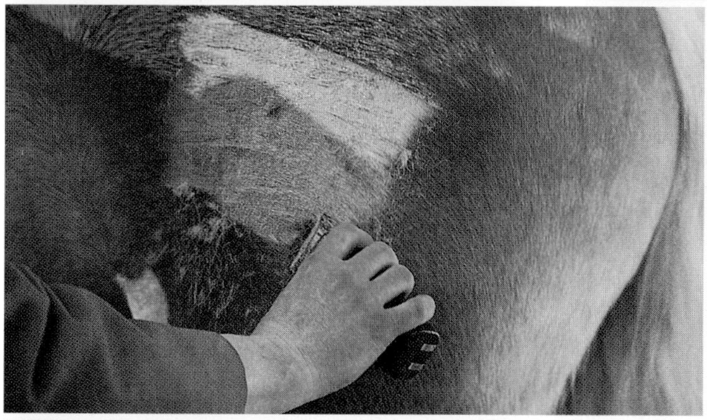

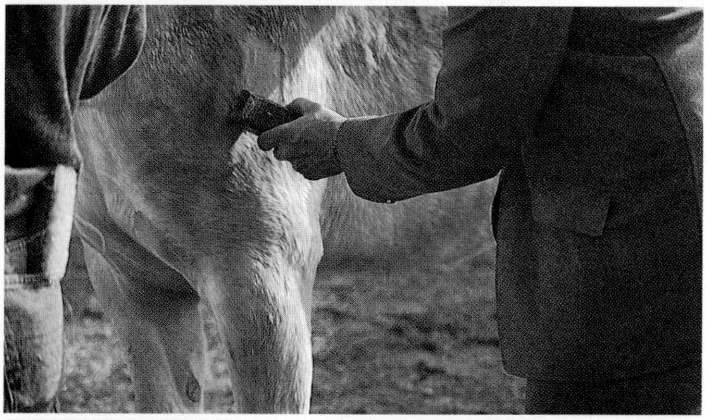

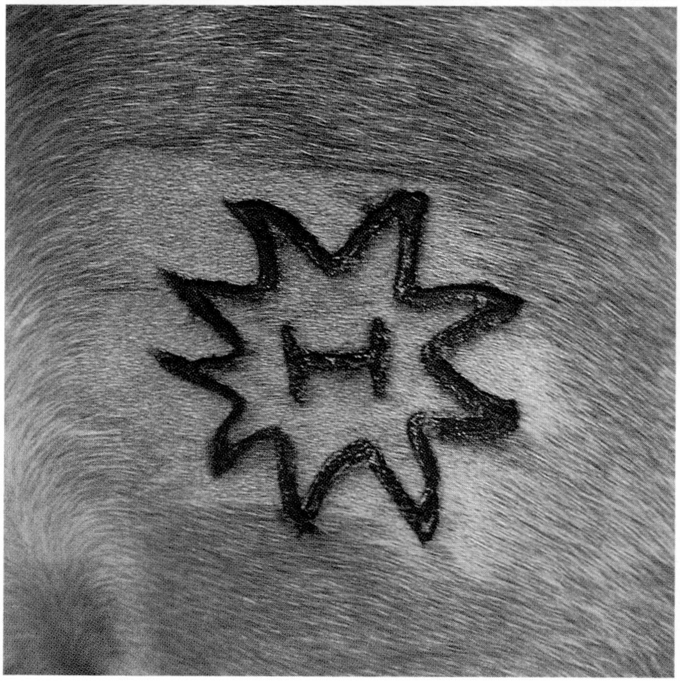

1. Jungstuten Eliteschau in Ebbs 1994:
Oben: Siegerstute 15001/T Farah nach 1406 Winterstein, geb. 1991.
Unten: Reservesiegerin 14742/T Halila nach 1438 Winzer.

Jungstuten Eliteschauen

Die 1. Jungstuten-Eliteschau fand im Jahr 1994 am Tag nach der Ebbser Auktion auf der Verbandsreit- und Fahrschule Fohlenhof Ebbs statt. In Zukunft werden alle zwei Jahre die besten drei- und vierjährigen Stuten aus dem Verbandsgebiet Tirol (mit mindestens auf den Stutbuchaufnahmen erzielten 79 Punkten) die Möglichkeit haben, zu dieser Veranstaltung aufgetrieben zu werden. Diese Eliteschau soll einen Überblick über die breite Spitze in den Jugendjahrgängen bieten.
Die Stuten auf der 1. Jungstuten-Eliteschau wurden einem internationalen Richterkollegium in zwei Gruppen vorgestellt. Die Trennung erfolgte nach Alter in die Klasse der dreijährigen und vierjährigen Stuten. Eine Aufteilung in Galt- und Mutterstuten bei den vierjährigen Stuten erfolgte nicht, da es sich fast ausschließlich um Mutterstuten handelte. Alle Pferde, die von seiten der Kommission die geforderte Qualität aufzuweisen haben, dürfen die Bezeichnung »Elitestuten« tragen. Diese erste Präsentation der drei- und vierjährigen Stuten aus dem Verbandsgebiet Tirol in Ebbs bot ein sehr beeindruckendes Bild. In überzeugender Geschlossenheit konnten elegante, moderne Pferde mit entsprechender Größe und schöner Farbe, mit edlen Köpfen und viel Aufsatz sowie mit schwungvollen Bewegungen gezeigt werden. Die Züchter Tirols dürfen mit Stolz auf dieses junge Zuchtpotential blicken, das die Grundlage für die zukünftige Nachzucht bildet. Die Wiederholung dieser Veranstaltung im Zweijahresabstand, alternierend mit der Hengstschau, soll den Überblick gewährleisten und den züchterischen Erfolg Tirols bildlich untermauern. Die Jungstuten-Eliteschau wird in allen geraden Jahren, immer am Tag nach der Ebbser Auktion, stattfinden.

Hengstregister Hengstnachzuchtbewertung

Selbstverständlich sind auch die Vatertiere zuchtbuchmäßig erfaßt, und zwar im Hengstregister. Da sich in Österreich bis vor wenigen Jahren noch neunzig Prozent aller Vatertiere in Händen des Staates befanden, heute noch ein hoher Anteil an Staatshengsten vorhanden sind, allerdings mit abnehmender Tendenz, wird das Hengstregister in Österreich von seiten der Bundesanstalt für Pferdezucht in Stadl-Paura geführt. Tirol erstellt jedoch für seine Hengste zusätzlich ein eigenes Hengstregister. Das Hengstregisterblatt weist auf der Vorderseite die Bewertungsklasse, die Grundbuchnummer, den Namen, die Beschreibung, ein Foto des Hengstes sowie die eingetragenen männlichen Nachkommen auf. Auf der Rückseite des Hengstregisterblattes sind die Abstammung in vier Generationen, die Zuchtleistungen, die Anzahl der gedeckten Stuten, der Trächtigkeitsprozentsatz, der Anteil an Hengst- und Stutfohlen sowie der Prozentsatz an verworfenen, eingegangenen und lebenden Fohlen angeführt.

Für jeden Hengst wird des weiteren ein Blatt zur Nachkommensbewertung angelegt, um feststellen zu können, ob die Nachzucht des Hengstes eine Plus-, Minus- oder gleiche Vererbung in bezug auf Exterieur erzielen konnte (zur Auswertung wird die Beurteilung der Stuten und Hengste anläßlich der Stutbuchaufnahmen bzw. der Hengstkörung verwendet). Selbstverständlich muß berücksichtigt werden, daß Fohlen, die auf Ebbser Auktionen ins Ausland abverkauft werden, in diesen Nachzuchtbewertungen nicht enthalten sind, jedoch sehr wohl diese Pferde zur Qualitätsverbesserung in anderen Zuchtgebieten beitragen.

Als Beispiel für die Vererbungskraft und Erbsicherheit sind in der Folge die Zuchtergebnisse für die im Verbandsgebiet Tirol verbliebenen Zuchtprodukte der Hengste: MIDAS, AFGHAN II und WINTERSTEIN angeführt. Diese Hengste wurden zwischen 1980 und 1985 in die Zucht gestellt. Daraus ist ersichtlich, daß auch noch auf einer qualitativ hochstehenden Stutengrundlage Verbesserungen zu erzielen sind. Nicht übersehen werden darf in diesem Zusammenhang jedoch, daß diese Hengste auf acht bis zehn Generationen durchgezüchteter Stutenstämme aufgebaut sind. Wie in diesem Buch mehrfach erwähnt, wurde im Haflinger Pferdezuchtverband Tirol über 50 Jahre nicht nur Exterieurselektion betrieben, sondern ganz besonderer Wert auf Charakterselektion gelegt. Die Mutterstuten wurden in Mutterlinien zusammengefaßt, gereiht und in der Folge jene, die in Qualität und Charakter nicht entsprachen, ausgeschieden. Stutenfamilien mit großer Leistungsbereitschaft, guter Lernfähigkeit und charakterlicher Eignung wurden vorausgestellt.

Ganz speziell ist das Ergebnis der Nachkommensbewertungen des Hengstes AFGHAN II hervorzuheben. Diesem Hengst ist es gelungen, obwohl ihm von 60 ins Zuchtbuch eingetragenen Stuten nur 11 aus der mittleren und schwächeren Klasse zugeführt wurden, trotzdem eine hohe Plusvererbung aufzuweisen, was ein überwältigendes Ergebnis darstellt. Es darf betont werden, daß ein Hengst, dem über 50 Prozent an Stuten aus dem ersten Qualitätsdrittel, 30 Prozent aus dem zweiten und 15 Prozent aus dem dritten zugeführt werden, immer noch erfolgreich wirkt, wenn diese Prozentsätze gehalten werden können.

Tiroler Hengstschauen

Im Jahr 1993 wurde die 1. Tiroler Hengstschau am Folgetag der Ebbser Stutfohlenauktion, die immer am letzten Samstag im September stattfindet, abgehalten. Der Grundgedanke dieser Veranstaltung ist die gemeinsame Präsentation aller im Verbandsgebiet Tirol in diesem Jahr im Deckeinsatz gestandenen Hengste. Vergleichszahlen, Bedeckungsziffern und ein Vorstellen am Dreieck an der Hand sollen den Züchtern und Interessenten einen Überblick über die Tiroler Vererber geben. Die Deckhengste werden in zwei Altersklassen vorgestellt: zehnjährig und älter sowie drei- bis neunjährig. 1. Tiroler Landessiegerhengst wurde im Jahr 1993 bei den Althengsten 1338 Afghan II vor 1406 Winterstein. Als Sieger der jüngeren Klasse ging liz. 101/T Amadeus vor liz. 122/T Starkenbach hervor. Diese 1. Tiroler Hengstschau bot ein beeindruckendes Bild an Ausgeglichenheit mit modernen Vererbern aus allen 7 Blutlinien. Die Ausrichtung dieser Tiroler Hengstschauen wird zukünftig im Zweijahresabstand stattfinden, d. h. in allen ungeraden Jahren, immer am Tag nach der Ebbser Stutfohlenauktion. Auch zukünftig wird eine internationale Richterkommission die Prämierung vornehmen.

Hier Beispiele für die Nachkommensbewertungen der Hengste: 1262 MIDAS, 1338 AFGHAN II, 1406 WINTERSTEIN

1262 MIDAS	Zb.-Nr. d. Stute	Klasse			Zb.-Nr. d. Mutter	Klasse			+ o –
		Ib IIa	IIb+ IIb	IIb– III		Ib IIa	IIb+ IIb	IIb– III	
1984	12643/T	IIa+			11579/T	Ib			–
	12658/T		IIb+		11639/T			IIb–	+
	12678/T	IIa–			11081/T	IIa+			–
	12686/T	IIa			11110/T	Ib–			–
	12742/T	IIa–			11997/T	IIa+			–
	12777/T	IIa+			11109/T	IIa+			o
	12856/T		IIb+		10887/T	IIa–			–
	12859/T	Ib–			9399/T	IIa			+
	12862/T	Ib+			10580/T	IIa+			+
	12872/T		IIb		11687/T		IIb+		–
	12877/T	IIa–			10719/T		IIb		+
	12878/T	Ib–			10189/T	IIa			+
	12879/T			IIb–	10761/T		IIb+		–
	12880/T	IIa–			11654/T			III	+
1985	12950/T	Ib–			11517/T		IIb+		+
	12979/T			IIb–	9399/T	IIa			–
	12985/T	Ib			11344/T		IIb		+
	13042/T	IIa			12139/T	IIa+			–
	13046/T		IIb+		11872/T	IIa+			–
	13047/T			IIb–	10923/T		IIb+		–
	13122/T			III	11819/T			III	o
	13128/T	IIa			10747/T			IIb–	+
	13134/T	IIa–			10919/T		IIb		+
	13135/T	IIa+			12084/T	IIa–			+
	13143/T	IIa			9280/T		IIb+		+
	13144/T	Ib–			10899/T	IIa–			+
	13147/T	IIa–			11873/T			IIb–	+
1986	13251/T	IIa+			11877/T	IIa			+
	13254/T		IIb+		12084/T	IIa–			–
	13257/T	IIa–			11657/T			III	+
	13260/T			IIb–	12140/T			IIb–	o
	13269/T	IIa–			10768/T		IIb+		+
	13272/T	Ib–			11647/T		IIb		+
	13276/T	Ib+			10580/T	IIa+			+
	13295/T		IIb		12349/T		IIb+		–
1987	13430/T	IIa+			12352/T	IIa–			+
	13431/T	IIa+			12128/T		IIb+		+
	13432/T	IIa			10886/T		IIb+		+
	13481/T	IIa			10434/T	IIa			o
	13487/T		IIb+		11873/T			IIb–	+
	13517/T	IIa–			10758/T		IIb		+
	13500/T	Ib			11878/T	Ib–			+
	13585/T	IIa+			9399/T	IIa			+
1988	13597/T			IIb–	12354/T		IIb+		–
	13599/T		IIb		12846/T		IIb		o
	13602/T	IIa–			11647/T		IIb		+
	13617/T		IIb+		12220/T			IIb–	+
	13625/T		IIb+		11147/T		IIb+		o
	13640/T		IIb+		12445/T			IIb–	+
	13649/T	Ib–			12352/T	IIa–			+
	13662/T	IIa+			11687/T		IIb+		+
	13663/T		IIb		12040/T			IIb–	–
1989	13818/T	IIa+			11333/T	Ib–			–
	13856/T	IIa			9399/T	IIa			o
	13863/T	IIa+			11878/T	Ib–			–
	13896/T	IIa+			11647/T		IIb		+
	13904/T		IIb		10122/T		IIb		o
	13905/T		IIb		12867/T	IIa–			–
	13908/T	IIa–			10919/T		IIb		+
	13915/T	IIa			13048/T		IIb		+
	13917/T		IIb+		10899/T	IIa–			–
	13961/T	Ib			12976/T	IIa			+

	13987/T	Ib–			13052/T	Ib–			o	
	13797/T		IIb+		11772/T		IIb+		o	
1990	14128/T		IIb+		12868/T			IIb–	+	
	14132/T	IIa			12580/T		IIb+		+	
1991	14212/T	IIa–			11743/T	IIa–			o	
	14214/T		IIb		12906/T		IIb+		–	
	14292/T		IIb+		13566/T		IIb+		o	
1992	14454/T		IIb		10667/T	IIa			–	
	14480/T	Ib–			11111/T	Ib			–	
	14482/T	IIa+			10581/T	Ib			–	
	14485/T		IIb		11743/T	IIa–			–	
	14488/T		IIb+		12845/T	IIa–			–	
	14503/T	IIa–			12826/T		IIb+		+	
	14533/T	IIa–			13566/T		IIb+		+	
1993	14701/T		IIb		13601/T			IIb–	+	
	14838/T		IIb		12906/T		IIb+		–	
1994	14919/T	IIa–			13660/T	IIa			–	
	15008/T		IIb+		12846/T		IIb		+	
	15010/T	IIa–			11878/T	Ib–			–	
	15027/T		IIb+		13601/T			IIb–	+	
	15040/T	IIa–			12826/T		IIb+		+	
	15069/T	IIa			11879/T	Ib–			–	

1338 AFGHAN II	Zb.-Nr. d. Stute	Klasse			Zb.-Nr. d. Mutter	Klasse			+ o –	
		Ib IIa	IIb+ IIb	IIb–		Ib IIa	IIb+ IIb	IIb–		
1987	13375/T	Ib			12584/T		IIb		+	
	13392/T	Ib			12139/T	IIa+			+	
	13483/T			IIb–	12420/T		IIb		–	
	13490/T		IIb+		10774/T			IIb–	+	
	13499/T	IIa+			11772/T		IIb+		+	
1988	13592/T	IIa–			12868/T			IIb–	+	
	13594/T	IIa+			10189/T	IIa			+	
	13596/T	IIa–			12878/T	Ib–			–	
	13600/T			IIb–	12909/T		IIb+		–	
	13601/T			IIb–	12844/T		IIb		–	
	13608/T	IIa			12538/T	Ib+			–	
	13611/T	IIa+			11870/T		IIb+		+	
	13661/T	Ib–			12590/T		IIb+		+	
	13687/T	IIa			12134/T	Ib			–	
	13764/T	Ib–			12350/T	IIa			+	
	13773/T	IIa–			12861/T	IIa+			–	
	13786/T	IIa–			12859/T	Ib–			–	
1989	13937/T	IIa+			12659/T	IIa–			+	
	13941/T			IIb–	12034/T		IIb+		–	
	13942/T	IIa			12443/T		IIb		+	
	13944/T	Ib–			12938/T		IIb+		+	
	13951/T	IIa+			11741/T	IIa–			+	
	13953/T			IIb–	10883/T			IIb–	o	
	13978/T	IIa			12455/T			IIb–	+	
	13798/T	IIa–			12907/T		IIb+		+	
	13799/T	IIa–			12273/T		IIb+		+	
1990	14064/T	IIa–			11782/T	IIa–			o	
	14102/T	IIa+			9234/T	IIa–			+	
	14105/T		IIb+		11452/T		IIb		+	
	14106/T		IIb+		12661/T			IIb–	+	
	14112/T	IIa			11568/T		IIb+		+	
1991	14211/T	Ib–			13269/T	IIa–			+	
	14234/T		IIb+		13258/T			IIb–	+	
	14238/T	IIa+			13422/T	IIa–			+	
	14412/T	IIa+			10756/T			IIb–	+	
	14414/T	IIa			10747/T	Ib–			–	

1992	14474/T	IIa+			12218/T	IIa+			o	
	14477/T	Ib–			13417/T		IIb+		+	
	14479/T	Ib			13612/T	Ib–			+	
	14489/T	Ib–			10189/T	IIa			+	
	14576/T	IIa+			13279/T	Ib			–	
	14611/T		IIb		11133/T	IIa–			–	
	14631/T	IIa			12856/T		IIb+		+	
1993	14665/T	IIa			13420/T		IIb		+	
	14787/T		IIb		11452/T		IIb		o	
	14799/T	IIa+			13417/T		IIb+		+	
	14800/T	IIa			12133/T	IIa			o	
	14804/T	IIa			12747/T	IIa–			+	
	14812/T	IIa			11743/T	IIa–			+	
	14816/T	Ib–			12856/T		IIb+		+	
1994	14908/T	IIa–			13821/T	IIa			–	
	14962/T	IIa			13609/T	IIa			o	
	14988/T	IIa–			12212/T	IIa–			o	
	15011/T	IIa+			13500/T	Ib			–	
	15020/T	Ib–			14129/T	IIa–			+	
	15023/T	IIa			13593/T	IIa+			–	
	15025/T	Ib–			10189/T	IIa			+	
	15100/T	IIa–			13597/T			IIb–	+	
	15111/T	IIa			13995/T	Ib–			–	
	15125/T	IIa–			12856/T		IIb+		+	

1406 WINTER-STEIN	Zb.-Nr. d. Stute	Klasse			Zb.-Nr. d. Mutter	Klasse			+ o –	
		Ib IIa	IIb+ IIb	IIb–		Ib IIa	IIb+ IIb	IIb–		
1989	13897/T	IIa–			12131/T		IIb+		+	
	13898/T	IIa–			10770/T	Ib–			–	
	13903/T	IIa+			12128/T		IIb+		+	
	13912/T	Ib			10847/T	Ib–			+	
	13916/T	Ib+			12538/T	Ib+			o	
	13927/T	IIa–			11568/T		IIb+		+	
	13965/T	Ib–			10599/T	IIa+			+	
	13995/T	Ib–			13588/T	IIa			+	
1990	14113/T	IIa			13139/T	IIa–			+	
	14147/T	IIa–			12097/T		IIb+		+	
	14180/T	IIa			13249/T	IIa+			–	
1991	14216/T	IIa–			12131/T		IIb+		+	
	14224/T		IIb+		13133/T		IIb+		o	
	14269/T	IIa+			12859/T	Ib			–	
	14333/T	IIa			12352/T	IIa–			+	
	14396/T		IIb		10189/T	IIa–			–	
	14409/T	Ib–			13042/T	IIa			+	
1992	14473/T	IIa			13662/T	IIa+			–	
	14476/T	IIa			13418/T	IIa			o	
	14478/T	Ib–			12538/T	Ib+			–	
	14481/T	IIa			10847/T	Ib–			–	
	14501/T	IIa–			13139/T	IIa–			o	
	14644/T	Ib–			13661/T	Ib–			o	
1993	14664/T	IIa			13487/T		IIb+		+	
	14686/T		IIb+		13663/T		IIb		+	
	14729/T		IIb+		13900/T	IIa+			–	
	14798/T	IIa+			11877/T	IIa			+	
	14814/T		IIb		12084/T	IIa–			–	
1994	14907/T		IIb+		13688/T	IIa			–	
	15004/T	Ib–			14118/T	Ib–			o	
	15009/T	IIa			12396/T	IIa			o	
	15114/T		IIb		13663/T	IIb			o	
	15131/T		IIb+		14143/T	IIa			–	

Stuten mit Fohlen auf einer Hochweide in Tirol.

Zuchtziel einst und heute

Heute wissen wir, daß keine Pferderasse der Welt von Beginn an gezielt gezüchtet wurde. Geographisch bedingt, durch Zusammenschluß von Erbgemeinschaften, kommt es dann, sich an Klima, Umwelt, Bodenbeschaffenheit und Verwendungszweck anpassend, zur Entwicklung von sogenannten »Landesrassen«.

Erst beim Einsetzen einer gezielten Auswahl von Tieren durch Menschenhand, nach bestimmten Vorstellungen und Erwartungen, die in eine Rasse gesetzt werden, kann von »Zucht« gesprochen werden. Auch weltberühmte Rassen, wie beispielsweise das Hannoversche Warmblut, legten ihr Stutbuch erst um die Jahrhundertwende an.

Selbst von einem Großteil der Stammmütter des Englischen Vollblutes liegt der Ursprung im dunklen, d.h. es kann nicht nachgewiesen werden, was die Ausführungen über die Herkunft bzw. den Beginn der Haflinger-Zucht (siehe Seite 13) erklärend ergänzen dürfte.

Jede Zuchtorganisation, die die Auslese als bedingungslosen Grundsatz anerkennt und als Voraussetzung vor jedes Zuchtgeschehen stellt, wird nie um Erfolge in der Zucht zu bangen haben. Für alle, die »Selektion« nur in Worte, nicht jedoch in Taten umsetzen, also rigoros zur Anwendung bringen, werden Einheitlichkeit, Ausgeglichenheit sowie das Erreichen eines gesteckten Zuchtzieles immer unerreichbar bleiben.

Ein Ausritt im Gebirge wird mit Haflinger Pferden wegen ihrer Trittsicherheit und des ruhigen Temperamentes zu einem besonderen Erlebnis.

Das Zuchtziel ändert sich wohl für fast jede Rasse im Laufe eines Jahrhunderts des öfteren; es ist von Verwendung und Absatzmöglichkeiten abhängig. In der Zucht spielen somit sowohl züchterische als auch wirtschaftliche Aspekte eine führende Rolle. Auch beim Haflinger hat sich daher die Zuchtzielsetzung während der letzten 100 Jahre mehrmals geändert.

Ursprünglich wurde der Haflinger als Zug- und Tragtier in unwegsamem Gelände südlich des Alpenhauptkammes eingesetzt. Es mußten daher auch die für ein Zug- und Tragtier notwendigen Exterieureigenschaften berücksichtigt werden. So lautet die Beschreibung des Haflingers von Graf Huyn aus dem Jahr 1897, also vor nahezu 100 Jahren, wie folgt:

»Der Haflinger ist ein kleines, 150 cm bis 160 cm Bandmaß hohes Gebirgstier, kurz, breit, über viel Boden, hat breiten Rücken, gewölbte Lende, ist gut gerippt und tief, mit nicht mehr sehr langer Kruppe, vielleicht etwas zu wenig Widerrist, kurze Röhre, gut gewinkelten Gelenken, der nicht sehr hoch angesetzte Schweif wird wenig getragen, der starke, oft etwas verkehrte Hals ist gut aufgesetzt; kurzes, starkes Genick; breiter, kurzer, trockener Kopf; leichter Eindruck am Nasenrücken kommt oft vor, lebhafte Augen, guter, raumgreifender, praktischer und korrekter Gang, verbunden mit großer Geschicklichkeit und Vertrautheit im schwierigen Terrain.

Der Haflinger ist sehr willig und arbeitsfreudig, ohne sich vom Reiter oder bei der Verwendung als Saumtier vom Treiber in der Wahl des günstigsten Weges und in der Einteilung der notwendig erscheinenden Ruhe- und Verschnaufspausen behindern zu lassen. In der Nahrung genügsam, in der Arbeit unverdrossen, ohne sich

Auf der Hochweide in einem Tiroler Lärchenwald.

zu beeilen. Bei der Farbe ist für den Haflinger der Fuchs mit hellflachsblonder Mähne am beliebtesten.«

Dr. Thurner schreibt in seinem Buch vom Jahre 1942:

». . . Der heutige Haflinger stellt eine eigene, konsolidierte und ausgeglichene Rasse dar. Er ist ein kleines, starkes und sehr gefälliges Gebirgspferd, das gleich gut unter dem Reiter als auch als Tragtier und im schweren Zug Verwendung findet.

Der Haflinger soll eine Widerristhöhe von 140 bis 155 cm Bandmaß erreichen; Stockmaß von 133 bis 148 cm. Er hat einen kurzen, breiten und trockenen Kopf, oft mit einem leichten Eindruck am Nasenrücken; lebhafte, feurige Augen; große, feine Nüstern; kleine, sehr bewegliche, ganz typische Mausohren.

Der genügend lange und starke, oft etwas verkehrte Hals ist gut aufgesetzt.

Die Mittelhand ist lang, der Widerrist oft wenig markiert, der Rücken breit und gut gespannt, die Lende breit bei gutem Schluß; die Kruppe meist etwas kurz, oft gespalten; der Schweif tief angesetzt.

Der Haflinger ist gut gerippt, hat breite Brust und korrektes, trockenes Fundament; er ist mehr lang als hoch, wodurch die gegenseitige Behinderung der Gliedmaßen unmöglich gemacht wird; der Gang ist korrekt und raumgreifend. Die Gürteldifferenz beträgt 20 bis 30 cm, das Schienbeinmaß 18 bis 20 cm.

Wenn auch von einigen Autoren abweichende Grenzen der Widerristhöhe angegeben werden, so neigen wir in Tirol zu der Ansicht, daß der Haflinger nur selten zu klein ist, jedoch die Überschreitung der oberen Grenze des Höchstmaßes als Mangel zu werten ist. Eine Bandmaßhöhe von 157 cm wird schon als oberste und äußerste noch zulässige Grenze angesehen . . .«

Es wird keiner Rasse erspart bleiben, Zuchtzieländerungen vorzunehmen, was in direktem Zusammenhang mit der Nachfrage steht. Der alte Spruch »Der Kunde ist König« hat auch in der Zucht seine Bedeutung. Denken wir nur an die geänderte Aufgabenstellung für den Haflinger zur Zeit von Oberregierungsrat Dr. Thurner im Jahr 1940 und heute, so ist die Neuorientierung unseres Zuchtzieles für den Haflinger leicht verständlich. Das Zuchtziel aller Kleinpferderassen orientiert sich derzeit auf ein Reitpony und Freizeitpferd.

Beim Haflinger suchen wir heute: ein leistungsbereites Universal- und Freizeitpferd mit hervorragendem Charakter, ruhigem Temperament; es sind neben den Merkmalen der Schönheit, allen Fuchsschattierungen mit hellem Langhaar, auch eine Reihe von Reiteigenschaften gefordert. So sind anzustreben: ein leichtes Genick, ein langer, konvex geformter Hals; eine schräg gelagerte Schulter mit gut markiertem Widerrist; elastischer, genügend langer Rücken; flache, raumgreifende Bewegungen. Besonders gefordert sind das ruhige Temperament, ein unkomplizierter Charakter sowie nervliche Stabilität gegenüber reiterlich unqualifizierten Einflüssen, Ruhe und Gelassenheit.

Einem Zuchtziel möglichst rasch nahezukommen bedeutet nichts anderes, als durch gezielte Paarung und harte Selektion anhäufende oder ausmerzende Wirkung zu erzielen und somit für quantitative und qualitative Populationsmerkmale zu sorgen.

Beim Haflinger suchen wir heute neben den Merkmalen der Schönheit eine Reihe von Reitereigenschaften. Stute und Fohlen verkörpern den modernen Typ.

Exterieurbeurteilung

Nach der 1. Auflage dieses Buches erreichten mich zahlreiche Anfragen bezüglich des Zuchtzieles und über Exterieurfragen beim Haflinger. Daraus wurde ersichtlich, daß die Anzahl der neuen Haflinger-Interessenten einen wesentlich größeren Anteil einnimmt als angenom-

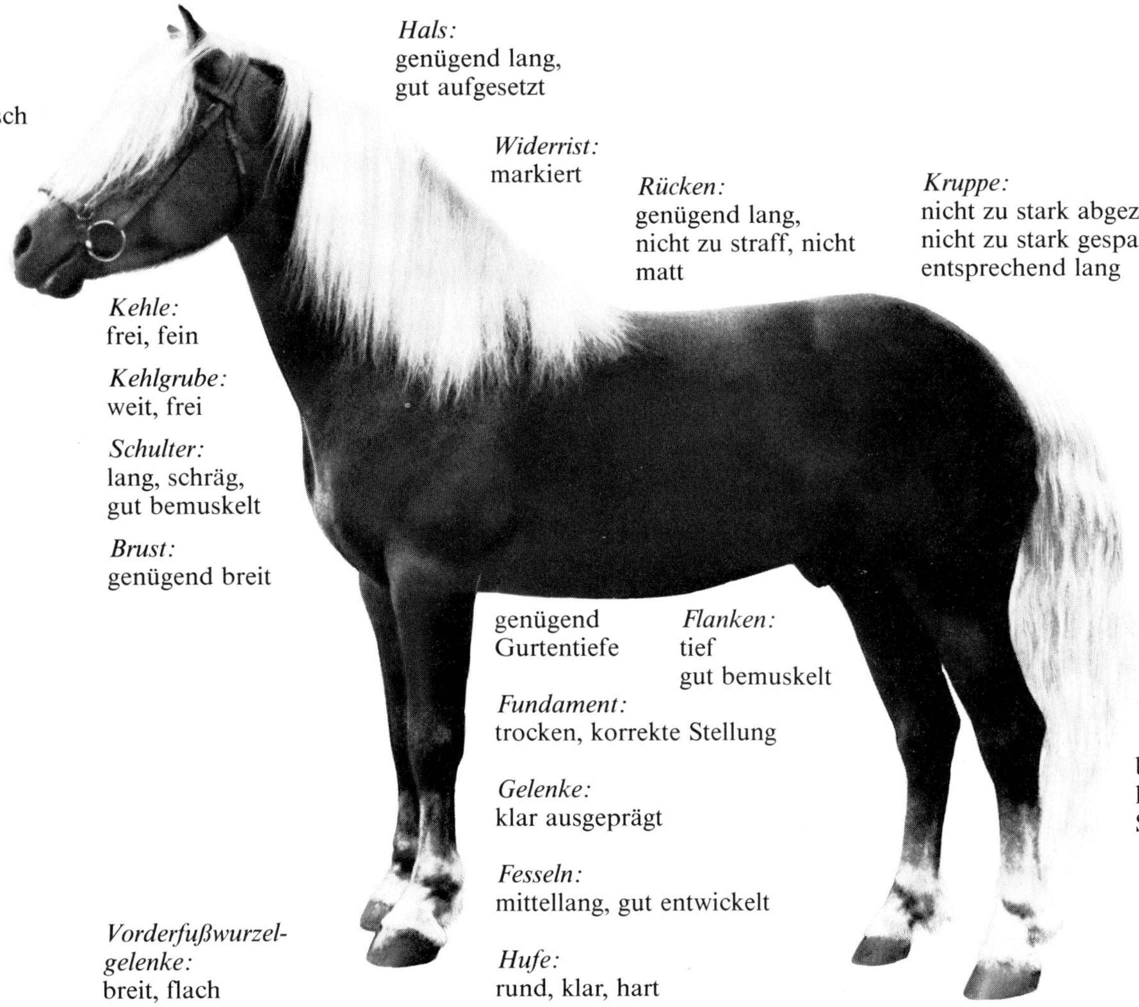

men werden konnte. Allerdings erscheint diese Entwicklung verständlicher, wenn man bedenkt, daß sich die Haflinger-Population vom Jahre 1980 (Erscheinen – Erstauflage) bis zum Jahr 1995 mehr als verdoppelt hat. Das Kapitel »Zuchtziel – einst und heute« soll daher eine erweiterte Fassung erfahren.

Wie zuvor beim kurz definierten Zuchtziel des heute gesuchten Haflingers erwähnt, soll auch in Zukunft eine Ausrichtung auf ein Universalpferd, mit der Betonung auf ein Freizeitpferd, erhalten bleiben, so wie es von seiten des Haflinger Pferdezuchtverbandes Tirol schon vor mehr als 40 Jahren proklamiert wurde. Eine Verwendbarkeit des Haflingers sowohl als Reit- und Fahrpferd als auch als verläßliches, trittsicheres Zug- und Tragtier muß auch weiterhin durch eine entsprechende Ausrichtung des Zuchtzieles gewährleistet sein.

Der prominente Springreiter Wolfgang Brinkmann antwortete in einem Interview (St. Georg 11/87) auf die Fragen: »Was schätzen Sie an einem Pferd am meisten?« mit: »Leistungsbereitschaft«, und: »Welche Fehler verzeihen Sie einem Pferd am ehesten?« mit: »Übereifer«. Die bekannte Dressurreiterin Ann-Kathrin Linsenhoff erwiderte (St. Georg 12/87) auf die gleichen Fragen mit: »Grundgangarten, Charakter, Talent« sowie: »Ungehorsam wie z. B. Steigen«. Anhand dieses Beispieles möchte ich aufzeigen, daß man auch bei Sportpferden großen Wert auf Charakter und Leistungsbereitschaft legt. Um wievieles wichtiger sind diese Eigenschaften bei einer Universal- und Freizeitpferderasse, wie dem Haflinger! Die harte Selektion, wie sie der Haflinger Pferdezuchtverband Tirol seit über 40 Jahren betreibt, muß daher, so wie heute, auch in Zukunft im Zuchtziel als grundlegende Forderung verankert bleiben und mittels rigoroser Selektion verfolgt werden.

Der Haflinger soll mittelgroß sein, mit einem Stockmaß zwischen 138 cm und 150 cm, bei einem gewünschten Maß zwischen 140 cm und 148 cm, bei Hengsten zwischen 142 cm und 150 cm.

Der Gesamteindruck eines Haflingers soll harmonisch sein. Der Kopf sollte ausdrucksvoll, edel und trocken sein – bei der Stute deutlich weiblich betont, beim Hengst Männlichkeit hervorkehren. Über den Kopf wird beim Haflinger viel diskutiert. Ich möchte daher in diesem Zusammenhang besonders darauf verweisen, daß ein etwas langer Kopf, der über einen entsprechenden Ausdruck verfügt und in Verbindung mit einem leichten Genick und einem genügend langen, korrekt aufgesetzten Hals steht, der in einen markierten Widerrist und eine gute Sattellage übergeht, in keiner Weise für die Qualität eines Haflingers abträglich ist. Ein kleiner, kurzer Kopf hingegen ist sehr oft mit einem kurzen, starken Hals verbunden, wobei Pferde mit einer solchen Halsung als Freizeitpferde praktisch unbrauchbar sind.

Skelett des Pferdes:

1 Gesichtsschädel
1a Oberkieferbein
1b Nasenbein
2 Unterkieferbein
2a Ganaschen (beide Unterkieferäste)
3 Sieben Halswirbel
4 Achtzehn Brustwirbel
5 Fünf oder sechs Lendenwirbel
6 Kreuzbein (fünf zusammengewachsene Kreuzwirbel)
7–7a Etwa 18 Schwanzwirbel
8–8a Achtzehn Rippenpaare
9 Schulterblatt
10 Schultergelenk
11 Oberarmbein
12 Brustbein
13 Ellbogengelenk
14 Unterarmbein
14a Ellbogenhöcker
15 Vorderfußwurzelgelenk
16 Vorderes Röhrbein
16a Zwei Griffelbeine
17 Fesselbein
18 Kronbein
19 Hufbein
20 Zwei Gleichbeine
21 Becken
21a Hüfthöcker
21b Sitzbeinhöcker
22 Hüftgelenk
23 Oberschenkelbein
23a Kniescheibe
24 Kniegelenk
25 Unterschenkelbein
25a Wadenbein
26 Sprunggelenk
26a Fersenhöcker
27 Hinteres Röhrbein
27a Zwei Griffelbeine
28 Fesselgelenk
29 Krongelenk
30 Hufgelenk

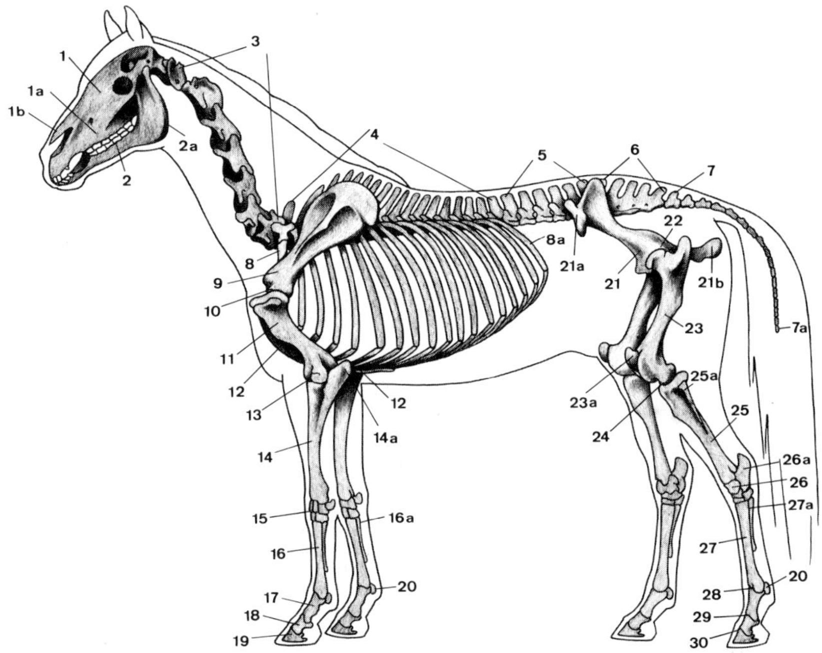

Auch der Haflinger soll über Ganaschenfreiheit verfügen, ein leichtes Genick aufweisen und einen genügend langen, korrekt aufgesetzten Hals (vor allem nicht zu tief angesetzt und keinen Unterhals – Hirschhals) zeigen. Die Schulter sollte möglichst lang und schräg vom Widerrist nach vorwärts-abwärts verlaufen. Der Widerrist soll klar erkennbar und genügend lang sein, was für eine gute Sattellage unerläßlich ist. Die Mittelhand soll gute Verbindungen zur Vor- und Hinterhand aufweisen; der Rücken sollte genügend lang, nicht zu straff und nicht matt sein. Die Kruppe soll nicht zu stark abgezogen sein, eine entsprechende Länge aufweisen und nicht zu stark gespalten sein. Besonders ausgeprägt soll die Muskulatur von Flanke, Hose und Oberarm sein.

Die Größe und Länge des Pferdes sollen in einem Verhältnis stehen, so daß sich das Pferd aus seitlicher Sicht als ein deutliches Rechteck darstellt. Die Breite des Pferdes ergibt sich aus einer entsprechenden Brust- und Herztiefe und einem Mittelstück mit entsprechender Wölbung und Tiefe der Rippen. Einen negativen Hinweis möchte ich dabei auf die zu kurze Rippe geben, die durchwegs den aufgezogenen Bauch bewirkt und meist Schwerfuttrigkeit und mangelnde Belastbarkeit zur Folge hat.

Die Korrektheit der Gliedmaßen ist für ein Pferd sehr wichtig, so daß ihr auch entsprechendes Augenmerk geschenkt werden muß. Der Haflinger sollte – so wie jedes Pferd – korrekt, mit trockenen, ausgeprägten, klaren Gelenken gleichmäßig auf allen vier Beinen stehen. Bei einer normalen Stellung der Vorderbeine teilt eine gedachte Senkrechte vom Buggelenk abwärts Fußwurzel und Huf in der Mitte. Abweichungen davon ergeben zehenenge oder zehenweite, bodenenge oder bodenweite, vorderfußwurzelenge oder vorderfußwurzelweite Pferde. Bei einer seitlichen Ansicht teilt eine gedachte Senkrechte von der Mitte des Ellenbogengelenkes nach abwärts Unterarm, Fußwurzel und Röhrbein in der Mitte und trifft genau hinter den Ballen auf den Boden. Abweichungen davon ergeben vor- oder rückständige oder vor- oder rückbiegige Vorderbeine. Die Fesselung soll nicht zu kurz und steil, aber auch nicht zu lang und weich sein.

Ebenso gewünscht sind breite, kräftige Sprunggelenke und korrekt gewinkelte Hinterbeine.

Stellungsfehler bewirken unkorrekte Gänge; so verfügen zehenenge Pferde auch über einen sichtlich werfenden (bügelnden) Gang. Des weiteren bewirken Stellungsfehler einen verminderten Raumgriff und führen zu einem rascheren Verschleiß der Sehnen und Gelenke.

Der Gang beim Haflinger soll raumgreifend, elastisch und taktrein sein. Der Huf soll zum jeweiligen Pferd passen, rund, klar und hart sein, vor allem nicht zu klein, nicht zu steil und die Trachte nicht zu eng. Aber auch zu große, vor allem flache Hufe sind nicht erwünscht.

Abschließend zu diesem Thema sei erwähnt, daß es wohl kein vollendetes Pferd gibt. Man soll jedoch trachten, erkennen zu lernen, welche Fehler am ehesten hingenommen werden können, im Gegensatz zu solchen, die ein Pferd für eine weitere Zuchtverwendung ausschließen sollten.

Einige schwerwiegende Fehler sind: Charakterfehler, ein tief angesetzter, kurzer Hals mit viel Unterhals; starke Verstellungen der Vorder- und Hinterbeine nach innen oder nach außen; rück- und vorbiegiger Vorderfuß; zu steile Hinterbeine; zu kleine oder zu große Pferde, die nicht mehr im Typ des Haflingers liegen; Gebißfehler (Karpfen- oder Hechtgebiß).

Speziell bei der Hengstauswahl müssen besonders strenge Beurteilungsmaßstäbe angelegt werden. Mit der Qualität der Vatertiere steigt oder fällt die Qualität eines gesamten Zuchtgebietes in nicht hoch genug einzuschätzender Weise. Diese Tatsache konnten im Laufe der letzten 15 Jahre all jene Länder unter Beweis stellen, die sich der Mühe unterzogen haben, mit durchgezüchteten Junghengsten die Qualitätszucht zu verbessern.

Zuchtförderung im Haflinger Pferdezuchtverband Tirol

Voraussetzung für das Gedeihen einer Zucht ist eine straffe Organisation, insbesondere ein Zuchtbuch und Hengstregister, das hundertprozentig stimmt.

Mittels harter Zuchtförderungsbestimmungen, ausgerichtet auf strenge »Selektion« – nicht »Produktion« – und rigorose Reinzucht, beides wieder auf wenige, aber merkmalsbestimmende Eigenschaften orientiert, ist es gelungen, aus dem Arbeitspferd des Bergbauern, dem untersetzten, muskulösen Zug- und Tragtier, ein in bester Weise modelliertes Freizeitpferd mit gewünschten Reiteigenschaften zu züchten, und zwar unter Beibehaltung seiner ursprünglichen Eigenschaften des Arbeitspferdes.

Mit dieser Wandlung ist gleichzeitig eine zunehmende Vereinheitlichung der rassekennzeichnenden Merkmale einhergegangen, was vor allem einen arabisierten Kopf, die Harmonie des Körperbaues, Einheitlichkeit in der Farbe (speziell weiße Mähne und Schweif) beinhaltet.

Im ersten Kapitel wurde bereits aufgezeigt, daß sich der Haflinger Pferdezuchtverband Tirol im Jahre 1945 klare und harte Zuchtförderungsbestimmungen auferlegt hat, so daß es möglich war, die für den Haflinger geforderten Eigenschaften zu erreichen. Die wichtigsten Zuchtförderungsbestimmungen waren:

□ *Auftrieb des gesamten Zuchtmaterials zur Feststellung des Qualitätsstandes der Zucht, Nachkontrollen dieser Gesamtbestandsschauen im Abstand von maximal 10 Jahren.*

□ *Ab sofort dürfen nur noch Staats- und Verbandshengste in Zuchtverwendung gestellt werden; alle Privathengste sind dem Zuchtverband oder dem Staat zum Verkauf anzubieten.*

□ *Die Zuteilung von Vatertieren für die einzelnen Deckstationen erfolgt nur noch*

Bei jeder Temperatur verbringen die Junghengste des Fohlenhofs Ebbs einige Stunden pro Tag im Freien.

über die Zuchtleitung, bei einer Mindestanzahl von 20 Zuchtstuten pro Deckhengst.

□ *Errichtung eines eigenen Hengstaufzuchthofes durch den Verband zur Beschaffung eigener Vatertiere.*

□ *Ablieferung jedes Hengstfohlens an den Verband zur Auswahl der Hengstkandidaten und eigener Aufzucht von Vatertieren.*

Ein weiterer entscheidender Beschluß folgte im Jahr 1947 mit der Einführung der Reinzucht. Wie bereits aufgezeigt, waren ab dem Jahr 1938 alle haflingerähnlichen Pferde Haflinger-Hengsten zugeführt und viele davon auch ins Zuchtbuch eingetragen worden, wozu ein Vor- und ein Stammbuch eröffnet worden war.

Der Haflinger Pferdezuchtverband Tirol hat das Vorbuch im Jahr 1947, bei Einführung der Reinzucht, aufgelassen.

Die Aufnahme von Pferden erfolgte ab sofort durch eine für das Verbandsgebiet einheitliche Kommission. Die Aufnahme der Fohlen und Stuten sowie deren Kennzeichnung mit dem Brandzeichen durfte nur mehr von dem Zuchtleiter des Verbandes durchgeführt werden.

Die Aufnahme der Fohlen wurde über Jahrzehnte für die Monate Januar und Februar festgesetzt, um den Halte- und Pflegezustand der Fohlen während der langen Wintermonate unter Kontrolle halten zu können. Seit 5 Jahren werden die Fohlen bzw. Jährlinge anläßlich der zentralen Stutbuchaufnahmen einer Vorschau unterzogen.

Ab dem Jahr 1950 mußte jedes Hengstfohlen, das auf dem Fohlenhof Ebbs zur Hengstaufzucht eingestellt wurde, mindestens drei volle Generationen Abstammung sowie einen Trächtigkeitsprozentsatz von minimal 80 Prozent der Mutter und 75 Prozent der Großmutter nachweisen; ein Mindestträchtigkeitsprozentsatz des Vaters sowie Großvaters (der im Laufe der Zuchtjahre immer wieder erhöht wurde) war selbstverständlich ebenfalls Bedingung bei der Einstellung eines Hengstkandidaten. Sämtliche Nachkommen der Hengste wurden im Mutter-Töchter-Vergleich geführt. Dies stellt züchterisch belegbar eine Selektionsmaßnahme dar, die einen wesentlichen Beitrag zur Qualitätsverbesserung leistet.

Ein weiterer entscheidender Verbandsbeschluß wurde im Jahr 1957 gefaßt.

Nach einer erneuten Kontrolle sämtlicher im Zuchtbuch eingetragener Stuten wurde im Jahr 1958 das Stammbuch geschlossen. Alle Stammbuchstuten, alle viertklassig prämierten sowie alle charakterlich nicht entsprechenden Stuten wurden von der Zucht ausgeschlossen. Eine Maßnahme, die mehr als hart war, wenn man bedenkt, daß nahezu 400 Pferde davon betroffen waren.

Ab dem Jahr 1959 wurden noch härtere Bestimmungen für die Aufnahme in das Zuchtbuch festgelegt. In das Hauptstammbuch durften ab diesem Zeitpunkt nur noch Stuten aufgenommen werden, die mindestens drei Generationen Abstammung nachweisen konnten. Selbstverständlich wurden diese Forderungen ständig verschärft. Heute müssen alle Stuten für eine Eintragung in das Hauptstammbuch mindestens 6 Generationen Abstammung aufweisen. Seit dem Jahr 1994 wird keine Stute mit einer Punktierung unter 69 Punkten in das Hauptstammbuch aufgenommen.

Für den Auf- und Ausbau des Fohlenhofes mußten die Haflinger-Züchter Tirols große finanzielle Belastungen auf sich nehmen. All diese Beschlüsse konnten jedoch mit einer Zustimmung der Vollversammlung von mindestens 80 Prozent durchgezogen werden. Dies zeigt, daß die Züchterschaft diese Zuchtförderungsmaßnahmen als notwendig und richtig erachtete.

Die Vereinsvorstände und Vertrauensleute mußten jedoch jahrelang wegen des Ausscheidens und Deckverbotes nicht reinrassiger Haflinger-Stuten hart kämpfen. Der Großteil der Züchter konnte aber dennoch von der Notwendigkeit überzeugt werden, was in den nachfolgenden, mit überwältigender Mehrheit gefaßten weiteren Verbandsbeschlüssen zum Ausdruck kam.

Im Jahr 1945 wurden in Tirol 1203 Stuten gedeckt, davon 897 eingetragene. Im Jahr 1950 noch lag Tirol an vorletzter Stelle als Pferdezuchtland in Österreich. Inzwischen zählt Tirol zu den Bundesländern mit den höchsten Belegzahlen. Von 2086 eingetragenen Zuchtstuten wurden 1728 im Jahr 1994 gedeckt.

Heute können wir somit feststellen, daß die seinerzeit gefaßten Zuchtförderungsbestimmungen, die damals von vielen Zuchtexperten als »zu hoch gegriffen – nicht durchführbar« angesehen wurden, notwendig und richtig waren. Diese Beschlüsse konnten jedoch nicht nur durchgestanden, sondern in kurzen Zeitabständen laufend verschärft werden. Meinen Vorschlägen für diese Zuchtförderungsbestimmungen an den Verbandsvorstand gingen immer langjährige Erfahrungen sowie Studien erfolgreicher Pferderassen voraus.

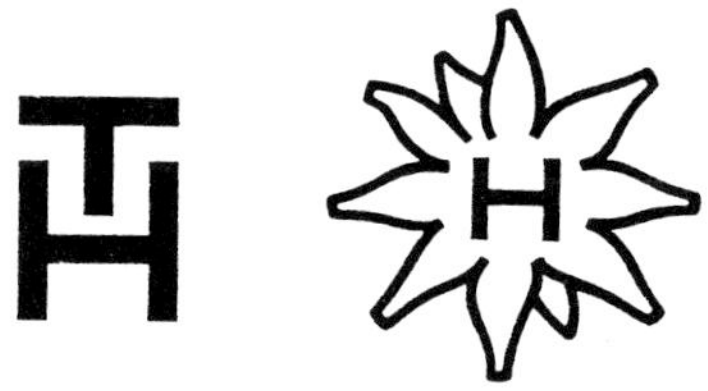

Links: Fohlenbrand für Qualitätsfohlen im Haflinger Pferdezuchtverband Tirol (linke Schulter). Rechts: Hauptstammbuchbrand (linke Hinterhand).

Fast alle berühmten Pferdezuchten hatten große Gestüte als laufende Blutquellen im Hintergrund, sei es zur Hengstaufzucht oder für die Zucht bodenständiger Mutterstämme. Die bis zum Jahr 1945 auf kleinbäuerlicher Grundlage aufgebaute Haflinger-Zucht gab keine Hoffnung, in absehbarer Zeit, vor allem nicht beim einsetzenden Rückgang der Pferdebestandszahlen, ein Gestüt mit ausreichendem Zuchtmaterial gründen zu können. Mein Vorschlag, das Haflinger-Zuchtgebiet Tirol als Gestütsbetrieb zu führen, war daher wohl die einzige, wenn auch schwer durchführbare Lösung.

Die straffe Führung des Verbandes brachte mir zwar den Ruf eines »Diktators« ein, aber auch eine Gestütszucht kann nicht mit »durchhängenden Zügeln« geführt werden. Gestüte mit besonderen Erfolgen wurden immer straff und kompromißlos geleitet. Jeder Kompromiß, der in der Pferdezucht auf dem Gebiet der Selektion geschlossen wird, ist ein Fehler, ja bedeutet einen Rückschritt.

Die strikten und scharfen Zuchtförderungsbestimmungen, wie sie im Hochzuchtland Tirol seit Jahrzehnten Selbstverständlichkeit sind, können anderen Zuchtgebieten kaum zugemutet werden. Nicht einmal in Österreich sind die anderen Landeszuchtverbände in der Lage, die strengen Zuchtbestimmungen des Tiroler Zuchtverbandes durchzuführen.

Der Haflinger Pferdezuchtverband Tirol seinerseits führt jedoch jährlich um einige Grade strengere Zuchtbestimmungen ein und setzt beim Beurteilen härtere Maßstäbe. Durch das Halten des akti-

1258 liz. Nordwind, der derzeit älteste im Tiroler Verbandsgebiet stehende Deckhengst beim Springen an der Hand im Gelände.

ven Zuchtstutenbestandes zwischen 1900 und 2000 während der letzten 15 Jahre, wobei dieser Bestand sicher auch in Zukunft in dieser Größenordnung gehalten werden wird, war und ist es dem Haflinger Pferdezuchtverband Tirol natürlich möglich, eine ständige qualitative Verbesserung der Zuchtpopulation zu gewährleisten. Bei der Beurteilung von gutem Zuchtmaterial wird in Zukunft immer noch mehr Wert auf die zurückliegenden Generationen gelegt werden. Bei der Vatertierbeschaffung greift man in Tirol heute bereits bis auf 6 Generationen und mehr zurück. Die qualitative Aufwärtsentwicklung während der letzten Jahrzehnte, ganz speziell im letzten Abschnitt, rechtfertigt die gesetzten Maßnahmen. In der Breite machte sich diese Qualitätsverbesserung ganz besonders bei den Junghengsten bemerkbar, die ab dem Jahr 1975 zum Deckeinsatz gelangten (siehe Hengstnachzuchtbewertung Seite 60). Untermauert wird diese Aussage durch die Resultate auf der Internationalen Haflinger-Schau in Ebbs 1985, wo diese Hengste bereits mit 10 bis 20 Stuten bester Qualität vertreten waren.

Einen weiteren Beweis für die qualitative Aufwärtsentwicklung des Zuchtbestandes im Haflinger Pferdezuchtverband Tirol liefern die jährlichen Stutfohlenversteigerungen in Ebbs, da ca. 60% der jährlich anfallenden Stutfohlen zum Auftrieb gelangen. Jedem Fachmann, aber auch jedem Laien, muß es ein leichtes sein, den Qualitätsunterschied der Ebbser Fohlenauktionen im Vergleich zu Märkten und Versteigerungen anderer Zuchtgebiete festzustellen. Auch auf den Versteigerungen demonstriert der Haflinger Pferdezuchtverband Tirol die Strenge in Selektion und Beurteilung. Vor 10 Jahren wurden ebenfalls 15 % der Fohlen pro Jahr in Klasse I gereiht, obwohl, wie bereits betont, die Junghengste eine enorme Qualitätsverbesserung tätigen konnten. Es ist unbestreitbar, daß die Fohlen der Klasse IIa+ von heute, jenen der Klasse I von vor 10 Jahren gleichkommen. Im allgemeinen können Klassifizierungen, sei dies im Rahmen von Versteigerungen oder von Stutbuchaufnahmen, nicht von einem Zuchtgebiet auf das andere übertragen werden; jeder Fachmann wird feststellen müssen, daß große Unterschiede bestehen. Es gibt Zuchtgebiete, in welchen bei Anwendung des 100-Punkte-Systems bei Stutbuchaufnahmen 90 Punkte und mehr vergeben werden, was bedeuten würde, daß in diesen Zuchtgebieten vollendete Pferde stehen. Ein vollendetes Pferd habe ich jedoch noch nie gesehen und gibt es auch nicht.

Im Hochzuchtland Tirol erreichen Spitzenpferde bei Stutbuchaufnahmen zwischen 83 und 85 Punkte. Diese Punktezahl erhalten pro Jahrgang bei einer Neuaufnahme von 200 bis 300 Jungstuten höchstens 5 bis 6 Pferde; in ganz seltenen Fällen wird eine Punktezahl von über 85 vergeben.

Härte in Selektion und Beurteilung ist für jedes Zuchtgebiet Grundvoraussetzung, für ein Hochzuchtgebiet, wie es Tirol darstellt, oberstes Gebot. Selbstverständlich muß, wie bereits erwähnt, in Nachzuchtgebieten mit größerer Nachsicht gearbeitet werden, um schrittweise Anschluß an die Spitzenqualität zu finden. Keine Nachsicht dürfte jedoch bei Klassifizierungen und in der Bewertung von Vatertieren auftreten – egal in welchem Zuchtgebiet.
Von seiten der Deutschen Reiterlichen Vereinigung e. V., Abteilung Zucht, wurde dem Haflinger Pferdezuchtverband

Tirol im Rahmen der Welt-Haflinger-Vereinigung vorgeworfen, hin zu einer reinen Pedigreezucht zu tendieren. Der Haflinger Pferdezuchtverband Tirol arbeitet seit vielen Jahrzehnten nach äußerst strengen Zuchtförderungsbestimmungen, wobei das Denken in Generationen zur Selbstverständlichkeit gehört. Ohne Abstammung kann auch von keiner Zucht gesprochen werden. Der hohe Qualitätsstand im Haflinger Pferdezuchtverband Tirol kann nicht abgestritten werden, der beschrittene Weg des Tiroler Verbandes findet darin seine positive Bestätigung. Aber auch bedeutende Pferdefachleute und Aufzüchter Deutschlands, so beispielsweise Maas J. Hell, ein Holsteiner Zuchtexperte, meint, er schaue zuerst in den Stammbaum, wolle mindestens fünf Generationen sehen. Für ihn sei ein Fohlen erst einmal so viel wert wie seine Abstammung. Was Vorfahren erbracht haben, wie sie charakterlich waren, ergebe Anhaltspunkte für das richtige Bild eines Fohlens. Gefalle das Papier, dann folge der Blick auf das Pferdekind. Michael Rahlke räumt ein: »Entwicklungsstadien ansehen, Genetik, Vorfahren und Verwandtschaft analysieren und die Charakteranlagen beobachten . . .«.

Vielleicht sollte sich die FN doch einmal einen Einblick in die seit 1926 vorbildlichst geführten Zuchtbücher des Haflinger Pferdezuchtverbandes Tirol gewähren. Die qualitative Weiterentwicklung ist genau festgehalten. Eine Qualitätszucht wird mit Stutenfamilien und Hengstlinien mit 5 bis 12 Generationen bei 50 bis 300 Nachkommen belegt.

Wohin haben die Einkreuzungsversuche in Deutschland – natürlich zum Schaden der Züchter – geführt? Ein Preisvergleich in Deutschland zwischen eingekreuzten Produkten und reingezogenen Pferden und diese wiederum im Vergleich zu Pferden aus dem Hochzuchtland Tirol spricht für sich.

Durch konsequente Nachzuchtbewertungen – sowohl mütterlicher- als auch väterlicherseits seit vielen Jahrzehnten – ist es dem Haflinger Pferdezuchtverband möglich gewesen, seine Qualitätszucht aufzubauen.

Ein Blick über die Grenzen, zum Beispiel in die Zuchtgeschichte vom kleinen Ostfriesland, läßt den Schluß zu, daß dieses Zuchtgebiet eine beachtliche Vorreiterstellung eingenommen hat und immer wieder einmal als »Pionier in der Pferdezucht« angeführt wird. Ostfriesland hat bereits im Jahr 1715 als erstes Zuchtgebiet eine feste Körordnung eingeführt. 1850 wurden die Hengste und 1869 die Stuten zuchtbuchmäßig erfaßt. Dadurch konnten durchgezüchtete Stämme aufgezeigt werden. Ein ausgeklügeltes Prämierungssystem begleitete sowohl die Stuten als auch die Hengste schon zu Beginn dieses Jahrhunderts in diesem Zuchtgebiet ihr Leben lang, so daß züchterischer Stillstand oder Fortschritt erkennbar waren und entsprechende Konsequenzen ermöglichten. Denn, so wußten die Zuchtleiter dieses Gebietes schon damals: Gute Stutenstämme machen aus einem Beschäler erst einen Zuchthengst. Und, vierjährige Hengste mußten in Ostfriesland schon damals einen Jahrgang Fohlen zur Bewertung vorweisen, bevor über den weiteren Deckeinsatz entschieden wurde. Die züchterische Kontrolle war mit diesem System gesichert. Von Zuchtwertschätzung, Gewinnsummenstatistiken und Indexzahlen war damals noch lange nicht die Rede. Die Effektivität des angewandten Selektionssystems ist jedoch heute noch anerkannt, ja wurde sogar von manchen Zuchtländern übernommen und wird modifiziert immer noch verwendet.

In den meisten Zuchtgebieten bedeutet »gekört« auch »lebenslänglich gekört«. Staatsprämienstuten in Deutschland dürfen diesen Titel, sofern sie die Prüfung bestanden und die vorgeschriebenen Fohlenanzahl gebracht haben, auch lebenslänglich behalten – ganz gleich wie die Nachzucht aussieht. Das Verbandsgebiet Tirol hat den großen Vorteil, daß die Nachzuchtbewertungen geschlossen als Selektionsmittel eingesetzt werden können. Durch den ausschließlichen Einsatz von Staats- und nun immer mehr Verbandshengsten, hat die Zuchtleitung Tirols ein sicheres Instrument im Deckhengsteeinsatz in der Hand. Die Stationierung der Hengste sowie deren Einsatz durch bessere obliegt der Verbandsleitung. Dies bedeutet, daß man nicht auf die Einsicht eines weisen Privathengsthalters angewiesen ist, wenn ein Hengst einmal nicht den Erwartungen entspricht.

Tirol verfügt über Selektionsmöglichkeiten, die wohl kaum von einem Zuchtgebiet in gleichem Ausmaß erfaßt werden können. Dies bedeutet auch das Geheimnis des Erfolges. Der Vorwurf, »Pedigreezucht« zu betreiben, dürfte sich beim aufmerksamen Lesen von selbst im Sand verlaufen.

Die Vatertierbeschaffung

Schon im Jahr 1945 war sich der Haflinger Pferdezuchtverband Tirol bewußt, daß das wirksamste Mittel für eine möglichst rasche Wandlung des Haflingers zum Universalpferd und später mit Ausrichtung auf ein Freizeitpferd über eine gezielte Vatertierauswahl erfolgen muß. Der Haflinger Pferdezuchtverband Tirol kann wohl mit Stolz behaupten, daß es keine andere Pferdezuchtorganisation gibt, die einen gleichen Einfluß auf die Vatertierauswahl, -aufzucht und -zuteilung nehmen kann.

In einem Übereinkommen mit dem zuständigen Abteilungsleiter für Tierzucht und dem Pferdezuchtreferenten im Bundesministerium für Land- und Forstwirtschaft konnte der Haflinger Pferdezuchtverband Tirol bereits im Jahr 1947 die Vereinbarung treffen, daß jegliche Auswahl, Aufzucht und Aufstellung von Vatertieren im Verbandsgebiet Tirol allein der Zuchtleitung des Tiroler Verbandes obliegt.

An dieser Stelle muß angeführt werden, daß in Österreich bis zum Jahr 1992 der größte Teil an Deckhengsten für alle Rassen von seiten des Staates bereitgestellt wurden. In Tirol lag bei den Haflingern der Anteil an Verbandshengsten bis zu diesem Zeitpunkt bei weniger als 10 Prozent. Dieser Prozentsatz verschiebt sich nun, durch die Umstrukturierung in der Pferdezucht, ständig wachsend zugunsten der Verbandshengste. Im Jahr 1995 sind bereits nahezu 50 Prozent an Bedeckungen den Verbandshengsten zuzuordnen. Allerdings stehen im Verbandsgebiet Tirol nach wie vor keine Privathengste im Deckeinsatz, sondern nur Staats- oder Verbandshengste.

Im Jahr 1947 wurden somit alle Privathengste abgekört bzw. die Besitzer aufgefordert, die Hengste dem Verband zur Verfügung zu stellen, was auch ausnahmslos erfolgte. Ab diesem Jahrgang obliegt es dem Verband, aus allen anfallenden Hengstfohlen die Hengstkandidaten auszuwählen und zur Aufzucht einzustellen. Jegliche Haltung und Aufzucht von Junghengsten durch private Züchter ist seit diesem Zeitpunkt untersagt.

Als erster Schritt mußte ein Hengstaufzuchthof geschaffen werden. Im Jahr 1947 war es dem Haflinger Pferdezuchtverband Tirol möglich, das Schloßgut Wagrein in Ebbs in Pacht zu nehmen. Erst in späteren Jahren war der Verband in der Lage, einen Teil des Gutes käuflich zu erwerben und den Hengstaufzuchthof kontinuierlich bis zur heutigen Anlage auszubauen. In einem späteren Kapitel werden Ausbau und Aufgabe des heutigen Fohlenhofes dargelegt werden (siehe Seite 168).
Der Haflinger Pferdezuchtverband Tirol hat seit 1947 die Möglichkeit, jährlich aus 500 bis 600 anfallenden Hengstfohlen seine Hengstkandidaten auszuwählen. In den Jahren 1945 bis 1960 war es zudem notwendig, Hengste aus Blutlinien, die nachhinkten, allerbesten Mutterstuten zuzuführen, d.h., in jener Zeit wurde auch die Zuteilung bestimmter Hengste für bestimmte Stuten von seiten der Zuchtleitung gelenkt.

Ab dem Jahr 1960, als die Zuchtleitung bereits zwei, drei Generationen im Aufbau der Vaterlinien erstellt hatte, war diese straffe Zuteilung nicht mehr von solcher Bedeutung und wurde laufend wieder gelockert. Die jährliche Musterung sämtlicher Hengstfohlen, die Auswahl der Hengstkandidaten und die Zuteilung der Vatertiere werden jedoch auch in Zukunft in der gleichen Form weitergeführt werden. Mancher Zuchtleiter wird den Haflinger Pferdezuchtverband Tirol um diese Auswahlmöglichkeit der Vatertiere beneiden, doch lastet dadurch auch eine große Verantwortung auf einer Zuchtleitung. Für das Verbandsgebiet Tirol war es jedoch sicherlich eine große Hilfe, um einen konstanten qualitativen Fortschritt erzielen zu können.

Bei der Auswahl der Hengstkandidaten werden an die Anwärter harte Bedingungen gestellt. Aus etwa 100 Stutenfamilien des Verbandsgebietes dürfen Hengstkandidaten ausgewählt werden. Ein Mindestträchtigkeitsprozentsatz von Mutter, Großmutter, Vater und Großvater wird gefordert. Bis zum Jahr 1970 sollten Vater und Mutter im geforderten Freizeittyp liegen, heute müssen bereits die Großeltern und Urgroßeltern dem Freizeittyp sowie in bezug auf die Größe ein Mindeststockmaß von 140 cm aufweisen.

All diese Auswahlkriterien können bei einer privaten Hengstaufzucht gar nicht berücksichtigt werden. Die Verbandsleitung verfolgt beim Einstellen der Hengstkandidaten die Abstammung sowohl väterlicher- als auch mütterlicherseits bis mindestens in die 6. Generation zurück.

Wir sind nicht der Ansicht, wie heute vielfach behauptet wird, daß Großeltern nur mehr wenig, Urgroßeltern gar keinen Einfluß mehr auf die Nachkommen haben. Die Erfahrung lehrte mich, daß mitunter Fehler, die in der vierten Generation auftraten, plötzlich wiederkommen, obwohl der Fehler über zwei Generationen völlig verschwunden war.

Ein alter Zuchtleiter sagte einmal zu mir: »*... hoffen, kombinieren, spekulieren – das bedeutet Zucht ...*« In gewisser Hinsicht muß diesem Ausspruch sicherlich beigepflichtet werden. Allerdings ist es bestimmt von Vorteil, wenn Mängel, selbst wenn deren Auftreten unwahrscheinlich ist, von vornherein ausgeschaltet werden.

Jährlich im Juli wurden sämtliche Hengstfohlen der Zuchtleitung vorgestellt; im Jahr 1965 führte die Verbandsleitung ein, die Auftriebe gemeinsam mit den Vorschauen für die Stutfohlenauktion abzuhalten. In früheren Jahren waren die Auftriebe für die Stutfohlen im Sommer freiwillig, nur im Januar und Februar Pflicht gewesen. Diese

Vorgangsweise wurde in der Zwischenzeit erneuert. Heute werden alle 600 bis 700 anfallenden Hengstfohlen im Mai und Juni gemeinsam mit den Müttern besichtigt. Alle Hengstfohlen, die aufgrund der Abstammung und Exterieurbeurteilung als Anwärter in Betracht kommen (ca. 100 Stück), werden im August zum zweiten Mal besichtigt. Davon wiederum werden ca. 50 ausgewählt und im November zur Endauswahl vorgestellt. Die 20 bis 25 besten Hengstanwärter werden zur Aufzucht im Hengstcaufzuchthof Fohlenhof Ebbs eingestellt, und nach mehrmaliger Kontrolle kommen durchschnittlich 15 dreijährige Junghengste zur Körung.

Im Produktionsmodell der Universität Leipzig ist festgehalten, daß 117 Stuten 2,4 Hengste produzieren und somit 294 Stuten notwendig sind, um 6 gekörte Hengste hervorzubringen. Für das Hochzuchtgebiet Tirol wäre dieser Berechnungsfaktor undenkbar. Im Haflinger Pferdezuchtverband Tirol herrscht eine durchschnittliche Bedeckungszahl von 1500 Stuten, was bedeuten würde, daß jährlich 30 Hengste daraus hervorgehen müßten. Dies wäre aufgrund der hohen Qualitätsansprüche, die gestellt werden, unvorstellbar. Es darf nicht übersehen werden, daß von diesen 1500 gedeckten Stuten mindestens 1000 hochqualifizierte Mutterstuten zur Auswahl von Hengstkandidaten stehen und schon allein dadurch ein weit höherer Anteil an Hengsten aus diesem qualitativen Stutenbestand hervorgehen müßte. Aufgrund harter Selektionsmaßnahmen hat es das Hochzuchtland Tirol jedoch bis dato noch nie über 15 gekörte Hengste gebracht, von denen wiederum jeweils höchstens 7 bis 10 als qualitativ beste Hengste anzusehen sind.

Diese Tabelle gibt einen Überblick über die Maßentwicklung in der Haflinger-Rasse. Es sind jeweils die Maße von zwei Jahrgängen der Hengstkandidaten zusammengefaßt, um ein übersichtliches Durchschnittsmaß geben zu können.

Jahrgang	Einstellmaße bei ca. 6 Monaten in cm		Jahrgang	Maße bei ca. 36 Monaten in cm	
	Stockmaß	Röhrbeinstärke		Stockmaß	Röhrbeinstärke
1949 1950	115,52	16,29	1946 1947	135,81	19,34
1959 1960	116,26	16,86	1955 1957	136,95	20,24
1969 1970	119,52	16,51	1966 1967	138,34	19,00
1978 1979	126,92	17,25	1976 1977	141,33	19,53
1986 1987	126,73	16,97	1984 1985	143,07	20,14
1991	126,84	16,72	1991	145,00	19,82
1992	127,03	16,81	1992	146,13	19,92

Den deutlichen Beweis, daß in der Haflinger-Zucht die Schwierigkeiten, das Stockmaß anzuheben, auf dem Weg der Reinzucht überwunden werden konnten, vermitteln die Durchschnittsmaße der Hengstkandidaten.

Jahrgang	Einstellmaße bei ca. 6 Monaten in cm		Maße bei ca. 12 Monaten in cm		Maße bei ca. 18 Monaten in cm		Maße bei ca. 24 Monaten in cm	
	Stockmaß	Röhrbeinstärke	Stockmaß	Röhrbeinstärke	Stockmaß	Röhrbeinstärke	Stockmaß	Röhrbeinstärke
1979	126,05	16,94	134,00	17,95	138,35	19,16	142,90	19,26
1986	126,32	16,82	135,12	18,37	138,00	19,16	143,97	19,20

Waren die Junghengste dreijährig, stand es der Tiroler Verbandsleitung bis zum Jahr 1992 frei, die für das Verbandsgebiet Tirol am besten geeigneten Hengste zu beanspruchen. Nach Ankauf der dreijährigen Hengste durch das Bundesministerium für Land- und Forstwirtschaft wurden diese Hengste dem Tiroler Zuchtgebiet zur Verfügung gestellt. Einzelne Spitzenhengste hat der Haflinger Pferdezuchtverband Tirol als Verbandshengste aufgestellt und später entweder an ausländische Zuchtorganisationen abgegeben, dem Staat zum Kauf angeboten oder gänzlich im Verbandsbesitz behalten.

Seit dem Jahr 1992 findet jährlich am 1. Samstag im Februar die Tiroler Hengstkörung auf dem Fohlenhof Ebbs statt. Die Hengste wurden dabei bis zum EU-Beitritt Österreichs von einer Landeskörkommission gekört. Ab dem Jahr 1995 wird die Körung durch eine Verbandskommission vorgenommen.

Die Hengstaufzucht ist ein Spezialgebiet in der Pferdezucht; nur ein kleiner Teil der Züchter beherrscht diesen Bereich der Aufzucht, hat überhaupt die Möglichkeit, die Hengstaufzucht zielführend zu betreiben; speziell in Tirol wären 90 Prozent der Züchter gar nicht dazu in der Lage.

Die zentrale Hengstaufzucht auf dem Fohlenhof in Ebbs bedeutet somit auch eine fachgerechte Aufzucht, was für eine gute Entwicklung der Junghengste unerläßlich ist.

Die Hengstaufzucht soll in der Herde erfolgen. Das Spiel der Hengste miteinander fördert die Kräftigung von Muskeln und Sehnen, steigert Kampfkraft und Mut. Voraussetzung für eine fachgerechte Hengstaufzucht sind entsprechend große Laufstallungen und Weidemöglichkeiten. Junghengsten muß Bewegungsfreiheit gegeben werden; sie sollen täglich, egal bei welcher Witterung, einige Stunden im Freien verbringen. In der Herde werden Rangordnungen entwikkelt, eine gegenseitige Erziehung erfolgt, was bei einer Einzelaufzucht nicht möglich ist. Die Junghengste werden in der Herde zur Sauberkeit erzogen. Die Laufstallungen sollen eine Fläche aufweisen, die eine Abteilung in zwei Drittel Aufenthaltsfläche und ein Drittel Mistfläche ermöglichen (siehe Seite 137: Haltung im Stall).

Auf dem Fohlenhof Ebbs werden die Junghengste, aufgeteilt nach Jahrgängen, in hellen, großen Laufstallungen gehalten. Während der Wintermonate verbringen die Junghengste täglich drei bis fünf Stunden im Freien. Im Frühjahr, meist im Mai, werden sie dann auf die verbandseigene Niederalm (Voralm, etwa 1100 m) aufgetrieben.

Die gekörten Junghengste aus dem Jahr 1980.

Hengstkörung auf dem Fohlenhof in Ebbs.

Mutter-stämme

Die Zeit von Anfang Juli bis Mitte September verbringen die Junghengste auf der Hochalm (etwa 1700 m). Von Mitte September bis meist Mitte November werden die Pferde wieder auf der Niederalm gehalten, wobei im Spätherbst schon zugefüttert wird.

Entgegen den Praktiken anderer Zuchtgebiete findet die Körung im Haflinger Pferdezuchtverband Tirol im Frühjahr statt, d. h. wenn die Junghengste dreijährig sind, um die Hengste nicht schon zweijährig auf die Körung vorbereiten zu müssen.

Nach Rückkehr von der Alm im November werden die Hengste langsam auf die Körung im Februar eingestellt, allerdings ohne sie dabei zu mästen.

Welche Bedeutung der Hengsteaufzuchthof Fohlenhof Ebbs für die Vatertierbeschaffung in der Haflinger-Zucht hat, zeigen folgende Zahlen. Die gesamtösterreichische Haflinger-Zucht bezog bis vor wenigen Jahren 95 Prozent der Hengste aus Ebbs. Ältere Nachzuchtgebiete aus aller Welt erwerben in größeren Abständen Junghengste aus Ebbs, jüngere Nachzuchtgebiete sind zur Gänze mit Vatertieren aus dem Fohlenhof Ebbs aufgebaut.

BRD 81	ehem. DDR 5
Italien 25	Brasilien 6
Bhutan 18	Polen 4
Frankreich 17	Dänemark 7
Holland 15	Belgien 3
Schweiz 12	ehem. Tschechoslowakei 2
Türkei 9	
USA 21	Ungarn 3
Jugoslawien 8	Australien 4
Indien 8	Kanada 4
Albanien 7	Thailand 1
Großbritannien 7	Kolumbien 1
Japan 1	Luxemburg 4
Spanien 1	Gesamt 274

Seit dem Jahr 1947 führt der Haflinger Pferdezuchtverband Tirol ein »Stutenfamilienregister«. Diese Maßnahme stellt eine wichtige Grundlage für eine gezielte Zuchtförderung dar. Ich habe das große Glück, daß ich fast alle Blutlinienbegründer sowie auch nahezu sämtliche Begründerinnen der Mutterstämme (Stutenfamilien) noch im Zuchteinsatz sehen und acht bis zehn Generationen in der Zucht verfolgen konnte.

Es wird immer wieder festgestellt, »der Hengst sei die halbe Herde«. Diese Aussage hat ihre Richtigkeit, weil die Stute pro Jahr nur ein Fohlen bringt, der Hengst jedoch, je nach Deckzahl, oft 50 und mehr Fohlen pro Jahr zeugt. Der Hengst übt daher auf die breite Landeszucht einen größeren Einfluß aus als die Stute. Im Einzelfall hat die Stute jedoch für die Nachzucht die gleich große Bedeutung.

Im Laufe der letzten Jahrzehnte konnte ich, dank der Führung der Mutterstämme, nachweisen, daß so manche Mutter über ihren Sohn mehr Einfluß auf die Nachzucht ausgeübt hat als das Vatertier. Bei der Beschreibung der einzelnen Hengstlinien werde ich detailliert darauf zurückkommen. Ich erachte es daher als notwendig, neben den Linienbegründern auch den Stammüttern besonderes Augenmerk zu schenken.

Die Besichtigung des gesamten Zuchtbestandes, erstmals im Jahr 1947, dann in den Jahren 1957 und 1967/68 sowie die jährlich durchgeführten Stutbuchaufnahmen (bei durchschnittlich 250 aufgetriebenen Jungstuten) brachten die Zuchtleitung zur Überzeugung, daß viele Stuten in bezug auf Exterieur und Charakter nicht entsprachen; daher wurden nicht weniger als 117 Stutenfamilien aus der Zucht genommen.

Eine beträchtliche Anzahl von Stuten, die aus dem Originalzuchtgebiet Südtirol stammte, hatte mütterlicherseits keine Abstammung aufzuweisen und zeigte zum Teil über Generationen einen Kleinwuchs, der für die Zucht nicht mehr akzeptabel war. 87 Stutenfamilien dieser Art wurden ebenfalls aus der Zucht genommen.

Heute ist der Haflinger Pferdezuchtverband Tirol in der Lage, in seinem Stutenfamilienregister über 500 Stutenfamilien nachzuweisen, die teilweise sogar bis zu 300 eingetragene Nachkommen in acht bis zehn Generationen aufweisen.

Ein großer Fehler während der Kriegsjahre war es gewesen, das Stockmaß des Haflingers gezielt auf 130 bis 133 cm zu senken. Wie schwer es war, dem neuen Zuchtziel mit einem gewünschten Stockmaß von 140 bis 148 cm, bei Hengsten von 142 bis 150 cm, gerecht zu werden, wird um so deutlicher, wenn man bedenkt, daß noch im Jahr 1945 eine große Anzahl von Hengsten, wie beispielsweise Mahomed, Theo, Niflheim, Mai, Mangold, mit einem Stockmaß von 130 bis 133 cm in der Zucht stand. In mühevoller Zuchtarbeit mit erbsicheren Mutterstämmen wurde schrittweise der Fehler, nämlich die Verkleinerung des Haflingers während des Zweiten Weltkrieges, wieder ausgemerzt.

Die nachstehend angeführten Durchschnittsmaße der Deckhengste im Verbandsgebiet Tirol im Zehnjahresabstand von 1920 bis 1995 geben einen Überblick über die Maßentwicklung der Zucht. Im Jahr 1945 erreichte die Haflinger-Rasse das niedrigste Durchschnittsmaß bei Deckhengsten; aus diesem Grund ist das Meßergebnis aus dem Jahr 1945 zusätzlich angeführt. Bis zum Jahr 1945 wurden die Hengste nur mit Bandmaß gemessen. Die ersten Gesamtmessungen des Zuchtbestandes haben ergeben, daß zu dieser Zeit eine durchschnittliche Differenz von etwa 10 cm

Für eine gute Entwicklung der Junghengste ist eine fachgerechte Aufzucht erforderlich. Diese Hengstkandidaten genießen den Auslauf im Winter.

vom Band- auf das Stockmaß vorgeherrscht hat. Um einen einheitlichen Überblick zu gewährleisten, sind alle Maße im Stockmaß angegeben.

Jahr	Stockmaß
1920	142,67 cm
1930	142,33 cm
1940	139,35 cm
1945	137,97 cm
1950	138,56 cm
1960	139,28 cm
1970	139,22 cm
1980	143,07 cm
1987	144,28 cm
1995	147,11 cm

Zentrale Stutbuchaufnahmen 1993

Punkte	66–70	71–72	73–74	75–76	77–78	79–80	81–82	83–84	85+
Klasse	IIb–	IIb	IIb+	IIa–	IIa	IIa+	Ib–	Ib	Ib+
Stück	38	43	56	40	34	20	13	–	–

Stockmaß	138	139	140	141	142	143	144	145	146	147	148	149
Stück	31	20	39	35	33	26	22	17	7	7	6	1

∅ 141,71 cm — 138 cm–139 cm: 51 Stk. 20,9 % — 140 cm–149 cm: 193 Stk. 79,1 %

Zentrale Stutbuchaufnahmen 1994

Punkte	69–70	71–72	73–74	75–76	77–78	79–80	81–82	83–84	85+
Klasse	IIb–	IIb	IIb+	IIa–	II	IIa+	Ib–	Ib	Ib+
Stück	34	53	54	47	27	21	8	–	–

Stockmaß	138	139	140	141	142	143	144	145	146	147	148	149	150
Stück: 244	21	24	42	45	28	19	22	19	13	8	1	1	1

∅ 141,79 cm — bis 140 cm: 45 Stück (18 %) — 140 cm und größer: 199 Stück (82 %)

Im Jahr 1976 wurde der Stutenbestand des Haflinger Pferdezuchtverbandes Tirol fast ausnahmslos nachgemessen; im Durchschnitt wurde eine Widerristhöhe (Stockmaß) von 138,54 cm und eine Röhrbeinstärke von 18,42 cm erreicht. Interessanterweise konnte im Laufe der letzten 30 Jahre mit Anhebung des Stockmaßes parallel eine proportionale Verfeinerung des Fundamentes festgestellt werden.

Bei den Stutbuchaufnahmen im Jahr 1956 wurden ein Durchschnittsstockmaß von 134,92 cm und eine durchschnittliche Röhrbeinstärke von 18,61 cm aufgewiesen. Die Stutbuchaufnahmen im Jahr 1980 ergaben ein Durchschnittsmaß von 137,56 cm Widerristhöhe (Stockmaß) und 18,14 cm durchschnittliche Röhrbeinstärke, im Jahr 1987 von 139,71 cm und 18,35 cm.

Der Haflinger Pferdezuchtverband Tirol führt seit 30 Jahren jährlich Nachmessungen der sechsjährigen Zuchtstuten durch. Aufgrund der dabei festgehaltenen Maße kann ausgesagt werden, daß im Zeitraum vom dritten bis zum sechsten Lebensjahr des Haflingers noch ein durchschnittliches Wachstum von 2,5 cm in der Widerristhöhe (Stockmaß) zu verzeichnen ist. Hierzu muß noch festgestellt werden, daß Pferde mit bereits größeren Maßen bei den Stutbuchaufnahmen auch im Zeitraum bis zur Nachmessung nochmals um durchwegs 1 cm mehr wachsen als kleinere Pferde. Den auf den Seiten 92 bis 105 angeführten Stutenfamilien kann entnommen werden, daß Nachzuchtprodukte in fast allen Haflinger züchtenden Ländern der Welt stehen. Vor allem in Bayern und Westfalen gehen die bedeutendsten Mutterstämme auf die von uns aufgezeigten Mutterlinien zurück.

Die angeführten Stutenfamilien geben des weiteren Zeugnis von der hohen Fruchtbarkeitsrate in der Haflinger-Rasse. Der hohe Anteil an Stuten mit einem Alter zwischen 20 und 30 Jahren sowie von Stuten mit einem Trächtigkeitswert von 80 und mehr Prozent und der hohe Anteil an Stuten mit mehr als 10 bis 20 Fohlen sind für eine Landespferdezucht sicherlich überdurchschnittlich.

Den Stuten sind die internationalen Kennzeichen der Länder beigefügt:

AL	Albanien
AUS	Australien
B	Belgien
BH	Bhutan
BR	Brasilien
CAN	Kanada
CH	Schweiz
CO	Columbien
DDR und D = *ein* Deutschland	
DK	Dänemark
F	Frankreich
GB	Großbritannien
I	Italien
IND	Indien
LUX	Luxemburg
NL	Holland
PL	Polen
TR	Türkei
USA	Amerika
Y	Jugoslawien

Stutenfamilie 8/I Albina-Lucy

H = Hengst
L = noch lebend
\+ = tot
a = lebend ausgeschieden

Klasse	Generation	Karteiblatt Nr.	Zuchtbuch-Nummer und Name	Geboren	Mutter	Vater	Belegjahre	Abfohlungen	Trächtigkeit	Eingetragene Töchter	Söhne	Alter	Anmerkung
IIa	1.	1	8/I Albina-Lucy	1919	Ohast.	388/331 Geck-Mandl I	21	21	100%	8	2	26+	
	2.	H	946 LANDECK	1926	1	329/5 Traxl							
Ib	2.	2	320/III Diestl-Hanni	1927	1	264/333 Girg-Mandl I	11	9	82%	7	2	14+	
IIb	2.	3	403/IV Eva-Dolly	1928	1	264/333 Girg-Mandl I	14	12	85%	4	–	25a	
IIb	2.	4	409/IV Furie-Herta	1929	1	401 liz. Willi	22	15	68%	7	–	24+	
	2.	H	1289 ARLBERG	1930	1	401 liz. Willi							
	2.	–	126/St Mausi	1932	1	401 liz. Willi	–	–	–	–	–		Steiermark
	2.	–	1042/D Elva	1935	1	186 Elvas	–	–	–	–	–		Oberösterreich
IIb	2.	5	537/V Geroldseck	1936	1	186 Elvas	11	10	90%	3	–	21a	
IIIa–	2.	6	2509/T Arena	1942	1	1367 liz. Stürmer	5	4	80%	2	–	10a	
IIIa–	2.	6a	2857/T Albiana	1944	1	847 liz. Start	1	–	–	–	–	4a	
	3.	H	1534 SCHONER	1933	2	186 Elvas							
IIa	3.	7	287/II Hirsl	1935	2	401 liz. Willi	14	11	78%	5	1	24a	
Ib	3.	8	536/V Horsa	1936	2	401 liz. Willi	5	3	60%	–	–	10+	
IIb	3.	9	368/III Klari	1937	2	401 liz. Willi	9	7	77%	3	–	19+	
	3.	H	121 WALL	1938	2	401 liz. Willi							
IIb	3.	10	388/III Dohle	1939	2	401 liz. Willi	15	11	73%	5	3	21+	
IIb	3.	11	1587/T Dickerle	1940	2	401 liz. Willi	10	5	50%	2	–	7a	
IIb	3.	12	1722/T Delkara	1941	2	401 liz. Willi	5	4	80%	2	–	8+	
IIa	3.	13	1767/T Desdemona	1942	2	401 liz. Willi	10	8	80%	2	1	21+	
IIb	3.	14	424/IV Mona-Lisa	1934	3	liz. 912 Schönwies	9	8	88%	4	–	15a	Kärnten
IIIb	3.	15	434/IV Eveline	1936	3	liz. 912 Schönwies	9	5	55%	2	–	13a	Kärnten
IIa	3.	16	448/IV Erle	1938	3	1448 Sieß	14	11	78%	4	–	17+	
IIa	3.	17	450/IV Ernestine	1939	3	1448 Sieß	12	7	58%	2	–	24+	
IIb	3.	18	426/IV Kandida	1933	4	liz. 912 Schönwies	18	11	61%	6	1	31+	
	3.	–	1259/Sm Lori	1935	4	liz. 912 Schönwies	–	–	–	–	–	–	
IIIa	3.	19	437/IV Furiosa	1936	4	liz. 912 Schönwies	14	9	64%	4	–	20a	
I	3.	20	481/IV Fulda	1940	4	1448 Sieß	7	6	86%	–	–	10a	Salzburg
	3.	21	468/IV Fulvia	1942	4	1855 Staudach	16	10	62%	–	–	21a	
IIIb	3.	22	2810/T Funda	1943	4	1855 Staudach	13	9	69%	–	–	19a	
IIa	3.	23	5926/T Fugato	1949	4	1118 Morgen	12	11	92%	–	–	19+	
IIb	3.	24	2923/T Geischa-Horsa	1945	5	1851 Dorfer	2	1	50%	1	–	4a	Niederösterreich
IIIa–	3.	–	5085/T Germanin	1946	5	1851 Dorfer	–	–	–	–	–	5a	
IIIa+	3.	25	5928/T Garbe	1950	5	1367 liz. Stürmer	2	2	100%	1	–	7a	
Ib–	3.	26	5651/T Adele-Alda	1948	6	996 Tizian	4	1	25%	–	–	15+	
IIb–	3.	27	6310/T Axel	1952	6	999 Anselmo	4	4	100%	–	–	10a	
	4.	H	299 THEO	1939	7	1505 Blühnbach							
IIa	4.	28	589/V Hilaria	1941	7	1851 Dorfer	11	7	64%	3	–	18+	
IIa	4.	29	2503/T Hiob-Hilda	1943	7	1740 Zatter	4	4	100%	–	–	20+	
IIb+	4.	30	5056/T Halma	1946	7	579 Mangold	12	7	58%	3	–	23+	
IIIa	4.	31	5746/T Halila	1949	7	1115 Strauß	3	3	100%	1	–	8a	D
IIIa–	4.	32	6404/T Helenburg	1953	7	1235 Nimbus	3	2	67%	–	–	13+	
IIb–	4.	33	2913/T Kokette-Minka	1944	9	128 Stromer	8	6	75%	2	–	15a	
IIb	4.	34	5898/T Kerbel	1950	9	128 Stromer	1	1	100%	–	–	9a	
IIIa	4.	35	7162/T Klage	1956	9	578 Magnat	4	2	50%	–	–	24+	
Ib	4.	36	2640/T Donau-Dora	1944	10	128 Stromer	18	16	89%	5	6	25+	
IIIa+	4.	37	2912/T Dorne-Spez	1945	10	128 Stromer	11	10	90%	6	2	18+	
	4.	H	1365 STYX	1946	10	128 Stromer							
Ib–	4.	38	5478/T Donau	1948	10	128 Stromer	15	12	80%	6	–	19+	
	4.	H	1924 STRAMM	1951	10	128 Stromer							
IIIa+	4.	39	6347/T Destra	1953	10	128 Stromer	2	2	100%	–	1	4a	I
IIb	4.	40	6709/T Dorn	1955	10	128 Stromer	6	4	67%	1	–	13+	
	4.	H	647 ABSAM	1960	10	253 Adler							
IIb	4.	41	5188/T Dalie	1946	11	128 Stromer	7	5	70%	2	–	13a	
IIa	4.	–	5980/T Dicke	1951	11	584 Stauf	–	–	–	–	–	4+	
IIb+	4.	42	5357/T Delina	1947	12	584 Stauf	2	1	50%	–	–	10a	
IIb+	4.	–	6267/T Dohle	1949	12	584 Stauf	–	–	–	–	–	10+	

H = Hengst
L = noch lebend
+ = tot
a = lebend ausgeschieden

Klasse	Generation	Karteiblatt Nr.	Zuchtbuch-Nummer und Name	Geboren	Mutter	Vater	Belegjahre	Abfohlungen	Trächtigkeit	Eingetragene Töchter	Söhne	Alter	Anmerkung
IIIa	4.	43	5445/T Donaukind	1948	13	128 Stromer	19	14	74%	3	1	27+	
	4.	H	Naxos	1952	13	997 liz. Naz.							USA
IIb	4.	44	453/IV Moni	1939	14	1448 Sieß	14	11	78%	2	–	20a	
IIb	4.	45	466/IV Molli	1941	14	1855 Staudach	2	2	100%	1	–	5+	
IIIa–	4.	46	St-220/T Mora	1943	14	1855 Staudach	10	10	100%	2	–	15a	
IIa+	4.	47	5107/T Monika	1946	14	12 Anton	9	6	67%	1	–	14+	
	4.	48	479/IV Everl	1940	15	1448 Sieß	7	5	70%	2	–	11+	
IIIb	4.	49	St-224/T Ella	1942	15	1855 Blühnbach	4	4	100%	1	–	10a	
IIIb	4.	50	St-277/T Erika	1944	16	12 Anton	10	8	80%	–	–	14a	
IIa	4.	51	5498/T Eifel	1948	16	12 Anton	12	10	83%	1	–	20a	
IIIa	4.	52	6526/T Erlana	1950	16	427 Nestor	10	7	70%	3	–	21a	
IIIa–	4.	53	5250/T Edeltraud	1947	17	300 Wicht	1	1	100%	–	–	3a	Kärnten
IIa–	4.	54	5912/T Eri	1950	17	1232 Mentor	12	8	67%	–	–	19+	
IIb	4.	55	449/IV Kandilene	1938	18	1448 Sieß	11	8	73%	4	–	16a	Kärnten
IIIb	4.	56	2805/T Kathrine	1942	18	12 Anton	10	7	70%	2	–	20a	
	4.	H	Anton 38	1943	18	12 Anton							D
IIIa	4.	57	2802/T Kanda	1945	18	427 Nestor	3	–	–	–	–	5a	Kärnten
IIb	4.	58	5254/T Karla	1946	18	427 Nestor	1	1	100%	–	–	6a	
IIa–	4.	59	6108/T Kolmara	1951	18	427 Nestor	8	4	50%	–	–	14a	
IIb+	4.	60	6290/T Korbinia	1952	18	427 Nestor	9	8	88%	–	–	17a	
IIa	4.	61	5113/T Fulla	1943	19	1855 Staudach	5	4	80%	2	–	8a	Kärnten
IIb–	4.	62	5108/T Fulla	1946	19	12 Anton	11	9	82%	–	–	15a	
IIb–	4.	63	6295/T Fita	1952	19	427 Nestor	5	2	40%	–	–	12a	
IIb–	4.	64	6840/T Flory	1954	19	1232 Mentor	5	4	80%	–	–	11+	
IIa	4.	65	5857/T Garantin	1949	24	1367 liz. Stürmer	6	6	100%	2	–	10a	
IIIa	4.	–	7160/T Grabl	1956	25	578 Magnat	–	–	–	–	–	8a	
IIa+	5.	66	5895/T Hera	1945	28	298 Nimrod	12	7	58%	2	–	23a	
IIa+	5.	67	5894/T Heidi	1946	28	299 Theo	9	7	77%	–	–	21+	
Ib	5.	68	5374/T Hirte-Hilla	1948	28	994 liz. Michl	1	1	100%	–	–	6a	Steiermark
IIb–	5.	–	6075/T Heda	1950	30	1115 Strauß	–	–	–	–	–	8a	Salzburg
Ib–	5.	69	7622/T Hansa	1959	30	1656 Strom	14	11	79%	4	–	17+	
Ib–	5.	70	8067/T Hörige	1961	30	1656 Strom	14	11	79%	5	–	17+	
IIb	5.	71	7212/T Heimat	1957	31	1581 liz. Star	15	8	53%	3	–	23+	
Ib	5.	72	5988/T Kantila	1950	33	1116 Markgraf	9	6	66%	2	–	13+	
IIb+	5.	73	5998/T Kaliostra	1951	33	997 liz. Naz	6	3	50%	–	–	10a	
	5.	H	1654 Nansen	1949	36	997 liz. Naz							
Ib	5.	74	5829/T Drena	1950	36	997 liz. Naz	12	9	75%	5	1	15+	
	5.	H	Nastor 68	1951	36	997 liz. Naz							D
IIb	5.	75	6320/T Donna	1952	36	997 liz. Naz	9	8	89%	3	–	17a	D
	5.	H	152 Nerz	1953	36	997 liz. Naz							
	5.	H	332 Monaco	1955	36	1582 liz. Monarch							
	5.	H	407 Mobil	1956	36	1582 liz. Monarch							
IIa–	5.	76	7295/T Dazumal	1958	36	578 Magnat	2	1	50%	–	–	11+	
	5.	H	897 Adrian	1964	36	648 Amras							
IIa+	5.	77	9067/T Donja	1965	36	648 Amras	10	7	70%	1	–	13+	
IIb–	5.	78	6039/T Darling	1951	37	578 Magnat	2	2	100%	1	–	7+	
IIa+	5.	79	6728/T Doppel	1954	37	1483 Steiger	9	9	100%	4	–	15+	
	5.	H	Nebel	1955	37	1235 Nimbus							I
IIa–	5.	80	7137/T Dormante	1957	37	1918 Maat	14	8	57%	2	–	23+	
IIb–	5.	–	7433/T Dida	1958	37	1918 Maat	–	–	–	–	–	5a	
	5.	H	Mandl 203	1960	37	1918 Maat							D
IIb+	5.	81	8065/T Donna	1961	37	1918 Maat	3	3	100%	1	–	5a	D
Ib–	5.	82	8295/T Delta	1962	37	507 Windus	1	1	100%	–	–	3+	
IIb+	5.	83	6708/T Dürnstein	1954	38	1652 Mikado	17	9	53%	4	1	26+	
IIb+	5.	–	6706/T Daumeline	1955	38	1652 Mikado	–	–	–	–	–	3a	I
IIa	5.	84	6900/T Drau	1956	38	1652 Mikado	9	4	44%	–	1	13a	D
IIa+	5.	–	7379/T Dscheipa	1958	38	1652 Mikado	–	–	–	–	–	3+	

Stutenfamilie 8/I Albina-Lucy

H = Hengst
L = noch lebend
+ = tot
a = lebend ausgeschieden

Klasse	Generation	Karteiblatt Nr.	Zuchtbuch-Nummer und Name	Geboren	Mutter	Vater	Belegjahre	Abfohlungen	Trächtigkeit	Eingetragene Töchter	Söhne	Alter	Anmerkung
IIa+	5.	85	7809/T Danuvia	1960	38	1652 Mikado	1	1	100%	–	–	3a	NL
IIb+	5.	86	8520/T Donja	1963	38	1652 Mikado	4	3	75%	1	–	7+	
	5.	H	518 Median	1957	39	1582 liz. Monarch							
IIb	5.	87	8239/T Dauphin	1962	40	506 Strudel	11	9	82%	2	–	13+	
IIa+	5.	88	6281/T Donka	1952	41	1480 Marius	14	12	86%	5	1	28+	
IIb–	5.	89	6910/T Dalemma	1956	41	1480 Marius	1	1	100%	–	–	5a	NL
	5.	H	448 Meeting	1956	43	1918 Maat							
IIIa	5.	–	8078/T Dukla	1961	43	1918 Maat	1	–	–	–	–	4a	NL
IIb	5.	90	8285/T Delon	1962	43	507 Windus	1	1	100%	–	–	3a	I
IIb+	5.	–	8853/T Dohle	1964	43	1582 liz. Monarch	–	–	–	–	–	3a	I
IIb	5.	91	5106/T Morli	1946	44	12 Anton	13	12	92%	3	–	23+	
IIb	5.	92	5251/T Molly	1947	44	12 Anton	7	6	85%	1	–	11+	
IIIa	5.	93	2813/T Wilma	1945	45	300 Wicht	11	10	90%	3	–	19a	
IIb–	5.	94	7457/T Marquisa	1958	47	1774 Molch	2	1	50%	–	–	6+	
IIIa	5.	95	5104/T Erika	1946	48	427 Nestor	8	5	62%	–	–	16a	
IIa–	5.	96	5924/T Egerl	1950	48	1118 Morgen	4	4	100%	–	–	8a	
IIIa+	5.	–	5683/T Epheu	1948	49	427 Nestor	–	–	–	–	–	4a	
IIb	5.	97	7674/T Erila	1959	51	1774 Molch	19	16	84%	7	–	25+	
IIb+	5.	98	8611/T Ehrlich	1962	52	49 Stattlich	6	5	83%	1	–	10+	
IIIa	5.	99	2804/T Kandita	1942	55	12 Anton	7	4	55%	1	–	17+	
IIIa	5.	100	2806/T Kania-Fuchsl	1943	55	12 Anton	5	2	40%	–	–	13+	
IIa	5.	101	2800/T Kathi	1946	55	427 Nestor	8	8	100%	–	–	23+	
IIb+	5.	102	5508/T Korsarin	1948	55	427 Nestor	6	6	100%	–	–	12a	
IIb+	5.	103	5513/T Klammerin	1948	56	427 Nestor	7	6	85%	1	–	15a	
IIa	5.	104	6491/T Kuni	1952	56	424 Marschall	2	–	–	–	–	12+	
IIb+	5.	105	5922/T Flutta	1949	61	1118 Morgen	6	5	83%	–	–	15+	
IIa	5.	106	6124/T Faktura	1951	61	427 Nestor	2	–	–	–	–	7a	
IIb+	5.	107	6954/T Garbate	1956	65	1918 Maat	15	12	80%	6	–	19+	
IIb–	6.	108	7161/T Hermes	1956	66	998 Nimmersatt	6	5	83%	2	–	23+	
IIa–	6.	109	8534/T Heidrun	1963	66	249 Strato	2	1	50%	–	–	6a	D
IIb–	6.	110	8681/T Harbe	1964	69	646 Mecky	2	2	100%	–	–	5a	D
IIb	6.	111	8789/T Humerale	1964	71	liz. Starter	2	–	–	–	–	5a	D
IIb	6.	112	7806/T Kantine	1960	72	1652 Mikado	7	5	71%	–	–	11+	
IIb–	6.	113	8230/T Kokotte	1962	72	506 Strudel	16	12	75%	2	–	21+	
IIIa	6.	114	6839/T Deya	1954	74	1652 Mikado	6	5	83%	–	–	12a	
	6.	–	H/1879/K Derby	1955	74	1652 Mikado	–	–	–	–	–	–	Kärnten
Ib–	6.	–	7399/T Drendl	1957	74	1652 Mikado	–	–	–	–	–	4a	TR
IIa–	6.	115	7658/T Dreva	1959	74	1652 Mikado	8	6	75%	2	–	11+	
Ib–	6.	116	8048/T Dresine	1961	74	1652 Mikado	16	7	44%	3	–	21+	
	6.	H	848 Milan	1963	74	1652 Mikado							
	6.	–	7497/T Donka	1956	75	1652 Mikado	–	–	–	–	–	5a	NL
IIa+	6.	117	8047/T Daniela	1961	75	506 Strudel	14	10	71%	3	–	24+	
IIb–	6.	118	7144/T Darline	1957	78	1918 Maat	4	3	75%	1	–	6+	
Ib–	6.	119	7628/T Doppia	1959	79	1918 Maat	–	–	–	–	–	5a	
IIa–	6.	120	7824/T Domina	1960	79	1918 Maat	–	–	–	–	–	4a	
IIb+	6.	121	8551/T Dolores	1963	79	1918 Maat	1	–	–	–	–	3a	NL
IIb	6.	122	8872/T Duana	1964	79	1918 Maat	21	14	67%	4	–	25+	
Ib+	6.	123	7606/T Dübe	1959	83	335 Wendel	11	6	55%	1	–	16+	
	6.	H	693 Armin	1960	83	253 Adler							
Ib	6.	124	8231/T Distel	1962	83	506 Strudel	11	6	55%	–	2	15a	
IIa+	6.	125	8704/T Delta	1964	83	506 Strudel	1	–	–	–	–	3+	
IIb+	6.	126	8961/T Dornröschen	1965	83	649 Wilten	12	10	83%	2	–	16+	
	6.	H	933 Stifter	1966	84	698 Stams							
IIb+	6.	127	7927/T Damina	1960	88	147 Stabil	15	10	67%	3	–	20a	
Ib	6.	128	8371/T Danja	1962	88	585 Notker	12	9	75%	6	–	15+	
IIb+	6.	129	8443/T Doris	1963	88	585 Notker	8	4	50%	1	2	15a	
	6.	H	854 Nestor	1964	88	585 Notker							

59

Viehhof

BETON

330

H = Hengst
L = noch lebend
\+ = tot
a = lebend ausgeschieden

Klasse	Generation	Karteiblatt Nr.	Zuchtbuch-Nummer und Name	Geboren	Mutter	Vater	Belegjahre	Abfohlungen	Trächtigkeit	Eingetragene Töchter	Söhne	Alter	Anmerkung
IIb–	6.	–	7458/T Melusine	1958	91	1774 Molch	–	–	–	–	–	3a	NL
IIIa	6.	130	7940/T Mellina	1960	91	1916 Stern	3	–	–	–	–	8a	
IIb	6.	131	7071/T Molke	1956	92	1774 Molch	1	1	100%	1	–	5a	NL
IIIa	6.	132	6116/T Waltari	1949	93	1118 Morgen	8	3	37%	–	–	14+	
IIb–	6.	133	6285/T Wicharda	1951	93	1232 Mentor	5	2	40%	1	–	22a	
IIIa	6.	134	7670/T Werina	1959	93	1774 Molch	12	2	17%	1	–	21+	
IIa–	6.	135	8613/T Elfi	1963	97	49 Stattlich	3	1	33%	–	–	7+	
IIa–	6.	136	6122/T Kitl	1950	99	1118 Morgen	1	–	–	–	–	7a	
IIIa	6.	137	7078/T Kühne	1955	103	424 Marschall	4	4	100%	–	–	14a	
IIb	6.	–	7900/T Gambi	1960	107	liz. Stephan	–	–	–	–	–	4a	I
IIb–	6.	138	8302/T Glitzer	1962	107	507 Windus	3	1	33%	–	–	7+	
IIa–	6.	–	9009/T Genie	1965	107	505 Stüber	–	–	–	–	–	3+	
IIb–	7.	139	8744/T Hansa	1964	108	1656 Strom	6	3	50%	2	–	15+	
IIb–	7.	140	8963/T Duela	1965	117	649 Wilten	1	1	100%	–	–	4+	
IIa+	7.	141	8481/T Dolde	1963	118	151 Wipp	2	1	50%	–	–	5+	
IIb	7.	142	9065/T Doritie	1965	123	585 Notker	–	–	–	–	–	3a	
	7.	H	975 Walli	1967	124	649 Wilten							
	7.	H	1013 Walzer	1968	124	649 Wilten							
IIa	7.	143	8672/T Donna	1964	127	646 Mecky	12	4	33%	2	–	16+	
	7.	H	974 Stahl	1967	129	803 Statthalter							
	7.	H	1051 Wotan	1969	129	855 Wirbel							
IIb+	7.	144	8032/T Matuella	1961	131	1916 Stern	13	10	77%	2	1	16a	Salzburg
III+	7.	145	8614/T Waxa	1963	134	1916 Stern	9	4	44%	1	–	17+	
	4.	146	1682/K Ehrenfrieda	1951	16	1232 Mentor	–	–	–	1	–	–	Kärnten
IIb+	5.	147	7937/T Evi	1959	146	1118 Morgen	10	8	80%	3	–	23+	
IIb+	6.	148	9181/T Heluan	1966	70	505 Stüber	15	11	73%	5	–	20+	
IIIa–	5.	149	5504/T Mariazella	1948	46	427 Nestor	12	9	75%	1	–	21+	
IIb	6.	150	6482/T Marlies	1952	149	1118 Morgen	6	3	50%	1	–	17a	
Ib–	5.	151	9164/T Delia	1966	36	751 Admiral	–	–	–	–	–	6a	F
IIb	6.	152	H/1677/K Manka	1951	91	1232 Mentor	6	5	83%	1	–	14+	
IIa+	7.	153	8946/T Marli	1961	152	1118 Morgen	2	1	50%	–	–	8a	
IIb	6.	154	9218/T Erita	1966	97	509 Milan	1	–	–	–	–	4+	
IIb–	6.	155	9272/T Donax	1966	81	505 Stüber	2	–	–	–	–	4+	
	4.	156	72 Fuchs-Diadem	1947	13	128 Stromer	–	–	–	1	–	–	Salzburg
IIb+	5.	157	9003/T Diamant	1965	156	1926 Stoß	1	–	–	–	–	4a	D
III	6.	158	9190/T Helene	1966	69	755 Merold	–	–	–	–	–	3a	
IIb+	6.	159	9151/T Dandy	1966	88	585 Notker	11	4	36%	1	–	16a	
IIa–	6.	160	7740/T Micki	1954	46	1851 Dorfer	7	1	14%	1	–	19+	
IIa–	6.	161	8482/T Mausi	1963	160	1118 Morgen	–	–	–	–	–	7a	D
IIIa	5.	162	7590/T Girondell	1954	65	1483 Steiger	3	1	33%	–	–	11+	
IIb+	7.	163	8160/T Morgenthau	1961	150	1483 Steiger	–	–	–	–	–	18a	
IIb+	8.	164	9205/T Mykene	1966	144	152 Nerz	10	8	80%	2	–	14a	
	8.	H	973 Nepal	1967	144	152 Nerz							
IIa+	6.	165	9447/T Hortensia	1967	70	505 Stüber	–	–	–	–	–	9a	
IIb	6.	166	9944/T Hetti	1969	70	898 Streiter	7	5	71%	–	–	11+	
IIb+	6.	167	10214/T Hilde	1970	70	898 Streiter	14	11	79%	7	–	17+	
IIb+	6.	168	10517/T Hippo	1971	70	898 Streiter	8	6	75%	–	–	16a	
IIa–	7.	169	11253/T Herma	1974	167	liz. Amor	16	11	69%	2	–	21 L	
IIb	7.	170	11637/T Helka	1976	167	liz. Amor	2	2	100%	–	–	5a	IND
IIb–	6.	171	10884/T Herlinde	1973	71	1006 Alexander	3	–	–	–	–	7a	
IIb	6.	172	11742/T Heimi	1976	71	899 Master	–	–	–	–	–	4a	
IIb+	6.	173	9416/T Dorli	1967	75	506 Strudel	8	5	63%	1	–	18+	
IIb–	7.	174	11710/T Drollige	1976	173	liz. Afghan	4	3	75%	1	–	7a	
IIb+	6.	175	10740/T Duschi	1972	77	900 Alarich	7	1	14%	–	–	10a	
IIb–	6.	176	10868/T Darita	1973	80	1012 Brenner	7	6	86%	2	–	10+	
IIb–	6.	177	11212/T Duris	1974	80	753 Marabu	16	14	87,5%	3	–	21 L	
IIb	6.	178	10243/T Derbia	1970	86	801 Stumpf	4	2	50%	1	–	10a	

Stutenfamilie 8/I Albina-Lucy

Klasse	Generation	Karteiblatt Nr.	Zuchtbuch-Nummer und Name	Geboren	Mutter	Vater	Belegjahre	Abfohlungen	Trächtigkeit	Eingetragene Töchter	Eingetragene Söhne	Alter	Anmerkung
IIb	7.	179	11422/T Daxl	1975	178	liz. Major	1	1	100%	–	–	5a	IND
Ib–	6.	180	9480/T Doofi	1967	87	1918 Maat	16	14	88%	4	–	20+	
IIa+	6.	181	10353/T Doris	1971	87	900 Alarich	5	3	60%	–	–	9+	
IIIa	7.	182	11200/T Detti	1974	180	1048 Nero	3	1	33%	–	–	6+	
IIa–	6.	183	10484/T Drulla	1971	88	753 Marabu	10	3	30%	2	–	17+	
IIb–	7.	184	11531/T Darly	1975	183	1042 Attila	3	3	100%	–	–	6a	IND
IIb–	7.	185	11621/T Dorla	1976	183	1223 liz. Wintersturm	8	6	75%	2	–	11+	
IIa	6.	186	9792/T Eger-Elsa	1969	97	804 Stepper	–	–	–	–	–	4a	
IIb–	6.	187	10552/T Evi	1971	97	932 Staub	5	3	60%	2	–	12a	
III	6.	188	10983/T Erharda	1973	97	1051 Wotan	5	5	100%	–	–	9a	
IIa	6.	189	11490/T Erlena	1975	97	1051 Wotan	9	9	100%	2	–	12+	
IIb–	7.	190	11502/T Enki	1975	187	804 Stepper	8	3	38%	–	–	12a	
IIb+	7.	191	11571/T Endy	1976	187	liz. Ambassador	3	1	33%	–	–	7a	Kärnten
IIb+	6.	192	10818/T Ehrentreu	1972	98	939 Nebel	12	9	75%	1	–	15a	
III	6.	193	9943/T Gundi	1969	107	505 Stüber	9	5	56%	1	–	16a	
IIb+	6.	194	10192/T Grazerin	1970	107	505 Stüber	10	9	90%	–	–	15+	
IIb	6.	195	10776/T Ganges	1971	107	969 Anwalt	5	5	100%	2	–	10a	
IIb–	7.	196	11499/T Glut	1975	193	1051 Wotan	10	7	70%	–	–	16a	
IIb–	7.	197	9732/T Hermine	1968	108	251 Merkur	–	–	–	–	–	3a	F
IIb	8.	–	9859/T Heintja	1969	139	901 Steinadler	–	–	–	–	–	3a	
III	8.	198	11384/T Hummel	1975	139	1077 Meteor	1	–	–	–	–	5a	
IIb	7.	199	10378/T Kostenza	1971	113	853 Artist	16	12	75%	–	1	22a	
IIb	7.	200	11737/T Kandis	1976	113	1136 Steger	3	2	67%	–	–	5a	IND
IIa	7.	201	8496/T Diny	1963	115	631 Anker	11	10	91%	1	–	17a	
IIb	7.	202	10224/T Doma	1970	115	753 Marabu	1	–	–	–	–	10a	
IIb	8.	203	11430/T Dirina	1975	201	930 Stainach	2	2	100%	–	–	7a	
Ib	7.	204	9640/T Daniella	1968	116	853 Artist	8	6	75%	3	–	12+	
IIb–	7.	205	11035/T Dreva	1973	116	liz. Amor	13	12	92%	3	2	20+	
IIb+	7.	206	9442/T Danara	1967	117	649 Wilten	14	12	86%	5	1	20+	
IIb	7.	207	10602/T Donjana	1972	117	649 Wilten	8	6	75%	1	–	17a	
IIb	7.	208	11196/T Drossel	1974	122	1050 Saturn	–	–	–	–	–	4a	TR
IIb	7.	209	11442/T Denkstein	1975	122	1050 Saturn	–	–	–	–	–	3a	AL
IIb	7.	210	9607/T Divina	1968	128	855 Wirbel	7	4	57%	–	–	9+	
IIa+	7.	211	9923/T Daniela	1969	128	855 Wirbel	7	5	71%	2	–	12a	Oberösterreich
IIb	7.	212	10510/T Ducks	1971	128	898 Streiter	4	3	75%	–	–	9+	
III	7.	213	10964/T Doria	1973	128	liz. Amor	–	–	–	–	–	4a	TR
IIa–	7.	214	11209/T Donja	1974	128	liz. Amor	4	4	100%	–	–	7a	IND
IIb	7.	215	11420/T Dankeschön	1975	128	liz. Amor	1	–	–	–	–	4+	
IIa–	8.	–	10229/T Dondona	1970	143	753 Marabu	–	–	–	–	–	3a	D
IIa–	8.	216	10486/T Dimmy	1971	143	630 Moment	3	2	67%	–	–	9a	
IIb+	8.	217	10895/T Maretta	1973	144	1012 Brenner	11	6	55%	1	–	14a	
IIa–	8.	218	10592/T Waxl	1972	145	1006 Alexander	12	11	92%	2	1	15+	
	8.	H	1168 liz. STILIST	1972	206	901 Steinadler							
IIb	9.	219	11696/T Wendia	1976	218	1128 Mythos	3	1	33%	–	–	7+	
IIb	6.	220	9418/T Erna	1967	147	331 Medikus	–	–	–	–	–	4a	D
IIb+	6.	221	9767/T Enorm	1969	147	331 Medikus	–	–	–	–	–	5a	
IIa+	7.	222	10741/T Hanna	1972	148	975 Willi	1	1	100%	–	–	4a	
IIa+	7.	223	11124/T Hilda	1974	148	liz. Afghan	5	4	80%	2	–	7a	IND
Ib–	7.	224	11002/T Donna	1973	159	753 Marabu	11	8	72%	1	–	20a	
IIb+	9.	225	10127/T Maria-Luise	1970	164	805 Stadl	–	–	–	–	–	4a	F
IIb–	9.	226	10451/T Mechiko	1971	164	934 Arlberg	6	6	100%	2	–	11a	
IIb	10.	227	11694/T Mindy	1976	226	1128 Mythos	3	3	100%	1	–	11a	
IIb+	4.	228	9538/T Frieda	1967	23	804 Stepper	5	5	100%	1	–	16a	
IIb–	5.	229	11832/T Fonda	1977	228	1168/liz. Stilist	9	6	67%	–	–	15a	
IIb+	6.	230	12894/T Esther	1981	97	1210 Astral	10	8	80%	2	–	14 L	
IIb–	7.	231	12111/T Dolde	1978	116	1258/liz. Nordwind	2	1	50%	–	–	5+	
IIb+	7.	232	12645/T Didy	1981	122	1260 Alp	2	2	100%	–	–	5a	BR

H = Hengst
L = noch lebend
\+ = tot
a = lebend ausgeschieden

Klasse	Generation	Karteiblatt Nr.	Zuchtbuch-Nummer und Name	Geboren	Mutter	Vater	Belegjahre	Abfohlungen	Trächtigkeit	Eingetragene Töchter	Eingetragene Söhne	Alter	Anmerkung
IIb	7.	233	13056/T Donny	1982	122	1260 Alp	9	8	89%	2	–	13 L	
IIb –	7.	234	10651/T Diane	1972	126	853 Artist	5	4	80%	2	–	13a	
IIa	8.	235	11853/T Draxi	1977	234	1099 Stecher	–	–	–	–	–	3a	NL
IIb –	8.	236	12698/T Delila	1981	234	1099 Stecher	5	3	100%	–	–	10a	
IIb	7.	237	11706/T Disea	1976	126	1075 Astor	6	3	50%	–	–	11a	
IIb +	7.	238	9494/T Dickerle	1967	127	755 Merold	10	6	60%	4	–	13a	
IIa +	8.	239	10381/T Dolch-Cilli	1971	238	753 Marabu	4	2	50%	–	–	9 +	
IIb –	8.	240	10579/T Dolores	1972	238	753 Marabu	–	–	–	–	–	5a	
III	8.	241	11033/T Domina	1973	238	753 Marabu	4	3	75%	–	–	9a	
IIb	8.	242	12324/T Dolma	1979	238	1214 Streif	3	3	100%	–	–	16 L	
III	7.	243	9836/T Dicky	1969	127	855 Wirbel	6	1	17%	1	–	9 +	
III	8.	244	11034/T Dominika	1973	243	753 Marabu	4	3	75%	1	–	8a	
IIb +	9.	245	12766/T Dolly	1980	244	1258/liz. Nordwind	6	6	100%	1	–	15 L	
IIb	7.	246	11421/T Dattel	1975	129	901 Steinadler	3	2	67%	–	–	6a	IND
IIIa	7.	247	10822/T Waldfee	1972	133	932 Stab	8	3	37%	–	–	15a	
IIb +	6.	248	12409/T Evelyn	1979	147	1045 Mohammed	5	3	60%	–	–	10a	
IIb +	7.	249	11938/T Hella-Hera	1977	167	liz. Amor	–	–	–	–	–	4a	IND
IIb	7.	250	12175/T Heidi	1978	167	1258/liz. Nordwind	6	4	67%	–	–	9 L	
IIa +	7.	251	12242/T Herzi	1979	167	1258/liz. Nordwind	9	8	89%	2	–	13+	
IIa +	7.	252	13033/T Helia	1982	167	1258/liz. Nordwind	7	7	100%	–	–	13 L	
IIb	8.	253	13470/T Hilla	1984	169	1317 Wälder	5	4	80%	–	–	11 L	
IIb –	8.	254	12710/T Duena	1981	174	1161 Basalt	3	2	67%	1	–	6 +	
III	7.	255	12403/T Darling	1978	176	938 Norden	1	–	–	–	–	5a	
IIb	7.	256	12709/T Distly	1981	177	1243 Stanz	7	4	57%	1	–	14 L	
IIb +	7.	257	13127/T Darky	1982	177	1243 Stanz	5	4	80%	–	–	10+	
IIb –	7.	258	13573/T Doria	1984	177	1312 Archer	3	3	100 %	–	–	9a	
IIb +	7.	259	12055/T Delta	1978	180	1015 Malteser	–	–	–	–	–	3a	IND
IIb –	7.	260	12687/T Dilli	1981	180	1015 Malteser	5	4	80%	–	–	14 L	
IIb –	7.	261	12926/T Dorli	1982	180	1295 Wildmoos	5	4	80%	–	–	10a	
IIb –	8.	262	12781/T Donna	1981	185	1214 Streif	10	8	80%	1	–	14 L	
IIa +	8.	263	13158/T Dunja	1983	185	1258/liz. Nordwind	1	1	100%	–	–	3a	BR
IIa–	7.	264	12617/T Emmely	1980	189	1210 Astral	5	1	20 %	–	–	13a	
IIb+	7.	265	13379/T Emona	1984	189	1263 Nino	3	–	–	–	–	11 L	
IIb	7.	266	12231/T Geysa	1979	195	1212 Mangon	12	12	100 %	1	–	16 L	
IIb+	7.	267	12467/T Guzzi	1980	195	1212 Mangon	4	3	75 %	1	–	9a	
IIb–	8.	268	13315/T Golle	1983	266	1243 Stanz	1	1	100 %	–	–	4a	
IIb–	8.	269	13535/T Gustl	1984	267	1243 Stanz	3	2	67 %	1	–	11 L	
	8.	H	1269 WALD	1977	205	1223/liz. Wintersturm							
	8.	H	1345 NETTO	1980	205	1213 Neptun							
IIb+	8.	270	12772/T Dina	1981	205	1214 Streif	10	8	80 %	–	–	14 L	
IIa–	8.	271	13007/T Dajana	1982	205	1214 Streif	1	–	–	–	–	6a	
IIb–	8.	272	12829/T Denise	1981	206	901 Steinadler	9	7	78 %	–	–	14 L	
IIb	8.	273	13293/T Dina	1982	206	1218 Waldprinz	7	6	86 %	–	–	13 L	
IIa	8.	274	13288/T Diema	1983	206	1218 Waldprinz	8	6	75 %	1	–	12 L	
IIb–	8.	275	13428/T Donny	1984	206	1259/liz. Ankhan	2	1	50 %	–	–	7a	
IIb–	8.	276	13119/T Dixi	1982	207	1259/liz. Ankhan	3	1	33 %	–	–	8a	
IIa –	8.	277	11090/T Dinara	1974	211	807 Antrieb	1	–	–	–	–	4 +	
IIb +	8.	278	12291/T Dufty	1979	211	1132 Stereo	11	11	100%	2	–	16 L	
IIb	9.	279	12213/T Mischa	1979	217	1259/liz. Ankhan	8	8	100%	3	–	15a	
IIb –	10.	280	13273/T Mazda	1983	279	1045 Mohammed	1	1	100%	–	–	5a	
	9.	H	1370 MOOS	1981	218	1045 Mohammed							
IIb +	9.	281	12940/T Winny	1982	218	1290 Ahorn	9	8	89 %	1	–	13 L	
IIb +	8.	282	12092/T Haga	1978	223	1124 Alpbach	–	–	–	–	–	3a	IND
IIb	8.	283	12810/T Harriet	1981	223	1220 Wildling	5	4	80 %	–	–	9a	
Ib–	8.	284	12289/T Danja	1979	224	1208 Atif	10	6	60 %	–	–	16 L	
IIa–	10.	285	12429/T Marina	1980	226	1259/liz. Ankhan	4	4	100 %	–	–	7a	
IIb+	11.	286	12731/T Minett	1981	227	1259/liz. Ankhan	4	4	100 %	1	–	7+	

Stutenfamilie 8/I Albina-Lucy

H = Hengst
L = noch lebend
+ = tot
a = lebend ausgeschieden

Klasse	Generation	Karteiblatt Nr.	Zuchtbuch-Nummer und Name	Geboren	Mutter	Vater	Belegjahre	Abfohlungen	Trächtigkeit	Eingetragene Töchter	Söhne	Alter	Anmerkung
Ib	8.	287	12522/T Hera	1980	170	1258/liz. Nordwind	11	9	82%	4	–	15 L	
IIb+	6.	288	9497/T Hansi	1967	69	803 Statthalter	7	6	86%	2	–	12+	
IIb–	6.	289	11290/T Helly	1974	69	1223/liz. Wintersturm	2	1	50%	–	–	6a	
IIb–	7.	290	11535/T Hausgeist	1975	288	1223/liz. Wintersturm	6	2	33%	–	–	12a	
IIb	7.	291	11622/T Hasi	1976	288	1223/liz. Wintersturm	8	4	50%	2	–	12+	
IIb+	5.	292	9916/T Espenlaub	1969	52	331 Medikus	5	4	80%	1	–	10a	D
IIb–	5.	293	10270/T Emila	1970	52	939 Nebel	3	2	67%	–	–	7+	
IIb	6.	294	11267/T Erinta	1974	292	1005 Marschall	5	5	100%	1	–	7a	IND
III	7.	295	12444/T Elga	1980	294	1241 Normer	4	2	50%	–	–	8a	
III	7.	296	11876/T Horma	1977	148	1124 Alpbach	3	2	67%	1	–	7a	D
IIb+	7.	297	12257/T Herlinde	1979	148	1220 Wildling	2	–	–	–	–	11a	I
IIa+	8.	298	12570/T Hella	1980	148	1220 Wildling	9	5	55%	2	–	15 L	
IIb+	8.	299	13529/T Heide	1984	298	1220 Wildling	7	7	100%	–	–	11 L	
IIb+	8.	300	10610/T Diadem	1972	204	1010 Silber	5	4	80%	–	–	7a	
IIb	8.	301	11513/T Doreda	1975	204	807 Antrieb	6	4	67%	1	–	12+	
Ib	8.	302	11733/T Dalia	1976	204	807 Antrieb	4	3	75%	–	–	6a	CAN
IIa–	9.	303	12966/T Dorali	1982	301	1258/liz. Nordwind	2	2	100%	–	–	5 L	
IIb+	8.	304	12909/T Hubsy	1981	296	1246 Brutus	4	2	50%	1	–	9a	
IIa–	7.	305	13763/T Hellen	1985	167	1258/liz. Nordwind	5	4	80%	–	–	10 L	
IIa+	8.	306	14833/T Hanneli-Heidi	1990	169	1208 Atif	1	1	100%	–	–	5 L	
	8.	H	NEVADA	1984	199	1258/liz. Nordwind							D
IIa+	8.	307	14161/T Devia	1987	205	1410 Strogoff	4	3	75%	1	–	8 L	
IIb–	8.	308	13616/T Diana	1985	206	1259/liz. Ankhan	1	1	100%	–	–	4a	
IIa–	6.	309	13887/T Farina	1986	229	1318 Strumer	5	4	80%	–	–	9 L	
IIa–	7.	310	13885/T Eliza	1986	230	1369 Mendel	5	2	40%	–	–	9 L	
IIa–	7.	311	14835/T Elena	1990	230	1318 Strumer						5 L	
IIb–	8.	312	14120/T Dorris	1987	233	1402 Magnat	4	2	50%	–	–	8 L	
IIa–	8.	313	14987/T Darlina	1991	233	1317 Wälder						4 L	
IIa	10.	314	14968/T Dolde	1991	245	1260 Alp						4 L	
IIa	8.	315	13847/T Heidi	1986	251	1340 Aras	5	4	80%	–	–	9 L	
IIb+	8.	316	14528/T Henriett	1989	251	1340 Aras	2	2	100%	–	–	6 L	
IIa–	9.	317	13726/T Dorle	1985	254	1347 Stergus	5	4	80%	1	–	10 L	
IIb–	8.	318	14095/T Distel	1987	256	1350 Wagrein	3	2	67%	1	–	8 L	
IIa–	9.	319	14584/T Debora	1989	262	1258/liz. Nordwind	2	1	50%	–	–	6 L	
IIb+	9.	320	14721/T Gaudia	1990	269	1340 Aras	1	–	–	–	–	5 L	
IIb+	9.	321	14144/T Drofi	1987	274	1430 Arlberg	4	3	67%	–	–	8 L	
IIa–	9.	322	13748/T Dalie	1985	278	1208 Atif	6	4	67%	–	–	10 L	
IIb+	9.	323	14747/T Dollar	1990	278	1208 Atif	1	1	100%	–	–	5 L	
IIb–	10.	324	13929/T Marie	1986	279	1344 Namibia	3	2	67%	–	–	9 L	
IIb	10.	325	14259/T Metti	1988	279	1344 Namibia	3	3	100%	–	–	7 L	
IIa–	10.	326	14779/T Walli	1990	281	1456 Nestroy	1	1	100%	–	–	5 L	
IIb+	12.	327	13607/T Marquesa	1985	286	1223/liz. Wintersturm	1	1	100%	–	–	4a	DK
Ib–	9.	328	13747/T Holiday	1985	287	1208 Atif	6	6	100%	2	–	10 L	
IIa	9.	329	13984/T Helena	1986	287	1208 Atif	5	3	60%	–	–	9 L	
IIa+	9.	330	14541/T Herzogin	1989	287	1208 Atif	2	2	100%	–	–	6 L	
Ib–	9.	331	14741/T Heldin	1990	287	1208 Atif	1	1	100%	–	–	5 L	
IIb	8.	332	13775/T Holga	1985	291	1258/liz. Nordwind	1	–	–	–	–	5a	
IIb	8.	333	13991/T Häschen	1986	291	1258/liz. Nordwind	–	–	–	–	–	4a	
IIa	8.	334	14725/T Herzi	1990	298	1431 Mordskerl	1	1	100%	–	–	5 L	
IIb–	9.	335	13600/T Hannerl	1985	304	1338 Afghan II	1	–	–	–	–	5a	
IIb+	9.	336	14959/T Diadem	1991	307	1431 Mordskerl						4 L	
IIb+	10.	337	14559/T Dorit	1989	317	1466 Armani	1	1	100%	–	–	6 L	
IIb	9.	338	14993/T Daisy	1991	318	1487 Andrit						4 L	
Ib–	10.	339	14554/T Hanja	1989	328	1438 Winzer	2	2	100%	–	–	6 L	
IIa+	10.	340	14742/T Halila	1990	328	1438 Winzer	1	–	–	–	–	5 L	

Stutenfamilie 310/III Bessi-Fanni

H = Hengst
L = noch lebend
+ = tot
a = lebend ausgeschieden

Klasse	Generation	Karteiblatt Nr.	Zuchtbuch-Nummer und Name	Geboren	Mutter	Vater	Belegjahre	Abfohlungen	Trächtigkeit	Eingetragene Töchter	Söhne	Alter	Anmerkung
	1.	1	310/III Bessi-Fanni	1922	Ohast.	Mandl I-8	18	12	67%	8	–	27+	
	2.	2	327/III Fini-Miera	1930	1	186 Elvas	11	8	73%	2	–	15+	
	2.	3	330/III Anna-Bella	1932	1	186 Elvas	19	15	79%	5	1	27a	
IIb	2.	4	515/V Lindelein-Elsa	1933	1	186 Elvas	15	12	80%	5	–	20+	
	2.	5	342/III Puppele-Lucy	1934	1	186 Elvas	14	8	57%	4	1	17a	Salzburg
IIa	2.	6	369/III Sebastiana	1937	1	401 liz. Willi	18	10	56%	5	–	23a	
IIIa	2.	7	398/III Berchta	1939	1	401 liz. Willi	12	3	25%	2	–	19+	
IIIa	2.	8	1706/T Bera	1941	1	401 liz. Willi	4	3	75%	1	–	8a	Salzburg
IIb	2.	9	5433/T Begonie	1947	1	122 Wardein	1	–	–	–	–	6a	Oberösterreich
IIIa	3.	10	380/III Loa	1938	2	401 liz. Willi	14	11	78%	1	–	19+	
IIb	3.	11	1578/T Finnchen	1940	2	401 liz. Willi	17	11	65%	1	4	22+	
IIIb	3.	12	St-74/T Anka	1938	3	401 liz. Willi	3	1	33%	1	–	7+	
IIb	3.	13	1576/T Alexandra	1940	3	401 liz. Willi	14	10	71%	5	–	21+	
IIb	3.	–	2505/T Lora	1943	3	401 liz. Willi	–	–	–	–	–	8+	
	3.	H	1483 Steiger	1947	3	128 Stromer							
IIIa–	3.	14	6213/T Aurora	1951	3	584 Stauf	8	7	88%	2	1	18+	
IIa	3.	15	6752/T Angst	1954	3	1480 Marius	–	–	–	–	–	–	
IIb	3.	16	591/V Lidwina	1941	4	1450 Lorch	7	6	85%	5	–	16+	
IIb	3.	17	2597/T Lindenschön	1942	4	1450 Lorch	2	2	100%	–	–	7+	
IIIa+	3.	18	2665/T Lindolfa	1944	4	299 Theo	4	3	75%	1	–	7+	
IIb+	3.	19	6264/T Lilia	1951	4	578 Magnat	6	6	100%	2	–	16+	
IIIa–	3.	20	6560/T Locarno	1953	4	998 Nimmersatt	6	1	16%	–	–	16+	
	3.	H	122 Wardein	1938	5	401 liz. Willi							
IIb	3.	21	1712/T Puppi	1941	5	401 liz. Willi	14	10	71%	6	–	19+	
IIIb	3.	22	St-264/T Pforte-Luisi	1946	5	401 liz. Willi	2	1	50%	–	–	6a	
IIb–	3.	23	5474/T Patscherin	1948	5	128 Stromer	12	10	83%	–	–	20+	
Ib	3.	24	5993/T Primana	1950	5	128 Stromer	13	10	77%	2	2	16+	
IIIa	3.	25	2442/T Seraphine-Fini	1941	6	1216 Scharnitz	10	9	90%	3	–	17a	
IIIa+	3.	26	594/T Seelchen	1942	6	1285 Sixtus	14	10	71%	5	–	22+	
IIIa–	3.	27	5081/T Syrte	1945	6	128 Stromer	11	8	73%	2	1	25+	
IIIa	3.	28	5199/T Sauna-Lori	1947	6	128 Stromer	9	5	56%	2	–	23+	
IIa–	3.	29	5833/T Seneka	1950	6	128 Stromer	4	1	25%	–	–	19a	
IIb	3.	30	2645/T Berchtesgaden-Cilli	1943	7	128 Stromer	4	2	50%	2	–	14a	
IIb+	3.	31	6707/T Boltin	1954	7	1584 liz. Matador	2	2	100%	1	–	8a	D
IIIb	3.	32	St-286/T Baldegunde	1946	8	128 Stromer	2	–	–	–	–	12a	
	4.	H	Sturmwind 60	1948	11	128 Stromer							D
	4.	H	1656 Strom	1949	11	128 Stromer							
	4.	33	5769/T Finale	1950	11	850 Mordskerl	8	5	63%	2	1	23+	
	4.	H	1922 Munter	1951	11	850 Mordskerl							
	4.	H	Mario 0002	1952	11	850 Mordskerl							
IIIb	4.	34	St-178/T Amalaswintha	1942	12	1285 Sixtus	5	4	80%	1	–	9a	
IIa+	4.	–	5754/T Aflada	1949	13	128 Stromer	–	–	–	–	–	4a	
IIb–	4.	35	6218/T Arve	1952	13	997 liz. Naz	12	9	75%	2	–	15+	
IIIa–	4.	36	6705/T Andora	1954	13	128 Stromer	20	15	75%	3	1	20a	
IIb+	4.	37	6896/T Alekta	1955	13	128 Stromer	8	5	63%	1	–	20a	
IIIa	4.	38	7383/T Aleman	1957	13	1582 liz. Monarch	8	5	63%	–	–	14+	
IIIa	4.	39	7807/T Arane	1959	14	253 Adler	15	14	93%	5	–	21+	
	4.	H	648 Amras	1960	14	253 Adler							I
III	4.	40	8627/T Arles	1962	14	253 Adler	7	6	86%	4	–	18a	
IIb–	4.	41	5394/T Lizzi	1947	16	434 Mustang	8	7	88%	1	–	22+	
IIa	4.	42	5560/T Lichtl	1948	16	1367 liz. Stürmer	4	1	25%	–	1	21+	
IIa–	4.	43	6248/T Liddi	1949	16	1367 liz. Stürmer	10	5	50%	2	–	22+	
IIa+	4.	44	6244/T Lotha	1951	16	1481 Meteor	4	4	100%	–	–	8a	D
IIIa–	4.	45	6779/T Logisch	1954	16	1581 liz. Star	3	3	100%	2	–	8a	NL
Ib	4.	46	5446/T Luditia	1948	18	578 Magnat	1	1	100%	–	–	4+	
IIb+	4.	47	8539/T Leutseel	1962	19	1582 liz. Monarch	11	10	91%	2	–	18+	
IIb+	4.	48	9263/T Lemma	1966	19	699 Stilfser	18	12	67%	4	2	29 L	

Stutenfamilie 310/III Bessi-Fanni

H = Hengst
L = noch lebend
\+ = tot
a = lebend ausgeschieden

Klasse	Generation	Karteiblatt Nr.	Zuchtbuch-Nummer und Name	Geboren	Mutter	Vater	Belegjahre	Abfohlungen	Trächtigkeit	Eingetragene Töchter	Söhne	Alter	Anmerkung
IIIa	4.	49	2921/T Puppenfee-Otti	1945	21	128 Stromer	7	4	57%	2	–	12a	
IIIa–	4.	50	5197/T Primel-Liesl	1947	21	128 Stromer	7	2	28%	2	–	11a	
Ib+	4.	51	5825/T Pusteria	1950	21	997 liz. Naz	1	1	100%	–	–	7a	
IIIa–	4.	52	6034/T Putzl	1951	21	997 liz. Naz	8	6	75%	3	–	17a	
IIa	4.	53	6344/T Pradella	1953	21	997 liz. Naz	3	3	100%	–	–	5a	CH
IIb–	4.	54	7559/T Prachta	1959	21	1656 Strom	2	–	–	–	–	5a	
Ib–	4.	55	7165/T Prial	1957	24	1582 liz. Monarch	5	4	80%	2	–	8+	
	4.	H	631 ANKER	1959	24	253 Adler							
IIa+	4.	56	7812/T Privora	1960	24	253 Adler	17	15	88%	7	1	22+	
	4.	H	936 WILDSCHÜTZ	1966	24	649 Wilten							
IIa–	4.	57	5852/T Siegfrieda	1948	25	584 Stauf	2	1	50%	–	–	11a	
IIa+	4.	58	6921/T Sunda	1955	25	1480 Marius	15	13	87%	2	–	20a	
IIa	4.	59	7169/T Serfant	1957	25	46 Starost	1	–	–	–	–	4a	CH
Ib	4.	60	5438/T Sidonie	1947	26	298 Nimrod	14	12	86%	5	–	21a	
IIIa–	4.	61	5596/T Senile	1949	26	994 liz. Michl	1	1	100%	–	–	9a	
IIa–	4.	62	6051/T Selma	1951	26	1235 Nimbus	1	1	100%	–	–	4+	
IIa+	4.	63	6750/T Sekt	1955	26	578 Magnat	1	1	100%	–	–	6+	
IIa+	4.	64	7584/T Seela	1959	26	249 Strato	2	1	50%	–	–	4a	NL
Ib–	4.	65	6223/T Sabina	1950	27	997 liz. Naz	2	1	50%	1	–	8a	
	4.	H	ARTUS 3	1955	27	1584 liz. Matador							DDR
IIIa	4.	–	8223/T Simplon	1958	27	1652 Mikado	–	–	–	–	–	6a	NL
IIb	4.	66	6898/T Santa	1956	28	1652 Mikado	7	4	57%	1	–	12a	D
III	4.	67	8235/T Sittsam	1962	28	1652 Mikado	4	4	100%	3	–	8a	
IIa+	4.	68	5488/T Brücke	1948	30	584 Stauf	8	8	100%	1	–	12a	
IIa	4.	69	6508/T Bergerin	1949	30	584 Stauf	6	5	83%	1	–	15a	
IIb–	4.	70	7801/T Bellina	1960	31	253 Adler	4	3	75%	1	–	6a	NL
Ib–	5.	71	7095/T Franzi	1954	33	1117 Mars	1	1	100%	1	–	7+	
	5.	H	liz. STAROST	1955	33	1770 Status							
IIb	5.	72	7930/T Fima	1960	33	Stein	2	1	50%	–	–	4a	NL
IIb–	5.	73	5826/T Arnika	1949	34	997 liz. Naz	4	4	100%	1	–	11a	Salzburg
IIb–	5.	74	7492/T Argusa	1957	35	1582 liz. Monarch	5	4	80%	–	–	15+	
IIb–	5.	75	7804/T Avus	1960	35	335 Wendel	15	8	53%	2	–	17a	Oberösterreich
IIb	5.	76	8232/T Arsint	1962	36	253 Adler	4	2	50%	–	–	6a	D
IIa	5.	77	8435/T Andy	1963	36	253 Adler	18	11	61%	6	–	23+	
IIb–	5.	78	8711/T Ake	1964	36	649 Wilten	1	–	–	–	–	3a	NL
	5.	H	976 WINZER	1967	36	649 Wilten							
IIb	5.	79	8236/T Azteke	1962	37	1652 Mikado	7	4	57%	1	–	10a	
IIb+	5.	80	8715/T Assunta	1964	39	506 Strudel	2	1	50%	–	–	5a	NL
IIa–	5.	81	8965/T Alete	1965	39	649 Wilten	5	4	80%	–	–	8a	
IIb–	5.	82	9236/T Areka	1966	39	506 Strudel	9	2	22%	–	–	14+	
IIb+	5.	83	8308/T Lorette	1962	41	332 Monaco	1	–	–	–	–	4a	
	5.	H	405 liz. START	1955	42	1581 liz. Star							
IIb–	5.	84	8787/T Lieschen	1964	43	507 Windus	1	1	100%	–	–	3a	NL
IIa	5.	85	7659/T Lenka	1959	45	332 Monaco	1	1	100%	–	–	3a	NL
IIb	5.	86	8101/T Liane	1961	45	332 Monaco	2	2	100%	–	–	6+	
IIa	5.	87	6105/T Priegl	1951	49	997 liz. Naz	1	–	–	–	–	6a	D
IIa+	5.	88	6206/T Punki	1952	49	996 Tizian	16	12	75%	2	–	22a	
IIb–	5.	89	6219/T Preis	1952	50	997 liz. Naz	12	10	83%	4	–	17+	
IIIa	5.	90	6536/T Penola	1953	50	997 liz. Naz	8	5	62%	1	1	15+	
III	5.	91	8533/T Pelia	1962	52	1656 Strom	3	3	100%	–	–	6a	
IIb	5.	92	8739/T Proletin	1964	52	1656 Strom	–	–	–	–	–	4a	
IIb–	5.	–	8851/T Pamela	1964	55	632 Nenner	–	–	–	–	–	3a	I
IIa–	5.	93	8973/T Prix	1965	55	632 Nenner	9	7	78%	1	–	15+	
IIa–	5.	94	8972/T Pergola	1965	56	632 Nenner	1	1	100%	–	–	3a	B
IIa	5.	–	8222/T Sandra	1961	58	46 Starost	–	–	–	–	–	3a	NL
IIb	5.	95	8921/T Susanne	1965	58	584 Wart	1	–	–	–	–	3a	NL
IIb–	5.	96	6370/T Saluta	1952	60	1483 Steiger	18	12	67%	4	–	24a	

H = Hengst
L = noch lebend
+ = tot
a = lebend ausgeschieden

Klasse	Generation	Karteiblatt Nr.	Zuchtbuch-Nummer und Name	Geboren	Mutter	Vater	Belegjahre	Abfohlungen	Trächtigkeit	Eingetragene Töchter	Eingetragene Söhne	Alter	Anmerkung
IIb+	5.	97	7965/T Sanfte	1955	60	1483 Steiger	4	2	50%	–	–	14a	
IIIa	5.	98	6928/T Sidol	1956	60	1918 Maat	14	11	79%	5	–	20a	
IIb–	5.	99	7574/T Salome	1959	60	1918 Maat	1	–	–	–	–	3a	NL
IIIa–	5.	–	7822/T Salve	1960	60	1918 Maat	–	–	–	–	–	3a	NL
IIIa–	5.	100	7205/T Selma	1957	65	46 Starost	3	1	33%	1	–	6a	NL
III	5.	101	8718/T Spirale	1964	66	649 Wilten	15	11	73%	5	–	20a	
IIb+	5.	102	6754/T Bolivia	1955	69	1480 Marius	1	–	–	–	–	3a	I
IIb–	5.	103	8709/T Betsie	1964	70	506 Strudel	2	1	50%	–	–	4a	NL
IIb	6.	104	7873/T Falke	1960	71	331 Medikus	1	1	100%	–	–	3a	NL
IIb+	6.	105	7554/T Agrippa	1958	73	1652 Mikado	17	15	88%	4	–	23+	
IIIa	6.	106	7552/T Preina	1959	89	335 Wendel	8	4	50%	1	–	21+	
IIb–	6.	107	8476/T Palia	1963	89	151 Wipp	1	–	–	–	–	4a	NL
IIa+	6.	108	8847/T Prima-Lorette	1964	89	648 Amras	4	2	50%	–	–	8a	
IIb+	6.	109	9286/T Puff	1966	89	753 Marabu	–	–	–	–	–	5a	
IIb–	6.	–	7380/T Portugal	1958	90	1582 liz. Monarch	–	–	–	–	–	3a	NL
	6.	H	751 ADMIRAL	1962	90	253 Adler							
Ib–	6.	110	7577/T Salvera	1959	96	1918 Maat	2	1	50%	–	–	5a	CH
IIb	6.	111	8561/T Senna	1963	96	1918 Maat	1	–	–	–	–	3a	NL
IIIa	6.	112	8021/T Sioux	1961	100	152 Nerz	1	1	100%	–	–	4a	I
IIb–	7.	113	8524/T Aula	1963	105	253 Adler	10	5	50%	1	–	13+	
	4.	114	186 Lutz	1949	10	997 liz. Naz	–	–	–	1	–		Salzburg
IIb+	5.	115	7031/T Lacrima	1953	114	liz. Wilfried	7	3	43%	1	–	13a	
IIa+	6.	116	8077/T Lamelle	1961	115	249 Strato	1	1	100%	–	–	3a	
IIb–	5.	117	10647/T Ankerl	1972	39	935 Madras	1	1	100%	–	–	8+	
Ia	5.	118	9491/T Aleppa	1967	40	506 Strudel	10	8	80%	5	–	14+	
Ib–	5.	119	9642/T Lava	1968	43	754 Modus	–	–	–	–	–	4a	F
IIb	5.	120	9873/T Linda	1969	47	856 Bozen	6	4	67%	–	–	10a	
IIb	5.	120a	10684/T Lizzi	1972	47	251 Merkur	13	12	92%	4	–	17+	
IIb+	5.	121	9470/T Perplex	1966	52	700 Mandl	–	–	–	–	–	14a	
Ib–	5.	122	9454/T Paddy	1966	56	632 Nenner	–	–	–	–	–	5a	D
Ib–	5.	123	9456/T Prima	1967	56	506 Strudel	4	3	75%	2	–	14a	
IIa–	5.	124	10188/T Pistoia	1970	56	649 Wilten	1	–	–	–	–	4a	
IIb–	5.	125	10536/T Pomp	1971	56	649 Wilten	9	7	78%	–	–	16a	
	5.	H	1134 WAGREIN	1972	56	649 Wilten							
IIb	5.	126	9654/T Serva	1968	67	897 Adrian	9	7	78%	1	–	13a	
IIb+	5.	127	9855/T Siena	1969	67	liz. Mahdi	–	–	–	–	–	5a	
IIb–	5.	128	10415/T Serganta	1970	67	936 Wildschütz	3	2	67%	–	–	7a	
IIIa	5.	–	6718/T Block	1954	68	1480 Marius	–	–	–	–	–	4a	
IIb–	6.	129	9661/T Artemis	1968	75	751 Admiral	8	7	88%	1	–	12a	
Ib	6.	130	9477/T Anja	1967	77	803 Statthalter	10	7	70%	2	–	15a	
Ib–	6.	131	10130/T Alice-Assy	1970	77	900 Alarich	2	2	100%	–	1	5a	F
Ib+	6.	132	10582/T Anka	1972	77	900 Alarich	18	7	39%	3	–	23 L	
IIb+	6.	133	10397/T Apis	1971	79	931 Stil	4	4	100%	2	–	9a	
IIb–	6.	134	9821/T Prixi	1968	88	152 Nerz	–	–	–	–	–	4a	DK
IIb	6.	135	10590/T Pergola	1972	93	930 Stainach	7	5	71%	1	–	15a	
IIa–	6.	136	9867/T Seneka	1969	96	505 Stüber	9	4	44%	–	–	13a	
IIb	6.	137	9486/T Serena	1967	98	754 Modus	–	–	–	–	–	13a	
IIb	6.	138	9617/T Stella	1968	98	855 Wirbel	–	–	–	–	–	4+	
Ib–	6.	139	10545/T Semite	1971	98	753 Marabu	2	1	50%	1	–	5+	
IIIa+	6.	140	10699/T Sissy	1972	98	753 Marabu	9	6	67%	2	1	15+	
IIa–	6.	141	10403/T Spundus	1971	101	853 Artist	12	8	67%	1	1	15+	
IIa–	6.	142	10726/T Spiralla	1972	101	853 Artist	10	8	80%	2	–	14a	I
IIa+	7.	143	10145/T Astrid	1970	105	853 Artist	7	6	86%	2	–	10+	
IIb–	7.	144	10372/T Armina	1971	105	649 Wilten	–	–	–	–	–	6a	TR
IIb	8.	145	10136/T Alexa	1970	113	649 Wilten	–	–	–	–	–	3a	F
IIb	6.	145a	10507/T Asparagus	1971	118	753 Marabu	4	–	–	–	–	6+	
IIb+	7.	146	10642/T Albina	1972	130	1005 Marschall	3	2	67%	1	–	7a	D

Stutenfamilie 310/III Bessi-Fanni

H = Hengst L = noch lebend
\+ = tot a = lebend ausgeschieden

Klasse	Generation	Karteiblatt Nr.	Zuchtbuch-Nummer und Name	Geboren	Mutter	Vater	Belegjahre	Abfohlungen	Trächtigkeit	Eingetragene Töchter	Söhne	Alter	Anmerkung
IIb +	5.	147	10922/T Alica	1973	40	649 Wilten	7	7	100%	–	–	11 +	
IIb –	5.	148	11063/T Aramera	1974	40	1045 Mohammed	–	–	–	–	–	6 +	
IIb –	5.	149	11358/T Atina	1975	40	1045 Mohammed	3	–	–	–	–	6a	
IIb	5.	150	11193/T Lara	1974	48	901 Steinadler	2	1	50%	–	–	6a	
IIa	5.	151	11698/T Luzzi	1976	48	1045 Mohammed	13	9	69%	2	2	19 L	
	5.	H	1262 MIDAS	1977	48	1045 Mohammed							
IIa –	5.	152	11577/T Primi	1976	56	1075 Astor	9	8	89%	–	–	19 L	
IIb –	6.	153	11407/T Augentrost	1975	75	753 Marabu	–	–	–	–	–	5a	
Ib –	6.	154	10847/T Anschi	1973	77	900 Alarich	18	15	83%	4	1	22 L	
Ib –	6.	155	11462/T Aster	1975	77	900 Alarich	3	3	100%	2	–	6 +	
IIb	6.	156	10918/T Schmetterling	1973	96	898 Streiter	3	1	33%	–	–	6a	
III	6.	157	11036/T Stella	1973	98	753 Marabu	4	1	25%	–	–	7a	
IIb	7.	158	11136/T Aster	1974	105	853 Artist	–	–	–	–	–	4a	
IIb	6.	159	11300/T Alexa	1974	118	1223 liz. Wintersturm	1	1	100%	–	–	6 +	
III	6.	160	11563/T Ally	1975	118	1223 liz. Wintersturm	1	1	100%	–	–	5 +	
IIb	6.	161	11201/T Purzele	1974	123	1048 Nero	–	–	–	–	–	6a	
IIb +	6.	162	11455/T Priola	1975	123	1048 Nero	2	1	–	–	–	6a	
IIb +	6.	163	11786/T Sorglos	1976	126	1223 liz. Wintersturm	8	4	50%	–	–	11 +	
IIb –	7.	164	11107/T Ara	1974	129	807 Antrieb	3	2	67%	–	–	5a	Y
Ib –	7.	165	11214/T Antria	1974	130	1005 Marschall	4	2	50%	–	–	7a	CH
	7.	H	1258/liz. NORDWIND	1974	131	938 Norden							
IIb +	7.	166	11687/T Aguste	1976	132	1168 liz. Stilist	15	8	53%	3	–	19 L	
IIb +	7.	167	11713/T Anki	1976	133	900 Alarich	2	1	50%	–	–	5a	IND
Ib –	7.	168	11579/T Perga	1976	135	938 Norden	15	11	73%	4	1	19 L	
IIb	7.	169	11560/T Sonnenstrahl	1975	139	liz. Afghan	10	8	80%	4	–	14+	
IIb	7.	170	11717/T Spiri	1976	142	1075 Astor	3	2	67%	–	–	5a	IND
IIa	8.	171	11806/T Asti	1976	143	1075 Astor	5	5	100%	–	–	11 L	
IIa–	5.	172	12523/T Agave	1979	39	1208 Atif	3	2	67%	1	–	10a	
IIb+	6.	173	13473/T Arnika	1984	172	1342 Benjo	7	6	86%	1	–	11 L	
IIa+	5.	174	12036/T Liria	1978	48	liz. Niklas	13	10	77%	–	1	17 L	
IIa–	5.	175	12659/T Lotta	1981	48	1045 Mohammed	7	5	71%	1	–	14 L	
	5.	H	1431 MORDSKERL	1983	48	1045 Mohammed							
	6.	H	1428 STORCH	1983	174	1293 Stürmer							
IIb	5.	176	13153/T Poker	1992	56	1136 Steger	3	2	67%	–	–	6+	
IIa+	6.	177	12336/T Audry	1979	77	900 Alarich	12	11	92%	3	–	16 L	
IIb+	6.	178	12215/T Puppe	1974	88	1006 Alexander	4	4	100%	–	–	13a	
IIb	6.	179	12869/T Spatz	1980	101	1136 Steger	2	1	50%	–	–	7+	
IIb+	6.	180	13140/T Spanda	1982	101	1136 Steger	5	4	80%	1	–	8a	I
IIb	6.	181	13485/T Sugana	1984	101	1271 Serfaus	3	2	67%	–	–	6a	I
IIb	7.	182	10928/T Prunella	1973	106	935 Madras	4	4	100%	3	–	14a	
IIb–	8.	183	12657/T Porgy	1981	182	1045 Mohammed	9	8	89%	–	–	14 L	
IIb–	8.	184	13242/T Picola	1983	182	1259/liz. Ankhan	4	4	100%	–	–	8a	
IIb–	8.	185	13476/T Pyra	1984	182	1045 Mohammed	2	1	50%	–	–	6a	
IIb	6.	186	12170/T Ammanda	1978	118	1223 liz. Wintersturm	2	–	–	–	–	6a	
IIb	6.	187	12323/T Andi	1979	118	1214 Streif	5	4	80%	–	–	8+	
III	6.	188	11819/T Lisien	1976	120a	1042 Attila	4	4	100%	1	–	15a	
IIb–	6.	189	12794/T Leticia	1981	120a	1188 Montafon	10	9	90%	1	–	14 L	
IIb–	6.	190	13172/T Lupine	1983	120a	1313 Aros	6	4	67%	1	–	10a	
III	7.	191	13122/T Laretta	1982	188	1262 Midas	4	4	100%	2	–	9a	
Ib	7.	192	12134/T Angora	1978	132	1161 Basalt	5	4	80%	–	–	7a	D
	7.	H	MEIN TIROL	1981	132	1262 Midas							IND
IIb	7.	193	12431/T Alice	1979	133	1161 Basalt	1	1	100%	–	–	3a	TR
	7.	H	1320 STERN	1979	140	1214 Streif							
IIb–	7.	194	13169/T Sylvia	1983	140	1258/liz. Nordwind	7	5	74%	1	–	12 L	
IIa–	7.	195	13564/T Sindy	1984	140	1258/liz. Nordwind	6	5	83%	1	–	11 L	
	7.	H	AFGHAN 1040	1976	141	1075 Astor							D
IIa+	7.	196	13495/T Sperling	1984	141	1271 Serfaus	5	4	80%	2	–	11 L	
IIa	7.	197	13492/T Sparta	1984	142	1271 Serfaus	5	5	100%	1	–	11 L	
IIb+	8.	198	11949/T Aldira	1977	143	1075 Astor	14	9	64%	2	–	18 L	
IIb–	9.	199	13146/T Avia	1982	198	1265 Steeg	9	9	100%	2	–	13 L	

H = Hengst L = noch lebend
\+ = tot a = lebend ausgeschieden

Klasse	Generation	Karteiblatt Nr.	Zuchtbuch-Nummer und Name	Geboren	Mutter	Vater	Belegjahre	Abfohlungen	Trächtigkeit	Eingetragene Töchter	Söhne	Alter	Anmerkung
IIa–	9.	200	13489/T Arena	1984	198	1212 Mangon	2	2	100%	–	–	8a	
IIa	8.	201	11978/T Aglaja	1977	146	1132 Stereo	8	8	100%	1	–	14+	
IIa–	9.	202	12748/T Anne	1981	201	1208 Atif	2	2	100%	–	–	5a	D
IIa	6.	203	13115/T Lori	1982	151	1293 Stürmer	8	8	100%	1	–	13 L	
	6.	H	1426 STAR	1983	151	1293 Stürmer							
IIa+	7.	204	12857/T Asta	1981	154	1246 Brutus	2	2	100%	–	–	5a	LUX
Ib	7.	205	13277/T Angela	1983	154	1293 Stürmer	2	1	50%	–	–	5a	DK
IIa–	7.	206	12253/T Alberta	1979	155	liz. Afghan	12	11	92%	2	1	16 L	
IIb	7.	207	12459/T Astria	1980	155	1208 Atif	11	8	73%	3	–	15 L	
IIb+	8.	208	13469/T Amore	1984	207	1340 Aras	1	1	100%	–	–	4a	CH
III	8.	209	12198/T Assunta	1979	164	938 Norden	–	–	–	–	–	3a	Niederösterreich
IIb	8.	210	12872/T Adieu	1981	166	1262 Midas	10	6	60%	1	–	14 L	
IIa+	8.	211	12643/T Pianka	1981	168	1262 Midas	9	7	78%	–	–	14 L	
IIb–	8.	212	13206/T Pippa	1983	168	1290 Ahorn	2	–	–	–	–	5+	
IIb	8.	213	13584/T Poker	1984	168	1350 Wagrein	–	–	–	–	–	3a	DK
IIa+	8.	214	12390/T Sonja	1979	169	1218 Waldprinz	3	3	100%	1	–	6a	Oberösterreich
IIb	8.	215	13491/T Salome	1984	169	1272 Saalbach	1	1	100%	–	–	4a	
IIa	9.	216	13357/T Sannah	1983	214	1272 Saalbach	6	6	100%	2	–	12 L	
IIb–	6.	217	13972/T Lena	1986	120a	1313 Aros	2	1	50%	–	–	7a	
IIa+	7.	218	14266/T Anna	1988	132	1475 Boris						4a	DK
	6.	H	1538 NEPOMUK	1988	151	1456 Nestroy							
IIa	6.	219	14792/T Litza	1989	151	1456 Nestroy	1	1	100%	–	–	6 L	
Ib	7.	220	13912/T Alexia	1986	154	1406 Winterstein	5	5	100%	–	–	9 L	
	7.	H	WALDECK	1988	154	1406 Winterstein							CAN
IIa	7.	221	14481/T Amiga	1989	154	1406 Winterstein	1	1	100%	–	–	6 L	
IIa+	8.	222	13662/T Avignon	1985	166	1262 Midas	6	4	67%	1	1	10 L	
IIb+	8.	223	14236/T Anisette	1988	166	1430 Arlberg	3	2	67%	–	–	7 L	
	8.	H	1470 SEESPITZ	1985	168	1381 Salut							
IIa	8.	224	14243/T Pirmi	1988	168	1409 Stuart	3	3	100%	–	–	7 L	
IIa	8.	225	13619/T Silvia	1985	169	1272 Saalbach	6	5	83%	–	–	10 L	
IIa	8.	226	14215/T Soffy	1988	169	1411 Stab	3	2	67%	–	–	7 L	
IIa–	7.	227	14448/T Aladina	1989	173	1409 Stuart	2	1	50%	–	–	6 L	
	6.	H	1428 STORCH	1983	174	1293 Stürmer							
IIa+	6.	228	13937/T Lilli	1986	175	1338 Afghan II	3	3	100%	1	–	9 L	
Ib	7.	229	13642/T Alice	1985	177	1293 Stürmer	5	2	40%	–	–	10 L	
Ib–	7.	230	14167/T Astrid	1987	177	1293 Stürmer	4	3	75%	–	–	8 L	
Ib–	7.	231	14553/T Allegra	1989	177	1404 Natan	2	2	100%	–	–	6 L	
IIb	7.	232	14114/T Spendi	1987	180	1430 Arlberg						3a	I
IIb	7.	233	13975/T Lony	1986	189	1099 Stecher	5	5	100%	–	–	9 L	
IIb–	7.	234	14030/T Lindy	1987	190	1099 Stecher	4	3	75%	–	–	8 L	
IIa–	8.	235	14145/T Laroche	1987	191	1344 Namibia	4	4	100%	–	–	8 L	
IIb	8.	236	14463/T Linella	1989	191	1344 Namibia	2	1	50%	–	–	6 L	
IIa	8.	237	13687/T Alexia	1985	192	1338 Afghan II						4a	D
IIb	8.	238	14969/T Soldi	1991	194	1509 Archimedes						4 L	
IIb+	8.	239	14672/T Sigrid	1990	195	1409 Stuart	1	1	100%	–	–	5 L	
IIa+	8.	240	14273/T Saloma	1988	196	1373 Alban						3a	Kärnten
IIa–	8.	241	14713/T Spätzchen	1990	196	1347 Stergus	1	1	100%	–	–	5 L	
IIa	8.	242	14472/T Spiny	1989	197	1347 Stergus	2	2	100%	–	–	6 L	
IIb	10.	243	14534/T Amata	1989	199	1430 Arlberg	2	2	100%	–	–	6 L	
IIb	10.	244	14778/T Ali	1990	199	1430 Arlberg	1	1	100%	–	–	5 L	
IIa–	7.	245	14245/T Lagunde	1988	203	1344 Namibia	3	2	67%	–	–	7 L	
	8.	H	WILDFÜRST HR 67	1986	206	1295 Wildmoos							B
Ib–	8.	246	14075/T Adele	1987	206	1438 Winzer	4	2	50%	–	–	8 L	
IIb+	8.	247	15083/T Aglaia	1991	206	1438 Winzer						4 L	
IIa–	8.	248	13771/T Amsel	1985	207	1340 Aras	6	5	83%	–	–	10 L	
IIb+	8.	249	14904/T Alaska	1991	207	1456 Nestroy						4 L	
IIb	9.	250	15022/T Amazone	1991	210	1484 Boris						4 L	
IIb–	10.	251	14340/T Sitti	1988	216	1438 Winzer	3	3	100%	–	–	7 L	
IIa	10.	252	14823/T Sascha	1990	216	1208 Atif						4 L	
IIa	9.	253	14473/T Anuschka	1989	222	1406 Winterstein	1	1	100%	–	–	6 L	
	9.	H	liz. 133/T WAGNER	1990	222	1406 Winterstein							
IIa–	7.	254	14996/T Lyra	1991	228	1495 Walbeck						4 L	

Vererbung

Die Frage, was wird vererbt, was gibt die Mutter, was der Vater dem Fohlen mit, ist so alt wie die Zuchtlenkung. Wissenschaft und Praxis ergänzen sich, widersprechen sich aber zum Teil wieder. Für die Zucht kann keine Formel gefunden werden, sie kann nicht über einen Computer gesteuert werden, sondern sie muß heute, so wie auch vor hundert Jahren, mit viel Glück, Kenntnis und Gefühl betrieben werden.

Wissenschaftliche Erkenntnisse haben ergeben, daß das Pferd 32 Chromosomenpaare, also 64 Einzelchromosomen aufweist, die wiederum zahlreiche Erbanlagen (Gene) enthalten.

Das Unberechenbare der Zucht ist, daß sich bei jeder Befruchtung die Chromosomen der beiden verschieden veranlagten Elterntiere nach dem Gesetz des Zufalles vereinigen, von beiden Elternteilen gleich viele Erbanlagen weitergegeben werden, oft allerdings nicht jene, die sich der Züchter gewünscht hätte.

Die Zuchtleitung in Tirol hat sich bemüht, über Jahrzehnte beste Mutterlinien zusammenzuführen und sie wiederum gezielt Hengstlinien zuzuführen. Auf dem Weg der Inzucht bis zur Inzestzucht kann dann versucht werden, eine Anhäufung gewisser, gewünschter, rassetypischer Eigenschaften zu erzielen.

Der Aufbau der A-Linie konnte z. B. auf diesem Weg rasch vollzogen werden. Der bekannte Hengst Afghan ist in der zweiten und dritten Generation auf Adler ingezogen, und in einer weiteren Zusammenführung war es sogar möglich, im Hengst Atif die Adler-Linie dreimal einzuführen. Es ist an diesem Beispiel auch gelungen, vier wertvollste Mutterstämme zusammenzuführen: 310/III Bessi-Fanni, 24/I Caja-Liesl, 70/I Kreuz-wegerin Fanny und 41/I Diema-Klara.

Im Vordergrund jeder züchterischen Planung müssen die Veranlagungen des Hengstes und der Stute stehen; daraus resultierend können Anhaltspunkte über die zu erwartende Qualität der Nachzucht geschlossen werden. Jeder Züchter weiß jedoch, daß auch bei der Paarung eines qualitativ hochstehenden Elternpaares Fehlschläge nicht ausbleiben.

Es ist eine Tatsache, daß zwei Vollschwestern oder zwei Vollbrüder zum Teil wieder unterschiedlich vererben, was bedeutet, daß sie verschiedene Erbanlagen mitbekommen haben. Als Beispiel dafür dient die Vererbung von Abzeichen.

Bei den Vollbrüdern Monaco und Mobil hatte der eine eine breite Blesse und drei weiße Abzeichen an den Beinen, der andere eine schmale Blesse und keinen weißen Fuß, obwohl in der Abstammung über drei Generationen sowohl väterlicherseits als auch mütterlicherseits keine Beinabzeichen aufgetreten waren. Plötzlich treten bei einem Nachkommen die Abzeichen auf, dieser vererbt sie auch weiter, der andere bringt auch in der Nachzucht keine Beinabzeichen. Entsprechend diesem Beispiel vollzieht sich die Vererbung in allen Variationen, wie beispielsweise bei Stellungsfehlern, Charakter usw.

Manche Züchter sind der Ansicht, eine gesäbelte Hinterhand, ein Fehler, der in der Haflinger-Zucht früher weit verbreitet war, könne durch Paarung mit einem Pferd mit zu steiler Hinterhand herausgezüchtet werden. Diese Schlußfolgerung ist ein großer Irrtum. Nur die Paarung mit einem möglichst korrekten Pferd läßt auch eine möglichst korrekte Nachzucht erwarten.

Der einzelne Züchter interessiert sich normalerweise lediglich dafür, ob ein grober Fehler seines Pferdes weitergegeben werden kann. Allerdings muß auch nicht jeder Erbfehler wieder dominant auftreten.

Für den Haflinger Pferdezuchtverband Tirol stellte die Charakterfrage in der Zucht das größte Problem dar. Charakterfehler können meist beim Fohlen noch nicht erkannt werden, sondern kommen erst später zum Tragen. Die ständigen Kontrollen des Zuchtbestandes kamen uns dabei zu Hilfe. Zucht wird auch bei weiterhin fortschreitenden wissenschaftlichen Erkenntnissen ein Risiko bleiben. Die Rentabilität einer Rasse wird davon abhängen, wie schnell es gelingt, eine Anhäufung der positiven Erbanlagen zu erzielen, die negativen Gene zu verringern, und zwar durch gezielte Anpaarung und harte Selektion.

Wird ein Vatertier in einem Zuchtgebiet eingesetzt, das qualitativ noch unter dem Mittel der Landeszucht liegt, kann ein guter Vererber in diesem Bereich leicht eine Verbesserung herbeiführen. Überstellt man diesen Hengst jedoch in ein Zuchtgebiet, in welchem er auf konsolidierte Stutenstämme trifft, muß festgestellt werden, daß es schwer ist, qualitative Fortschritte zu erzielen.

Das Risiko des Mißerfolges ist jedoch gerade in der Inzucht besonders hoch, da durch diese ein »Verstärkereffekt« auftritt, der nicht nur die positiven, sondern ebenso die negativen Eigenschaften betrifft.

Die Mehrzahl der Züchter »studiert« auch heute noch keine Fachbücher.

Eine detaillierte Ausführung der Mendelschen Gesetze würde dem praktischen Züchter keine Hilfe darstellen. In der Landeszucht wird sicherlich auch in Zukunft der Zuchtleiter die Selektion und Zuchtförderung vornehmen müssen; der einzelne Züchter wird mit Erfahrung, die an ihn weitergegeben wurde und die er selbst über Jahre gesammelt hat, mit Begabung den Erfolg der Zucht mitbestimmen.

12396/T Rikka, geb. 14. 4. 1979

13612/T Rialta, geb. 2. 3. 1985

14479/T Rimalda, geb. 1. 3. 1989

Ravella, geb. 8. 2. 1993

Merkmalsentwicklung, Inzucht

Einige Merkmale des Haflingers, insbesondere Interieureigenschaften, wurden bereits während der Entwicklung der Rasse kontinuierlich, allerdings unbewußt, gefördert. Leistungsbereitschaft, Akklimatisationsfähigkeit, Futterdankbarkeit sowie die hervorragenden Charaktereigenschaften des Haflingers wurden im Laufe der Jahrhunderte durch die Haltung auf den Bergbauernbetrieben ständig gefördert, ja von selbst verbessert.

Ein Bergbauer konnte sich nun einmal nur ein Pferd halten, das seinen Ansprüchen entsprach; Leistungsbereitschaft, bei geringen Futterrationen, Umgänglichkeit mit alten Leuten und Kindern, die ja auf dem Betrieb mithalfen, waren Bedingungen, die vom Arbeitskameraden Pferd gefordert wurden. Nur wenn das Pferd den Anforderungen entsprach, verblieb das Pferd am Hof. Unbewußt vollzug sich dadurch auf den Bergbauernhöfen eine harte Selektion. Weit vor dem Einsetzen gelenkter Zucht waren somit für den Haflinger typische Eigenschaften bereits genetisch fundiert.
Die in der Tierzucht oft verpönte Paarung verwandter Tiere (Inzucht, Inzestzucht) war bei der Entwicklung der Haflinger-Rasse den Bergbauern unbekannt, wurde jedoch unbewußt vollzogen.

Um den Grad einer Inzucht zu bestimmen und auszudrücken, wird festgestellt, in welcher Ahnenreihe und wie oft ein oder mehrere gemeinsame Ahnen unter den Vorfahren väterlicher- und mütterlicherseits erschienen:

Weite Verwandtschaftszucht
4.–3. Ahnenreihe
3.–4. Ahnenreihe
4.–4. Ahnenreihe
4.–5. Ahnenreihe
5.–4. Ahnenreihe
5.–5. Ahnenreihe
Nahe Verwandtschaftszucht
3.–2. Ahnenreihe
2.–3. Ahnenreihe
3.–3. Ahnenreihe
Inzestzucht
1.–2. Ahnenreihe
1.–3. Ahnenreihe
2.–2. Ahnenreihe

Wie wir bereits bei der Einführung der Zuchtbücher feststellen konnten, wurden den Vatertiere früher in abgelegenen Tälern vielfach zu lange gehalten. Der Züchter war oft nicht in der Lage oder auch nicht gewillt, mit seiner verwandten Nachzucht zu einem anderen Vatertier zu fahren.

Es ist kein Geheimnis, daß sich bei Verwandtschaftszucht gute Eigenschaften anhäufen können, allerdings auch schlechte. Da auf den Bauernhöfen jedoch, wie bereits erwähnt, unbewußt selektioniert wurde, blieben Nachzuchtprodukte, auch der Inzucht, nur dann am Hof, wenn sie die geforderten Eigenschaften wie Härte, Futterdankbarkeit, Arbeitswilligkeit und gutmütigen Charakter aufweisen konnten.

Brav und umgänglich: die hervorragenden Charaktereigenschaften des Haflingers wurden durch die enge Familienbindung auf dem Bergbauernhof ständig gefördert.

Ergebnis einer weiten Verwandtschaftszucht,
ingezogen auf die Stute 6383/T Rätin: *3. auf 4. Generation.*

Geboren 1976: 1246 Brutus															
Mutter: 10421/T Raquel								Vater: 1126 Becket							
8984/T Repräsentantin				901 Steinadler				9517/T Kornfee				1012 Brenner			
5449/T Rhodesia		699 Stilfser		6260/T Verona-Nora		505 Stüber		5760/T Klobenstein		751 Admiral		6383/T Rätin		856 Bozen	
517/V Runkel- steine- rin-Fanny	578 Magnat	6628/T Varna	49 Stattlich	22/S Vanda	578 Magnat	6383/T Rätin	128 Stromer	1790/T Kalterer- Moid	999 Anselmo	6536/T Penola	253 Adler	5448/T Ruth	1483 Steiger	Annalisa 3710	Nabucco

Ergebnis einer nahen Verwandtschaftszucht,
ingezogen auf 253 Adler: *2. auf 3. Generation.*

Geboren 1069: liz. Afghan															
Mutter: 8228/T Jeruse								Vater: 853 Artist							
5717/T Julia				253 Adler				7496/T Doritte				631 Anker			
1579/T Juno		128 Stromer		2735/T Comparsin-Liebe		999 Anselmo		6019/T Diotima		1581 liz. Star		5993/T Primana		253 Adler	
374/III Johanna	401 liz. Willi	83/I Bärbele- Martha	1074 Student	1538/T Campa- nula	1367 liz. Stürmer	Ohast. Napoli n. Campi	Campi II	175/I Diemala	1367 liz. Stürmer	1718/T Botholde	128 Stromer	342/III Puppele- Lucy	128 Stromer	2735/T Com- parsin- Liebe	999 Anselmo

Ergebnis einer Vollgeschwisterpaarung,
ingezogen in der 2. Generation: 9535/T Lydia × 9535/T Lydia, liz. Afghan × liz. Afghan

Geboren 1979: Luzi							
Mutter: 11111/T Laica				Vater: liz. Ankhan			
9535/T Lydia		liz. Afghan		9535/T Lydia		liz. Afghan	
Hst 2033/ISt Libelle	328 Strand	8228/T Jeruse	853 Artist	Hst 2033/ISt Libelle	328 Strand	8228/T Jeruse	853 Artist

Alle Pferde, die nicht den Vorstellungen der Bauern entsprachen, wurden ausgeschieden, somit auch alle nicht erbgesunden Tiere. Allerdings vollzog sich diese Selektion unbewußt – die Bauern wußten nicht, woher die Schwäche kam. Auf diese Weise kam es im Laufe von Generationen in diesem Bergpferd zu einer Anhäufung hervorragender Gene. Sicherlich ist dies mit ein Grund, warum das Haflinger Pferd heute zu einer der härtesten Inzucht-Pferderassen zählt.

In früher erschienener Literatur wurde dem Haflinger oft angekreidet, er weise aufgrund der Inzucht Mängel wie Schwäche in Konstitution, schlechte Fruchtbarkeit und geringe Lebensfähigkeit von Neugeborenen auf.

Beim Haflinger können jedoch Werte belegt werden, die durchwegs über dem Durchschnitt anderer Landesrassen liegen, ja einige Inzuchtstuten sind sogar im Spitzenfeld zu finden.

Der Haflinger Pferdezuchtverband Tirol hat in den fünfziger Jahren eine Kontrolle des Inzuchtproblems durchgeführt, wobei mehr als 1500 Pferde berücksichtigt wurden. Das Ergebnis war beruhigend, ja erfreulich.

Bei dieser statistischen Untersuchung wurden alle aus dem Zuchtbuch ausgeschiedenen, verendeten oder außer Landes verkauften Stuten erfaßt, wobei ein Trächtigkeitswert von 67 Prozent, ein Lebendfohlenanteil von 89 Prozent festgestellt werden konnte. Die in dieser Untersuchung berücksichtigten Inzuchtstuten wiesen einen Trächtigkeitswert von 70 Prozent und einen Lebendfohlenanteil von 89 Prozent auf. Dieses Ergebnis zeigt deutlich, daß die Inzuchtstuten einen besseren Trächtigkeitsprozentsatz aufzuweisen hatten als die übrigen Stuten.

Es darf dabei nicht übersehen werden, daß es sich bei der Auswertung der Inzuchtstuten gegenüber den anderen um eine verhältnismäßig geringe Stückzahl handelte; eine einzige Stute mit einem schlechten Ergebnis hätte somit eine deutlich sichtbare Prozentsatzverminderung herbeigeführt.

Beispielsweise stellten zwei Drittel der Inzuchtstuten eine Trächtigkeit von 83 Prozent und einen Lebendfohlenanteil von 96,9 Prozent. Eine Inzestzuchtstute konnte bei 21 Belegjahren 21 Abfohlungen aufweisen. Es handelt sich hierbei um die Begründerin der heute größten Zuchtfamilie der Haflinger-Rasse, die Stute 8/I ALBINA-LUCY.

Einige der ältesten und bekanntesten Inzestzuchtstuten sind: 18/I ANGELA-LUCI (19 Belegjahre, 15 Abfohlungen, 13 Lebendfohlen), 312/III BORA-LIES (19 Belegjahre, 16 Abfohlungen, 15 Lebendfohlen), 314/III CONRADA-FANNI (17 Belegjahre, 14 Abfohlungen, 13 Lebendfohlen), 31/I BEATE-MIZZI (19 Belegjahre, 14 Abfohlungen, 14 Lebendfohlen).

Das Ergebnis dieser Untersuchungen, nicht zuletzt auch die Erkenntnis, daß viele große Zuchten über Inzest- und Inzuchtprodukte aufgebaut wurden, bestärkten den Haflinger Pferdezuchtverband Tirol, über die Inzucht zu versuchen, einzelne Hengstfamilien zu festigen.

Die in früheren Schriften angeführten Konstitutionsmängel des Haflingers aufgrund der Verwandtschaftszucht dürften durch die angeführten Beispiele wohl eindeutig widerlegt sein. Die Inzucht ist nach meiner Erfahrung eine bevorzugte Züchtungsmethode, wenn sie auch in der Haflinger-Zucht nicht großräumig betrieben werden sollte. Voraussetzung für die Anwendung dieser Züchtungsmethode sind selbstverständlich erbgesunde Tiere, die in Form, Leistung und Charakter eine Anhäufung positiver Gene, somit einen züchterischen Fortschritt, erwarten lassen.

Inzucht wurde in der Haflinger-Zucht, wie bereits erwähnt, oft aus Mangel an passenden Vatertieren angewandt. Die Inzucht sollte in der Haflinger-Zucht auch nicht ganz aufgegeben, sondern kontrolliert, verbunden mit härtesten Selektionsmaßnahmen, weitergeführt werden.

Eine rasche Anhäufung gewünschter, rassetypischer Eigenschaften ist durch diese Methode möglich, wobei die Anzahl der homozygot veranlagten Tiere und somit die Sicherheit der Vererbung steigt, was schließlich zu einer weiteren Ausgeglichenheit des Bestandes führt.

Allerdings muß in diesem Zusammenhang erwähnt werden, daß diese Züchtungsmethode wohl nur in Zuchten angewandt werden kann, die, ähnlich dem Haflinger Pferdezuchtverband Tirol, als Gestütsbetrieb geführt werden. Hier besteht die Möglichkeit, auch in der Landeszucht jedes Tier, das für die Zucht nicht geeignet erscheint, aus der Zucht zu nehmen – ein Faktor, der bei Anwendung dieser Methode unerläßlich ist.

In diesem Zusammenhang möchte ich kurz die Struktur des Haflinger Pferdezuchtverbandes Tirol aufzeigen, wobei offenkundig wird, daß es auch für ihn nicht leicht ist, das Verbandsgebiet nach dem Prinzip einer Gestütsleitung zu führen.

Der Haflinger Pferdezuchtverband Tirol zählt heute etwa 1.500 Mitglieder bei 2.000 eingetragenen Stuten und 600 Jungstuten. Davon besitzen etwa 600 Betriebe ein Pferd, 600 Betriebe zwei bis fünf Pferde, 30 Betriebe sechs bis zehn Pferde und 10 Betriebe über zehn Pferde.

Reinzucht oder Einkreuzung in der Haflinger-Zucht

Im Kreise der Haflinger-Züchter bin ich als Verfechter der Reinzucht bekannt. Meine Gründe dafür sind leicht zu erklären. Bereits in meiner frühesten Jugend habe ich diese Rasse kennen- und liebengelernt, damals noch aufgrund der Schönheit, des Arbeitseifers und des gutmütigen Charakters dieser Pferde. Während der Kriegsjahre hatte ich jedoch die Möglichkeit, den Haflinger in bezug auf Leistung, Härte, Ausdauer, Mut, Akklimatisationsfähigkeit, Gesundheit und Futterdankbarkeit kennenzulernen.

In dieser Zeit wurden den Pferderassen Leistungen abverlangt, die schon an Brutalität grenzten; viele haben sie bewältigt, andere haben versagt, ja mußten versagen. Es zeigte sich aber, wie hoch bei manchen Pferderassen die Leistungsgrenze liegt. Das Wort »Haflinger« ist während der Kriegsjahre für mich zu einem Synonym für »Leistungsfähigkeit« herangereift.

Ich habe es mir daher zur Aufgabe gemacht, diese Rasse zu fördern, ihr einen gebührenden Platz im Rahmen der Welt-Pferderassen erobern zu helfen. Niemand ahnte in den vierziger Jahren schon, welch gewaltiger Wandel alle Pferderassen in den folgenden Jahren erfassen sollte. Die Haflinger-Rasse wurde nun über ein Jahrhundert zum Teil bewußt, zum Teil unbewußt geformt, selektioniert, vor allem die rassetypischen Merkmale wurden gefestigt.

Für mich bedeutet die Zusammenführung zweier Pferde, die nicht derselben Rasse angehören, Kreuzung, egal welcher Zweck damit verfolgt wird – ob ich es nun als »Veredeln« oder »Verstärken« bezeichne; obwohl diese Ausdrükke weniger hart klingen, bleibt es im Endeffekt das gleiche.

Die Haflinger-Rasse leichtfertig preiszugeben, bedeutet für mich eine unmögliche Vorstellung. Der Kunde ist König, und nur er wäre in der Lage gewesen, den Zwang auszuüben, in der Haflinger-Zucht die Reinzucht aufzugeben, um der Kreuzungszucht Platz zu machen.

Heute können wir bereits davon überzeugt sein, daß der Haflinger einen Kundenkreis aufweist, der das Fortsetzen der Reinzucht garantiert, ja sogar fordert! Der Haflinger konnte auf dem Weg der Reinzucht zu einem Freizeitpferd umgezüchtet werden, wie es von Pferdefreunden auf allen Kontinenten in Typ und Modell gefordert wird.

Zudem gibt es auch heute noch Länder, in denen der Haflinger seine Zug- und Tragleistungen unter Beweis stellen muß, Aufgaben, die dem reingezogenen Haflinger nicht fremd geworden sind.

Schwenken wir daher nicht vom »Freizeitpferd« zum »Reitpony« über, das der vielseitigen Aufgabenstellung des Haflingers nicht mehr gewachsen wäre.

Die rassetypischen Eigenschaften des Haflingers, wie sein ruhiges Temperament, sein ausgeglichener Charakter, seine Trittsicherheit, Futterdankbarkeit und Akklimatisationsfähigkeit dürfen nicht für ein Attribut »spritziges Reitpony« auf das Spiel gesetzt werden.

Weltweit steht ein großes Angebot an Reitponyrassen zur Verfügung. Für den Haflinger ist es unter keinen Umständen notwendig, in diese Sparte einzudringen. Noch vor 10 Jahren stellten Reitponys, beispielsweise in der BRD, eine Marktlücke dar. Betrachten wir heute jedoch die Jahresberichte der Deutschen Reiterlichen Vereinigung (Hauptverband für Zucht und Prüfung deutscher Pferde), so können wir daraus ersehen, daß der Haflinger im Jahr 1985 in der BRD einen Anteil von 32,9% stellte, im Jahr 1986 bereits von 35,1%. Das Deutsche Reitpony nahm im Jahr 1985 noch einen Anteil von 26,6%, im Jahr 1986 hingegen nur noch von 22,7% ein. In diesen Zahlen spiegelt sich meine Voraussage, die ich in der Erstauflage dieses Buches getroffen habe, wider. Ich stellte im Jahr 1980 fest, das Deutsche Reitpony müsse sich erst einmal behaupten und jene Stellung einnehmen, die der Haflinger in der BRD bereits eingenommen habe. Von einer Marktlücke auf dem Reitponysektor kann somit schon heute, sogar früher als ich geglaubt hatte, nicht mehr gesprochen werden.

In diesem Zusammenhang möchte ich ausdrücklich betonen, daß der Haflinger nicht zu den Ponyrassen zu zählen ist, sondern eine eigenständige Pferderasse darstellt.

Wie bereits aufgezeigt, war der Haflinger in den dreißiger und vierziger Jahren gezielt kleiner gezüchtet worden.

Bekanntlich ist es leichter, eine Rasse zu verkleinern, als diese wieder zu vergrößern. In den fünfziger Jahren stand der Haflinger Pferdezuchtverband Tirol am Rande der Verzweiflung, da alle Jahre wieder festgestellt werden mußte, daß in der breiteren Landeszucht eine Vergrößerung der Rasse völlig aussichtslos schien.

Über ein Jahrzehnt liebäugelte man auch in Tirol mit dem Gedanken, durch Einkreuzung mit einem Araberhengst eine Vergrößerung der Rasse zu vollziehen. Ein Mäzen hatte sich sogar bereit erklärt, dabei finanziell zu unterstützen.

Allerdings war ich schon damals der Ansicht, so wie auch heute noch, daß eine Änderung, wie wir sie damals für den Haflinger suchten, nämlich längerer, leichterer Hals, mehr Widerrist und Schrittlänge sowie vor allem mehr Größe, nur mittels allerbester Vatertiere erzielt werden kann.

Beim Einführen eines Arabers in die Haflinger-Zucht hätte es sich somit um einen echten Spitzenhengst in einem dem Haflinger nachstehenden Typ handeln müssen. Selbst wenn ein altes Sprichwort sagt: *»Ein gutes Pferd hat keine Farbe«,* trifft dies beim Haflinger sicherlich nicht zu, weil gerade seine Fuchsfarbe mit hellem Langhaar ein rassetypisches Schönheitsmerkmal ist.

Bei der Gesamtkontrolle des Verbandsbestandes hatten wir im Jahr 1947 feststellen müssen, daß Abzeichen an Kopf und Beinen beim Haflinger extrem verbreitet waren. Es mußte daher mit aller Konsequenz eine Verminderung der Abzeichen erreicht werden. Bekanntlich sind aber die meisten Vollblutaraber-Füchse reichlich mit Abzeichen versehen.

Im Auftrag des Verbandsvorstandes sowie des Mäzens suchte ich über ein Jahrzehnt in vielen Staaten nach einem geeigneten Vollblutaraber. Oft stand ich vor der schwierigen Entscheidung, einen Hengst zu kaufen oder nicht; sie wurde mir jedoch jedesmal durch die Besichtigung von Mutter, Großmutter und Nachzucht der Hengste wieder erleichtert, da diese meist in Exterieur und Farbe nicht entsprachen.

Heute muß ich sagen, ich bin froh, von einem Ankauf abgehalten worden zu sein. Wo werden denn heute, wenn Kreuzungen durchgeführt werden, der Haflinger-Rasse Spitzen-Araberhengste zugeführt? Ich habe mir schon viele angesehen, aber noch keinen gesehen. Spitzenprodukte sind in jeder Zucht, bei jeder Rasse, rar.

Wie viele Pferderassen können heute überhaupt noch als Reinzuchtrassen im eigentlichen Sinn bezeichnet werden? Die Entscheidung darüber soll den Lesern selbst überlassen bleiben. Der Haflinger Pferdezuchtverband Tirol hat sich die Verfolgung konsequenter Reinzucht nicht leichtgemacht.

Wie den bereits angeführten Maßtabellen der Junghengste entnommen werden kann, mußte der Tiroler Verband viel Geduld aufbringen, bis endlich größere Fohlen, größere Hengste zur Verfügung standen. Durch Erfassung aller Stuten in Mutterlinien, die jährliche Nachkontrolle durch eine Hand und die Nachzuchtbewertungen war es möglich, jene Mutterlinien zu finden, die der Haflinger-Zucht die erforderlichen Wachstumsgene mitgeben konnten.

Von den etwa 500 Stutenfamilien wurden im Laufe der Jahrzehnte über 100 Stutenfamilien ausgewählt und für die Vatertiernachzucht zugelassen. Laufende Nachmessungen haben dann immer wieder zum Ergebnis geführt, bisher anerkannte Familien auszuscheiden, dafür neue hinzuzunehmen. Auf diesem Weg war es Schritt für Schritt möglich, den Weg zum heutigen Freizeitpferd auch ohne Einkreuzung zu beschreiten.

In Fachzeitschriften wurde wiederholt behauptet, der Haflinger Pferdezuchtverband Tirol hätte im Jahr 1974 einen Hengst mit 25 Prozent Araberblutanteil eingesetzt, um eine raschere Typumstellung zu erreichen. Im Jahr 1974 war das Thema »Einkreuzung« für uns jedoch schon lange abgeschlossen. Mit dem Einsatz dieses Hengstes wurde keineswegs mehr an eine Exterieurveränderung gedacht.

Mit dem Hengst LIZ. FREIHERR wollte der Haflinger Pferdezuchtverband Tirol über einen Zuchtversuch eine achte Blutlinie aufbauen. Der Hengst wurde nur Stuten aus allerbesten Mutterlinien zugeführt. Die Nachzucht war nicht befriedigend; von sämtlichen Fohlen wurden nur drei in Aufzucht gestellt. Die beiden Hengstfohlen wurden am Fohlenhof Ebbs aufgezogen.

Nach Vollendung ihres dritten Lebensjahres erhielten diese zwei Junghengste nur beste Stuten aus durchgezüchteten Mutterstämmen zugeführt. Die Nachzucht befriedigte jedoch nicht; somit wurden beide Hengste sowie auch alle weiblichen Nachkommen aus der Zucht genommen.

Zu Beginn des letzten Jahrzehntes wurde vor allem von seiten Bayerns und Hollands im verstärkten Maße die Einkreuzung mit Araberblut in der Haflinger-Zucht forciert. Für den Laien mag es sonderbar erscheinen, daß gerade diese beiden Zuchtgebiete diesen Schritt unternommen haben.

Wie bereits bei der Entwicklung der Haflinger-Zucht in Bayern aufgezeigt werden konnte, hat Bayern beim Aufbau der Zucht in Südtirol nur die schwersten Haflinger angekauft, die aller Wahrscheinlichkeit nach in früheren Generationen Kaltblutzufuhr zu verzeichnen hatten.

Holland seinerseits hat später in Tirol nur die schwersten Typen ausgewählt. Für beide Länder war ein weiteres, ausschlaggebendes Moment für diesen Schritt, daß sowohl in Bayern als auch in Holland Kaltblutexperten den Aufbau der Haflinger-Zucht in die Hand nahmen. Man kann sich nun einmal nicht so schnell von einem Modell, einem Typ trennen, einen anderen bevorzugen.

Es ist naheliegend, daß bei einer solchen Zuchtgrundlage eine Umwandlung zum Freizeitpferd noch schwieriger zu vollziehen war. Daß andererseits allerdings das Einführen von Araberblut in solche Mutterstämme noch mehr Aufspaltung und Rückschläge bringen muß, ist ebenso verständlich. Persönlich stört mich besonders, daß den Kreuzungsprodukten ein Name wie »Haflo-Araber« oder »Arabo-Haflinger« gegeben wird.
Das bekannte Isländer-Gestüt AEGIDIENBERG in der Bundesrepu-

blik Deutschland versucht über einen Kreuzungsversuch Island-Pferd und Peruanischer Paso eine neue töltende Rasse zu züchten. Allerdings wird von seiten dieses Gestütes ausdrücklich betont, daß dadurch keine »veredelten Isländer« oder »veredelten Peruanische Pasos« in die Zuchtbücher eingetragen werden. Es wird besonders hervorgehoben, daß daraus eine neue Rasse, der »Aegidienberger«, entsteht.

Ich halte dieses Vorgehen für nachahmenswert und möchte den Bayern den Vorschlag unterbreiten, die Kreuzungsprodukte gesondert in Zuchtbüchern zu führen und mit einem neuen Namen zu benennen, beispielsweise als »Schwaigangerer«.

Was suchen Verfechter der Araberblutzufuhr - mehr Größe, Widerrist, Hals, Schrittlänge? Kann der Araber dem Haflinger diese Eigenschaften im gewünschten Ausmaß mitgeben? Über die Schrittlänge wollen wir nicht diskutieren, auch nicht über den gerne vererbten, verkehrten Hals, den wir in der Haflinger-Zucht selber haben und nicht noch anhäufen müssen.

Auch eine Überfeinerung der Gliedmaßen suchen wir beim Haflinger nicht, selbst wenn ich dem Spruch eines alten Oberst beipflichten muß:

»Merk Dir, es ist noch keinem Pferd einfach das Bein abgebrochen, aber schon vielen aufgebrochen.«

Der Züchter darf nicht vergessen, daß sich die Chromosomen nach dem Gesetz des Zufalles vereinigen. Konnte ich in Reinzucht sowohl mütterlicherseits als auch väterlicherseits in Generationsfolgen gewisse, für den Haflinger rassetypische Eigenschaften anhäufen, kann ich zumindest mit großer Wahrscheinlichkeit beim Nachzuchtprodukt mit einer Anhäufung rechnen.

Jeder Haflinger-Züchter erträumt sich ein möglichst großes, korrektes Pferd mit viel Adel, selbstverständlich im Rassetyp des Haflingers liegend. Jeder Züchter, jede Zuchtorganisation, die in der Lage ist, dieses Modell zu züchten, kann von sich behaupten, die Kunst des Züchtens zu beherrschen. Wer auf die »Wendigkeit«, die »Spritzigkeit« des Reitponys verzichtet, dem kann eindeutig gesagt werden, daß er über den Weg der Reinzucht schneller und sicherer dieses Ziel erreichen wird.
Aufgrund der Erfahrungen, die im Laufe der letzten 15 Jahre gemacht wurden, die seit der Erstauflage dieses Buches vergangen sind, erscheint es mir notwendig, dem Kapitel noch einige ergänzende Aussagen hinzuzufügen. Als Einleitung dazu sollen einige Aussagen von Oberlandstallmeister Dr. h.c. Gustav Rau stehen, der für mich den größten Hippologen der deutschen Pferdezucht darstellt. Nach der Auflage meines Buches »Der Haflinger in Tirol - das Universalpferd« im Jahr 1954 erklärte mir Oberlandstallmeister Rau anläßlich einer Aussprache: »Sollte es Ihnen möglich sein, die festgelegten Zuchtförderungsbestimmungen im Hinblick auf die Reinzucht zu verwirklichen und durchzuhalten, wird die Nachwelt der Züchterschaft Tirols zu Dank verpflichtet sein.« Im Verlauf unserer Diskussion vertrat Dr. Rau die Ansicht, man dürfe die diversen Kleinpferderassen von der blutmäßigen Ursprungsbasis nicht wegbringen, indem man sie durch arabisches oder englisches Vollblut zu verbessern versuche. Die Kleinpferderassen müßten eisern aus sich selbst verbessert werden, ansonsten sie nicht mehr das verkörpern würden, was sie waren, d.h. ihr Aussehen, die Leistungswerte etc. würden sich wertmindernd ändern. Für Zuchtpferde und das typische Kinder- und Familienpferd seien somit Einkreuzungen abzulehnen.

Die weltweit sprunghafte Aufwärtsentwicklung der Haflinger-Rasse, vor allem in quantitativer Hinsicht, läßt darauf schließen, daß die Gesamtpopulation dieser Rasse in wenigen Jahren die Viertelmillion-Grenze überschritten hat. Erfreulicherweise konnte diese enorme Verbreitung über den reingezogenen Haflinger vollzogen werden.

Alle Länder, die einkreuzen, können nur durch massive Hereinnahme von väterlicher und mütterlicher Seite reingezogenen Stämmen aus dem Dilemma »Einkreuzen« wieder herauskommen, das sie derzeit durch das Multiplizieren des Araberblutanteiles verschlimmern.

Bei der Gründung der Welt-Haflinger-Vereinigung im Jahre 1976 wurde festgelegt, die Haflinger-Rasse unter allen Umständen in Reinzucht fortzuführen. Im Jahre 1984 auf der Tagung der Welt-Haflinger-Vereinigung in Paris wurde dieser Beschluß erneut einstimmig bestätigt. Erfreulicherweise darf festgestellt werden, daß die Fortsetzung der Reinzucht in der Haflinger-Rasse, weltweit gesehen, mit großer Intensität verfolgt und mit überwältigender Mehrheit durchgesetzt wurde. Zuchtleitungen und Züchter der verschiedensten Kontinente und Länder haben erkannt, daß sich der Haflinger vor allem aufgrund seiner qualitativen Interieur- und Exterieureigenschaften seinen Weltruf und seine internationale Verbreitung schaffen konnte. Die Fortsetzung der nun über 100 Jahre bereits vollzogenen Reinzucht muß daher unter allen Umständen auch weiterhin garantiert werden.

Wie sprunghaft die zahlenmäßige Aufwärtsentwicklung der Rasse stattgefunden hat, zeigen am besten folgende Bestandszahlen:

1979	ca. 720 Deckhengste	13800 eingetragene, gedeckte Stuten
	ca. 44400 Haflinger	
1987	ca. 1300 Deckhengste	ca. 27000 eingetragene, gedeckte Stuten
	ca. 100000 Haflinger	
1995	ca. 1600 Deckhengste	ca. 45000 eingetragene, gedeckte Stuten
	ca. 250000 Haflinger	

Welche Rasse ist schon in der Lage, in einem Zeitraum von nur 15 Jahren einen solchen Zuwachs der Bestandszahlen zu erreichen? Allein dieser Anstieg der Gesamtpopulation der Rasse ist Beweis genug, daß die Beibehaltung der Reinzucht beim Haflinger der richtige Weg war. Die Reinzucht-Haflinger haben sich ganz einfach bei einem Großteil der Züchter durchgesetzt. In allen Nachzuchtländern der Welt dürfen gekreuzte Produkte ausnahmslos nicht ins Zuchtbuch eingetragen werden. Einzig und allein in Deutschland wird bis dato kein separates Zuchtbuch für Kreuzungsprodukte geführt.

Ja, und nicht einmal im Turniersport, wie schon ein Bericht in der Ausgabe 3/90 von »Bayerns Pferdezucht und Sport« aufzeigte, setzen sich die »Gekreuzten« gegenüber den reingezogenen Haflingern durch. »Haflinger im Turniersport« mit Auswertungen des Jahrbuches Zucht 1989 der Deutschen Reiterlichen Vereinigung durch Uta Engelmann wiesen schon deutlich auf diese Tatsache hin. Die Zeitschrift »Haflinger Pferde« griff diesen Artikel auf und schrieb in der Ausgabe 3/90:
»Diesem Artikel vorausschicken muß man, daß in der Bundesrepublik Deutschland jährlich unzählige Turniere sowohl auf dem Reit- als auch auf dem Fahrsektor stattfinden, so daß sowohl Reiter als auch Fahrer fast jedes Wochenende die Möglichkeit haben, in nicht allzu weiter Entfernung an einem Turnier teilzunehmen. Die Ergebnisse der Turniere werden computermäßig erfaßt, so daß dann Tabellen mit den erfolgreichsten Turnierpferden im Fahr- und Reitsport erstellt werden können, so wie sie auch in dem oben angeführten Artikel integriert sind.
Unter dem »Haflinger im Fahrsport« schreibt Uta Engelmann schon im Jahr 1990: »65 Nachkommen von 45 Hengsten gewannen DM 25834.– im Fahrsport. Dabei konkurrierten nach LPO Haflinger bis zu einem Stockmaß von 148 cm ausschließlich mit Ponys, jedoch nicht nur in Prüfungen der Kategorie B (A, L, M), sondern auch in mittelschweren und schweren Prüfungen der Kategorie A (M/A und S). Im ›Süden‹ dominieren Haflinger.«
»Haflinger im Reitsport – 27 Nachkommen von 18 Haflinger-Hengsten gewannen DM 6297.– im Reitsport. Diese Summe entspricht gut 100 Plazierungen an zweiter Stelle in der Klasse A bzw. an dritter Stelle der Klasse L (oder auch rund 200 ›hinteren‹ Plazierungen). Ponyprüfungen in der besser dotierten mittelschweren Klasse (M) werden äußerst selten ausgeschrieben (in Bayern überhaupt nicht). Die Kategorie A ist Reitponys gänzlich verwehrt – dafür stehen ihnen die meisten Großpferdeprüfungen der Kategorie B offen. Nachdem sich der Haflinger national wie international längst im Fahrsport

Tiroler Zweispänner unterwegs im Gelände. 1994 hatte Josef Kronbichler, der österreichische Meister für Zweispänner, die Ehre, beim International Driving Grand Prix in Windsor teilzunehmen. Vor Schloß Windsor auf dem Weg zur Geländestrecke (unten).

durchsetzen konnte, kann man nun auch im Reitsport von einem Durchbruch auf breiter Front sowohl im Großpferde- als auch im Ponymilieu sprechen.«

„Reithaflinger erzielen ihre Erfolge fast ausschließlich in der Dressur, dabei profitieren sie von ihrer natürlichen Nervenstärke und Zuverlässigkeit. Der meist hervorragende Schritt ist dabei ein großes Plus gegenüber vielen Großpferden und den meisten Reitponys. Soll ein Haflinger jedoch mehr als nur A-plaziert werden, so muß er auch mehr als nur rittig und sauber auf den Punkt zu reiten sein. Er muß reell durch's Genick vorgestellt werden und auch über gute Verstärkungen, elastische, taktreine Bewegungen und über eine gut durchgesprungene Galoppade verfügen. In L-Prüfungen muß er eine deutliche Bergauftendenz zeigen. Dann allerdings gibt es auch für einen Haflinger Dressurnoten von sieben und höher ...«

»Dem sporttreibenden Haflinger-Fan ist kein Dressur-Haflinger zu schade zum Einspannen. Der Fahr-Haflinger darf auch einmal eine Jagd gehen oder bei den Reitponys starten. Vielseitige Ausbildung hat noch keinem Sportpferd geschadet! Vielseitiges Training verhindert so manchen Sauerkocher und gerade beim Fahrpferd werden Biegung, Gang und Aufrichtung durch guten Beritt bestens gefördert.«

Wie überraschend war für uns jedoch folgende Feststellung der Autorin dieses Artikels: »Das ominöse Blut – Der Araber-Anteil der Sport-Haflinger ist eigentlich gar kein Thema. Denn fast sämtliche Spitzensportler sind reine Haflinger nach der Definition des »Haflinger-Papstes« Ing. Schweisgut. Wenn auch eine gewisse Zahl »Blutführender« erfolgreich war – gehen tun sie offensichtlich ohne genauso gut (wenn nicht gar besser!).« Für uns stellt sich dabei die berechtigte Frage, wozu man dann in der Haflinger-Zucht überhaupt einkreuzt, wenn diese nicht einmal im Sport bessere Ergebnisse zu erzielen imstande sind? Der Haflinger soll in der großen Breite ein Freizeitpferd für die ganze Familie darstellen. Jedoch wird es immer wieder einige gute, ambitionierte Reiter und Fahrer geben, die ihre Haflinger auch im Sport einsetzen möchten. Wie man sieht, weisen die Statistiken der Deutschen Reiterlichen Vereinigung eindeutig darauf hin, daß mit reingezogenen Haflingern die weit besseren Turniererfolge zu erreichen sind, und zwar sowohl im Reit- als auch im Fahrsport.

Äußerst interessant war die Aufschlüsselung nach der Gewinnsumme des Jahres 1989 nach Blutlinien. »Die A-Linie gewann mehr als alle übrigen Linien (inkl. Araberlinien) zusammen, DM 16420.– von DM 32101.–. Dazu reichten 34 Nachkommen von 15 Vererbern aus (gesamt: 86/53). Besonders deutlich war die Überlegenheit im Reitsport. Die A-Linie stellte auch 9 der 17 Vererber mit mehreren Nachkommen.«

»Die N-Linie – 1986 noch führend im Fahrsport – hat bestürzend nachgelassen. Ganze 17 Väter waren nötig, um 18 mit meist geringen Summen plazierte Nachkommen zu produzieren. Ein Spitzenvererber ist nicht in Sicht ... Aber im Gegenteil, die meisten der plazierten N-Nachkommen stammen gar nicht aus bayerischer Zucht. Im Reitsport der bayerischen Domäne ist gar nur ein einziger, bereits 1972 geborener ›N‹ plaziert.«

Betrachten wir die veröffentlichte »Ewige Bestenliste der Leistungsvererber (von bisher 87 Registrierten) der FN: Als Führender scheint in dieser Ergebnisliste der Hengst Admirus (Großvater: Hengst Absam aus Tirol) mit DM 21054.– auf. Als Zweitplazierter ist der Hengst Apical (Großvater der Hengst Antrieb aus Tirol) mit DM 16139.– und an dritter Stelle wird der Hengst Matrei (Vater der Hengst Master aus Tirol) mit DM 10249.– aufgeführt. Den 4. Platz belegt der Hengst Westling (Vater: 937 Westwind aus Tirol) mit DM 8405.–. Alle restlichen Hengste liegen unter DM 5000.–

Die auf rein Nordtiroler Basis aufgebaute A-Linie weist bei der Aufschlüsselung der Gewinnsummen die weitaus höchste Ziffer auf. Auch laut den Ergebnissen des Jahrbuches Zucht der FN 1994 liegt weiterhin die A-Linie nach Gesamterfolgen im Turniersport in Führung. Die ewige Bestenliste der Haflinger-Vererber nach Lebensgewinnsummen wird von drei Vererbern aus der A-Linie angeführt.

Erstaunlich erscheint dieses Ergebnis um so mehr, als Bayern ja jenes deutsche Bundesland ist, in welchem bei weitem am meisten mit Araberblut eine Verbesserung der Reiteigenschaften zu erzielen versucht wurde. Der beste Beweis, daß es selbst im Turniersport mit den reingezogenen Haflinger-Pferden leichter ist, zu gewinnen, liefert diese Aufstellung in Bayerns Pferdezucht und Sport.«

Der Haflinger soll jedoch auch in Zukunft ein vielseitig verwendbares Freizeitpferd sein und bleiben. Durch seinen problemlosen, guten Charakter, seine Leistungsbereitschaft und seine Ausdauer und Härte steht der reingezogene Haflinger unter Berücksichtigung seiner universellen Einsetzbarkeit praktisch ohne Konkurrenz da. ...«

Wiederholte Veröffentlichungen in den Folgejahren bis zum Jahr 1995 in diversen Fachzeitschriften über die gewinnreichsten Nachkommen im Fahr- und Reitsport ließen immer wieder die reingezogenen Haflinger, noch dazu mit ganz naher Tiroler Abstammung, aufscheinen. Erfreulich die Tatsache, daß gerade von seiten Bayerns, dem Zuchtland mit den höchsten Kreuzungsziffern,

diese Sporterfolge der reingezogenen Haflinger kommen. Man möchte glauben, daß ein Zuchtleiter, der selbst in der Reiter Revue 2/93 die großen Erfolge der von Tirol aufgebauten A-Linie im Leistungssport anführt, eine Lehre daraus zöge und nicht auf die Feststellung hin: »... ein bisweilen noch zu festes Genick, den manchmal massigen Hals, einen flachen Widerrist – hier schlägt bei manchen Exemplaren das Kaltbluterbe oft noch durch. Diese Schwachpunkte versucht man mit orientalischem Blut zu verbessern – wobei nicht nur manche Farbenthusiasten die Nase rümpfen, wenn sich unter einem dunklen Rotschopf hinter fein gemeißelter Araber-Stirn auf einmal das unerschütterliche Selbstbewußtsein des Haflingers mit dem schnell entflammbaren, kapriziösen Temperament des Vollblüters mischt« mit: »Da müssen wir dann die Bremse ziehen« antwortet. Die Farbdiskussion wird vom bayrischen Zuchtleiter als »völlig überbewertet und absolut sekundäres Selektionsmerkmal« angeführt. Wie verträgt sich diese Ansicht mit dem Untertitel: »Dieses Schmusetier-Image – davon müssen unsere Pferde endlich wegkommen. Die Blondmähnen gehen in den Sport.« Ist es nicht verwirrend, wenn Fachleute aus eindeutigen Zahlen sehen können, daß ein von ihnen eingeschlagener Weg am Markt vorbeizüchtet, diesen jedoch trotzdem beibehalten?
Die Leistung könnte schließlich über die reingezogenen Haflinger wohl eindeutig gefördert werden. Daß heute jeder weiß, von wem man mit den »Blondmähnen« spricht, dürfte wohl auch ein Markenzeichen darstellen – und doch nicht ganz so sekundär sein.

In Bayern wurden auf den Hengstkörungen vom Jahr 1991 bis 1994 4 reingezogene und 37 gekreuzte Hengste gekört. Auf dem letzten Leonhardimarkt in Bayern hatten von 80 im Katalog verzeichneten Fohlen 77 Araberblutanteil. Wie schon erwähnt, können jene Zuchtgebiete, die einkreuzen, nur durch massive Hereinnahme von väterlicher- und mütterlicherseits reingezogenen Stämmen aus dem Dilemma »Einkreuzungen« herauskommen, das sie derzeit durch Multiplizieren des Araberblutanteiles verschlimmern. Die Zuchtleiter sollten die Zeichen der Zeit erkennen und vermehrt das Thema »Reinzucht« bei den Körungen berücksichtigen.

Ein sehr positives Beispiel für einen reingezogenen Haflinger-Hengst in Deutschland stellt der Hengst Mithras dar, ein Sohn des Tiroler Hengstes 1262 Midas. Er konnte sich in verschiedenen Bundesländern Deutschlands erfolgreich behaupten, wurde nicht nur Bundessiegerhengst, sondern auch Elitehengst und konnte von einer der größten deutschen Fachzeitschriften zum »Hengst des Jahres 1994« gewählt werden.

Eine Gruppe von Reinzuchtbefürwortern in Bayern hat neue Weichen gestellt. Im April 1993 wurde der Verein Haflinger-Reinzucht-Bayern e. V. gegründet. Der Verein hat bei der Welt-Haflinger-Vereinigung den Antrag auf Aufnahme gestellt, der im Jahr 1995 zur Beschlußfassung kommen wird. Der Verein hat den Antrag auf die Führung eines eigenen Zuchtbuches gestellt und hat sich zum Ziel gesetzt, die Regeln der Welt-Haflinger-Vereinigung strikt einzuhalten.

Andererseits gibt es heute Zuchtgebiete, die sich mit dem Haflinger ihre Landeszuchten qualitativ sowie in bezug auf Charakter und Leistung verbessern. In der Türkei, Albanien, Tschechien sowie in Bhutan und Thailand wird dieses Projekt bereits erfolgreich durchgeführt.

Ein Erfahrungsbericht über die Umzüchtung des Huzulen-Pferdes in der Slowakei, erstellt in den siebziger Jahren, durch Einkreuzung mit dem Haflinger besagt:

». . . Die Veredelungskreuzung des Huzulen durch den Haflinger bringt dem Huzulen folgende Vorteile: Die Kreuzungsprodukte gewannen an Adel, Form und Eleganz. Der Haflinger erhöhte die Körpermaße und das Gewicht. Besonders in den Breitendimensionen des Rumpfes, weiterhin in der Röhrbeinstärke und Bemuskelung ist eine Zunahme zu vermerken. Die Schrittlänge wurde erhöht, die Gangart verbessert.

Das Umgehen mit den Produkten ist leichter als mit den reinen Huzulen, wodurch der Benützungsgrad in der Wirtschaft erhöht wurde. Durch die Einkreuzung mit dem Haflinger ist der Huzule frühreifer geworden. Der Huzule vollendet sein Wachstum erst im vierten Lebensjahr, während die Kreuzungsprodukte schon mit dreieinhalb Jahren fähig sind, in der Arbeit voll eingesetzt zu werden.«

Besonders in Bhutan wird der Haflinger erfolgreich zur Vergrößerung und Verstärkung der dort heimischen Ponys eingesetzt; in diesem Land befinden sich bereits nahezu 6000 dieser Zuchtprodukte im Einsatz (siehe Bhutan S. 239).

Wir dürfen somit abschließend feststellen, daß der Haflinger sogar in der Lage ist, seine hervorragenden Interieur- und Exterieureigenschaften anderen Rassen weiterzugeben. Dadurch dürfte wohl jeder Zweifel, ob eine strikte Fortführung der Reinzucht sinnvoll ist, ausgeschaltet sein.

Der Gesamtsiegerhengst der 1. Haflinger-Weltausstellung, 1338 Afghan II, zeigte im Schauprogramm das Springvermögen des modernen, reingezogenen Haflingers.

Die Reinzucht im Haflinger Pferdezuchtverband Tirol

Das Wort »Reinzucht« sowie auch der Beschluß des Haflinger Pferdezuchtverbandes Tirol im Jahr 1947, in Tirol »die Reinzucht einzuführen«, hört sich sehr leicht an, ist jedoch, will man sie rigoros durchführen, mit sehr viel Kampf, Mühe und Schwierigkeiten verbunden.

Tierzucht ist in vielen Ländern, so auch in Tirol, durch Landestierzuchtgesetze festgelegt. Aus diesem Grund war es, nach dem Verbandsbeschluß, die Reinzucht einzuführen, auch erforderlich, diese Maßnahme im Tierzuchtgesetz zu verankern, was mit der Novellierung des Tierzuchtgesetzes im Jahr 1947 geschah. Nur zwei Pferderassen waren damals in Tirol anerkannt worden, die Haflinger- und die Noriker-Rasse. Erst 30 Jahre später wurde im Tierzuchtgesetz die Zuchterlaubnis für Warmblutpferde, Araber, Traber und Ponys in Tirol erteilt.

Von einem Verbandsbeschluß und einem Tierzuchtgesetz bis zur tatsächlichen rigorosen Reinzucht ist jedoch noch ein weiter Weg. Der Haflinger Pferdezuchtverband Tirol bemühte sich daher, Maßnahmen zu ergreifen, die eine Reinzucht zur Folge haben mußten.

Zuerst wurde das Verbot der Privathengsthaltung verfügt. Wie bereits erwähnt, muß seit dem Jahr 1947 jedes Hengstfohlen dem von der Vollversammlung bestellten Zuchtleiter und Zuchtausschuß vorgestellt werden, die die Hengstanwärter auswählen.

Für jedes Hengstfohlen, das nicht als Hengstkandidat in Frage kommt, muß der Züchter seit nunmehr 41 Jahren die Verpflichtung übernehmen, dieses bis spätestens 1. November, heute bis 1. Dezember des Jahres, außerhalb des Verbandsgebietes abzusetzen. Der Verband hat dem Züchter gegenüber die Garantie übernommen, das Absetzen der Fohlen außerhalb des Verbandsgebietes unter den besten Bedingungen zu übernehmen.

Dieser harte Verbandsbeschluß wurde nicht ohne Grund gefaßt. Solange sich ein Zuchtprodukt in Händen eines Züchters befindet, kann ein Abweichen von Verbandsbeschlüssen einen Ausschluß aus dem Zuchtverein bzw. Zuchtverband zur Folge haben. Das Tierzuchtgesetz beinhaltet, daß jedes männliche Tier spätestens zweieinhalbjährig der von seiten des Landes bestellten Körkommission vorzustellen ist. Bei Abkörung muß das Tier der Kastration unterzogen werden. Jede Zuchtleitung weiß jedoch, wie schwer es ist, wenn sich der zweieinhalbjährige Junghengst in Händen eines Nichtzüchters befindet, von diesem Verständnis für diese züchterische Maßnahme zu erwirken.

Es ist vielfach bekannt, daß der Haflinger zu den frühreifen Rassen zählt; unbekannt dürfte aber vielleicht sein, daß schon Jährlingsstuten von Jährlingshengsten gedeckt werden können, was bereits, und nicht selten, zu Schäden für die Besitzer von Stutjährlingen geführt hat. Auf öffentlichen Weiden verbietet das Tierzuchtgesetz daher das Halten von Hengstjährlingen und Junghengsten. Dem Züchter würden somit schon aus diesem Grund durch das Halten eines Junghengstes Schwierigkeiten beim Weidegang erwachsen, zumal vor allem im Westen Tirols die Pferde im Sommer vielfach auf Gemeinschaftsweiden aufgetrieben werden.

Reinzucht kann in einem Lande erst garantiert werden, wenn kein unkontrolliertes Vatertier im Land steht. Die große Streulage der Züchter, lange Zufahrtstrecken zu gekörten Hengsten, sind Probleme, die dazu verleiten, vom geraden Weg abzuweichen. Der Haflinger Pferdezuchtverband Tirol wollte daher seine Züchter gar nicht erst in Versuchung führen, einen anderen Weg als den zu gekörten Hengsten zu gehen.

Es ist kein Geheimnis, daß vor Einführung des Verbotes privater Hengsthaltung vereinzelt Züchter ihre Stuten bei nichtgekörten Hengsten decken ließen, um sich dann mit einer »Speckseite und einem Schnaps« einen Deckschein einzuhandeln.

Bereits Graf Huyn hatte im letzten Jahrhundert diese Problematik erkannt und dem K. und K.-Ackerbauministerium aus diesem Grund empfohlen, die Hengstfohlen anzukaufen, solange sie bei der Mutter stehen, und sie dann auf Hengsteaufzuchthöfen Piber, Ossiacher Tauern und am Tschaufenhof aufzuziehen.

Die Reinzucht kann somit nur dann garantiert werden, wenn mit Sicherheit der beigestellte Abstammungsnachweis auch zum vorgestellten Junghengst gehört. Die Pferdezucht hat in diesem Punkt ohnehin im Vergleich zur Rinderzucht einen großen Vorteil, weil Pferde nur in äußersten Ausnahmefällen ein fremdes Fohlen annehmen, d. h. ein regelrechtes Vertauschen von Fohlen ist kaum möglich.

Auf diesem Gebiet konnte ich im Laufe der letzten 30 Jahre Erstaunliches miterleben. Hengstfohlen werden von Aufzüchtern erworben, ins Ausland gebracht, dort praktisch ohne Kontrolle aufgezogen. Weist ein Haflinger auch verschiedene Abzeichen auf, sind sie doch bei vielen Pferden ähnlich und die Beschreibung auf den Abstammungsnachweisen nicht so genau definiert.

Ich wurde bereits des öfteren auf solche Zuchtbetriebe gerufen, um dabei behilflich zu sein, Junghengste zweijährig wieder auseinanderzukennen, was mir auf-

Tiroler »Hengstkandidaten« beim Auslauf im Winter auf dem Fohlenhof Ebbs.

grund der Abstammung eher möglich ist als dem Aufzüchter, der sich mit den Tieren oft nur weitläufig befaßt hat.

Auf dem Fohlenhof Ebbs sind alle Junghengste mit Haarschnittnummern versehen, die regelmäßig nachgeschnitten werden. Selbst Pflegern, die sich täglich mit den Hengsten beschäftigen, ist es nach deren Rückkehr von der Alm oft nicht mehr möglich, sie auseinanderzukennen, ohne auf die Numerierung zu sehen.

Heute ist es mittels Blutprobe machbar, die Abstammung festzustellen. Aber wie viele Haflinger-Hengste, sei es in Tirol oder in anderen Zuchtgebieten, die zur Körung vorgestellt wurden, sind bisher solchen Blutproben unterzogen worden? Freiwillig oder unfreiwillig, wissend oder unwissend können Stammscheine und Pferde verwechselt werden. Wo bleibt die Garantie für Reinzucht? Durch seine Methode der Hengstaufzucht und seine harten Verbandsbestimmungen kann der Haflinger Pferdezuchtverband Tirol eine Garantie der Reinzucht abgeben.

Auch der Mutterseite muß selbstverständlich in diesem Punkt Augenmerk geschenkt werden, selbst wenn sie bei Einzelfällen nicht solchen Einfluß auf das Zuchtgeschehen nehmen kann. Die Stuten müssen alle dreijährig der Stutbuchaufnahmekommission, einheitlich für das Verbandsgebiet, vorgestellt werden. Keine Stute darf, bevor sie für das Zuchtbuch als geeignet erklärt wird, einem Hengst zugeführt werden. Wird das Pferd nicht in das Zuchtbuch aufgenommen, werden die Abstammungsnachweise dieser Tiere eingezogen, und das Pferd erhält keinen Edelweißbrand, d.h. ist ab diesem Moment nur noch Gebrauchspferd.

EURO I.D. – Elektronisches Identifikationssystem

Mit Verbandsbeschluß vom 16. Dezember 1987 wurde einstimmig beschlossen, für die Zuchtpopulation des Haflinger Pferdezuchtverbandes Tirol das elektronische Identifikationssystem EURO I.D. einzuführen. Diesem Verbandsbeschluß gingen jahrelange Überlegungen bezüglich einer geeigneten Kennzeichnung des gesamten Zuchtbestandes voraus. Zusätzlich zur genauen Beschreibung eines jeden einzelnen Zuchtpferdes durch den Zuchtleiter sollte ein möglichst pro Pferd lebenslänglich gültiges und unverwechselbar sicheres Identifikationssystem eingeführt werden.

Die bisher üblichen Verfahren der Kennzeichnung in der Tierzucht umfaßten Nummernbrände, Ohrmarken, Ringe, Tätowierungen usw. an den verschiedensten Körperteilen der Tiere. Allerdings liegt all diesen Verfahren gemeinsam zugrunde, daß sie das Erscheinungsbild entstellen, was ganz besonders beim Pferd ins Gewicht fällt.

Das moderne Computerzeitalter hat jedoch auch auf diesem Gebiet einen großen Fortschritt gebracht. In den USA wurden seit 1980 enorme Forschungsgelder investiert, um ein elektronisches Identifikationssystem zu entwickeln. Seit dem Jahr 1985 beobachtete der Haflinger Pferdezuchtverband Tirol dieses System in den USA, da es bei den nach Amerika exportierten Fohlen seit diesem Zeitpunkt zur Anwendung kommt. Die Verbandsleitung konnte sich im Laufe dieses Zeitraumes von der unkomplizierten und sicheren Anwendbarkeit dieses Erkennungssystems überzeugen.

Im Herbst 1988 wurde der gesamte Pferdebestand des Haflinger Pferdezuchtverbandes Tirol mit diesem EURO I.D.-System ausgestattet. Zukünftig werden alle Zuchtfohlen anläßlich der jährlichen Fohlenvorschauen mit diesem Identifikationssystem gekennzeichnet und dadurch eine auf Lebenszeit gesicherte Unverwechselbarkeit erzielt.

Fruchtbarkeit

Anhebung des Trächtigkeitsprozentsatzes

Einen wesentlichen Faktor für die Rentabilität einer Zucht stellt die Fruchtbarkeit dar. Eine Zuchtstute kann mit einer über dem Durchschnitt liegenden Nachzuchtqualität und Fruchtbarkeit eine weit größere Rentabilitätsrate aufweisen als eine Stute mit schwacher Fruchtbarkeit und guter Nachzuchtqualität, allerdings auch als eine Zuchtstute mit guter Fruchtbarkeit und schwacher Nachzucht. Aus diesem Grund war es uns stets daran gelegen, neben der Qualitätsverbesserung auch eine möglichst hohe Fruchtbarkeitsrate zu erreichen.

In dem im Jahr 1954 erschienenen Buch »Der Haflinger in Tirol - das Universalpferd« konnten wir bereits nachweisen, daß die im Zeitraum 1945 bis 1953 eingestellten Hengstkandidaten am Fohlenhof Ebbs bei den Müttern eine Durchschnittsträchtigkeit von 87,5 Prozent, bei den Großmüttern von 77 Prozent aufwiesen.

In den Folgejahren wurde diesem Auswahlkriterium weniger Augenmerk geschenkt, nachdem von wissenschaftlicher Seite behauptet worden war, daß die Trächtigkeit als Vererbungsmerkmal kaum vorhanden sei. Dieses Urteil wurde jedoch nach ein paar Jahren von seiten der Wissenschaftler wieder revidiert, was wir auch aufgrund unserer Aufzeichnungen bestätigen konnten.

Einen wesentlichen Einfluß auf den Durchschnitts-Trächtigkeitsprozentsatz nahm auch indirekt die steigende Technisierung in der Landwirtschaft. Die Pferde wurden immer weniger zu Arbeitseinsätzen herangezogen, was eine Einschränkung der Bewegung der Pferde sowie deren Aufenthalt im Freien mit sich brachte. Die Pferde wurden meist nicht genügend auf die Weide getrieben, die Futterrationen aber, trotz des Arbeitsausfalles, konstant gehalten. Ein Rückgang des Durchschnitts-Trächtigkeitsprozentsatzes war die Folge.

Heute wissen wir, daß Sonne, frische Luft und Ernährung einen bedeutenden Einfluß auf die Fruchtbarkeit haben. In unseren Breiten stehen aus klimatischen Gründen nur wenige Monate zur Belegung der Stute zur Verfügung. Die Züchter lassen in Gebieten, wo im Herbst die Auktionen durchgeführt werden, ihre Stuten vielfach schon in den Monaten Februar, März, April decken - zu einer Zeit, da kaum Grünfutter vorhanden und Weidegang nicht möglich ist -, um im Herbst möglichst große, starke Fohlen zum Verkauf anbieten zu können.

Es gibt heute genügend Fachliteratur, die sich mit dem Problem »Fruchtbarkeit« befaßt. Ich möchte daher nur einige brauchbare Hinweise geben, die dazu beitragen sollen, den Trächtigkeitsprozentsatz anzuheben. Grundfalsch ist die Einstellung vieler Züchter, die Schuld bei schlechter Fruchtbarkeit liege nur beim Hengst. In jenen Gebieten, wo die Deckperiode wesentlich früher als die Weidezeit beginnt, muß auch die Stute rechtzeitig auf das Decken vorbereitet werden, und zwar mit Vitamin- und Mineralstoffzugaben - mindestens drei Monate vor dem beabsichtigten Decktermin. Selbstverständlich sollte auch gewährleistet sein, die Stute täglich im Freien zu bewegen, soweit sie nicht zum Arbeitseinsatz benötigt wird.

Ist auf einem Zuchtbetrieb länger eine schlechte Trächtigkeit festzustellen, sollte unter allen Umständen ein Tierarzt beigezogen werden. Auch das Vatertier ist mit einem mit Mineralien und Vitaminen angereicherten Futter auf die Decksaison vorzubereiten. Vatertiere werden heute ja größtenteils auf ihre Samenqualität geprüft.

Die Rosse

Die Brunst bei der Stute, Rosse oder Rossigkeit genannt, ist die sichtbare Äußerung des Geschlechtstriebes und der Begattungslust. Der Brunstzyklus beim Pferd zwischen zwei Rossen wird durchwegs mit 21 Tagen berechnet. Bei den meisten Pferden ist eine Rosse leicht zu erkennen. Wahrnehmbare Erscheinungen der Rosse bestehen in einer leichten Rötung und Schwellung der Scheide und der Scham, die dadurch stärker durchsaftet, vergrößert und aufgelockert wird. Dies ist meist verbunden mit der Absonderung eines zähen, klaren, oft fadenziehenden Schleimes und dem Absetzen kleinerer Harnmengen.

Die durchschnittliche Dauer einer Rosseperiode beträgt drei bis fünf Tage, ganz selten weniger, eher mehr. Die günstigste Zeit für die Stute zum Decken sind die Schlußtage der Rosse. Stuten, die abgefohlt haben, rossen zwischen dem 9. und 11. Tag nach der Geburt, es kann auch bereits der 7. Tag sein oder sich bis zum 14. Tag nach dem Abfohlen hinziehen.

Dem Laien mag es seltsam erscheinen, daß die erste Rosse nach dem Abfohlen die beste ist, um die Stute wieder dem Hengst zuzuführen. Wird die erste Rosse nach neun Tagen ausgelassen, ist mit der nächsten in etwa 21 Tagen zu rechnen. Das Belegen der Stute noch länger zurückzustellen, stellt eine gewisse Gefahr dar. In dieser Zeit beginnt die Stute mit der Produktion der größten Milchmenge.

Für den Laien möchte ich nur kurz anführen, daß eine gute Mutterstute ungefähr 20 Liter Milch pro Tag produziert. Die Rosse tritt meist erst wieder auf, wenn die Stute in ihrer Milchergiebigkeit nachzulassen beginnt, zu diesem Termin ist es für eine Deckung jedoch meist schon zu spät.

21 Tage nach der ersten Bedeckung ist die Stute wieder zum »Nachprobieren« zum Hengst zu bringen; schlägt sie den Hengst ab, ist eine gewisse Wahrscheinlichkeit der Trächtigkeit gegeben, die Stute sollte jedoch nach weiteren 21 Tagen zu einer erneuten Nachkontrolle zum Hengst gebracht werden.

Die Trächtigkeit

Für Züchter, die Wert darauf legen, möglichst rasch Sicherheit zu haben, ob die Stute aufgenommen hat oder nicht, besteht die Möglichkeit, die Stute nach 45 Tagen - ab dem Tag der Deckung - rektal untersuchen zu lassen. Die Untersuchung wäre an sich bereits nach 21 Tagen möglich, bringt jedoch zwischen dem 21. und 45. Tag eine gewisse Gefahr mit sich, selbstverständlich nicht bei Tierärzten, die auf dieses Gebiet spezialisiert sind.

Trächtigkeitsuntersuchungen können auch vom 45. bis 120. Tag nach Bedekkung mittels Bluttest oder ab dem 125. Tag durch Harntest vorgenommen werden. Die Trächtigkeitsdauer bei einer Stute beträgt normalerweise 11 Monate und 1 Woche. Schwankungen von plus/minus 14 Tagen sind möglich. Es gibt auch Stuten, allerdings Einzelfälle, die stets ein volles Jahr tragen.

Bei Stuten mit Fohlen bei Fuß, die am 9. Tag nach dem Abfohlen wieder belegt wurden, ist gewisse Vorsicht geboten, da bei 10 bis 20 Prozent dieser Stuten nach fünf bis sechs Wochen die Frucht abstirbt, was selbstverständlich auch bei Galtstuten vorkommen kann, aber in wesentlich geringerem Prozentsatz. Dadurch tritt ein anderer Rossezyklus auf, als ihn der Züchter gewöhnt ist. Stellt ein Züchter in dieser Zeit somit ein ungewohntes Verhalten der Stute fest, ist es am sichersten, mit der Stute nochmals zum »Nachprobieren« zum Hengst zu fahren.

Normalerweise sollte eine Stute nicht öfter als dreimal gedeckt werden. Ist eine Stute nach drei Zuchtzyklen, also nach neun Wochen nochmals rossig, ist ebenfalls zu empfehlen, die Stute tierärztlich untersuchen zu lassen.

In der Haustierzucht spielt die künstliche Besamung eine große Rolle; für eine breite Anwendung in der Pferdezucht sind jedoch auch heute noch die damit verbundenen Kosten zu hoch. Ein Grund dafür ist die breite Streulage der Züchter und der Umstand, daß der Tierarzt diese Pferde unter ständiger Kontrolle halten muß. Zudem hat die künstliche Besamung bisher in der Pferdezucht noch nirgends die Zahlen der natürlichen Befruchtungsergebnisse erreicht. In der breiten Landeszucht kann daher die künstliche Besamung bis dato nicht kostendeckend für den Züchter durchgeführt werden.

Die Aufzucht

Fütterung und Haltung der trächtigen Stute

Die Aufzucht eines Pferdes umfaßt jene Zeit des Fohlens und Jungpferdes, bis es zum Arbeitseinsatz und zur Weiterzucht verwendet werden kann, d. h. beim Haflinger bis zum vollendeten dritten Lebensjahr.

Die Aufzucht des Pferdes wird ausschlaggebend vom Menschen beeinflußt und fordert vom Züchter bzw. Aufzüchter die nötige Sachkenntnis, Erfahrung und Sorgfalt. Das beste Fohlen mit bester Abstammung ist wertlos, wenn die Aufzucht versagt.

Die richtige Aufzucht beginnt bereits bei der trächtigen Stute, d. h. richtige Fütterung und Haltung müssen bei einer fachgerechten Aufzucht bereits zu diesem Zeitpunkt einsetzen. Die Aufzucht soll natürlich und hart sein. Früher war es speziell für Bergbauern schwierig, der Mutterstute und dem Fohlen, insbesondere in den Monaten Februar/März, die nötigen Mineralstoff- und Eiweißzugaben zu füttern. Heute ist die Fütterung für keinen Züchter mehr ein Problem. Futtermittel, mit Vitaminen und Mineralstoffen angereichert, für trächtige Stuten, Mutterstuten, Fohlen und Jungpferde sind auf dem Markt.

Eine Mutterstute soll weder zu üppig noch zu knapp gefüttert werden. Der Züchter muß das Maß und Mittel für sein Pferd finden, da jedes Pferd wieder verschieden ist. Im letzten Drittel der Trächtigkeit sollte die Kraftfutterration etwas erhöht werden, da das Fohlen im Mutterleib in diesem Abschnitt das größte Wachstum durchmacht; das Rauhfutter kann gleich gehalten werden.

Wie bereits erwähnt, ist jede Stute, so auch die trächtige, in der Futterzugabe individuell zu behandeln. Als Faustregel kann jedoch für eine trächtige Haflinger-Stute eine zuzügliche Ration von 1 kg Kraftfutter (mineral- und eiweißhaltig) pro Tag angegeben werden.

Nach dem Abfohlen sollte die Stute für ein paar Tage knapp gefüttert werden, insbesondere mit weniger Rauhfutter,

Geburt und Aufzucht des Fohlens

um zu bewirken, daß sich die gedehnte Bauchmuskulatur wieder rückbildet. Die Stute kann bis zum Tag des Abfohlens zur Arbeit herangezogen werden, auch zum Reiten, sofern nicht 14 Tage oder drei Wochen ausgesetzt worden ist. Selbstverständlich sollten mit einer hochträchtigen Stute keine Galoppstrekken oder gar Sprünge mehr durchgeführt werden.

Wie beschrieben, trägt eine Stute 11 Monate und eine Woche, ca. 310 bis 350 Tage. Die Dauer der Trächtigkeit ist vielfach typisch für die ganze Stutenfamilie. Sechs bis acht Wochen vor dem Abfohlen beginnt das Euter der Stute anzuschwellen, normalerweise bilden sich in den letzten Tagen Harztropfen am Euter der Stute, einige Stunden vor der Geburt beginnt die Milch oft bereits auszufließen.

Vor der Geburt sollte die Boxe mit frischem Stroh ausgelegt werden. Die Boxe muß der Stute genügend Spielraum für den Geburtsvorgang bieten. Beim Haflinger geht die Geburt normalerweise ohne Komplikationen vor sich, wobei der Geburtsvorgang durchwegs in 15 bis 20 Minuten abgeschlossen ist. Da Pferde Ruhe beim Abfohlen lieben, fohlen viele Pferde in der Nacht.

Beim Geburtsvorgang selbst ist nur darauf zu schauen, ob das Fohlen die richtige Lage hat. Kommen die Vorderbeine zum Vorschein, muß darauf geachtet werden, daß der Kopf auf den Vorderbeinen liegt. Bei anderen Lagen, beispielsweise einer Steißlage, ist unverzüglich der Tierarzt zu verständigen.

Beim überwiegenden Teil der Haflinger-Stuten ist beim Geburtsvorgang nichts zu tun. Es ist nur zu empfehlen, zu überprüfen, ob der Fruchtsack von selbst gerissen ist. Sollte er beim Erscheinen des Kopfes noch geschlossen sein, kann er gleich mit sauberen Händen geöffnet werden. Sobald das Fohlen neben der Mutter liegt, der Fruchtsack aber noch geschlossen ist, muß dieser unverzüglich geöffnet werden.

Liegt das Fohlen einmal hinter der Mutter, ist der Schleim aus dem Maul des Fohlens mit einer sauberen Hand zu entfernen. Normalerweise reißt die Nabelschnur von selbst, ansonsten muß sie einige Zentimeter unterhalb der Bauchdecke abgetrennt und mit einem Desinfektionsmittel behandelt werden, vielfach wird dazu auch heute noch Jodtinktur verwendet.

Ist der Geburtsvorgang beendet, muß die Stute beobachtet werden, ob sich bis spätestens zwei Stunden danach die Nachgeburt löst, ansonsten ist der Tierarzt zu verständigen. In Normalfällen geht die Nachgeburt schon innerhalb einer Stunde ab.

Das Fohlen bemüht sich bereits in der ersten halben Stunde nach der Geburt, auf die Beine zu kommen. Besonders wichtig für das Fohlen ist es, daß es die erste Milch der Mutter, die sogenannte Kolostralmilch (Kolostrum) erhält, die reich an Immunglobulinen ist und Immunität gegen eventuelle Infektionskrankheiten verleiht.

Das Darmpech geht ebenfalls meist innerhalb der ersten Stunde ab. Wedelt das Fohlen stark mit dem Schweif, versucht es ständig, sich niederzulegen und wieder aufzustehen, ist dies ein Zeichen, daß das Darmpech nicht abgegangen ist. In diesem Fall müßte ein Einlauf (mit schwacher Seifenlauge) gemacht werden.

Besonders in Gebieten, wo die Fohlenlähme bereits aufgetreten ist, wäre zu empfehlen, die Mutterstute im fünften bis siebten Monat vor dem Abfohlen, oder aber das Fohlen innerhalb der ersten 24 Stunden, gegen Fohlenlähme impfen zu lassen.

Aufgrund der Veränderung der Milch bei Eintreten der Rosse am siebten bis neunten Tag kommt es beim Fohlen zu einem Durchfall, der sich meist nach einigen Tagen wieder legt. Das Fohlen saugt bei diesem Durchfall jedoch weiter und zeigt keine Schwäche. Normalerweise bedarf es in diesem Fall keiner speziellen Behandlung; nur die Futter-

Auch auf der tief verschneiten Koppel fühlen sich die Haflinger wohl.

und Wasserration der Stute kann etwas gekürzt werden.

In den ersten Tagen, ja Wochen, kann sich das Fohlen ausschließlich durch die Muttermilch ernähren. Manche Stuten, vor allem Erstlingsstuten (Stuten nach der ersten Geburt), lassen das Fohlen nicht gerne saugen. Man sollte versuchen, der Stute das Fohlen auf gutmütige Weise zuzuführen, erst im letzten Moment ist Härte am Platz. Sollte die Stute das Fohlen überhaupt nicht annehmen, bietet sich die Möglichkeit, dem Fohlen eine Amme (Stute, die bereits ein älteres Fohlen bei Fuß hat) zu geben.

Das Fohlen kann heute aber auch mit der Flasche aufgezogen werden. Die Futtermittelindustrie stellt dazu die »Fohlenmilch« her (meist in Pulverform mit Wasser zu verdünnen). Allerdings ist das Aufziehen eines Fohlens mit der Flasche mit einigem Aufwand verbunden. Wie jedem Züchter bekannt ist, trinken Fohlen in kurzen Zeitabständen. Ein Fohlen, das mit der Flasche aufgezogen wird, muß mindestens alle zwei Stunden einen halben Liter Fohlenmilch erhalten. Die Menge sollte im Laufe der ersten drei Wochen allmählich auf 15 Liter pro Tag gesteigert werden. Ab diesem Zeitpunkt können die Mahlzeiten wieder verringert werden, da diese Fohlen verhältnismäßig rasch beginnen, festes Futter aufzunehmen.

Für die Fohlenaufzucht gibt es ebenfalls eine Vielzahl an geeigneten Futterarten. Bei schwächlichen Fohlen ist es mitunter angebracht, Vitamin-A- und D-Injektionen geben zu lassen, um ihre Lebensfähigkeit zu erhöhen. Schon in den ersten zwei bis drei Wochen beginnen die Fohlen im Futtertrog der Mutter mitzunaschen. Soweit es möglich ist, ist es sinnvoll, für die Kleinen eine eigene Krippe in etwa 50 cm Höhe anzubringen, um den Fohlen gequetschten Hafer oder Fohlen-Mischfutter zu verabreichen (ca. 300 g je Lebensmonat). Fohlen, deren Mütter wenig Milch geben, muß selbstverständlich mehr zugefüttert werden, unter Umständen auch Fohlenmilch. Weidegang ist für Mutterstute und Fohlen besonders wichtig.

Bereits in den ersten Tagen nach der Geburt sollte mit der Erziehung des Fohlens begonnen werden. Mit viel Ruhe, Einfühlungsvermögen und Geduld soll das Fohlen schon in seinen ersten Lebenstagen Vertrauen zum Menschen bekommen. Das Fohlen muß lernen, die Füße zur Hufpflege zu heben. Im Alter von etwa drei Monaten beginnt beim Fohlen der Haarwechsel. In dieser Zeit lassen sich Fohlen gerne striegeln und werden so mit der Kardätsche vertraut gemacht.

Auch an das Führen am Halfter sollen Fohlen möglichst früh gewöhnt werden.

In der Fütterung der Fohlen soll ein Mittelweg gefunden werden; schlecht genährte Fohlen bleiben in der Entwicklung stark zurück, mastig gefütterte gern zu klein. Die Dauer der Säugezeit hängt vielfach vom Arbeitseinsatz des Pferdes ab. Wünschenswert ist eine möglichst lange Säugezeit, mindestens jedoch vier Monate, besser fünf bis sechs Monate. Erfahrungsgemäß sollte das Absetzen am besten plötzlich gemacht werden. Die Mutterstute sollte in den ersten Ta-

Mutterstute mit ihrem vor wenigen Minuten geborenen Fohlen.

gen nach dem Absetzen schlecht gefüttert werden, d.h. mit Magerheu (kein Kraftfutter), um so die Milchproduktion möglichst rasch abklingen zu lassen.

Wenn möglich, sollte die Stute nicht nachgemolken werden. In Extremfällen kann das Euter gekühlt oder mit etwas Fett eingerieben werden. Der Übergang für das Fohlen nach dem Absetzen ist heute, dank der guten, am Markt erhältlichen Futtermittel nicht mehr mit einer Entwicklungshemmung verbunden.

Aufzucht von Jährlingen und Zweijährigen

Für die weitere Aufzucht der Jungpferde gibt es keine allgemeingültigen Vorschriften, lediglich Anhaltspunkte. Es sollte grundsätzlich nicht vergessen werden, daß das Pferd ein Herdentier ist. Ein Fohlen sollte daher nach Möglichkeit nie allein aufgezogen werden. Für Jungpferde müssen ein genügend großer, heller Laufstall, ausreichend Weide und Auslauf zur Verfügung stehen.

Das Verabreichen von Lecksteinen (mineralstoffhaltig) sowie eine regelmäßige Entwurmung im Herbst und im Frühjahr dürfen nicht vergessen werden. Eine regelmäßige Hufkorrektur ca. alle sechs bis acht Wochen ist ebenso erforderlich. Mit dem Ende des ersten Lebensjahres ist die wichtigste Entwicklungsphase des Jungpferdes, wie Meßresultate aus unserer Aufzucht in dreißigjähriger Erfahrung beweisen, abgeschlossen.

Mit Beginn der Weidezeit kann die Kraftfutterration je nach Nährstoffgehalt der Weide herabgesetzt werden. Die Jungpferde sollten jedoch auf den Weidegang vorbereitet werden, indem man die Hafer- oder Kraftfutterzugabe zwei Wochen vor Weidebeginn etwas vermindert, dafür aber Heu zulegt.

Fohlen sollten nicht auf zu fette Weiden gebracht werden und nach Möglichkeit sollte ihnen vor dem Weidegang Heu vorgelegt werden, um Durchfälle zu vermeiden. Sobald die Weiden knapper werden, ist wieder Kraftfutter beizufüttern. Jährlinge und eineinhalbjährige Pferde zeigen auch bei guten Weiden meist keinen guten Futterzustand, wirken eckig und unausgeglichen.

Im zweiten Winter kann Jungpferden bereits mehr Heu und etwas weniger Kraftfutter gefüttert werden. Auf tägliche Bewegung auf Ausläufen, egal bei welcher Witterung und Temperatur, sollte nicht verzichtet werden. Die Haltung von Zweijährigen unterscheidet sich

Täglicher Auslauf und Bewegung, egal bei welcher Witterung, ist besonders wichtig im Winter.

nicht wesentlich vom Einjährigen. Das durch das Wachstum bedingte erhöhte Futterbedürfnis wird vor allem durch Heuzugabe guter Qualität abgedeckt. Während der Weidezeit muß sich der Zweijährige genauso wie der Jährling mit der Weide allein begnügen, d.h. es wird kein Kraftfutter zugefüttert (Voraussetzung ist selbstverständlich eine genügend nährstoffreiche Weide).

Der nebenstehenden Tabelle, erstellt nach Messungen von 200 Hengstkandidaten auf dem Fohlenhof Ebbs vom Jahr 1979 bis zum Jahr 1988, kann entnommen werden, daß das Höhenwachstum im ersten Lebensjahr am stärksten ausgeprägt ist; im ersten Jahr sind etwa 90% der Widerristhöhe erreicht, im zweiten Jahr etwa 96%, im dritten Jahr etwa 98%. Auch der Röhrbeinumfang erreicht im ersten Jahr durchschnittlich bereits ca. 90% des Endmaßes. Interessant ist dabei festzustellen, daß auch bei den jüngeren Jahrgängen, die bereits halbjährig eine um etwa 10 cm größere Widerristhöhe nachweisen als vor 40 Jahren, das Wachstumsverhältnis bis zum dreijährigen Pferd praktisch gleich bleibt.

Für den Züchter soll nicht unerwähnt bleiben, daß es einzelne Tiere gibt, die entweder in den Wintermonaten oder aber in den Sommermonaten größere Wachstums- und Entwicklungsphasen nachweisen. Vor allem Jährlinge, die als Fohlen nicht gealpt wurden, verzeichnen oft im ersten Sommer der Alpung eine zurückbleibende Wachstumsentwicklung, die sich jedoch im Winterhalbjahr wieder fast ausgleicht.

Beispiel aus dem Jahr 1988

Wachstumsentwicklung in cm

Maße bei etwa	Ø Stockmaß	Ø Röhrbeinstärke
6 Monaten Herbst	126,86	16,88
12 Monaten Frühling	134,65	18,07
18 Monaten Herbst	138,42	18,89
24 Monaten Frühling	141,73	19,08
30 Monaten Herbst	142,69	19,74
36 Monaten Frühling	143,50	19,84

Die Tiroler Haflinger bei dem Internationalen Fahrturnier der Kl. S (CAI) in Großbritannien.

Wie bereits angedeutet, beginnt die Erziehung des Pferdes schon in den ersten Lebenstagen. Das Fohlen soll von Anbeginn den Menschen als ein Wesen ansehen, vor dem es keine Scheu zu haben braucht. Durch ruhige, gleichmäßige Behandlung soll das von Geburt an sich ängstigende Fohlen Vertrauen zum Menschen gewinnen. Fehlerhafte Behandlung hat Untugenden zur Folge, die später zu Schwierigkeiten im täglichen Umgang führen und somit auch den Gebrauchswert des Pferdes herabsetzen.

Ein Spielen mit dem Fohlen darf nicht in ein Necken ausarten; ohne daß das Fohlen von Geburt an eine Untugend besitzt, kann auf diese Weise ein Beißer und Schläger herangezogen werden. Man sollte daher darauf achten, bei der Erziehung möglichst nie den Widerstand des Tieres hervorzurufen. Viel Liebe und Geduld führen fast immer zum Ziel und machen sich im späteren Leben des Pferdes vielfach bezahlt.

Es gibt heute kaum mehr einen von Geburt an mit Charakterschwächen behafteten Haflinger, zumindest nicht bei jenen, die auf Tiroler Linien zurückgehen. Alle Linien, die Charakterschwächen zeigten, wurden restlos ausgemerzt. Heute könnte jedes kleine Kind unter den Junghengsten am Fohlenhof herumlaufen, ohne daß ihm etwas zustoßen würde.

Schon für kleine Kinder ist der Haflinger oft Spielkamerad.

ONAL DRIVING
PRIX

Auf der Hochalm
zwischen 1700 und 2600 m Höhe
verbringen die Mutterstuten
und Jungpferde
den ganzen Sommer im Freien.

Akklimatisationsfähigkeit, Alpung und Weidegang

Akklimatisation und Alpung sollen nachfolgend in einem Abschnitt zusammengefaßt werden, da die Akklimatisationsfähigkeit des Haflingers auf seine über Jahrhunderte dauernde harte Aufzucht im Gebirge zurückzuführen ist.

Der Araber gilt als eine der härtesten und akklimatisationsfähigen Pferderassen der Welt; er ist auf allen Kontinenten zu Hause und hat sich dabei kaum verändert. Oft wird der Araber aufgrund seiner harten Aufzucht als »Kind der Wüste« bezeichnet.

Den Haflinger könnten wir im übertragenen Sinn »Kind der Berge« nennen. Wie der Araber, mußte der Haflinger über Jahrhunderte eine natürliche Auslese durch harte Aufzucht in zum Teil extremen Gebirgslagen durchmachen, was ihm Härte und Widerstandskraft verlieh.

Heute wissen wir, daß sich allein schon die Höhensonne durch die vermehrte ultraviolette Einstrahlung positiv auf das Wachstum und die Gesundheit des Pferdes auswirkt - eine Erhöhung des Stoffwechsels und Kräftigung aller Organe sind die Folge.

Almen in unseren Breiten sind nicht mit Weiden im herkömmlichen Sinn vergleichbar. Voralmen weisen eine Höhenlage von 900 bis 1300 m, Mittelalmen von 1300 bis 1700 m und Hochalmen von 1700 bis 2600 m auf.

Almen umfassen oft ganze Täler sowie Kessel im Hochgebirge. Zum Durchqueren solcher Almen benötigt man manchmal Stunden, ja halbe Tage. Will man sein Pferd suchen, muß man Glück haben, es überhaupt zu finden. Höhenunterschiede bis zu 1000 m bei steinigem, felsigem Boden bieten unbegrenzte Be-

Harte, gesunde Hufe sind für den Haflinger auf den Hochalmen unerläßlich.

wegungsmöglichkeiten mit Klettern auf felsigen Hängen. All dies fördert und kräftigt die Entwicklung von Herz, Lunge, Muskeln, Knochen, Sehnen, Gelenken und Hufen. Der Körper der Pferde wird gestählt, die Körperformen entsprechend ausgebildet.

Nicht zuletzt wirken sich auch die vitamin-, eiweiß- und mineralstoffhaltigen Almgräser sowie das stark mineralstoffhaltige Wasser positiv auf das Wachstum und die Entwicklung der Pferde aus. Temperaturschwankungen von zum Teil über +30 Grad C bis zu Minusgraden machen die Pferde im Laufe eines Almsommers des öfteren durch. Die Pferde verbringen den ganzen Sommer im Freien und müssen sich oft das Futter unter dem Schnee suchen.

Über Jahrhunderte verbrachten und verbringen auch heute noch Mutterstuten mit ihren zum Teil erst ein paar Tage alten Fohlen und Jungpferde den Sommer auf solchen Almen. Die Akklimatisationsfähigkeit und Härte des Haflingers sind somit, wie beim Araber, ein Ergebnis härtester Aufzuchtbedingungen und natürlicher Auslese. Ein Pferd, das nicht hervorragende Hufe besitzt, kann einen solchen Almsommer gar nicht überstehen.

Allein schon der Auftrieb auf Almen nimmt oft zehn Stunden in Anspruch, wobei Schneefelder, dann wieder Steingeröll zu überqueren sind. Bei Regen und Schnee werden die Hufe aufgeweicht, die Pferde müssen sich jedoch trotzdem ihr Futter zwischen Felsen und Geröll suchen. Mit weichen, bröckeligen Hufen hätten sie keine Existenzmöglichkeit.

Die Alpung bedeutet Selektion im Hinblick auf Gesundheit und Leistung.

Leider wird der Begriff »Alpung« zusehends öfter auch mißbräuchlich verwendet. Kaum hatte der Haflinger Pferdezuchtverband Tirol die Besonderheit der Alpung als Selektionsmöglichkeit veröffentlicht, wurde dem auch nachgeeifert. Allerdings sprach man zum Teil in Gebieten von »Alpung«, wo diese geografisch gar nicht möglich ist. Dient die Alpung wirklich als Selektion, sollte sie vom Fohlen bis zum ausgewachsenen Pferd durchgezogen werden. Weidegang auf einem Hügel, auf Bergwiesen, hat mit einer Alpung nichts zu tun. Almen liegen in Höhenlagen zwischen 900 und 2600 m Seehöhe. Alpung bedeutet auch ein Mittel von 100 Tagen, besser bis zu 150 Tagen im Jahr.

Die Abhärtung beginnt bereits beim Fohlen, das als Saugfohlen schon den ersten Sommer mit der Mutter auf der Alm verbringt. All jene, die diese Möglichkeit nicht haben, müssen mit Enttäuschungen bei der Alpung der Jährlinge rechnen. Jährlinge, die als Fohlen nicht gealpt wurden, haben im ersten Monat der Alpung oft sehr große Anpassungsschwierigkeiten. Im zweiten und dritten Monat sind sie dann schon teilweise in der Lage, einigermaßen mit den im Vorjahr bereits gealpten Jungpferden mitzuhalten.

Alpung bedeutet ein Überwinden von hunderten Höhenmetern pro Tag, was nur auf großräumigen Almen über 40 Hektar möglich ist. Alpung erfolgt in der Herde. Die Leitpferde fordern die Herde. Bleiben einzelne Pferde zurück, stößt man fast mit Sicherheit auf gesundheitliche Probleme. Ohne Peitsche, ohne Sporen werden die Pferde von seiten der Natur einer Leistungsprüfung unterzogen. Kein 10-Tage-Test und kein 100-Tage-Test kann auch nur annähernd die Leistung eines Pferdes so testen, wie eine Alpung über mehrere Almperioden.

Eine Freundschaft im Hochgebirge.

unten Mutterstuten mit Fohlen auf der Hochalm im August.

Junghengste, die im Oktober, November von den Almen zurückkommen, stehen selbstverständlich nicht in Ausstellungskondition. Leider werden neunzig Prozent der Käufer, aber unter Umständen auch Fachleute, vom Pflegezustand geblendet. Ein glänzendes, in bester Kondition stehendes Pferd wird immer im Vorteil gegenüber einem gealpten, im normalen Haarkleid stehenden Pferd sein. Die meisten Hengstkörungen werden von Norddeutschland bis Süditalien im Oktober durchgeführt, somit zu einem Zeitpunkt, zu dem sich die Tiroler Hengste noch auf der Alm befinden. Daß diese im Stall gehaltenen Pferde zu diesem Zeitpunkt somit ein optisch anderes Bild ergeben als die gealpten Hengste, liegt wohl klar auf der Hand. Allerdings dürfen dabei die Vorteile von gealpten Pferden im Hinblick auf Gesundheit und Widerstandsfähigkeit nicht außer acht gelassen werden. Die Körungen des Haflinger Pferdezuchtverbandes Tirol finden aufgrund der langen Almperiode bis Ende Oktober, Anfang November immer erst Anfang Februar statt. Auch zu diesem Zeitpunkt stehen die Junghengste noch nicht in Schaukondition. Dafür dürfen diese Junghengste selbst und deren Vorfahren über viele Generationen auf die gleiche Aufzucht verweisen, was einen unschätzbaren Wert darstellt.

In Südtirol müssen die zweijährigen Junghengste einen Aufenthalt von 45 Tagen auf dem Sandhof vor der Körung im Oktober aufweisen. Die einjährigen Junghengste sind vom Auftrieb überhaupt befreit und können als Einzelpferde auf den Bauernhöfen aufgezogen werden.

Heute dürfen wir mit Freude feststellen, daß sich der Haflinger Eingang auf allen Kontinenten mit den unterschiedlichsten klimatischen Bedingungen schaffen konnte. Der Haflinger findet sich dank

seiner natürlichen Härte sowohl im kontinentalen, subtropischen, tropischen als auch Wüstenklima zurecht.

Bei ihren Besuchen von Haflinger-Zuchten in Südamerika, Südwestafrika, an der Eismeerfront wie auch in Fernost konnten Vertreter des Haflinger Pferdezuchtverbandes Tirol feststellen, daß sich der Haflinger überall wohl fühlt, sich überall behaupten kann und sich dabei nicht verändert hat.

Nur moorige Böden, wie sie beispielsweise in den Niederlanden anzutreffen sind, stellen für den Haflinger keine willkommene Weide dar. Nach einigen Generationen leidet der harte, gesunde Huf des Haflingers durch diesen Umwelteinfluß sehr, so daß breite, flache Hufe entstehen.

Mit der Haflinger-Zucht sollten sich allerdings nur jene befassen, die dem Pferd auch den nötigen Auslauf zur Verfügung stellen können. Immer wieder wird die Frage aufgeworfen, wieviel Weidefläche für ein Haflinger Pferd benötigt werde. Auf diese Frage kann keine allgemeingültige Antwort gegeben werden, da die Größe der Weide pro Pferd von der Bodenbeschaffenheit, der Höhenlage etc. abhängig ist. Allein schon bei Voralmen und Hochalmen schwanken die benötigten Flächeneinheiten bis zum Dreifachen. Die Zeit der Alpung wird mit einem Mittel von 100 Tagen berechnet, wobei Flächenmaße zwischen 1,25 ha bis 3,75 ha je nach Höhenlage und Graswuchs angenommen werden müssen. Ähnlich verhält sich die Relation bei Talweiden (normalen Weideflächen), und zwar von ca. 0,40 ha bis 0,70 ha, zum Teil auch mit größeren Abweichungen, je nach Graswuchs.

Haflinger-Junghengste auf der Buchauer Alm im Herbst.

Die Widerstandsfähigkeit des Haflingers – eine Folge seiner harten Aufzucht im Hochgebirge.

Für den Haflinger ist es eine Selbstverständlichkeit, sein Futter während der Alpung des öfteren unter dem Schnee zu suchen.

Über die Fütterung und Haltung von Pferden im allgemeinen liegt heute detaillierte Fachliteratur auf. In diesem Abschnitt sollen nur einige Hinweise für die Haltung eines Haflingers gegeben werden, da er heute auf allen Kontinenten gehalten und gezüchtet wird und somit auch keine allgemeingültige Regel für Haltung und Pflege aufgestellt werden kann.

*Weidegang
am Fuß der Gletscher.*

Pflege und Haltung des Haflingers

Haltung als Robustpferd

Der Haflinger kann aufgrund seiner Konstitution ohne weiteres als Robustpferd gehalten werden. Ob ein Pferd allerdings lieber in Kälte und Nässe steht als in einem trockenen Stall, ist wohl nicht schwer zu beantworten. Der Haflinger kann jedoch überall frei gehalten werden, sofern es sich nicht um Zonen handelt, wo das Futter gefriert.

Überall dort, wo Futter und Wasser frieren, sollte auch der Haflinger die Möglichkeit eines Windschutzes oder Unterstandes haben. In Extremfällen kann der Haflinger allerdings an alle Temperaturen und jede Freihaltung gewöhnt werden. Selbstverständlich leidet das Aussehen des Pferdes bei niedrigen Temperaturen gewaltig, da der Haflinger, wie jedes Robustpferd, bei niedrigen Temperaturen ein dickes Winterfell aufsetzt. Wer Wert darauf legt, daß sein Pferd schön und gepflegt aussieht, wird es in einem Stall halten, der allerdings nicht zu warm sein soll. Vor allem für Freizeitreiter und Fahrer ist es von Vorteil, wenn das Pferd kein zu dickes Winterfell bekommt. Das Pferd muß ansonsten ja mit noch schweißnassem Fell in der Kälte abgestellt werden; kürzeres Fell trocknet während der Schrittphase auf dem Rückweg schneller. Die Länge des aufgesetzten »Winterfelles«, d. h. das Wachsen von langen, dichteren Haaren im Winter, variiert bei jeder Pferderasse, aber auch wieder innerhalb der Rasse, so auch beim Haflinger, je nach Anlage, Haltung und Klima.

Haltung im Stall

Die Größe des Stalles setzt voraus, daß man weiß, wieviel Frischluft ein Pferd benötigt. Ein Haflinger von etwa 400 kg Lebendgewicht braucht pro Stunde 50 m^3 Luft, somit einen Luftraum von 15 bis 25 m^3, was selbstverständlich von der stündlichen Erneuerung der Luftmenge abhängt. Der Raum kann also von diesem Maß abwärts kleiner sein, je besser die Durchlüftung des Stalles ist. Die Stallhöhe soll etwa 3 m betragen.

Vor allem darf der Pferdestall nicht dumpf und feucht, sondern eher kälter, dafür aber trocken sein. Die Stalltemperatur in Ständerstallungen sollte zwischen +10 Grad C und +15 Grad C liegen, in Laufstallungen von +8 Grad C bis +10 Grad C. Zu warme Stallungen verweichlichen die Tiere. Der Stalldunst soll, je nach Größe des Stalles, durch einen oder mehrere Luftschächte mit einem Durchmesser von 40 cm bis 1 m abziehen können.

Die Helligkeit eines Stalles, ein sehr wichtiger Faktor, sollte durch Fensterflächen in einem Verhältnis von etwa $1/15$ bis $1/20$ der Bodenfläche gewährleistet sein. Die Fenster sollten, wenn möglich, nicht vor, sondern hinter den Pferden angebracht sein; falls sie vor den Pferden liegen, sollten sie jedenfalls so hoch als möglich angebracht werden.

Je mehr Bewegungsfreiheit ein Pferd im Stall hat, desto besser ist es, vor allem für Jungpferde. Jungpferde sollten überhaupt nur in Laufstallungen gehalten werden. Für ausgewachsene Pferde bestehen zwei Möglichkeiten der Aufstallung, und zwar der Stand und die Boxe.

Bei der Boxenaufstallung wird selbstverständlich mehr Fläche benötigt. Werden Pferde regelmäßig bewegt, bringt die Standaufstallung keinen wesentlichen Nachteil mit sich. Werden Pferde weniger bewegt, sollte möglichst eine Boxenaufstallung verwendet werden.

Das unterste Ausmaß für die Boxe eines Haflingers sollte 2 × 3 m betragen. Eine geläufige Boxengröße wäre 3 × 3 m, jede größere Box ist für das Pferd selbstverständlich eine Wohltat. Beim Stand ist die Breite des Standes maßgebend; als unterste Grenze sollte 1,25 m angenommen werden, wobei es selbstverständlich davon abhängt, ob es sich um eine feste Zwischenwand oder einen beweglichen Schlagbaum handelt. Bei einer beweglichen Abgrenzung kann der Zwischenraum noch um 10 bis 20 cm schmäler sein.

Zu breite Stände wiederum sind unangebracht, weil sich die Pferde in diesem Fall gerne quer stellen, insbesondere wenn sie längere Zeit allein im Stall stehen. Die Zwischenwände sollten so angebracht sein, daß sich die Pferde gegenseitig sehen können. Die Futterkrippe sollte für einen Haflinger in einer Höhe von 70 cm fixiert sein.

Selbsttränken sind nach Möglichkeit nicht neben der Futterkrippe zu befestigen. In einer Boxe ist es am vorteilhaftesten, die Tränke am kürzeren Teil der Boxenwand neben dem Ausgang, die Krippe am breiteren Teil einzubauen.

Der Stallgang sollte bei einreihigen Stallungen mindestens 1,50 m, bei zweireihigen 2,50 m bis 3 m breit sein.

Laufstallungen sollten, so wie auch die übrigen Stallungen, täglich entmistet, d. h. nicht als Matratzenstallungen geführt werden. Mit Matratzenstallungen meine ich in diesem Zusammenhang jene Stallungen, wo kein Mist entfernt, sondern täglich nur neue Streu zugeworfen wird. Das Lager der Pferde soll weich, warm, trocken und rein sein, die Einstreu feuchtigkeitsaufnehmend. In unseren Breiten sind Stroh und Sägespäne am gebräuchlichsten. Ein vorzügliches Streumittel für Pferde ist auch Torf, wobei der langfaserige und weniger staubende verwendet werden sollte.

Stallhygiene ist nicht nur wichtig, um die Stalluft sauberzuhalten, sondern um den biologischen Kreislauf von Parasiten zu unterbrechen und somit die Befallsquote zu reduzieren. So soll der Kot im Stall zu einer Zeit entfernt sein, bevor der Parasit das Befallstadium erreicht hat. Das ist z. B. beim Spulwurm zehn Tage nach Absetzen des Kotes, bei Strongyloiden bereits nach sechs Tagen der Fall. Um den Kreislauf der üblichen Parasiten zu unterbrechen, ist Voraussetzung, daß spätestens alle drei Tage der Stall ausgemistet und die hintere Einstreu erneuert wird.

Da ein Gesamtwechsel der Streu von einem Betrieb sowohl aus wirtschaftlichen als auch zeitlichen Gründen kaum unter fünf Tagen vorgenommen werden kann, erachte ich es für notwendig, die Pferde an eine klare Trennung der Liege- und Kotfläche in Laufstallungen und Boxen zu gewöhnen. Zudem ist in schlecht entmisteten Stallungen eine richtige Entlüftung kaum möglich. Das Pferd ist von Natur aus ein reinliches Tier und kann ohne Schwierigkeiten in kürzester Zeit dazu erzogen werden, den Kot auf einer bestimmten Fläche abzusetzen. Schwierig ist es nur, ausgewachsene Pferde, die nie mit Reinlichkeit vertraut gemacht wurden, an diese Stallgepflogenheiten zu gewöhnen.

Beobachten wir freilebende Pferde, fällt auf, daß ein Pferd kaum auf seinem Lagerplatz oder auf guten Futterbereichen mistet. Nach Möglichkeit sucht sich das Pferd einen Platz, den es bei der Futtersuche meidet.

In Betrieben, in denen mehrere Jungpferde abgesetzt werden, können die Pferde in wenigen Tagen zur Reinlichkeit erzogen werden. Eine Viertelstunde bis zwanzig Minuten nach Beginn der Füttcrung wcrdcn dic Pfcrdc auf dic »Mistfläche« zurückgetrieben. In kürzester Zeit setzt das erste Pferd Mist ab, die übrigen folgen. Nach wenigen Minuten können die Pferde wieder zur Futterkrippe gelassen werden. Nach einigen Tagen Wiederholung haben sich die Pferde schon daran gewöhnt: Ein Ruf genügt, die Pferde gehen von selbst zurück. Diese Erziehung zur Sauberkeit der Pferde bedarf nicht einmal eines speziellen Zeitaufwandes; beim Kontrollgang durch die Stallungen während der Futterzeit kann diese Erziehung vorgenommen werden.

Täglicher Auslauf ist für Pferde, besonders für Jungpferde, unerläßlich. Welchen Einfluß ein Weidegang auf ein Pferd hat, kann jeder Reiter beurteilen, wenn er mit seinem Pferd einmal vor und einmal nach dem Weidegang gearbeitet hat. Jungpferde sollten somit nur von Betrieben aufgezogen werden, die einerseits über genügend Laufstallungen, andererseits über die nötigen Auslaufflächen verfügen.

Kaum ein Lebewesen, mit Ausnahme des Hundes, bezieht den Menschen so in sein Sozialverhalten mit ein wie das Pferd. Ein Pferd kann sofort unterscheiden, welche Personen für seine Pflege zuständig sind. Ein ständiger Wechsel des Pflegepersonals sollte daher möglichst vermieden werden, was in Reitbetrieben jedoch oft nur schwer durchführbar ist. Bei Pferden, die speziell ausgebildet werden, sollte ganz besonders darauf geachtet werden, das Pflegepersonal nicht zu oft zu wechseln.

Die Haflinger-Zucht in Tirol befindet sich auch heute noch größtenteils in bergbäuerlicher Hand.

Fütterung

Die Fütterung beim Haflinger wurde bereits im Kapitel Aufzucht berührt, soll jedoch in diesem Abschnitt detailliert behandelt werden.

Das Pferd wird normalerweise dreimal täglich gefüttert. Aufgrund der Arbeitsintensität wird heute in vielen Betrieben nur noch zweimal täglich gefüttert. Auch auf unserem Fohlenhof in Ebbs füttern wir nun bereits seit zehn Jahren nur noch zweimal täglich und haben damit gute Erfahrungen gemacht. Die Futterzeiten sollen möglichst pünktlich eingehalten werden. Dem Pferd muß morgens und abends eine längere Futterzeit zur Verfügung stehen; die Hauptmahlzeit des Pferdes ist am Abend.

Die Futtermenge hängt vom Arbeitseinsatz des Pferdes ab. Ein Haflinger, der zu keinerlei Arbeit herangezogen wird, kann mit 8 kg Heu und 1 kg Kraftfutter versorgt werden. Die Kraftfuttermenge sollte je nach Arbeitseinsatz gesteigert werden. Mutterstuten sowie trächtigen Stuten sollte, wie bereits aufgezeigt, eine entsprechende Kraftfutterration zugefüttert werden. Von Zeit zu Zeit ist es angebracht, den Pferden Lecksteine (mineralstoffhaltig) zu geben.

Die Trinkwassermenge, die ein Pferd benötigt, hängt selbstverständlich auch vom Arbeitseinsatz ab oder davon, ob es sich um eine Mutterstute handelt, die täglich 20 Liter Milch produziert. Der Trinkwasserbedarf schwankt daher zwischen 20 bis 60 Litern pro Tag, wobei das Wasser klar und kühl (etwa 8 bis 10 Grad C), geruchlos und mineralstoffreich sein soll. Frisches Quell- und Brunnenwasser ist daher am besten geeignet. Für gesunde Pferde sollte kein abgestandenes Wasser verwendet werden. Bei erhitzten Pferden sollte mit dem Tränken etwas gewartet werden, bei Selbsttränken sollte man diese kurzfristig abstellen. Pferde werden auch heute noch auf verschiedenste Weise getränkt – vom Brunnentrog vor dem Haus bis zum Tränkeimer und zur Selbsttränke.

Pflege des Haflingers

Ein altes Sprichwort sagt: *»Gut geputzt ist halb gefüttert.«* Auch beim Haflinger soll der Wert des Putzens, was Haut- und Haarpflege bedeutet, nicht unterschätzt werden. Das Putzen bedeutet für das Pferd nicht nur Reinigung, sondern auch Massage, was eine bessere Durchblutung bewirkt. Normalerweise wird ein Pferd in der Früh vor dem Arbeitseinsatz geputzt.

Zum Putzen werden in erster Linie Kardätsche, Striegel, Wurzelbürste, Hufkratzer und ein Schwamm verwendet. Das beim Haflinger so begehrte Langhaar, die Mähne, wird strähnenweise gebürstet, nicht mit dem Kamm ausgerissen.

Der Schweif sollte mit der Hand »verlesen« werden. Das Waschen des Langhaares sollte nur bei schönem Wetter gemacht werden, wobei Schmierseife oder ein Shampoo verwendet werden kann.

Die Mähne wird beim Haflinger nicht geschnitten, auch nicht »verzogen«, so wie es bei Warmblutpferden mit zu dichten Mähnen üblich ist. Wird der Schweif beim Haflinger zu lang, schneidet man ihn nicht mit einer Schere eben, sondern mit einem Messer ein wenig ab, so daß er durch die geringfügigen Unebenheiten natürlicher aussieht. Der Striegel sollte nicht zum Putzen an knochigen, sehnigen Stellen, sondern hauptsächlich zum Reinigen der Kardätsche verwendet werden.

Der Kopf wird mit einem weichen Tuch abgewischt, Augen, Nüstern und After werden mit einem feuchten Tuch oder Schwamm gereinigt. Der Schwamm oder das Tuch sollten vor Reinigung eines jeden Pferdes gewaschen werden, um das Übertragen von Keimen zu vermeiden. Einer verstärkten Pflege bedarf das Pferd während der Zeit des Haarwechsels, auch hat das Pferd in diesem Zeitraum einen größeren Salzbedarf.

Stehen Pferde länger ohne Tätigkeit im Stall, ist eine kleine Strohzugabe als Zeitvertreib angebracht. Beim täglichen Putzen und nach der Arbeit sollte nie das Ausräumen der Hufe übersehen werden.

Hufpflege, Hufkorrektur

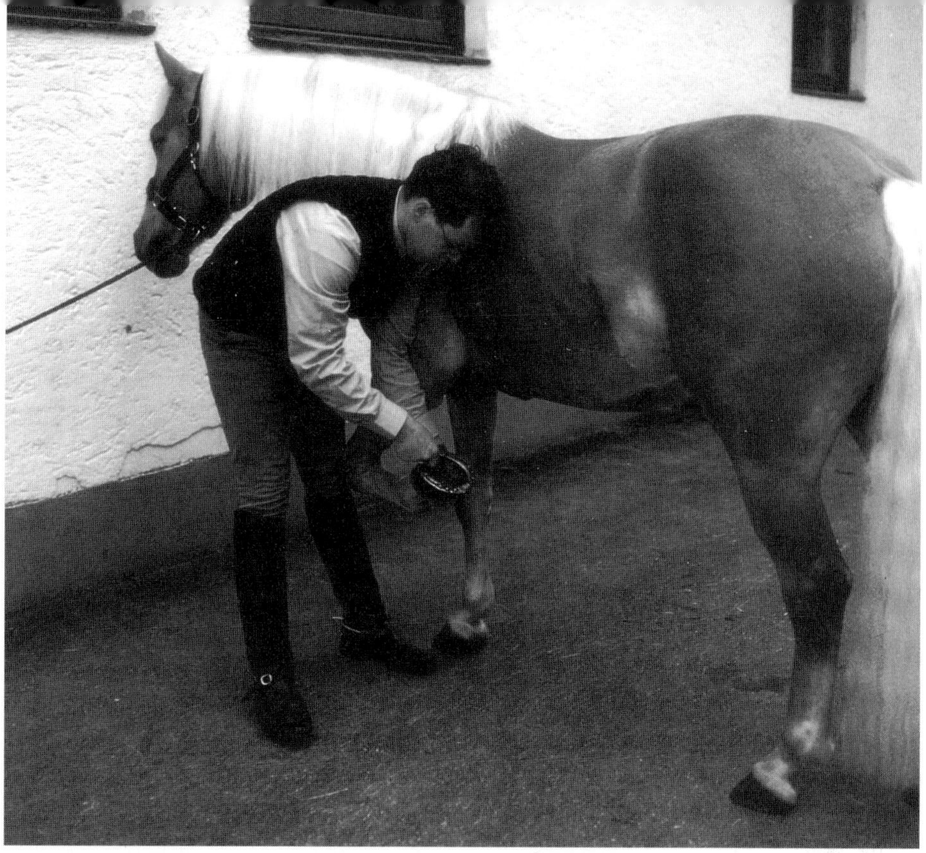

Der Huf zählt beim Pferd zu einem der wichtigsten Körperteile, dem auch besondere Fürsorge und Pflege zu widmen ist. Erfolg und Mißerfolg einer Pferdehaltung und Pferdezucht hängt zu einem nicht unbedeutenden Teil von einer richtigen Hufpflege und Hufkorrektur ab, die schon beim Fohlen einsetzen muß (siehe Kapitel Aufzucht, Seite 123).

Mindestens alle 6 bis 10 Wochen sollte der Hufschmied eine Hufkorrektur vornehmen. Die Abnützung des Hufes hängt von der Bodenbeschaffenheit und dem Arbeitseinsatz ab. Sind Haflinger Jungpferde während der Sommermonate auf rauhen Almen, braucht im Laufe der Weidezeit keine Hufkorrektur vorgenommen werden, es sei denn, ein Jungpferd hat einen anormalen Huf (z. B. Bockhuf, Flachhuf), was beim Haflinger jedoch nur ganz selten vorkommt.

Vernachlässigte Hufpflege führt zu Hufverbildungen oder Krankheiten wie Flachhuf oder Zwanghuf oder zur Strahlfäule. Ein Hufschmied kann durch eine fachgerechte Hufkorrektur die Stellung und den Gang des Pferdes verbessern. Ein zehenenges oder zehenweites Pferd nützt den Huf anders ab als ein Pferd mit normaler Stellung und normalem Gang. Bei Jungpferden kann durch eine gute Hufkorrektur eine wesentliche Verbesserung in Stellung und Gang erzielt werden.

Der beschlagene Huf verlangt ebenfalls tägliche Reinigung, wobei gerade beim beschlagenen Huf im Strahl gerne Unrat zurückbleibt und so die Luftzufuhr unterbunden wird. Ein Waschen des Hufes und anschließendes Einfetten ist zu empfehlen. Zum Einfetten sollte nach Möglichkeit Huffett verwendet werden, auf keinen Fall ranzige oder petroleumhaltige Fette, auch keine Schuhcreme usw.

Beim täglichen Putzen darf das Hufauskratzen nicht vergessen werden.

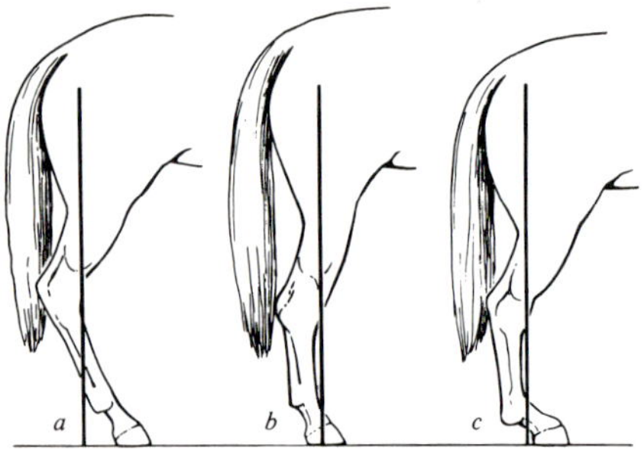

a Säbelbeinig, vor(unter)ständig
b Stuhlbeinig, rück(hinter)ständig
c Bärentatzig

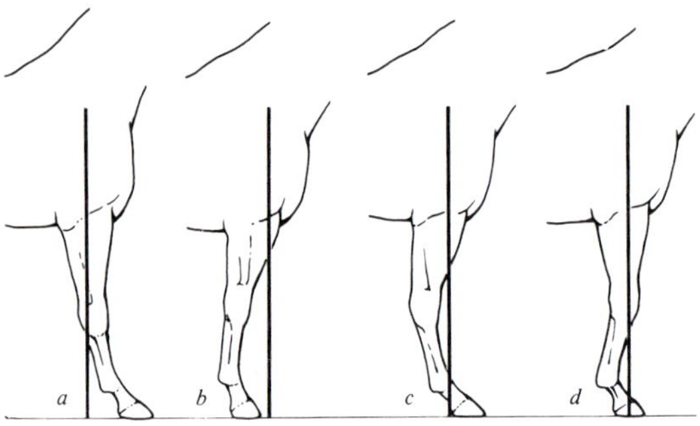

a Vorständig
b Rückständig
c Rückbiegig
d Vorbiegig

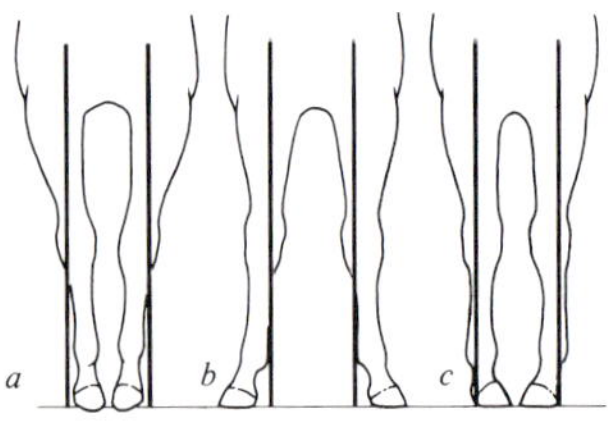

a Bodeneng
b Bodenweit
c Zeheneng

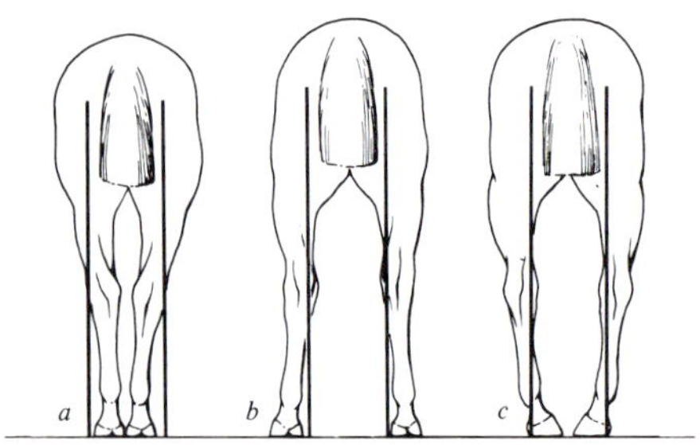

a Bodeneng und sprunggelenkseng
b Bodenweit und sprunggelenksweit
c Zeheneng

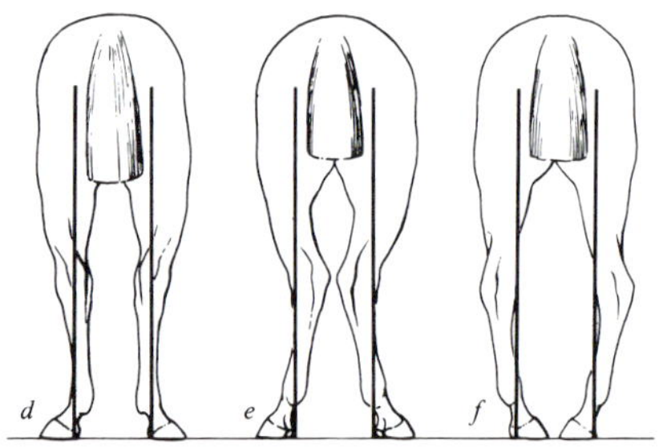

d Zehenweit
e Kuhhessig (sprunggelenkseng, zehenweit)
f Faßbeinig (sprunggelenksweit, zeheneng)

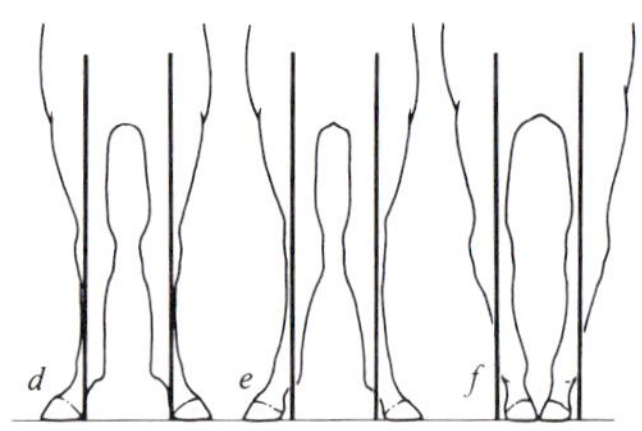

d Zehenweit
e X-beinig (Vorderfußwurzeleng)
f O-beinig (Vorderfußwurzelweit)

Sind die Jungpferde auf der Alm, braucht während der Sommerzeit keine Hufkorrektur vorgenommen werden.

Physiologische Parameter des Pferdes und das Auftreten von Krankheiten

Ein gesundes ausgewachsenes Pferd zählt im Durchschnitt 30 bis 40 Pulsschläge, Fohlen 60 bis 70, Jährlinge 40 bis 50, zweijährige Pferde 35 bis 40 Pulsschläge in der Minute. Normale Atemzüge zählt man beim Pferd pro Minute 8 bis 16, bei Fohlen 24 bis 30. Bei Anstrengung steigt die Atmung beim Pferd rasch, innerhalb von 5 bis 10 Minuten auf 25 bis 35 Atemzüge pro Minute. Der Puls kann bei Höchstleistungen bis zu 250 Schlägen pro Minute erreichen. Beim gesunden Pferd, das etwa eine Stunde zu keiner Arbeit herangezogen wurde, liegt die Normaltemperatur zwischen 37,5 und 38,2 Grad C, beim Fohlen zwischen 37,5 und 39 Grad C.

In diesem Kapitel möchte ich Haflinger-Besitzern, die noch wenig Erfahrung in der Haltung eines Pferdes haben, einige wenige Hinweise geben, wie sie das Auftreten einer Krankheit bei ihrem Pferd erkennen können.

Wie der Mensch, reagiert auch das Pferd bei inneren Krankheiten mit Temperaturanstieg. Die Temperatur wird beim Pferd rektal mit einem Fieberthermometer gemessen, an dessen Kopf man eine Schnur befestigt, um das Thermometer festhalten zu können. Erreicht die Temperatur beim ausgewachsenen Pferd 40 Grad C und beim Fohlen 40,5 Grad C, ist etwas nicht in Ordnung, also sofort den Tierarzt verständigen.

Das kranke Tier sollte in einen zugfreien Stall mit frischer Einstreu gebracht und gegebenenfalls zugedeckt werden. Bei inneren Krankheiten reagiert das Pferd zudem mit beschleunigtem Puls, rascherer Atmung, Freßunlust, trübem Blick, glanzlosem Haar. Besonders achten sollte man auf die Darmtätigkeit des Pferdes.

Bemerkt ein Züchter, der noch wenig Erfahrung in der Pferdehaltung hat, daß sein Pferd deutlich von seinem normalen Verhalten in den aufgezeigten Punkten abweicht, sollte ein Tierarzt beigezogen werden.

Häufig ist die Ursache für das Auftreten von Krankheiten beim Pferd auf eine Unachtsamkeit des Pferdehalters zurückzuführen. Verdorbenes, gefrorenes Futter, Tränken erhitzter Pferde, Überfütterung müssen vermieden werden. Durch eine regelmäßige Entwurmung und saubere Einstreu können Pferde vor einem übermäßigen Wurmbefall bewahrt werden. Es gibt heute auch Schutzimpfungen für Pferde, beispielsweise gegen Pferdegrippe, die, in regelmäßigen Abständen verabreicht, einen relativ großen Schutz für das Pferd bieten.

Abschließend möchte ich nur noch einige Hinweise geben, wie sich das Pferd beispielsweise beim Auftreten von Koliken, Kreuzschlag, Hufrehe verhält und was der Pferdehalter bei der Ersten Hilfe zu unternehmen hat.

INHALT DER STALLAPOTHEKE

In Kenntnis, daß in den meisten Ställen Medikamente vorhanden sind, sollte der verantwortungsvolle Züchter und Pferdehalter den Inhalt seiner Stallapotheke auf die hier angeführten Teile beschränken. Bei deren Verwendung kann er mit Sicherheit nichts verkehrt machen.

Antibiotikumhaltiger Wundpuder
Antibiotikumhaltiges Wundspray (Chloromycetin)
Verbandmaterial
Thermometer
Schere
Holzkohlenteer

Bei Koliken werfen sich die Pferde nieder, stehen wieder auf, versuchen sich zu wälzen, scharren, haben Schweißausbrüche. Zu empfehlen ist ein Abreiben des Pferdes und Eindecken sowie ein Herumführen im Schritt bis zum Eintreffen des Tierarztes.

Bei Hufrehe ist der Huf heiß, das Pferd am Huf stark druckempfindlich. Das Pferd sollte nicht mehr bewegt, vor allem nicht getränkt werden. Der Tierarzt ist zu verständigen.

Der Kreuzschlag tritt beim Haflinger kaum auf. Er ist eine Folge von Überfütterung, wobei das Pferd einige Zeit nicht zur Arbeit herangezogen wurde und dann plötzlich überanstrengt wird. Die Krankheit wird daher auch als »Feiertagskrankheit« bezeichnet. Der Kreuzschlag äußert sich durch plötzlich auftretende Lähmungserscheinungen der Hinterhand und Absonderung von blutigem Harn. Das Pferd sollte in diesem Fall in einen warmen Stall gebracht und nicht mehr bewegt werden. Ein Tierarzt ist unverzüglich zu verständigen.

Für kleine, äußere Verletzungen sollte jeder Pferdehalter ein Wundspray bereit haben. Auch die Zusammenstellung einer eigenen kleinen Stallapotheke ist sicher nützlich.

Das Anlernen des Haflingers

Zahlreiche ausführliche Fachbücher geben Auskunft über die praktische Ausbildung von Reit- und Fahrpferden, wobei die einzelnen Ausbildungsphasen des jungen Pferdes detailliert beschrieben werden.

Meine Ausführungen sollen den Züchtern, Freizeitreitern und Fahrern nur einige Hinweise geben, mit welchem Alter beim Haflinger mit dem Einfahren und Zureiten begonnen werden soll, und welche Punkte besonders von Züchtern zu beachten sind, die ihre Pferde zum Schlittenfahren oder Arbeiten sowie zum Freizeitreiten im Gelände verwenden möchten.

In Reitbetrieben oder von Reitern, die mit ihren Haflingern später vielleicht Turniere besuchen möchten, werden Haflinger nach dem gleichen System ausgebildet wie Pferde anderer Rassen. Ein fachkundig ausgebildeter Haflinger ist durchwegs in der Lage, Dressurprüfungen der Klasse A und L sowie Springprüfungen der Klasse A, manche auch L, zu bewältigen.

Auf dem Fohlenhof in Ebbs stehen zahlreiche Pferde, die den Ausbildungsstand der Klasse L (Dressur und Springen) erreicht haben. Der Hengst Stuart beherrscht die Übungen der Dressur-Klasse M sowie einige aus der Klasse S. In Schauprogrammen wird die vielseitige Verwendbarkeit des modernen, reingezogenen Haflingers als Reit-, Fahr- und Voltigierpferd auf dem Fohlenhof Ebbs regelmäßig gezeigt.

Die Leistungen des Haflingers als Wagenpferd werden im nächsten Kapitel, Leistungen des Haflingers, aufgezeigt.

Haflinger haben bereits des öfteren auf Turnieren mit Warmblutpferden gute bis Spitzenplazierungen erreicht. Der Haflinger ist jedoch in erster Linie, dank seiner Gutmütigkeit und relativen Unempfindlichkeit gegenüber reiterlich unqualifizierten Einflüssen, ein ideales, handliches, unkompliziertes Freizeitpferd für die ganze Familie, was er auch schwerpunktmäßig bleiben soll.

Mit welchem Alter beim Haflinger mit dem Anlernen begonnen werden soll, kann nicht genau fixiert werden; dies hängt wesentlich von der Entwicklung des Pferdes und seiner Aufzucht ab, zumal es innerhalb der Haflinger-Rasse wieder früh- und spätreife Typen gibt.

Der vierjährige Hengst 1491 Standard zeigte seine Rittigkeit beim Schauprogramm der 1. Haflinger-Weltausstellung im Jahr 1990.

Besonders Freizeitreiter begeistern sich für den trittsicheren, ausdauernden Haflinger.

◁ *Pferderomantik: Eine Ausfahrt mit dem Schlitten in verschneiter Winterlandschaft.*

1338 Afghan II, Sohn des berühmten Hengstes liz. Afghan, hat das Springvermögen seines Vaters geerbt. ▷

Auf jeden Fall soll der Haflinger nicht vor dem Alter von zweieinhalb Jahren zur Arbeit herangezogen werden. Wohl habe ich schon des öfteren einjährige Haflinger im Gig gesehen. Bei entsprechender Vorsicht muß dies nicht unbedingt eine Schädigung mit sich bringen.

Aufgrund des Weideganges ergibt es sich jedoch im allgemeinen von selbst, daß der Haflinger in unseren Breiten erst im Alter von zweieinhalb Jahren langsam angelernt wird. Mit zweieinhalb Jahren sollte jedoch noch nicht mit dem Reiten begonnen werden, besser mit dem Einfahren. Eine altbekannte Tatsache ist, daß ein eingefahrenes Pferd später leichter angeritten werden kann. Ein angerittenes Pferd aber, das noch nie eingespannt war, ist später mit größerer Ruhe und Vorsicht einzufahren.

Der Freizeit-Haflinger ist willig und trittsicher.

Die »Ungarische Post«: Programmpunkt vieler Schauvorstellungen.

Je nach Verwendungszweck und Temperament des Pferdes hat jeder Züchter seine eigene Methode, sein Pferd an Geschirr und Wagen zu gewöhnen. Sicher wird der erfahrene Züchter das Pferd zuerst an das Aufzäumen gewöhnen, dann an das An- und Abschirren. Der Ausbilder muß vor allem darauf achten, das Pferd nicht zu erschrecken und es gar nicht erst auf den Gedanken kommen zu lassen, Widerstand leisten zu können. Läßt sich das Pferd dann ohne Probleme an- und abschirren, sollte es anfangs lose mit Geschirr geführt werden. Erst allmählich läßt man die Zugstränge herunter, um zunächst dem Pferd nur leichten Widerstand zu bieten. Vorsichtig läßt man die Zugstränge an den Hinterbeinen streifen; das Pferd muß daran gewöhnt werden, nicht bei jeder Berührung zu erschrecken.

Befindet sich der Züchter in der glücklichen Lage, eine verläßliche, bereits eingefahrene Altstute zu besitzen, ist es am leichtesten, am Anfang das junge Pferd im Zweispänner mit der Stute einzufahren. Die Ruhe und Gelassenheit der alten Stute geht auf das junge Pferd über; trotzdem ist zu empfehlen, bei den ersten Versuchen das Pferd - auch im Zweispänner - zu führen. Das Pferd lernt so mit weicher, nachgebender Hand des Fahrers, ohne scharfe Paraden langsam die Einwirkungen kennen.

Es darf nie vergessen werden, daß ein Pferd, besonders wenn es unerfahren und jung ist, oft schreckhaft, empfindsam und mit einem guten Gedächtnis

Zweieinhalbjährige Junghengste bei einer Fahrquadrille mit Sulkys im Olympia-Eisstadion Innsbruck.

Durch seinen gutmütigen, unkomplizierten Charakter haben Kinder sofort Vertrauen zu einem Haflinger.

ausgestattet ist. Geduld und Ruhe sind daher bei der Ausbildung eines jungen Pferdes unerläßlich und machen sich später vielfach bezahlt. Die Leistungsbereitschaft, der Eifer eines jungen Pferdes sollte nie ausgenützt oder überfordert werden. Der Arbeitseinsatz muß langsam und systematisch gesteigert werden, so daß sich Muskulatur und Knochenbau des Pferdes langsam stärken und auf die Belastung einstellen können.

Ein eingefahrener Haflinger kann auch ohne Vorkehrungen und ohne großen Aufwand in kürzester Zeit hinter einem Tetenpferd in der Abteilung oder im Gelände geritten werden. Mit dem Reiten sollte jedoch keinesfalls vor dem vollendeten dritten Lebensjahr begonnen werden. Die Überbeanspruchung eines Pferdes ist beim Reiten viel eher gegeben als beim Fahren. Reiter, die selbst wenig Erfahrung haben, neigen eher dazu, das Pferd auf »seine Schnelligkeit« zu

Haflinger sind äußerst beliebte Voltigierpferde wegen ihres umgänglichen Charakters und der unerschütterlichen Nervenstärke.

Bei korrekter Ausbildung des Haflingers können Dressurlektionen wie Traversalverschiebungen erlernt werden. Auch versammelnde Lektionen wie Außengalopp oder sogar Passage (unten) sind erreichbar. Mitteltrab und starker Trab (oben) mit entsprechender Schwungentfaltung erreicht man durch eine gymnastizierende Ausbildung.

testen, d.h. auch auf hartem Boden zu galoppieren. Jeder Reiter und Fahrer sollte bedenken, daß Überbeanspruchung, besonders eines jungen Pferdes, Sehnen- und Knochenschäden mit sich bringen können, die nicht wieder gutzumachen sind.

Als kurzes erläuterndes Beispiel, wie geduldig und schnell sich ein Haflinger mit einem Gewicht am Rücken abfindet, möchte ich folgendes anführen. Der Haflinger Pferdezuchtverband Tirol treibt seine Jungpferde jährlich von seiner auf etwa 1100 m gelegenen Niederalm auf die etwa 1700 m gelegene Hochalm. Ein Junghengst wird jährlich beim Auftrieb von der Nieder- auf die Hochalm mit einem Tragsattel aufgesattelt und mit einem Gewicht von 50 bis 60 kg beladen, und zwar ohne daß der Junghengst vorher jemals einen Sattel oder ein Gewicht am Rücken hatte. Jährlich marschiert einer dieser Hengste, wenn er vielleicht anfänglich auch ein paar Gebärden über die ungewohnte Last macht, auf die Hochalm, als wäre er stets als Saumpferd verwendet worden.

Laut Berichten aus Indien wird dort für die Ausbildung der Haflinger nur ein Drittel des Zeitaufwandes benötigt, als er für Maultiere erforderlich ist.

Vielseitigkeitsprüfungen werden in den USA erfolgreich mit Haflingern beschickt. Im Bild der Hengst Magenta Wulf im Einsatz in Nord Carolina.

Die Leistung des Haflingers und sein Charakter

Kaum eine Pferderasse wurde über so viele Generationen auf Leistung und Charakter selektioniert wie der Haflinger. Wie bereits erwähnt, wurde der Haflinger schon in seinem Ursprungsland Südtirol auf den Bergbauernhöfen nach Leistung und Einsatzbereitschaft bewertet. Auch in diesem Jahrhundert kam der Haflinger in unwegsamem Gelände bei der hart um ihre Existenz ringenden Bergbauernbevölkerung zum Arbeitseinsatz. Das ausschlaggebende Kriterium bei der Auswahl der Pferde waren wiederum Leistung und Charakter. Nur Pferde, die die geforderten Leistungen erbringen konnten und die charakterliche Eignung hatten, wurden für die Weiterzucht verwendet. Jeder, der am Bauernhof mitarbeitete, mußte mit diesen Pferden arbeiten können, sowohl ältere Leute als auch Kinder. Die großen Leistungen, die der Haflinger erbringen kann, sind nach Einblick in die Entwicklung der Haflinger-Rasse leichter verständlich.

Beteiligung am C. A. I. Driving Grand Prix im Rahmen der österreichischen Nationalmannschaft des Gespannes vom Fohlenhof Ebbs.

Welche Leistungen Haflinger während des Ersten Weltkrieges von den Karpaten bis an die Südfront vollbrachten, ist allgemein bekannt.

Schon im Jahr 1940 wurden unter Leitung von Oberregierungsrat Dr. Thurner in Zams, Tirol, Tragleistungsprüfungen für Haflinger Pferde durchgeführt. Im Jahr 1941 erweiterte man dieses Programm sogar auf kombinierte Trag- und Zugleistungsprüfungen im Verein Weer.

Der mehrfache österreichische Staatsmeister (Haflinger) und Kleinpferde Josef Kronbichler bei den Bundesmeisterschaften 1993. Josef Muxel wurde österreichischer Meister (Haflinger) bei den Einspännern.

Bei den Tragleistungsprüfungen wurden z. B. Haflinger-Stuten nach Alter und Gewicht in drei Gruppen eingeteilt. Die erste Gruppe umfaßte die jüngsten und ältesten Stuten; sie wurden mit 110 kg (inklusive Tragsattel) belastet. Die zweite Gruppe umfaßte die mittlere Altersklasse mit einem Belastungsgewicht von 130 kg. Die dritte Klasse bestand aus Stuten im Alter zwischen fünf und sieben Jahren und einer Traglast von 150 kg.

Besonders hervorzuheben ist, daß sich die Stuten in der zweiten Hälfte der Trächtigkeit befanden und weder trainiert noch eingehafert waren. Die Prüfungsstrecke betrug 8 km mit einem Höhenunterschied von 775 m (Gemeinde Zams) auf 1800 m (Zamseralpe), also 1025 m und einer Steigung von 14 bis 35 Prozent. Die beste Leistung erbrachten die Startnummern 8 und 10, die diese Strecke mit einer Traglast von 130 kg in einer Stunde und ca. 40 Minuten zurücklegten, bei einem Höhenunterschied von 615 m pro Stunde.

Die folgende Tabelle vermittelt einen genauen Überblick über die erbrachten Leistungen.

Auf der Fahrt zur Kirche mit einem Haflinger-Gespann in Unterinntaler Bauerntracht.

Start-Nr.	Zuchtbuch-Nr. der Stute	Geboren	Besitzer	Belastung kg	Zeit bis Lahnbach Min	Zeit bis Zamser-Alpe Std/Min	Preis
1	148/I	1924	Partoll Josef, Landeck	110	38	1:47	Ib
2	96/I	1923	Partoll Josef, Landeck	110	41	2:04	II
3	163/I	1937	Norz Franz, Polling	110	37	1:40	Ia
4	162/I	1937	Norz Franz, Polling	110	37	1:40	Ia
5	159/I	1937	Dietrich Anton, Telfs	110	38	1:58	Ie
6	160/I	1937	Dietrich Anton, Telfs	110	45	1:56	Id
7	125/I	1928	Mungenast Alex, Zams	110	47	1:54	Ic
8	64/I	1933	Mungenast Alex, Zams	130	39	1:46	Ib
9	150/I	1931	Schweisgut Franz, Zams	130	46	2:28	IIe
10	539/V	1929	Partoll Josef, Landeck	130	37	1:42	Ia
11	103/I	1925	Kohler Robert, Zams	130	51	2:24	IId
12	57/I	1933	Haueis Hermann, Zams	130	53	2:11	IIb
13	58/I	1932	Haueis Hermann, Zams	130	51	2:09	IIa
14	158/I	1929	Zangerl Josef, Zams	130	52	2:18	IIc
15	99/I	1935	Waldhart Josef, Telfs	150	44	1:58	IIa
16	100/I	1935	Waldhart Josef, Telfs	150	43	1:56	Id
17	120/I	1936	Unseld Rupert, Zams	150	42	1:56	Ic
18	121/I	1936	Unseld Rupert, Zams	150	44	2:02	IIc
19	124/I	1935	Hammerl Josef, Perjen	150	40	1:48	Ib
20	108/I	1935	Graber Hans, Zams	150	39	2:00	IIb
21	179/I	1933	Partoll Josef, Landeck	150	36	1:43	Ia

Nach diesen Prüfungen konnte festgestellt werden, daß der Belastungsunterschied keine wesentliche Rolle spielt und Belastungen von 100 bis 200 kg, je nach Größe und Schwankung der Last, vorgenommen werden können.

Den härtesten Leistungsnachweis erbrachte der Haflinger im Zweiten Weltkrieg. Schon zu Kriegsanfang im Polenfeldzug legten die Gebirgsdivisionen gewaltige Marschleistungen von 60 bis 100 km pro Tag zurück. Dem Haflinger kamen dabei seine harte Aufzucht und das Training in den Bergen zugute, was ihn fast unmöglich erscheinende Anforderungen meistern ließ.

An der Murmanskfront wurden an den Haflinger nicht nur Anforderungen als Trag- und Zugtier gestellt, sondern auch in bezug auf Akklimatisation und Futterdankbarkeit. Nur die Gebirgsdivisionen konnten in 1500 bis 2000 m Höhe in unwegsamem Gelände noch erfolgreiche, taktische Bewegungen durchführen. Die beiden Gebirgsdivisionen waren größtenteils mit Haflinger Pferden ausgestattet. Die unverwüstliche Gesundheit, die Leistungsbereitschaft und Genügsamkeit des Haflingers halfen die Versorgungsschwierigkeiten zu überbrücken. Der Haflinger war stets einsatzbereit, wenn andere Rassen schon mehr oder weniger versagten.

Doch nicht nur im hohen Norden wurden Haflinger eingesetzt; man konnte sie auch in Serbien, Griechenland, in den Sümpfen der finnischen Mittelfront, im Süden Rußlands, im Kaukasus, in den Karpaten und im Apennin als treue vierbeinige Helfer finden.

Nach dem Zweiten Weltkrieg wurde von seiten der Arbeitsgemeinschaft der Haflinger-Züchter Österreichs ein Leistungsprüfungssystem für Haflinger erarbeitet.

Bei einer Zugleistungsprüfung in Innsbruck.

Durchschnittszeiten in Minuten	Zugprüfung 2000 kg 1000 m	Schrittprüfung 1000 m	Trabprüfung 1000 m
5 3jährige Stuten	10,52	10,23	3,48
34 4- bis 8jährige Stuten	10,24	10,32	3,37
27 8- bis 12jährige Stuten	10,34	10,48	3,42
10 12- bis 16jährige Stuten	10,33	10,36	3,33
6 Stuten über 16 Jahre	11,09	11,23	3,52
82 Stuten insgesamt	10,36	10,43	3,42

Schrittlängen in cm	Durchschnitt	Mindestlänge	Höchstlänge
Bei der Zugprüfung	74	64	84
Bei der Schrittprüfung	81	66	90

Atemfrequenz in Atemzügen pro Minute	Durchschnitt	tiefst	höchst
In Ruhe	29	12	60
Unmittelbar nach der Zugleistung	88	44	122
20 Minuten nach der Zugleistung	33	13	75
Unmittelbar nach der Trabprüfung	59	36	88
20 Minuten nach der Trabprüfung	36	20	52

Wer den Haflinger in Friedens- und Kriegszeiten im Einsatz bei Gebirgseinheiten beobachten oder selbst miterleben konnte, kann auch einen objektiven Vergleich zwischen dem Maultier und dem Haflinger in ihrer Eignung als Tragtier abgeben. Maultiere mögen dem Haflinger als Tragtier bis zu einem gewissen Grad ebenbürtig, ja vielleicht sogar überlegen sein. Dieser geringe Vorteil einer etwas höheren Traglast bei Maultieren wird jedoch durch die Gutmütigkeit und Leistungsbereitschaft des Haflingers übertroffen. In tiefverschneitem oder sumpfigem Gelände ist der Haflinger dem Maultier weit überlegen.

Diese Ausführungen meinerseits können wohl am besten durch einen Originalbericht des französischen Militärkommandos »Direction du Service Vétérinaire et des Remontes« aus dem Jahr 1951 belegt werden. Die französische Armee führte nämlich im Jahr 1951 im Zillertal,

Tirol, einen Vergleichstest Haflinger – Maultiere durch. Der Originalbericht des französischen Militärkommandos in Übersetzung lautet:

»Das Haflinger Pferd, geboren und gezüchtet in Tirol, ist vor allem ein gutes Gebirgspferd; stark, stämmig, mit einem breiten Brustkorb und einem Körperbau, der seine Kraft wohl anzeigt. Es besitzt wohlausgebildete Glieder mit verhältnismäßig breiten Hufen. Es erschien daher interessant, dieses Pferd bei den Manövern zu verwenden, vor allem im verschneiten Gelände …

Die geliehenen zehn Stuten sind bisher noch nie als Lasttiere verwendet worden, was den Wert der gemachten Erfahrungen nur noch erhöht. Wie man feststellte, können diese Tiere leicht Lasten von 80 bis 140 kg tragen, wobei die letzte Zahl absolut nicht als übertrieben anzusehen ist. Von einem Durchschnittsgewicht von über 365 kg kann man sie mit einem Maultier der Artillerie vom selben Gewicht vergleichen. Die Haflinger bieten die gleichen Verwendungsmöglichkeiten, doch zeigt dieses Pferd dank seiner breiten Hufe im verschneiten Gelände seine Überlegenheit dem Maultier gegenüber. Die Stuten haben in den Bergen ihren Mut, ihre Energie, ihre Stärke und ihre bemerkenswerte Ruhe vollkommen unter Beweis gestellt.«

Es darf in diesem Zusammenhang nicht übersehen werden, daß die französische Armee während des Zweiten Weltkriegs fast zur Gänze mit Maultieren ausgerüstet war.

In den letzten Jahrzehnten hat sich das Aufgabengebiet des Haflingers immer mehr zu dem des Freizeitpferdes verschoben. Heute wird der Haflinger nicht mehr im gleichen Ausmaß als Tragtier eingesetzt. Im Heer erbringt der Haflinger jedoch nach wie vor den Beweis seiner Eignung auf diesem Leistungssektor.

Als Freizeitpferd hat sich der Haflinger seinen Platz erst erkämpfen müssen. Als Reitpferd im Gebirge wurde der Haflinger seit jeher schon eingesetzt, was die Abbildung des Gemäldes von Altmutter aus der Innsbrucker Hofburg beweist.

Reit- und Fahrvorführungen wurden mit dem Haflinger bereits während des Zweiten Weltkrieges und in den folgenden Jahrzehnten durchgeführt. Im Jahr 1961 wurde von seiten des Haflinger Pferdezuchtverbandes Tirol und der Haflinger Pferdezuchtgenossenschaft St. Gallen eine »Sternfahrt« mit einem Haflinger-Vier- und Haflinger-Fünfspänner durchgeführt. Den Viererzug des Haflinger Pferdezuchtverbandes Tirol fuhr der bekannte Fahrmeister, Landstallmeister Fellgiebel.

Fellgiebel beschrieb in der Pferdezeitschrift St. Georg 1/2 1962 seine Fahrt:

»Die Sternfahrt der Haflinger – sie schafften 256 Kilometer in 3 Tagen.

Ich war gebeten worden, vier Haflinger-Stuten, die von kleinbäuerlichen Züchtern aus Tirol dem Verband zur Verfügung gestellt wurden, zu fahren. Sie waren auf dem Fohlenhof Ebbs, am Schloß Wagrein, zusammengezogen worden, waren noch nicht zweispännig gegangen, ja sie hatten bisher kaum eine Trense im Maul gehabt. Kaum drei Wochen standen mir zum Einfahren zur Verfügung.

Der Fohlenhof ist die Aufzuchtstätte für die Haflinger-Junghengste, liegt am breiten, oberen Inntal nördlich von Kufstein an der bayerischen Grenze. Die Hengste waren nicht zu Hause. Sie gehen im Sommer auf der Alm in ca. 1600 m Höhe mit Rindern und Gemsen zusammen. Vor dem Fohlenhof, der vorbildlich eingerichtete Stallungen und Tummelplätze hat, erhebt sich im Osten die fast senkrechte Steinwand des Kaisergebirges mit dem 2000 m hohen ›Zahmen Kaiser‹.

Den gefürchteten ›Wilden Kaiser‹ sah ich auf der Leistungsfahrt zwischen St. Johann und Wörgl am zweiten Tag. Auch ich habe ihn in böser Erinnerung wegen der unvorstellbaren Hitze – + 42 Grad C – auf dem Asphalt, am 22. September!

Aber bis ich die Fahrt am 21. antreten konnte, blieb mir nur dreimal Gelegenheit, das vierspännige Gespann in der Ebene zu fahren. Ich mußte also ohne Training auf eine Strecke von 256 km durchs Hochgebirge gehen. Fast hätte ich den Auftrag abgelehnt, denn wer würde sich das zutrauen mit untrainierten deutschen Warmblutpferden?

Meines Wissens hat auch noch keiner meiner deutschen Fahrmeister-Kollegen einen solchen Leistungsbeweis mit einer anderen Pferderasse erbracht. 256 km in drei Tagen schon, aber im Hochgebirge?! Bedenken hatte ich vor allem, weil eine Stute dreijährig war und eine andere erst eben das Fohlen abgesetzt hatte. Aber man beruhigte mich – Haflinger können das! Na schön – ich lasse mich gerne überzeugen – jetzt bin ich überzeugt, und zwar gründlich und restlos.

Um 4 Uhr früh ging es ab zum Start in Lofer. Dicht bei Hintersee im Berchtesgadener Land an der bayerisch-salzburgerischen Grenze stand der Viererzug um 6 Uhr im Nebel angespannt. Als die Sonne durchkam, sah man den Watzmann und die grausam starre, weiße Kulisse des ›Steinernen Meeres‹. Die Pferde liefen emsig wie Ameisen das schöne, grüne Salzachtal hinauf durch Saalfelden nach Zell am See. Ich hatte alle Hände voll zu tun, denn ich mußte auf Trense und ohne Scheuklappen fahren. Zu den schönen, neuen Geschirren, den landesüblichen Holz-Kummeten, in den Landesfarben mit weiß-rotem Lackleder verziert, hatte ich mir zwar die englischen Leinen erlaubt, alles andere wäre aber zu stilwidrig gewesen.

Still lag der See in der Mittagsonne, Segler darauf und darüber reger Betrieb auf dem kleinen Flugplatz, aber fast ohne Motorengeräusch, und im Hintergrund der Großglockner mit seinen 3800 m hohen Gletschern. Das Städtchen erwachte, ein solches Gespann hatte hier noch keiner gesehen. Jetzt aber begann die Hitze, als ich scharf nach Westen bog und am Südhang der Kitzbüheler Alpen nach Mittersill fuhr. Die Sonne brütete im Salzachtal, über die Hohen Tauern kam kein Luftzug, und doch trabten die Pferde noch munter, als ob sie wüßten, daß es in den Stall ging. Die Freßlust am ersten Abend ist immer gering, das weiß ich. Aber Trockenführen mit Grasen, Tränken mit Zuckerwasser und Brotfüttern machte bald Appetit auf Hafer.

Der zweite Tag mit 92 km wurde hart. Er begann mit dem Aufstieg auf den Paß-Turn, in unzähligen Serpentinen. 1273 m steil bergauf, das heißt zwei Stunden Schritt, das mögen die Haflinger nicht, sie wollen vorwärts. Man kann zwei Stunden durchtraben, das strengt sie nicht annähernd so an! Bergab nach Kitzbühel, einspurig, an steilen Felswänden, um Felsnasen herum, mit Holzgeländern am senkrechten Abhang, war schwer zu fahren, weil gefährlich bei dem Autoverkehr wie in der Hochsaison!

Hier bewährte sich der gute Wagen. Noch nie habe ich einen solchen gefahren, der fürs Hochgebirge für den Fürsten Stahrenberg gebaut ist. Die Bremsspindel läuft durch den Bocksitz, so daß man an beiden Seiten bremsen kann. Die kurze Rast am Hahnenkamm in Aurach diente dem Fahrer mehr als den Pferden. An die drei Stunden St. Johann-Kufstein in der Mittagsglut am Kaisergebirge entlang, werde ich lange denken! Am Brunnen in Ellmau machte ich im Schatten halt, um ›alle‹ Mäuler auszuspülen. In dem letzten noch erhaltenen Brauereistall kamen die Pferde zur Ruhe. Alles lag platt in der Nacht.

Der dritte Tag sollte der leichtere sein, 85 km Inntal aufwärts bis Innsbruck. Die breite Hauptstrecke bestand zu einem Drittel aus Beton. Ich fürchtete für die Beine meiner jungen Pferde, von denen ich die Dreijährige – wegen ihres Ehrgeizes – hinten zu heftig, jetzt nach vorne links nehmen mußte. Was wird sie zu diesem Verkehr sagen? Messebeginn in Innsbruck und Sommerwetter lockten die Autos heraus. Zur Hälfte Österreicher und Deutsche fuhren sie gleich schnell und rücksichtslos. In beiderseits besetzten Kurven fuhren sie mit 80 km/h mitten durch, handbreit an den Pferden vorbei! Nichts irritierte die Dreijährige in ihrem Vorwärtsdrang. Nicht einmal die vielen Photographen. Mit Herrn Stein aus München übernahmen wir unterwegs den Rundfunk.

Kurz vor Innsbruck, in Solbad Hall, kam Oberst Ruckstuhl mit seinem Fünferzug, nach einem Ruhetag, zum gemeinsamen Einzug heraus; dazu Verbandspräsidium, Stadtverwaltung und Fernsehen. Mit Polizeieskorte vorn und hinten fuhren beide Züge noch eine Stunde Werbung durch die wunderschöne Stadt. Meine Vorderpferde hatten keinen Sinn dafür – Schluß, meinten sie, und wollten in jede Toreinfahrt einbiegen. Aber die Ehrenrunde auf dem Ausstellungsplatz gingen sie wie in einer Eignungsprüfung.

240 Haflinger standen in den Zelten, alles Füchse mit weißen Mähnen. Dazwischen meine vier Stuten in ihren Familien. Wie aber sollte ich sie finden am Sonntagvormittag? Ich rief leise ihre Namen und zwei erkannten mich. Ich hätte sie nicht gefunden. Aber alle 16 Beine waren in Ordnung, keine warme Sehne! Am Nachmittag zeigten sie dem stürmisch applaudierenden Publikum sogar einen freudigen Galopp.

Diese Kraftprobe hat gewiß einen werbenden Erfolg gehabt. Nie hätte ich diesen kleinen, starken Pferden eine solche Leistungsbereitschaft zugetraut. Mit ihrem freundlichen, anschmiegsamen Wesen werden sie sich als praktische Wirtschaftspferde die Welt erobern. Davon bin ich überzeugt, und sie sind auf dem besten Weg dazu.«

Die Schweizer Haflinger-Zuchtgenossenschaft absolvierte mit dem Fünferzug in drei Tagen eine Strecke von 256 Kilometern, wobei der Arlbergpaß mit 1800 m überwunden werden mußte.

Oberst Ruckstuhl wagte in den sechziger Jahren mit einem Haflinger-Gespann die Teilnahme an einem internationalen Fahrturnier gemeinsam mit Warmblutpferden in Luzern, Schweiz. Gespanne aus Deutschland, England, Ungarn, der Schweiz und Österreich waren am Start. Das Haflinger-Gespann belegte den 5. Rang!

Beim 1. Internationalen Fahrturnier C. A. I. Laxenburg im September 1979 in Österreich beteiligten sich einige Haflinger-Gespanne. Ing. Thunhart, Fahrreferent und Fahrrichter FENA, schrieb in seinem Abschlußbericht:

»... Eine Klasse für sich waren die Haflinger-Gespanne, die im Sturm die Anerkennung der Richter und Fachleute eroberten und die Lieblinge des Publikums wurden. Wer diese willigen und mutigen Pferde bei der Marathonfahrt beobachtete, war von der naturnahen Geschicklichkeit im Gelände, verbunden mit Ausdauer und Härte, restlos begeistert.«

Diese Beispiele sollen zeigen, daß sich der Haflinger als Gespannpferd hervorragend eignet, und auch auf Turnieren erfolgreich eingesetzt wird.

Sicherlich werden sich immer wieder Haflinger Reiter und Fahrer im Turniersport messen wollen; den Haflinger wird er jedoch nie im gleichen Ausmaß wie Sportpferde betreffen. Die Beteiligung

an Turnieren ist begrüßenswert, ja wertvoll, da der Haflinger dadurch seine Konkurrenzfähigkeit unter Beweis stellen kann.
Weltweit gesehen, so darf man wohl behaupten, setzt sich der reingezogene Haflinger, bei entsprechender Ausbildung und Training, auch im Turniersport durch. Voraussetzung im Turniersporteinsatz ist immer das Zusammentreffen eines talentierten Pferdes mit einem ebenso talentierten Reiter oder Fahrer. Eine Förderung nach der üblichen Ausbildungsskala läßt die verläßlichen Haflinger auch im Sport Spitzenplazierungen erreichen. Im Fahrsport bis in die schwere Klasse, im Reitsport in der Dressur in den leichten bis manchmal zur mittelschweren Klasse, im Springen und in der Vielseitigkeit in den leichten Klassen können Spitzenplazierungen von Haflingern gefunden werden.

Tirol hat bewußt nationale und internationale Fahrturniere vom Fohlenhof Ebbs aus beschickt. Mehrmalige österreichische Meistertitel und sehr gute Plazierungen im internationalen Fahrsport – ein-, zwei- und mehrspännig – waren und sind das Resultat. Eine mehrmalige Beschickung des Internationalen Driving Grand Prix der Klasse S in Windsor, als Teilnehmer im Rahmen der österreichischen Nationalmannschaft, haben dem Fahrteam aus Ebbs in Tirol Beachtung im großen Kleinpferdeland England gebracht. Auch in Deutschland stellen die Haflinger den zweimaligen Vizemeister bei den deutschen Fahrpony-Viererzugmeisterschaften. Dieser Haflinger Vierspänner wurde in den deutschen Bundeskader berufen. In Australien wurden die Haflinger sogar auf der königlichen Sydney Osterschau zur »Rasse des Jahres 1994« gewählt. Die Leistungen im Fahr- und Reitsport führten zu diesem Titel.

Auch aus den USA werden erfreuliche Turniererfolge gemeldet, und zwar sogar von Vielseitigkeitsprüfungen im Reiten, einer Sparte, die selbst in Deutschland mit Haflingern nicht viel beschickt wird. All diese Ergebnisse lassen den eindeutigen Schluß zu, daß der reingezogene Haflinger über die nötige Leistungsstärke verfügt, um sich auch im Turniersport zu behaupten.

Auswertungen des Jahrbuches Zucht der Deutschen Reiterlichen Vereinigung lassen den eindeutigen Schluß zu, daß es zu einer deutlichen Steigerung im Einsatz des Haflingers im Turniersport gekommen ist. Die Gewinnsumme der Haflinger im Fahr- und Reitsport ist in den letzten Jahren stark angestiegen. Es hat jedoch eine Verschiebung der Haflinger mit einer Gewinnsumme von über tausend Mark vom südlichen Bayern hin zu den nördlichen Bundesländern stattgefunden. Somit werden nun Haflinger im gesamten Bundesgebiet vermehrt im Sport eingesetzt.

Diesen Ausführungen möchte ich jedoch anfügen, daß der Haflinger schwerpunktmäßig ein Freizeit- und Familienpferd sein und bleiben sollte. Unter den wirklichen Freizeitpferderassen, die durch ihren liebevollen Charakter, angenehmes Temperament, Anhänglichkeit und ganz besonders durch ihr Äußeres so viele Menschen ansprechen, nimmt der Haflinger weltweit eine Sonderstellung ein. Diese Sonderstellung muß unter allen Umständen beibehalten und auch stets im züchterischen Denken vorrangig behandelt werden.

Der Vierspänner unter Landstallmeister Fellgiebel zeigt, daß die Haflinger auch nach 256 Kilometern eine Ehrenrunde mit Vorwärtsdrang bewältigen.

Ein Ausritt im Winter bedeutet für Reiter und Pferd ein besonderes Erlebnis.

Der Einsatz des Haflingers im Turniersport, der immer nur einen sehr geringen Prozentsatz einnehmen wird, ist deshalb nicht auszuschließen.

Der Haflinger Pferdezuchtverband Tirol bemüht sich seit Jahrzehnten, den großen Zuchtschauen stets Schauprogramme anzugliedern, in welchen die vielseitige Verwendbarkeit des Haflingers als Reit- und Fahrpferd demonstriert wird. Bereits im Jahr 1965 anläßlich der 1. Internationalen Haflinger-Schau sowie im Jahr 1971 bei der Jubiläumsschau im Olympia-Eisstadion in Innsbruck wurde einem breiten Publikum der Haflinger als Reit- und Fahrpferd gezeigt. Besondere Begeisterung löste im Jahr 1975, anläßlich der Eröffnung der erweiterten Fohlenhof-Anlage, der Hengst liz. Afghan bei einem Freisprung über 1,60 m aus. Auf der 2. Internationalen Haflinger-Schau in Innsbruck im Jahr 1980 wurde ein noch eindrucksvolleres Programm geboten. Den Höhepunkt stellte jedoch die 3. Internationale Haflinger-Schau im Jahr 1985 in Ebbs dar. Gespanne vom Ein- bis zum Sechsspänner wurden gezeigt. Dressur- und Springquadrillen sowie Parcoursspringen, Einzeldressuren, Fahrschulen vom Sattel (ein- und mehrspännig), Römische Kampfwagen und das Kindervoltigieren boten Tausenden von Besuchern aus 24 Nationen eine einmalige Demonstration der Leistungsbereitschaft des modernen, reingezogenen Haflingers im Einsatz als Freizeitpferd.

Die 1. Haflinger-Weltausstellung im Jahr 1990 bot ein Monsterschauprogramm besonderer Klasse. Alle Möglichkeiten des Einsatzes des modernen, reingezogenen Haflingers als Reit- und Fahrpferd wurden ausgeschöpft. Im Jahr 1995 wird die 2. Haflinger-Weltausstellung unter das Motto »Der Haflinger, ein Pferd erobert die Herzen der Völker« gestellt. Ein international beschicktes Programm soll den Rahmen des bisher Gezeigten sprengen. International gesehen darf mit Freude festgestellt werden, daß fast allen bedeutenden Zuchtschauen nun auch Schauprogramme angegliedert werden. Von der Europaschau in Luxemburg bis hin zur nationalen Schau in England, überall kann der Haflinger in seinem vielseitig möglichen Einsatz gesehen werden.

Leistungstests in der Haflinger-Rasse

Vielfach wurde im Laufe der letzten Jahre an mich die Frage herangetragen, ob beim Haflinger nicht spezielle Leistungs-

prüfungen durchgeführt werden sollten. Diese Frage soll sehr ausführlich und weitreichend beantwortet werden.

Vor mehr als 60 Jahren konnte ich die Haflinger-Rasse in meiner Heimat lieben und kennenlernen. Mein Praktikum absolvierte ich in einem der damals größten Haflinger-Gestüte Tirols, wobei mir schon als Jugendlicher die Leistungsbereitschaft, Gutmütigkeit und der unkomplizierte Charakter auffielen; ob am Pflug, an der Mähmaschine, am Heuwender, ob bei schwerer Holzarbeit, als Tragtier, als Kutschpferd oder, damals noch in sehr geringem Ausmaß, im Freizeiteinsatz als Reitpferd - immer konnte man sich auf das Haflinger Pferd verlassen.

Während des gesamten 2. Weltkrieges stand ich mit einer Hochgebirgsartillerietruppe im Einsatz und konnte dabei die Leistung, Futterdankbarkeit, Akklimatisationsfähigkeit und Gesundheit dieser Rasse auf eine Weise testen, wie es in Friedenszeiten im täglichen Einsatz nie der Fall sein könnte. So wie an den Menschen während des Krieges unvorstellbare Anforderungen gestellt wurden, verlangte man auch von den Pferden einen unfaßbaren Einsatz. Allein die klimatischen Bedingungen, die für Mensch und Tier, beispielsweise an der Eismeerfront, herrschten, erscheinen unfaßbar. Die Soldaten verbrachten Monate bei —30 bis —40 Grad Celsius in Zelten und Schneebunkern, die Pferde standen in dürftigen Unterständen oder gar im Freien. Diese enormen klimatischen Anforderungen, die an die Pferde in diesen Breitengraden gestellt wurden, konnten vom Haflinger in unvorstellbarer Weise gemeistert werden. Fast alle anderen Pferderassen hatten mit großen Schwierigkeiten zu kämpfen, vor allem auch das einheimische Fjordpferd, von dem große Verluste aus gesundheitlichen Gründen hingenommen werden mußten. Der Haflinger meisterte die Wintermonate mit den endlos scheinenden Schneestürmen bei kärglichster Fütterung und schwerstem Einsatz als Zug- und Tragtier genauso bravourös wie die Sommermonate im Sumpf- und Steingelände der Tundra, wo die Pferde Tag und Nacht den Mückenschwärmen ausgesetzt waren.

Ist eine Pferderasse über Jahre in der Lage, und zwar nicht in Einzelfällen, sondern in der Gesamtheit der im Einsatz stehenden Tiere, solche Leistungen zu erbringen, so stellt dies einen Leistungstest dar, der von keiner Prüfung, wie auch immer geartet, mehr übertroffen werden kann und wie er auch hoffentlich nie mehr an eine Pferderasse gestellt werden wird. In diesen Kriegsjahren hat mir die Haflinger-Rasse die allerhöchste Anerkennung abgerungen. Einige Male hat das Haflinger Pferd meine Einsatzbereitschaft und meine Willenskraft übertroffen; ein paar Mal hätte ich aufgegeben, wenn nicht ein Haflinger mir im Schneesturm den Rückweg zur Stellung gezeigt hätte.

Im Haflinger-Buch *»Haflinger - ein Pferd erobert die Herzen der Völker«*, das ich im Jahr 1965 auflegte, schilderte ich einige Erlebnisse mit Haflingern während dieser Kriegsjahre. Ich möchte nur einen kurzen Auszug davon wiedergeben. Vielleicht wird dadurch manchem Leser mein persönlicher Einsatz für den reingezogenen Haflinger verständlicher und meine Auffassung, daß das Haflinger Pferd während dieser Jahre eine Leistungsprüfung für diese Rasse auf alle Zeiten abgelegt hat, geteilt.

»Nicht nur einmal galt es für meine Pferde, das letzte für mich zu geben, und ganz besonders zeichnete sich der Haflinger Heini aus. Ob er als Vorauspferd einen Sumpf zu bewältigen hatte, ob er mit einem Geschütz einen eingesehenen und unter Beschuß liegenden Geländestreifen überqueren mußte, für ihn gab es kein Halt, solange ihn meine Stimme zum Vorwärts aufforderte, und so rettete er mir nicht nur einmal das Leben.

Ein Beispiel von vielen. Es war an einem stürmischen Wintertag. Weihnachten stand vor der Tür, und wir alle warteten mit Sehnsucht auf die schon lange ausgebliebene Post, auf Nachricht von unseren Lieben zuhause. Die Schneestürme aber tobten so heftig, daß niemand es wagte, von der Troßstellung, die einige Stunden weit entfernt lag, die so ersehnte Weihnachtspost zu holen. Es gab, wenn überhaupt daran zu denken war, nur zwei Möglichkeiten zur Nachschubstellung zu gelangen: Ein Rentier - solche hatten wir zu Sondereinsätzen zur Verfügung - oder ein Pferd einzuspannen. Bei diesem fürchterlichen Schneesturm war beides ein großes Wagnis, und niemand fand den Mut dazu.

Obwohl der Sturm am nächsten Tag nicht nachgelassen hatte, versuchte ich es mit einem Rentier, doch bin ich heute noch froh darüber, daß es das Haupt zwischen die Vorderbeine steckte und nicht einen Zentimeter von der Stelle zu bewegen war.

So wagte ich den letzten Versuch mit meinem Haflinger Heini. Ich war davon überzeugt, daß mich das gute Tier nicht im Stich lassen würde, solange nur seine Kräfte reichten, das hatte es mir im Laufe der Jahre schon reichlich bewiesen. Es war mir auch klar, daß es bei der gegebenen Situation der unaufhörlichen Stürme nicht nur auf seine Kraft, sondern auch auf seine Intelligenz und seinen Orientierungssinn ankam.

Ich spannte also ein, und wir brachen auf. Über die ersten Höhen hinweg tobten die arktischen Schneestürme noch ärger als in der Mulde, in der sich unser Lager befand. Meine Gedanken konzentrierten sich nur auf eines: die Orientierung nicht zu verlieren. Denn ein Verirren bei dieser enormen Kälte – das Thermometer zeigte beim Losfahren aus unserer Stellung minus 40 Grad C – hätte für uns beide den weißen Tod bedeutet.

Bei den schwierigsten Stellen stieg ich aus und ließ meinen guten Heini nur den leeren Rentier-Akia, der wenige Kilogramm wog, ziehen.

Bald stießen wir auf Schneewächten, die mir bis unter die Arme, meinem Pferd bis an den Hals reichten. Ich schonte meine Kräfte so lange wie möglich. Ich wußte, wenn es hart auf hart geht, muß ich das Pferd am kurzen Zügel führen, ihm zureden und versuchen, ihm gegen den ankämpfenden Sturm hinter meinem Rükken etwas Deckung zu schaffen.

Nach einem Kampf auf Biegen und Brechen erreichten wir schließlich die Troßstellung. Dort konnte es keiner fassen, daß ich bei diesem Sturm von der Feuerstellung nach hinten gefunden hätte. Das Bewußtsein, meinen Kameraden vorne die Grüße aus der Heimat bringen zu können, gab mir den Mut, den Rückmarsch wieder anzutreten, und ließ mich alle Warnungen der Troßleute in den Wind schlagen.

Hätte ich aber die Heftigkeit des Sturmes, die auf unserem Rückmarsch immer mehr zunahm, auch nur geahnt, so wäre ich nie und nimmer in die Geschützstellung zurückgegangen.

Hatte schon der Anmarsch an unseren Kräften beträchtlich gezehrt, so forderte der Rückmarsch Unvorstellbares. Der Sturm – es kam mir wenigstens so vor – wendete jedesmal mit uns die Richtung und brauste mit Gewalt von vorne auf uns los, und es war kaum mehr möglich, Luft zu bekommen. Brüderlich teilten wir uns vorerst die Strapazen. Hundert Meter spurte ich, d.h. ich stapfte voraus, Heini folgte mir dichtauf, hinter meinem Rükken seine Nüstern versteckend, um leichter Luft zu bekommen, die nächsten hundert Meter übernahm wieder Heini die Führung.

Die Schneewächten waren teilweise so hoch, daß ich mich nur hineinfallen lassen konnte, um sie dann erst meterweise zu bewältigen.

Ich gestehe, ich war mit meinen Kräften bald am Ende und überließ Heini immer mehr von der Strecke. Raffte ich mich einmal auf, wieder nach vorne zu gehen, so schob mich mein Kamerad mit dem Kopf zurück, als wollte er sagen: bleib hinten, du schaffst es doch nicht mehr.

Um uns war es finster. Kaum drei, vier Meter konnten wir sehen. In dieser Jahreszeit geht in der Arktis auch bei schönem Wetter keine Sonne auf, und tagsüber gibt es nur Dämmerlicht. Wie dankbar hätte ich ein Polarlicht begrüßt!

Plötzlich machte Heini halt. Er stand vor einer Wächte, die in ihrer Höhe nicht mehr zu bewältigen zu sein schien. Das Pferd wieherte, bäumte sich auf und sprang in die Wächte hinein. Der Schnee fiel über seinem Rücken zusammen und ich konnte gerade noch sehen, wie auch sein Kopf in den Schneemassen verschwand. Ich wühlte mich über seinen Rücken nach vorne, um ihm wenigstens seinen Kopf frei zu machen, damit er wieder Luft bekam. Solche Situationen können nur Pferde überstehen, die die nötige Intelligenz, Ruhe und Energie besitzen, andere arbeiten sich in solchen Schneemassen zu Tode. Es gibt nichts Kräfteaufreibenderes, als aus solchen Schneemassen herauszukommen, für Mensch wie für Tier.

Nun war auch Heini am Ende seiner Kraft. Sobald die Schneehöhe wieder niedriger wurde, sank er förmlich zu Boden. Ich setzte mich in den ausgespannten Akia, lehnte mich an den Postsack, die Augen nur mehr mühsam offen haltend.

Plötzlich stand Heini auf, gab mir einen Stoß, als wollte er sagen: Spann mich ein, es geht weiter.

Hier hat sich wiederum eine typische Eigenschaft des Haflingers gezeigt, die mir immer schon an diesen Pferden aufgefallen war: das unglaublich schnelle Regenerationsvermögen.

Nun trat ein neuer Feind auf, der schlimmste, der einem in solchen Fällen begegnen kann: die Unsicherheit in der Orientierung.

Nichts, aber auch gar nichts konnte Anhalt zur Orientierung geben. Eine glatte, harte Schneefläche. Kein Weg. Keine Stange. Nicht das geringste Orientierungszeichen war zu finden. Nun mußten wir vom Weg abgekommen sein. Ich nahm die Zügel fest in die Hand und wollte nach rechts abbiegen. Da trat das Unwahrscheinliche ein: zum ersten Mal während unseres langen Beisammenseins folgte Heini nicht meinen Weisungen.

Meine Unsicherheit steigerte sich ins Unerträgliche. Ich wurde energisch. Drohte ihm. Er ließ sich nicht dazu bewegen, weiterzugehen. Nun überkam mich die traurige Ahnung, daß wir unseren Stützpunkt nie mehr sehen würden.

Ich bereitete mich auf das Schlimmste vor und tat in dieser Situation doch noch das einzig Richtige, das in dieser Lage zu tun war. Ich band die Zügel am Geschirr fest, setzte mich in den Akia und überließ mein Schicksal einem Pferd, einem Haflinger. Mir fiel auf, daß Heini immer öfter Rastpausen einschaltete; so waren also auch seine Kräfte am Ende.

Die körperliche und seelische Überspannung lösten schließlich bei mir Gleichgültigkeit aus. Ich lag wie gelähmt im Akia.

Während des Ordonnanzrittes der Tragtierstaffel Hochfilzen auf dem Weg zum Sieg im Jahr 1994.

Da riß mich plötzlich ein Geräusch aus meiner Apathie. Heini klopfte mit seinem Huf an eine Tür. Nicht etwa an seine Stalltür, sondern an meine Bunkertüre, an der er so manches Stück Zucker erhalten, das ich mir vom Tee abgespart hatte.

Ich kann die Freude über meine Rettung nicht beschreiben, aber ebensogroß war meine Freude über die vollbrachte Leistung meines Pferdes, über die Hingabe eines Tieres, die festgehalten zu werden verdient, und es war nicht die einzige Lebensrettung, die ich meinen mir ans Herz gewachsenen Haflinger Pferden zu danken hatte.

In jenen schicksalverbundenen Stunden habe ich geschworen, für diese Rasse, wenn ich die Möglichkeit dazu haben sollte, zu arbeiten, zu werben, ihr den Ruf in aller Welt erobern zu helfen, den sie wirklich verdient. Und dieses Buch soll wieder ein Baustein bei der Einlösung meines Versprechens sein, und jeder, der mithilft, das Ansehen und die Verbreitung dieser einmaligen Rasse zu fördern, baut mit an der Erfüllung einer dankenswerten Aufgabe.«

Selbstverständlich konnte ich damals nicht ahnen, daß sich aus dieser kleinen Gebirgspferdepopulation eine Weltrasse entwickeln würde. Aber, genauso wie die Haflinger-Rasse mich während des Krieges von ihren Qualitäten überzeugt hat, ebenso konnte dieses Pferd Züchter und Halter in über 40 Staaten der Welt auf allen Kontinenten von seiner Eignung als Freizeit- und Wirtschaftspferd überzeugen.

Wie schon in anderen Kapiteln dieses Buches erwähnt, verdanken wir die Leistungsbereitschaft und die beispielgebende Vielseitigkeit der Haflinger-Rasse nicht den Zuchtleitungen der letzten hundert Jahre, sondern der Entwicklung dieser Rasse auf den Bergbauernhöfen Tirols.

Auch in der Pferdezucht schafften, wie bereits erwähnt, »Leistungsprüfungen« schon in den vierziger Jahren Schlagzeilen. Der Haflinger Pferdezuchtverband Tirol führte diese ebenfalls im Jahr 1940 durch, wie im Kapitel *»Die Leistung des Haflingers und sein Charakter«* erwähnt ist. In den fünfziger Jahren wurden Prüfungen mit einigen hundert Elitestuten versucht, um dadurch Ergebnisse zu erhalten, die es ermöglichen hätten sollen, Selektionsmaßnahmen zu treffen. Obwohl der Haflinger Pferdezuchtverband Tirol die Anforderungen dieser Leistungsprüfungen um 10% über jene der Bundesrepublik Deutschland stellte, mußte festgestellt werden, daß von den 280 geprüften Stuten keine einzige die Prüfung nicht erfolgreich bestand. Somit stand für die Zuchtleitung fest, daß dieses Prüfungssystem für den Aufbau von Selektionsmaßnahmen unbrauchbar war. Die Durchführung dieser Leistungsprüfungen wurde daher im Haflinger Pferdezuchtverband Tirol eingestellt.
Wenn die in vielen Ländern nun über einen Zeitraum von 40 Jahren durchgeführten Leistungsprüfungen in der Pferdezucht auch nur einigermaßen eingegriffen hätten, so wäre heute in der Pferdezucht – gleich wie in der Rinder- und in der Schweinezucht – eine derartige Leistungsbreite vorhanden, so daß man, gleich wie bei der Milch beim Rind und beim Fleisch beim Schwein, einen Überschuß an Leistung verarbeiten müßte.
Aber, nachdem die Leistungsprüfungssysteme in der Pferdezucht nach wie vor hauptorientiert nach subjektiven Klassifizierungen stattfinden und zudem nur ein verschwindend kleiner Anteil der Gesamtpopulation zur Zeit zu den üblichen Leistungsprüfungen herangezogen wird, ist dies in der Pferdezucht, vor allem in der Haflinger-Zucht, heute nicht vertretbar.

Es ergibt sich jedoch immer wieder die Möglichkeit, daß Haflinger in Leistungstests eingebunden sind. – Der Haflinger wird im österreichischen Bundesheer eingesetzt, noch vermehrt in den nächsten Jahren zur Grenzsicherung im Osten.
Die Geländegängigkeit und die Ausdauer des Haflingers werden sich die Soldaten bei ihren Patrouillen zunutze machen. Daß der Haflinger für diese Aufgabe bestens geeignet ist, das dürfte wohl am besten der Sieg der österreichischen Tragtierstaffel vom Truppenübungsplatz Hochfilzen unter der Leitung von Vzlt. Pfluger beim Ordonnanzritt »Kuenringer« im Raum Zwettl im Waldviertel im Jahr 1994 beweisen. Es handelt sich um einen Bewerb, der sich über 3 Tage erstreckt, wobei jeweils 50 Kilometer pro Tag zu reiten sind. Gangprüfungen in den Grundgangarten: Schritt, Trab, Galopp sowie ein Rückwärtsrichten, ein kleiner Parcours über 8 Hindernisse mit einer Mindesthöhe von 80 cm und ein Hufeisenwerfen vom Pferd aus ergänzen die Anforderungen im Gelände.
Die Leistungen des Haflingers in diesem Bewerb sind sehr hoch einzuschätzen. Außer den beiden Tragtierstaffeln aus Hochfilzen und Lienz beteiligten sich an diesem Ordonnanzritt sowohl bei den Mannschaften als auch bei den Einzelreitern keine Kleinpferde. In erster Linie wurden Warmblüter, Araber und Shagya-Araber verwendet. Beschickt wurde der Bewerb mit Mannschaften aus Deutschland, Frankreich, Slowenien, Slowakei, der Schweiz und Österreich.
In den Vorjahren 1992 und 1993 konnte die Tragtierstaffel Hochfilzen bereits den 4. und 2. Rang erringen. Im Jahr 1994 gelang der Sieg. Vzlt. Pfluger meinte dazu: »Wir hatten den Vorteil, mit unseren Pferden eine direkte Linie reiten zu können; Geländeschwierigkei-

ten gab es für die Haflinger fast keine und brachte daher auch keine Zeitstrafpunkte. Bei den Sonderprüfungen bewies der Haflinger seine Gutmütigkeit und Vielseitigkeit. Die täglichen Veterinärchecks brachten keine Probleme, der letzte ergab das körperliche Wohlbefinden und den sehr guten Zustand aller Haflinger-Pferde.«
Dieser Bewerb bewies, daß der Haflinger das richtige Pferd für das österreichische Bundesheer darstellt. Der ab Oktober 1994 im Rahmen des Truppenversuches durchgeführte Einsatz des Haflingers in der Grenzüberwachung im Burgenland durch einen Grenzreiterzug, der ausschließlich Haflinger der Tragtierstaffeln verwendet, wird die Leistungen des Haflingers weiterhin bestätigen.
Die Kosten der Leistungsprüfungen liegen weit über dem Wert, den sie für die Haflinger-Zucht erarbeiten könnten. Zudem sind die derzeit üblichen Formen der Leistungsprüfung zu sehr sportpferdeorientiert und zu wenig auf ein Universal- und Freizeitpferd ausgerichtet. Der Großteil der Freizeitpferdebesitzer sucht im Haflinger nicht ein Pferd mit in Relation zu seiner Größe stehenden Spitzenleistungen im Springen oder in den Grundgangarten, sondern fordert mit Recht einen Freizeitkameraden, ein leistungsbereites, umgängliches, unkompliziertes Pferd. Diese Eigenschaften sind jedoch beim Haflinger, wie bereits mehrmals aufgezeigt, genetisch verankert.

Neunzig Prozent der Freizeitpferdebesitzer interessiert es nicht, ob ihre Pferde 5 cm höher oder weniger hoch springen, ob sie auf 100 m zwei Galoppsprünge mehr oder weniger benötigen, ob sie auf 100 m zwei, drei Trabtritte mehr oder weniger aufwenden müssen. Allerdings ist es für einen Haflinger-Besitzer durchwegs interessant, wieviel Zeit für die Ausbildung als Freizeitpferd investiert werden muß. Jedoch auch die einfache Handhabung und kurze Anlernzeit ist beim Haflinger bereits als rassetypisch zu bezeichnen.

Von Tirol ausgehend hat der Haflinger im Laufe der letzten 20 Jahre in 30 Staaten der Welt Fuß gefaßt. Das Echo aus all diesen Ländern spricht für sich. In unzähligen Schreiben und persönlichen Mitteilungen wird die Robustheit, Gesundheit, Akklimatisationsfähigkeit, Futterdankbarkeit, Umgänglichkeit und Leistungsbereitschaft des Haflingers hervorgehoben. Im Kapitel *»Stand der Haflinger-Zucht in europäischen und exotischen Staaten«* (S. 203) werden einzelne Berichte aus diversen Ländern wiedergegeben.

Muß man sich nach positiven Stellungnahmen aus vielen Teilen der Erde nicht die Frage stellen, ob es wirklich nötig, ja, ob es sinnvoll wäre, dreijährige wie vierjährige Haflinger-Hengste zu Leistungsprüfungen zu verpflichten, die ich nach meiner persönlichen, fünfzigjährigen Praxis weder für einen auf den Haflinger ausgerichteten Leistungsnachweis noch für die Zucht von effektivem Wert halte?

Immer wieder kann festgestellt werden, daß Spitzensportler - gleich welcher Sportart - an einem Tag schwache Leistungen bringen, die nicht annähernd ihren sonstigen Leistungen entsprechen. Die Pferde sind bei Leistungsprüfungen von der Tagesverfassung des Reiters und der eigenen abhängig. Unter Umständen wird ein Spitzenpferd aus den oben erwähnten Gründen abklassifiziert. Genügend spätere Spitzensportler wurden nach jahrelangem Bemühen vorerst aus dem Jugendkader ausgeschlossen, um einige Jahre später zur Weltspitze vorzustoßen. Viel krassere Beispiele könnten aus der Pferdezucht angeführt werden. Wie viele Spitzenkräfte, sei es aus der Wissenschaft, Wirtschaft oder Politik, hatten mit großen Schwierigkeiten bei der Reifeprüfung zu kämpfen? Sollte diese Tatsache nicht zum Nachdenken anregen, und uns die Frage stellen lassen, ob ein Junghengst bei derzeit üblichen Leistungsprüfungssystemen nicht vielfach überfordert wird, ohne daß der eigentlich gesuchte Sinn nach Abwicklung der Prüfung gewährleistet ist? Selbstverständlich muß klar hervorgehoben werden, daß die genetische Absicherung der positiven Eigenschaften des Haflingers sich nur auf Pferde ohne Fremdblutzufuhr erstrecken kann. Denn, je höher ein Pferd im Blut steht, desto temperamentvoller und daraus resultierend, schwieriger, wird das Pferd im Umgang. Von Bedeutung ist diese Tatsache vor allem für neue Pferdebesitzer. Der Haflinger soll auch in Zukunft das Freizeitpferd darstellen, das weite Bevölkerungskreise »zurück zur Natur« führen kann, ein Pferd, in dem zahllose Menschen einen liebenswerten, unkomplizierten Freizeitpartner finden können.

Immer wieder ist zu hören und zu lesen, das Hochzuchtland Tirol führe keine Leistungsprüfungen durch. Diese Behauptung ist mit Vehemenz zurückzuweisen. Es dürfte wohl keine Pferdezuchtorganisation geben, die seit Jahrzehnten ein so breitgefächertes Selektions- und Leistungsprüfungssystem durchzieht wie der Haflinger Pferdezuchtverband Tirol. Dabei möchte ich nochmals ganz besonders betonen, daß Leistungsprüfungen in der Haflinger-Rasse, meiner Ansicht nach, nicht in der begrenzten Form von Überprüfung der Sprunghöhe, Schritt-, Tritt- und Sprunganzahl bestehen sollte. Vom Haflinger werden Eigenschaften verlangt, die von dieser engen Form von Leistungsprüfung nicht erreicht werden können.

Der Haflinger wurde im Laufe der letzten 50 Jahre, unter Beibehaltung seiner ursprünglichen Eigenschaften, zu einem modernen Freizeitpferd umgezüchtet, mit höherem Stockmaß, einer längeren Halsung, leichterem Genick, mit mehr Schrittlänge und flacheren Bewegungen. Nach wie vor die Haupteigenschaften des Haflingers sollten jedoch der gute Charakter sowie das ausgeglichene Temperament sein. Wohl keine Zuchtorganisation dürfte mit solch harten Selektionsmaßnahmen diese Hauptmerkmale der Rasse verfolgt haben, wie der Haflinger Pferdezuchtverband Tirol.

Die Wirtschaftlichkeit und Beliebtheit der Haflinger-Rasse kann nicht durch Bestimmungen gefördert werden, die sich zu einseitig auf Sprunghöhe oder Galoppsprünge und Trabtritte pro Maßeinheit konzentrieren. Breitgefächert ist das Leistungsspektrum, das der Haflinger Pferdezuchtverband Tirol während der vergangenen 50 Jahre an seine Zuchtpopulation gestellt hat: unkomplizierter Charakter, ausgeglichenes Temperament, Leistungsbereitschaft, Lernfreudigkeit, Fruchtbarkeit, Futterdankbarkeit, Akklimatisationsfähigkeit sowie die für Freizeitpferde und Wirtschaftspferde erforderlichen und etwas unterschiedlichen Maße. Zum Teil beeinflussen die vom Haflinger erwarteten Eigenschaften ganz erheblich die Wirtschaftlichkeit der Rasse, so vor allem die hohe Fruchtbarkeit, die Lernfreudigkeit und die damit verbundene kurze Anlernzeit sowie die Gesundheit.

Die breite Leistungsforderung, die der Haflinger Pferdezuchtverband Tirol an die Junghengste stellt, wird ganz besonders durch die Alpung von durchschnittlich 150 Tagen pro Jahr in dreijähriger Folge erbracht. Unter dem Kapitel *»Akklimatisationsfähigkeit, Alpung und Weidegang«* (S. 131) wurde bereits detailliert auf die Vorteile der Alpung und die Anforderungen, die dabei an die Pferde gestellt werden, hingewiesen. Es darf dabei nicht übersehen werden, daß ein großer Teil der Zuchtpopulation Tirols und praktisch alle Jungpferde den Sommer auf Almen verbringen, d. h. jährlich immer wieder diesen extremen Bedingungen ausgesetzt werden. Die Hengstkandidaten haben somit bereits meistens schon einen Almsommer hinter sich, wenn sie auf dem Fohlenhof in Ebbs eingestellt werden. Im Rudel gehalten, werden sie sodann unter fütterungs- und haltungsmäßig gleiche Bedingungen gestellt. Die durchschnittliche Almdauer für die Junghengste liegt um ca. ein Drittel höher als die übliche Almzeit, d. h. die Junghengste werden im Herbst noch extremeren Bedingungen ausgesetzt als allgemein üblich. Zwei bis drei der stärksten Junghengste übernehmen während eines Almsommers die Führung einer Gruppe. Als Herdentiere folgen die anderen Junghengste dem jeweiligen Leithengst, und zwar unter extremsten Bedingungen; Herdentiere separieren sich nicht. Aufgrund dessen findet während der Alpung eine natürliche Selektion statt.

Die Hufe werden gehärtet, die Muskeln und Sehnen gestärkt. Die Futterdankbarkeit durch die Futtersuche im Frühjahr und im Herbst unter der Schneedecke unter Beweis gestellt.

Könnte ein so weitgefächerter Leistungstest, wie sie die Alpung der Junghengste darstellt, durch ein von Menschen erstelltes Leistungsprüfungssystem ersetzt werden? Wenn man bedenkt, daß Hunderte von Vatertieren, die unter diesen Bedingungen aufgezogen wurden, heute in aller Welt in Deckverwendung stehen, so ist der Stand der Haflinger-Zucht leichter verständlich. Allerdings dürfte es für Nachzuchtgebiete schwer sein, eine Leistungsprüfung – wie sie die Alpung der Junghengste in Tirol darstellt – nachzuvollziehen. Alpine Zuchtgebiete haben diesbezüglich auf jeden Fall einen Vorteil aufzuweisen, sofern die Selektion so wie im Hochzuchtland Tirol eingehalten wird.

Haflinger beim Tauern-Trekking nach dem Vorbild der »Säumer«

Abschließend darf festgestellt werden, daß im Haflinger Pferdezuchtverband Tirol auch im Jahr 1995 immer noch die Überzeugung herrscht, daß Leistungsprüfungen in ihrem Ergebnis für die praktische Zucht in keiner Relation zur finanziellen Belastung für die Züchter stehen. Der Haflinger stellt keine Sportpferderasse dar; die Hauptaugenmerke, die die Zuchtleitung zum Wohle der Rasse verfolgen muß, sind durch Leistungsprüfungen nicht meßbar. Die Leistungsprüfungen in der heutigen Form sind nicht aussagekräftig genug, um für die Zucht ein echtes Hilfsmittel darzustellen. Haltung, Aufzucht, Vorbereitung und Prüfkommission können nicht vereinheitlicht werden. Nur aus diesem Grund ist es möglich, daß Pferde, die in einem deutschen Bundesland bei der Prüfung durchfallen, in einem anderen Land mit besten Noten abschneiden. Selbst Warmblutexperten geben zu, daß 70-Tage-Tests auf 50 Tage gekürzt werden können, da wissenschaftlich festgestellt worden ist, daß 50 Tage ausreichen. Zudem seien weder 70 noch 50 Tage genug, um eine Leistungsfähigkeit wirklich festzustellen, bestenfalls könne von einer »Leistungsveranlagung« ausgegangen werden. Über »Zuchtwertschätzung« in der Sportpferdezucht wird viel diskutiert. Von großer Euphorie bis hin zu Ablehnung hört man alle Varianten bei den diversen Zuchtexperten. Handeln tut es sich dabei ja nur um eine Voraussage der wahrscheinlichen, genetisch gefestigten Durchschnittsleistung der Nachkommen. Es wird in der Sportpferdezucht wohl zukünftig mit diesen Computerauswertungen ein zusätzliches Hilfsmittel zur Verfügung stehen. Züchterische Erfahrung, Weitblick, Gefühl können in der Pferdezucht jedoch nicht ersetzt werden. Ein Käufer sucht nun einmal nicht nur ein leistungsstarkes, sondern auch ein für das Auge ansprechendes Pferd, im modernen Typ, mit gesundem Fundament. Um solche Pferde züchten zu können, müssen die richtigen Blutanschlüsse von Stuten zu gewissen Hengstlinien gefunden werden. Oft produzieren sogenannte »Garanten« nur Mittelmaß. Auch ein Leader bei den Gewinnsummen kann keine Wunder wirken, wenn die Stute nicht dazupaßt. Die richtige Elternkombination muß getroffen werden. Der Computer kann behilflich sein, aber niemals den Züchter ersetzen. Selektionsmerkmale wie Gesundheit, Typ, Exterieur, Bewegungsqualität etc. werden ihren Stellenwert behalten. Sollte eine zu starke Konzentration auf die leistungsorientierte Zuchtwertschätzung allein erfolgen, müßte uns die nächste Generation der Zuchtleiter die Antwort geben, ob diese Maßnahme ein Erfolg war. Mindestens drei Generationen wären abzuwarten, um überhaupt Rückschlüsse ziehen zu können. Mit dem Aus-der-Zucht-nehmen von Hengsten, die dem geforderten BLUP-Wert nicht entsprechen, würde ich eher vorsichtig sein. Nimmt man Hengste, die beispielsweise keinen BLUP-Wert von 100 (= Mittelwert in Deutschland) erreichen, aus der Zucht, könnte es in ein paar Jahren ein böses »Erwachen« geben. Dem Fingerspitzengefühl, der Zuchterfahrung, werden stets nur »Hilfsmittel« angegliedert werden können. Schließlich sind auch viele Warmblutpferde im Freizeitbereich eingesetzt; die Besitzer erfreuen sich am Reiten im Gelände. Diese Pferde finden in der Auswertung von Leistungspferden keine Berücksichtigung. Die Veranlagung dieser Pferde muß deshalb jedoch keineswegs schlechter sein, ja könnte bei entsprechender Förderung zu Traumwerten führen.

Bei einer Freizeitpferderasse wie dem Haflinger sind diese Schlußfolgerungen noch viel ausgeprägter als in der Sportpferdezucht. Oft mittelmäßige Pferde werden beim Haflinger von guten Reitern oder Fahrern gefördert und erzielen beachtliche Erfolge in den unteren Turnierklassen. Die gute bis ausgezeichnete Veranlagung vieler Haflinger kommt jedoch aus dem Blickpunkt von Leistungen im Turniersport gar nicht zum Tragen, weil sie schlichtweg keine Ausbildung in diese Richtung erhalten. Eine Computerauswertung der vorhandenen Ergebnisse würde absolut keine wirklich verwendbaren Zahlen für eine Selektion bieten.

Darf ich zum Abschluß noch die bescheidene Frage stellen, was sich in der Pferdezucht in den letzten 40 Jahren im Hinblick auf Leistung geändert hat? Spitzenleistungen waren immer vorhanden, herausragende Pferde ebenso. Die Leistungsbreite dürfte sich kaum wesentlich verändert haben. In der Vollblutzucht, wo es auf Schnelligkeit und Stehvermögen ankommt, ist Leistung wesentlich einfacher meßbar. In der Rinder- und Schweinezucht können Leistungssteigerungen genau berechnet werden. In der Pferdezucht allerdings ist nur wenig meßbar, was auch gefördert werden muß.

Der Fohlenhof Ebbs

Das Gestütsgelände des Fohlenhofes Ebbs ist beliebter Austragungsort zahlreicher Haflinger-Veranstaltungen, insbesondere auch von internationalen Zuchtschauen.

Im Jahr 1947 wurde durch Pacht des Schloßgutes Wagrain in Ebbs bei Kufstein für die Tiroler Haflinger-Zucht ein Hengsteaufzuchthof eingerichtet, um eine zentrale, fachgerechte Aufzucht von Junghengsten zu garantieren. Im Jahr 1959 konnte ein Teil des Schloßgutes Wagrain käuflich erworben und umgebaut werden. Im Laufe der letzten beiden Jahrzehnte hat sich für den Fohlenhof Ebbs ein neues Aufgabengebiet sowohl in züchterischer als auch wirtschaftlicher Hinsicht herauskristallisiert, was eine Erweiterung der Anlage erforderlich machte. Der Haflinger Pferdezuchtverband Tirol bemühte sich, dem Hengsteaufzuchthof nach und nach ein Gestüt anzugliedern, um Zuchtversuche gezielter und kontrollierter durchführen zu können.

Im Jahr 1964 wurde die Haflinger-Hengsthaltung in Piber eingestellt, wodurch der Fohlenhof Ebbs die Funktion des einzigen Haflinger-Hengsteaufzuchthofes Österreichs übernahm.

Das Einführen der Haflinger-Stutfohlenauktionen machte es notwendig, eine geeignete, wetterunabhängige Halle zu errichten, was mit dem Bau einer Reithalle mit der Doppelfunktion als Versteigerungshalle geschah. Die Ausrichtung des Haflingers auf sein neues Zuchtziel »Freizeitpferd« brachte es mit sich, die Eignung dieses Pferdes als Reit- und Kutschpferd unter Beweis zu stellen.

Die Nachfrage nach dem Haflinger stieg ständig; die kleine Reithalle konnte die Besucherzahl der Auktionen nicht mehr fassen. Im Jahr 1972 wurde dieses Problem durch die Errichtung einer weiteren, größeren Reithalle bzw. Versteigerungshalle gelöst. Das Interesse an Reit- und Fahrlehrgängen mit Haflinger Pferden wuchs. Im Jahr 1975 wurde eine Reiterpension angegliedert, um die Möglichkeit zu bieten, eine fundierte, theoretische und praktische Reit- und Fahrausbildung mit Haflinger Pferden zu erwerben. Ständige Erweiterungs- und Umbauten in den Stallungen folgten. Die größte zusätzliche bauliche Veränderung wurde jedoch im Jahr 1993 mit der Errichtung einer überdachten Arena vollzogen. Die Ebbser Auktionen nahmen in den letzten 5 Jahren eine Größenordnung an, so daß die Besucher in der wetterunabhängigen Reit- und Auktionshalle keinen Platz mehr fanden. 4000 Besucher können nun in der überdachten Fohlenhofarena untergebracht werden.

Reithalle und Stallungen am Fohlenhof highest Standard.

Moderne Hilfsmittel wie Videofilme und Videokorrektur gehören zum täglichen Programm der Lehrgänge.

Ein wöchentlich abgehaltenes Schauprogramm an jedem Freitag (20.00 Uhr) in den Sommermonaten Juli/August sowie an den Weihnachtsfeiertagen bietet Interessenten die Möglichkeit, sich über die gute Eignung des modernen, reingezogenen Haflingers als Reit- und Fahrsowie Voltigierpferd ein Bild zu machen. Nicht zuletzt wird bei diesen Vorstellungen auch die Umgänglichkeit des Haflingers bei Programmpunkten wie »Stuten mit Fohlen bei Fuß« gezeigt. Für Züchter dürfte das Vorstellen der Zuchthengste an der Hand und unter dem Sattel von besonderem Interesse sein.

Das teuerste jemals verkaufte Haflinger-Stutfohlen Maserata fand in den USA seine neue Heimat.

Die Zuchtstuten 10582/T Anka und 12859/T Sonja.

Ein Boxenstall auf dem Fohlenhof in Ebbs.

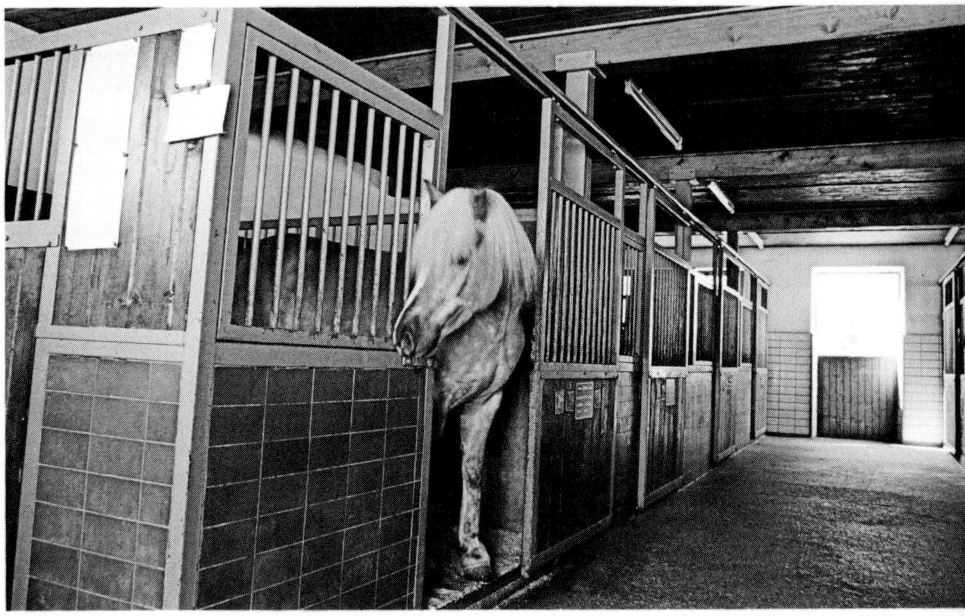

Heute bietet der Fohlenhof Ebbs in Laufstallungen, Boxenstallungen und Ständerstallungen Platz für 170 Hengste, Stuten und Jungpferde. Durch die Größe des Bestandes sowie das Vorhandensein von Hengsten aus allen Blutlinien und Stutenfamilien mit bis zu 4 Generationen kann den Besuchern ein Einblick in den Standard der Landeszucht gegeben werden. Des weiteren kann die Aufzucht vom Fohlen bis zum ausgewachsenen Pferd verfolgt werden. Der Fohlenhof Ebbs stellt heute das größte nichtstaatliche Gestüt Österreichs und das größte Haflinger-Gestüt Europas dar.

Durch seine Einrichtungen ist er Vorbild für moderne Zucht und Haltung.
Als Hengsteaufzuchthof, Gestüt, größte Haflinger-Deckstation Österreichs, Verbandsreit- und Fahrschule sowie Ausbildungsbetrieb FENA für Bereiter (die ihre Prüfungen auf Haflingern ablegen) ist der Fohlenhof Ebbs heute weit über die Grenzen Österreichs bekannt und besitzt die Aufgabe, »Schaufenster« für die Haflinger-Zucht zu sein. Der Fohlenhof Ebbs leistet somit einen großen Beitrag zur Qualitätsförderung der Rasse und hilft mit, die Leistungen des Haflingers als Freizeitpferd in seiner Funktion als Reit- und Kutschpferd unter Beweis zu stellen.

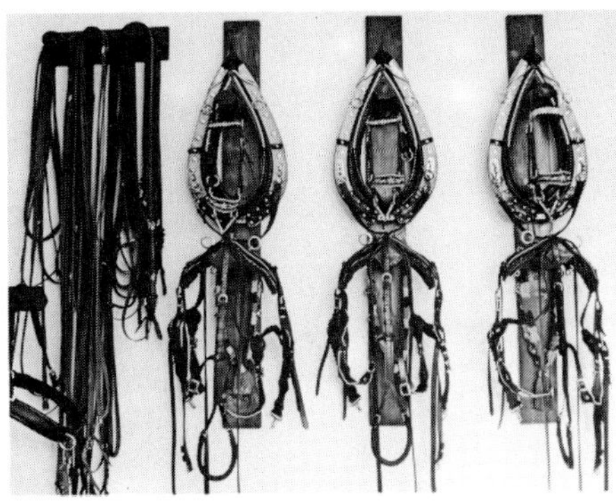

In der Geschirrkammer auf dem Fohlenhof Ebbs hängen Geschirre der verschiedensten Anspannungsarten vom Ein- bis zum Sechsspänner.

Jedes Pferd auf dem Fohlenhof Ebbs hat seinen eigenen Sattel.

Veranstaltungszentrale Fohlenhof Ebbs

Der Fohlenhof Ebbs war stets auch Austragungsort großer Zuchtschauen und der jährlichen Stutfohlenauktionen, die immer am letzten Samstag im September stattfinden. Die große Käuferschicht in Ebbs weiß die breite Blutlinienführung in der Tiroler Haflinger-Zucht, die Vererbungskraft der Tiroler Zuchthengste, die Stabilität der vorhandenen Mutterlinien, die gesunde, harte Aufzucht, die gezielte Zuchtarbeit und Selektion im Verbandsgebiet Tirol zu schätzen.

Schon lange gilt der Fohlenhof Ebbs als »Mekka der Haflinger-Züchter« aus der ganzen Welt. Der Auktionstag gilt für viele Haflinger-Freunde aller Kontinente als »Jour fix«. Zweifelsohne darf auch behauptet werden, daß auf den Ebbser Auktionen der Dow-Jones-Index auf dem Haflinger-Sektor festgelegt wird. Die Ebbser Versteigerungen sind als internationales Preisbarometer anzusehen. Der Durchschnittspreis für halbjährige Stutfohlen lag in den letzten Jahren bei einer Auftriebszahl von ca. 300 Stutfohlen bei S 35000,–. Ungefähr 50 Fohlen der Klasse I brachten den Züchtern im Durchschnitt S 80000,–. Der bisher höchste jemals erreichte Spitzenpreis für ein Stutfohlen lag im Jahr 1994 bei S 308000,–.

110
111
112
111

Werbung, Schauen

Ein Bild anläßlich der Schaukritik auf der Internationalen Haflinger-Schau in Ebbs 1990.

Von seiten des Haflinger Pferdezuchtverbandes Tirol wurde rechtzeitig erkannt, daß eine Zuchtorganisation Aufgaben zu erfüllen hat, die weit über züchterische Maßnahmen hinausreichen. Züchter erwarten von ihrer Zuchtorganisation sowohl züchterische als auch wirtschaftliche Hilfe.

Züchter und Fohlen auf einer Auktion in Ebbs.

Eine kurzfristige Marktanpassung ist in der Tierzucht, so auch in der Pferdezucht, nicht möglich. Zuchtzieländerungen können nur langfristig geplant und erarbeitet werden. Eine Änderung des Zuchtproduktes ist, wenn überhaupt, nur in kleinen, nicht programmierbaren Schritten durchführbar. Diese »Schwerfälligkeit« in der Tierzucht, in unserem Fall in der Pferdezucht, gestaltet die Werbung und den Absatz schwieriger als in anderen Wirtschaftsbereichen. Ein zeitgerechtes Einsetzen der Umzüchtung, dem neuen Aufgabengebiet angepaßt, ist daher unerläßlich. Beim Haflinger wurde dies durch das Umzüchten vom Wirtschaftspferd zum Universalpferd und später zum Freizeitpferd vollzogen.

Zum Schutze der nationalen Zuchtgebiete bestehen, je nach Land verschieden, Schutzzölle, Quarantänevorschriften u.a. restriktive Importbestimmungen oder gar generelle Einfuhrverbote. Zudem birgt der Transport von Lebendtieren größere Risiken und Formalitäten als bei anderen Handelswaren.

Auf der 94. Pferdemesse in Verona beteiligte sich der Haflinger Pferdezuchtverband Tirol auch beim internationalen Fahrturnier CAI. Hinter einem deutschen WM-Teilnehmer konnte der Tiroler Vierspänner den 2. Rang belegen und den Concours d'Elegance gewinnen.

Der Erfolg einer Werbung hängt schwerpunktmäßig vom richtig gewählten Zeitpunkt in einem potentiellen Markt mit gezielt eingesetzten Werbemitteln ab. Beim Haflinger muß vor allem eine klare Abgrenzung gegenüber der Konkurrenz durch seine charakterliche Überlegenheit, seine Anspruchslosigkeit, seine Lernfreudigkeit und seine Eignung als Freizeitpferd für die ganze Familie hervorgehoben werden.

Bereits Anfang der fünfziger Jahre wurde vom Haflinger Pferdezuchtverband Tirol erkannt, daß nur über eine konsequente, gezielt ausgerichtete Werbung dem Haflinger eine Ausbreitung auf andere Länder gesichert werden kann. Beim Haflinger stellte und stellt auch heute noch der Film ein wichtiges Werbemittel dar. Farbfilme über die Aufzucht und Verwendung des Haflingers ließen das Interesse für das Haflinger Pferd im Ausland wachsen. Heute spielt die Werbung durch Filmvorträge vor allem bei Absatzgebieten in Übersee noch eine bedeutende Rolle.

Absatzerfolge konnten und können auch immer nach Beteiligungen an großen Messen verzeichnet werden; sie bieten die Möglichkeit, ein breites, interessiertes Publikum direkt anzusprechen. Der Haflinger Pferdezuchtverband Tirol stellte beispielsweise in den Jahren 1971 bis 1978 jährlich eine Kollektion Haflinger-Pferde auf der größten Landwirtschaftsmesse Europas, dem »Salon International de l'Agriculture« in Paris aus, was vor allem für den Aufbau der französischen Haflinger-Zucht von Bedeutung war, jedoch auch Kontakte mit Interessenten aus Übersee herstellte. Die Züchter der BRD leisten durch die laufende Beteiligung an den DLG-Ausstellungen ebenfalls einen großen Werbebeitrag für das Haflinger Pferd.

Der Werbung mit Prospekten, Broschüren und Büchern ist auch eine besondere Bedeutung beizumessen. Um eine Werbung effektiv zu gestalten, muß sie sich unter allen Umständen auf Tatsachen und Erfahrungswerte stützen können. Ist dies nicht der Fall, kann Werbung leicht ins Gegenteil umschlagen. In der Broschüre »50 Jahre Haflinger-Zucht in Bayern« steht beispielsweise:

»Die bayerische Haflinger-Zucht ist, ohne überheblich zu sein, qualitätsmäßig hinsichtlich Adel, Typ, Rahmen, Gesamterscheinung einschließlich der guten Bewegung derzeit wohl die beste aller Haflinger-Zuchten«.

Diese Aussage widerlegt sich durch das Ergebnis der Bundes-Haflinger-Schau vom 16. August 1987 von selbst. Bayern war auf der Bundesdeutschen Haflinger-Schau nicht in der Lage, auch nur in einer Kategorie eine Siegerstute zu stellen. Inwieweit daher Bayern in der Haflinger-Zucht weltweit an der Spitze steht, läßt sich daraus ableiten. Als objektiver Besucher von Haflinger-Schauen in Baden-Württemberg, Hessen, Rheinland, Westfalen oder Schleswig-Holstein, mußte man feststellen, daß diese Länder Bayern, im Verhältnis zur Population und Zuchtdauer, qualitativ bereits überholt haben. Aber auch Haflinger-Schauen in der Schweiz, in Belgien, den Niederlanden sowie in England und Frankreich zeigten, daß diese Länder in ihrer Spitzenqualität jener von Bayern überlegen sind. Leider muß angeführt werden, daß auch in Holland Haflinger-Schauen mit vielen Arabo-Haflingern beschickt werden, was in Zukunft jedoch unter der Schirmherrschaft der Welt-Haflinger-Vereinigung nicht mehr möglich sein wird.

Das Zuchtgebiet Südtirol hat sich erfreulicherweise in den letzten Jahren in-

Besuch von Staatspräsident Pompidou auf dem Österreichstand des »Salon International de l'Agriculture« in Paris.

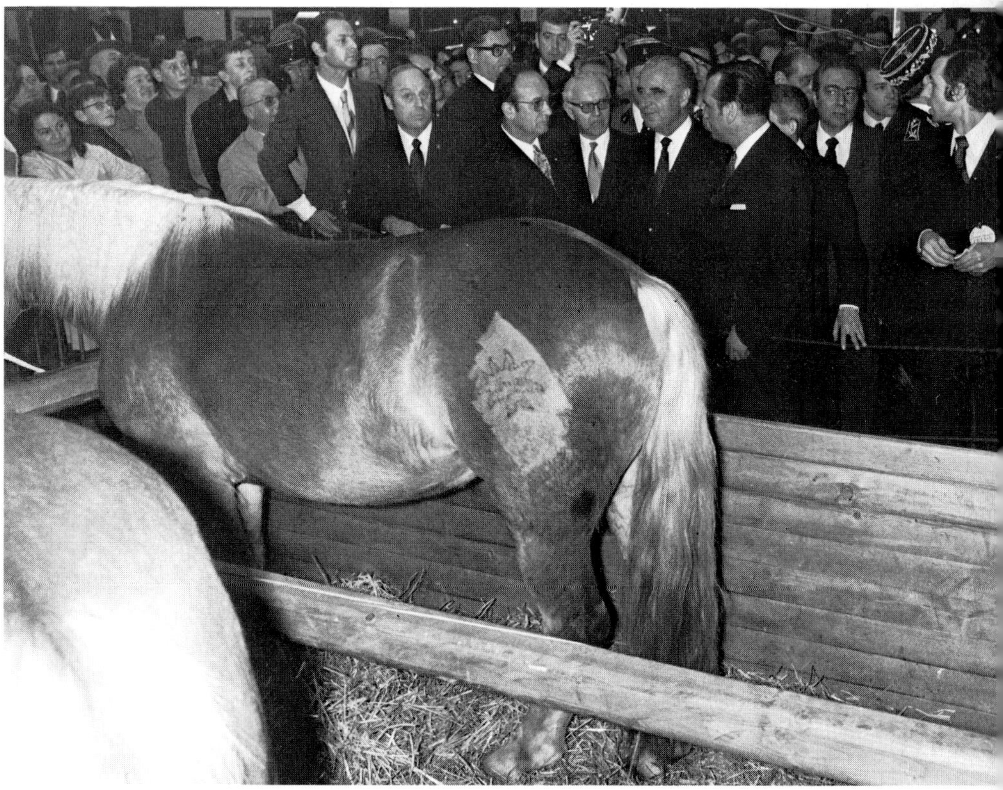

tensiv bemüht, Werbemaßnahmen zu setzen. Allerdings müßte auch Südtirol darauf achten, nicht mit Slogans zu operieren, die von den Tatsachen abweichen. Von einem »Original-Zuchtgebiet« wäre zu erwarten, daß von Beginn an gezüchtet und selektioniert wurde. Im Katalog der 60jährigen Jubiläumsausstellung im Jahr 1964 am Tschöggelberg sind von seiten Südtirols noch nahezu 20 Stuten angeführt, deren Mütter keine Abstammung aufweisen.

Pferdeschauen und Ausstellungen stellen jedoch die attraktivste Werbemaßnahme dar. Sie reichen von Vereinsausstellungen über Verbands- und Landesschauen bis zu internationalen Ausstellungen. Solche Veranstaltungen sollten aber immer auf den Züchter und den Kunden abgestimmt sein, d.h. einen entsprechenden Überblick über die Zuchtqualität, die Wirtschaftlichkeit sowie die Verwendungsmöglichkeit der Rasse bieten.

Der Haflinger Pferdezuchtverband Tirol hat bereits im Jahr 1947 begonnen, mittels Schauen für das Haflinger Pferd zu werben. Es handelte sich dabei um eine Pflichtausstellung, d.h. das gesamte Zuchtmaterial mußte vorgestellt werden. Auf diese Weise konnte sich jeder Besucher einen Überblick über den Qualitätsstand verschaffen, wobei es selbstverständlich auch galt, die Hauptmängel der Rasse zu erkennen, um diese ausmerzen zu können. Mittels Verbandsbeschluß wurden für die Jahre 1957 und 1967/68, also im Zehnjahresabstand, weitere Pflichtschauen vorgeschrieben und auch durchgezogen. Dank dieser Ausstellungen war es möglich, zu erkennen, ob die getroffenen Selektionsmaßnahmen gegriffen hatten bzw. war es möglich, neue zu erstellen.

Die anschließenden Tabellen geben Aufschluß über die qualitative Aufwärtsentwicklung im Laufe dieser 20 Jahre.

Ergebnisse der Pflichtausstellungen 1947, 1957 und 1967/68

I. Klasse	II. Klasse	III. Klasse	IV. Klasse	Gesamt
1947				
171	711	566	—	1448
11,5%	49%	39,5%	—	
1957				
615	996	395	65	2071
30%	48%	19%	3%	
+18,5%	—1%	—20,5%	+3%	
1967/68				
646	660	130	—	1436
45%	46%	9%	—	
+15%	—2%	—10%	—3%	

1. Landesausstellung in Innsbruck 1954

Im Jahre 1954 wurde im Haflinger Pferdezuchtverband Tirol die *erste große Landesausstellung* in Innsbruck abgehalten, der bis heute in einem ca. Fünfjahreszyklus jeweils Landesausstellungen und internationale Schauen folgten. Nahezu 300 Ausstellungspferde zogen bereits im Jahr 1954 internationales Publikum an.

Haflinger Landesausstellung 1954 in Innsbruck (24 Hengste, 253 Stuten)

Ausgestellte Stuten	Klasse Ia	Ib	IIa	IIb
253	37	133	36	47
100%	14,6%	52,6%	14,2%	18,6%

Landesausstellung 1961 in Innsbruck

Im Jahr 1961 wurde die nächste Landesausstellung in Innsbruck abgehalten, um vor allem die Durchgezüchtetheit, Langlebigkeit und Fruchtbarkeit der Rasse unter Beweis zu stellen. Die Leistungsbereitschaft des Haflingers wurde bei Zugleistungsprüfungen gezeigt. Die beste Stute bewältigte 8000 kg. Eine bereits zwanzigjährige Stute war noch in der Lage, 7000 kg mit einem Zugschlitten über eine Wegstrecke von 30 m zu ziehen.

Über diese Schau wurde im »Tierzüchter« von Oertzen berichtet:

»... Wohl keine Pferderasse ist in der Lage, aus einem Bestand von noch nicht 2000 Stuten 20 vorzustellen, die zwischen 20 und 30 Jahre alt sind und mindestens 10 Fohlen gebracht haben. Dieser Konstitutionsnachweis wird durch das Wissen von der harten Nutzung des Haflingers in den Bergbauerngebieten Tirols noch im Werte erhöht ...«

Haflinger Landesausstellung 1961 in Innsbruck (33 Hengste, 194 Stuten)

Ausgestellte Stuten	Klasse Ia	Ib	IIa	IIb
194	40	65	65	24
100%	20,6%	33,5%	33,5%	12,4%

1. Internationale Haflinger-Schau Innsbruck 1965

Im Jahr 1965 wurde die 1. Internationale Haflinger-Schau im Olympiastadion in Innsbruck veranstaltet. Neben dem Hauptaussteller Österreich stellten Deutschland, Italien, die Schweiz und Holland aus. Anläßlich der 1. Internationalen Haflinger-Schau in Innsbruck erschien das Buch *»Haflinger – ein Pferd erobert die Herzen der Völker«*. Im gleichen Jahr erschien das Buch von Dr. Gentner *»Der Haflinger und seine Zucht«* in zweiter Auflage (Erstauflage 1957).

Klassifizierungsergebnisse der 1. Internationalen Haflinger-Schau 1965. Alle ausgestellten österreichischen Hengste waren Tiroler Hengste, mit Ausnahme eines IIa klassifizierten M-Hengstes aus der Steiermark.

Staat	Ausgestellte Stuten	Klasse Ia	Ib	IIa	IIb	Ausgestellte Hengste	Klasse Ia	Ib	IIa	IIb
Österreich	120	21	40	44	15	20	5	8	7	—
Italien	36	3	13	17	3	6	—	4	2	—
Schweiz	19	3	3	8	5	2	—	2	—	—
Deutschland Bayern	20	6	5	8	1	2	—	2	—	—
Holland	13	—	3	5	5	1	—	1	—	—
Gesamt	208 100%	33 15,9%	64 30,8%	82 39,4%	29 13,9%	31 100%	5 16,1%	17 54,8%	9 29,1%	—

Haflinger-Hengst Monaco, Einzel- und Nachzuchtsammlungssieger auf der 1. Internationalen Haflinger-Schau in Innsbruck 1965.

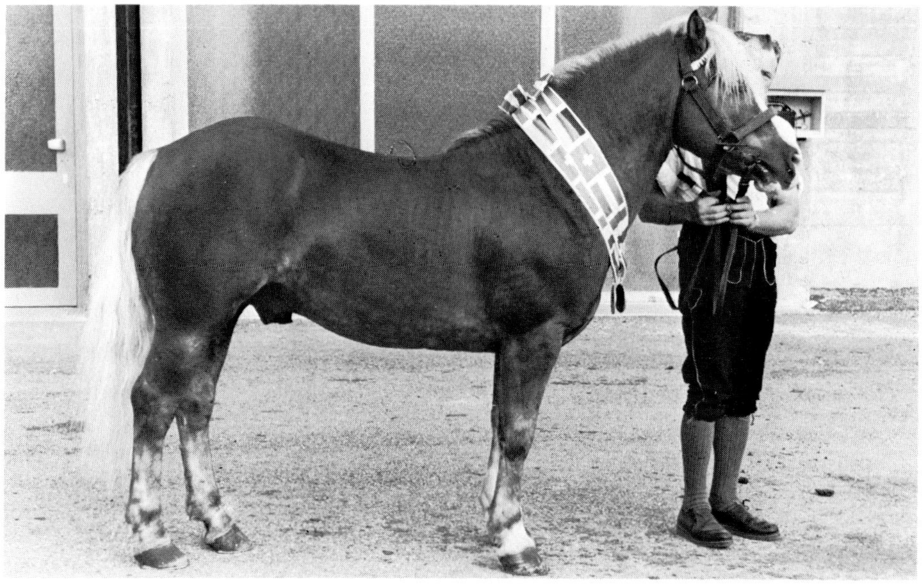

Jubiläumsschau des Haflinger Pferdezuchtverbandes Tirol – 50 Jahre Hochzuchtland Tirol – in Innsbruck 1971

Im Jahr 1971 folgte die Jubiläumsschau des Haflinger Pferdezuchtverbandes Tirol – 50 Jahre Hochzuchtland Tirol – in Innsbruck. Die Broschüre *»Der Haflinger – das Freizeitpferd aus den Bergen Tirols«* wurde zu diesem Anlaß aufgelegt. Wie auch im Jahr 1965 wurden 1971 wiederum Schauvorführungen mit Haflingern abgehalten.

Haflinger Jubiläumsausstellung 1971 in Innsbruck (24 Hengste, 181 Stuten)

Ausgestellte Stuten	Klasse I a	I b	I c	II a
181	56	69	43	13
100%	30,9%	38,1%	23,8%	7,2%

Siegerhengst auf der Jubiläumsschau 1974 in Bozen, Südtirol.

Schau zum 100jährigen Bestehen der Haflinger-Zucht in Südtirol 1974

Im Jahr 1974 feierte Südtirol das hundertjährige Bestehen seiner Haflinger-Zucht. Der Werbeerfolg der zu diesem Anlaß veranstalteten Schau war jedoch bescheiden; die nationale, besonders die internationale Besucherzahl war gering. Sowohl die Beschickung der Schau als auch die Klassifizierung waren nicht auf den Haflinger als Freizeitpferd ausgerichtet. In der Schaukritik wurde den Züchtern zwar bestätigt, sie befänden sich auf dem richtigen Weg, eine Nebeneinnahmequelle sei ihnen dadurch für die Zukunft gesichert.

Die gezeigten Pferde wiesen jedoch eine mangelnde Konsolidierung des Merkmalskomplexes »Reiteignung«, meist kleine Größe sowie Abweichung der für den Haflinger typischen Farbe, auf.

Bedauerlicherweise wurden auch nicht die besten Stuten der Schau vorangestellt. Zur Siegerstute wurde ein Pferd mit einem Stockmaß von 132 cm erklärt, obwohl eine Stute mit einem Stockmaß von 140 cm zur besten Stute hätte prämiert werden können. Auf der Jubiläumsschau 1971 in Innsbruck durfte vergleichsweise kein ausgewachsener Haflinger unter einem Stockmaß von 138 cm vorgestellt werden.

Bedauerlicherweise wiesen auch zahlreiche, im Katalog verzeichnete Stuten in der zweiten und dritten Generation keine Abstammung auf. Nach Registrierung aller Haflinger-Zuchtstuten durch Oberregierungsrat Dr. Thurner im Jahr 1940 war das Fortsetzen einer geordneten Zuchtbuchführung durchwegs möglich und hätte auch in Südtirol erfolgen müssen.

liz. Afghan, der Bundessiegerhengst Österreichs 1976.

Anka, die Bundessiegerstute Österreichs, ist sowohl als Reit- als auch als Fahrpferd ausgebildet.

1. Österreichische Bundespferdeschau 1976

Im Jahr 1976 wurde die 1. Österreichische Bundespferdeschau abgehalten, an der sich alle Rassen Österreichs beteiligten: Kaltblut, Warmblut, Haflinger, Lipizzaner und Kleinpferde. Die Arbeitsgemeinschaft der Haflinger-Züchter Österreichs präsentierte auf dieser Ausstellung 72 Haflinger Pferde.

Der Haflinger Pferdezuchtverband Tirol stellte bei dieser Schau somit alle in der Bewertungsklasse Ia prämierten Pferde. Mit dem Hengst LIZ. AFGHAN und der Stute 10.582/T ANKA stellte Tirol den Bundessiegerhengst und die Bundessiegerstute.

Mit Schaukritiken großer Ausstellungen in Österreich bemühte man sich stets, ausländische Experten zu betrauen. Die Funktion des Schaukritikers wurde von Oberlandwirtschaftsrat Reiff aus Stuttgart, dem international anerkannten Fachmann Prof. Dr. Schwark, Universität Leipzig, und Dr. Krapf, St. Gallen, übernommen.

Anläßlich der 1. Österreichischen Bundespferdeschau in Wels berichtete Prof. Dr. Schwark:

»Haflinger: Die Haflinger-Kollektion mit insgesamt 72 Pferden auf der Ausstellung dokumentiert einen züchterischen Hochstand, eine Einheitlichkeit in Typ und Modell sowie Korrektheit im Exterieur, wie er nur von wenigen Kulturrassen des Pferdes erreicht ist. Für die Züchtung von Merkmalspopulationen des Pferdes kann die Züchtung des Haflingers, speziell im Zuchtgebiet Tirol, als allgemeine Demonstration und hervorragendes Beispiel gewertet werden, wie auch bei der biologisch schwerfälligen Tierart Pferd in relativ kurzer Zeit, dem Wechsel von nur etwa drei Generationen ein weitgehender Wandel in den Merkmalen und Leistungseigenschaften erreicht werden kann.

Die vorgestellte Stutenkollektion kann in Typ und Modell als beispielgebend für die Zuchtung von Freizeitpferden angesehen werden. Es ist sicherlich angezeigt, von einem speziellen Haflinger-Adel zu sprechen, der gekennzeichnet wird durch das Typische seines Kopfes und seine elegante Linienführung. Der sonst auf den Araber begrenzte Charme ist in selten guter Weise mit den Merkmalen der Zweckmäßigkeit gekoppelt, worüber die Schönheit der Pferde und ihre Körperharmonie eindeutig Zeugnis ablegen.

Der neue Rassetyp wird in ausgeprägter Einheitlichkeit demonstriert. Dieser kommt zum Ausdruck in der generellen Vergrößerung auf 140 bis 145 cm Widerristhöhe (Stockmaß) und ist gekennzeichnet durch lange Linien mit einem betont verlängerten Hals, einer schrägen Schulter, markiertem Widerrist und einer Rükkenlänge, die der Körperharmonie des Kleinpferdes ausreichend Rechnung trägt sowie von hoher reiterlicher Elastizität gekennzeichnet ist. Die Kruppenform hat sich gewandelt, indem eine seit- und rückwärts leicht verjüngte Kruppe vorherrscht und die stark abgezogenen und oft hüfti-

1. Österreichische Bundespferdeschau in Wels 1976. Haflinger (5 Hengste, 67 Stuten)

Bundesland	Ausgestellte Stuten	Klasse Ia	Ib	Ic	IIa
Tirol	36	22	12	2	—
Niederösterreich	9	—	6	3	—
Oberösterreich	7	—	1	6	—
Salzburg	4	—	3	1	—
Steiermark	4	—	3	1	—
Kärnten	4	—	1	3	—
Vorarlberg	3	1	2	—	—
	67 100%	23 34,3%	28 41,8%	16 23,9%	—

gen Kruppenformen verschwunden sind. Die teilweise gespaltene Kruppe sollte bei der neuen Kruppenform nicht als Mangel angesehen werden, sondern als Ausdruck starker Bemuskelung, die dem Kleinpferd genügend Kraft bei der Bewegung aus der Hinterhand für Langzeitbelastungen gibt.

Rahmen und Kaliber lassen eine vielseitige Verwendbarkeit erkennen, wobei zu betonen ist, daß das moderne Freizeitpferd auch für die Fahrtouristik geeignet sein muß, wobei mitunter beträchtliche Zugwiderstände zu überwinden sind. Ein hoher Grad an Veredelung und damit Verfeinerung wäre der Zielstellung abträglich.

Es muß schließlich hervorgehoben werden, daß der hier demonstrierte Haflinger in Reinzucht der Textur, in der Feinheit von Haut und Haar und in der Stärke des Behanges den edlen Warmblütern gleichgezogen hat. Ein altes Sprichwort sagt: ›Je edler das Roß, um so schlichter das Haar‹. Sicher werden unter der angestrebten Zielstellung stark ausgeprägte Doppelmähnen und schwere Schweife zunehmend der Vergangenheit angehören. Dafür gewinnen die Pferde jedoch an Eleganz und in Einheit mit den interieuren Eigenschaften gesehen, nehmen Adel, Härte und Nerv zu. Somit ist es nicht von Nachteil, diese korrelativ bedingte Merkmalsänderung in Kauf nehmen zu müssen. Trockene Gliedmaßen ohne starke Behänge sind frei von Hautschäden wie Raspe und Mauke und haben in der Regel auch ein härteres Hufhorn aufzuweisen.«

1. Bundesdeutsches Zuchtchampionat für Haflinger in Merenberg 1979

Im Jahr 1979 veranstalteten erstmals die deutschen Haflinger-Zuchtverbände im 1. Bundesdeutschen Zuchtchampionat für Haflinger in Merenberg eine gemeinsame Schau. Diese Ausstellung stellte, neben den züchterischen Aspekten, sicherlich eine der größten Werbeveranstaltungen der deutschen Haflinger-Züchter bis zu jenem Zeitpunkt dar. 115 Jungstuten und Stuten wurden der Öffentlichkeit präsentiert und boten einen Überblick über den damaligen Stand der deutschen Haflinger-Zuchtgebiete. Mit der Spitzenqualität konnte die BRD schon im Jahr 1979 mit den anderen Zuchtgebieten mithalten; hinter der Spitze fehlte jedoch noch die nötige Ausgeglichenheit. Leider wurden auch bereits auf dieser Schau keine Vatertiere ausgestellt. Als Plusvariante muß hervorgehoben werden, daß der Haflinger in Merenberg nicht nur als schönes Zuchttier, sondern auch in seiner Eignung als Freizeitpferd vorgestellt wurde. In Merenburg zeigte man, trotz des bereits zu diesem Zeitpunkt relativ hohen Anteils an Kreuzungsprodukten, nur 4 eingekreuzte Pferde.

2. Internationale Haflinger-Schau in Innsbruck 1980

Einen Höhepunkt der gemeinsamen internationalen Werbung stellte die 2. Internationale Haflinger-Schau in Innsbruck dar.

Die Schaukritik wurde von Dr. Willi Krapf, Schweiz, gehalten.

Selbstverständlich wurde der Haflinger auf dieser Schau in allen Verwendungsmöglichkeiten als Freizeitpferd gezeigt.

Generell zeigen die Statistiken über die während der letzten 25 Jahre durchgeführten Ausstellungen im Hochzuchtland Tirol eine enorme qualitative Verbesserung. Selbstverständlich muß dabei nochmals darauf verwiesen werden, daß dieser Schritt nach vorne nur aufgrund rigoroser Selektionsmaßnahmen möglich war.

2. Bundesdeutsche Haflinger-Schau in Nürnberg 1982

Im Jahr 1982 waren auf der 2. Bundesdeutschen Haflinger-Schau in Nürnberg 98 Pferde im Katalog verzeichnet, davon 27 Arabo-Haflinger (10 mit 50% Araberblutanteil). Von den 10 Stuten mit 50 Prozent Araberblutanteil stammten 8 aus verschiedenen Vätern; die 27 Araberblut führenden Stuten wiesen insgesamt 17 verschiedene Araber-Hengste als Väter nach. Jeder Fachmann, aber auch jeder Laie, wird sich in diesem Fall selbstverständlich die Frage stellen, welche Aufspaltung sich in den Folgegenerationen bei der Zufuhr so vieler verschiedener Araberhengste ergeben muß. Auf der gesamten Schau wurden lediglich von 4 dieser Hengste mehr als 2 Nachzuchtprodukte, im Höchstfall 4, gezeigt.

Zudem wurden mit 98 Pferden nicht einmal 3% des Zuchtbestandes vorgestellt, wodurch ein Rückschluß kaum möglich ist. Für jeden Laien und Fachmann muß die 2. Bundesdeutsche Haflinger-Schau aus den oben angeführten Gründen im Vergleich zu jener in Merenberg auf jeden Fall als qualitativer Rückschritt angesehen werden.

Allerdings ist zu erwähnen, daß von den 27 ausgestellten Arabo-Stuten 16 aus Bayern kamen. Das Pferdestammbuch Schleswig-Holstein, der Verband der Ponyzüchter Weser-Ems, der Verband der Pony- und Kleinpferdezüchter Hannover, das Rheinische Pferdestammbuch und der Verband Hessischer Pferdezüchter stellten jeweils keine einzige Arabo-Stute aus. Der Verband der Ponyzüchter Hessens stellte von 10 vorgestellten Stuten 6 Arabo, der Pferdezuchtverband Rheinland-Pfalz-Saar von 10 vorgestellten Stuten 3, der Pferdezuchtverband Baden-Württemberg von 8 Pferden 3.

Wie groß der Einfluß des Hochzuchtlandes Tirol auch in der BRD ist, zeigt deutlich, wenn man bedenkt, daß von 98 vorgestellten Pferden 43 in der 1. und 2. Generation auf Tiroler Abstammung zurückgehen.

2. Internationale Haflinger-Schau in Innsbruck 1980

Staat	Ausgestellte Stuten	Klasse Ia	Ib	Ic	IIa	Ausgestellte Hengste	Klasse Ia	Ib	Ic	IIa
Österreich	180	87	68	25	—	36	12	19	4	1
BRD	9	6	3	—	—	2	—	2	—	—
Frankreich	—	—	—	—	—	1	1	—	—	—
Belgien	2	1	—	1	—	—	—	—	—	—
Schweiz	2	1	—	1	—	—	—	—	—	—
	193	95	71	27	—	39	13	21	4	1
	100%	49,2%	36,8%	14%	—	100%	33,3%	53,8%	10,2%	2,7%

Die Siegerstute der Klasse »Mutterstuten 8- und 9jährig« 11.879/T Caoru wurde auf der Internationalen Haflinger-Schau Ebbs, 1985, in einem Pas de deux (Klasse L) gemeinsam mit dem Hengst Stuart gezeigt. Alle Stuten, die das Schauprogramm bestritten, nahmen auch an der Zuchtschau teil.

Internationale Haflinger-Zuchtschau in Ebbs 1985

In seiner Schaukritik über die Internationale Haflinger-Zuchtschau in Ebbs 1985 führte Prof. Dr. sc. Dr. h.c. H.J. Schwark unter anderem an: *»Ich gestehe, noch auf keiner Rassenschau, auch anderer Tierarten, eine derart hohe Qualitätskonzentration erlebt zu haben, was in folgenden Werten zum Ausdruck kommt: 53,8% aller bewerteten Pferde erreichten in der Einzelbewertung Ia-Preise, 26,0% Ib-Preise, 16,6% Ic-Preise und nur 3,6% IIa-Preise.*

Es ist ein unumstrittener Verdienst des Haflinger Pferdezuchtverbandes Tirol, diese in der Zeit von 1915 bis 1927 geborenen Blutlinienbegründer in einer Vielzahl von Zweigen und eine über viele Generationen für die heute weit verbreitete Haflinger-Population zu entwickeln, zu erhalten und zu eigenständiger Tragfähigkeit auszubauen. Heute sind seit der Geburt dieser Stammhengste Generationen züchterisch wirksam geworden und alle vererben unabhängig der Genealogie das in kontinuierlicher Zuchtarbeit manifestierte Modell des Haflingers mit einer Vielzahl von Merkmalen des Typs und des Exterieurs. . . .

Die grundlegende Wende ist nach dem 2. Weltkrieg, also in den letzten 50 Jahren eingetreten, in denen das Haflinger Pferd den Anschluß an andere international verbreitete Pferderassen herstellen und sich zu einer Weltrasse entwickeln konnte. Dieses können wir am heutigen Tag insbesondere anhand des genealogisch vielseitig besetzten und in der Qualität hervorragenden Zuchtmaterials unserem Freund und züchterischen Vorbild, Otto Schweisgut, und seiner Züchterschaft bestätigen. ...

Inzwischen ist das 3. Bild zur Aufstellung gekommen, das mir die Möglichkeit bietet, Ihnen das Gesagte anhand von 10 Nachzuchtsammlungen sich hervorragend vererbender Stuten in Form sogenannter Nachzuchtsammlungen zu demonstrieren. Stutenfamilien sind das stabile Element der Zucht, in dem durch die Wirkung des mütterlichen Effektes ein über die genetische Rekombination hinausgehender Erbeinfluß vorliegt. Die Bezeichnung »Familie« ist erst dann gerechtfertigt, wenn Stuten in mindestens 3 Generationen vorhanden sind und damit die Möglichkeit gegeben ist, die Erbtreue einerseits und die Vererbungstendenz innerhalb der Familie andererseits von Generation zu Generation zu beurteilen. ...

Lassen Sie mich den Übergang zu den nächsten Bildern, die Nachzuchtsammlungen der Hengste gewidmet sind, dazu nutzen, Sie zu informieren, daß sämtliche ausgestellten Pferde in Sammlungen eingeordnet sind, woraus sich eine echte Begrenzung für das auszustellende Zuchtmaterial ergibt und Schlüsse auf ein in gleicher Qualität erweitert vorliegendes Zuchtpotential gerechtfertigt sein dürften. ...

Das Maß der Vitalität spiegelt sich in dem Fitneßkomplex Fortpflanzungsleistung wider und es sei an dieser Stelle erwähnt, daß die 17 vorgestellten Stutenfamilien in durchschnittlich 11,3 Deckjahren 9,3mal Abfohlungen und damit eine Abfohlrate von 82,3% erreichten. Daß sich hohe Fortpflanzungsleistung mit hoher Typ- und Exterieurqualität koppeln läßt, wird schließlich darin deutlich, daß von den 82,3% Abfohlraten exakt 50% in den Zuchtbüchern erfaßte Nachkommen nachweisen ließen. ... Es gilt also, am erfolgreich beschrittenen Weg der Selektion nach Typ, Modell und Exterieur sowie realisierter Fortpflanzungsleistung weiterhin zu selektionieren und zu verpaaren. ...

Züchten heißt denken in Generationen und diesem Denken in Generationen sollen die folgenden Bilder gewidmet sein. Ich glaube, von Einmaligkeit einer Zuchtschau des Pferdes sprechen zu können, wenn innerhalb einer Zuchtdemonstration 6 Stutenfamilien mit jeweils 4 lebenden Generationen zur Vorstellung kommen. Dieses macht die Langlebigkeit des Haflinger Pferdes deutlich und ist Ausdruck hoher Vitalität und Härte.

Vier lebende Generationen machen aber auch deutlich, daß diese Pferde, und sie repräsentieren die Haflinger-Population in hohem Maße, der Umwelt im weitesten Sinne angepaßt sind und in ihrer physiologischen und psychischen Gesamtheit den Anforderungen der Halter in bester Weise entsprechen. Hier dokumentiert sich ein über mehr als 100 Jahre fortgeführtes Erbgut dieser Population, das darin zum Ausdruck kommt, daß nur anpassungsfähige und in Charakter und Temperament einwandfreie Pferdegenerationen einen Fortbestand haben konnten. ... Als Beleg der Gutartigkeit und des einwandfreien Charakters sehe ich auch den komplikationslosen Verlauf dieser Veranstaltung bei einer so hohen Konzentration an Pferden auf kleinstem Raum. ... Angesichts dieses beeindruckenden Bildes von Einheitlichkeit und Geschlossenheit eines repräsentativen Teiles der Zuchtpopulation, darf ich wohl in Übereinstimmung mit Ihnen allen feststellen, daß die Internationale Haflinger-Schau für den Tiroler Zuchtverband und für die gesamte Haflinger-Zucht der Welt ein Erfolg gewesen ist ...«

Mit 291 Ausstellungspferden unter der Beteiligung von der BRD, der Schweiz, von Dänemark, Frankreich und den

Internationale Haflinger Zuchtschau 17.–19. Mai 1985 in Ebbs

Staat	Aus-gestellte Stuten	Klasse Ia	Ib	Ic	IIa	Aus-gestellte Hengste	Klasse Ia	Ib	Ic	IIa
Österreich	216	119	53	36	8	30	13	11	5	1
BRD	14	10	2	2	—	4	1	2	1	—
Schweiz	3	1	2	—	—	2	—	1	1	—
Belgien	3	1	1	1	—	—	—	—	—	—
Frankreich	2	1	—	—	1	1	1	—	—	—
Holland	1	1	—	—	—	—	—	—	—	—
Dänemark	—	—	—	—	—	1	1	—	—	—
	239 100%	133 55,6%	58 24,3%	39 16,3%	9 3,8 %	38 100%	16 42,1%	14 36,8%	7 18,5%	1 2,6%

Bild oben:
Siegerstute der Jubiläumsschau »100 Jahre Haflinger-Zucht« in Meran, Südtirol, 1974.

Bild Mitte:
Siegerstute Marga auf dem 1. Bundesdeutschen Zuchtchampionat für Haflinger in Merenberg, 1979.

Bild unten:
Siegerstute Anka bei der 1. Österreichischen Bundespferdeschau 1976.

Niederlanden bot diese Schau im Jahr 1985 die bisher weitestreichende züchterische Demonstration für das Haflinger Pferd, was sich auch in Rekordbesucherzahlen aus 24 Nationen widerspiegelte und durch ein gelungenes Schauprogramm abgerundet wurde.

11 Junghengste und 3 Stutjährlinge wurden der Einzelbewertung nicht unterzogen.

Insgesamt wurden auf der Schau in Ebbs 1985 Nachzuchtsammlungen von 21 Hengsten vorgestellt, wobei 4 Hengste selbst nicht zur Ausstellung kamen. Die Anzahl der Nachkommen bewegte sich zwischen 8 und 23 Pferden.

3. Bundes-Haflinger-Schau in Aachen 1987

Auf der 3. Bundes-Haflinger-Schau in Aachen im Jahr 1987 wurden von ca. 6800 (Bestand 1986: 6682) Stuten 90 vorgestellt, d. h. es wurden nicht einmal eineinhalb Prozent der Gesamtpopulation in der BRD gezeigt. Von diesen 90 Stuten waren 19 Arabo-Haflinger:

Pferdezuchtverband Baden-Württemberg: 11 Pferde (4 Arabo)
Landesverband Bayerischer Pferdezüchter: 13 Pferde (4 Arabo)
Verband Hessischer Pferdezüchter: 5 Pferde (1 Arabo)
Verband der Ponyzüchter Hessens: 5 Pferde (2 Arabo)
Pferdezuchtverband Rheinland-Pfalz-Saar: 2 Pferde (1 Arabo)
Rheinisches Pferdestammbuch: 30 Pferde (3 Arabo)
Pferdestammbuch Schleswig-Holstein: 4 Pferde (1 Arabo)
Westfälisches Pferdestammbuch: 20 Pferde (3 Arabo)

Rückschlüsse auf die Qualität in den einzelnen Zuchtgebieten können kaum gezogen werden, da das Gastgeberland beispielsweise proportional zu den Bestandszahlen bereits einen wesentlich höheren Anteil an Ausstellungspferden stellte als die anderen Verbände.

Im Vergleich zur Bundes-Haflinger-Schau in Nürnberg im Jahr 1982 wurden in Aachen 1987 nicht mehr annähernd so viele Arabo-Haflinger vorgestellt. Interessanterweise stellte auch der Landesverband Bayerischer Pferdezüchter nur noch 4 Arabo-Stuten; im Jahr 1982 waren es noch 16.

Leider können die Klassifizierungsergebnisse der 3 bundesdeutschen Haflinger-Schauen qualitativ nicht miteinander verglichen werden, da alle Ausstellungspferde in Klasse I mit Reihenfolge nach dem ABC gereiht werden (I a, I b, I c, etc.). Es ist daher nicht möglich, Qualitätsklassen zu unterscheiden.

Auch in Aachen wurde kein Vatertier vorgestellt. Es sollte eine Selbstverständlichkeit sein, auf einer Bundes-Haflinger-Schau auch eine entsprechende Anzahl von Vatertieren zu zeigen. Der Haflinger Pferdezuchtverband Tirol beispielsweise stellte auf Landesausstellungen seit dem Jahr 1954 mindestens 30 Prozent der vorhandenen Vatertiere aus. In den letzten 20 Jahren wurden jeweils immer 70 bis 80% der im Verband vorhandenen Vatertiere präsentiert. Dadurch wird es möglich, einen hohen Prozentsatz an Hengstnachzuchtsammlungen zu stellen, was einen hervorragenden Überblick über die Vererbung der Vatertiere ergibt.

Oben links: Der Gesamtsiegerhengst und Sieger der Nachzuchtsammlungen von Hengsten im Alter von 10 und 11 Jahren auf der 1. Haflinger-Weltausstellung, 1338 Afghan II.

Unten links: Der Klassensieger und Sieger der Nachzuchtsammlungen von Hengsten im Alter von 7 bis 9 Jahren auf der 1. Haflinger-Weltausstellung, 1406 Winterstein.

Oben rechts: Der Klassenreservesieger und Sieger der Nachzuchtsammlungen von Hengsten im Alter von 12 Jahren und älter, 1262 Midas.

Unten rechts: Der Gesamtreservesiegerhengst der 1. Haflinger-Weltausstellung, Stromboli 04 2110984.

89. Pferdemesse Verona 1987 (89ª Fieracavalli 1987)

Auf dieser 89. Pferdemesse in Verona 1987 konnte, so wie auch auf Versteigerungen in Südtirol, festgestellt werden, daß Italien, wie auch im Zuchtziel dieses Landes (s. Seite 229) festgehalten ist, schon allein in bezug auf die Größe beim Haflinger weit hinter den anderen Zuchtländern zurückliegt. Was das lichte Langhaar anbelangt, konnte im Vergleich zu vor 10 Jahren bereits ein Fortschritt erreicht werden; der Prozentsatz an weißmähnigen Pferden ist immer noch relativ gering.

Anläßlich der Pferdemesse im November 1987 in Verona konnte festgestellt werden, daß von 117 vorgestellten Pferden 62 mütterlicher- und väterlicherseits auf Nordtiroler Abstammung zurückgehen, von 34 gezeigten Hengsten verfügen 18 über Tiroler Vorfahren, 9 davon mütterlicher- und väterlicherseits. Dies zeigt deutlich, daß auch das Ursprungsland Südtirol und Italien während der letzten Jahrzehnte maßgeblich von Tirol (Österreich) beeinflußt wurden.

Modelle für Ausstellungen

Leider gibt es bisher kein international einheitliches System für Haflinger-Schauen. Somit sind sie auch schwer vergleichbar, selbst, wenn auch, je nach Zuchtdauer und Qualitätsstand, in den einzelnen Ländern Unterschiede vorherrschen. In Nachzuchtgebieten kann nicht mit gleicher Härte und Konsequenz gerichtet werden, wie in fortgeschrittenen Zuchtgebieten oder wie es in einem Hochzuchtland unter allen Umständen erforderlich ist. Dennoch sollten Schauen für Züchter und Laien zumindest annähernd vergleichbar sein.

1. Beschickungszahlen von Ausstellungen sollen sich nach der Population des auszustellenden Gebietes richten.

Auf lokalen Schauen (Vereinsschauen) sollten bei Stutenbeständen zwischen 100 und 200 Pferden ca. 70% des vorhandenen Zuchtmaterials ausgestellt werden, um vor allem einen qualitativen Überblick über das Zuchtgebiet zu gewährleisten. Auf Bezirks- oder Kreisschauen, an denen sich mehrere Zuchtvereine beteiligen, sollten ca. 30% des vorhandenen Zuchtmaterials gezeigt werden.

Auf Landesschauen, bei einer Stärke von ca. 1500 bis 2000 Pferden, wäre es angebracht, ca. 10 bis 15% der Pferde vorzustellen.

Bei Bundesschauen mit Stutenbeständen von 4000 Pferden und mehr, sollten ca. 5% des vorhandenen Stutenmaterials gezeigt werden.

Nur durch das Ausstellen von entsprechenden Prozentsätzen des gegebenen Zuchtmaterials sind durch Ausstellungen auch eine entsprechende Information und Werbung für die Rasse und das Zuchtgebiet gegeben.

2. Landes- und Bundesschauen sollten unter allen Umständen auch Nachzuchtsammlungen der Vatertiere und Mutterstuten beinhalten.

Von Vatertieren mindestens 10 Nachkommen, von Mutterstuten mindestens 4. Nachzuchtsammlungen mit geringeren Zahlen sind züchterisch gesehen bedeutungslos. Somit können Stuten und Hengste erst ab dem 8. Lebensjahr, also ab dem 5. Zuchtjahr, zu Nachzuchtsammlungen herangezogen werden.

Sehr interessant ist selbstverständlich auch das Vorstellen von Familien in Generationenfolge, und zwar sowohl mütterlicher- als auch väterlicherseits. Dies gestaltet sich jedoch für Zuchtgebiete, die bereits einen bestimmten Qualitätsstand erreicht haben und auf Märkten bzw. Versteigerungen viele Fohlen bester Qualität verkauft haben, sehr schwierig. Im Hochzuchtland Tirol ist beispielsweise zu beobachten, daß vom ersten Drittel der Qualität nahezu 60% ins Ausland abverkauft werden. Diese Formationen auf Ausstellungen zu zeigen wird somit in den folgenden Jahren immer schwieriger. Jedoch muß ausdrücklich betont werden, daß solche Vorstellungen einen hohen Aussagewert über den Aufbau der Qualität vermitteln.

3. Die Klassifizierungen sollten Aufschluß über die vorhandenen Qualitätsklassen geben.

Wohl wird in fast allen europäischen Ländern seit einigen Jahren nach Punktesystemen gerichtet (100-Punkte-System oder 10-Punkte-System). Die Übersichtlichkeit ist auf Ausstellungen für den Besucher jedoch vielfach nicht gegeben. Durch die differenzierte Reihung der Pferde wird der Überblick über den Zuchtfortschritt verwischt. In Österreich wird auf Landesschauen in Qualitätsklassen eingeteilt (I a, I b, I c, II a), wodurch Vergleiche möglich sind. In der BRD beispielsweise werden jedoch die Pferde nach I a, I b, I c, I d etc., also nach dem ABC gereiht. Es ist nach solchen Schauen für Fachleute schwer, Vergleiche zu ziehen, geschweige denn für den Laien. So passierte es beispielsweise, daß auf einer DLG-Ausstellung eine Stute I a wurde, einige Monate später dieselbe Stute auf einer Landesschau nur noch I g oder I h erreichte. In Tirol kann hingegen aufgrund des üblichen Klassifizierungssystems die Qualitätsentwicklung bis zum Jahr 1947 zurückverfolgt werden. In der Gruppe I a sind Pferde zu finden, die dem Zuchtziel voll entsprechen; in I b sind Pferde einzureihen, die bereits einen hohen Qualitäts-

Siegerstute Hanka der Klasse der zweijährigen Jungstuten auf dem 1. Bundesdeutschen Zuchtchampionat für Haflinger in Merenberg.

Stolz präsentieren sich Siegerstute und Reservesiegerin beim 1. Bundesdeutschen Haflinger-Championat in Merenberg.

stand erreicht haben, mit denen auch eine gute Nachzucht erzielt werden kann; in Ic werden Pferde eingereiht, mit denen in jedem Zuchtgebiet eine Verbesserung beim Vorhandensein entsprechender Vatertiere erreicht werden kann. Selbstverständlich darf nicht unerwähnt bleiben, daß die Härte des Richtens mit dem Qualitätsstand steigt.

4. Das Richten einer Ausstellungsklasse sollte möglichst in einem Ring erfolgen.

Ich halte es für etwas unglücklich, wenn auf Ausstellungen eine Gruppe in zwei Ringen gerichtet wird, zur Endklassifizierung dann jeweils nur die 2 erstplazierten einer jeden Gruppe herangezogen werden. Es könnte ja das sechstplazierte Pferd der einen Gruppe jeweils noch besser sein als das zweitplazierte der anderen. Bei einer Einteilung der Pferde nach Qualitätsklassen ist dabei noch die Möglichkeit gegeben, alle Ia-gereihten Pferde zur 2. Entscheidung in den Ring zu holen.

5. Bundes- und Landesschauen sollten mit ausländischen Richtern im Verhältnis 1:1 abgehalten werden.

Der Haflinger Pferdezuchtverband Tirol hat es sich zur Aufgabe gestellt, auf großen Ausstellungen jeweils einen ausländischen Richter gemeinsam mit einem inländischen einzuladen. Leider wird auch in der Pferdezucht des öfteren der Besitzer beim Richten des Pferdes berücksichtigt. Durch eine internationale Besetzung kann dieser Schwachpunkt weitgehend ausgeschaltet werden.

6. Zuchtschauen sollten möglichst Schauprogramme angegliedert werden, die Aufschluß über die Verwendungsmöglichkeit der Rasse geben.

Auf vielen Ausstellungen werden bereits Schauprogramme gezeigt, was als Publikumsattraktion künftig immer unerläßlicher werden wird. Berücksichtigt werden sollte jedoch, daß in diesen Vorstellungen Pferde verwendet werden, die für den Haflinger auch eine Werbung darstellen. Beispielsweise ist es sicherlich nicht nötig, dunkelrote oder graue Zuchtstuten bzw. Hengste zu zeigen. Pferde, die auf den Zuchtschauen konkurriert haben, sollten auch möglichst im Schauprogramm integriert sein. Ansonsten könnte zurecht die Kritik hervorgerufen werden, daß man schöne Haflinger nur auf Zuchtschauen zeigen könne, sie im Einsatz jedoch nicht anzutreffen sind.

Eine der Aufgaben der Welt-Haflinger-Vereinigung wird es sein, ein einheitliches System für Ausstellungen zu entwerfen. Eine Vereinheitlichung müßte vor allem auch durch Richteraustausche erreicht werden. In jedem Land gibt es hervorragende Pferdefachleute, die in gegenseitiger Verständigung und Absprache für ein zukünftig möglichst hohes Maß an Einheitlichkeit im Hinblick auf Haflinger-Schauen sorgen sollten, und zwar im Interesse aller Haflinger-Zuchtorganisationen, vor allem aber im Interesse der Rasse.

1. Haflinger-Weltausstellung 1990

Die 1. Haflinger-Weltausstellung, welche vom 25. bis 27. Mai 1990 auf dem Gestütsgelände der Verbandsreit- und Fahrschule Fohlenhof Ebbs in Tirol durchgeführt wurde, wird als Meisterdemonstration des reingezogenen Haflingers als Weltrasse in die Geschichte dieser Pferderasse eingehen. Die Leistung, die diese Schau für die globale Ausrichtung der Haflinger-Weltrasse im Hinblick auf die Reinzucht mit rasseinterner Selektion nach Charakter, Typ, Modell, Exterieur und Fruchtbarkeit vollbracht hat, wird erst in den nächsten Jahren, ja Jahrzehnten voll erkannt werden können.

419 Pferde wurden von einem internationalen Richterkollegium (aus: Belgien, BRD, Großbritannien, Dänemark und Österreich) einer Beurteilung unterzogen. Allein 179 Mutterstuten mit Fohlen bei Fuß sorgten für eine Aufstockung der Auftriebszahl auf 598 Pferde. Addiert man dazu noch ca. 100 Gestütspferde des Fohlenhofes Ebbs, so darf festgestellt werden, daß den Interessenten und Gästen aus über 30 Staaten der Welt - aus allen Kontinenten von Australien über Japan bis Kanada und die USA, aus Nigeria und allen europäischen Staaten - nahezu 700 Haflinger-Pferde auf einem leicht überblickbaren Gelände gezeigt wurden. Die Präsentation einer so enormen Anzahl von Pferden auf einem relativ kleinen Areal, ohne Verletzungen von Menschen und Pferden, durchführen zu können, spricht schon allein für die Hauptmerkmale des reingezogenen Haflingers: sein ruhiges, ausgeglichenes Temperament und seinen unkomplizierten, guten Charakter.

226 Aussteller, davon 52 aus den Gastländern Australien, Kanada und USA sowie aus Belgien, der Bundesrepublik Deutschland, aus Dänemark, Frankreich, Luxemburg, den Niederlanden, aus Schweden und der Schweiz sorgten mit ihren bereits vorselektionierten Pferden für die züchterische Demonstration des reingezogenen Haflingers als Weltrasse. 61 auf dieser Schau gezeigte Haflinger-Hengste aus aller Welt gaben einen repräsentativen Überblick über die weltbesten Vererber in der Haflinger-Population.

Die Besonderheit dieser Schau war jedoch nicht nur in der großen Teilnahmezahl zu suchen, sondern insbesondere im Motto dieser Ausstellung: »Züchten heißt Denken in Generationen.« Es durften keine Einzelpferde ausgestellt werden, sondern nur Stuten und Hengste, die in Familien und Sammlungen einzuordnen waren. Dieser Ausstellungsmodus bedeutete für zahlreiche Spitzenpferde keine Ausstellungsmöglichkeit auf dieser 1. Haflinger-Weltausstellung. Gleichzeitig heißt dies jedoch, daß die Qualitätsbreite in der Haflinger-Population noch in wesentlich größerer Dichte vorhanden ist, als dies ohnehin auf der Schau zum Ausdruck kam. Das züchterische Wirken kam ganz besonders bei den diversen Sammlungen zur Geltung. Bereits im Jahr 1985 war nach diesem Ausstellungsmodus die Internationale Haflinger-Zuchtschau, ebenfalls auf dem Fohlenhof in Ebbs ausgetragen, organisiert worden. Die nachstehend in Klammern angeführten Zahlen geben einen Vergleich der Ausstellungszahlen aus dem Jahr 1985. Im Jahr 1990 gelangten 11 Hengste mit Nachkommen in Generationenfolge (im Jahr 1985: 3) zur Ausstellung. 26 Nachzuchtsammlungen von Hengsten mit mindestens 10 bis zu 33 Nachkommen (im Jahr 1985: 16 Nachzuchtsammlungen mit mindestens 8 bis 23 Nachkommen) wurden gezeigt. 26 Stuten mit Nachkommen in Generationenfolge von bis zu fünf lebenden Generationen (im Jahr 1985: 6 Stuten mit Nachkommen in Generationenfolge) wurden vorgestellt.
28 Nachzuchtsammlungen von Stuten mit mindestens 3, maximal 6 Nachkommen (im Jahr 1985: 17 Nachzuchtsammlungen von Stuten), rundeten dieses Bild ab.

Vom Schaukritikleiter aus dem Jahr 1985 wurde der damaligen Schau bereits das Zeugnis der »Einmaligkeit«, und zwar nicht nur auf dem Pferdezuchtsektor, sondern im Hinblick auf die Tierzucht zugesprochen. Die 1. Haflinger-Weltausstellung des Jahres 1990 übertraf jedoch diese Schau aus dem Jahr 1985 bei weitem. Der Haflinger Pferdezuchtverband Tirol darf somit den Anspruch darauf erheben, weltweit gesehen eine einmalige züchterische Demonstration durchgeführt zu haben.

Die Haflinger-Population hat sich - weltweit gesehen - im Laufe der letzten 10 Jahre weit mehr als verdoppelt. Diese 1. Haflinger-Weltausstellung brachte jedoch zum Ausdruck, daß sich auch im Hinblick auf die Qualität des Zuchtmaterials ein weiterer Fortschritt bemerkbar macht. Im Jahr 1985 wurden von 239 beurteilten Pferden 133 (55,6%) in Klasse I a, 58 (24,3%) in Klasse I b, 39 (16,3%) in Klasse I c, 9 (3,8%) in Klasse II a eingestuft. Von den 38 im Jahr 1985 ausgestellten Hengsten gelangten damals 16 (42,1%) in Klasse I a, 14 (36,8%) in Klasse I b, 7 (18,5%) in Klasse I c und 1 Hengst (2,6%) in Klasse II a.

Die auf der 1. Haflinger-Weltausstellung erzielten Zahlen nach Klassen und in Prozentsätzen sind der Tabelle der folgenden Seite zu entnehmen.
Diese Entwicklung bedeutet nicht nur einen züchterischen Fortschritt im Haflinger Pferdezuchtverband Tirol, der 323 Pferde auf dieser Schau stellte, bei einem Bestand von ca. 2300 registrierten Pferden (inkl. Jungpferde), was 12,7 Pro-

Enormen Publikumszuspruch verzeichneten die Schauprogramme anläßlich der 1. Haflinger-Weltausstellung. In 28 verschiedenen Programmpunkten konnte die universelle Einsetzbarkeit des modernen, reingezogenen Haflingers unter Beweis gestellt werden.

Alle Schaunummern anläßlich der 1. Haflinger-Weltausstellung wurden fast ausschließlich mit Pferden gezeigt, die auch im Rahmen der Zuchtschau einer Bewertung unterzogen wurden. Dadurch konnte die Leistungsbereitschaft von Spitzenzuchtpferden demonstriert werden.

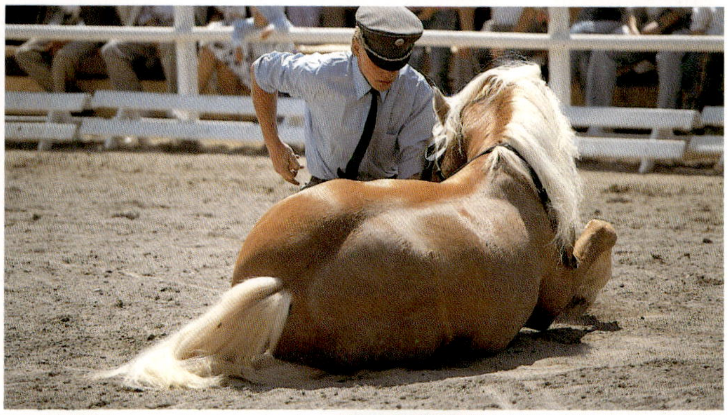

Haflinger-Weltausstellung 25.–27. Mai 1990 in Ebbs (419 ausgestellte Pferde)

Staat	Ausgestellte Stuten	Klasse I a	I b	I c	II a	Ausgestellte Hengste	Klasse I a	I b	I c	II a
Österreich	278	195	83	–	–	44	27	17	–	–
BRD	39	29	10	–	–	11	8	3	–	–
Frankreich	7	3	4	–	–	2	1	1	–	–
Dänemark	4	4	–	–	–	2	2	–	–	–
Holland	4	2	2	–	–	1	–	1	–	–
Belgien	4	4	–	–	–	–	–	–	–	–
USA	3	2	1	–	–	–	–	–	–	–
Australien	2	2	–	–	–	–	–	–	–	–
Schweiz	2	–	2	–	–	–	–	–	–	–
Kanada	–	–	–	–	–	1	1	–	–	–
Luxemburg	1	1	–	–	–	–	–	–	–	–
Schweden	1	1	–	–	–	–	–	–	–	–
	345 100%	243 70,4%	102 29,6%	–	–	61 100%	39 63,9%	22 36,1%	–	–

(Die 13 einjährigen Jungstuten wurden nur gereiht, nicht klassifiziert.)

zent der Gesamtpopulation entspricht, sondern weltweit. Im Jahr 1985 beteiligten sich 33 Pferde aus 7 Gastländern. Im Jahr 1990 kletterte die Zahl der ausländischen Ausstellungspferde auf 88 an, die ebenfalls in diesen hohen Anteilen an I a Pferden inkludiert ist.

Diese 1. Haflinger-Weltausstellung erbrachte jedoch nicht nur den Beweis einer weiteren Exterieur-Verbesserung, sondern auch jenen für die hohe Fruchtbarkeitsrate, die innerhalb dieser Rasse erreicht wird. Greifende züchterische Maßnahmen zur Verbesserung der Fruchtbarkeit stellen für den Züchter eine Anhebung der Wirtschaftlichkeit der Rasse dar. In der Ausgabe 4/90 von »Bayerns Pferdezucht und Sport« war in einem Artikel von Dr. Dr. habil. Ines von Butler-Wemken zu lesen, daß in der Landespferdezucht verschiedener Rassen die Abfohlraten gedeckter Stuten im Mittel nicht über 60 Prozent liegen. Der Lebendfohlenanteil ist in dieser Aussage jedoch noch nicht berücksichtigt. Die Autorin dieses Artikels betont des weiteren wörtlich:

»Bei freier Herdenhaltung (zum Beispiel in Island) und in größeren Gestüten (u. a. Marbach und Graditz) können hingegen Abfohlraten bis zu 85 Prozent beobachtet werden. Hierauf ist auch das Bestreben mancher Züchter zurückzuführen, eigene Hengste zu halten, was mögliche Selektionsmaßnahmen wesentlich vermindert ... Veterinärmedizinische Felduntersuchungen und konsequente Ausschaltung unfruchtbarer Zuchttiere haben in der Bundesrepublik Deutschland bei englischen Vollblütern in den letzten 4 Jahrzehnten zu einer wesentlichen Erhöhung der Abfohlraten geführt ... Verwandtschaftsgruppen (meist Stutenfamilien) mit weit über dem Durchschnitt liegenden Trächtigkeitsraten, über diese wird bereits in den 30er Jahren aus den großen Gestüten in Ostpreußen berichtet, lassen auch beim Pferd auf einer Vererbung von Fruchtbarkeitsmerkmalen schließen ... Abfohlraten und andere Fruchtbarkeitsmerkmale zeigen mit zunehmendem Stutenalter in verschiedenen Rassen deutliche Depression, was für Fruchtbarkeitsleistungen von Hengsten erst im Alter über 16 Jahren nachgewiesen wurde. Abfohlraten über 75 Prozent werden bei Warmblutpferden im Alter der Stuten von 4 bis 8 Jahren beobachtet ... Fruchtbarkeitsmerkmale sind zudem von so hohem wirtschaftlichen Belang, daß wir sie bei der Zuchtarbeit unbedingt stärker beachten sollten.«

Auf der 1. Haflinger-Weltausstellung war es möglich, mittels der ausgestellten Stuten in den diversen Altersgruppen die hohe Fruchtbarkeit innerhalb der Haflinger-Rasse zu dokumentieren. Im Hochzuchtland Tirol wurde über Generationen auf die Fruchtbarkeit geachtet, genaue Aufzeichnungen geführt und auch speziell im Hinblick auf die Fruchtbarkeitsrate selektioniert. Von wissenschaftlicher Seite wurde wohl, und dies sogar noch vor kurzem, festgestellt, daß Fruchtbarkeit nicht erblich bedingt sei. Die im Haflinger Pferdezuchtverband geführten Statistiken beweisen jedoch das Gegenteil. 20 auf der 1. Haflinger-Weltausstellung ausgestellte Altstuten im Alter von 15 bis 25 Jahren erbrachten den Trächtigkeitsprozentsatz von 85%. Bei 22 vom Haflinger Pferdezuchtverband Tirol auf dieser Schau vorgestellten Stuten im Alter von 10 bis 14 Jahren, also der jüngeren Generation, wurde ein durchschnittlicher Trächtigkeitsprozentsatz von 92% nachgewiesen. Selektionsmaßnahmen über Stutenfamilien und Hengste erbringen somit sehr wohl Fortschritte im Hinblick auf die Fruchtbarkeit, was wiederum eine Anhebung der Wirtschaftlichkeit der Rasse bedeutet. Solche beweisbaren züchterischen Fortschritte mittels Berücksichtigung der Abstammung der Zuchttiere dürften Vorwürfe im Hinblick auf »Pedigreezucht« von selbst ad absurdum führen. Das Vorstellen von über 40 Stuten der älteren bis alten Generation im Alter von 10 bis 25 Jahren mit einem durchschnittlichen Trächtigkeitsprozentsatz von 87% auf der 1. Haflinger-Weltausstellung liefert den Beweis, daß der Weg, den der Haflinger Pferdezuchtverband Tirol vor 40 Jahren eingeschlagen hat und weiterhin fortführen wird, der richtige war. Selektion im Rahmen der Reinzucht im Hinblick auf Typ, Modell und Exterieur sowie Fruchtbarkeit wird weiterhin der Weg sein, der zu beschreiten ist. Dies zu beweisen war auch eine der Hauptaufgaben dieser 1. Haflinger-Weltausstellung 1990.

Diese Haflinger-Weltausstellung erforderte eine wochenlange Vorbereitung und Umgestaltung des Fohlenhof-Geländes. Für alle Ausstellungsstuten, mit Ausnahme der Gestütspferde, wurde eine Zeltstallung von 180 Meter Länge und 26 Meter Breite errichtet. Holzboxen für Mutterstuten und Ständer für Jung- und Galtstuten wurden gezimmert. In diesem größten »provisorischen Pferdestall« der Welt waren beinahe 500 Haflinger-Pferde untergebracht. Der Anblick dieser enormen Pferdeanzahl, die vom Besucher mit einem Blick erfaßt werden konnte, wird für jeden unvergeßlich bleiben. Vor allem bot sich das Bild einer Einheitlichkeit des vorgestellten Pferdematerials, so daß man den Eindruck mit nach Hause nahm, alle Pferde wären aus »einem Guß« gewesen. Die Hengste wurden in den bestehenden Laufstallungen für Jungpferde des Fohlenhofes Ebbs in Ständerstallungen versorgt.
Selbstverständlich oblag dieser Weltausstellung auch die Aufgabe, den 26000 Besuchern den Haflinger nicht nur als Zuchtpferd, sondern auch in seiner vielseitigen Verwendbarkeit als Freizeitpferd zu zeigen. Besuchertribünen mit 4000 Sitzplätzen verwandelten den Reitplatz des Fohlenhofes Ebbs in eine Arena. Der »Zahme Kaiser« im Hintergrund bot den Besuchern eine Traumkulisse. In zwei Schauvorstellungen wurde jeweils über 4000 Besuchern in 28 verschiedenen Programmpunkten die universelle Einsetzbarkeit dieser Rasse gezeigt. Ganz speziell hervorzuheben ist, daß dieses Schauprogramm zu 98 Prozent mit auf der Zuchtschau präsentierten Pferden bestritten wurde. Zahlreiche Sieger- und Reservesieger dieser 1. Haflinger Weltausstellung lieferten somit den Beweis, daß Spitzenzuchtpferde auch Spitzenleistungen vollbringen können.

Ein Vierspänner in Tiroler Kummetanspannung sowie Reiter mit den Fahnen der ausstellenden Nationen eröffneten den Reigen dieses anspruchsvollen, vielseitigen Programmes. Eine viersprachige Begrüßung würdigte die Internationalität des Publikums. Der mehrsprachige Fachkommentar erläuterte dieses abwechslungsreiche Programm. Der Fohlenhof Ebbs und die Bundesanstalt für Pferdezucht bestritten gemeinsam mit Züchtern und ausländischen Ausstellern die zweieinhalbstündige Schau. Ein-, Drei-, Fünf- und Siebenspänner wurden mit Deckhengsten, die von verschiedenen Deckstationen erst am Donnerstag vor der Schau zusammengezogen worden waren, bestritten. Der Fohlenhof Ebbs zeigte Ein-, Zwei-, Vier- und Sechsspänner mit Zuchtstuten. In Fahrschulen vom Sattel (ein- und mehrspännig) wurde eine Gehorsamsprüfung mit Zuchtstuten gezeigt. Bei einem Hindernisfahren maßen sich die Bundesanstalt für Pferdezucht und der Fohlenhof Ebbs – zwei Zuchthengste gegen zwei Zuchtstuten. In einer Dressurquadrille wurden 6 Zuchtstuten als die »tanzenden Pferde aus Ebbs« (Klasse L) vorgestellt. In einem Pas de Deux mit einer Zuchtstute und einem Hengst wurden Übungen bis aus der Dressurklasse M gezeigt. Eine Einzeldressur hatte Übungen aus der schweren Dressurklasse zum Inhalt. Die Züchter leisteten mit dem Vorstellen von prämierten Stuten, von Hengstnachzuchtsammlungen, Stutenfamilien und mit Mutterstuten mit Fohlen bei Fuß ihren Beitrag zum Schauprogramm. Die prämierten Hengste wurden an der Hand vorgestellt und 3 Hengste aus 3 verschiedenen Blutlinien unter dem Sattel gezeigt. Ein Hengst am langen Zügel präsentierte Übungen bis aus der schweren Dressurklasse. Zwei Programmpunkte wurden von ausländischen Ausstellern bestritten. Auch ein Einspänner aus Australien und ein Fünfspänner aus der Schweiz, der die weite Strecke aus dem Nachbarland mit der Kutsche zurückgelegt hatte, nahmen am Schauprogramm teil. 4 Deckhengste wurden in einer Gehorsamsprüfung gezeigt. Viel Begeisterung beim Publikum löste die Kindervoltigiergruppe Fohlenhof Ebbs aus, die in einer Achtminutenkür ihr Können zeigte. Herzklopfen verursachten die

Ungarische Post und der Römische Kampfwagen. Durch die atemberaubende Geschwindigkeit der Quadriga wurde man an das Wagenrennen in »Ben Hur« erinnert. Die Springquadrille und das Parcours-Springen zeigten die Rittigkeit des modernen Haflingers über Hindernisse. Der Gesamtsiegerhengst 1338 AFGHAN II und der Hengst 1404 NATAN überwanden die Höhe von 1,40 m.

Die Schaukritik der 1. Haflinger-Weltausstellung wurde von Univ. Prof. Dr. Jože Jurkovič aus Jugoslawien durchgeführt.

SCHAUKRITIK

Sehr geehrter Herr Bundesminister, verehrte Ehrengäste, liebe Haflinger-Züchter und Haflinger-Freunde aus der ganzen Welt!

Wir alle folgten der Einladung des Haflinger Pferdezuchtverbandes Tirol, der es sowohl von der züchterischen als auch organisatorischen Seite wagte, eine Weltausstellung des Haflinger-Pferdes zu organisieren und, wie wir alle sehen können, gelang das in einer so überzeugenden Art, daß diese Schau, sicherlich eine der größten in der Geschichte der Pferdezucht überhaupt, zu einem Meilenstein in der Geschichte des Haflingers auf seinem Wege von einer lokalen, überwiegend Tragtierrasse zur Weltrasse eines Freizeitpferdes und somit Freundes und Partners des Menschen wird. Diese Schau verläuft genau 25 Jahre nach der ersten internationalen Haflinger-Schau, die im Eisstadion in Innsbruck stattfand, mit einer Beteiligung von 5 Staaten und 261 im Katalog verzeichneten Zuchtpferden, die ein erster Versuch eines internationalen Vergleiches in der Haflinger-Zucht war und zugleich den Haflinger als Universalpferd auf etwas breiterer Basis ins Rampenlicht als eine kommende Weltpferderasse stellte. Es ist einfach verwunderlich, daß es bei ziemlich langen Generationsintervallen, die die Pferdezucht kennzeichnen, dem Haflinger in nur 25 Jahren wirklich gelang, eine Weltrasse zu werden und auf allen Kontinenten Fuß zu fassen, sind ja unter den Ausstellungstieren auf der heutigen Schau auch Haflinger aus Amerika und Kanada und sogar aus dem weiten Australien, insgesamt aus 12 Staaten. Haflinger werden heute in über 40 Staaten mit etwa 30000 eingetragenen Stuten gezüchtet.

Es ist aber auch eine erste Bewährungsprobe des neuen Geschäftsführers Hannes Schweisgut, des zweiten Schweisgut als Zuchtleiter des Haflinger Pferdezuchtverbandes Tirol, der gerade vor 5 Jahren, als hier in Ebbs zum erstenmal eine internationale Zuchtschau stattfand, organisiert wie die heutige Weltausstellung, die Zuchtleitung und somit die Betreuung der Tiroler Haflinger-Züchter aus der Hand seines Vaters, dem Präsidenten der Welt-Haflinger-Vereinigung und, wie er so oft genannt wird, dem Haflinger-Papst, übernommen hat.

Seine Arbeit war sicherlich leichter, da er den Vater als treuen Berater zur Seite hat, aber sicherlich auch in mancher Hinsicht schwerer, da der Vater ein sehr strenger Kritiker ist. Und wenn wir die erste Haflinger-Weltausstellung, die nach seinen nur 5 Jahren als Zuchtleiter stattfindet, als Bewährungsprobe betrachten, können wir mit Genugtuung feststellen, daß ein Werk und eine Leistung, die die Tiroler Haflinger-Züchter in 40 Jahren unter der Leitung seines Vaters vollbracht haben, in besten Händen liegt. Es ist ja uns allen klar, daß ohne die Leistungen und Erfolge der Tiroler Haflinger-Züchter der Einstieg des Haflingers in die Gruppe der wirklichen Weltpferderassen gar nicht denkbar wäre. Somit muß man diese Weltausstellung als eine erste Abrechnung des Haflingers als wirklicher Weltrasse betrachten und sicherlich auch Schlüsse ziehen für seine Zukunft und seine weitere züchterische Entwicklung weltweit. Und es ist für mich eine Ehre, daß gerade mir bei der 1. Weltausstellung die Schaukritik anvertraut wurde, denn das mache ich gerne, aus Überzeugung für das Haflinger-Pferd, und bedanke mich recht herzlich für die Einladung.

Schon die 1. Zuchtschau hier in Ebbs vor 5 Jahren ging nicht von Einzeltieren, sondern von Nachzuchtsammlungen aus, um damit erfolgreiche Hengste, die sich als Linienvertreter bewährt haben, herauszustellen und zu dokumentieren, wie weit sie zur Verbesserung und Modernisierung der Haflinger-Zucht in Richtung Freizeitpferd beigetragen haben. Die gleiche Bedeutung kam aber auch den Stutennachzuchtsammlungen zu, weil in jeder Zucht genauso wichtig wie der Hengst auch die Hengstmutter ist, denn ohne die richtige Hengstmutter, die aus einem bewährten und wirklich durch Generationen durchgezüchteten Stutenstamm kommt, wird jede Hengstaufzucht zu risikoreich und damit problematisch. Und nach demselben Prinzip wurde diese Weltausstellung als Zuchtschau mit Herausstellung der erfolgreichsten Vater- und Muttertiere, dokumentiert durch ihre Nachzucht, organisiert, was natürlich den Züchtern des Haflingers aus der ganzen Welt als Wegweiser bei der züchterischen Arbeit und weiterem sinnvollen Aufbau der Rasse sehr hilfreich sein kann. Es ist ja immer das Streben nach Vollendung der reizendste Inhalt jeder züchterischen Arbeit, dabei sollte man sich aber stets dort, wo sich die Zucht schon einer Vollendung nähert, am Erreichten orientieren, um somit schneller auf dem Wege zum Erfolg vorwärts zu kommen, aber auch anderswo begangene Fehler nicht selber zu wiederholen. Und gerade in der Demonstration des Erreichbaren sehe ich den Hauptgrund und den Hauptzweck zur Organisation dieser Weltausstellung, zu der der

Seite 194/195: Sprachen die Dressurvorführungen im Reiten (Klasse L, M, S) und im Fahren (vom Ein- bis zum Siebenspänner) anläßlich der 1. Haflinger-Weltausstellung vor allem durch die dargebotene Eleganz an, so rissen die Ungarische Post, das Hindernisfahren sowie der Römische Kampfwagen das Publikum durch die atemberaubende Geschwindigkeit mit, mit der diese Programmpunkte präsentiert wurden.

Haflinger Pferdezuchtverband Tirol keine Mühe gescheut hat, und an der sich die so zahlreich erschienenen Haflinger-Züchter aus der ganzen Welt orientieren und belehren lassen.

Viele von uns kommen direkt von der gerade beendeten Haflinger Europaschau in München. Es nahmen 6 europäische Länder teil, im Katalog wurden 167 Tiere aufgenommen. Organisator dieser Schau war die Bundesrepublik Deutschland, die Schau fand aber in Bayern, dem ältesten Haflinger züchtenden Land der BRD statt. Die BRD hat heute etwa 8500 eingetragene Haflinger-Stuten, dazu kommen noch etwa 2500 Stuten in der DDR, bedient sich aber beider Zuchtmethoden, die zur Umzüchtung des Haflingers zum Freizeitpferd führen sollen, nämlich einer strengen Selektion innerhalb der Reinzucht, wie auch der Veredelung durch das arabische Blut. In den Ausschreibungen zu dieser Europaschau wurde betont, jedes Land sollte solche Tiere ausstellen, die dem Verwendungszweck des Haflingers in jedem einzelnen Lande entsprechen, die Zuchtmethode ist den einzelnen Ländern überlassen.

Verschiedenen Zuchtmethoden entstammende und auch verschiedenen Verwendungszwecken entsprechende Tiere waren mit die Ursache, daß das ausgestellte Zuchtmaterial, was die Ausgeglichenheit betrifft, gewisse Wünsche offen ließ. Obwohl bei allen Tieren eine Tendenz zum Freizeittyp sichtlich erkennbar war, wurde geradeso klar, daß man über den Freizeittyp in verschiedenen Ländern noch verschieden denkt, was sich in den Typen der ausgestellten Tiere deutlich widerspiegelte. Das war aber auch zugleich ein Beweis, wie nötig ein erster europäischer Vergleich war und den sollte man künftig unbedingt ausbauen.

Überragend, bestens organisiert und wirklich überzeugend war die Schau mit einer vielseitigen Demonstration der Verwendungsmöglichkeit des Haflingers, inklusive das Südtiroler Bauernrennen, das einen enormen Anklang beim Publikum fand.

Zu der heutigen Weltschau sind bekanntlich nur reingezogene Haflinger zugelassen, denn Reinzucht ist und bleibt das oberste Prinzip der Welt-Haflinger-Vereinigung, das Zuchtziel aber das Freizeitpferd, alles ausgehend aus Tirol, und hier wieder vorwiegend aus Ebbs, auch Mekka der Haflinger-Zucht genannt. Der hohe Stand der bei der 1. Weltausstellung bewerteten Tiere geht schon rein aus den vergebenen Noten hervor. Und man kann ruhig feststellen, daß es sich durchwegs, mit ganz wenigen Ausnahmen, um Elitetiere handelt. Von den 419 bewerteten Pferden erreichten 281 Tiere eine Note I a, das sind 67,1% (1985 waren es 53,8%), 124 Tiere eine Note I b, keiner mit I c.

Es wurde nach dem 100-Punkte-System bewertet, die Richter gaben sich enorme Mühe, um gegenüber allen Tieren gerecht zu sein, dabei aber die wirklichen Spitzentiere, die hier so zahlreich vertreten sind, nach vorne zu bringen. Das gelang, so glaube ich, in allen Kategorien. Davon überzeugt, möchte ich allen Richtern für ihre verantwortungsbewußte wie auch schwere, unter unmöglichen Wetterverhältnissen verlaufende Arbeit herzlichst und in Anerkennung danken. Lassen wir uns nun die höchstbewerteten Stuten, Siegerinnen und Reservesiegerinnen einzelner Klassen, vorführen.

Ich habe schon erwähnt, daß bei dieser Weltausstellung nur reingezogene Tiere konkurrieren können. Erlauben Sie mir daher einige Worte zur Zuchtmethode der Reinzucht, die oft als zu langsam zum Ziele führend und zu konservativ kritisiert wird, zu sagen. Man sollte aus dem Haflinger durch Veredelung kein Reitpony und kein spritziges kleines Turnierpferd machen, man sollte ihn als ruhiges und verläßliches Kleinpferd erhalten, mit all seinen positiven Eigenschaften und seiner Ausstrahlung, die ihm den Weg in die ganze Welt geöffnet haben. Durch die weitere Selektion in Reinzucht, d. h. aus der Rasse selbst, soll der Haflinger noch rittiger werden und betont im Freizeittyp stehen. Dabei muß beachtet werden, daß die Nachfrage nach Freizeitpferden immer größer wird, denn bei weitem sind nicht alle Leute, die sich mit Pferden beschäftigen und daran Freude haben, auch pferdesportlich ambitioniert.

Andernseits gibt es auf dem Markt für alle, vom Kind bis zum Erwachsenen, die solche Wünsche und Ambitionen haben, mehr wie genug Pferderassen in allen Kategorien, vom Pony über das Kleinpferd bis zum Großpferd, die diesen Wünschen nach pferdesportlicher Betätigung in jeder Hinsicht gerecht werden. Unter den wirklichen Freizeitpferderassen, die durch ihren liebevollen Charakter, angenehmes Temperament, Anhänglichkeit, ganz besonders aber durch ihr Äußeres so viele Menschen ansprechen, nimmt heute der Haflinger schon weltweit eine Sonderstellung ein. Lassen wir ihn daher das bleiben, was er ist und wo er fast konkurrenzlos dasteht und erschweren wir unseren liebevollen weißmähnigen Füchsen nicht das Leben in der Hektik des Turniersports. Es ist ja aber schon weltweit bekannt, daß die mehr im Freizeittyp stehenden Haflinger auch auf sportlichem Gebiet, ganz besonders in Fahrkonkurrenzen, Zweispänner wie Vierspänner, beachtenswerte Leistungen vollbringen.

Es ist aber auch klar, daß jede Rasse sozusagen ein Vollblut braucht, soll es um das Einbringen neuer Gene im Sinne der Modernisierung, oder um die Konsolidierung der vorhandenen genetischen Basis gehen. Und wir können ruhig sagen, das, was für die weltweite Vollblutzucht die Zucht des Vollblüters in England

iffeisen

Newmarket bedeutet, bleibt für die Haflinger-Zucht in der ganzen Welt die Tiroler Haflinger-Population Ebbs. Das wird besonders klar bei der ständigen Hereinnahme von Tiroler Hengsten aus Ebbs in andere, qualitativ auch schon recht hochstehende Haflinger-Populationen in der ganzen Welt. Daher wollen wir uns die besten, bzw. die am höchsten prämierten und zum Teil schon zuchtbewährten Hengste ansehen.

Es ist ganz sicher, daß an jedem dieser Hengste auch was Negatives auszusetzen wäre, denn Vollendetes gibt es in der Natur so selten, aber nachdem wir den Zuchtfortschritt der letzten Zeit am Stutenmaterial, besonders der jungen Generationen, so deutlich feststellen konnten – und an ihren Früchten soll man sie beurteilen –, steht 100% fest, daß die hier vorgestellten Hengste die Spitze der Haflinger-Rasse weltweit darstellen.

Nachdem die bewährten Hengste den Ring verlassen, wollen wir uns die Tiroler Haflinger-Population, die als eine nie versiegende Quelle und Träger immer neuer züchterischer Impulse einzig dasteht, etwas intensiver ansehen.

Das Land Tirol, inklusive Vorarlberg, das im Verbandsbereich Tirol integriert ist, hat etwa 2000 Züchter mit 1800 eingetragenen Stuten. Im Jahre 1989 wurden im Verbandsgebiet Tirol 1312 Haflinger-Stuten von 42 Hengsten belegt. Nur zur Information, in ganz Österreich wurden im selben Jahre 4322 Haflinger-Stuten von 159 Hengsten belegt und somit erreichte die österreichische Haflinger-Zucht von allen Rassen die meisten Belegungen. Diesen Angaben können wir entnehmen, daß von sämtlichen Belegungen bei Haflinger-Stuten im Jahre 1989 auf das Verbandsgebiet Tirol 30,6% entfallen. Es ist daher wirklich verwunderlich, daß diese nicht allzu große Population in so hohem Maße die weltweite Haflinger-Zucht beeinflußt und daß in ihr selbst bisher keine Inzuchtschäden oder Depressionen aufgetreten sind. Das muß man neben einer geschickten Zuchtleitung in hohem Maße der Tatsache zuschreiben, daß die ganze Tiroler Haflinger-Zucht als Gestütsbetrieb geführt wird, mit bewährten Stutenstämmen in Generationsfolge als Trägern des züchterischen Fortschritts. Das ist ähnlich wie in der Lipizzaner-Zucht, wo die Stutenstämme das Fundament der Zucht darstellen und sich verschiedene männliche Blutlinien nur mit gewissen Stutenstämmen durchzusetzen imstande waren. Hier möchte ich als besonders lobenswert herausstellen, daß in der Zeitschrift des Tiroler Verbandes »Haflinger Pferde« in jeder Nummer ein Stutenstamm mit sämtlichen weiblichen und männlichen Nachkommen bis zur Stammgründerin vorgestellt wird. Das ermöglicht ein Studium der Abstammung bzw. des züchterischen Aufbaues einzelner Stutenstämme, die Verbreitung des Stammes in Tirol und weltweit, die Bewährung verschiedener Vertreterinnen des Stammes in der Zucht, wie auch den Erfolg verschiedener Hengste bei der Anpaarung an Stuten eines gewissen Stammes. Wie es heute wissenschaftlich als bewiesen gilt, daß am züchterischen Fortschritt der Hengst mit etwa 66% beteiligt ist, wissen wir genauso gut, daß der korrekteste und blendendste Hengst ohne den Hintergrund eines durch Generationen durchgezüchteten Stutenstammes für die Zucht nicht allzuviel wert ist. Und gerade durch diese gestütsmäßige Erfassung der Stutenstämme konnte Tirol bis heute seine führende Position behalten. Schauen wir uns daher die höchstbewerteten Stutenstämme in Generationsfolge im Ring an.

Geradeso groß, wie in Tirol die Bemühungen um eine wirklich durchgezüchtete Stutenbasis sind, sind auch die Aktivitäten in der Hengstaufzucht. Man will Hengste für die hochstehende Tiroler-Zucht sichern, wie auch für die weltweite Haflinger-Zucht, besonders dort, wo die Zuchtpopulationen noch nicht so groß und züchterisch so weit konsolidiert sind, um aus sich heraus die nötigen Hengste in entsprechender Qualität, die den züchterischen Fortschritt garantiert, züchten zu können. Gerade deswegen sind die Haflinger-Hengste aus dem Fohlenhof Ebbs weltweit so begehrt. Beim Lesen der Zeitschrift »Haflinger Magazin«, die den deutschsprachigen Raum betreut, fällt bei den Deckanzeigen immer wieder ins Auge, wie das Tiroler Blut überall begehrt ist und daß die meisten Züchter des Haflingers dieses Blut auch zu schätzen wissen. Immer wieder steht nämlich bei den Anzeigen »ein rein Tiroler Hengst« oder »ein Hengst aus bewährten Tiroler Blutlinien«, was sicherlich ein Beweis dafür ist, daß das Blut aus der Tiroler Haflinger-Population wirklich gleich dem Einfluß des englischen Vollblutes in der weltweiten Vollblutzucht ist.

Im Verbandsbereich Tirol decken ständig Vertreter aller 7 in der Haflinger-Zucht vertretenen Hengstlinien.
Im Jahre 1990 stehen im Verbandsgebiet Tirol 42 Haflinger-Hengste in Deckverwendung, die linienmäßige Verteilung ist folgend:

A-Linie	*12 Hengste*	*28,6%*
B-Linie	*4 Hengste*	*9,5%*
M-Linie	*5 Hengste*	*11,9%*
N-Linie	*5 Hengste*	*11,9%*
S-Linie	*1 Hengst*	*2,4%*
ST-Linie	*7 Hengste*	*16,7%*
W-Linie	*8 Hengste*	*19,0%*

Die stärkste Linie bleibt nach wie vor die A-Linie mit 12 Hengsten, es folgen die W- und die ST-Linie. Die einst stärkere M-Linie hat jetzt 5 Vertreter, genauso die N-Linie. Die B-Linie wurde ausgebaut und ist heute schon durch Hengste im ausgesprochenen Freizeittyp vertreten, das Sor-

Oben: Die Gesamtsiegerstute der 1. Haflinger-Weltausstellung, 13534/T Penny.

Unten: Die älteste auf der 1. Haflinger-Weltausstellung gezeigte Zuchtstute; sie stellte Nachkommen in Generationenfolge in 5 Generationen.

genkind bleibt die S-Linie. Ich bitte, Hengste in Generationsfolge in den Ring zu bringen.

Wir müssen uns fragen, was ist neben seinem anhänglichen Charakter, seiner Liebenswürdigkeit und seinem schönen, man könnte sogar attraktiven Äußeren sagen, beim Haflinger das, was ihn in der ganzen Welt so begehrt macht und ihn immer neue Freunde gewinnen läßt. Neben den gerade erwähnten Eigenschaften ist es gewiß die Arbeitswilligkeit, die sicherlich eine Folge der oft unbewußten Selektion schon im Ursprungsgebiet Südtirol ist. Unter den recht schwierigen Verhältnissen, im Gebirge und über Pässe vorwiegend als Tragtier zu dienen, war sicherlich eine sehr schwere Arbeitsleistung, die neben Härte und Ausdauer eine enorme Trittsicherheit und innere Ruhe verlangte. Pferde, die diesen schwierigen Aufgaben nicht in jeder Hinsicht gerecht waren, mußten aus der Zucht ausscheiden.

Das zweite ist die hohe Fruchtbarkeit, die z. B. in meinem Zuchtgebiet ohne besondere Probleme bis zu 75% beträgt, und das bei nicht allzuvielen Belegungen pro Stute. So eine hohe Fruchtbarkeit ist für ein Gestüt, selbstverständlich aber für eine Landeszucht als sehr hoch zu werten.

Haflinger-Stuten sind mit wenigen Ausnahmen als gute Mütter bekannt, die auch eine recht gute Milchleistung vollbringen. Deshalb werden Haflinger-Stuten in vielen Betrieben zur Stutenmilchgewinnung eingesetzt. Die guten und ausgeprägten Muttereigenschaften, die hohe Milchleistung und die Futterdankbarkeit, was eine nicht zu teure Haltung ermöglicht, sind auch der Grund, daß Haflinger-Stuten für Embryotransfer immer mehr im Gespräch stehen und auch schon eingesetzt werden. Denn all die erwähnten Eigenschaften garantieren sozusagen das Austragen fremder Fohlen und deren möglichst problemlose Aufzucht.

Und noch eine Eigenschaft des Haflingers verdient ganz besonders erwähnt und hervorgehoben zu werden, nämlich die Langlebigkeit. Gerade in der Haflinger-Zucht erleben wir immer wieder Beispiele besonderer Lebenskraft und Langlebigkeit, der Fruchtbarkeit bis ins hohe Alter und voll erhaltener Arbeitsleistung. Bei der letzten Zuchtschau hier in Ebbs war das die Stute 9362/T Nelli, die 24jährig ein Stutfohlen bei Fuß führte und in der Nachzuchtsammlung mit 4 Töchtern stand. Aber vor meinen geistigen Augen steht noch immer die bei der 1. Internationalen Haflinger-Schau in Innsbruck im Jahre 1965 ausgestellte Stute 524/V Paloma-Gretl, die damals 35jährig war und mit 4 Generationen Nachzucht dastand: Tochter, Enkelin und Urenkelin, alle mit Fohlen. Ihre Urenkelin 7411/T Pistoria, auch eine Ausstellungsstute in Innsbruck, war Mutter des bekannten Hengstes Malteser, der in unserem Zuchtgebiet bis ins hohe Alter wirkte, und konnte 18jährig noch eine fast 90%ige Trächtigkeit aufweisen.

Bevor wir uns das letzte und bedeutendste Bild mit Nachzuchtsammlungen von bewährten Hengsten vorstellen lassen, erlauben Sie mir, eine Zusammenfassung des Gesehenen und damit eine Wertung dieser Weltschau des Haflingers zu geben. Ich weiß, daß nicht alle mir zustimmen werden, es ist eine Wertung aus meiner persönlichen Sicht, wobei ich mich bemühe, wirklich objektiv zu sein.

Eines steht fest, die 1. Haflinger-Weltausstellung war eine überragende Demonstration des Erreichten auf dem Wege der Umzüchtung des Haflingers zum edlen und vielseitig einsetzbaren Freizeitpferd durch Reinzucht. Nicht nur durch die Benotung der Pferde, wo 67,1% die Note I a erhielten, denn alle Noten tragen in sich immer auch etwas Subjektives, sondern durch die Pferde, die wir heute in verschiedenen Bildern gesehen haben, kann man das Erreichte am besten beurteilen. Und da kann man ruhig sagen, daß alles, was in den letzten 5 Jahren erreicht wurde, die optimistischsten Vorstellungen und Erwartungen bei weitem übersteigt. Heute sind die Pferde groß, keine der ausgestellten Stuten hat unter 140 cm Stockmaß, ganz besonders die Hals-Widerrist-Schulterpartie, einst nicht gerade die Stärke des Haflingers, ist in der ganzen Population so weit verbessert und modernisiert, daß man den Haflinger heute als ein Freizeitpferd im Reitmodell bezeichnen kann. Dazu kommen die schönen Köpfe mit weit verbessertem Genick. Auch die Kruppen sind länger, geneigt und in der ganzen Formation durch die bessere Winkelung leistungspotentieller geworden. Durch all diese Verbesserungen, sowohl in der Vor- als auch in der Hinterhand, sind die Gänge weitaus raumgreifender und damit bodengewinnender geworden, die Knieaktionen sind selten noch anzutreffen, durch korrektere Stellungen (früher so oft zeheneng) sind auch die Gänge gerade und das alles ist für ein Reitpferd unerläßlich.

Mit diesen züchterischen Leistungen in einer kurzen Zeit haben die Tiroler Züchter die Fachwelt überrascht. Gerade die vorgestellten 2- und 3jährigen Jungstuten stehen als Beweis da, daß dies praktisch in der ganzen Population erreicht wurde. Zu dieser züchterischen Leistung der Tiroler Haflinger-Züchter sind alle Worte der Anerkennung und Bewunderung einfach zu bescheiden. Ich sage nur, wir gratulieren!

Es wird gewiß Stimmen geben, die die Abzeichen an den Beinen, besonders aber die oft dunkleren Fuchsfarben kritisieren werden. Meine Meinung dazu ist: Solange die Abzeichen nicht weit über Fessel hinaufreichen, das betone ich, kann man sie ruhig tolerieren, weil ja heute die Leistung und nicht der Formalismus über den Wert eines Tieres entscheidet. Da sollte man sich wenigstens teilweise an den Warmblutzuchten orientieren.

Was die dunkleren Farben angeht, bin ich der Meinung, daß bei der Umzüchtung zum Freizeittyp und der Steigerung der sportlichen Leistung des Haflingers ein Farbformalismus schon einmal etwas in den Hintergrund treten sollte. Daß die dunkleren Nuancen der Fuchsfarben für ein Vorkommen des gräulichen Langhaares gefährlich sein können, ist bekannt, das graue Langhaar paßt aber zum Haflinger nicht, denn die blonden Füchse aus den Bergen Tirols haben die Welt erobert, und so will man sie auch künftig haben.

Bevor ich schließe, sei mir erlaubt, Herrn Ök.-Rat Ing. Otto Schweisgut, dem langjährigen Zuchtleiter des Haflinger-Pferdezuchtverbandes Tirol und dem Präsidenten der Welt-Haflinger-Vereinigung, der in Kürze seinen 70. feiern wird, im Namen uns aller vor allem Gesundheit und Wohlbefinden zu wünschen, denn auf sein Lebenswerk, das er mit seinen Züchtern aufgebaut hat und das heute lebendig vor uns steht, kann er mit wirklichem Stolz und Genugtuung blicken. Seinem Sohn und Nachfolger und den Tiroler Züchtern wünsche ich aber weiterhin so viel Erfolg wie bisher. Sie müssen sich aber auch bewußt sein, daß sie einen großen Teil der Verantwortung für die weltweite Haflinger-Zucht, wie bisher, auch in Zukunft tragen müssen. Ich hoffe, daß Sie meinen Wünschen zustimmen und danke für Ihre Aufmerksamkeit.

Abschließend zum Thema »1. Haflinger-Weltausstellung« sei mir erlaubt zu sagen, daß die Zuchterfassung nicht mit diesen 400 vorgestellten Stuten erschöpft ist. Bereits über 14000 Stuten wurden den harten Selektionsmaßnahmen im Tiroler Verbandsgebiet unterworfen. Sowohl bei den Mutterlinien, speziell aber auch bei den Zuchthengsten wurden schärfste Selektionsmaßnahmen getroffen, Maßnahmen, wie sie wohl kaum bei einer anderen Pferderasse zu finden sind. Wer dabei von »Pedigreezucht« spricht, dem kann nur jegliche Fachkenntnis im Hinblick auf die praktische Pferdezucht abgesprochen werden. Wer nach dieser Sonderdemonstration für den reingezogenen Haflinger noch Zweifel an der Richtigkeit der Reinzuchtbestimmungen im Rahmen der Welt-Haflinger-Vereinigung hegt, muß die Mißerfolge, die aufgrund von Einkreuzungen folgen werden, selbst verantworten. Die 1. Haflinger-Weltausstellung lieferte zudem den Beweis, daß nicht nur in Tirol ein hoher Qualitätsstand anzutreffen ist. Allerdings sind alle vorgestellten Tiere auf Stuten und Hengste aus dem Hochzuchtland Tirol zurückzuführen.

Die größte provisorische Pferde-Zeltstallung der Welt, errichtet anläßlich der 1. Haflinger-Weltausstellung im Jahr 1990, mit 180 Meter Länge und 26 Meter Breite.

1. Haflinger-Europaschau 1990

Im Rahmen der hippologischen Großveranstaltung »Pferd 90 International« fand am 23. und 24. Mai 1990 in München-Riem die 1. Haflinger-Europaschau statt. 131 Stuten stellten sich in 5 Klassen den Richtern (35 Dreijährige, 29 Vierjährige, 28 Fünf- und Sechsjährige, 31 Sieben- bis Neunjährige und 8 Zehnjährige und ältere Stuten). Die 19 im Katalog angeführten Hengste wurden nicht gerichtet, sondern nur einzeln besprochen. Von den vorgestellten Pferden stellte die Bundesrepublik Deutschland 63 Pferde, davon 30 reingezogene Haflinger und 33 Arabo-Haflinger. Als Vergleich hierzu sei erwähnt, daß anläßlich der Bundes-Haflinger-Schau im Jahr 1987 90 Pferde vorgestellt wurden, davon 19 Arabo-Haflinger. An dieser 1. Haflinger-Europaschau haben sich 6 Nationen beteiligt, die der nachstehenden Tabelle zu entnehmen sind.

Es sei mir erlaubt zu erwähnen, daß der Titel der Schau an sich nur insofern gerechtfertigt war, als der Name »Europaschau« bisher nie verwendet worden ist. Die 1. internationale Haflinger-Schau hat jedoch bereits im Jahr 1965 in Innsbruck stattgefunden; schon damals unter der Beteiligung von 239 Pferden aus: Österreich, Italien, der Schweiz, BRD und den Niederlanden. Vergleichen wir die Auftriebszahlen der diversen Nationen aus dem Jahr 1965 (Schau Innsbruck) mit jenen des Jahres 1990 (Schau München-Riem), so ergibt sich:

Staat	Anzahl der Ausstellungspferde 1965 (Innsbruck)	Anzahl der Ausstellungspferde 1990 (München-Riem)
BRD	22	63
Italien (Südt.)	42	14
Schweiz	21	5
Niederlande	14	7
DDR	–	14
Österreich	140	22

Dabei sei am Rande erwähnt, daß sich die Bestandszahlen in der BRD in der Zwischenzeit verzehnfacht haben. Von seiten der Bundesrepublik Deutschland wurde auf dieser 1. Haflinger-Europaschau nur ein halbes Prozent der Zuchtpopulation vorgestellt, davon noch mehr als die Hälfte Arabo-Haflinger. Von 13 ausgestellten Vatertieren aus der BRD führten 11 Araberblut.

Die Organisation einer solchen Veranstaltung sollte immer auch unter jenem Blickpunkt gesehen werden, daß sie für die jeweilige Rasse einen Werbeerfolg darstellt. So konnte man auch in »Bayerns Pferdezucht und Sport« lesen:

»Die erste Europaschau der Haflinger war sicherlich eine beeindruckende Präsentation dieser Pferde, denen über das Riemer Festival sicherlich noch weitere Freunde gewonnen werden konnten.«

Des weiteren war zu lesen:

»Rund 170 Haflinger standen am Mittwoch, dem 23. und am Donnerstag, dem 24. Mai, im Mittelpunkt des Geschehens. Moderne Haflinger, denen man die arabische Blutführung deutlich ansah, massige und schwere Typen, die heute etwas außer Mode gekommen sind, dazu moderne, elegante, aber immer noch sehr typische Repräsentanten ihrer Rasse. Die Bandbreite ist groß und machte es den Richtern sicherlich nicht immer leicht, wenngleich das Zuchtziel eindeutig festgeschrieben und klar definiert ist.«

Die im Katalog aufgeführten Angaben über die einzelnen Pferde waren nicht ausreichend; größtenteils waren nur Namen (ohne Nummern) angegeben. Die Aufstallung der Pferde war aufgrund des riesigen Areals in München-Riem für den Besucher verwirrend, da er die Ausstellungspferde im Umkreis von ca. 1 Kilometer suchen mußte, wobei die Kennzeichnung auf den Ständern und Boxen nicht ausreichend war.

In den Endring kamen 14 Stuten, davon 9 reingezogene Haflinger und 5 Arabo-Haflinger. Siegerin und Reservesiegerin der Schau wurden zwei reingezogene Haflinger und dies trotz des hohen Prozentsatzes an ausgestellten gekreuzten Pferden. In der Schaukritik stand: *»Jedes Zuchtgebiet hat seinen Urtyp und wir haben unabhängig von Ideologie und Herkunft bewertet.«*

Wenn von einem »Urtyp« gesprochen werden kann, so wäre dies bestenfalls von Südtirol, Tirol und vielleicht von Bayern zu sagen. 90% der heute Haflinger-züchtenden Staaten haben also keinen eigenen Urtyp aufzuweisen, alle Staaten der Welt streben dasselbe an: ein umgängliches, leistungsbereites Freizeitpferd.

Immer wieder habe ich in meinen Büchern auf das Bewertungssystem von Ausstellungen hingewiesen. Es soll leicht verständlich und nachvollziehbar sein. Man sollte doch endlich ein einheitliches System finden, für jeden Fachmann, aber auch für jeden Laien durchschaubar. Die Beschickungszahl sollte festgelegt sein – abgestimmt auf regionale, Landes-, Bundes- und internationale Schauen. Selbstverständlich kann von weiter entfernten Ausstellungsländern nicht erwartet werden, daß ein gewisser Prozentsatz der Zuchtpopulation vorgestellt wird. Das Gastgeberland sollte jedoch die Beschickungszahl nach der Population ausrichten. Die Klassifizierung nach dem abc-System nimmt sogar jeder Vereinsschau die Möglichkeit einer züchterischen Einordnung. Die Einordnung in Klassen nach I a, I b, I c, II a gibt einen Überblick. Allerdings sollten auf einer Europaschau nur Pferde zur Ausstellung gelangen, die auch in solche Qualitätsklassen einzuordnen sind. Von nicht allen vorgestellten Pferden auf der 1. Europaschau konnte dies behauptet werden.

In der Gruppe der Stuten, 10jährig und älter, hätten zumindest 30 Pferde vorgestellt werden müssen, und zwar mit genauen Angaben über Belegjahre, Fohlen und eingetragene Nachkommen. Der Züchter muß die Möglichkeit haben, nach einer Schau Rückschlüsse auf die Qualität zu ziehen. Die Spitze der Weltpopulation muß in Klasse I a einstufbar sein. Eine hohe Qualität sollte die Klasse I b garantieren. Die Züchter sollten wissen, daß es ihnen mit diesem Stutenmaterial mittels abgesicherten Vatertieren möglich sein müßte, daraus einen hohen Prozentsatz an I a-Pferden zu züchten. Pferde, die in diese Qualitätsgruppen nicht einzuordnen sind, haben auch auf repräsentativen, internationalen Zuchtschauen nicht ausgestellt zu werden.

Das bei der 1. Haflinger-Europaschau gezeigte Schauprogramm hat viele Besucher angesprochen; leider wurden dazu größtenteils nicht die auf der Zuchtschau präsentierten Pferde verwendet.

Im Hinblick auf den züchterischen Vergleich der ausstellenden Nationen in bezug auf die Zuchtpopulationen dieser Länder muß festgestellt werden, daß dieser nicht gegeben war. Zum Teil war auf in der Bundesrepublik Deutschland organisierten Landes- und Gebietsschauen eine weit größere Breite an guten Haflinger-Pferden gezeigt worden als auf dieser 1. Haflinger-Europaschau.

1. Gesamtdeutsche Haflinger-Bundeshengstschau in Alsfeld

Ein echtes »Fest des Pferdes« stellte diese 1. Gesamtdeutsche Haflinger-Bundeshengstschau in Alsfeld, Hessen, im August 1993 dar. 87 Deckhengste mit fünf Generationen Abstammung schienen im Katalog auf. Dem Schirmherrn der Schau, der Arbeitsgemeinschaft der deutschen Haflinger-Züchter, ist es aber leider nicht gelungen, alle Zuchtverbände vom Ausstellen zu überzeugen; in Deutschland stehen ja nahezu 600 Haflinger-Deckhengste im Einsatz. Vor allem Züchter aus dem norddeutschen Raum, die mit ihren Pferden sehr wohl bei der Spitze hätten mitmischen können, blieben mit ihren Hengsten zu Hause.

Die ausgestellten Hengste wurden in acht Klassen vorgestellt. Als Siegerhengst bei den Althengsten ging der Hengst Mithras, nach 1262 Midas hervor. Bei den Junghengsten siegte der Hengst Nastral, nach Nissan. Der starke Einfluß Tirols machte sich in den Abstammungen bemerkbar. 7 der ausgestellten Hengste waren in Tirol geboren, 23 Väter der 1. Generation, 17 Väter der 2. Generation, 5 Mütter der 1. Generation und 20 Mütter der 2. Generation der ausgestellten Vererber führen Tiroler Blut. Allerdings sollte man diese Diskussion dahingehend sehen, daß diese Pferde jetzt in Deutschland stehen, daß es deutsche Pferde sind und dort zum Zuchtfortschritt beitragen. Es ist ja heute zum Teil noch so, daß ein in Bayern gezogenes Pferd im Rheinland dann nicht ausgestellt werden darf oder ein Pferd aus Hannover die Zulassung in einem anderen Bundesland nicht erhält. Eine Tatsache, die man überdenken sollte.

Diese Bundeshengsteschau war ein Start. Möge das Interesse am Ausstellen der Hengste ansteigen, um einen noch besseren Überblick über die in Deutschland stationierten Vererber zu geben.

Zuchtschau 120 Jahre Haflinger-Zucht in Südtirol

Im Mai 1994 veranstaltete der Südtiroler Haflinger-Verband eine Schau zum Anlaß des Geburtsjahres des Begründerhengstes 249 Folie im Jahr 1874. Die größeren Zuchtschauen Südtirols waren stets nach diesem Geburtstag ausgerichtet, so die 90-Jahr-Feier, und auch die 100-Jahr-Feier.

Insgesamt wurden 113 Stuten und 12 Hengste vorgestellt. Bei einem Bestand von ca. 2000 Stuten bedeutet dies ein Ausstellungsvolumen von weit unter zehn Prozent. Von 28 in diesem Jahr in Deckverwendung gestandenen Zuchthengsten wurden 12 präsentiert, d. h. somit unter fünfzig Prozent. Die Richtergruppe bestand aus einem französischen Züchter, einem italienischen Tierarzt, einem südtiroler Züchter, einem deutschen Experten, einem südtiroler Tierarzt. Von den ausgestellten Stuten wurden 101 klassifiziert, davon 32 in Klasse I a, 55 in Klasse I b und 14 in Klasse II a. An sich dürfte auf einer Schau mit nur wenigen ausgewählten Pferden kein zweitklassig prämiertes Pferd zu finden sein. Bei den Hengsten wurden nur drei in Klasse I a eingereiht.

Die im Katalog verzeichneten Abstammungen nach ihrer blutlinienmäßigen Zuordnung gab ein Spiegelbild der Population des Südtiroler Zuchtverbandes wider. Im Katalog wurden 56 Pferde der Linie N aufgeführt, 28 der Linie S, 20 der Linie ST, 7 der Linie B, 2 der Linie M, keines der Linie A, und die W-Linie existiert in Südtirol nicht mehr. Von den N-Blut führenden Stuten konnte die N-Linie in vielen Fällen in sehr gehäuftem Ausmaß wiedergefunden werden. Von den 12 vorgestellten Hengsten handelte es sich um vier Nerv-Söhne. Färbt man den Katalog hinsichtlich der N-Linie rot ein, so sieht man den enorm hohen Prozentsatz an vorhandenem N-Blut.

Diese Tatsache sollte der Südtiroler Zuchtleitung zu denken geben.

Die Hengste zeigten große Typunterschiede und Größenunterschiede. Siegerhengst wurde ein dreijähriger S-Hengst mit einem Stockmaß von 140 Zentimetern.

Die Richterkommission sah die ausgestellte Stutenkollektion als gut an; bei den Hengsten wurde der Unterschied in Typ, Adel, Textur sowie Mängel im Fundament und bei den Gängen hervorgehoben.

In einem Schauprogramm wurde der Südtiroler Haflinger in seiner vielseitigen Verwendbarkeit gezeigt.

1. Europäische Haflinger-Schau in Luxemburg unter der Schirmherrschaft der E. U.

Im Juli 1994 wurde unter der Schirmherrschaft der Gemeinde Ettelbruck, der Europäischen Union, des Europäischen Parlamentes und des Luxemburger Landwirtschaftsministeriums die 1. Europäische Haflinger-Schau für reingezogene Haflinger nach den Bestimmungen der Welt-Haflinger-Vereinigung abgehalten. Die Organisation wurde von seiten des Haflinger Club Letzebuerg durchgeführt. 126 Pferde aus den Nationen Deutschland, Belgien, Niederlande, Frankreich, Italien, Österreich, Schweiz und Luxemburg waren gemeldet und konnten dem internationalen Richterkollegium aus Dänemark, Deutschland, Frankreich, Italien, Luxemburg, Niederlanden, Österreich vorgestellt werden.

Rimalda

Bei den Hengsten waren ausgezeichnete Vertreter der Rasse anwesend, auch wenn die Schau zahlenmäßig mit Hengsten nur beschränkt beschickt war. Bei den Siegerhengsten handelte es sich jedoch auch um nationale Sieger aus Luxemburg und Deutschland. Bei den Stuten war eine breitere Basis vorhanden, wobei sich unter den ausgestellten Stuten Siegerinnen aus nationalen Schauen von fünf Nationen befanden. Angefangen von den Altstuten bis hin zu den jungen Klassen konnten durchwegs moderne Freizeitpferde vorgestellt werden. Gesamtsiegerstute der Schau wurde Rimalda vom Fohlenhof Ebbs. Gesamtsiegerhengst konnte der in Tirol gezogene Hengst Mars nach 1262 Midas werden.

Ein international beschicktes, vielseitiges Schauprogramm begeisterte das Publikum. Siegerpferde wurden auch unter dem Sattel und gefahren vorgestellt. Der Haflinger Club Letzebuerg möchte diese europäische Haflinger-Schau in gewissen Abständen zur Dauereinrichtung werden lassen.

K

Pol Binsfeld

Stand der Haflinger-Zucht in europäischen und exotischen Staaten

Die Haflinger-Rasse konnte sich im Laufe der letzten Jahrzehnte auf alle Kontinente ausbreiten. Die internationale Stammtafel, bis 1987/88 bzw. 1990 und 1995 ergänzt, enthält 5002 registrierte Haflinger-Hengste. Im Jahr 1995 standen weltweit ca. 1600 Haflinger-Hengste im Deckeinsatz. Aufgrund dieser Angaben kann nicht mehr angezweifelt werden, daß die Haflinger-Rasse heute zu einer der am weitesten verbreiteten, vor allem auch bedeutendsten Kleinpferderassen der Welt zählt.
In diesem Abschnitt möchte ich kurz den derzeitigen Stand mit Blick in die Zukunft der einzelnen Haflinger züchtenden Staaten geben. Während meiner über fünfzigjährigen Tätigkeit in der Haflinger-Zucht habe ich mich bemüht, auch über den Stand der Zucht in den Nachzuchtgebieten auf dem laufenden zu bleiben. Durch Besuch von Ausstellungen, Stutbuchaufnahmen und Hengstkörungen der diversen Haflinger-Zuchtorganisationen ist es mir möglich, einen Überblick über die Haflinger-Zucht in ihrer weltweiten Verbreitung zu geben.

Österreich

Österreich zählte im Jahr 1987 5520 eingetragene Haflinger-Stuten und 163 Deckhengste. Heute darf auf einen Bestand von 6956 eingetragenen Zuchtstuten und 177 Hengsten verwiesen werden. In allen Bundesländern, mit Ausnahme Wien, wird Haflinger-Zucht betrieben, vom stärksten Bundesland Tirol bis zum schwächsten, nämlich Burgenland. Tierzucht ist in Österreich Landessache. Aus diesem Grund bestehen in den Bundesländern Kärnten, Oberösterreich, Salzburg, Steiermark und Niederösterreich eigene Landesverbände, die alle Pferderassen umfassen. Lediglich der Haflinger Pferdezuchtverband Tirol vereinigt in sich die Bundesländer Tirol, Vorarlberg und einen Teil von Salzburg und ist nur für die Haflinger-Rasse zuständig.

Es muß klar herausgestellt werden, daß sich die weltweite Verbreitung der Haflinger-Rasse im Laufe der letzten Jahrzehnte von Österreich bzw. vom Hochzuchtland Tirol aus vollzogen hat. Nahezu alle weltweit verstreuten Zuchtgebiete wurden mit Zuchthengsten aus dem Hengsteaufzuchthof Fohlenhof Ebbs aufgebaut. 274 Vererber und tausende Haflinger-Stuten wurden während der letzten 40 Jahre Nachzuchtgebieten auf allen Kontinenten zur Verfügung gestellt. Diese Länder können somit auf reingezogene Haflinger zurückgreifen und mit Recht und Stolz als Reinzucht-Haflinger-Gebiete angesehen werden, sofern in diesen Zuchtländern nicht später im Land mit Fremdblut eingekreuzt wurde. Die Reinzucht in der Haflinger-Rasse hat sich weltweit durchgesetzt!

Der Haflinger Pferdezuchtverband Tirol betreibt, was auch allgemein anerkannt wird, die härteste Selektion, die in einer Landeszucht möglich ist. In den Tiroler Zuchtbüchern sind bis dato 15450 Stuten registriert. Seit Anlegung des Zuchtbuches im Jahr 1926 können alle eingetragenen Haflinger bis zu diesem Jahr zurückverfolgt werden; ihre Nachzuchtprodukte sind in Familien erfaßt. Im Jahr 1947 wurde in Tirol strikteste Reinzucht eingeführt und ab diesem Jahr die härtest mögliche Selektion betrieben. Nicht weniger als 204 Stutenfamilien wurden aus Selektionsgründen aus der Zucht genommen. Heute verfügt der Haflinger Pferdezuchtverband Tirol über mehr als 500 Stutenfamilien, teilweise mit über 300 eingetragenen Nachkommen, die 8 bis 12 Generationen nachweisen. Die härtesten Zuchtförderungsbestimmungen wurden für die Vatertiernachzucht erstellt. Mit besonderer Freude darf der Haflinger Pferdezuchtverband Tirol heute feststellen, daß speziell die letzten drei Generationen an Hengsten durchschlagende Erfolge im Hinblick auf die Qualität der Nachzucht zeigen. Der jährliche Besuch der Ebbser Stutfohlenauktionen am letzten Samstag im September ist für viele Freunde und Züchter des Haflingers aus der ganzen Welt zum Traditionsbesuch in Tirol geworden; die explosionsartige Qualitätsverbesserung, besonders im Laufe der letzten zehn Jahre, hat die Fachwelt überzeugt.
Obwohl bereits im Jahr 1947 die Arbeitsgemeinschaft der Haflinger-Züchter Österreichs gegründet wurde, war es den einzelnen österreichischen Verbänden nicht möglich, an die straffen Zuchtförderungsbestimmungen des Hochzuchtlandes Tirol anzuschließen. Es wurden weiterhin Nicht-Haflinger Haflinger-Hengsten zugeführt. Allein der Landespferdezuchtverband Kärnten hat in den sechziger Jahren die Reinzucht eingeführt, d. h. ab diesem Zeitpunkt durften nur noch eingetragene Haflinger-Stuten von Haflinger-Hengsten gedeckt werden. Als in den sechziger Jahren der Gedanke des Einkreuzens mit Araberblut aufkam, wurden in Österreich die ersten Versuche in Salzburg und Oberösterreich durchgeführt, allerdings nur vereinzelt. Die Arbeitsgemeinschaft der Haflinger-Züchter Österreichs hat in den siebziger Jahren an alle Landesverbände die Aufforderung herangetragen, Reinzucht zu betreiben, vor allem die Einkreuzungsversuche zu unterlassen, da ansonsten jene Länder nicht mehr als Reinzuchtländer geführt werden könnten. Da hinsichtlich der Reinzuchtbestimmungen mit jenen Verbänden, vor allem Niederösterreich, Oberösterreich und geringfügig auch Salzburg, keine Einigung erzielt werden konnte, führte dies im Jahr 1992 zum

Austritt des Haflinger Pferdezuchtverbandes Tirol aus der Arbeitsgemeinschaft der Haflinger-Züchter Österreichs. Der Tiroler Verband stellte Antrag auf Neuaufnahme als Mitglied bei der Welt-Haflinger-Vereinigung, dem im selben Jahr auf der Tagung in Frankreich zugestimmt wurde. Die Arbeitsgemeinschaft der Haflinger-Züchter Österreichs verlor damit ihren Status für Gesamtösterreich; eine Teilung im Haflinger-Bereich in West- und Ostösterreich war die Folge.
Eine Aufschlüsselung der eingetragenen Zuchtstuten und Deckhengste ergibt in Österreich heute folgendes Bild: Burgenland: 40 Stuten, 2 Hengste; Kärnten: 840 Stuten, 26 Hengste; Niederösterreich 1201 Stuten, 30 Hengste; Oberösterreich: 1016 Stuten, 21 Hengste; Salzburg: 536 Stuten, 13 Hengste; Steiermark: 1226 Stuten, 41 Hengste; Haflinger Pferdezuchtverband Tirol (mit Tirol, Vorarlberg und einem Teil von Salzburg): 2052 Stuten, 44 Hengste.
In Österreich hat sich seit der letzten Auflage dieses Buches eine wesentliche Veränderung in der Organisation der Pferdezucht ergeben. Hatte die Haltung der Vatertiere für alle Hauptrassen in Österreich seit der Jahrhundertwende das Bundesministerium für Land- und Forstwirtschaft in der heutigen Bundesanstalt für Pferdezucht in Stadl-Paura übernommen, wird diese Förderung seit einigen Jahren vermehrt auf Länder und Verbände verteilt. Die Landstallmeisterämter wurden abgebaut; der Hengstankauf von seiten des Staates eingestellt. Die Körungen wurden vorerst in Landes- und in der Folge in Verbandskörungen umgewandelt. Das Führen des Hengstregisters, Ausstellung von Deckscheinformularen etc. wird nach wie vor von seiten der Bundesanstalt für Pferdezucht durchgeführt. Diese Entwicklung resultiert aus der Ansicht des Bundes, daß Tierzucht Landessache sei.
Die Funktion der Bundesanstalt für Pferdezucht wird sich in den nächsten Jahren ändern, da die Anzahl an staatlichen Deckhengsten ständig im Sinken begriffen sein wird. Zudem stehen auch vermehrt Staatshengste in Privatpflege. Verschiedene Institutionen, so auch die Zentrale Arbeitsgemeinschaft österreichischer Pferdezüchter bemühten sich um eine Übernahme der Bundesanstalt für Pferdezucht, was jedoch aufgrund des hohen jährlichen zweistelligen Millionendefizites kaum durchführbar sein dürfte. Im Hinblick auf die Hengstaufzucht und die Hengstverteilung in Österreich hat sich ebenfalls eine gravierende Änderung ergeben. Die Forderung, Hengstkandidaten aus den anderen Bundesländern in Ebbs aufzuziehen, in Tirol gezogene Spitzenhengste an die Bundesländer unter Abgabepflicht zur Verfügung zu stellen, konnte der Haflinger Pferdezuchtverband nicht akzeptieren. Der schwere Weg der Tiroler Züchter, sei es im Hinblick auf die Bereitstellung sämtlicher anfallender Hengstfohlen, die jahrzehntelange Zuteilung von besten Mutterstämmen an bestimmte Hengstlinien, die harten Zuchtförderungsbestimmungen im Hinblick auf Charakter, Fruchtbarkeit, Größe etc. können nicht aufgegeben werden. Die anderen Bundesländer hatten diesen Zuchtmaßnahmen ihrerseits immer nur mit Kopfnicken zugestimmt, sie jedoch nie wirklich umgesetzt. Erfolgte bis zu dieser Änderung eine Zuteilung von Hengsten mit Tiroler Abstammung für die Bundesländer, ist dies seit einigen Jahren nicht mehr der Fall. Es konnte ein Zuchtfortschritt mittels dieser Hengste, auch wenn es nicht die Spitzen des Jahrganges waren, erreicht werden. Anläßlich meiner Besuche in den anderen Bundesländern durfte ich mich selbst von der Qualitätsverbesserung überzeugen.
Die erste Hengstkörung in Stadl-Paura kann aber bereits als richtungweisend betrachtet werden. Hengstmütter mit einer Zuchtbucheinstufung in III a schienen auf. Jahrzehntelang kamen den anderen Bundesländern Österreichs mit der Zuteilung von Tiroler Hengsten die konsequente Zuchtförderung Tirols zugute. Gute Vererber zu züchten ist ohne kontrollierte Mutterstämme über Generationen im Hintergrund schwer möglich – dies werden die Bundesländer Österreichs in den nächsten Jahrzehnten erkennen müssen, diese Tatsache wird zum Tragen kommen.

Niederösterreich führte im Jahr 1994 eine Landesausstellung durch, die unter das Motto der neunzigjährigen Tradition der Rasse in diesem Land gestellt wurde. Neunzig Jahre Rückblick sind jedoch nicht nötig, wenn man die Ergebnisse der Stutbuchaufnahmen 1994 betrachtet. Von 112 vorgestellten Pferden wurden 31 in Klasse III a, 8 sogar in Klasse III b ins Zuchtbuch eingetragen. Pferde mit einem Stockmaß von 135 cm wurden im Jahr 1994 noch im Zuchtbuch registriert. Härtere Zuchtförderungsbestimmungen müßten eingeführt werden, um Erfolge erzielen zu können.

In allen Bundesländern Österreichs, mit Ausnahme Tirols, können auch privat lizenzierte Hengste aufgestellt werden; in Tirol hingegen ist nach wie vor hierzu nur der Zuchtverband berechtigt.

Österreich verfügte im Jahr 1994 über 177 Deckhengste, deren blutlinienmäßige Aufgliederung wie folgt aussah:

A-Hengste:	49
ST-Hengste:	35
N-Hengste:	29
W-Hengste:	24
M-Hengste:	24
B-Hengste:	9
S-Hengste:	7

Im Verbandsgebiet Tirol stehen im Jahr 1995 44 Deckhengste im Einsatz, die den Blutlinien in ihrer Zahl folgendermaßen zuzuordnen sind:

A-Hengste:	14
W-Hengste:	8
ST-Hengste:	8
N-Hengste:	6
M-Hengste:	3
S-Hengste:	3
B-Hengste:	2

Der Haflinger findet heute in Europa, Amerika und Australien sowie Afrika zum überwiegenden Teil Einsatz als Freizeitpferd. In Asien wird der Haflinger auch heute noch in hohem Prozentsatz als Zug- und Tragtier in der Landwirtschaft und in der Armee sowie zur Verbesserung von Landesrassen verwendet.

liz. Afghan 1969

1338 Afghan II 1980

liz. 101/T Amadeus 1989 A

Mit dem Hengst liz. Afghan konnte der qualitative Aufbau der A-Linie auf breiter Basis begonnen und sehr erfolgreich über seinen Sohn Afghan II fortgeführt werden. Einen Hoffnungsträger besitzt die A-Linie wieder mit dem Hengst liz. 101/T Amadeus 1989 A. einem Afghan-II-Sohn.

Italien

Im Jahr 1986 deckten in Italien 326 Hengste 5000 eingetragene und 2000 nicht eingetragene Stuten. Für 1994/95 wurden von seiten des italienischen Nationalverbandes 5002 eingetragene Zuchtstuten und 253 Deckhengste gemeldet. Diese Zahlen drücken bereits aus, daß sich in Italien die Haflinger-Zucht an einem Wendepunkt befindet.

Der italienische Nationalverband der Haflinger-Züchter, die Associazione Nazionale degli Allevatori di Cavalli di Razza Avelignese (ANACRA), wurde im Jahr 1974 gegründet, hat seinen Sitz in Florenz und umfaßt heute ca. 3500 Züchter. In allen 65 italienischen Provinzen von Südtirol bis Sizilien werden Haflinger gezüchtet. Dem Nationalverband sind 34 Vereine angeschlossen, wobei Südtirol doch sichtlich großen Wert auf gewisse Eigenständigkeit legt. Das italienische Landwirtschaftsministerium kommt großteils für die Kosten des Nationalverbandes auf.

Unter Präsident M. Girandini wurden prägende Schritte in der Haflinger-Zucht Italiens unternommen, um an den internationalen Standard der Rasse Anschluß zu finden. Vorerst mußte eine grundsätzliche Änderung der Zuchtrichtung Italiens im Hinblick auf das Zuchtziel erfolgen. Bis zum Jahr 1989 wurde von seiten des Landwirtschaftsministeriums beim Verwendungszweck des Haflingers in Italien noch vom »Schlachtpferd« gesprochen und ein Stockmaß zwischen 128 und 134 Zentimetern angestrebt. In einer überaus großen Zahl waren über einen längeren Zeitraum Hengste aus dem Gestüt Falterona, das sich im Besitz eines früheren Präsidenten befindet, in die Zucht gestellt worden. Einen Zuchtfortschritt ließen diese Hengste nie erwarten und mußten schließlich auch wieder aus der Zucht genommen werden bzw. blieben ohne Nachzucht auf dem Hengstsektor.

Erwähnt sei auch, daß in Mittel- und Süditalien bereits vor drei Jahrzehnten auf Ausstellungen eine erfreuliche Aufwärtsentwicklung in der Haflinger-Zucht bemerkbar war. Einzelne Direktoren von italienischen Hengstendepots haben sich intensiv für die Förderung der Haflinger-Zucht eingesetzt, so vor allem die Direktoren von Santa Maria C. V., Ferrara, Pisa und Crema.
25 Hengste wurden von seiten Italiens im Laufe der letzten Jahrzehnte von Nordtirol erworben, um einen Zuchtfortschritt zu erzielen.
Enge Kontakte mit der Welt-Haflinger-Vereinigung, die konsequent auf die Mängel der Zuchtausrichtung in Italien hinwies, trugen sicherlich mit dazu bei, daß im Jahr 1989 ein neues Reglement für die Zucht in Italien erstellt wurde. Eine Ausrichtung der Haflinger-Zucht auf ein Pferd mit »Gutmütigkeit, Widerstandsfähigkeit, Charakter und Verwendungszweck im Hinblick auf touristische Nutzung« wurde in den Vordergrund gestellt. Die Zuchtkommission des Nationalverbandes befaßt sich in Zusammenarbeit mit der Universität Mailand speziell mit der Selektion der Zuchttiere aufgrund ihrer »genetischen Werte«. Zu diesem Zweck wurde das Genetikprogramm »BLUP-Animal-Model« aus der Rinderzucht für die italienische Haflinger-Zucht adaptiert. Mittels der Festsetzung eines Gesamtindex, der sich aus dem Höhenindex und einem Index nach morphologischer Beurteilung zusammensetzt, versucht der italienische Nationalverband einen rascheren Zuchtfortschritt, vor allem in Hinblick auf die Größe, zu erzielen. Dem Höhenindex wurden als Basis alle zwischen 1980 und 1984 geborenen Pferde zugrundegelegt. Dieser Größenindex gibt an, ob ein Pferd seine Nachkommen im Hinblick auf diese Bezugsbasis verbessert, verschlechtert oder konstant hält. Ein Höhenindex für Hengste und Stuten wurde festgehalten, der an die Züchter als Empfehlung zur Anpaarung weitergegeben wird.

Diese Auswertungen werden für die Züchter, sofern das Programm von ihnen angenommen wird, zwar ein Hilfsmittel darstellen, jedoch sicherlich nicht allein für den eventuellen Zuchtfortschritt verantwortlich sein. Gewisse Fehlerquoten dürften bei diesem Programm nicht auszuschließen sein. Ein Messen im Alter von 30 Monaten gibt kein Abschlußergebnis, Umwelteinflüsse werden zwar bei den Auswertungen berücksichtigt, sind jedoch wohl schwer in der vollen Tragweite festzuhalten.

Laut Angaben des nationalen italienischen Haflinger-Verbandes wurden im letzten Jahr nicht weniger als 1000 Zuchtstuten und nahezu 100 Zuchthengste aus dem Zuchtbuch ausgeschlossen, da nun für Stuten ein Mindestmaß von 136 cm und für Hengste von 138 cm gefordert wird. Eine Anhebung um jeweils weitere 2 cm ist geplant.

Die Erstellung des neuen Zuchtzieles mit den angehobenen Mindestmaßen und die züchterische Arbeit, ausgerichtet auf Reinzucht, werden die italienische Haflinger-Zucht positiv beeinflussen. Der Beitritt Italiens zur Welt-Haflinger-Vereinigung im Jahr 1992 wird die internationale Zusammenarbeit erweitern und fördern.

Südtirol

In Südtirol hat die Haflinger-Rasse ihre Entstehung. Da Südtirol bis zum Jahr 1919 noch ein Teil von Österreich war, rief es Debatten hervor, ob nun Österreich oder Italien den Anspruch, »Ursprungsland der Haflinger-Rasse« zu

Der Haflinger als Hirtenpferd in Süditalien.

sein, wahrnehmen dürfe. Südtirol ist zweifelsohne die »Wiege der Haflinger-Rasse«. Nordtirol nimmt jedoch für sich in Anspruch, jenes Land zu sein, das die Haflinger-Rasse mittels streng geführter Zuchtbücher und rigoroser Zuchtförderungsbestimmungen zum heutigen hohen Qualitätsstand hingeführt hat. Der Haflinger wäre heute keine Weltrasse, wenn Nordtirol nicht den beschrittenen Weg eingeschlagen hätte. Das erste echte Südtiroler Zuchtbuch wurde ja erst vom damaligen Nordtiroler Zuchtleiter, Regierungsrat Dr. Thurner, im Jahr 1942 angelegt. Nordtirol darf seit dem Jahr 1926 auf das 1. Zuchtbuch im Haflinger Pferdezuchtverein Zams verweisen.

Über Jahrzehnte waren die Südtiroler Haflinger-Züchter von einigen lokalen Genossenschaften betreut; im Jahr 1953 kam es zur Gründung des Südtiroler Haflinger Pferdezuchtverbandes. Dem gezielten Aufbau von Mutterlinien, der Erhaltung und dem Aufbau der sieben Blutlinien wurde jedoch von seiten Südtirols nie im nötigen Ausmaß Beachtung geschenkt. Daß Südtirol wohl über einige gute Vatertiere verfügte, zeigen Zuchtergebnisse in Deutschland. Beispielsweise konnte der Hengst HOFRAT über HOFMEISTER eine sehr gute Hengstlinie aufbauen und eine qualitative Stutengrundlage schaffen. Es darf dabei allerdings nicht übersehen werden, daß die N-Linie in Südtirol immer schon stark vorgeherrscht hat.

Leider wurde auch in Südtirol z. T. noch bis in die siebziger Jahre versucht, den Haflinger mittels Einkreuzung umzuzüchten, was jedoch in der Folge wieder eingestellt wurde. Die daraus resultierende Stutennachzucht ist in der Südtiroler Haflinger-Zucht noch vorhanden, ohne daß sie für den Fachmann oder Laien erkenntlich wäre.

Noch im Jahr 1970 wurden in Südtirol 786 eingetragene Stuten und 539 Gebrauchspferde den Haflinger-Hengsten zugeführt, was mit der Aussage »Original-Zuchtgebiet« nicht ganz in Einklang zu bringen ist.

Im Jahr 1986 waren in Südtirol 1365 Stuten im Zuchtbuch registriert; 1124 Stuten wurden den Hengsten zugeführt. Nach wie vor wird in Südtirol pro Jahr noch eine Anzahl an »Gebrauchspferden« von Haflinger-Hengsten gedeckt (im Jahr 1986 166 Stück). Auf 7 Deckstationen wurden im Jahr 1986 zwischen

Die beiden Haflinger-Experten Dr. Magnani und Dir. Dr. Pulvirenti (auf dem Bock) mit einem Vierspänner.

Reservesiegerstute Mercedes nach Nerv, ausgestellt für Italien, Südtirol bei der 1. Haflinger Europa-Schau in Luxemburg.

30 % und 60 % nicht eingetragene Stuten von Haflinger-Hengsten belegt. In den letzten Jahren hat man versucht, diese Zahlen zu senken.

Im Laufe des letzten Jahrzehntes hat sich der Südtiroler Haflinger Pferdezuchtverband bemüht, Anschluß an den Standard der weltweiten Haflinger-Zucht zu finden. Nach der Umstellung vom Klassifizierungssystem nach Klassen hin zum 100-Punkte-System, wurde ein Sprung vollzogen, der nicht mit der Punktevergabe, wie beispielsweise in Österreich und der Schweiz üblich, konform geht. Reihenweise findet man in Südtirol Pferde mit einer Punktierung zwischen 90 und 96 Punkten. Spitzenpferde in Österreich erhalten hingegen zwischen 80 und 85 Punkte. Dies macht die Importrestriktion für Pferde nach Italien mit bis zu 80 Punkten verständlicher.

Was die Größe der Pferde in Südtirol anbelangt, darf festgestellt werden, daß noch im Jahresbericht 1986 unter »Stutbuchaufnahmen« die Größe nicht erwähnt wurde. Auf den Tagungen der Welt-Haflinger-Vereinigung sprachen sich Italien und Südtirol bei der Diskussion um die Anhebung des Stockmaßes bei Hengsten auf 150 cm vehement dagegen aus. Im Jahresbericht des Südtiroler Verbandes aus dem Jahr 1987 wurde die Größe bereits angesprochen: »Unser Zuchtziel war es in den letzten Jahren und ist es auch heute noch, das Stockmaß des Haflingers etwas anzuheben. Das Stockmaß betrug im Durchschnitt 138 cm.« Im Tätigkeitsbericht »120 Jahre Haflinger-Zucht« sind Maßtabellen über die Stutbuchaufnahmen 1991/92/93 enthalten. Im Jahr 1991 wurden 60 Stuten mit einem Maß von 140 bis 145 cm angeführt, 181 Stück mit 134 bis 139 cm. Auf das Jahr 1993 folgte der gewaltige Sprung von 131 Pferden mit 140 bis 145 cm und 175 Stuten mit 134 bis 139 cm Stockmaß. Ein Wachstumsschub dieser Größenordnung in nur zwei Jahren grenzt für einen Zuchtfachmann an ein Wunder. Allerdings decken sich diese Zahlen mit jenen des Ausstellungskataloges, wo auch Wachstumsschübe von 5 bis 11 Zentimetern von einer Generation zur nächsten aufscheinen.

In den Körkatalogen der Junghengste der Jahrgänge 1991/92/93 schienen noch immer Hengste und Hengstmütter mit einem Stockmaß von 132 bis 136 cm auf. Die im Jahr 1993 zur Körung vorgestellten Hengste waren bereits mit Indexzahlen versehen. Der Mindestindex hätte 2,2 betragen. Man staune, der Siegerhengst hatte einen Index von 0,75 aufzuweisen, der Reservesieger von 1,55. Nur der drittplazierte und der sechstplazierte Hengst lagen in der vorgeschriebenen Mindestzahl.

Allerdings glaube ich auch kaum, daß mittels des wissenschaftlichen Modelles ein Wachstum von einer Generation zur anderen in der Größenordnung von 5 bis 11 Zentimetern in der angeführten Quantitätsbreite möglich wäre.

Im Ausstellungskatalog der 120-Jahr-Feier waren immerhin noch 95 von 113 Stuten mit Maßen zwischen 128 bis 134 cm in der 1. und 2. Generation angeführt.

Schließlich hätte Südtirol als Entstehungsgebiet der Rasse die Aufgabe gehabt, für den Aufbau der Blutlinien Sorge zu tragen. Leider gibt es in Südtirol seit Jahrzehnten keinen gezielten Aufbau der Hengstlinien. Betrachtet man nur die Linienzuteilung bei den Hengstkandidaten über die Jahre 1989/90/91/92, findet diese Schlußfolgerung darin ihre Bestätigung.
1989: 17 N-Hengstkandidaten, 2 M, 2 ST, 1 B und 1 S, kein W und kein A.
1990: 12 ST, 9 N, 3 S, kein W, kein M, kein B, kein A
1991: 10 N, 9 ST, 9 S, 1 M, 1 B, 2 A
1992: 14 S, 6 B, 3 ST, 3 A, 1 M, 1 N, kein W
Anläßlich der 120-Jahr-Feier im Jahr 1993 stellte Südtirol auf dieser Landesjubiläumsschau 7 B-Stuten, 24 S-Stuten, 23 ST-Stuten, 1 M-Stute, 58 N-Stuten aus. Von den 12 vorgestellten Hengsten konnten 6 der N-Linie, 4 der S-Linie und 2 der ST-Linie zugeordnet werden.

Dankenswerterweise hat sich Südtirol jedoch bei der Namensgebung bei den Hengsten gemäß der internationalen Gebräuchlichkeit nach Blutlinien angeschlossen. Eine Zuordnung zu den Blutlinien ist somit auch für Laien leicht möglich. Der italienische Nationalverband hat bereits im Jahr 1978 ein

Bundesrepublik Deutschland

Hengstverzeichnis mit Linienzuordnung aufgelegt. Die Vergabe der Namen bei den Hengsten in Italien nach Geburtsjahr machte eine korrekte Linieneinteilung für Laien fast unmöglich.

Heute darf Südtirol auf ca. 2000 eingetragene Zuchtstuten und ca. 1600 Bedeckungen pro Jahr verweisen. 21 Haflinger-Zuchtvereine umfaßt der Südtiroler Haflinger-Verband. Der Südtiroler Züchter, so wird immer wieder betont, liebe beim Haflinger vor allem seinen Charme. Wie die 120-Jahr-Feier in Südtirol im Jahr 1993 zeigte, müßte neben diesem Charme doch auch speziell bei den Hengsten auf mehr Einheitlichkeit in Typ, Adel und Textur geachtet werden. Ein korrcktcs Fundament und korrekte, raumgreifende Gänge dürften zusätzlich in jeder Pferderasse gesucht werden. Auch beim Südtiroler Haflinger müßte vermehrt darauf geachtet werden.

Harte Zuchtarbeit, das wird auch für Südtirol in der Zukunft gelten, will Anschluß an die weltweite Haflinger-Zucht gefunden werden. Im Jahr 1994 wurde bereits eine Maßnahme ergriffen, die für viele Züchter bestimmt einen Härtefall bedeutet hat. Nur 25 Prozent der Fohlen erhielten die Erlaubnis, zur Versteigerung aufgetrieben zu werden, um eine entsprechende Qualität auf der Auktion stellen zu können.

Deutschland zählt zu den ältesten Haflinger-Zuchtgebieten. Neben Italien und Österreich hat Deutschland bereits im Jahr 1935 mit der Haflinger-Zucht begonnen. Einleitend darf festgestellt werden, daß Deutschland seit der 1. Auflage dieses Buches auf die größte Entwicklung aller Haflinger züchtenden Staaten hinweisen kann.

Die Deutsche Einheit ergab für dieses Zuchtgebiet nochmals eine große zahlenmäßige Veränderung. Dem Jahresbericht der FN aus dem Jahr 1986 sind 337 Deckhengste und 6682 eingetragene Stuten zu entnehmen. Im FN-Jahresbericht des Jahres 1993 sind 13549 eingetragene Stuten und 589 Deckhengste ausgewiesen. Laut Angaben im Jahresbericht 1993 der FN ist der Anteil an Haflinger-Zuchtstuten im Vergleich zur Gesamtpopulation aller Pony- und Kleinpferderassen vom Jahr 1986 bis zum Jahr 1993 nochmals von 32,9 % auf 37,5 % angestiegen. Vergleichsweise hat das Deutsche Reitpony mit 22,7 % stagniert, das Fjordpferd ist von 5,5 % auf 3,9 % Anteil gefallen. Deutschland darf jedoch nicht nur quantitativ auf einen beträchtlichen Fortschritt verweisen, sondern auch im Hinblick auf die Qualität.

Allerdings ist Deutschland das einzige Zuchtgebiet, das in allen Zuchtverbänden auch mit eingekreuzten Pferden arbeitet, ohne diese in separaten Zuchtbüchern zu führen oder sie zu kennzeichnen. Diese Tatsache führte auch zum Austritt Deutschlands aus der Welt-Haflinger-Vereinigung. Den Angaben über die Stutenbestände Deutschlands sind demzufolge keine Hinweise über den Anteil an Stuten mit Fremdblut zu entnehmen. Laut einem Rundschreiben der AGH Deutschland vom März 1995 würden ca. 65 Prozent der deutschen Haflinger-Zuchtpopulation nicht den Ausschreibungsbedingungen für eine Teilnahme an der Haflinger-Weltausstellung Ebbs 1995 entsprechen. Ich meinerseits würde nicht annehmen,

Länder	reingezogene Hengste	eingekreuzte Hengste	eingetragene Stuten	gedeckte Stuten
Bayern	15	70	4002	2864
Baden-Württemberg	25	8	898	734
Hessen	16	17	1081	598
Rheinland	42	11	710	420
Rheinland-Pfalz Saar	46	8	523	413
Westfalen	46	31	1730	1273
Schleswig-Holstein	35	6	750	730
Hannover	47	14	811	728
Weser-Ems	29	3	576	508
Sachsen-Thüringen	21	12	1279	1074
Sachsen-Anhalt	17	4	505	471
Mecklenburg-Vorpommern	13	3	527	356
Berlin-Brandenburg	10	5	337	266

Oben:
Gesamt-Jugendsiegerin Aisa nach liz. Artist und die Gesamt-Jugendreservesiegerin Noblesse nach liz. Nordwind auf der Jubiläumsschau in Karlsbad.

Unten:
St. pr. Stute Minerva nach Mithras aus einer Atif-Mutter wurde Gesamtsiegerin der Haflinger-Jubiläumsschau 1994 in Karlsbad.

daß der Prozentsatz an fremdblutführenden Pferden in der deutschen Haflinger-Zucht schon ein so hohes Ausmaß angenommen hat. Bei den Hengsten habe ich mich bemüht, eine Aufschlüsselung nach reingezogenen und eingekreuzten Hengsten zu geben. Diese Aufstellung bietet die Möglichkeit, festzustellen, daß einige Zuchtgebiete fast nur mit reingezogenen Haflinger-Hengsten decken, andere wieder mit Nachdruck eingekreuzte Hengste zum Einsatz bringen.
Leider wurden von seiten vieler deutscher Zuchtverbände für diese Neuauflage keine Unterlagen zur Verfügung gestellt. Ich habe mich bemüht, die fehlenden Bestandszahlen aus diversen Veröffentlichungen zusammenzutragen und zu ergänzen. Einen bedeutenden Anteil der Zahlen verdanken wir dem Jahresbericht der FN, dem Hauptverband für Zucht und Prüfung deutscher Pferde, aus dem Jahr 1993. Sofern Unterlagen von seiten der Verbände abgegeben wurden, stammen die Zahlen aus den Jahren 1994/1995, sind daher aktueller und entsprechen den Angaben dieser Zuchtverbände. Insgesamt gesehen ist es nicht möglich, für die Vollständigkeit und Richtigkeit der Bestandszahlen eine Gewähr zu übernehmen.

Bayern

Bayern hat mit dem Aufbau der Haflinger-Zucht bereits im Jahr 1935 begonnen, wobei dem schweren Typ beim Ankauf der Vorzug gegeben wurde. Auch wurde beim Aufbau der Zucht auf Reinzucht kein großer Wert gelegt; in Österreich wurden Hengste wie TOBLACH und LUCKI erworben.

Diese Tatsache wird auch in einer Diplomarbeit von Robert Fehlings, im Auftrag von Prof. Dr. Pirchner und Wiss. Rat Dr. Krippl, Weihenstephan, Universität München, Fakultät für Landwirtschaft, nachgewiesen. In dieser Arbeit wird aufgezeigt, daß nicht weniger als 71 Prozent der untersuchten Hengst- und Stutfohlen des Jahrganges 1970 Blut von dem um die Jahrhundertwende eingesetzten Hengst 183 GIDRAN führen.

Die im schweren Typ liegende Stutengrundlage wurde wiederum mit relativ schweren Hengsten wie XANDL, URBAN usw. aufgebaut.

Ab Mitte der vierziger Jahre bis Ende der fünfziger Jahre wurde die Zucht dann weiter mit dem Hengst WIELAND, der bekanntlich mütterlicherseits keine Abstammung nachweisen konnte, ausgebaut.

Mitte der fünfziger Jahre wurde in Tirol der Hengst NASTOR erworben und in den Folgejahren fast die gesamte Vaterrtiernachzucht durch den Ankauf von weiteren N-Hengsten in Südtirol auf die N-Linie ausgerichtet.
Tirol wurde ob des mühevollen Aufbaues der A-Linie belächelt. Das Privatgestüt von Konsul Koch erwarb mit dem Hengst AMOR für Bayern den ersten A-Hengst in Tirol.
Dieser Hengst hat sich für die A-Linie in Deutschland erfolgreich durchgesetzt.
Das Einsetzen der Motorisierung in der Landwirtschaft bereitete für alle Pferderassen große Schwierigkeiten. Zuchtgebiete, die rechtzeitig begannen, ihre Zucht auf den neuen Verwendungszweck auszurichten, konnten ihren Rassen eine Überlebenschance, ja sogar eine Verbreitung sichern. Die Zuchtleitung Bayerns glaubte jedoch in den sechziger Jahren wohl, sie habe den Anschluß verloren und richtete die Zucht schwerpunktmäßig auf das Einkreuzen aus, um beim Haflinger die gewünschte Typänderung zu erzielen.

In den letzten Jahrzehnten wurden in Bayern mehr als 40 Araberhengste zur Veredelung der Haflinger-Rasse eingesetzt. Diese große Zahl an Araberhengsten, die in der Haflinger-Zucht Bayerns eingeführt wurde, muß eine enorme Aufspaltung in den Folgegenerationen bringen.

Apikal

Im Haflinger-Hengstbuch, aufgelegt vom Landesverband Bayerischer Pferdezüchter e. V. im Jahr 1985, wurden insgesamt 112 Pedigrees angeführt, davon 55 Arabo-Hengste, 6 Vollblutaraber und nur 57 reingezogene Haflinger. Bei den 112 erwähnten Hengsten schienen bei 42 in der Abstammung Stammbuchstuten, sogar in Folgegenerationen, auf.
Im Jahr 1987 standen von 79 in Bayern für die Haflinger-Zucht aufgestellten Hengsten 47 Arabo-Hengste und 2 Vollblutaraber im Deckeinsatz. Dieses Bild wird beim Aufschlagen von Versteigerungskatalogen aus dem Jahr 1987 noch verschärft. Von den 82 in Traunstein (Bayern) zum Verkauf angebotenen Fohlen handelte es sich nur noch bei 13 Stück um reingezogene Haflinger. 69 Fohlen führten Araberblut, davon 19 bereits mütterlicher- und väterlicherseits. Im Versteigerungskatalog von Miesbach bot sich ein ähnliches Bild: von 143 aufgetriebenen Fohlen führten 108 Araberblut, davon 23 mütterlicher- und väterlicherseits. Nur 35 reingezogene Haflinger-Fohlen wurden angeboten. Ein ziemlich gleiches Verhältnis zeigten auch die übrigen Versteigerungen in Bayern.

Im Jahr 1986 legte Bayern die Broschüre *»50 Jahre Haflinger-Zucht in Bayern«* auf. In dieser Schrift wird vom »dosierten Einsatz von Araberhengsten« gesprochen. Des weiteren wird angeführt: *». . . es dürfen nur hochqualifizierte Nachkommen in die Zucht gestellt werden, . . . Der bayerische Weg ist heute bundesweit anerkannt, ausländische Länder werden wohl folgen . . .«.*

In *»Bayerns Pferdezucht und Sport«* (11/87) war zu lesen: *». . . Es ist wohl das Allerselbstverständlichste, wenn von Selektion überhaupt gesprochen wird, daß vor allem für Vatertiere besonders strenge Maßstäbe anzulegen sind.«*

Leider widersprechen die Körkataloge für Junghengste in Bayern aus den Jahren 1985 und 1987 diesen Aussagen. Im Körkatalog 1985 waren 47 Hengstanwärter ausgewiesen, davon 30 mit Araberblutanteil, 2 davon mütterlicher- und väterlicherseits. Somit wurden 16 reingezogene Haflinger-Junghengste vorgestellt. In 33 im Körkatalog verzeichneten Pedigrees schienen Stammbuchstuten auf, bei einigen sogar in Generationsfolge.

Für Laien sei kurz erklärt, daß Stammbuchstuten generell überall Stuten sind, die nicht mehr ins Hauptstammbuch eingetragen werden können, und zwar entweder aufgrund mangelnder Abstammung oder wegen schwerer Exterieurfehler. Somit sind solche Pferde nicht mehr dem rassetypischen Haflinger zuzuordnen.

Selbstverständlich sollte den Stuten, insbesondere Hengstmüttern, eine Bewertungsnote als Hengstmutter zugrunde liegen. Im Jahr 1985 schien sogar aus dem Staatsgestüt Schwaiganger eine Hengstmutter auf, die in der Bewertung jeweils 5 erhielt und als solche auch im Stammbuch eingetragen wurde. In den 47 im Körkatalog 1985 verzeichneten Pedigrees wiesen nur 14 Mütter zweimal eine Bewertungsnote 7 auf, 6 Stuten einbis zweimal eine 8.

Auf der Körung 1987 in München-Riem wurden 33 Junghengste vorgestellt, davon 22 mit Araberblutanteil, 4 davon mütterlicher- und väterlicherseits, und 11 reingezogene Haflinger-Junghengste.

Dem Katalog war zu entnehmen, daß des öfteren Araberhengsten Stammbuchstuten zugeführt wurden. Ein Junghengst im Körkatalog 1987 hatte eine Stammbuchstute mit Bewertungsnoten 5 und einmal 4 als Mutter, eine Stammbuchstute als Großmutter und eine Vorbuchstute als Urgroßmutter, wobei die Folgegeneration sowohl väterlicher- als auch mütterlicherseits unbekannt war.

Der Spitzenhengst aus der Körung 1987 führte sowohl väterlicher- als auch mütterlicherseits Araberblut, im Pedigree schien zweimal eine Stammbuchstute auf; die Mutter des Junghengstes wies Bewertungsnoten 6 auf, einmal sogar nur eine 5.

Von einer »Selektion bei der Hengstauswahl« konnte aufgrund dieser aufgezeigten Fälle in Bayern nicht gesprochen werden. Im Gegenteil, daß bei einer so unzureichenden Selektion weder in Reinzucht noch mittels Araberblutzufuhr eine Qualitätsnachzucht zu erreichen ist, können sicherlich selbst Laien erkennen.

Bereits für die Zulassung zur Körung sollten Mindestanforderungen gestellt werden. Hengste, deren Mütter, Großmütter oder Urgroßmütter Stammbuchstuten sind, sollten meiner Ansicht nach gar nicht auf die Körung aufgetrieben werden dürfen. Ich führe solche Beispiele an, um junge Zuchtgebiete vor solchen Fehlern zu warnen. Nicht in allen Nachzuchtgebieten besteht die Möglichkeit, daß die Haflinger-Zucht von Experten gelenkt wird, die hauptberuflich die Zuchtleitertätigkeit ausüben und dadurch die Möglichkeit haben, klare Linien zu setzen. Daher sollten vor allem Zuchtgebiete, die diesen Vorteil besitzen, beispielgebend vorarbeiten und nicht solche katastrophale Fehler begehen.

Mein Hauptanliegen ist die weltweite qualitative Verbesserung der Haflinger-Rasse. Führe ich dabei immer wieder den Tiroler Verband als Vorbild an, ist dies darauf zurückzuführen, daß anhand der Haflinger-Population Tirols bewiesen werden kann, was mittels harter Selektion mit dieser Rasse erreichbar ist.

Prof. Dr. sc. Dr. h. c. H. J. Schwark führte in seinem Referat *»Der Weg des Haflingers zur Weltrasse – Inhalt und Konsequenzen«* anläßlich der Tagung der Welt-Haflinger-Vereinigung im Jahr 1986 in Innsbruck an:
»Ohne Tirol – keine Welt-Haflinger-Rasse . . . Somit kann die erste Konsequenz für den weiteren Werdegang dieser schönen, den Menschen aller Erdteile begeisternden Pferderasse nur darin bestehen, eine der Internationalität Rechnung tragende Zuchtstrategie zu erarbeiten, die Aufgaben des Hochzuchtgebietes abzuleiten und diese mit zielstrebiger Sachlichkeit abzuarbeiten. Hochzucht ist Qualitätszucht; demzufolge sollte an der bewährten Praxis der Typ-, Modell- und Exterieurselektion festgehalten werden. Konsolidierte Mutterstämme stellen mit ihrer Erbsicherheit das solide Fundament für ein einheitliches Rassebild dar. Ihre Merkmale sind hochgradig erblich bedingt, manifestiert und auf die Folgegenerationen übertragbar. Qualitativ hochwertige, mit einem vorzüglichen Leistungsvermögen ausgestattete Stutenfamilien kennzeichnen die Stabilität jeder Zucht. Vielschichtig zeichnet sich ab, daß die Liebe zur Sache, mit Können und Passion arbeitende Züchterschaft Tirols in zugleich treuer Befolgung des durch die Verbandsleitung vorausgedachten Weges, die Grundvoraussetzung für den Aufstieg des Haflingers geschaffen hat. Hierauf können Sie alle mit Recht stolz sein, entspricht diese Leistung doch einer echten, international humanitären Zielstellung und Pflege züchterischen Kulturgutes. Ohne Tirol – keine Welt-Haflinger-Zucht.«
Diesen Auszügen aus dem Referat von Prof. Dr. Schwark ist abzuleiten, daß die Selektionsmethode, wie sie leider Gottes in Bayern während der letzten 30 Jahre vollzogen wurde, für die Qualitätsverbesserung einer Rasse nicht der richtige Weg war, ja eine qualitative Stagnation bzw. Abwärtstendenz damit verbunden

sein mußte. Die Einkreuzung ihrerseits wird dieses Zuchtgebiet im Laufe der nächsten 20 Jahre qualitativ noch weiter absinken lassen.

Noch im Jahr 1986 stand in der Broschüre *»50 Jahre Haflinger-Zucht in Bayern«* wörtlich geschrieben:
»Hengste, die im Aufbau der Haflinger-Zucht in Oberbayern sehr positiv gewirkt haben, waren die Hengste WILFRIED, WIELAND *und* NASTOR, *wobei die Hengste* WIELAND *und* NASTOR *wohl die bedeutendsten Vererber in der gesamten bayerischen Haflinger-Zucht waren.«*

Bei Herausgabe dieser Schrift war längst bekannt, daß WIELAND mütterlicherseits auf keine Abstammung verweisen konnte. Wie von vielen Fachleuten vorausgesagt, ist diese Linie auch eingegangen. Des weiteren heißt es in dieser Broschüre:
»Der Hengst hat es verstanden, eine sehr große hochqualifizierte Stutengrundlage zu schaffen und hat besonders auf der weiblichen Seite hervorragend vererbt. Seine Stärke lag wohl zweifellos darin, den alten, schweren Haflinger-Typ zu veredeln. Seine durchschlagende Vererbungskraft hat ihn wohl zu dem besten Haflinger-Hengst in ganz Bayern gemacht.«
Wie bereits erwähnt, steht heute kein Nachkomme dieses besten Haflinger-Hengstes Bayerns, WIELAND, mehr in der Zucht, was diese Aussage ad absurdum führt. Auch die Feststellung in der gleichen Broschüre:
»Hinzu kommen noch die Hengste HERZBUA *15, ein* HELD-II-*Sohn aus der bekannten Stute* AKELEI *715B«.*
Der Hengst HERZBUA hatte in 7 Deckjahren 13 eingetragene Stuten und keinen Deckhengst zu verzeichnen. Wenn ein Hengst als hervorragend bezeichnet wird, der nur in der Lage ist, im Durchschnitt pro Jahr zwei Zuchtstuten zu stellen, kann von einer Selektion nicht mehr gesprochen werden.

Die Qualität des Hengstes NASTOR kann hingegen bestätigt werden. Dieser Hengst stellte in 6 Deckjahren 50 eingetragene Stuten und 18 Hengste und darf als stabilster und bester Stamm in Deutschland angesehen werden. Der Hengst NASTOR stammt aus dem Fohlenhof Ebbs.

In der Broschüre *»50 Jahre Haflinger-Zucht in Bayern«* aus dem Jahre 1986 ist des weiteren auch vermerkt, daß im Durchschnitt einem Hengst weniger als 20 Stuten zugeführt würden, so daß ein Zuchtprogramm nicht mehr durchgeführt werden könne. Bei diesen geringen Deckzahlen sei ein Urteil erst nach 7 Deckjahren möglich.

In den siebziger Jahren erwarb eine bayerische Hengsthaltungsgenossenschaft den Hengst MONTANA 81. MONTANA stellte auf der DLG-Ausstellung im Jahr 1986 die Siegerstute der Dreijährigen und Vierjährigen. Dennoch wurde dieser Hengst von Bayern abgegeben und kein Vatertier nachgezogen. Diese Tatsache dürfte das Interesse an der Reinzucht in Bayern wiedergeben.

In der 1. Auflage dieses Buches führte ich an:
»Ob den bayerischen Haflinger-Züchtern mit dieser Züchtungsmethode der Aufbau einer Freizeit-Haflinger-Zucht garantiert werden kann, oder aber der Anschluß begraben wurde, wird die Zukunft zeigen.«

Acht Jahre später führte ich als Abschluß für Bayern die Aussage eines bekannten deutschen Zuchtexperten an: »Es muß auch diesen »Beratungsgeschädigten« irgendwie noch Hilfe geboten werden.«

Wie steht es nun mit der Haflinger-Zucht in Bayern im Jahr 1995? Unter den im Jahr 1994 aufgestellten Deckhengsten in Bayern waren 70 eingekreuzte und 15 reingezogene Haflinger-Hengste zu finden. Auf den Hengstkörungen von den Jahren 1991 bis 1994 wurden im Jahr 1991 kein reingezogener, dafür 11 gekreuzte Hengste, im Jahr 1992 gleichfalls, im Jahr 1993 3 reingezogene und 7 gekreuzte Hengste und im Jahr 1994 1 reingezogener und 8 gekreuzte Hengste gekört. Diese Zahlen sprechen eindeutig für die Zuchtrichtung, die Bayern weiterhin eingeschlagen hat. Immerhin konnte man bei den im Jahr 1994 gekörten Hengsten zwei finden, die drei Mal Araberblut im Pedigree führen. Wenn diese Hengste in der Folge mit Stuten gepaart werden, die ihrerseits wiederum zwei, drei Mal Araberblut führen, möchte ich wissen, warum immer wieder von einem »dosierten Einkreuzen« gesprochen wird. Scheinen dann auch noch Stammbuchstuten als Mütter und Großmütter in der Abstammung auf, dürfte von einer Selektion im züchterischen Sinn kaum noch gesprochen werden können.
In einem Artikel im Jahr 1984 der Reiter Revue konnte man über das Reiterland Bayern lesen: »Als sich der Trend zum Freizeitpferd abzuzeichnen begann, schlug man in Bayern den Weg der rigorosen Veredelung durch Kreuzung mit Vollblutarabern ein, während die Tiroler eigensinnig und stolz bei der Reinzucht ihrer – allerdings grundsätzlich etwas leichteren – herkömmlichen Linie blieben. Unter den bayerischen Arabo-Haflingern gibt es bezaubernde Modelle, mit genügend Gang und dem begehrten »arabischen Überguß«, aber auch mit dem Temperament hoch im Blut stehender Pferde, die sehr viel mehr Anforderungen an reiterliches Geschick und Können stellen als dies beim ursprünglichen Haflinger der Fall ist . . . Denn gerade im Charakter liegt der große Vorzug des Haflingers gegenüber anderen Pferderassen . . .«

Luzia nach 1397 Agra aus Fischbachtal im Odenwald: Gesamtsiegerstute des Stutenchampionats in Alsfeld und Beerfelden, Klassensiegerin der europaoffenen Schau in Aachen.

Es wurde in Bayern sehr bewußt der Weg der Einkreuzung eingeschlagen. Daß es dabei aber kaum mehr ein echtes »Zurück« gibt, dessen war man sich vielleicht doch nicht ganz im klaren. Ein marktgerechtes Pferd zu züchten, das möchte wohl jeder Zuchtverband, jedes Zuchtland. In einem Gespräch für Bayerns Pferdezucht und Sport erklärte der seit 1993 neu im Amt stehende 1. Vorsitzende des Landesverbandes Bayerischer Pferdezüchter: »Letztlich sind die Reiter unser sogenannter »Kundenkreis«, und wir müssen die passenden Pferde züchten, wenn wir sie zu einem ordentlichen Preis verkaufen wollen.« Beim Haflinger ist der Kundenkreis bei Reitern und Fahrern im Freizeitbereich zu suchen, die ein unkompliziertes, charakterstarkes Familienpferd zum Reiten und Fahren wünschen. Der reingezogene Haflinger steht dabei nahezu konkurrenzlos da. Hoch im Blut stehende Pferde stehen auch bei anderen Rassen genügend zur Auswahl und erfordern eine weitaus höhere Qualifikation im Umgang mit diesen Pferden.

Die Kunden und Züchter antworten selbst auf diese Frage. Auf der Körung 1993 in München wurden zwei reingezogene Hengste gekört, ein Hengst aus der ST-Linie und einer aus der W-Linie. Der Winterstein-Sohn, auch mütterlicherseits mit original Tiroler Abstammung, erzielte, obwohl als letztplazierter Hengst gekört, den höchsten bisher erreichten Verkaufspreis von DM 36 500,–. Auch die bayerischen Auktionen, auf denen nur mehr in geringem Ausmaß reingezogene Fohlen zu finden sind, ergeben ein ähnliches Bild.

Der Leiter des Landesamtes für Pferdezucht und Sport, Hartmut Erbe, gab anläßlich seines Ausscheidens im Juli 1994 im Hinblick auf die Haflinger-Zucht in Bayern zu bedenken: »Die Ausweitung dieser Rasse macht letztlich mehr Probleme als erfreulich ist, da jetzt über 4000 Stuten in Bayern vorhanden und meistenteils in der Zucht eingesetzt sind. Viele neue Stutenbesitzer können die Qualität der Pferde nicht richtig einschätzen und erzeugen Fohlen ohne Zuchtaussichten . . . Innerhalb der Arbeitsgemeinschaft der Haflinger-Züchter müßte die Anforderung für die Anerkennung von Hengsten und Hengstmüttern vereinheitlicht werden, um von den Ergebnissen der Prüfungsstationen für Hengste und Stuten vergleichbare Schlüsse erwarten zu können.« Diesen Punkt hatte ich bereits im Rahmen der Leistungstests angesprochen. Es fehlt ganz einfach die Einheitlichkeit bei Körungen und Leistungsprüfungen, was jedoch auch nur schwer auf einen Nenner wird gebracht werden können. Zumindest sollte jedoch vielleicht zukünftig doch mehr Beachtung auf die Qualität von Hengstmüttern gelegt werden. Im Katalog der Bundeshengstschau waren wirklich Hengstmütter zu finden, die bis in die 4. Generation zurück Stammbuchstuten auswiesen. Auf die besondere Wichtigkeit von durchgezüchteten Stutenstämmen wird immer wieder, auch von seiten der bayerischen Zuchtexperten, hingewiesen, nur die Umsetzung in die Realität fehlt wohl in der Haflinger-Zucht zum großen Teil. Züchten heißt, wie ich schon so oft betont habe, denken in Generationen. Nur ein gutes Pferd, das vor einem steht, zu beurteilen, genügt bei der Hengstauswahl nicht – es muß immer die Kombination »Pferd plus Qualitätsabstammung« bei der Hengstauswahl gelten, um zumindest mit einer großen Wahrscheinlichkeit einen guten Vererber in die Zucht zu stellen.
Schließlich hat auch ein Führungswechsel im bayerischen Haupt- und Landgestüt Schwaiganger stattgefunden. Seit 1994 ist Dr. Senckenberg als Leiter in Funktion und hat somit die Nachfolge

von Dr. Karnbaum angetreten. Stand unter dem Vorgänger von Dr. Karnbaum noch ein hohes Potential an Qualitäts-Haflingern in Schwaiganger, wurde dies im Laufe der Folgejahre leider abgebaut. Mittels Einkreuzung wurde versucht, beim Haflinger die gleichen Erfolge wie in der Warmblutzucht zu erzielen. Die von seiten Schwaigangers unter dieser Ära gezogenen Hengste konnte man auf den Körungen ohne Kopfnummern und ohne Beachtung der Uniform der Vorführer erkennen. Vielfach weit vorne bei den Körergebnissen eingereiht, konnte dem Applaus der Züchter entnommen werden, daß sie mit dem Resultat nicht einverstanden waren. Besucher kehrten meist mit großer Enttäuschung aus dem Landgestüt zurück, weil sie dort keine rassetypischen Haflinger finden konnten. Möge dieser Führungswechsel einen positiven Beitrag für den züchterischen Weg Bayerns bedeuten. Im Jahr 1994 wurde von Schwaiganger auf jeden Fall einmal schon kein Hengst mehr vorgestellt. Einem Interview mit dem neuen Gestütsleiter konnte entnommen werden, daß das helle Langhaar beim Haflinger nun als Markenzeichen anerkannt wird.

Die Stellung Bayerns als jenes Zuchtgebiet Deutschlands mit den höchsten Einkreuzungsquoten konnte jeder Züchter anläßlich der Bundeshengstschau im Jahr 1993 selbst beurteilen. Die Führungsrolle der reingezogenen Haflinger wurde in überwältigender Weise demonstriert. Eine Gruppe von Reinzuchtbefürwortern in Bayern hat mit der Gründung des Vereines Haflinger-Reinzucht-Bayern e. V. einen neuen Schritt unternommen. Die Weichen der internationalen Haflinger-Zucht stehen in Richtung »Reinzucht«, die Zuchtbücher der diversen Zuchtverbände auf der ganzen Welt sind nur reingezogenen Haflingern offen.

Baden-Württemberg

Baden-Württemberg, an Österreich und Bayern angrenzend, kann nun auch schon auf eine lange Tradition in der Haflinger-Zucht zurückblicken. Es wurden stets Bemühungen unternommen, um dem Haflinger in diesem Zuchtgebiet ein festes Fundament zu schaffen, was mittlerweile als gelungen angesehen werden darf. Standen im Jahr 1986 in Baden-Württemberg 555 eingetragene Zuchtstuten für 30 reingezogene und 5 Arabo-Hengste zur Verfügung, so dürfen im Jahr 1993 898 eingetragene Stuten, 25 reingezogene Haflinger-Hengste und 8 blutführende Hengste vorgeführt werden.

Es muß ausdrücklich betont werden, daß sich die Qualität in diesem Land seit der Auflage des letzten Buches verbessert hat, was nicht zuletzt auf die Initiative einiger Privathengsthalter zurückzuführen ist. Auf der 1. gesamtdeutschen Haflinger-Bundes-Hengstschau in Alsfeld waren einige sehr gute Vererber der Rasse aus diesem Bundesland vertreten. Baden-Württemberg stellte mit dem Hengst MITHRAS, der in Baden-Württemberg seine neue Heimat gefunden hat, den Bundessieger. 15 gekörte Söhne stehen von ihm schon in der Zucht. Dieses Zuchtgebiet konnte von 1986 bis 1995 seinen Stutenbestand deutlich anheben, die Anzahl der Deckhengste senken, was die Bedeckungsziffern, vor allem natürlich jene der führenden Hengste, beträchtlich ansteigen ließ. Leider hat, trotz der großen Erfolge der reingezogenen Hengste, die Zahl an Hengsten mit Araberblutanteil zugenommen, und zwar von 5 auf 8.

Baden-Württemberg hat sich im Laufe der letzten Jahre nicht nur mit besten Vererbern und deren Nachzucht bemerkbar gemacht, sondern konnte auch große Erfolge von Zuchtschauen im eigenen Land, in anderen Bundesländern und aus dem Ausland mit nach Hause nehmen. Bayern konnte, obwohl zahlenmäßig vierfach stärker, mit der Qualität Baden-Württembergs in den letzten Jahren bei weitem nicht mehr mithalten.

Es ist zu erwarten, daß Baden-Württemberg mittels der vorhandenen Deckhengste, wobei auch noch gute Vererber aus der A-, ST- und W-Linie vorhanden sind, einen weiteren Zuchtfortschritt erzielen wird.

Hessen

In Hessen, früher »Hochburg« des Fjordpferdes, hatte der Haflinger in den Anfangsjahren einen schweren Stand. Mittlerweile konnte die Haflinger-Zucht in Hessen gefestigt werden.

Vor allem der bekannte Hengst AMBASSADOR aus dem Fohlenhof Ebbs konnte der Haflinger-Zucht in Hessen eine erfreuliche Stutengrundlage und auch beste Junghengste für eine qualitative Aufwärtsentwicklung der Zucht stellen.

Vor allem der Privatinitiative des Hengsthalters von AMBASSADOR ist es zu danken, daß nach Abgabe dieses Althengstes ein allerbester ST-Hengst aus Ebbs für dieses Zuchtgebiet erworben wurde, wodurch die ST-Linie in diesem Gebiet eine bedeutende Stärkung erfahren hat.

Der Hengst STROMBOLI konnte Reservesiegerhengst der 1. Haflinger-Weltausstellung in Ebbs werden, wurde jedoch von Hessen an Dänemark abgegeben.

Im Jahr 1986 deckten in Hessen 34 Haflinger-Hengste 270 Stuten. 11 Arabo-Hengsten wurden 82 Stuten zugeführt. Laut Jahresbericht der FN waren in

Hessen im Jahr 1993 1081 Stuten eingetragen, 598 wurden gedeckt. Der Hengstbestand hat sich auf 16 reingezogene Hengste und 17 eingekreuzte Hengste verändert. Es ist erstaunlich, daß sich in diesem Zuchtgebiet, in welchem auch durchwegs sehr gute reingezogene Stuten und Hengste vorhanden sind, der Prozentsatz an blutführenden Pferden so verstärken konnte. Exporte nach Kanada fanden von Hessen aus statt, allerdings nur von reingezogenen Pferden.

Die 1. gesamtdeutsche Bundeshengstschau wurde in Alsfeld in Hessen in Zusammenarbeit des Verbandes Hessischer Pferdezüchter, dem Haflinger Zuchtverein im VHP und unter der Schirmherrschaft der Arbeitsgemeinschaft der Haflinger-Züchter Deutschlands abgehalten. Die Ergreifung der Initiative zur Ausrichtung dieser Schau muß positiv hervorgehoben werden. Eine stärkere Beschickung wäre für die Zukunft wünschenswert.

Rheinland-Pfalz-Saar

Seit der letzten Auflage dieses Buches hat die Haflinger-Zucht in Rheinland-Pfalz-Saar zahlenmäßig einen beachtlichen Fortschritt gemacht. Standen im Jahr 1986 in diesem Zuchtgebiet 13 reingezogene Haflinger-Hengste im Deckeinsatz, denen 215 Stuten zugeführt wurden und 17 Arabo-Hengste mit einer Bedeckungsziffer von 100, so kann für das Jahr 1994 auf 46 reingezogene Haflinger-Hengste, 8 eingekreuzte, 523 eingetragene Stuten und 413 Bedeckungen verwiesen werden. Der Einsatz von blutführenden Hengsten ist leicht rückläufig; die Anzahl der vorhandenen Deckhengste im Verhältnis zur Stutenzahl jedoch eindeutig zu hoch. Einige gute Reinzuchthengste deckten und decken in diesem Gebiet, so daß für die Zukunft doch eine Qualitätsverbesserung erwartet werden darf.

Rheinland

Schon anläßlich der letzten Auflage dieses Buches durfte ich feststellen, daß sich der Haflinger im Rheinland sowohl qualitativ als auch quantitativ ausbreiten konnte. Bis zum Jahr 1995 kann diese positive Entwicklung als fortgeführt gelten.

Zählte das Rheinland im Jahr 1986 375 eingetragene Stuten, von denen in jenem Jahr 247 Stuten von 41 Hengsten gedeckt wurden, so darf heute auf einen Stand von 710 eingetragenen Stuten, 420 Bedeckungen, 42 reingezogenen Haflinger-Hengsten, aber auch von 11 blutführenden Hengsten hingewiesen werden. Auf die gute Stutengrundlage trafen einige ausgezeichnete Vererber. Der Hengst Nissan hat schon 8 gekörte Söhne in der Zucht stehen und beweist so seine Vatertierqualitäten.

Eine Veränderung für das Zuchtgebiet Rheinland wird sicherlich die Tatsache sein, daß die Körungen nunmehr gemeinsam mit jenen Westfalens stattfinden. Möge die dort geltende Körordnung im Hinblick auf den Prozentsatz an Fremdblut nicht in gleichem Ausmaß übertragen werden.

Derzeit stehen neben dem Hengst Nissan und dessen Söhnen einige sehr gute Vererber aus der A-, W- und M-Linie in diesem Zuchtgebiet im Deckeinsatz und lassen eine Qualitätsverbesserung erwarten.

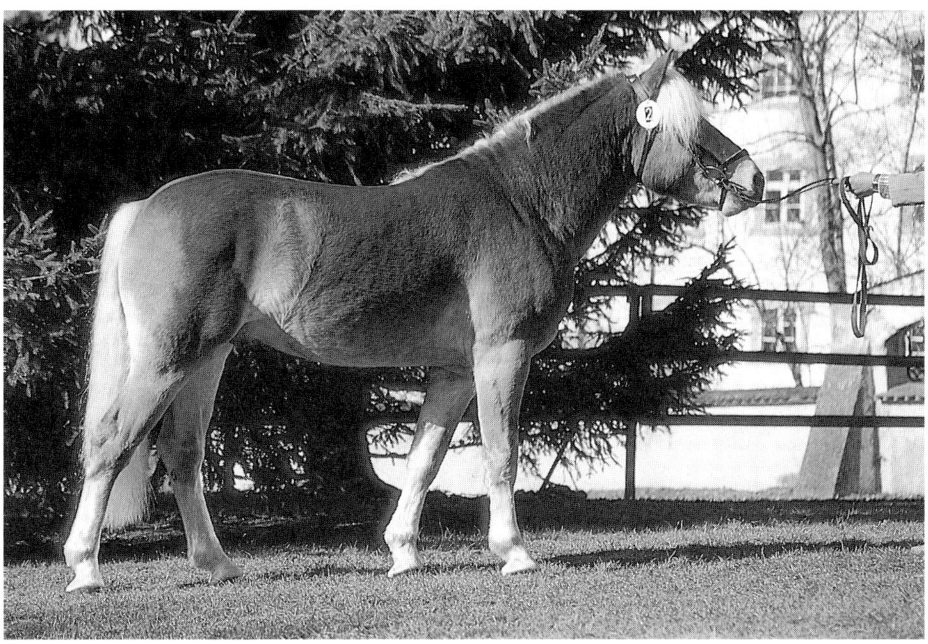

Liz. Alpgraf, geb. 1990, als dreijährigen Junghengst nach der Körung. Er steht im Rheinland im Deckeinsatz.

Niedersachsen

Diesem Zuchtgebiet konnte schon anläßlich der letzten Ausgabe dieses Buches eine erfreuliche Aufwärtsentwicklung vorausgesagt werden. Weltbekannt als Hannoveraner-Zuchtland war es dem Haflinger möglich, auch hier vermehrt Fuß zu fassen. Obwohl auch das Deutsche Reitpony in diesem Zuchtgebiet stark verbreitet ist, konnte der Haflinger seine Bestandszahlen deutlich anheben. 1986 deckten im hannoverschen Zuchtgebiet 29 reingezogene Hengste 296 Stuten. Im Jahr 1993/94 kletterte der Bestand auf 811 eingetragene Zuchtstuten, 728 Bedeckungen, 47 reingezogene Haflinger-Hengste und 14 blutführende Hengste. Erfreulicherweise darf in diesem Zuchtgebiet auch auf einen sehr guten Haflinger-Zucht- und Ausbildungsbetrieb hingewiesen werden, den Hof Imbrock, wo der Hengst WIKINGER im Deckeinsatz steht.

Westfalen

Der Aufbau in diesem Zuchtgebiet war nur mittels großer Begeisterung einzelner Züchter in Zusammenarbeit mit der Zuchtorganisation möglich. Dem Zuchtbetrieb Pony-Park Padenstedt muß diesbezüglich eine Anerkennung ausgesprochen werden. Ausgezeichnete Vererber aus 6 verschiedenen Blutlinien stehen den Züchtern für ihre Stuten zur Verfügung. Liz. ALMWIND, liz. BERGWIND, liz. SÜDWIND, liz. WIRBELWIND und liz. STURMWIND sowie der Junghengst liz. NORDENWIND sorgen für eine breite Auswahlmöglichkeit an Hengsten verschiedener Linien. Mit der Ausrichtung von vielen Schauen, Fohlenchampionaten u. v. a. haben die Züchter die Vergleichsmöglichkeit, was sich positiv auf das züchterische Geschehen auswirkt. Selbstverständlich müssen auch andere sehr gute Zuchtbetriebe vorhanden sein, um diesen Standard erreichen zu können. Besonders der Hengst liz. ALMWIND darf als markanter Vererber hervorgehoben werden.

Möge dieses Zuchtgebiet auf dem bisher beschrittenen Weg weitergehen; der Einsatz von blutführenden Hengsten müßte noch weiter zurückgedrängt werden.

Westfalen zählt zu den ältesten Haflinger-Zuchtgebieten Deutschlands. Bis in die siebziger Jahre hat sich Westfalen mit den Kreuzungsversuchen sehr zurückgehalten. Laut Angaben betrug der Anteil an Araberblut noch im Jahr 1987 2,2 Prozent. Im Jahr 1986 verfügte Westfalen über 1227 eingetragene Zuchtstuten, 806 Haflinger-Stuten wurden damals von 64 Haflinger-Hengsten gedeckt; zusätzlich wurden 143 Stuten 11 Arabo-Hengsten zugeführt. Ich hatte damals die geringen Deckzahlen pro Hengst hervorgehoben, die eine Selektion sehr schwierig gestalten. Nach und

Schleswig-Holstein

Kein anderes Land in Deutschland konnte einen so raschen qualitativen und quantitativen Aufschwung in der Haflinger-Zucht erleben wie Schleswig-Holstein. Im Jahr 1986 deckten in diesem Zuchtgebiet 19 reingezogene Haflinger-Hengste 162 Stuten, gering war der Einsatz von Araberblut. 750 eingetragene Stuten, 730 Bedeckungen, 35 reingezogene Hengste und 6 blutführende Hengste dürfen für 1994 festgehalten werden. Es ist zu hoffen, daß nur ein sehr geringer Prozentsatz der sehr guten vorhandenen Stutengrundlage mit eingekreuzten Hengsten gedeckt wird. Reitponys stehen in diesem Zuchtgebiet in großer Auswahl zur Verfügung; der Haflinger soll keine Konkurrenz zu ihnen darstellen.

Hofmarschall, geb. 4. 4. 1976, Züchter: Hans Wißbröck, Bielefeld.

nach nehmen die Körungen von gekreuzten Hengsten zu; im Jahr 1987 wurden bereits von 47 Junghengsten 17 Arabo-Haflinger auf der Körung in Münster vorgestellt, 5 davon gekört. Ein Hengst wies väterlicher- und mütterlicherseits Araberblut aus. In den vergangenen Jahren wurden dann vermehrt Hengste mit 25 Prozent Araberblutanteil anerkannt. Auf jeden Fall kam es vermehrt zu Diskussionen der Züchter im Westfälischen Pferdestammbuch über den Einsatz des Araberblutes in der Haflinger-Zucht. Viele Züchter vertreten die Ansicht über die Reinzucht laut den Bestimmungen der Welt-Haflinger-Vereinigung, andere wiederum befürworten den Einsatz des Fremdblutes. Ein Zuchtausschuß hat schließlich im Jahr 1993 eine Begrenzung des Araberblutanteiles in der Haflinger-Zucht Westfalens beschlossen. Der Ausschuß hatte den Befürchtungen Ausdruck verliehen, daß durch die verstärkte Benutzung blutgeprägter Hengste die Vorzüge des westfälischen Haflingers, vor allem hinsichtlich von Typ und Substanz, verlorengehen könnten.

Die Einsicht klang vernünftig, das Ergebnis der Regelung, die im Haflinger-Magazin veröffentlicht wurde, läßt den Fachmann staunen. Eine Regelung, die ab dem Geburtsjahr 1995 Gültigkeit haben soll: Bis 50 % und mehr Araberblutanteil für Stute und Hengst keine Eintragung, da keine Haflinger.

Von 25,1 % bis 49,9 % erfolgt bei Stuten die Eintragung im Zuchtbuch-Anhang. Von 12,6 bis 25 % werden Stuten ins Stutbuch eingetragen. Stuten und Hengste mit weniger und bis 12,4 % werden ins Hauptstutbuch und Hengstbuch eingetragen, Hengste mit 12,5 bis 49,9 % werden ins Hengstbuch II eingetragen.

Als »Kompromiß« wird diese Regelung bezeichnet. Eine Aufteilung beim Zuchtbuch in reingezogene und blutgeprägte Pferde wird von seiten der Zuchtleitung abgelehnt.

Es ist schon erstaunlich. In Westfalen ist eine relativ breite Basis an bemerkenswerten, reingezogenen Haflinger-Stuten vorhanden. Ein sehr guter A-Hengst und der MIDAS-Sohn MITHRAS dekken bzw. deckten in Westfalen; MITHRAS mußte Westfalen ja verlassen. Die M-Linie, die über den Hengst MANDL in Westfalen Fuß fassen konnte, wurde zwar bis zum Jahr 1980 vernachlässigt; auf der Körung 1987 konnten aber wieder zwei Hengste aus dem MANDL-Stamm angekört werden. Hofmarschall von Hoferbe-Adlerschild wirkte prägend in diesem Zuchtgebiet. Die Auktionen von Bad Oeynhausen haben in den letzten Jahren für die Züchter beachtliche Preise gebracht. Als Beispiel sei das Spitzenfohlen mit DM 16000,– angeführt, allerdings handelt es sich wie bei fast allen gut verkauften Fohlen um reingezogene Haflinger, oder zumindest um solche, die erst in der 4., 5. Generation Fremdblut führen. Trotzdem wird weiter munter eingekreuzt.

Die Neuregelung des Zuchtausschusses wird wohl keine gravierende Änderung im Zuchtverhalten in Westfalen bringen. Wurde nach der Bundes-Haflinger-Schau in Cloppenburg noch der Slogan geprägt: »Westfalen hat die besten Blonden«, scheinen diese besten Blonden in den Ergebnislisten bedeutender Zuchtschauen der letzten Jahre leider nicht mehr gehäuft auf. Der im Jahr 1987 noch mit 2,2 Prozent angegebene Araberblutanteil in der westfälischen Haflinger-Zucht hat sich mittlerweile wohl gravierend hin in die zweistelligen Zahlen erhöht. Mit 1730 eingetragenen Zuchtstuten, 1273 Bedeckungen, 46 reingezogenen Haflinger-Hengsten und 31 eingekreuzten Hengsten stellt Westfalen heute immerhin das zahlenmäßig zweitstärkste Haflinger-Zuchtland Deutschlands dar, allerdings auch jenes, das nach Bayern über die meisten aufgestellten eingekreuzten Deckhengste verfügt.

Weser-Ems

Weser-Ems zählt zu den jüngeren Haflinger-Zuchtgebieten des norddeutschen Raumes. Ähnlich wie in Niedersachsen und Schleswig-Holstein konnte sich der Haflinger neben dem an erster Stelle stehenden Deutschen Reitpony sehr gut behaupten.

Im Jahr 1986 wurden in Weser-Ems 216 Stuten von 15 reingezogenen Hengsten gedeckt; 204 eingetragene Stuten waren im Pferdestammbuch Weser-Ems e. V. zu jener Zeit registriert. Dieses Zuchtgebiet war und ist auch heute noch schwerpunktmäßig auf die Reinzucht ausgerichtet. 29 reingezogenen Hengsten stehen 3 blutführende Hengste gegenüber. Der Zuchtbestand konnte auf 576 eingetragene Stuten aufgestockt werden, von denen im Jahr 1993 508 gedeckt wurden. Es darf somit in diesem doch für eine Zucht sehr kurzen Zeitabschnitt eine Verdreifachung des Bestandes in Weser-Ems hervorgehoben werden. Mittels einiger guter Deckhengste wird es auf der vorhandenen Stutengrundlage sicherlich möglich sein, in den nächsten Jahren einen weiteren Zuchtfortschritt zu erzielen.

Neue Bundesländer

Über die Initiative von Prof. Dr. Hofmann wurde der Haflinger im Jahr 1956 in die ehemalige DDR eingeführt. Prof. Dr. H. J. Schwark übernahm in der Folge den weiteren Zuchtaufbau. Auch in diesem Zuchtgebiet wurden Einkreuzungsversuche gestartet. Im Jahr 1987 konnten 51 reingezogene Haflinger-Hengste

Schweiz

und 7 mit Araberblutanteil verzeichnet werden. 1865 eingetragene Stuten, von denen im Jahr 1986 1680 gedeckt wurden, standen zu jener Zeit in diesem Teil Deutschlands. Damals standen 97 eingetragene Stuten mit Fremdblutanteil in diesem Zuchtgebiet.

Sachsen-Thüringen

Das zahlenmäßig stärkste Zuchtgebiet der neuen Bundesländer ist Sachsen-Thüringen mit 1279 eingetragenen Zuchtstuten, 1074 gedeckten Pferden, 21 reingezogenen Haflinger-Hengsten und 12 gekreuzten Hengsten.

Sachsen-Anhalt

In Sachsen-Anhalt kann auf 505 eingetragene Stuten, 471 Bedeckungen mit 17 reingezogenen und 4 eingekreuzten Hengsten verwiesen werden.

Mecklenburg-Vorpommern

Mecklenburg-Vorpommern verfügt über 527 eingetragene und 356 gedeckte Stuten, 13 reingezogene und 3 eingekreuzte Hengste. Insgesamt durfte der Haflinger auf einen eingetragenen Rassenanteil von 12,7 % in diesem Zuchtgebiet verweisen. Berichten zufolge herrschen in diesem Zuchtgebiet strenge Körvorschriften, die unter Bedachtnahme der Zuchtverbesserung rigoros eingehalten werden.

Berlin-Brandenburg

In Berlin-Brandenburg standen im Jahr 1993 337 eingetragene Zuchtstuten, 266 wurden gedeckt. 10 reingezogene Hengste und 5 blutführende Hengste standen den Züchtern zur Verfügung.

Von seiten der Schweiz wurden bereits in den vierziger Jahren Kontakte für die Gründung einer Haflinger-Zucht geschaffen. So schreibt Monika Ruckstuhl in ihrem Buch »Der Haflinger in der Schweiz« vom Jahr 1984:

»Eine Kommission schweizerischer Pferdezuchtexperten, unter Führung von Jakob Ruckstuhl und Dr. Willi Krapf, haben am 22. März 1948 eine Reise in die Steiermark unternommen, um Lipizzaner-Pferde zu erwerben. Als sie in der Steiermark eintrafen, waren leider bis auf zwei Exemplare alle verkauft. Im Reisebericht, welchen Dr. Krapf anschließend verfaßte, steht: ›Dafür entschädigten uns die Haflinger, die hier im praktisch ältesten Gestüt Österreichs in wirklich guter Qualität vorhanden sind. Positiv: viel Adel, gute, korrekte Gänge, gute Rücken, guter Charakter, genügsam, gesund, leistungsfähig. Negativ: nichts Wesentliches, es sei, die weiche Fesselung und für die Schweiz – die Größe, respektive die Kleinheit.‹ Auf der Heimreise lernten unsere Reisenden wenige Tage später am 27. März 1948 im Hotel Post in Zams den Geschäftsführer des Haflinger Pferdezuchtverbandes Tirol, Otto Schweisgut, kennen. Irgendwann in den folgenden Tagen, Wochen oder Monaten muß die Idee einer Haflinger-Zucht im Engadin in den Köpfen von Jakob Ruckstuhl, Willi Krapf und Arnold Mettler geboren worden sein. Nach grundsätzlichen Überlegungen sowie die klimatische und geographische Ähnlichkeit der Ostschweiz mit dem Tiroler Zuchtgebiet führten dazu, den Aufbau einer Zucht mit dem Haflinger Pferd zu versuchen. Das geschah vorerst recht zaghaft im Jahr 1952, dann entsprechend zielstrebig ab dem Jahr 1957.«

Nobel Horse bei der Hengstleistungsprüfung II im Jahr 1994.

Hengst Achill 342A, beim Concours in Basel.

Im Jahr 1952 wurde die Vereinigung der Haflinger-Züchter im Engadin gegründet. Es folgten dann die Genossenschaften St. Gallen, Thun und Umgebung, Mittelland und Wallis sowie die Genossenschaft der Nordwestschweiz, von Freiburg sowie der Zentralschweiz.

Im Laufe der letzten 15 Jahre hat die Haflinger-Zucht in der Schweiz eine große Ausbreitung erfahren. Waren im Jahr 1980 18 Haflinger-Hengste für 362 eingetragene Stuten zur Verfügung gestanden, so konnten im Jahr 1986 30 Hengste 657 Stuten decken bei einem Gesamtbestand an eingetragenen Zuchtstuten von 692. Im Jahr 1994 deckten 40 Haflinger-Hengste. 810 eingetragene Stuten waren im Jahr 1994 im Zuchtbuch verzeichnet. Der Gesamtbestand an Haflingern in der Schweiz liegt bei ca. 3200.

Diese Zahlen unterstreichen die große quantitative Aufwärtsentwicklung der Haflinger-Rasse in der Schweiz. Es muß jedoch hervorgehoben werden, daß die Schweiz auch hinsichtlich der Qualität im Vergleich mit anderen Ländern Schritt gehalten hat. Nicht zuletzt kann der Qualitätsstand in der Schweiz auf Hengstankäufe, die in Österreich und in qualitativ vorne liegenden deutschen Bundesländern getätigt wurden, zurückgeführt werden.

Seit dem Jahr 1965 ist das Haflinger Pferd in der Schweiz als militärtauglich anerkannt, was für die Rasse generell einen großen Aufschwung bedeutete. Somit werden alle Haflinger Pferde, die von seiten der Militärkommission für tauglich erklärt werden, als Reservepferde für die Armee mit beträchtlichen Subventionen bedacht. Seit November 1980 fördert auch der Bund in Zusammenarbeit mit den Kantonen, neben dem Freiberger-, Warmblutpferd und Maultieren, den Haflinger. Für die Züchter in der Schweiz konnte durch diese Maßnahmen mit dem Haflinger Pferd eine gute Nebeneinnahmequelle geschaffen werden.

Wie im Bericht der 1. schweizerischen Haflinger-Kommission erwähnt, erschien diesen Experten der Haflinger damals etwas zu klein. Über viele Jahre war in der Schweiz eher die Tendenz vorhanden, keine zu großen Haflinger Pferde in die Zucht zu stellen. Diese Tatsache erscheint verständlicher, wenn man bedenkt, daß in der Schweiz ja der Freiberger, ein etwas größeres Bergpferd, als Rassepferd heimisch ist. Von seiten dieser starken Zuchtorganisation wird der große Haflinger daher natürlich nicht gerne gesehen. Zudem möchte auch die Armee die Eignung des Haflingers als Trag- und Arbeitspferd erhalten wissen. Wie ich jedoch vielfach erwähnen konnte, hat auch der moderne Freizeit-Haflinger diese Eignung nicht verloren. Dies konnte der Haflinger bei der Indischen Armee im Laufe der letzten Jahre voll beweisen.

Die Reduktion bei den Militärausgaben in der Schweiz hat auch die Pferde, so auch die Haflinger, betroffen. Prämienberechtigt sind seit dem Jahr 1991 nur noch Haflinger mit einer Mindestwiderristhöhe von 140 cm und einem Alter zwischen 4 und 15 Jahren. Erstaunlich diese Wende, da zuvor doch die kleineren Haflinger bevorzugt wurden.

Auch im übrigen Bereich der Pferdezucht hat sich in der Schweiz eine Änderung ergeben. Seit 1992 werden alle Jungtiere an eidgenössischen Beständeschauen einer »linearen Bewertung« unterzogen. Seit dem Jahr 1991 müssen die dreijährigen Stuten und Wallache einen Feldtest im Reiten und Fahren bestehen. Gerügt wird von vielen Züchtern die frühe Ausbildung im Reiten, die zwischen dem 30. und 36. Lebensmonat liegen muß. Auch die Hengste werden in Avenches mit diesem Alter einem 40-Tage-Test unterzogen.

Schon im November 1990 wurde die Arbeitsgemeinschaft Haflinger Schweiz gegründet, deren Zweck es ist, die Interessen aller Haflinger-Halter und Haflinger-Züchter zu vertreten, Anliegen an die Öffentlichkeit zu bringen und bei den Behörden vorzusprechen.

Ein großer Teil der schweizerischen Haflinger-Züchter tendiert selbstverständlich heute hin auf einen modernen Freizeit-Haflinger, den man mittels verstärkter Selektion von Mutter- und Vatertieren zu verbessern versucht.

Spanien

Im Jahr 1990 verließen 5 dreijährige Jungstuten Tirol, um in Spanien eine neue Heimat zu finden. Im Herbst des Folgejahres wurden ein junger Zuchthengst, zwei ältere Zuchtstuten und einige Fohlen von der Ebbser Auktion importiert. In Katalanien, in den Pyrenäen, nördlich von Barcelona, wird ein größeres Haflinger-Gestüt aufgebaut, das auch ein Reit- und Fahrzentrum werden soll. Im Juni folgte noch ein Import von einigen Haflinger-Stuten aus Deutschland, die in der Nähe von Valencia stationiert sind.

Die Haflinger-Rasse wurde im Jahr 1992 offiziell als Rasse anerkannt. Seit Beginn der Zucht in Spanien betreut der Haflinger Pferdezuchtverband Tirol das spanische Zuchtbuch, damit verbunden auch Hengstkörungen und Stutbucheintragungen. Derzeit ist noch die Armee für die Pferdezucht in diesem Land zuständig. Durch die Bestimmungen der EU ist zur Zeit die Pferdezucht in Spanien im organisatorischen Umbruch begriffen, da der Bereich Pferdezucht von der Armee auf das Landwirtschaftsministerium übertragen werden muß. Der zur Zeit zuständige Oberst wird jedoch zukünftig im Landwirtschaftsministerium mit der Pferdezucht betraut werden. Zukünftig soll der spanische Haflinger-Verband als eine der offiziellen spanischen Rassen auch vom Landwirtschaftsministerium mitbetreut werden.

Der spanische Haflinger-Verband, unter der Leitung von Alexandra Navarro, ist sehr rührig, bemüht sich stets um eine Präsenz in der spanischen Fachpresse und setzt Haflinger derzeit in einem Naturschutzgebiet konzentriert als Pferde für den Tourismus ein. Es ist zu erwarten, daß der Haflinger auch in Spanien auf breiterer Basis wird Fuß fassen können.

Ungarn

Im Dezember 1987 wurde ein Großteil des Haflinger-Bestandes in Ungarn vom Forstbetrieb Nagyatád aus dem staatlichen Forst- und Wildwirtschaftsgebiet Somogyer (Ami) eingeführt. Der gesamte Bestand kam im Herbst des Jahres 1988 zur Wirtschaftsabteilung der Agrarwissenschaftlichen Universität Pannon, Kaposvár, wo die Haflinger in Reinzucht weitergeführt wurden. Ein Teil der Haflinger konnte in der Zwischenzeit an Privatzüchter verkauft werden. 5 Zuchtstuten und ihre Nachzucht verblieben in Kaposvár.

In der Zwischenzeit ist das Interesse an Haflinger-Pferden in Ungarn gestiegen; eine weitere Verbreitung der Rasse läßt sich voraussehen. Im Interesse der organisierten Zucht, wurden die Haflinger-Züchter Ungarns im Rahmen der Pony- und Kleinpferdezüchter als Untergruppe »Ungarisches Haflinger Stammbuch« aufgenommen. Zur Qualitätsverbesserung und Blutauffrischung importierte Ungarn im Jahr 1995 vom Haflinger Pferdezuchtverband Tirol einen Deckhengst.

Es ist zu hoffen und zu wünschen, daß sich der Haflinger im bedeutenden Pferdezuchtland Ungarn einen festen Platz wird sichern können.

Niederlande

In Holland wurde in den sechziger Jahren, zur Zeit des starken Bestandsrückganges in der Kaltblut-Zucht, mit dem Aufbau der Haflinger-Zucht begonnen. Um die Verbreitung des Haflingers in Holland bemühten sich besonders Dr. van der Meel sowie Generalsekretär Chr. A. C. Oomen und Pieter Dekker von der »Koninklijke Vereniging Het Nederlandsche Trekpaard« (Königlichen Vereinigung für das niederländische Kaltblutpferd). Die holländischen Züchter werden von der »Stichting Haflinger-club« betreut; diese Stiftung ist ihrerseits auch heute noch der Vereinigung für Kaltblut-Pferdezucht angegliedert.

Die Haflinger-Zucht in Holland wurde somit von Kaltblutexperten aufgebaut, die verständlicherweise beim Ankauf mehr nach dem Haflinger im schweren Typ griffen. Holland erwarb vom Jahr 1961–1968 in Tirol ca. 1000 Haflinger. Bald schon wurden die Haflinger in Holland auf den bekannten Kaltblut-Pferde-Schauen in 's-Hertogenbosch vorgestellt.

Gleich wie in Deutschland versuchte man auch in den Niederlanden über zwei Jahrzehnte den Haflinger mittels Araberblutzufuhr umzuzüchten. Im Jahr 1987 standen in den Niederlanden 1100 eingetragene Stuten, davon allerdings 400 mit Araberblut. 30 reingezogenen Haflinger-Hengsten wurden im Jahr 1986 740 eingetragene Haflinger-Stuten zugeführt. 13 Arabo-Hengste deckten in jener Zeit 171 Stuten. 1986 wurden die Niederlande Mitglied bei der Welt-Haflinger-Vereinigung, wodurch von seiten Hollands dem Beschluß, die Arabo-Haflinger in einem eigenen Stutbuch zu führen, zugestimmt wurde.

Wie Präsident Dr. Christian Oomen in seinem Bericht anläßlich der Tagung der Welt-Haflinger-Vereinigung im Jahr 1992 betonte, befände sich die Haflin-

Haflinger im Nachzuchtgebiet Holland.

ger-Zucht in den Niederlanden immer noch deutlich in steigender Tendenz, sowohl im Hinblick auf die Mitgliederzahl als auch auf den Haflinger-Bestand. So dürfen die Niederlande heute auf 2160 eingetragene Haflinger-Stuten und 54 im Deckeinsatz stehende Hengste verweisen. Als Ziel gibt der Verband das Zurückdrängen des noch vorhandenen Araberblutes an.

Das zentrale Stammbuchsekretariat für die Haflinger-Pferde befindet sich in Den Haag; es umfaßt zwölf Provinzialabteilungen, die ihrerseits im Landesvorstand vertreten sind. Eine landesweite zuchttechnische Kommission soll dem Landesvorstand beratend zur Seite stehen. EU-Vorschriften sowie jene der Welt-Haflinger-Vereinigung sollen mit Hilfe dieses Gremiums mit den Registrierungs- und Körvorschriften auf einen gemeinsamen Nenner gebracht werden.

Ausstellungen der letzten Jahre in 's-Hertogenbosch haben gezeigt, daß in den Niederlanden qualitativ eine erfreuliche Aufwärtsentwicklung stattgefunden hat.

Belgien

In Belgien konnte der Haflinger erstmals im Jahr 1966 durch den Ankauf eines Spitzenfohlens der ersten Versteigerung in Ebbs sowie einiger Stuten und des Hengstes LIZ. MAHDI Eingang finden. Die Haflinger-Zucht in Belgien entwickelte sich langsam; die Aufstockung des Zuchtmaterials erfolgte fast zur Gänze aus den holländischen Beständen, zum Teil aus der Bundesrepublik Deutschland und in geringem Ausmaß aus Tirol. Die belgischen Haflinger-Züchter werden vom »Belgisch Haflinger-Stamboek v.z.w.« (»Studbook Belge du Haflinger a.s.b.l.«) betreut.

Auf 1815 eingetragene Zuchtstuten konnte Belgien im Jahr 1994 verweisen. 34 Deckhengste standen in diesem Jahr im Zuchteinsatz. In Belgien hat sich die Haflinger-Zucht somit im Laufe dieser Jahre zahlenmäßig sehr stark erweitert.

Die rührige Führung des belgischen Verbandes bemüht sich intensiv, aus dem vorhandenen Zuchtmaterial qualitative Fortschritte zu erzielen.

Eine jährliche Ausrichtung von diversen Stutenschauen in den verschiedenen Provinzen von Belgien sorgen dafür, daß die Züchter Vergleiche im Hinblick auf das vorhandene Zuchtpotential gewinnen können. Die nationalen Schauen sind eine großartige Werbung für die Rasse in diesem Land und werden von tausenden Interessenten besucht.

Auf den Hengstkörungen werden neben den Junghengsten, die vorerst eine einjährige Deckerlaubnis erhalten, auch Hengste der Altersklassen vier- und fünfjährig, sechs- und siebenjährig, acht- und neunjährig sowie zehnjährig und älter vorgestellt. Die Hengste zehnjährig und älter haben die Deckerlaubnis für fünf Jahre Deckeinsatz; ihre Präsentation auf der Körung beruht auf freiwilliger Basis. Der Körung der Junghengste geht eine Vorselektion im November voraus.

Das Studbook Belge du Haflinger a.s.b.l. ist Mitglied der Welt-Haflinger-Vereinigung.

Haflinger-Koppel vorgeführt auf der Nationalen Haflinger-Schau in Belgien.

Die Dynamik dieser kleinen Zuchtorganisation spiegelte sich in der Organisation der 1. Europäischen Haflinger-Schau unter der Schirmherrschaft der EU wider. Ehrenamtliche Funktionäre schreckten vor der großen Aufgabe einer internationalen Schau nicht zurück und konnten mit großem Erfolg diese Europa-Schau abwickeln
(siehe Schauen Seite 201).

Luxemburg

In Luxemburg wird seit Anfang der siebziger Jahre Haflinger-Zucht betrieben. Im Land bestehen 3 Pferdezuchtverbände, der größte davon ist die »Fédération des Stud-books luxembourgois«, der auch die meisten Haflinger-Züchter angehören. Seit dem Jahr 1981 werden die Haflinger-Züchter ihrerseits in der Fédération von seiten des »Haflinger Clubs Letzeburg asbl.« vertreten. Luxemburg ist seit dem Jahr 1987 Mitglied bei der Welt-Haflinger-Vereinigung.

Ein zielstrebiger, dynamischer Vorstand des Haflinger Clubs Letzebuerg verhalf diesem relativ noch jungen Verband (Gründung 1981) zu einem raschen Fortschritt. Standen im Jahr 1986 noch 19 Haflinger-Hengste für 99 eingetragene Stuten zur Verfügung, so konnte im Jahr 1994 der Bestand an eingetragenen Stuten mit 250 angegeben werden. 18 Deckhengste standen den Züchtern zur Verfügung. Bedenkt man die Größe des Landes und die Einwohnerzahl von nur 360 000, so darf von einer guten Präsenz der Haflinger-Zucht in Luxemburg gesprochen werden.

Durch das Umstellen der vorerst etwas kräftigen Stuten auf eine modernere Haltung, durch das Decken der luxemburgischen Stuten mit guten Vererbern aus dem Ausland und den Ankauf guten Zuchtmaterials aus Tirol und Deutschland konnten große Zuchtfortschritte erzielt werden. Die Haflinger in Luxemburg wurden moderner.

Zuchtförderung durch Verringerung der Hengstzahlen im Verhältnis zur Anzahl an gedeckten Stuten, organisiertes Fohlenbrennen, Stutbuchaufnahmen und Hengstkörungen sowie mittels der Ausrichtung von jährlichen Nationalen Schauen, auf denen ein Vergleich des vorhandenen Zuchtpotentials gezogen werden kann, mit stets internationalen Richtern, haben zu diesem erfreulichen Aufwärtstrend geführt. Seit dem Jahr 1992 werden in Luxemburg keine staatlichen Hengstkörungen mehr durchgeführt. Die Körung obliegt seit diesem Zeitpunkt der Fédération des Stud-Books Luxembourgeois, die die offizielle Anerkennung laut EU-Verordnung hat. Der Einsatz eines neuen Zuchtleiters seit 1992 wird sicherlich auch positive Früchte für die Züchter tragen.

Eine junge Sportgruppe aus Luxemburg bereichert Schauprogramme in Luxemburg und Belgien. Voltigieren, Reiten und Fahren werden geboten.

Dänemark

In Nordeuropa konnten einige Stützpunkte für die Haflinger-Zucht errichtet werden. In Dänemark wurde, nach dem Erstimport im Jahr 1971, über Initiative von H. J. Nobel und G. Vagn Rasmussen die Haflinger-Zucht auf eine breitere Basis gestellt und die »Haflingeravlsforeningen Danmark« gegründet.

Seit dem Jahr 1986 bestehen in Dänemark zwei Haflinger-Zuchtorganisationen, die beide Mitglied bei der Welt-Haflinger-Vereinigung sind. Der neu gegründete Haflinger-Verband in Dänemark trägt den Namen Dansk Tyroler Haflingeravl, der es sich von Beginn an zur Aufgabe gestellt hat, nach strengen Zuchtförderungsbestimmungen mit Stutbuchaufnahmen und Hengstkörungen den Qualitätsstand anzuheben. Die Zuchtbuchführung sowie Stutbuchaufnahmen und Hengstkörungen werden von seiten der Tiroler Zuchtleitung mitbetreut. Die Organisation von zentralen Auftriebsplätzen für Zuchtveranstaltungen wird von der Dansk Tyroler Haflingeravl durchgeführt. In der Dansk Tyroler Haflingeravl haben im Jahr 1994 6 Deckhengste aus 6 Blutlinien 104 Stuten gedeckt. Unter den Hengsten befinden sich auch die beiden Hengste

Schauprogramm anläßlich der Stutbuchaufnahmen 1994 in Dänemark.

Stromboli nach 1318 Strumer und liz. Wildkogel nach 1473 Wildspitz. Mit dem Jahr 1995 stehen 200 eingetragene Zuchtstuten in diesem dänischen Verband, bei einem Gesamtbestand von 500 Haflingern, die ca. 150 Mitgliedern gehören. Die strenge Führung und der Einsatz guter Zuchthengste wird diesem Verband auch weiterhin bei der Qualitätsförderung helfen. Inge Nobel, die auch die Funktion einer Vizepräsidentin bei der Welt-Haflinger-Vereinigung inne hat, steht dem neuen Verband vor.

Die Haflingeravlsforeningen Danmark verzeichnete im Jahr 1994 79 eingetragene Zuchtstuten und 6 Deckhengste.

Insgesamt gesehen darf festgestellt werden, daß Dänemark durch den Ankauf vieler Stutfohlen auf den Ebbser Auktionen sich eine breite Basis an Jungpferden geschaffen hat, mit denen nun weitergezüchtet wird. Beide Zuchtverbände in Dänemark betreiben strikte Reinzucht nach den Bestimmungen der Welt-Haflinger-Vereinigung.

Mitte der siebziger Jahre wurden von den Niederlanden, Deutschland, der ehemaligen DDR und Dänemark die ersten Haflinger nach Schweden geliefert. Einige Stuten kamen auch aus Österreich. Im Jahr 1987 wurde der Schwedische Haflinger-Verband gegründet, der seinerseits Mitglied beim nationalen Pferdezuchtverband ist. Der schwedische Haflinger-Verband ist mittlerweile auch Mitglied bei der Welt-Haflinger-Vereinigung. Das Zuchtziel in Schweden orientiert gemäß der Welt-Haflinger-Vereinigung auf ein modernes Freizeitpferd. Allerdings sind die Haflinger in Schweden, gemeinsam mit den Ardennen-Pferden und den Fjordpferden, beim Kaltblutpferd eingestuft. Aus diesem Grund wurde eine Rassenbeschreibung als Richtlinie für die Richter ausgearbeitet. In das Zuchtbuch eingetragen werden nur reingezogene Haflinger.

Erste nationale Haflinger-Schauen wurden bereits ab dem Jahr 1991 organisiert. Im Jahr 1993 durfte ich mich selbst als Richter über den Stand der schwedi-

Haflinger-Vierspänner aus Frankreich mit R. Cheze beim internationalen Fahr Grand Prix in Windsor.

schen Haflinger-Zucht informieren. Es ist geplant, Körungen zentral und mittels einheitlicher Richter durchzuführen. Nachzuchtkontrollen sollen obligatorisch eingeführt werden. Mittels gezielter Importe von qualitativ hochstehenden Zuchtpferden und Selektion bemühen sich die Zuchtverantwortlichen in Schweden um den Aufbau der Haflinger-Zucht in ihrem Land.

146 reingezogene Stuten wurden im Jahr 1994 gezählt, bei einem Gesamtbestand von 243 Haflinger-Pferden. Von diesen Pferden sind jedoch nur 35 eingetragene Zuchtstuten, da diese mindestens vierjährig sein müssen, ein Fohlen bei Fuß haben und eine Art Leistungsprüfung absolvieren müssen.

Frankreich

In Frankreich bemühten sich zunächst einige private Interessenten, das Haflinger Pferd einzuführen. Raymond Camus vollzog durch den Import des Hengstes Apollo und einer Stutenkollektion aus Tirol den ersten Schritt zum Aufbau einer Haflinger-Zucht in Frankreich.

Unter dem Vorsitz von Präsident Camus und der Geschäftsführung von Léon Le Petit wurde der französische Haflinger Pferdezuchtverband »Association Française du Poney Haflinger« gegründet.

Durch die Beteiligung des Haflinger Pferdezuchtverbandes Tirol am Salon International de l'Agriculture in Paris konnte Anfang der siebziger Jahre der Bekanntheitsgrad des Haflingers in Frankreich ausgebaut werden.

Die beiden Zuchthengste liz. Niklas 1971 und Ambassador 30 1970 vor dem Schloß von Graf de Montalembert in La Roche en Brenil bei einer Zuchtschau anläßlich der Tagung der Welt-Haflinger-Vereinigung im Jahr 1984.

Mit Hilfe einzelner bekannter Persönlichkeiten wie Graf de Montalembert, Jacqueline Thomé, Jean Pellerin, Bernard Vivier u. a. konnten Stützpunkte für die Haflinger-Zucht in diversen Teilen Frankreichs aufgebaut werden.

Heute werden in allen 22 Regionen Frankreichs größtenteils mit ein bis zwei Pferden pro Besitzer (nur wenige Betriebe verfügen über mehr als 15 Stuten) Haflinger gezüchtet. Der Haflinger hat in der Zwischenzeit die führende Rolle unter 12 in Frankreich vertretenen Kleinpferderassen übernommen. Aufgrund der großen Streulage der Züchter ist eine zentrale Führung des Verbandes mit Schwierigkeiten verbunden. Durch ehrenamtliche Regionalvertreter bemüht man sich, eine entsprechende Züchterbetreuung und straffe Organisation beizubehalten.

In Frankreich erfolgt die Ausstellung der Abstammungsnachweise für alle Rassen über das Landwirtschaftsministerium, das Nationalgestüt in Pompadour, mittels EDV. Leider ist in Frankreich der effektive Bestand an lebenden, eingetragenen Stuten nicht eruierbar. Im Jahr 1986 waren 1003 Stuten im Zuchtbuch eingetragen, wobei diese Zahl jedoch alle seit Beginn der Haflinger-Zucht in Frankreich registrierten Stuten umfaßt, d. h. auch alle verstorbenen etc. 462 Stuten wurden im Jahr 1986 von 47 Hengsten gedeckt. Im Jahr 1994 deckten in Frankreich 39 Haflinger-Hengste.

Im Rahmen des Französischen Haflinger-Verbandes ist Reinzucht vorgeschrieben, die Einkreuzung mit Araberblut untersagt.

Die Hengsthaltung liegt in Frankreich in privater Hand. Jährlich wird eine zentrale Hengstkörung abgehalten. Jedoch ist auch in Frankreich, bei einer Durchschnittsbelegzahl von 10 Stuten je Hengst, eine Selektion, vor allem auf der Vatertierseite, kaum möglich.

In privater Initiative kauften französische Züchter zur Verbesserung der Landeszucht immer wieder beste Hengste im Ausland an; so beispielsweise den Hengst AFGHAN II, geb. 1982, einen Alpha-Sohn, Vollbruder des Siegerhengstes der Klasse der vier- und fünfjährigen Hengste, ARAS, auf der Internationalen Haflinger-Schau Ebbs 1985. Auch Afghan II erhielt einen Ia-Preis.

Des weiteren wurde von Frankreich der Althengst AMBASSADOR angekauft. Allerdings muß dabei bedacht werden, daß dieser Hengst, Geburtsjahr 1970, aus der 10. Generation stammt, Afghan II hingegen aus der 12. Generation kommt und somit über 2 Generationen mehr an durchgezüchteten Mutter- und Vaterstämmen verfügt. Frankreich hat auch den Hengst SILBERSEE, geb. 1972, erworben. Abschließend kann somit festgestellt werden, daß Frankreich heute über alle 7 Blutlinien verfügt.

Der Haflinger hat schon seit vielen Jahren die führende Rolle unter den 12 anerkannten Kleinpferderassen Frankreichs eingenommen. In den letzten Jahren ist es jedoch auch gelungen, daß sich der Haflinger im Turniersport, insbesondere beim Fahren, großartig durchsetzen konnte. Der Fahrsport bei den Kleinpferden wurde von den Haflingern, wie von seiten Frankreichs selbst festgestellt wurde, »erdrückend dominiert«. Sieger beim Ein-, Zwei- und Vierspännerfahren auf den nationalen Meisterschaften fuhren Haflinger. Des öfteren konnten alle anderen Plazierungen von Haflingern eingenommen werden. Aber sogar bei nationalen Vielseitigkeitsprüfungen (selbstverständlich der unteren Klassen) im Reiten waren die blondmähnigen Haflinger erfolgreich. Bei 120 Finalisten belegte ein Ambassador-Sohn den beachtlichen 2. Rang. Schließlich waren Haflinger aus Frankreich auch bei den Europäischen Meisterschaften der Freizeitreiter auf Rang 2 plaziert.

Die sportlichen Erfolge der Haflinger lösen eine beachtliche Nachfrage aus. Im Jahr 1994 deckten in Frankreich 39 Haflinger-Hengste.

Der Hengst NIKLAS hat die Haflinger-Zucht Frankreichs mitgeprägt. Von einem jungen A-Linien-Hengst darf sicherlich ein positiver Impuls für die französische Haflinger-Zucht erwartet werden.

Der Haflinger hat schon seit vielen Jahren die führende Rolle unter den 12 anerkannten Kleinpferderassen Frankreichs eingenommen. In den letzten Jahren ist es jedoch auch gelungen, daß sich der Haflinger im Turniersport, insbesondere beim Fahren, großartig durchsetzen konnte. Der Fahrsport bei den Kleinpferden wurde von den Haflingern, wie von seiten Frankreichs selbst festgestellt wurde, »erdrückend dominiert.« Sieger beim Ein-, Zwei- und Vierspännerfahren auf den nationalen Meisterschaften fuhren Haflinger. Des öfteren konnten alle vorderen Plazierungen von Haflingern eingenommen werden. Aber sogar bei nationalen Vielseitigkeitsprüfungen (selbstverständlich der unteren Klassen) im Reiten waren die blondmähnigen Haflinger erfolgreich. Bei 120 Finalisten belegte ein AMBASSADOR-Sohn den beachtlichen 2. Rang. Schließlich waren Haflinger aus Frankreich auch bei den Europäischen Meisterschaften der Freizeitreiter auf Rang 2 plaziert.

Die sportlichen Erfolge der Haflinger lösen eine beachtliche Nachfrage aus. Hauptsächlich wird der Haflinger in Frankreich jedoch nach wie vor im Freizeitbereich eingesetzt.

Ehemaliges Jugoslawien

Jugoslawien hat bereits im Jahr 1956 über die Initiative von Oberst Dr. Rudolf Rede, Belgrad, mit der Haflinger-Zucht begonnen. Oberst Rede schrieb im Jahr 1965 in der Zeitschrift des Bundes der Veterinärvereine Jugoslawiens »Veterinarski glasnik«:

»Trotz ständiger Mechanisierung und Motorisierung stellt das Pferd auch in der modernen Armee und Landwirtschaft, wenn auch in vermindertem Umfang, noch immer eine unentbehrliche Zug- und Tragkraft dar. Die Kampfaktionen im Gebirge und auf schwer begehbarem Terrain sind auch heute ohne Pferd kaum denkbar.
Der Haflinger ist ein anspruchsloses, rüstiges und resistentes Pferd, weil es sich wie unser einheimisches (bosnisches) Pferd entwickelte und unter gleich schweren Lebensbedingungen aufwächst. Es ist durchschnittlich 150 cm hoch (Bandmaß) mit einem Brustumfang, der um 20 bis 30 cm mehr mißt als die Höhe. Es ist also stärker als unser einheimisches Gebirgspferd, aber doch leicht beweglich, hat trockene Füße und ebensolchen Kopf, da es arabisches Blut führt. Das Haflinger Pferd ist relativ frühreif, sehr anpassungsfähig und

Haflinger in der Slowakei.

akklimatisiert sich leicht. Es ist dazu sehr arbeitswillig und von Natur aus gutmütig. Diese angeführten Eigenschaften stempeln es zu einem Universalpferd, das als Zug-, schweres Trag- und nach Bedarf auch als Reitpferd verwendbar ist.«

Nach dem Ausscheiden von Oberst Dr. Rede aus dem aktiven Dienst folgte eine lange Periode des Stillstandes in der Haflinger-Zucht Jugoslawiens. Erst Prof. Dr. Jožě Jurkovič von der Universität Ljubljana (Laibach) nahm sich der Haflinger-Zucht wieder in besonderem Ausmaß an. Im Verbreitungsgebiet des Bosnischen Gebirgspferdes werden auch heute noch, da man nach einem größeren, stärkeren Arbeitspferd sucht, Haflinger-Hengste zur Kreuzung mit dieser Landesrasse eingesetzt. Von 354 eingetragenen Stuten wurden 1986 337 von 20 Hengsten gedeckt. Es wurde in Jugoslawien mit diesen eingetragenen Zuchtstuten strikte Reinzucht betrieben.

Slowenien

In Slowenien stehen im Jahr 1995 22 Deckhengste aus allen Blutlinien zur Verfügung. Im Jahr 1994 standen in diesem Zuchtland 294 eingetragene Zuchtstuten und 179 Jungstuten. Der Gesamtbestand an Haflinger-Pferden beläuft sich auf ca. 650.

Tschechien und Slowakei

In Tschechien und der Slowakei, Albanien und Türkei wird der Haflinger sowohl in Reinzucht weitergeführt als auch zur Verbesserung der Landesrassen eingesetzt.
In der tschechischen Forstwirtschaft ist auch heute noch keine volle Mechanisierung möglich. Die tierische Zugkraft wird nach wie vor in der Landwirtschaft, speziell in der Forstwirtschaft, eingesetzt. Bereits in den dreißiger Jahren wurden die Huzulen im Staatsgestüt Turja erstmals über den Haflinger verstärkt. In den fünfziger Jahren wurden Kreuzungsversuche mit Huzulen und Norikern, auch Fjordpferden, vorgenommen, die jedoch nicht befriedigten.

In den Jahren 1959/60 wurden dann weitere Haflinger-Hengste vom Gestüt der tschechoslowakischen Staatsforste Murán, in der Nähe der Niederen Tatra, 700 bis 1000 m hoch gelegen, angekauft.

Bald erhielt der Haflinger Pferdezuchtverband Tirol vom Gestüt Murán einen begeisterten Zwischenbericht über die Kreuzungsergebnisse. Ein detaillierter Bericht über den Kreuzungsversuch Haflinger-Huzulen wurde von der Gestütsleitung dem Tiroler Verband in den 70er Jahren übermittelt, dem zu entnehmen ist, daß der Haflinger all jene Anlagen weitervererbt, die erhofft wurden.

Eigenschaften wie edlere Formen, mehr Schrittlänge, Willigkeit, vor allem der unkomplizierte Charakter wurden vom Haflinger weitergegeben. Ing. Zoltàn Toperczer gibt in seinem 20 Seiten umfassenden Bericht Vergleiche der Körpermaße, Futterverwertung etc. und verweist speziell auf den unkomplizierten Charakter und die Frühreife der Kreuzungsprodukte. Außerdem wird betont, daß diese Erbanlagen im Haflinger besonders verankert sein müssen, da sonst der Haflinger nicht in der Lage wäre, diese Eigenschaften dominant weiterzugeben.

Im Jahr 1994 stellte der Haflinger Pferdezuchtverband Tirol über Einladung des Slowakischen Haflinger-Verbandes Pferde in Poprad in der Hohen Tatra aus. In Präsentationsfahrten durch die Stadt und mit Schauprogrammen wurde der Bevölkerung der moderne, reingezogene Haflinger nähergebracht. Die Slowakische Präsidentin des Haflinger Verbandes, Mária Pulcová, ist intensiv um einen Zuchtaufbau bemüht. Ein wirtschaftlicher Aufschwung in den osteuropäischen Ländern wird auch in den kommenden zehn Jahren ein Anwachsen des Haflinger-Bestandes in diesen Ländern bringen.

Albanien

Albanien hat die Haflinger-Zucht im Jahr 1968 mit dem Import von 7 Hengsten und 5 Stuten begonnen. Auch in diesem Land wird der Haflinger hauptsächlich zur Verbesserung der Landesrassen eingesetzt.

Im Juni 1983 erhielt ich einen detaillierten Bericht von Direktor Petrit Dizdari, Institut für Tierzucht in Shkodra, in welchem steht:

»Auf der Station in Shkodra werden 3 Rassen gezüchtet, und zwar Haflinger, Nonius und Araber. Der Erstimport aus Österreich, Tirol, erfolgte im Jahre 1968 mit 7 Hengsten und 5 Stuten. Ein weiterer Import folgte im Jahr 1978 mit 8 Stuten und 2 Hengsten.

Nach Jahren harter Arbeit auf unserem Gestüt können wir auf eine Herde von 143 Pferden blicken. Nun geben wir Ihnen einige Hauptqualitäten dieser Rasse:

In Albanien findet der Haflinger hauptsächlich Verwendung als Arbeitspferd, jedoch vereinzelt heute auch schon im Freizeitbereich.

Fruchtbarkeit – Die Fruchtbarkeit ist bei den Stuten unseres Gestütes nie unter 80% gefallen, während im Jahr 1982 93% erreicht werden konnten. Wachstum der Fohlen – Die Haflinger-Rasse ist seit Beginn auf unserem Gestüt wegen des hohen Trächtigkeitsprozentsatzes bekannt. Hervorzuheben ist auch das Wachstum der Fohlen. Die Stute ist eine gute und wachsame Mutter, die gut auf ihr Fohlen aufpaßt und eine hohe Milchproduktion besitzt. Wir mußten nicht einen Fall beobachten, wo die Mutter ihr Fohlen nicht hätte ernähren können.
Die Produktion von Hengsten für die Verteilung: Unser Gestüt züchtet Haflinger-Hengste, die dazu bestimmt sind, auf landwirtschaftlichen Betrieben zur Kreuzung und Verbesserung unserer Pferde eingesetzt zu werden.

Verteilung von Haflinger-Zuchthengsten: Wir sind der Meinung, daß die Haflinger-Zucht für die Bedingungen in unserem Land eine zu bevorzugende Rasse ist. Unsere Erfahrung hat gezeigt, daß die Kreuzungsprodukte aus dieser Rasse eine große Eignung für Transport – und landwirtschaftliche Arbeiten besitzen. Dies ist nicht nur unsere Meinung und jene unserer Vorgänger, sondern ist auch die Ansicht aller Spezialisten und Arbeiter, die ihre Eigenschaften gut kennen.

Auf unserem Gestüt werden für die Arbeit Kreuzungen von Haflingern und Nonius eingesetzt, aber die Arbeiter, die sie täglich verwenden, bevorzugen die Haflinger-Kreuzungsprodukte. Generell gesehen profitieren die Kreuzungsprodukte, die aus der Kreuzung mit Haflingern kommen, nicht nur an Größenwachstum, sondern auch von der Farbe, welche bei den Nachkommen völlig durchschlägt, was die helle Farbe von Mähne und Schweif sowie die rötliche Grundfarbe betrifft.

Hier sehen wir die Vormachtstellung der Haflinger-Kreuzungen der 1. Generation, bei denen das Gewicht um 26%, der Gürtel um 12% und die Röhrbeinstärke und die Widerristhöhe ebenfalls zunehmen.

Vergleich der Landesstuten mit den Kreuzungsstuten der 1. Generation in Prozenten:

	Lebendgewicht	*Widerristhöhe*	*Brustumfang*	*Röhrbeinstärke*
Landesstuten	*100*	*100*	*100*	*100*
Landesstuten × Haflinger	*126*	*105*	*112*	*104*

Großbritannien

Ende der sechziger Jahre, Anfang der siebziger Jahre ist es dem Haflinger gelungen, im großen Pferdeland England Fuß zu fassen. Die »Haflinger Society of Great Britain«, unter dem Vorsitz Ihrer Hoheit, der Herzogin von Devonshire, wurde gegründet. Mit großem Einsatz und Begeisterung für dieses Pferd ist es dem Vorstand des englischen Haflinger Zuchtverbandes gelungen, dem Haflinger einen Platz als anerkannte Rasse in Großbritannien zu sichern. Die Zuchtgrundlage wurde fast ausschließlich in Tirol, und zwar in durchwegs guter Qualität, erworben.

Ihre Majestät Königin Elisabeth II. hatte anläßlich ihres Staatsbesuches in Österreich im Jahr 1969 von seiten des österreichischen Bundespräsidenten zwei Haflinger-Stuten als Staatsgeschenk erhalten und züchtet seit diesem Zeitpunkt selbst Haflinger.

Vor allem sein unkomplizierter Charakter, seine Leistungsbereitschaft und sein anziehendes Äußeres haben dem Haflinger in England geholfen, trotz der Vielzahl der in England gezüchteten Pony- und Kleinpferderassen Eingang und Verbreitung zu erreichen. In England wird der Haflinger heute im Fahrsport auf Reitbetrieben, speziell auch für körperbehinderte Kinder, sowie in Schottland als Tragtier bei Jagden und Trekking eingesetzt. Prinz Philip nimmt des öfteren mit Haflinger-Pferden an Fahrturnieren teil.

Prinz Philip stellt einen Haflinger-Zweispänner auf einer Fahrprüfung vor.

Einer der besten Fahrer seines Landes: Seine Königliche Hoheit, Prinz Philip, auf dem Bock eines Haflinger-Gespanns.

In Großbritannien verzeichnet man heute 350 eingetragene Haflinger-Stuten, denen 16 Hengste zur Verfügung stehen.

Unter der Führung von Tom Crane, Obmann der Haflinger Society of Great Britain und Vizepräsident der Welt-Haflinger-Vereinigung, konnte ein erfreulicher Aufschwung in der Haflinger-Zucht dieses Landes festgestellt werden. Die jährliche Ausrichtung einer nationalen Zuchtschau mit angegliederten Reit- und Fahrbewerben in Malvern, Workshire, bringt den Züchtern die Möglichkeit des nationalen Vergleiches. Die Beschickung der Royal Horse Show und der Windsor Show sorgen für die Präsenz der Haflinger auf großen britischen Pferdeschauen.

Im Jahr 1991 durfte die »Haflinger Society of Great Britain« ihr zwanzigjähriges Bestandsjubiläum feiern. Die Entwicklung hin zum Reit- und Fahrsportpferd mit guten Bewegungen, groß genug, um auch Erwachsene zu tragen, all dies unter Beibehaltung des ausgeglichenen Temperamentes und des einwandfreien Charakters, seien die besten Voraussetzungen, daß sich die Haflinger Society in den nächsten 10 Jahren weiter expandieren könne, betonte der Ob-

Die Haflinger beim Jagdtransport im schottischen Hochland.

Ihre Majestät Königin Elizabeth II, Prinz Edward und die Herzogin von York bei einem Ausritt auf Balmoral.

mann des Verbandes in der Festschrift. Immerhin konnte sich der Haflinger im Laufe dieser 20 Jahre einen sicheren Platz unter den vielen Kleinpferderassen Großbritanniens schaffen.

Das Abhalten von strengen Hengstkörungen und Stutbuchaufnahmen ist im Rahmen der Haflinger Society of Great Britain seit vielen Jahren zur Selbstverständlichkeit geworden. Vorschauen für zwei- und dreijährige Junghengste und eine Bewertung der dreijährigen Jungstuten nach dem österreichischen System sowie die Übernahme des Tiroler Markierungssystems wird von seiten der Züchter positiv aufgenommen.

Auch in der Türkei wird der Haflinger als Tragtier verwendet.

In der *Türkei* wurde die Haflinger-Zucht im Jahr 1961 mit dem Import von vier Hengsten und 20 Stuten aus Österreich begonnen und mit einem Import von 72 Stuten aus Tirol im Jahr 1982 fortgesetzt, die man in der Karacabey State Farm in der Provinz Bursa in der Region Marmara sowie in der Altindere State Farm in der Provinz Van an der Grenze zum Iran eingesetzt hat. Die Haflinger-Zucht wurde sowohl in Reinzucht fortgeführt als auch mit dem Karacabey-Pferd, einem halbblütigen Araber, gekreuzt. Man erhoffte sich, mit dem Haflinger der bodenständigen Rasse mehr Leistungsbereitschaft, Widerstandsfähigkeit und Futterdankbarkeit zu geben.

Der Haflinger wird in der Türkei hauptsächlich in der Landwirtschaft eingesetzt.

Bereits im Jahr 1965 berichtete Univ. Prof. Dr. Selâhattin Batu, Universität Ankara:

»... Diese Kreuzungsexperimente werden in beschränktem Maße durchgeführt und haben zwei Ziele:

1. Die Kreuzung von Haflinger-Hengsten mit Karacabey-Stuten hat den Zweck, ein Kreuzungsprodukt zu erreichen, das sich für die landwirtschaftlichen Bedingungen im Westen eignet und eine bessere Futterverwertung, größere Zugkraft und stärkeren Widerstand gegen Krankheiten zeigt als das Karacabeypferd, aber kleiner und kompakter ist als dieses.

2. Die Kreuzung von Haflingerhengsten mit bodenständigen Stuten hat andererseits den Zweck, ein Kreuzungsprodukt zu erzeugen, das den Bedingungen des gebirgigen Gebietes im Osten angepaßt ist.

Man hofft, mit dieser Kreuzung die Leistungs- und Widerstandsfähigkeit der bodenständigen Pferde zu erhöhen, die große Zugkraft sowie das Kaliber der Haflinger zu erhalten und mit Futter auszukommen, das sowohl qualitativ als auch quantitativ geringer ist.

Spezialisten und das Personal, die mit den Haflingern und ihren Kreuzungen zu tun haben, beurteilen diese günstig. Ein endgültiger Schluß kann jedoch erst nach Beendigung des Experimentes gezogen werden.

Die Karacabey State Farm liegt in der Provinz Bursa in der Region Marmara. Dieses Gebiet hat mildes Klima mit beträchtlichem Regenfall im Frühling, Herbst und Winter. Die Sommerzeiten sind im allgemeinen trocken und sehr heiß. Im Winter gibt es gelegentlich Schnee, aber nicht lange. Die Tagestemperatur schwankt zwischen −8 Grad und +35 Grad C, die durchschnittliche Jahrestemperatur bewegt sich um +15 Grad C. Die Meereshöhe des Gebietes variiert zwischen 50 und 150 m.

Die Altindere State Farm liegt in der Provinz Van, an der persischen Grenze; die Nachbarprovinzen sind Erzurum und Kars. Diese Provinzen sind im Osten des Landes, wo kontinentales Klima herrscht. Im Winter gibt es viel Schnee, der 4 bis 6 Monate lang liegen bleibt. Die Tagestemperatur schwankt zwischen −25 Grad und +30 Grad C. Diese Gegend ist sehr gebirgig und der Transport sehr schwierig. Die Meereshöhe reicht von 1200 bis 2000 m.«

In den Folgejahren wurden Dr. Demirtel und Direktor Tezeren mit der Untersuchung dieses Zuchtprojektes betraut und sie konnten in einer Studie nachweisen, wie hervorragend sich der Haflinger in der Türkei behaupten konnte. Besonders die wirtschaftliche Haltung, Leistungsbereitschaft und den gutmütigen Charakter des Haflingers haben sie darin hervorgehoben.

Nachdem sich der Haflinger in diesen verschiedenen klimatischen und wirtschaftlichen Zonen erfolgreich durchsetzen konnte, folgten, wie eingangs erwähnt, weitere Haflinger-Importe aus Tirol.

Laut Auskunft des Türkischen Landwirtschaftsministeriums in Ankara befanden sich im Jahr 1987 auf dem Staatsgestüt Karacabey und drei staatlichen Zuchtanstalten (Eskisehir, Bati Anadolu und Sivas) 42 Haflinger-Hengste und 65 Haflinger-Stuten, wobei die Stuten nur in Karacabey gehalten werden. Haflinger-Stuten und Haflinger-Hengste wurden der Landeszucht zur Verfügung gestellt. Es dürfte heute somit in der Türkei ca. 800 reingezogene Haflinger und 2000 bis 3000 Kreuzungsprodukte geben.

GUS

Im Bericht aus dem Institut für Tierzucht in Shkodra Albanien wurde interessanterweise auch erwähnt:

»Diese Erfahrungen unsererseits haben die Schlüsse, die von einigen russischen Autoren in deren Buch »Das Pferd« gezogen wurden, überprüft und widerlegt. Es wurde angeführt: ›Das Haflinger Pferd als Arbeitspferd stellt ein Tier dar mit einigen beschränkten Werten unter österreichischen Verhältnissen, das aber als ein gezüchtetes Pferd, als Vertreter von Landesrassen, von keinem Wert ist. Die Kreuzung von Haflingern mit ›Gucul‹, in Regionen hinter den Karpaten, hat sich nicht bewährt. Obwohl die Kreuzungsprodukte größere Körpermaße aufwiesen, war der Bau schwächer.‹«

Bisher war es in den Haflinger züchtenden europäischen Ländern gänzlich unbekannt, daß nach Rußland Haflinger exportiert wurden. Leider muß immer wieder festgestellt werden, daß in Pferdebüchern über den Haflinger berichtet wird, ohne daß die Autoren sich bemühen, in Originalzuchtgebieten Europas Erkundigungen einzuziehen. Heute ist es anhand von Berichten aus aller Welt kein Problem, die Werte des Haflinger Pferdes darzulegen. Bei Kreuzungsversuchen in der Tschechoslowakei mit dem Huzulen-Pferd, in Albanien mit dem Nonius, im ehemaligen Jugoslawien mit dem Bosnischen Pferd, in Bhutan mit dem einheimischen Gebirgspony, überall wurden erstaunlich positive Berichte über das Haflinger Pferd erstellt.

Wer die zahlreichen, russischen Ponyrassen kennt (ich habe selbst während des Krieges mit einigen davon gearbeitet), muß feststellen, daß sie für den schweren Zug und für das Tragen von schweren Lasten völlig unbrauchbar sind. Gerade auf diesen Rassen wäre eine Einkreuzung mit Haflingern sicherlich ebenso erfolgreich wie in den anderen Ländern.

Falls diese Einkreuzungen in Regionen hinter den Karpaten tatsächlich mit Haflingern gemacht wurden, so stellt sich die Frage, in welchem Land diese Pferde angekauft wurden. Sicherlich werden sich die russischen Experten, nach den weltweiten Erfolgen des Haflinger Pferdes, diesbezüglich genauer informieren. Jedenfalls müssen Kontakte hergestellt werden, um auch in der GUS den Beweis zu erbringen, was das Haflinger Pferd wert ist.

USA

Bereits im Jahr 1958 wurde das Haflinger Pferd in die USA eingeführt. Tempel Smith, Präsident der Tempel Farms und der Steel Company Chicago, importierte einen Spitzenhengst und eine Kollektion Haflinger-Stuten aus Tirol und legte das Fundament für den Aufbau der Haflinger-Zucht in den USA. Tempel Smith baute in der Nähe von Chicago, Illinois, ein Haflinger-Gestüt auf, das einen Stand von über 100 Pferden umfaßte. Nach dem Tod von Tempel Smith wurde dieses Gestüt gänzlich aufgelöst und die Haflinger über ganz Nordamerika verteilt verkauft. Robert Monsarrat hat den Haflinger Pferdezuchtverband Amerika (Haflinger Association of America), Sitz in Ohio, ins Leben gerufen. Leider erfolgte jedoch keine einem Zuchtverband entsprechende Führung, so daß die Haflinger-Zucht in Amerika über Jahrzehnte keinen züchterischen Maßnahmen, wie beispielsweise Hengstkörungen oder Stutbuchaufnahmen, unterlag. Jede gemeldete Stute, jeder Hengst wurde registriert und zur Zucht zugelassen.

Die H. A. A. übernahm somit nur die Zuchtbuchführung, organisierte jedoch weder Schauen noch Verkauf.

Vor nunmehr über 10 Jahren wurde die »Haflinger Registry of North America«, die H. R. N. A., gegründet. Robert W. MacArthur steht diesem Verband als Präsident vor und wurde in dieser Funktion auch 2. Vizepräsident der Welt-Haflinger-Vereinigung. Die H. R. N. A. organisiert seit ihrer Gründung jährlich eine Nationalausstellung, zu der stets ca. 200 Ausstellungspferde aus ganz Nordamerika aufgetrieben werden. Über drei Tage wird neben dem Richten der Pferde an der Hand ein umfangreiches amerikanisches Reit- und Fahrturnier abgehalten. Von leichten Dressur- und

Vorstellen von Zuchtstuten auf der New Trend Farm im Staat New York.

Vielfach auf Reit- und Fahrturnieren präsent: die Tudor Oaks Farm in Chicago.

Auf der Green Mountain Farm in Vermont.

Auch die Amish sind in den U S A vielfach Haflinger-Züchter.

Auf der MacArthur Farm.

Auf einer Zuchtschau in Amerika.

Springklassen, wie wir sie in Europa kennen, bis hin zum Westernreiten, vom Gespannfahren nach klassischem, europäischem Muster vom Ein- bis zum Vierspänner bis hin zu »Draftklassen« bis zum Achtspänner wird alles gezeigt. Den Abschluß dieser dreitägigen Veranstaltung bildet jährlich eine Fohlen- und Jungstutenversteigerung, auf der ca. 150 Jungstuten aufgetrieben werden.

Kleinere Unterorganisationen so wie beispielsweise die »Great Lake Association« führen zahlreiche kleinere Schauen und Verkaufsveranstaltungen durch. Im Frühjahr findet jährlich eine Auktion in Illinois statt.

Bisher besteht auch im Rahmen der H. R. N. A. nur eine Art Körpflicht für Hengste, wobei primär Veterinärbestimmungen zu erfüllen sind. Durch die gezielte Aufbauarbeit dieses Verbandes hat sich die Haflinger-Anzahl in Amerika jedoch mehr als verdoppelt. In allen Bundesstaaten werden heute Haflinger gezüchtet; sogar auf die Karibischen Inseln nach Barbados wurden Haflinger verkauft.

Im Jahr 1993 wurde von einigen ambitionierten Züchtern in den USA eine 3. Zuchtorganisation gegründet, die »Haflinger Breeders Organization of America«, HBO. Dieser Verband wird nach dem genauen Vorbild Tirols, Großbritanniens oder Dänemarks geführt, d. h. strenge Zuchtförderungsbestimmungen stehen im Mittelpunkt des Interesses. Die Hengstkörungen und Stutbuchaufnahmen werden nach dem 100-Punkte-System von europäischen Richtern durchgeführt. Die HBO ist bemüht, gemeinsam mit der H. R. N. A. eng zusammenzuarbeiten und die Pferde in einem Zuchtbuch zu belassen.

Bedeutende Zuchtbetriebe in den USA sind die Whale Cove Farm in der Nähe von Boston, sie ist Sitz der HBO und die Green Mountain Farm in Vermont, die den Versuch einer zentralen Deckstation gestartet hat mit Hengsten aus der A-, M-, N-, W- und ST-Linie. Die New Trend Farm im Staat New York hatte größten Einfluß im Hinblick auf den Qualitätsanstieg der Haflinger-Zucht in den USA durch den Import von zahlreichen Spitzenfohlen und Spitzenhengsten. Auf der MacArthur Farm wird mit dem Aufstellen eines Hengstes aus der S-Linie die Förderung neuer Blutlinien in Amerika betrieben. Schließlich muß auch die Tudor Oaks Farm in Chicago, Illinois, angeführt werden. Erst 1992 gegründet, verfügt sie über eine ausgezeichnete Zuchtgrundlage. Von diesem Gestüt aus werden jährlich zahlreiche Reit- und Fahrgewerbe beschickt, was zur Förderung des Bekanntheitsgrades des Haflingers in den USA beiträgt. In Europa wurde dieses Gestüt besonders durch den Ankauf des teuersten jemals verkauften Haflinger-Fohlens bekannt.

Whale Cove Farm, Sitz der HBO, in der Nähe von Boston.

Kanada

Zum Teil von den USA ausgehend, jedoch auch über Haflingerimporte aus Europa, insbesondere Tirol, konnte das Haflinger Pferd in Kanada Fuß fassen. In Kanada existiert ein kleiner nationaler Haflinger-Verband. Die Züchter sind jedoch größtenteils Mitglieder der amerikanischen Verbände, die somit Mitglieder aus den USA und Kanada umfassen. In 5 kanadischen Provinzen werden Haflinger gezüchtet.

Kanada verfügt über eine ganze Anzahl guter Stuten und über einige sehr gute Deckhengste. Drei Zuchtbetriebe sind besonders aufgrund ihrer Größenordnung und ihrem Qualitätsstand hervorzuheben. Es sind dies die M & B Farm in British Columbia, das Gestüt Waldeck und Lesa sowie die Grison Haflinger Farm, beide in Quebec gelegen. Die Stutengrundlage stammt zu einem großen Prozentsatz aus dem Hochzuchtland Tirol, wobei von den beiden oben zuletzt angeführten Gestüten auch hochwertige Tiroler Zuchthengste erworben wurden und beide Gestüte über 60 bis 70 Pferde verfügen.

Alle drei Gestüte haben Reit- und Fahrbetriebe angegliedert, organisieren Zuchtschauen und Turniere und haben es sich zur Aufgabe gestellt, den Haflinger als vielseitig einsetzbares Freizeitpferd weiter zu verbreiten.

Als Freizeitpferd für Tagesausritte finden die Haflinger vom Gestüt »Waldeck und Lesa« in Kanada ihren Einsatz.

Der Haflinger beim Arbeitseinsatz in Kanada.

Auch die Grison Farm in Quebec beteiligt sich mit großem Eifer an Fahr- und Reitturnieren in Kanada.

Südamerika

Auf dem Gestüt São Lourenço (v. li. n. r.): Ök. Rat Schweisgut, Gestütsleiter Erwin Mairhofer, drei Pferdepfleger, Dr. Viriato Mascerenhas Gonzaga III und Dr. Maria Dulcineia da Costa.

Brasilien

Der erste Haflinger-Import in Brasilien erfolgte im Jahr 1974 mit 5 Zuchtstuten und einem Hengst. Emil Ritz baute in Belo Horizonte, M. G., das Haflinger-Gestüt São Lourenço auf. Der gezielte Einsatz eines österreichischen Bereiters und Gestütsleiters schon beim Aufbau des Gestütes sowie ein Zuchtprogramm, wobei in gewissen Abständen immer neues Blut eingeführt wurde, führte dazu, daß das Gestüt São Lourenço heute zu den Spitzengestüten Brasiliens zählt, und zwar nicht nur auf dem Haflinger-Sektor. Auch der Qualitätsstand der Pferde läßt sich mit jenem europäischer Betriebe vergleichen.

Brasilien, ein Land mit einer Größe von 5,5 Mio. km², aufgeteilt in 22 Bundesstaaten, verfügt über ca. 6 Millionen Pferde, von denen allerdings nur ca. 5 Prozent in Zuchtbüchern erfaßt sind. Der Haflinger konnte sich mittlerweile über 12 Bundesstaaten (São Paulo, ahia, Sergipe, Rio de Janeiro, Rio Grande, do Sul-Goiás, Paraíba, Paraná, Minas Gerais, Maranhao und Amazonas) verbreiten. Sogar in Gebieten mit neunzigprozentiger Luftfeuchtigkeit hat sich der Haflinger problemlos akklimatisiert. 3 Zuchtbetriebe verfügen über mehr als 30 Haflinger-Pferde.

Die Haflinger sind im brasilianischen Pony- und Kleinpferde-Zuchtverband als separate Rasse »Haflinger« registriert. Das Zuchtziel in Brasilien entspricht den Bestimmungen der Welt-Haflinger-Vereinigung. Es werden Stutbucheintragungen und Hengstkörungen, wie ich mich selbst im Jahr 1991 überzeugen konnte, nach europäischem Muster von Experten durchgeführt.

Die Beteiligung an großen Bundes- und Nationalschauen auf dem Pferde- und Landwirtschaftssektor lassen den Bekanntheitsgrad des Haflingers ständig steigen. Der Verwendungszweck des Haflingers in Brasilien ist im Freizeitbereich zu sehen. Immer mehr Reitvereine interessieren sich für Haflinger als Schulpferde für Anfänger im klassischen Reitsport.

Haflinger bei der Arbeit an einer modernen Führanlage auf dem Gestüt São Lourenço.

300 eingetragene Zuchtstuten konnten in Brasilien im Jahr 1994 verzeichnet werden, denen 19 Deckhengste zur Verfügung standen. Diese relativ kleine Anzahl an eingetragenen Haflingern läßt sich damit erklären, daß doch viele Besitzer ihre Pferde nicht im Verband registrieren, was auf die enormen Entfernungen zurückzuführen ist. Die konsequente Zuchtarbeit wird jedoch, selbst unter diesen schwierigen geographischen Bedingungen, zu einem ständigen Zuwachs an eingetragenen Haflinger-Pferden nach den Bestimmungen der Welt-Haflinger-Vereinigung führen.

Afrika

Nachdem sich der Haflinger bereits im Abessinienkrieg voll bewährt hatte, ergab sich die berechtigte Hoffnung, daß sich das Haflinger Pferd auch in Afrika bald verstärkt ausbreiten würde. Leider ist in Afrika die Haflinger-Zucht auf einige wenige Großfarmen beschränkt. Allerdings konnte sich der Haflinger auch auf diesem Kontinent sehr gut akklimatisieren. Der Haflinger wird in Afrika als Reitpferd bei Viehtrieben, als Freizeitpferd sowie als Tragtier bei Großwildjagden eingesetzt.

Durch seine Wendigkeit und Trittsicherheit hat sich der Haflinger im Einsatz bei Viehtrieben, u.a. in Namibia, bewährt.

Asien

Bhutan

Eine besondere Anpassungsfähigkeit zeigten die Haflinger, die im Jahr 1968 vom inzwischen verstorbenen König Dorji Jigme Wangchuk in Bhutan importiert wurden.

Die Pferde wurden in einem viermonatigen Transport durch verschiedenste Klimazonen mit Temperaturen bis zu über +50 Grad C im Schatten über Indien nach Bhutan transportiert. Die letzte Phase des Transportes in den Himalaja vollzogen die Pferde durch einen langen Fußmarsch.

Viele Staaten haben in Bhutan Entwicklungshilfeprojekte laufen, so auch Österreich und die Schweiz. 22 Haflinger-Hengste und 15 Stuten wurden von seiten Österreichs vom Jahr 1970 bis heute zur Verfügung gestellt. Pferde stellen in Bhutan das wichtigste Transportmittel dar. Mit dem Entwicklungshilfeprojekt »Haflinger in Bhutan« ist es gelungen, dem kleinen, schwachen

Haflinger auf der Zuchtstation in Bhumtang, Bhutan.

Tibetpony mehr Kraft und Volumen zu geben. Schweizer Projektleiter haben in Bhutan mit den Haflingern ein Zuchtprogramm erstellt. Ein gewisser Prozentsatz wurde in Reinzucht zur Nachzucht von reingezogenen Haflinger-Hengsten fortgeführt.

Wie ich mich selbst in Bhutan überzeugen konnte, stehen die Haflinger-Hengste und Haflinger-Kreuzungshengste im ganzen Land verteilt im Deckeinsatz. In den wichtigsten Pferdezuchtregionen kommen die reingezogenen Haflinger-Hengste zum Einsatz, in den schwächeren Regionen die Hengste mit fünfzigprozentigem Haflinger-Blutanteil, um Produkte mit 25 Prozent Haflinger-Blutanteil zu erhalten.

Die Futtergrundlage in diesem Land ist äußerst karg, selbst wenn im Winter nur wenig Schnee fällt. Vergleichsweise geben die rein einheimisch gezogenen Kühe nicht mehr als 2 Liter Milch pro Tag. Diverse Projektleiter bemühen sich, durch die Verbesserung der Futtergrundlage auch die Leistung in der Tierproduktion anzuheben. Die Schwierigkeiten in diesem Land sind, neben dem extrem unwegsamen Gelände, sicherlich auch im Traditionsbewußtsein der Bevölkerung zu suchen. Reingezogene Haflinger werden als fremd eingestuft, gekreuzte Produkte leichter akzeptiert. Der Veterinärdienst in Bhutan ist kostenlos. Die Hengststationen, so wie beispielsweise Ura und Tang, sind Veterinärstationen angeschlossen.

Das Landwirtschaftsministerium in Bhutan fördert das Haflinger-Zuchtprogramm. Der derzeitige Leiter des Zuchtprogrammes ist Dr. Tashi Samdup. Das Zentrum des Haflinger-Projektes befindet sich in Bumthang, ca. 10 Stunden Fahrzeit mit dem Jeep von der Hauptstadt Thimphu entfernt. Man versucht langsam, auf ein Zuchtziel hinzuarbeiten. Der Pferdetyp Bhutans sollte vom kleinen, leichten Tragtier hin zu einem Vielseitigkeitspferd tendieren, das den lokalen Gegebenheiten angepaßt sein müßte, beispielsweise zum Reiten und Trekking im Tourismus, aber auch zum Einsatz auf den Bauernhöfen verwendbar.
Im Jahr 1992 standen in Bhutan laut Jahresbericht 24 reingezogene Haflinger-Hengste sowie 95 gekreuzte Produkte mit 50 Prozent Haflinger-Blutanteil im Deckeinsatz. Zur Zeit versucht man, in der Landeszucht einen Haflinger-Blutanteil von 25 Prozent zu erreichen. Der Pferdebestand in Bhutan beläuft sich derzeit auf ca. 26 000, davon führen bereits nicht weniger als 6000 Pferde Haflinger-Blut.

Anläßlich ihres Staatsbesuches im Juni 1983 erhielt Frau Ministerpräsidentin Indira Gandhi von seiten des Landes Tirol über Landeshauptmann E. Wallnöfer den Zuchthengst »Mein Tirol« zum Geschenk.

Aufgrund der hervorragenden Berichte aus Bhutan ist die Indische Armee an Tirol herangetreten, man möge 8 Testpferde zur Verfügung stellen. Im Winter 1979/1980 wurden diese Versuchspferde an Indien übergeben, die in der Folge im Himalajagebirge in Höhen zwischen 2000 und 5000 m unter starker Belastung getestet wurden. Nach befriedigendem Abschluß der Testreihe kaufte die Indische Armee im Jahr 1981 in Tirol 452 Haflinger Pferde (300 Zuchtstuten, 150 Tragtiere, 2 Zuchthengste) an. Diese Haflinger Pferde wurden in den verschiedensten Klimazonen eingesetzt und weiteren Prüfungen unterzogen. Im Jahr 1985 wurde zum Abschluß ein Vergleich Haflinger - Maultiere in Höhen zwischen 2000 und 5000 m angestellt. 30 Maultiere und 30 Haflinger wurden in drei Gruppen aufgeteilt mit einer jeweiligen Belastung von 80 kg, 100 kg und 120 kg pro Pferd. Die Haflinger der Belastungsgruppe von 120 kg erreichten das Ziel um einen Tag früher als die Maultiere der Vergleichsgruppe. Auf-

General J. N. Singh und Maj. General Balasubramaniam aus Indien bei ihrem Besuch in Tirol.

Präsentation einer Haflinger-Kollektion anläßlich einer Pferdeschau in Neu Delhi.

grund des hervorragenden Abschneidens der Haflinger hat sich die Indische Armee entschlossen, das Haflinger-Projekt weiter auszubauen.

In den mustergültig geführten und ausgestatteten Militärgestüten Babugarh und Sharanpur (fungiert zugleich als Ausbildungszentrum) werden die Haflinger unter strenger Selektion in Reinzucht weitergeführt; ein Teil wird für die Produktion von Maultieren herangezogen.

Dreimal besuchten indische Militärkommissionen unter der Führung höchster Generäle Tirol und konnten sich bei Hochgebirgsmanövern von den Leistungen der Haflinger in der österreichischen Armee überzeugen.

Im Jahr 1995 dürfte Indien bereits über einen Bestand von 3000 Haflinger-Pferden verfügen. Eine Vorsprache bei indischen Generälen im Jahr 1994 in New Delhi ergab, daß eine teilweise Verteilung von Haflinger-Pferden in die Landeszucht stattgefunden hat.

Im unwegsamen Norden Thailands werden Tiroler Haflinger als Gebirgs-, Reit- und Tragtiere eingesetzt. Im Bild rechts der Hengst Mozart auf der Weide in Ankhan.

Thailand

Auch in Thailand werden Haflinger im Norden des Landes in Entwicklungsgebieten eingesetzt und zur Aufkreuzung der Landesrassen verwendet.

Australien

In Australien konnte die Haflinger-Rasse über die Initiative einer privaten Agrargesellschaft Eingang finden. Die Haflinger-Züchter sind in der »Haflinger Horse Society of Australia« zusammengefaßt.

Driving Society Inc. konnte man schon Haflinger bewundern. Im Jahr 1994 gelang es dem Haflinger, in Australien auf der königlichen Sydney Osterschau den Titel »Rasse des Jahres« zu gewinnen.

Im Jahr 1993 konnte in Sydney die Vorstandssitzung der Welt-Haflinger-Vereinigung ausgetragen werden. Eine Zuchtschau, die zu diesem Anlaß organisiert wurde, legte Zeugnis über die gute Qualität des vorhandenen Zuchtbestandes ab.

Der Zuchtbestand in Australien konnte mittlerweile etwas aufgestockt werden. Es stehen derzeit 50 Zuchtstuten und 8 Deckhengste im Einsatz. Vor allem durch den Import des Deckhengstes Wintersun nach 1406 Winterstein im Jahr 1992 sowie des liz. 141 Necho nach 1435 Naxos im Jahr 1994 bekommt die australische Zucht positive Impulse.

Die Haflinger Horse Society of Australia bemüht sich intensiv und mit großem Erfolg, dem Haflinger einen entsprechenden Bekanntheitsgrad zu verschaffen. Beschickungen von großen Landwirtschafts- und Pferdeschauen in Sydney, Canberra u. s. w. bringen dem Haflinger auf diesem Kontinent immer neue Freunde. Schon im Jahr 1991 wurde vermehrt mit dem Einsatz des Haflingers auf lokalen Fahrturnieren begonnen. Im Jahr 1992 folgte der erste Start bei den nationalen australischen Fahrmeisterschaften C. D. E. in Queensland. Die regelmäßige Beschickung von Fahrturnieren mit mittlerweile 3 Gespannen zeigen dem Publikum die Intelligenz, Ausdauer und Zuverlässigkeit dieser Rasse. Auch auf Reitturnieren sind immer wieder erfolgreiche Haflinger zu sehen. Der Hengst Wintersun wird im Reiten in Vielseitigkeitsprüfungen eingesetzt. Auf der Titelseite des australischen Fahrernachrichtenmagazins der Australien

Der Deckhengst Wintersun in New South Wales, Australien, bei einer Vielseitigkeitsprüfung.

Auf der Marathonstrecke bei den Australien National C.D.E. Championships.

Hengstlinien mit Internationaler Hengst-Stammtafel

Mit dem Zuchteinsatz des 249 FOLIE ist die Haflinger-Rasse in ein neues Stadium getreten. Alle registrierten Haflinger-Hengste sind auf diesen Begründer zurückzuführen.

Im Jahr 1938 erstellte Oberregierungsrat Dr. Thurner im Auftrag von Oberlandstallmeister Köhler die erste Stammtafel für Haflinger-Hengste. Die im Hengstregister des österreichischen Bundeshengstenstallamtes verzeichneten Haflinger-Hengste konnten ohne Schwierigkeiten eingeordnet werden.

In der Zuchtbuchführung war jedoch aufgrund des Ersten Weltkrieges eine Unterbrechung festzustellen. Auch mußten in die Stammtafel die vorhandenen Privathengste eingeordnet werden. Dr. Thurner hielt sich daher viel in Südtirol auf, um sich intensiv mit der Blutlinienforschung zu befassen. Im Jahr 1940 erstellte er eine korrigierte Stammtafel, die bis heute Gültigkeit hat.

Im Jahr 1949 erteilte das Bundesministerium für Land- und Forstwirtschaft Stallamtsdirektor Dr. Rosenberger den Auftrag, die Stammtafel neu aufzulegen. Die erste internationale Stammtafel für Haflinger-Hengste gab der Haflinger Pferdezuchtverband Tirol im Jahr 1961 heraus, wobei damals neun Haflinger züchtende Länder berücksichtigt wurden: Österreich, Italien, Bundesrepublik Deutschland, DDR, Jugoslawien, Schweiz, Tschechoslowakei, Niederlande, USA.

Interessant ist es, aufzuzeigen, welches Bild die bis zum Jahr 1934 im Hengstregister des Bundeshengstenstallamtes Stadl erfaßten Haflinger-Hengste in bezug auf Farbe und Größe zeigten. Diese Hengste haben in Südtirol gedeckt und sind aufgrund ihrer Nachzucht für die österreichische Haflinger-Zucht von Bedeutung. Es handelt sich um insgesamt 92 Hengste, davon 25 Braune, 16 mit Vollblut- bzw. Fremdblut, und zwar hauptsächlich über die Hengste TAJAR, GIDRAN und PARIS. Von diesen Hengsten verzeichneten nur 8 Hengste ein Bandmaß von 142 cm bis 145 cm, 36 Hengste von 145 cm bis 150 cm und 32 Hengste bis 155 cm, 3 Hengste sogar bis zu 160 cm.

Dieses Ergebnis zeigt deutlich, daß die Haflinger-Hengste bis in die dreißiger Jahre wesentlich größer waren als zum Teil heute noch, ganz abgesehen von der Verkleinerung der Rasse in den späten dreißiger und Anfang der vierziger Jahre.

Gleichzeitig kann festgestellt werden, daß jene Hengste, die auf Warmbluthengste zurückgehen, teilweise eine Gürteldifferenz von nur 15 cm, manche noch weniger, andererseits jedoch Hengste wieder eine Gürteldifferenz von 40 cm aufgewiesen haben. Diese Ausführungen lassen auf eine große Streuung im Typ des Haflingers zu jener Zeit schließen.

Die internationale Stammtafel für Haflinger-Hengste auf den Seiten 244 bis 315 – ergänzt bis 1987/88 bzw. 1995 – beinhaltet Hengste aus 30 Nationen aller Kontinente. Den Hengsten sind die internationalen Abkürzungen der Länderkennzeichen beigefügt:

A	Österreich
AL	Albanien
AUS	Australien
B	Belgien
BR	Brasilien
BT	Bhutan
CAN	Kanada
CH	Schweiz
CO	Kolumbien
CS	Tschechoslowakei
D	Deutschland
DK	Dänemark
E	Spanien
F	Frankreich
GB	Großbritannien
H	Ungarn
I	Italien
IND	Indien
J	Japan
L	Luxemburg
NL	Niederlande
PI	Philippinen
PL	Polen
S	Schweden
SA	Südafrika
T	Thailand
TR	Türkei
USA	Amerika
Y	Jugoslawien
SLO	Slowenien

Die Bezeichnung der Hengstlinien resultiert aus den Anfangsbuchstaben der Namen der Linienbegründer.

Die A-Linie geht auf ANSELMO,
die B-Linie auf BOLZANO,
die M-Linie auf MASSIMO,
die N-Linie auf NIBBIO,
die S-Linie auf STELVIO,
die ST-Linie auf STUDENT,
die W-Linie auf WILLI zurück.

Jede Hengstlinientafel ist nach Generationen gereiht und soweit als möglich mit Fotos belegt sowie durch eine Beschreibung über den derzeitigen Stand der Linie und deren Aufbau ergänzt.

Diese Hengstlinientafeln geben zweifellos eine Übersicht über die Zuchtentwicklung und lassen gewisse Rückschlüsse auf den Blutaufbau zu. Ich bin jedoch der Ansicht, daß der Aussagewert solcher Hengstlinientafeln allgemein überbewertet wird. Der Wert der durchgezüchteten Mutterlinien darf nicht übersehen werden.

Wie schnell sich eine Hengstlinie aufgrund durchgezüchteter Mutterstämme wandeln kann, zeigt am besten der Aufbau der A-Linie über den Hengst 999 ANSELMO.

Einteilung 1995
der Hengste nach Blutlinien
und Generationen

Generation	1.	2.	3.	4.	5.	6.	7.	8.	9.	10.	11.	12.	13.	14.	15.	16.	17.	
A-Linie	–	–	–	–	–	1	14	19	59	167	241	170	86	35	–	–	–	792
B-Linie	–	–	–	–	1	5	13	16	32	29	22	10	35	28	21	13	–	225
M-Linie	–	–	–	–	–	–	1	6	13	50	99	141	190	201	126	28	2	857
N-Linie	–	–	–	–	–	1	28	49	76	122	166	253	258	169	34	5	–	1161
S-Linie	–	–	–	–	–	1	3	2	20	37	38	19	17	18	33	24	18	230
ST-Linie	–	–	–	–	–	1	24	51	102	142	164	127	73	43	16	–	–	743
W-Linie	–	–	–	–	1	24	56	83	117	126	191	88	7	3	–	–	–	696
7 Linien	–	–	–	–	2	33	139	226	419	673	921	808	666	497	230	70	20	4704
Ohne Linienzugehörigkeit																		
	1	3	15	35	44	74	46	31	31	11	7	–	–	–	–	–	–	298
Gesamt	1	3	15	35	46	107	185	257	450	684	928	808	666	497	230	70	20	5002

Haflinger-Hengste
im Deckeinsatz 1995

A-Linie	395 Hengste	25,35 Prozent
B-Linie	56 Hengste	3,59 Prozent
M-Linie	283 Hengste	18,16 Prozent
N-Linie	312 Hengste	20,03 Prozent
S-Linie	60 Hengste	3,85 Prozent
St-Linie	276 Hengste	17,72 Prozent
W-Linie	176 Hengste	11,30 Prozent
Gesamt	1558 Hengste	100 Prozent

Haflinger-Hengste
im Deckeinsatz 1980

A-Linie	133 Hengste	18,5 Prozent
B-Linie	26 Hengste	3,6 Prozent
M-Linie	130 Hengste	18,1 Prozent
N-Linie	204 Hengste	28,3 Prozent
S-Linie	31 Hengste	4,3 Prozent
St-Linie	113 Hengste	15,7 Prozent
W-Linie	83 Hengste	11,5 Prozent
Gesamt	720 Hengste	100 Prozent

Haflinger-Hengste
im Deckeinsatz 1988

A-Linie	304 Hengste	22,7 Prozent
B-Linie	38 Hengste	2,8 Prozent
M-Linie	236 Hengste	17,6 Prozent
N-Linie	313 Hengste	23,4 Prozent
S-Linie	37 Hengste	2,8 Prozent
St-Linie	297 Hengste	22,2 Prozent
W-Linie	114 Hengste	8,5 Prozent
Gesamt	1339 Hengste	100 Prozent

Die Anzahl der Deckhengste im Einsatz ist erfreulicherweise nicht proportional zum Stutenbestand angestiegen. Die Bedeckungsziffern pro Hengst haben daher eine Erhöhung erfahren, was sich positiv im Hinblick auf Selektionsmaßnahmen auswirken kann. Allein Italien hat über 100 Hengste aus der Zucht genommen, was sich in diesen Statistiken niederschlägt.

Prozentuale Entwicklung der Blutlinien von der 1. Internationalen Haflinger-Schau in Innsbruck bis zur Buchauflage 1980 und von 1980 bis 1988 und 1995

Stammtafel der Blutlinienbegründer

1. Generation — 2. Generation — 3. Generation

El' Bedavi
Original Araber ca. 1817 A

El' Bedavi 2
Orientalisches Vollblut 1830 A

El' Bedavi I 1837 A

El' Bedavi XXII 1852 A

133 El' Bedavi XXII 1868 A

249 Folie 1874 A (1. Generation)

- 14 Folie 1887 A (2. Generation)
  - 32 Campi 1896 A (3. Generation)
  - 54 Genter 1897 A (3. Generation)
- liz. 252/233 Hafling 1897 A (2. Generation) — 291 Jenner 1908 A (3. Generation)

Von den sieben angeführten Hengstlinien gehen fünf Linien auf den Hengst liz. 42 Mandl und über diesen von 54 Genter auf Folie zurück. Nur die A-Linie geht über Campi direkt auf Folie und die W-Linie über Sarn, 291 Jenner und liz. 252/233 Hafling auf 249 Folie zurück.
Es war daher besonders wichtig, die A-Linie fortzuführen.

Im Jahre 1995 wurden von ca. 1600 Haflinger-Hengsten schätzungsweise 45000 eingetragene Stuten gedeckt.

Der Weltbestand an Haflingern betrug im Jahre 1995 nahezu 250000.

Der Aufbau einer Blutlinie auf breiter Basis ist seinerseits nur über härteste Selektion möglich. Eine Selektion kann jedoch nur erfolgen, wenn eine entsprechende Anzahl von Nachkommen vorhanden ist. Dies setzt eine Mindestbelegzahl von 25 bis 30 Stuten pro Hengst und Deckperiode voraus. Die großen Vererber im Hochzuchtland Tirol können beispielsweise jährlich auf 40 bis 70 Bedeckungen verweisen, was einer Fohlenanzahl von 30 bis 50 und davon 15 bis 25 Hengstfohlen entspricht. Von diesen anfallenden Hengstfohlen pro Jahrgang werden in Tirol höchstens 3 Anwärter eingestellt. Im Laufe der dreijährigen Aufzucht wird erneut jährlich selektioniert, so daß nur die Hälfte bis zu einem Drittel der Hengstanwärter zur tatsächlichen Aufstellung als Deckhengste gelangt. Eine weitere Selektion erfolgt nach dem Aufstellen der Deckhengste aufgrund ihrer Vererbungskraft. In diesem Zusammenhang muß auch

4. Generation	5. Generation	6. Generation	7. Generation
50 Heid Campi I 1912 A	Campi II 1921 I	999 ANSELMO 1926 A Begründer der A-Linie mit 481 Hengsten	
liz. 42 Mandl 1904 A	BOLZANO 1915 I Begründer der B-Linie mit 165 Hengsten		
	Mandl I–8 1914 I	STELVIO 1923 I Begründer der S-Linie mit 177 Hengsten	
	356/72 Hirn-Mandl I 1912 A	Jaggele 1919 I	MASSIMO 1927 I Begründer der M-Linie mit 635 Hengsten
		1074 STUDENT 1927 A Begründer der St-Linie mit 609 Hengsten	
	332 Georg Mandl I 1911 A	NIBBIO (NIGGL 2) 1920 I Begründer der N-Linie mit 857 Hengsten	
Sarn 1915 I	401 LIZ. WILLI 1921 A Begründer der W-Linie mit 398 Hengsten		

festgestellt werden, daß sich von einem Hengstjahrgang höchstens vier, meist jedoch nur zwei Hengste als bewährte, durchschlagende Vererber behaupten können.

Für den Aufbau einer Zucht sowie für den Aufbau und das Erhalten von Linien dürfen nur Spitzenvererber herangezogen werden, da sich auch nur Spitzenvererber auf Dauer durchzusetzen vermögen. Gute Junghengste sind für die Landeszucht verwendbar und bringen auch dort in der Breite Erfolge. Um jedoch Generationen in den Hengstlinien erhalten zu können, benötigt man stabile, durchschlagende Vererberhengste, die in jeder Linie und in jedem Jahrgang nur selten zu finden sind.

Stammtafel der Hengste ohne Linienzugehörigkeit

mit Stammtafel der Blutlinienbegründer

1. Generation – 2. Generation – 3. Generation – 4. Generation – 5. Generation

- **249 Folie 1874 A**
  - **14 Folie 1887 A**
    - 229 Folie II 1896 A
      - 16 Folie III 1906 A
      - 118 Stauder 1901 A
        - Bail A
      - 274 Thaler 1907 A
    - 108 Mölten 1897 A
      - 273/40 Mölten I 1907 A
        - Sieger 1917 A
      - 360/17 Pinkl 1904 A
        - 438/55 liz. Pinkl I 1913 A
      - 164 Platzl 1903 A
      - 203 Mölten I 1908 A
      - 214 Mölten I 1906 A
        - 195/19 Auen 1917 A
        - 394/6 Latzi Mölten II 1916 A
        - 329/5 Traxl 1917 A
        - 189/5 Hort Mölten II 1912 A
        - 382/11 Hauser 1918 A
        - liz. 332/9 Bacher 1918 A
        - liz. 363/144 Leo Mölten II 1916 A
        - 222/74 Hirt Mölten II 1912 A
    - 3 Putzen 1896 A
    - 61 Steet 1896 A
    - **32 Campi 1896 A**
      - 49 Epper 1902 A
      - 71 Billig 1902 A
      - 23 Bruder 1901 A
      - Nereus A
      - liz. 229/109 Campi I 1901 A
        - Campi II-10 1910 I
        - Hafling 1914 I
      - **50 Heid Campi I 1912 A**
        - **Campi II 1921 I**
    - 87 Pens 1897 A
      - 242/192 Pens I 1906 A
        - 802 Pens II 1926 A
      - 150 Jöchl 1902 A
      - 170 Steger 1906 A
    - **54 Genter 1897 A**
      - Campi-10 1917 I
      - 84/52 Mandl 1904 A
      - **liz. 42 Mandl 1904 A**
        - 264/333 Girg Mandl I 1911 A
        - 47 Horn Mandl I 1912 A
        - 364/160 Lumpazi Mandl I 1916 A
        - 576/234 Mandl I 1910 A
        - 222/33 Josef Mandl I 1915 A
        - **Bolzano 1915 1**
        - **Mandl I-8 1914 I**
        - **356/72 Hirn Mandl I 1912 A**
        - 357/75 Rudi 1909 A
        - 161 Mandl I 1910 A
        - 388/331 Geck Mandl I 1911 A
        - 380/156 Grog Mandl I 1911 A
        - **332 Georg Mandl I 1911 A**
        - 234/36 Anton Mandl I 1915 A
        - 219 Alois Mandl I 1915 A
        - 301 Sepp 1909 A
        - liz. Jockl (Mandl I) 1919 A
        - 126 Mandl I 1910 A
        - Lux Mandl I 1917 A
        - Leo 1910 A
  - 37 Laas 1896 A
  - **liz. 252/233 Hafling 1897 A**

6. Generation	7. Generation	8. Generation	9. Generation
406 Brioni I 1912 A			
180/110 Brioni II 1912 A	Gregor 1919 A		
117 Brioni III 1912 A			
liz. Pinkl II 1918 A	1216 Scharnitz 1929 A		
147 liz. Pinkl II 1920 A			
Inkas 1923 A			
939 Zams 1926 A			
946 Landeck 1926 A			
Christl 1933 A			
Mistel 1931 A			
Lucki 5 1934 D			
	Roland 1944 A		
liz. 1735 Rosemer 1935 A			
	Rekrut 1944 A		
1736 Rosiwal 1935 A			
Sepp 1916 A			
999 Anselmo 1926 A			
175/50 Ludwig Mandl II 1916 A			
liz. 541/27 Lump Mandl II 1916 A			
Asten 1919 I			
Ignaz 1921 A			
Innozenz 1921 A	Agar 1930 A		
liz. 912 Schönwies 1926 A			
938 Imst 1926 A		1231 Tenor 1945 A	
	1631 Hintstein 1934 A		
liz. 1006 Mölten Mandl II 1927 A		Hektor 1949 A	
	liz. Steirer Mandl III 1948 A		
1008 Haderlump 1927 A			
1078 Bartl 1928 A	Toblach 4 1933 D		
1139 Loisl 1928 A			
liz. 255 Perner 1922 A	Perner I 1928 A		
Felix 1923 A			Carlo 1947 I
	Fritz 1923 I		
Rudi I 1920 I		Tann 1940 A	Corinto 1947 I
	liz. Max 1934 A		
Genesio I		Lechen-Max 1945 A	Cirano 1947 I
Pallino 1921 I	Renon 1930 I		Doro 1948 I
Guido 1923 I	Fritz Asten 1933 I	Naro 1937 I	Nibbio 1949 I
Taiers 1923 I	Furio 1943 I	Antonello 1948 I	Furioso 1950 I
			Fioravante 1950 I
			Flock 1950 I
Stelvio 1923 I	liz. Mandl III 1930 A		liz. Talfer (Stürmer 2) 1950 A
	Paul 1934 A		
Campi 1924 I	Manfred 14 1936 D		liz. Mob 1952 A
Mandl II 1925 I			Tirol 1952 I
Mandl II 1926 A	Alexander 1933 A		Tat 1954 I
1138 Schneider Mandl II 1928 A	1505 Blühnbach 1933 A	299 Theo 1939 A	
Atmos 1934 A			
Fritz I	996 Tizian (Animo) 1943 A	1490 Till 1948 A	
		1586 Totila 1948 A	liz. 781 Peter 1934 A
Jaggele 1919 I	Max 1924 I		Faust 1936 A
	186 Elvas 1924 A	1209 Stenzer 1929 A	Elkar 16 1938 D
1224 liz. Wastl Mandl II 1929 A	Max 1926 A	1210 Sammer 1929 A	liz. Engelbert 1940 A
		liz. 1284 Wildschönau 1930 A	575 Emir 1941 A
1074 Student 1927 A	Massimo 1927 I	1285 Sixtus 1930 A	Stengel 39 1941 D
		1286 Roaner 1930 A	Egon 1947 A
	Hermann 1927 CS	Hassan 1930 A	liz. 1816 Elmar 1950 A
liz. 913 Olaf 1926 A		1365 Imming 1931 A	1817 Emmerich 1950 A
Simandl 1929 A	1599 Plesch 1934 A	1366 Sparchen 1931 A	
564/145 Lilliput Rudi I 1916 A	liz. Persch 1935 A	liz. 1533 Thaler 1933 A	liz. 1746 Max 1934 A
331/8 Muri 1917 A	Hanserl 1936 A	1534 Schoner 1933 A	12 Anton 1937 A
342/20 Vilpian 1918 A	liz. Otmar 1937 A	Elmar 6 1935 D	Emil 49 1946 D
Marco 1918 I	980 liz. Omar 1940 I	Elan 8 1935 D	581 Eckart 1941 A
367/187 Jakob Mandl II 1917 A		1854 Elvrich 1936 A	liz. Eggele 1941 A
Knirps 1922 A		Hans 1935 A	Emil 1943 A
Knappe 1922 A			
		Xaverl 19 1939 D	
Puppi 1917 I	Xandl 3 1934 D	Salto 588/26 1940 D	Specht 54 1948 D
Fritz 1919 I		Solo 5809/27 1940 D	
		Zander 47 1942 D	
Nibbio (Niggl 2) 1920 I			
Fritz I 1921 I	Bubi 1925 I		
Moritz 1922 I	Faustl 1928 I		
Hans 1920 I	979 liz. Lion 1931 A		
Anzio (Hans) 1921 I	Paolo 1939 I		
64 Jockl Rudi 1924 A			
1747 liz. Ibis (fr. Lahnberg) 1925 A			
844 Julius 1925 A			
874 Jockl I 1925 A			
Iran 1926 A			
Netto 1927 Y			
Nerz 1927 A			
Tasso 1933 A			
Josl 1940 A			
1140 liz. Xandl Jockl I 1928 A	Max Jockl 1937 A		liz. Georg 1944 A
Prinz 1917 A	1215 Pusterwald 1929 A	125 Pust 1938 A	Pluton 1944 A
liz. Pascha Leo I 1918 A	Enzian 1932 Y	292 Plutokrat 1939 A	Minister 147 1946 D

Stammtafel der Hengste ohne Linienzugehörigkeit

mit Stammtafel
der Blutlinienbegründer

9. Generation	10. Generation	11. Generation
Corinto 1947 I	Impavido 1959 I	
Furioso 1950 I	Signal 1966 I	Canguro 1970 I Fiorello 1973 I Sandokan 1975 I Stelvio 1975 I
Fioravante 1950 I	Magnifico 1961 I	
Tirol 1952 I	Qualiano 1965 I	
Tat 1954 I	Vettore 1965 I Visone 1965 I	
liz. 781 Peter 1934 A	Emmerich 1947 A Eberhard 1948 A	
Elkar 16 1938 D	Elrut 48 1946 D	Elch 141 1953 D
12 Anton 1937 A	Anton 38 1943 D	Alex 58 1948 D Ajax 62 1948 D
Emil 49 1946 D	Emir 1955 D	

1. Generation	2. Generation	3. Generation	4. Generation
249 Folie 1874 A	14 Folie 1887 A		
	37 Laas 1896 A		
	liz. 252/233 Hafling 1897 A	559/97 Kallwang 1917 A	liz. 1079 Simon 1928 A
		374/271 Gampen 1907 A	108/84 Krieß 1917 A 343/21 Ebner 1918 A
		liz. Hafling I 1916 A	129 Hacker 1938 A
		291 Jenner 1908 A	400/89 Peter Jenner I 1915 A Privat Benno Jenner I 1918 A Sarn 1915 I
		825 Scheiderer 1920 A	
		317/272 Afing 1907 A	228 Johann Afing I 1915 A 101 Afing I 1913 A 126 Afing I 1913 A Afing I 1916 I 341/19 Halter 1918 A
		liz. 680 Mann 1919 A	1007 Ötztaler 1927 A
		767 Schreiber 1920 A	Fritz 1925 A Benito 1933 A

Hengste für Versuche der Fremdblutzufuhr

5. Generation	6. Generation	7. Generation	8. Generation
Dahoman VI a. d. El'Bedavi XXI A	25 Gruber 1900 A	4 Flaas 1906 A	Palio 1925 I
	21 Dahoman VI 1889 A		
217 Gidran A	183 Gidran 1898 A	329 Flaas 1908 A	Merano I
		300 Peter 1909 A	Milthi I
		176/64 Bitter 1909 A	
		255/298 Fritz 1909 A	
		Trento 1909 I	Pingl 1918 I
			Prinz 1920 I
			Hansel 1920 I
		107 Bitter 1909 A	

5. Generation	6. Generation	7. Generation	8. Generation
Tajar or. Vollblut 1885 A	25 Tajar or. V. 1895 A	186 Waschi 1900 A	
	30 Tajar I or. Halbblut 1891 A	85 Villar 1908 A	
		165 Thaler 1908 A	
Paris 1910 A	Merkur 1921 A		
	Leander 1925 A		
	Seehof 1926 A		
204 Sturm Nor. 1893 A	11 Wind 1897 A	Füchsl 1902 A	97 Dick 1906 A
liz. Hansl 1928 A	Hansl I 1938 A		

5. Generation	6. Generation	7. Generation	8. Generation
Krieß I 1928 A			
Auer (Hacker) I 1945 A			
liz. Hary 1946 A			
49 Mars 1924 A			
liz. 8 Max 1924 A			
liz. 253 Benno Jenner II 1922 A	Herbert 1930 A	liz. Holler 1940 A	1114 Hallo 1945 A
		Peter 1943 A	
		Hannibal 1945 A	
	liz. Bravo Jenner III 1938 A	Aurelio 1945 I	
liz. 940 Afing Jenner II 1926 A	Jahn 11 1937 D	Jaguar 28 1941 D	
		Jonas 32 1943 D	Elmar 145 1966 D
	10 Mölk 1937 A	liz. Etsch 1945 A	
		Enzian 1945 A	
Niggl 1 I			
Rudi I	Fritz I		
Max (Matsch) 1921 I	Rudi 2 1926 I	Grobian 1930 A	
	Hansl 1929 A		
401 liz. Willi 1921 A			

A-Linie

Der Blutlinienbegründer der A-Linie, 999 Anselmo, war ein etwas derber Hengst. Die Mutter des Hengstes, Napoli, wurde nach Campi, Mandl I-8, 356/72 Hirn-Mandl I und 252/233 Hafling gezogen, der Vater, Campi II, auf 14 Folie ingezogen.

Die besichtigte Nachzucht des Hengstes 999 Anselmo im Südtiroler Zuchtgebiet bestand zum Großteil aus guten Stuten mit dem damals nicht gerne gesehenen langen Ohr. Dem männlichen Nachwuchs des Hengstes 999 Anselmo wurde in Südtirol anscheinend überhaupt kein Augenmerk geschenkt; es war kein Nachkomme vorhanden.

Im Südtiroler Zuchtgebiet fehlte damals, so wie leider auch heute, ein auf lange Sicht angelegter Blutlinienplan, der für ein rechtzeitiges Erkennen der Schwäche einer Blutlinie unerläßlich ist. In Italien (Südtirol ausgenommen) werden zudem, als einzigem Land in der Haflinger-Zucht, die Hengste nicht mit dem Anfangsbuchstaben der Linie benannt, sondern mit dem einem Jahrgang zugeordneten Buchstaben. Somit wird dem Laien die Möglichkeit, einen Hengst sofort einer Blutlinie zuzuordnen, genommen.

Der Hengst 999 Anselmo war beim Ankauf in Südtirol bereits 21 Jahre alt. Ein rasches Handeln war dadurch unerläßlich. Dem Hengst wurden in Nordtirol nur durchgezüchtete Stuten aus wertvollen Mutterstämmen zugeführt. Sieben Jahre lang deckte der Hengst in Zams, einem damals führenden Zuchtgebiet.

In diesem Zeitraum wurden 999 Anselmo 206 Stuten zugeführt, wobei er 76 Hengstfohlen zeugte. Von diesen 76 Hengstfohlen wurden 11 als Hengstkandidaten eingestellt, 8 in Deckverwendung genommen. Einige dieser Hengste wurden nach kurzer Zeit wieder aus der Zucht genommen, die Hengste Atlas, Alex, Attila und Adler blieben in Zuchtverwendung.

999 Anselmo 1926

Der Hengst Adler ist mit Abstand als bester Nachkomme Anselmos anzusehen. Adler stammte mütterlicherseits von 2735/T Comparsin-Liebe ab, die ihrerseits Blut der zu dieser Zeit führenden Hengstlinien M und ST führte. Adler wurde im damals bedeutenden Zuchtgebiet Wildschönau in Deckverwendung gestellt. Das Zuchtgebiet Wildschönau zeichnete sich durch einige hervorragende Mutterstämme aus, was vom Hengst Adler ihn übertreffende Söhne erwarten ließ.

Vor allem der Hengst Stromer hatte im Zuchtgebiet Wildschönau bereits eine stabile Zuchtgrundlage geschaffen. Adler stellte acht Söhne, von denen vier als beste Vererber anzusehen sind, insbesondere der Hengst Anker. Der Hengst Anker seinerseits stammt von einer der führenden Mutterlinien, der 310/III Bessi-Fanni, die über Elvas interessantes Blut führte, ihre Enkelin über den Hengst Stromer.

Drei Söhne des Hengstes Adler wurden dem Ausland für den Aufbau der A-Linie zur Verfügung gestellt, und zwar der Hengst Adlerschild an Westfalen, der Hengst Amras an das Südtiroler Zuchtgebiet und der Hengst Aigle an England. Der Hengst Anker wurde auf dem Fohlenhof in Ebbs in Zuchtverwendung gestellt. Mit ihm wurde versucht, eine weitere Festigung und Verbesserung der Linie zu erreichen.

Als Söhne von Anker sind vor allem der Hengst Alarich und der Hengst Artist hervorzuheben. Artist ging aus der Paarung von Anker mit Doritte (aus der Mutterlinie Diema-Klara) hervor. Doritte ihrerseits war eine Star-Tochter, Diotima, ihre Mutter, eine Stürmer-Tochter.

Artist brachte eine erfreuliche Anzahl guter Vererber, vor allem auch eine hervorragende Stutengrundlage in der Wildschönau. Der Hengst Artist wurde der Stute Jeruse, einer Adler-Tochter, zugeführt, woraus ein Spitzenhengst der Haflinger-Rasse, der Hengst liz. Afghan, hervorging.

Der Hengst liz. Afghan wird nicht nur heute als Spitzenhengst hingestellt werden müssen, sondern es auch lange bleiben. liz. Afghan ging der Haflinger-Zucht leider im Jahr 1979, im Alter von 10 Jahren, durch einen Beinbruch verloren.

Afghan entsprach sowohl in bezug auf Exterieur dem heute gewünschten Freizeittyp als auch in Leistung und Charakter. Anläßlich der Einweihung der Fohlenhofanlage im Jahr 1975 konnten Besucher aus 14 Nationen diesen Hengst beim Freispringen über 1,60 m sehen. Auch in Dressurprüfungen wurde Afghan, insbesondere aufgrund seines Mitteltrabes, bewundert.

liz. Afghan 1969

Heute darf festgestellt werden, daß der Hengst LIZ. AFGHAN mit seinen 29 Söhnen den qualitativen Aufbau der A-Linie und damit verbunden, der gesamten Haflinger-Zucht, bedeutend fördern konnte. Von den 29 AFGHAN-Söhnen haben sich fünf besonders hervorgehoben, und zwar die Hengste ALPHA, AFGHAN II, ATIF, ALP und AHORN, wobei alle diese Hengste selbst bereits wieder Söhne in der Zucht stehen haben.

1338 Afghan II 1980

AFGHAN II hat der Haflinger-Zucht bis heute bereits 22 Söhne hinterlassen, 13 davon stehen in 6 verschiedenen Staaten im Einsatz. Welcher der AFGHAN-II-Söhne die Spitze übernehmen wird, ist noch nicht festzustellen. Sollte allerdings einer seiner jüngsten Nachkommen, der Hengst AMADEUS, mit seiner Nachzucht die Qualität der beiden ersten Fohlenjahrgänge bestätigen, dürfte wieder ein überstrahlender Vererber in dieser Linie vorhanden sein. Derzeit ist AMADEUS der erste Hengst in der Haflinger-Rasse, der in seinem zweiten Fohlenjahrgang auf der Auktion zehn erstklassige Fohlen stellen konnte, die den beachtlichen Versteigerungswert von einer Million Schilling eingebracht haben.

Als bedeutende Söhne des Hengstes AFGHAN II können des weiteren die Vererber ALMWIND in Deutschland und AGAMEMNON in Brasilien angeführt werden.

Als weiterer besonderer Vererber des liz. AFGHAN kann der Halbbruder des AFGHAN II, der Hengst ATIF, hervorgehoben werden, der über den Hengst AGRA einen bedeutenden Vererber gebracht hat, nämlich den Hengst ARCHIMEDES; das bisher teuerste jemals verkaufte Haflinger-Stutfohlen stammt von diesem Hengst ab.

Weltweit gesehen darf heute festgestellt werden, daß die A-Linie nach einer verhältnismäßig kurzen Aufbauphase die Führungsrolle im Hinblick auf die Qualität und die Verbreitung übernommen hat. Rangierte die A-Linie vor einigen Jahren zahlenmäßig noch hinter der N-Linie, so hat sie diesen Rückstand bereits wettgemacht. Es darf in diesem Zusammenhang nicht übersehen werden, daß die A-Linie noch in den sechziger Jahren in der 7. Generation nur 10 Hengste im Deckeinsatz stehen hatte. Im Gegensatz dazu konnte die N-Linie zu jener Zeit bereits auf 70 Deckhengste verweisen. Betrachtet man diesen zahlenmäßigen Unterschied, so kann man den Aufbau der A-Linie erst richtig einschätzen. Die A-Linie ist, gleich der N-Linie, in allen repräsentativen Haflinger züchtenden Staaten vertreten.

A-Linie

6. Generation – 7. Generation – 8. Generation – 9. Generation – 10. Generation

- 999 Anselmo 1926 A
  - Nino 1937 I
  - Odino 1938 I
  - Pullo 1939 I
  - Piero II 1940 I
  - Hansl 1944 I
    - Elios 1949 I
  - Sabot 1947 I
    - Antrodoco 1957 I
      - 10366 Bulbo 1978 I
    - Ramirez 1971 I
  - 1583 Apollo 1948 A
  - 1590 Albert 1948 A
  - 1775 Atlas 1950 A
    - Anker 1955 I
      - 4081 Lindoro 1965 I
        - Quarto 1970 I
        - Quarzo 1970 I
        - Quebek 1970 I
        - Quinto 1970 I
        - Quivi 1970 I
        - Eric 1968 I
      - Zendalino 1971 I
        - 10592 Faraone 1977 I
        - 11248 Andalus-Paco 1989 I
    - Amor 102 1957 D
      - Amboß 155 1964 D
        - Atan K 777 1968 D
      - Attila 1963 1965 D
        - Asbach 192 1969 D
        - Ariowist 211 – D
      - Angriff 544 H 1966 D
        - Alfi 745 1971 D
        - Agib 1972 D
        - Andi H 157 1972 D
        - Arion 180 1973 D
        - Andi 1979 D
      - Amorno 6187/176 1967 D
      - Astor K 871 1969 D
        - Adama K 1025 1975 D
      - Atoll 3063 RN 1971 D
  - 1921 Arman 1951 A
  - 48 Astor 1952 A
  - 84 Alex 1952 A
  - 150 Attila 1953 A
    - 636 Achill 1959 A
    - 635 Argus 1959 A
    - Ambassadeur 9 1961 NL
  - 253 Adler 1954 A
    - Aigle 1959 GB
    - Adlerschild 192 1959 D
      - Adlerfarn 275 1963 D
      - Adlerfelsen 276 1963 D
      - Adlerhorst 279 1963 D
      - Adlerstein 280 1963 D
      - Adlerstolz 318 1964 D
        - Attila 568 1970 D
        - Adlerauge 101 1971 D
      - Adlerfang 319 1964 D
      - Ali 120 1965 D
      - Armin 410 1966 D
      - Ajax 448 1967 D
    - 631 Anker 1959 A
      - Fortsetzung Seite 258
    - 647 Absam 1960 A
      - 934 Arlberg 1966 A
        - Arcole 1972 F
        - 1160 Amicus 1973 A
        - liz. Achmed 1973 A
        - Achilles 59 1973 DDR
      - 204 S Adam-Amerika 1966 USA
        - 330 Anders 1971 USA
        - 335 Abdul 1974 USA
        - Admiral 17 S 1974 USA
        - Amos Amerika 9 S 1974 USA
      - Adlerhorst 168 1966 D
        - Arco 1970 L
        - Adlerflor 1970 CH
        - Adlerherz 644 1970 D
        - Admirus 206 1970 D
        - Argus K 881 1971 D
        - Amor 25 1972 D
      - Adelbert 34 1966 NL
        - Amor van Schafferden 45 1970 NL
        - Abadan van de Golden Note Hoeve 1976 NL
        - Alexander van het Hambroek 1976 NL
        - Apollo van Schafferden HR 52 1980 B
        - Adonis van Schafferden HR 45 1981 B
      - Astor 878 1966 NL
      - 970 Archivar 1967 A
        - liz. Adi 1972 A
        - liz. Arno 1973 A
    - 648 Amras 1960 I
      - Fortsetzung Seite 256
    - 693 Armin 1960 A
    - 748 Ado 1961 A
    - 751 Admiral 1962 A
      - liz. Adam 1966 BT
        - Nub Tshering 40 1972 BT
        - Tshering 1974 BT
      - 969 Anwalt 1967 A
      - Alfo 219 D
        - Alster 83 1976 D
    - 752 Agil 1962 A
      - Aldino 17 1967 D
        - Arnold 31 1973 D
    - 807 Antrieb 1963 A
      - Fortsetzung Seite 262

11. Generation	12. Generation	13. Generation	14. Generation
10820 Alex-Igor 1984 I			
Bello 1974 I	10582 Battista 1978 I		
Attila K 1037 1976 D		Askal Imladris HR 62 1985 B	Admiral van het Zolikkenhof HR 94 1990 B
	Ad van 't Vlier 84 1980 NL	Adler HR 72 1986 B	
A40 Admiral 1975 AUS	Altjo van de Kenterstreek 88 1981 NL	Aram van het Maathuis 125 1986 NL	
Aston 1977 D	A 80 Aaron 1988 AUS	Arjan van de Berkenhof 137 1989 NL	
Aznavour D			
Anor 1974 L			
Apache 1982 D			
Arco 82 1977 DDR	Anteus 127 1985 DDR		
Astrologe 99 1980 DDR			
Adolar 100 1980 DDR	Adonis 1988 D		
	Adolino 1988 D		
Achat 105 1981 DDR			
Ali 1987 DDR			
72 Anbruit 1982 USA	2697 S Anbruit's C More 1992 USA		
609 S Andis 1982 USA	1869 A-Round HFB 1989 USA		
75 Artig 1982 USA	1949 Alexander 1989 USA		
242 Ancar 1983 USA	1554 Alfalfa HFB 1988 USA		
450 Anluv 1984 USA	1943 Ancar's Red Warrior FAH 1989 USA		
449 Atarin 1984 USA	1367 Antonio 1988 USA		
452 Amarquis 1984 USA	91287 Anvil HFB 1991 USA		
455 Amika 1984 USA	1203 Autocar HFB 1987 USA		
916 Anlis G. J. F. 1986 CAN			
1161 S Alden YMF 1987 USA	1686 Aragorn WMF 1988 USA	2281 S Aries HNF 1992 USA	
1612 Adonis YMF 1988 USA	1660 Alarquis GJF 1988 USA		
1633 S Apollo GJF 1987 USA	90322 Adam's Ale 1990 USA		
406 S Alexander 1980 USA	90135 Aarp HHH 1990 USA		
231 Arno 1983 USA	2172 S Allstar 1992 CAN		
D003 Mike de Kirchberg 1974 L	2180 S Afton YMF 1992 USA		
Aladin 1974 D	Andro 1984 L		
Adlerstrolch 243 1974 D			
Adlersohn 1975 D	Anker 1979 D	Arthos 66–167 1984 CH	
Adlatus 1975 (L) D	Athos 1979 D		
Amigo 90–121 1982 CH	Alpinus 89 1980 NL		
Adler 1988 CH			
Admont 1982 D			
Alibi 1981 D			
Alex van de Heibloem 86 1980 NL			
Adler van de Geuzendijk 6125 1981 NL			
Acal van Schawacht HR 51 1982 B			
Absam van de Hertraksestraat HR 73 1983 B	Aswin van Broekhuizen HR 95 1990 B		
Alwin van de Hoeve Werklust 7421 1984 NL	Adonis van Kerkhoven HR 93 1989 B		
Alex van de Wilhelmina-Hoeve 157 1989 NL			
Alfred van de Maria-Hoeve 8365 NL			
liz. Arnim 1978 A			

A-Linie

Fortsetzung von Seite 254

8. Generation | 9. Generation | 10. Generation

- 648 Amras 1960 I
  - 897 Adrian 1964 A
    - Adol 513 1968 D
    - Arber 1968 CH
  - Atlas 1965 PL
  - Amboß 1966 I
    - Anselmino 1970 I
    - Artist 1972 I
    - Admiral 1974 I
    - Amleto 1975 I
  - Amleto 1966 I
  - Azionista 1966 I
  - Alex 1967 I
  - Alpinist 1967 I
  - Arthur 1967 I
    - RM 10801 C. Mizar 1979 I
    - Remo 1971 I
    - Romolo 1971 I
    - Tato 1973 I
    - Toto 1973 I
    - Ugo 1974 I
    - 10168 Arturo 1977 I
  - 5765/67 Ringo 1967 I
  - Vesir 1969 I
  - Socrate 1972 I
  - Alois 1975 I
  - Zeus 1976 I

- Adel 588 1969 D
  - Adonis 832 1973 D
  - Alko 897 1973 D
  - Askan 910 1974 D
  - Artist 911 1974 D
  - Alioscha 959 1974 D
  - Arpad 1023 1974 D
  - Achill 974 1975 D
  - Ambros 973 1975 D
  - Adjutant 1976 D
  - Astor 1976 D
  - Aarden 1977 D
  - 1124 Anwalt 1978 L
  - Alpino 1151 1979 D
  - Arno 1981 D

liz. 137/T Ajax du Tirol 1991

1487 Andrit 1986

11. Generation	12. Generation	13. Generation
5741/76 Andreas 1976 I	11698 Anderle 1982 I 11962 Alex 1983 I 12627 Absalon 1985 I 12886 Agreiter 1986 I	
172/77 Anteno 1977 I 11693 Aron 1982 I 11744 Andels 1982 I		
11741 Ander 1982 I 11721 Arthur 1982 I 11691 Astor 1982 I		
10006 Fantomas 1982 I	10141 Acero-Regional 1991 I	
12051 Anderl 1983 I	PN 10960 Aramis-P 1989 I PN 10961 Argo-P 1989 I	
12505 Aschbacher 1985 I	TN 11315 Artù-R 1991 I TN 11475 Alois-S 1992 I TN 11371 Argan-R 1991 I	
12886 Agreiter 1986 I		
12981 Astner 1985 I 13006 Aichner 1987 I 13097 Albrecht 1987 I 13723 Aldeiner 1987 I 13256 Angler 1987 I		
13480 Amadeus-O 1988 I	15705 Aladin-S 1992 I	
13319 Amor-O 1988 I		
11839 Desiderio 1980 I 11891 Forte 1982 I 11901 Gatto 1983 I 11122 Indio di Falterona 1984 I 11108 Idolo di Falterona 1984 I 11146 Isidoro di Falterona 1984 I 11121 Indiano di Falterona 1984 I 11129 Ior di Falterona 1984 I 11104 Iassu di Falterona 1984 I 11167 Amico-Napoleone 1987 I 11874 Erode 1981 I		
Alexander 1980 D		
Amigo 1977 D		
Apollo 1978 D Askari 1980 D		
Ali Khan 1985 D Ascona 1984 D		
Aga Khan 1982 D	Angelo 134 1986 NL	Actueel 16642 92 NL Amor 1991 D Amigo 1991 D
	Agent 15277 1991 NL Almboy 1988 D Aspirant 1991 D	
Attaché 1983 D Anton 1985 F		
Antrieb 75–537 1981 CH		
Afghan 1976 D	Almkönig 1982 D Artist 1988 D	
Assan 1984 D		

A-Linie

Fortsetzung von Seite 256

1509 Archimedes 1987

1397 Agra 1982

8. Generation | 9. Generation | 10. Generation

- 631 Anker 1959 A
  - 852 Aar 1963 A
  - Alarich H 12 1963 D
    - Tomi 3067 RN 1972 D
    - 4115 Quarzo 1970 I
  - Angus 1963 GB
  - Armo 1964 AL
  - Amtsrichter 15 1964 D
  - 853 Artist 1964 A
    - 1066 Alexander 464 1968 (A) Y
    - Ascan 1973 D
    - liz. Afghan 1969 A
    - liz. Amor 1969 (A) L
    - 1040 Argon 1969 A
    - Attila 1969 F
    - Achill 1969 D
    - Alpenkönig 591 1969 D
    - Alexis 1969 D
    - liz. Achmed 1970 A
    - 1076 Alf 1970 A
    - Ambassador 30 HR 74 1970 F
    - Adler H 135 1970 D
    - Aly 1973 A
    - Anderson GB 11 1973 GB
    - 1211 Arosa 1975 A
  - 900 Alarich 1965 A
    - 1042 Attila 1969 A
    - Alarm 590 1969 D
    - 1075 Astor 1970 A
    - Ali 645 1970 D
    - Farabib-Aalik 1971 F
    - 1124 Alpbach 1972 A
    - 1125 Achill 1972 A
    - Adrian 847 1972 D
    - Asterix 1972 F
    - Ares 1973 F
    - Athos 1973 F
    - Albanus 056006474 1974 DDR
    - Bora 1/74 1974 TR
    - Aktiv 1976 CH
    - ABC 1979 BT
    - 1374 Adrian 1981 A
    - 1429 Antor 1983 A
    - 1451 Appeal 1984 A
  - Agamemnon 1207 1967 NL
  - Apollo 1967 F
    - Ami 1971 F
    - Glen-Adrar 1972 F
    - Habile As 1973 F
    - Ko Allan 1976 F
    - Mabub Ali 1978 F
    - Manix Acilion 1978 F

11. Generation

Armond 1982 D
10820 Igor di Valleverde 1984 I

1123 Atilla 1972 A
1158 Alfred 1973 A
24 Abesin 27 1981 Y

Fortsetzung Seite 260

Aram 1974 F
1159 Achensee 1973 A
M 111 Astor 1983 L
N 210 Albion 1984 L

Amaretto 1989 D

liz. Achates 1976 A

Tsar Ambassa 1985 F
Shalom Alechem 1984 F
85117275 X Tarabiscot 1985 L
1191 Alpinist 1974 A

1221 Archibal 1975 A
Afrika 1 1975 SA
VB 2826 Alfa du val Dieu HR 100 1990 B
Andermatt 1981 D
Artus H He 37 1981 D
Ambo 1982 D

Andrang 1975 D
Alex 1976 L
Amadeus 501003984 1984 L

GB. 21 Oxnead Ambassador 1979 GB
GB. 23 Devon Adler 1981 GB

liz. Andi 1981 A
liz. Ariel 1983 A

Athos 476 H 1973 D

Alf 1973 D

1238 Achim 1976 A
Afghan 1040 1976 L
liz. Artus 1981 A

Apollo 975 1975 D
Atilla 1981 HR 79 B

Andy 1981 D

Alfonso II 05 6012886 1986 D
Axel 94 1979 DDR
Alberto 111 1982 DDR
Albertus 112 1982 DDR
Albertino 114 1982 DDR
Alfonso 124 1985 DDR
Advokat 131 1986 DDR

Askan 91–27 1980 CH
Abricot 1981 CH

12. Generation

Atleth 1986 D
Andy 1986 L

Artos 1988 F
Rom-Arin 1983 F

Achen Paß 145 020014589 A
liz. Amatus 1977 A
liz. Achil 1982 A
liz. Arik 1982 A
30 Agil 40 1982 Y
Achill 1985 CH

33 Ami 91 1983 Y

Archibald K 1116 1981 DK

Andernach HR 89 1989 B
Andras 1985 D

Ango 1982 L
Asinus 1988 D

Lo 12 Armin 1982 L
Lo 15 Astor 1982 L
M 136 Astor de Contern 1983 L

GB. 26 Oxnead Aristocrat 1984 GB

L 300008191 Adonis 1991 L
Anker 1981 D
Afras 1982 D
Almkönig 1982 D
Aramis 1982 D
Afrik 1983 D
Aristo 1983 D
Atoll 104 1983 NL
Abonnent 1986 D
Agassi 1987 L
Alex 1981 D

Astro 1980 D

Aurel 130 1986 DDR
Almenrausch 1991 D

Avenir II 91–127 1984 CH
Alkaid 1986 CH

13. Generation

51 Abadon-231 1987 Y

Apollo 1989 CH
Aldo 1991 CH

Alain de Dudelange 1986 D

Arman 1989 D
Amadeus 1990 D

Arthos van't Vlasven (9368) 127 1987 NL
Aladdin van de Peelkant 10287 1988 NL

Arcello 1990 D

14. Generation

Achill 342 A 1985

GB 26 Oxnead Aristocrat 1984

92471 A Lot of Gold 1992 USA
92380 A Real Deal WBF 1992 USA
2029 S Astair of Plain Dealing 1992 USA

A-Linie

Fortsetzung von Seite 258

1247 liz. Alpha 1973

1260 Alp 1977

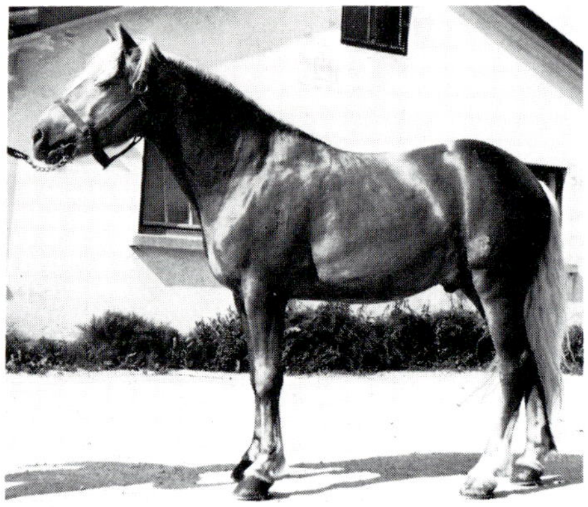

1208 Atif 1975

Afghan III 1990

liz. Almwind 1984

10. Generation	11. Generation
liz. Afghan 1969 A	1182 liz. Achat 1973 A
	1247 liz. Alpha 1973 A
	1183 Amur 1974 A
	1185 Arett 1974 A
	1187 Ali 1974 A
	As de coeur 1974 CH
	1208 Atif 1975 A
	1209 Ander 1975 A
	1210 Astral 1975 A
	1259 liz. Ankhan 1975
	1236 Alemanne 1976 A
	1237 Ali I 1976 A
	King Apollon 1976 F
	1260 Alp 1977 A
	1284 Ark 1978 IND
	1286 Achter 1978 A
	1287 Alex 1978 A
	1288 Argo 1978 A
	1289 Axel 1978 A
	1290 Ahorn 1978 A
	2 Attila 1978 DK
	3 Alexis 1978 DK
	Alfons 1978 DK
	5 Abbas 1978 DK
	1312 Archer 1979 A
	1313 Aros 1979 A
	1338 Afghan II 1980 A
	1339 Altan 1980 A
	Alibay 1980 BT

12. Generation

1261 Alland 1977 A
Artist 1977 D
Alpquell 1977 IND
Alfi 1979 D

Ankhan 1979 D

1340 Aras 1980 A
1371 Akkord 1981 A

Almwind HR 80 1981 B

Afghan II 1982 F

Almrausch 1982 D
547 Aspen 1982 USA
142067091 Adrian 1991 L

1324 liz. Ambros 1978 A
liz. Ami 1981 A
27 Abukir 29 1981 Y
liz. Amok 1982 A
liz. Ares 1983 A

1309 liz. Apell 1978 A
1310 liz. Aron 1978 A
liz. Allegro 1978 A

Abbas de Nuv 1978 CH

Atoll 1979 D
Adventure 1979 BT
1314 Ammon 1979 A
1341 Anil 1980 A
April 1980 BT
1372 Arthur 1981 A
1373 Alban 1981 A
1397 Agra 1982 A
Azur 1984 D
1536 Atlantik 1988 A

1556 Almjäger 1989 A
1311 Ainet 1979 A
Agra 1987 D

L 300003092 Agro 1992 L
Antrieb 1982 D
817 Ancora 1984 USA
119/T liz. Albatros 1990 L

2052 Andrä 1991 A
2046 Anger 1991 A

1467 Aga-Khan 1985 A
Ahorn II 1982 D
1398 Argonaut 1982 A
Backpa 52 1982 BT
Aktief 103 1983 NL

283 Klodskovgaards Anjin 1983 DK

1430 Arlberg 1983 A

liz. 156/T Antinor 1992 I
84 Astro 1979 BR
Almprinz 23.637 022363789 A
Agamemnon 1984 BR
liz. Almwind 1984 D
1466 Armani 1985 A
liz. Aros 1985 DK
liz. Almiro 1987 A
Afghan-Lavendel 1990 D
90383 HBO 22 Adanac 1990 USA
90360 Afghan III NTF 1990 USA
91512 Aristocrat T.O.F. 1991 USA
1535 Amor 1988 A
1534 Akzent 1988 A
liz. Alban 1988 D
liz. 101/T Amadeus 1989 A
liz. 123/T Alpgraf 1990 A
liz. 129/T Auland 1990 A
liz. 137/T Ajax du Tirol 1991 A
liz. 138/T Apricot 1991 A
Artist 1988 D
Ankha-Vilko 1987 D

liz. Arthos 1984 A

13. Generation

191X Alex-S 835082792 1992 I
Acatenango 773103189 1989 D

Angelo 445548687 1987 D
Amber 156X 501000484 1984 I
Atif 1984 D
Amore 1985 D
Athen 1985 D
Arino 1987 D
Arno Dela L'Cur L 300004589 1989 D

1452 Amalfi 1984 A
1487 Andrit 1986 A

1554 Acker 1984 A
1555 Adler 1989 A
23 liz. Amigo 1992 A

Astro Apollo 1988 F
Vital Alhi 1987 D
Virko Atram 873328618 1987 L

Amadeus 1986 D
Almkönig 1987 CH
Askan 1991 D
Almprinz 1988 D
Arlequin 1989 D

1205 Adam MSC 1987 USA
1283 Afrika MSC 1987 USA
1780 Abbott MSC 1989 USA
Accident MMH 1991 USA
1490 Accurate 1988 USA
1634 Alf HFB 1988 USA
2020 Aloysiris MSC 1989 USA
2238 S Aspen's Abraham MSC 1989 USA
1776 Aspen's Archie MSC 1989 USA
91204 Alvie MSC 1991 USA
91203 Apache Pal MSC 1991 USA
2085 S Absolutely Charming RAH 1992 USA

liz. Atur 1983 A
liz. Appell 1984 A
liz. Attila 1987 A

159X Aktiv-P 1989 I
1474 liz. Aktuell 1984 A

29 Alban–42 1982 Y
123X Achim 1983 I
124X Achleiten 1985 I

As de Pic 91–112 1983 CH
Aldo 91–95 1983 CH

2048 Aris 1991 A
Arno 70 1984 A

Arlberg 1986 D
1486 Andi 1986 A
1509 Archimedes 1987 A

173X Amigo-O 1988 I

91258 Aspect 1991 USA
90024 Anrecht 1990 USA
90202 Anlee of Hylite 1990 USA
90209 Alcron 1990 USA
90210 HBO 80 Arlin 1990 USA
2209 S Atlantik WCF 1992 USA

Alber van de Zomerhof 149 1990 NL
Azar van de Zomerhof 12663 1991 NL

GB. 29 Alpine 1987 GB

338 Abece da Gema 1989 BR
210 Aga Khan de Sao Lourenco 1988 BR
11630 Antares da Rosazul 1988 BR

Ambach 1991 D
Arpad 1991 D
Almfürst 1991 D
Anstand 1991 D

liz. 162/T Alexis 1992 A

14. Generation

Albatros 420704392 1992 D
Acapulco 1991 D

Apollo 445550688 1988 L
Atari 1988 D

Amigo van't Ruitersgat 11905 1991 NL
Amon van de Peelkant 135 1989 NL

Allerich 1991 D

Amtmann 15341 1991 NL
liz. 153/T Aschau 1992 A

Antaris 1990 D

2026 Apricot 1990 A

52 Adrijan 246 1988 Y
11018 Astor-Romolo 1991 I

11167 Altroche-Quinto 1990 I
11117 Amid-Persival 1989 I
11166 Athlet-Quastor 1990 I
11195 Atlas-Ringo 1991 I

Astro de L'Or 1988 CH

Aldan 111 1992 A

Arlberg Son 1991 D
Alexander 1991 D
Asket 1990 D
Azuro 1991 D
Asbach 1991 D
Amor 1989 D

2031 Attersee 1990 A

liz. 150/T Alpenstein 1992 A

92673 Abishai Oxnead 1992 USA
GB 33 Oxnead Alpha 1991 GB
GB 34 Oxnead Adam 1991 GB
GB 35 Garway Aladdin 1991 GB

liz. 101/T Amadeus 1989 A

A-Linie

Fortsetzung von Seite 260

8. Generation | 9. Generation | 10. Generation

- 807 Antrieb 1963 A
  - Apoll 187 1967 D
    - Apoftilus 237 1973 D
    - Alex 1974 D
    - Apikal 244 1974 D
  - 1007 Ambos 1968 D
    - Hakan 2/74 1974 TR
  - Alpenkönig 1968 USA
    - 513 Abraham 1972 USA
    - 66 S Aidar 1972 USA
    - 174 Alaric 1972 USA
    - 337 S Abbott 1973 USA
    - 250 S Adalbert 1973 USA
    - 1875 Amicar JMT 1989 USA
    - 1835 Arab TMA 1989 USA
    - 1505 Arnie J. M. T. 1988 USA
    - 1834 Arrow TMA 1989 USA
    - 85 S Adam 1973 USA
    - 91189 Asset 1991 USA
    - 863 Aurora 1986 USA
    - 936 Abel 1974 USA
    - Ackerly 46 S 1974 USA
    - 299 S Adlai 1974 USA
    - 421 S Adrian 1974 USA
    - 422 S Adriel 1974 USA
    - 62 S Ahern 1974 USA
    - 1257 Alpine-Peony 1974 USA
    - 61 Ali 1975 USA
    - 954 S Alarm 1976 USA
    - 307 S Albion 1976 USA
    - 68 S Alpine-Mist 1976 USA
    - 164 Akron 1977 USA
    - 195 S Andrew 1977 USA
    - 220 S Arius 1977 USA
    - 560 Alex M & B 1978 CAN
    - 474 S August 1978 USA
    - 718 S Alert 1979 USA
    - 369 S Alger 1979 USA
    - 396 Alwin 1979 USA
    - 388 S Attis 1979 USA
    - 292 Abner 1980 USA
    - 90001 Alabama CHF 1990 USA
    - 1538 Accurate TMA 1988 USA
    - 90072 Alf Her-Belle 1990 USA
    - 696 Allegro 1980 USA
    - 407 S Alpine MB 1980 CAN
    - 56 Andy 1980 USA
    - 90037 Alpen Gold MMH 1990 USA
    - 1083 Arney 1980 USA
    - 68 Alm 1982 USA
    - 230 Allegro 1983 USA
    - 758 S August 1983 USA
    - 1223 Alf vom Spiel-Hof 1987 USA
    - 1271 Axton AV 1987 USA
    - 1272 Ajax JMT 1987 USA
    - 1397 Alpha-U 1988 USA
  - Adel 588 1969 D
  - Albo 1970 F
  - Antimon 1971 CH
  - 1186 April 1974 A
    - liz. Aaron 1981 A
    - liz. Ali 1982 A
  - Abgar 1974 F

Fortsetzung Seite 256

Alpenkönig 1968

11. Generation	12. Generation	13. Generation

Amor 1984 L
Aaron 1987 D

Asterix 1991 D
175x Apollo 8383361 1986 I
Akteur 83 1978 D —— Amor 1983 D —— 773100 790 Arax 1990 L
189x Achab-S 1992 I
Afrat 1989 D
Apricot 1985 D

90207 Arcadia 1990 USA
1845 Auble 1989 USA
91445 Arkwright CRB 1991 USA
678 A-Little-Abe 1980 USA
393 Applejack 1979 USA

1027 S Apple-Jack BCT 1986 CAN
833 Adalharry 1986 CAN
1148 S Alabama 1987 CAN

923 S Andy Adamson 1985 USA
809 Alec Valmar 1986 USA
1095 S Alex 1987 USA
1109 S Abolero 1987 USA
1110 S Amossen 1987 USA
1119 S Adam's Apple 1987 USA

297 Amos 1983 USA
1123 Apple Joe 1983 USA
940 Arthritis 1986 USA
2003 Abelis Amos 1989 USA

618 S Alfred M 1981 USA ——
- 1172 S Alex RS 1986 USA
- 1175 S Anthony RS 1987
- 2205 S Alfred's Alan R5 1992 USA

619 S Albert P 1981 USA
748 S Aza P 1982 USA

537 Ahern's Prince 1983 USA ——
- 91262 Actor H. H. F. 1991 USA
- 90098 Almonzo H. H. F. 1990 USA
- 2176 S A-Jnvader H. H. F. 1992 USA

1103 S Alfie 1987 USA
1104 S August Busch Jr. 1987 USA
2243 S Aristocrat Hedgefield 1992 USA
2244 S Avery-Hedgefield 1992 USA

1007 S Almar 1986 USA
1467 Alpine's Aden 1988 USA

B 353 S Albedon 1980 USA
392 Albion-King 1981 CAN ——
- 1099 Archie II 1987 USA
- 1947 Alpine Key 1989 USA
- 1948 Archie Key 1989 USA

432 Apollo 1981 USA
538 Atari-Castle 1983 USA
987 S Apollo-Castle 1986 USA
2201 S Ali-Castle 1992 USA

1103 Amastar P. N. A. 1987 USA

472 S Aftan 1981 USA
493 Alex 1984 USA
494 Andrew II 1984 USA
1221 S Andrew II 1984 USA ——
- 2270 S Absalom of Serenity Acres 1992 USA
- 2271 S Aladdin of Serenity Acres 1992 USA

677 S Ashly 1982 CAN —— 1101 S Audit 1987 CAN
563 Astro 1983 CAN
1082 S Alpenprinz-Andri 1986 CAN
1291 S Apollo E 1986 CAN —— 2069 S Ablazing Attitude 1992 USA

890 S Attilla I 1984 CAN
623 Archie 1984 USA

91141 Alger's Image (MAC) 1991 USA ——
- 2177 S Alger's Adonis LM 1992 USA
- 2005 S Ahern of PHF 1991 USA

90389 Aman WAHF 1990 USA
2090 Attison 1988 USA

468 Andre 1984 USA ——
- 1855 Arby 1989 USA
- 2018 Alibi 1989 USA
- 1654 Andre's Amigo 1988 USA
- 2572 S Alexander »T« 1991 USA

1928 Archer O. O. S. 1988 USA
90305 Allegheny OOS 1990 USA

92386 Adrian Luray 1992 USA
471 Albany 1984 USA —— 1807 Alistair 1989 USA
637 Andy's Augie 1985 USA
639 Archloran 1985 USA
920 Andy's Two-Two 1986 USA
1178 Anderholm 1987 USA
1624 Amway 1988 USA
91186 Andy Boy 1991 USA
90078 Andy Erica 1990 USA
1798 Andy's Budy Boy 1989 USA
2007 S Ashes Le-La 1991 USA
2025 S Amazing Fritz 1992 USA
2088 S Andio Lela 1992 USA
2089 S Abe Le-La 1992 USA
2173 S Airrick Luray 1992 USA
2207 S Avery 1992 USA

850 S Artex 1984 USA
1040 S Amdeus 1986 USA
2346 S Arney # 1 Boy 1989 USA

92005 Alpha Blue CHF 1992 USA

Andre's Amigo 1988

B-Linie

Die B-Linie geht vom Hengst Bolzano aus, der wie Mandl I-8 nach der Abtrennung Südtirols im Ursprungsland verblieben war. Anläßlich der 1. Internationalen Haflinger-Schau im Jahr 1965 in Innsbruck mußte man erkennen, daß die B-Linie sehr schwach war.

Italien stellte im Jahr 1965 36 Pferde, davon 5 aus der M-Linie, 14 aus der N-Linie, 9 aus der B-Linie, 8 aus der S-Linie. Davon wurden ein Hengst aus der M-Linie, 4 aus der N-Linie und nur 1 Hengst aus der B-Linie präsentiert. Das Ursprungsland zeigte somit nur aus vier Linien Nachzuchtprodukte, väterlicherseits nur aus drei Linien.

Die schwache Nachzuchtqualität aus der B-Linie veranlaßte den Haflinger Pferdezuchtverband Tirol zu versuchen, die B-Linie ähnlich wie die A-Linie zu stärken. Vorerst fanden wir in Südtirol überhaupt keinen Hengst aus der B-Linie, der auch nur annähernd entsprach.

Nach Besichtigung von Vätern, Müttern und Großmüttern entschloß sich der Haflinger Pferdezuchtverband Tirol doch, einen Junghengst aus der B-Linie zu erwerben, der über Nabucco, Jubel, Caesar, Lezio, Bolzano die B-Linie vertrat.

Es wurde der Versuch gestartet, mit diesem Hengst, dem wir den Namen Bozen gaben, die B-Linie aufzubauen, die bis damals in Tirol überhaupt nicht vertreten war. Der Hengst Bozen wurde in Kitzbühel aufgestellt. Über die Mutterlinie Beatrix-Penzl erhielten wir dann den Hengst Brenner. Er wurde im Zuchtgebiet Zams in Deckverwendung gestellt.

Aus einer Stute, die bereits auf Anselmo ingezogen war, aus dem Kalterer-Moid-Stamm, und Brenner stammt der Hengst Becket. Becket wiederum wurde in Kitzbühel in Deckverwendung gestellt und einer Stute zugeführt, welche in der dritten Generation dreimal auf Beatrix-Penzl ingezogen war und zweimal auf die ST-Linie. Diese Paarung ergab den Hengst Brutus, der als erster Hengst der B-Linie als Qualitätshengst bezeichnet werden kann.

Der Hengst Brutus wurde zu früh vom Hochzuchtland Tirol abgegeben, da man nicht erwartet hatte, seinen vielversprechenden Sohn Benjo durch eine Gehirnblutung bereits in der 3. Deckperiode zu verlieren. Es ist gelungen, aus dem Hengst Benjo den Hengst Bergwind zu ziehen. Über Basalt und Bach konnte der Hengst Boris und in der 15. Generation der Hengst Beryll gezogen werden. Dieser relativ junge Deckhengst steht nun in Ebbs im Deckeinsatz; durch seine Anpaarung mit Stuten aus besten Mutterstämmen wird versucht werden, die B-Linie weiter aufzubauen.

Deutschland, das in den sechziger Jahren den B-Linien-Hengst Kaiser 87 erwarb, ließ diese Linie leider eingehen.

In Italien standen anläßlich der Erstauflage dieses Buches im Jahr 1980 in der 12. Generation nur 5 Hengste aus der B-Linie. In der 13. Generation wurden plötzlich 24 Hengste, und zwar allein aus einem Hengst in den Jahren 1981/82 13 Söhne, in die Zucht gestellt. Wohl mahnte ich in meinem Buch Haflinger Pferde im Jahr 1980 zur Vorsicht, ich dachte dabei allerdings auch nicht an eine Massenproduktion.

Es dürfte nicht zielführend sein, so wie es in Italien geschah, im Jahr 1981 vom Hengst Ungaro fünf und im Folgejahr acht Junghengste in die Zucht zu stellen. Schon derzeit zeigt sich, daß diese in der 13. Generation aufgestellte große Anzahl an B-Hengsten nicht in der Lage war, bis dato auch nur einen einzigen Zuchthengst in der 14. Generation zu stellen. Linien, die derart geschwächt sind, dürfen unter keinen Umständen mit Gewaltmaßnahmen aufgebaut werden. Möglichst viele Kandidaten, aber brauchbare (!), in die Aufzucht zu stellen, ist richtig; aber alle männlichen Nachkommen eines Jahrganges in die Zucht aufzunehmen, ist falsch. Eine solche Methode kann eine Linie nicht retten, sondern sogar gänzlich ruinieren. Wenn von 24 in der 13. Generation aufgestellten B-Hengsten nicht ein einziger Junghengst in der 14. Generation aufscheint, muß diese Tatsache die gesamte Züchterschaft von dieser Linie abschrecken.

Die Durchführung dieses Zuchtversuches erwies sich jedoch zu diesem Zeitpunkt bereits als wesentlich schwieriger als seinerzeit in der A-Linie. Den einzelnen Züchtern konnte nicht mehr zugemutet werden, mit den besten Stuten den Start zu erleichtern, da in diesen Jahren die Haflinger-Züchter für qualitative Zuchtprodukte bereits gute Preise erzielen konnten. Eine finanzielle Schädigung durch Pflichtbelegungen konnte nicht mehr verantwortet werden. So blieb dem Haflinger Pferdezuchtverband Tirol nur der Weg des langsamen Aufbaues offen. Es mußte begonnen werden, über Generationen diese Linie mit Hilfe bester Mutterlinien zu fördern.

Abschließend darf festgestellt werden, daß der Versuch, in Tirol die B-Linie aufzubauen, erst in der 10. Generation, Mitte der sechziger Jahre, gestartet wurde. Heute steht dieser Versuch in der 6. Generation. Es darf erfreulicherweise erwähnt werden, daß die B-Linie qualitativ nach oben geführt werden konnte, allerdings nicht in vergleichbarem Ausmaß wie die A-Linie. Zur Erhaltung der B-Linie aus internationaler Sicht hat Tirol einen wesentlichen Beitrag geleistet. An 11 verschiedene Staaten konnten Deckhengste aus der B-Linie geliefert werden.

Ein Almsommer in den Lechtaler Alpen.

B-Linie

5. Generation – 6. Generation – 7. Generation – 8. Generation – 9. Generation – 10. Generation – 11. Generation

- Bolzano 1951 I
  - Pietro 1922 I
  - Galoppino 1933 I
  - Garofanino – I
  - Italico 1934 I
  - Lezio 1935 I
    - Siffian 1944 I
      - Fritz 1951 I
        - Montecchio 1956 I
      - Delfino 1955 I
    - Caesar 1947 I
      - Freiherr 1950 I
        - Laurin II 1955 I
          - Marion 1961 I
          - Mirasole 1961 I
          - Mirto 1961 I
          - Napoleone 1962 I
            - Ineo 1967 I
            - Nerone 1967 I
            - Nodo 1967 I
            - Nord 1967 I
          - Nardo 1962 I
            - 4138 Emulo 1967 I
          - Nardone 1962 I
          - Nettuno 1962 I
          - Om brone 1963 I
          - Ottavio 1963 I
            - 10593 Fossato 1977 I
            - 10959 Falco della Lucania 1982 I
          - Picerno 1964 I
            - Oristano 1968 I
            - Rodano 1968 I
            - Ciriaco 1969 I
            - Quadro di Falterona 1970 I
            - Quarto di Falterona 1970 I
            - Quarzo di Falterona 1970 I
            - Quirino di Falterona 1970 I
            - Teofilo 1973 I
          - Maggio 1965 I
          - Alloro 1968 I
          - Varallo 1970 I
          - Vispido 1970 I
        - Latemar 1955 I
          - Cipro 1965 I
        - Major 1956 I
        - Mirko 1956 I
        - Nobler 1957 I
      - Geranio Rosso 1951 I
        - Penser 1959 I
      - Gries 1951 I
      - Guido 1951 I
        - Letto 1955 I
      - Gunther 1951 I
      - Gurt 1951 I
      - Heiduck 1952 I
        - Madrigale 1961 I
          - Tiberio 1968 I
        - Nabucco 1962 I
      - Jochl 1953 I
        - Brenner 1970 I
          - 109/76 Brillante 1976 I
            - 10828 Danilo 1980 I
            - 10863 Ettore 1981 I
        - Notturno 1957 I
          - Brusco 1967 I
        - Pandur 1959 I
        - Bachus 1965 I
          - Capalbio 1970 I
          - Cavolo 1970 I
        - Zigot 1965 I
        - Zuavo 1965 I
          - Skip 1972 I
            - 10931 Focoso 1982 I
        - Bosco 1966 I
        - Burgher 1966 I
        - Bubi 1967 I
        - Bozner 1968 I
        - Pluto di Falterona 1969 I
      - Jubel 1953 I
        - Nabucco 1957 I
          - 856 Bozen 1964 A
            - Bering 1968 I
            - 1012 Brenner 1968 A
            - 1043 Blitz 1969 A
            - Sergio 38 1969 BT
          - Willy 1964 I
          - Novello 1967 I
        - Oriundo 1958 I
        - Oswald 1958 I
      - Kaiser 87 1954 D
        - Künigl 148 1963 D
    - Ernst 1949 I
      - Kondor 1954 I
        - Cigno 1960 I
        - Fritz 1960 I
          - Pippo 1965 I
          - Rondello 1967 I
    - Eroe 1949 I
    - Forte 1950 I
    - Gampen 1951 I
      - Lenz 1955 I
      - Mario 1956 I
        - Daino 1961 I
        - Dotto 1961 I
          - Gino 1966 I
          - Metello 1967 I
        - Giorgio 1961 I
        - Edipo 1962 I
          - Brusco 1968 I
        - Walter 1963 I
    - Gries 1951 I
    - Ikarus 1953 I
      - Osvald 1958 I
    - Jaufen 1953 I
    - Kämpfer 1954 I
    - Landrat 1955 I
    - Laurin 1955 I
    - Fanfon 1953 I

2. Generation | 13. Generation | 14. Generation | 15. Generation | 16. Generation

1280 Bel Quadro 1990 I
ngaro di Falterona 1974 I
nno di Falterona 1974 I
— 10310 Bastiano di Falterona 1978 I
— 10350 Boscoso di Falterona 1978 I
— 10357 Brontolo di Falterona 1978 I
— 10358 Bronzo di Falterona 1978 I
— 10365 Bufalo di Falterona 1978 I
— 10805 Califfo di Falterona 1979 I
— 10810 Campione di Falterona 1979 I — 10921 Bull-Onorio 1988 I
— 10823 Caronte di Falterona 1979 I — 11112 Bel-Morfeo 1986 I — 11175 Bay-Sandokan 1992 I
— 10826 Caruso di Falterona 1979 I
— 10829 Caster di Falterona 1979 I
— 10832 Catone di Falterona 1979 I
— 10838 Cesare di Falterona 1979 I — 11077 Bracco 1987 I
— 10841 Ciclone di Falterona 1979 I
— 10967 Igor 1984 I

Bernstein 1992

rano di Falterona 1974 I
— 10842 Falco 1982 I
— 10870 Ghibli 1983 I
— 10882 Golowin dei Pagliarelli 1983 I
— 10960 Buon-Mose 1986 I

anesio (Balzer) 1975 I
— 11150 Brandy 1980 I — 10867 Banjo 1987 I
— 11452 Borax 1981 I — 12931 Bauer 1986 I
— 11680 Bundschen 1982 I
— 12064 Bubi 1983 I
— 12112 Burger 1983 I
 — 14001 Bursche-P 1989 I
 — 13643 Bumerang-O 1988 I
 — 13067 Burgauner 1987 I
 — 13388 Bacher-O 1988 I
 — 15429 Barnabas-S 1992 I
 — 13633 Bartler-O 1988 I
 — 13493 Beikircher-O 1988 I — 15267 Bimbo-S 1992 I; 15445 Breiten Berg-S 1992 I
 — 13387 Blauer-O 1988 I
 — 13363 Brunner-O 1988 I
— 12514 Boris 1985 I

141 Evandro 1976 I — 10892 Enzo 1981 I

126 Becket 1972 A — 1246 Brutus 1976 (A) D
 — 1342 Benjo 1980 A
  — Bajaan 122 1984 (NL) D — Bastjaan 1990 NL; Brilland 1990 D
  — Baccara des Richelles HR 61 1984 B
  — 1468 Bergwind 1985 A — liz. 112/T Bergkristall 1989 A; liz. 111/T Bonus 1989 A
  — liz. Bergkaiser 1986 DK
  — 45 Bohinj-183 1986 Y — 63 Bozidar-291 1992 SLO; 62 Bor-290 1992 SLO; 58 Benjo-279 1991 SLO
 — Benito 1981 CH
  — Basil 1986 CH — 91456 Bello Karino 1991 USA; 90371 Best Fellow 1990 USA
  — Balzac 1986 CH
  — Benny 1987 CH
  — Bobby 1989 CH
  — Borsalino 1987 CH
 — GB. 24 Bernhard 1981 GB
  — 1118 S Clifton Brunel 1985 USA — Buckingham L. G. F. 1989 USA; 2189 S Beau RBF 1992 USA; 2190 S Brandon RBF 1992 USA
 — Tashila 62 1982 BT
 — 68/83 Babur 1983 TR
 — liz. Berthold 1984 A

161 Basalt 1973 A
— Belmondo 1987 D
— 188x Bolero-R 1991 I
— 182x Baron-Q 1990 I
— 1270 Bach 1977 A
 — 1399 Baron 1982 A — liz. Bergwind (D) 1987 D — Bernstein 1992 D
 — 1457 Baalim 1984 A — 18 liz. Benito 1990 A
 — 1484 Boris 1984 A — liz. 113/T Beryll 1989 A
— Bergmandl 1977 IND
— 1322 Bernhard 1979 A
 — 35 Berggeist 1983 Y — 49 Baltik-229 1987 Y; 50 Blegos-230 1987 Y
 — 1496 Bergbaron 1985 A — 2043 Bergfürst 1991 A; 172x Burgherr-P 1989 I
— 1343 Berthol 1980 A
 — 1488 Bengal 1986 A
 — Liz. 115/T Birma 1989 A

162 Balsam 36 1973 Y (A) — Erol 56-77 1977 TR — Erol 56/84 1984 TR

1468 Bergwind 1985

1246 Brutus 1976

liz. 113/T Beryll 1989

M-Linie

7. Generation – 8. Generation – 9. Generation – 10. Generation – 11. Generation – 12. Generation

- Massimo 1927 I
  - Nilo (Niggl 5) 1932 I
    - Mantello 1936 I
      - Max 1944 I
      - Condor 1947 I
    - Meno 1936 I
    - Meteor 1942 I
      - Caio 1947 I
        - Heid 1952 I
        - Ideal 1953 I
          - Miofalco 1957 I
          - Nordpol 1957 I
          - Nusser 1957 I
          - Ortler 1958 I
          - Panico 1959 I
          - Petrus 1959 I
          - Pionier 1959 I
          - Pirat 1959 I
          - Pluto 1959 I
          - Roland 1960 I
          - Salten 1961 I
          - Urach 1963 I
          - Malles 1966 I
          - Mirtillo 1966 I
          - Matsch I 1968 I
          - Martin 1973 I
          - Mölten II 1974 I
        - Julier 1953 I
        - Knacker 1954 I
        - Kastor 1954 I
          - Oberst 1958 I
          - Olimpico 1958 I
          - liz. Meran 1959 A
          - Pencgal 1959 I
          - Planet 1959 I
        - Kalif 1954 I
          - Zelger 1965 I
          - Zelo 1965 I
      - Bongo 1946 I
      - Dolomit 1948 I
        - Hauptmann 1952 I
        - Karl 1954 I
      - Danubio 1948 I
      - Niggl 1948 I
        - Jodak 1953 I
      - Hartl 1952 I
        - Filivento 1957 I
        - Garigliano 1958 I
          - Quoletto 1965 I
          - Romito 1966 I
          - Romolo 1966 I
          - Sabotino 1967 I
          - Saturno 1967 I
          - Uruguay 1969 I
        - Gesto 1958 I
        - Insorto 1959 I
          - 4136 Ebert 1976 I
        - Quartetto 1965 I
    - 1367 liz. Stürmer 1936 A – *Fortsetzung Seite 274*
    - 850 Mordskerl 1938 A – *Fortsetzung Seite 272*
    - 994 liz. Michl 1940 A
      - 1118 Morgen 1945 A
        - liz. Murli 1957 A
    - Pontlatz 1938 A
      - Marlengo 1941 I
      - Marling 1941 I
        - Astro 1945 I
          - Dello 1959 I
        - Arco 1945 I
    - liz. Markus 1944 A
    - Rio Bianco 1945 I
    - Piccolo (Ex Fritz) 1946 I
  - Max 1933 I
  - Fritz 1934 I
  - Brillante 1934 I
    - Margreit 1944 I
  - Fritz-Thaler 1934 I
    - Fritz-Haman 1938 I
      - Fritz-Stilves 1943 I
  - Zorro 1945 I

3. Generation	14. Generation	15. Generation	16. Generation
	Pippo 1969 I		
Mugello 1967 I	Quaddo 1970 I	11485 Ma-Quello di Arm. 1990 I	
Jran 1963 I	Quedro 1970 I	Principe 1974 I	
	Quoco 1970 I		
		4144 Lemon 1976 I	
Memphis 1967 I		10946 Mister-Narciso 1987 I	
	Refe 1971 I	10948 Mandl-Nino 1987 I	
Kennedy 1964 I	Riso 1971 I	11815 Mini Refe 1990 I	
Fiorito 1969 I	Rocco 1971 I		
	Solimano 1972 I	11436 Mr-Profilo di Falterona 1989 I	
Ilan 1963 I	Tenebroso di Falterona 1973 I	10859 Ercole 1981 I	
Maxl 1966 I	Tole' di Falterona 1973 I	11156 Italo di Armena 1984 I	
	Toto di Falterona 1973 I	10284 Mallo-Noce 1987 I	
Liegi 1965 I	Uberto di Falterona 1974 I		
Zunder 1965 I		10825 Michi 1986 I	
Mercurio 1969 I		11314 M.-Narciso di Falterona 1987 I	
Diverso 1971 I	Ulisse di Falterona 1974 I	10964 Malik-Primo 1989 I	
		10981 Moy-Quins 1990 I	
519 Equador 1972 I		10802 M.-Omar dei Lepini 1988 I	
Limestre 1965 I	4/71 Ribelle 1971 I		
			10840 Lucidoro 1985 I
			10838 Liocorno 1985 I
		10864 Midas 1979 I	10853 Mitridate 1986 I
		11139 Molvedo 1980 I	10835 Malik-Quinz 1990 I
0573 Medio 1978 I	Monarch 1974 I		10862 Markos-Quick 1990 I
	Merano 1975 I	10827 Dario 1980 I	
1781 Moser I 1982 I	11144 Matador 1980 I		
1890 Mandus 1983 I		10835 Ippomatte 1984 I	
	14833 Mythos-R 1991 I	10831 Iperione 1984 I	
Volante 1964 I	13920 Matthäus-P 1989 I		
Zuffo 1965 I	13968 Marschall-P 1989 I		
Merlot 1968 D	Myran 1975 D		
Merkur 1968 I	10270 Mohamed 1977 I	10858 Ercole 1981 I	
Martell 1971 I	11486 Momo 1981 I		
	7211 Mentor 1981 L		
	12412 Mandler 1984 I		
	12802 Mesner 1986 I		
	15528 Mandl Völlan-S 1992 I		
399 Master 1964 A	Matrei 223 1971 D	Meteor 1982 D	
395 liz. Meran I 1964 A	liz. Meteor 1970 A		
Utrillo 1963 I			
Polo 11 1966 D			
Amor 1968 I			
Saturno di Falterona 1972 I	10910 Falco 1982 I		
Muri 1974 I	10861 Felce 1982 I		
4125 Arino 1972 I			
0831 Fifi' 1982 I			
Liu 5 1972 I			
Diano 1975 I			
Diego 1975 I	11046 Maestro 1986 I		
0724 Dialogo 1975 I	10987 Giosue' 1983 I		
	11039 Ivan 1984 I		
0728 Forese 1977 I			
Dumbo 1975 I			

Oberst 1958

M-Linie

Über den Aufbau der M-Linie muß ausführlicher berichtet werden, da in früheren Schriften, so vor allem in »Der Haflinger und seine Zucht« von Dr. Gentner aus dem Jahr 1957, die Abstammung und Blutlinienführung dieser Linie unrichtig dargestellt wird. In der Zweitauflage des Buches von Dr. Gentner im Jahr 1965 wurde versucht, diese unrichtig dargestellte Linienführung durch Vermutungen zu beweisen.

In diesem Zusammenhang muß nochmals betont werden, daß die erste Blutlinientafel, auch »Köhlersche Stammtafel« genannt, im Jahr 1938 von Dr. Thurner im Auftrag von Oberlandstallmeister Köhler erstellt wurde. Dr. Thurner brachte im Jahr 1940 die korrigierte Stammtafel heraus. Die Änderungen an der Stammtafel wurden von ihm aufgrund einer Absprache mit dem Hengstendepot Ferrara und den Züchtern sowie Hengsthaltern des betreffenden Gebietes vorgenommen. Es entspricht somit nicht der Tatsache, wie irrtümlich erwähnt wurde, die Richtigstellung der Stammtafel sei im Jahr 1961 von seiten des Haflinger Pferdezuchtverbandes Tirol erfolgt.

Dr. Gentner führt in seiner Schrift aus dem Jahr 1965 an, eine Rückfrage beim Bundeshengstenstallamt Stadl hätte die seinerseits angeführte Blutlinienführung bestätigt. Hierzu muß festgestellt werden, daß die im Auftrag des Bundesministeriums für Land- und Forstwirtschaft vom Bundeshengstenstallamt Stadl im Jahr 1949 ausgearbeitete Stammtafel ebenfalls die von Dr. Thurner im Jahr 1940, also die korrigierte Blutlinienführung, enthält. Auskünfte mit einer anderen Aussage konnten somit nur von einer Person erteilt worden sein, die in keiner Weise über die Grundbücher der Haflinger-Zucht informiert war.

Dr. Gentner schreibt des weiteren in seinem Buch 1965, JAGGELE hätte im Geburtsjahr von MASSIMO im Jahr 1927 nie gedeckt, was bedeute, daß MASSIMO nicht von JAGGELE abstammen könne. Diese Feststellung ist kurios, zumal jeder Züchter weiß, daß ein Hengst nicht in jenem Jahr gedeckt zu haben braucht, in welchem das Fohlen geboren wird.

Der damalige Leiter des Bundeshengstenstallamtes Stadl gab des weiteren die Auskunft, daß einwandfreie Söhne von JAGGELE, ELVAS usw. im Typ lagen, der Hengst MASSIMO mit diesen jedoch nichts zu tun hätte, was er aber nicht belegen kann, da er beide Hengste nie gesehen hat. Hätte der damalige Leiter des Bundeshengstenstallamtes die Stammtafeln und amtlichen Belegscheine zur Hand genommen, bevor er Auskünfte erteilte, wäre er in kürzester Zeit in der Lage gewesen, festzustellen, daß diese, und zwar bereits seit dem Jahr 1940, genau jene Linienführung zeigten, die sie auch heute noch hat und die richtig ist. Allerdings hätte Dr. Gentner auch selbst diese Fehler erkennen müssen.

Das Buch von Dr. Gentner aus dem Jahr 1957 besagt auch, NASTOR sei ein STROMER-Sohn. NASTOR ist jedoch ein Sohn des Hengstes NAZ und der Stute DONAU-DORA. In der zweiten Auflage des Buches von Dr. Gentner aus dem Jahr 1965 sind von 100 Hengsten nahezu 50 mit falschen Nummern, falschen Namen und fehlenden Abstammungen angeführt. Dies zur Richtigstellung.

Die Blutlinie M wird somit eindeutig vom Linienbegründer MASSIMO angeführt. MASSIMO selbst zeugte nur sechs Söhne; einer von ihnen war NILO. NILO war selbst kein ansprechender Hengst, führte jedoch nicht nur durch seinen Vater MASSIMO wertvolles Blut, sondern über seine Mutter auch Blut von den beiden ausgezeichneten Vererbern NIBBIO und MÖLTEN. Von letzterem ist heute leider kein Blut mehr vorhanden. Dabei zählte MÖLTEN zu den edelsten, trockensten und typgetreuesten Vertretern der Haflinger-Rasse.

Sicher beeinflußte gerade diese Seite in starkem Maße die NILO-Nachzucht, wie ja oft bewährte Mutterstämme einer Hengstlinie ihren Stempel aufdrücken. Jedenfalls brachte NILO eine wesentlich bessere Nachzucht, als er selbst erwarten ließ, vor allem besonders edle und trockene Produkte. Von seinen 10 Söhnen übernahmen gleich drei die Aufgabe, dieser Linie eine bedeutende Breitenwirkung in der Haflinger-Rasse zu geben, und kämpften in ihren Söhnen und Enkeln um die qualitative Vormacht.

Der Hengst 1367 LIZ. STÜRMER ist mit seinen 27 Söhnen, 57 Enkeln, 58 Urenkeln und 86 Ururenkeln zahlenmäßig wohl der eindeutig Vorherrschende, doch hat er, wie das Stärkeverhältnis der heute in der Zucht stehenden Hengste beweist, wesentlich abgebaut. Es war nie ein Geheimnis, daß STÜRMER der Zucht viel bessere Töchter als Söhne hinterlassen hat. Hoher Adel, prägnanter Ausdruck und auffallend gute Bemuskelung charakterisierten diesen Hengst. Durch seine guten Töchter hat er wohl mindestens ebensoviel zur Entwicklung anderer Blutlinien beigetragen wie durch seine Söhne für die Erhaltung der eigenen Linie. Vor allem die A-Linie verdankt zum Teil dem Hengst STÜRMER (über dessen Töchter) den raschen und erfolgreichen Qualitätsaufstieg.

Von seinen vielen Söhnen sind es nur drei, die den Fortbestand der M-Linie sichern und auch als gute Vererber anzusehen sind: MARIUS, MIDAS und MAGNAT.

1262 Midas 1977

Als zweiter guter Sohn des Hengstes Nilo ist Meteor zu nennen, der im Ursprungsgebiet Italien die M-Linie weitergeführt hat. Von seinen sechs Söhnen tritt Caio als guter und sehr typierter Vertreter seines Stammes hervor. Mit seinen 6 Söhnen und 14 Enkeln bereicherte er sein Zuchtgebiet qualitativ. Er sicherte damit den Fortbestand der M-Linie in Italien.

Ein dritter Nilo-Sohn hat sich um die Weiterführung der Massimo-Linie verdient gemacht: der Hengst 850 Mordskerl. Er deckte 10 Jahre im Zuchtgebiet Zams, wo er eine bedeutende und wertvolle Stutengrundlage schuf sowie 10 Hengste hervorbrachte, von denen wiederum zweien die Aufgabe zufiel, diese Zweiglinie des M-Stammes zu stärken. Einer der beiden, der Hengst Monarch, der aus der bekannten und ganz hervorragenden Hengstmutter 41/I Diema-Klara hervorging, zeugte 12 Hengste, von denen drei als wertvolle Vatertiere gelten.

Der starke Einbruch der Stürmer-Linie in den sechziger Jahren konnte durch den Hengst 251 Merkur abgefangen werden. Als bedeutende Söhne von Merkur sind Malteser (Österreich), Mercedes (Bundesrepublik Deutschland) und Meiler (Türkei) anzuführen.

Italien hat die M-Linie über die Hengste Ideal und Oberst aufrechterhalten.

Der dritte Ast der M-Linie, der über den Hengst 850 Mordskerl läuft, wurde vor allem durch die beiden Vollbrüder 332 Monaco und 407 Mobil weiter ausgebaut. Der vorerst nicht so beliebte Hengst Mobil war jedoch der Stärkere und hat über seinen Sohn Mohammed einen hervorragenden Enkel, den Hengst Midas, in der Zucht stehen.

Interessanterweise konnte der Monaco-Sohn Moment, der mütterlicherseits auf die hervorragende Hengstmutter Diema-Klara zurückgeht, bei weitem nicht die in ihn gesetzten Erwartungen erfüllen. Dies ist ein typisches Beispiel dafür, daß auch das Zusammenführen bester Vater- und Mutterstämme keine Garantie für einen züchterischen Erfolg darstellen muß.

Der dominante Vererber der M-Linie über Mordskerl war der Hengst Monarch, der in Österreich über die Hengste Moment und Monaco die Linie stärken sowie in Deutschland über den Hengst Maat aufrechterhalten konnte.

Der Hengst Midas bewirkte vor allem über seine Söhne eine weitere Verbreitung der Linie. Der Midas-Sohn Mithras hat seinerseits 14 Söhne im Zuchteinsatz in Deutschland stehen. Der Hengst Midas-Touch konnte die M-Linie in den USA festigen.

Die M-Linie hat in Europa im letzten Jahrzehnt stagniert, ja hatte sogar eine leicht rückläufige Tendenz zu verzeichnen. Dieser früher einmal führenden Linie muß daher in Zukunft mehr Beachtung geschenkt werden. Es darf nicht übersehen werden, daß ein Drittel des Zuwachses in der M-Linie nur aufgrund der erstmals einigermaßen genau erhobenen Bestandszahlen aus Amerika zu verzeichnen ist.

Die Aufmerksamkeit der Zuchtleitungen sollte den drei Hauptstämmen von Mordskerl, Stürmer und Mete-

M-Linie

Fortsetzung von Seite 268

850 Mordskerl 1938

1918 Maat 1951

407 Mobil 1956

9. Generation | 10. Generation | 11. Generation | 12. Generation | 13. Generation

- 850 Mordskerl
  - Manfried 1948 I
  - 1582 liz. Monarch 1948 A
    - 332 Monaco 1955 A
      - 630 Moment 1959 A
        - 935 Madras 1966 A
        - 1005 Marschall 1968 A
        - Moritz 302 1969 D
        - 1077 Meteor 1970 A
        - Major K 957 1970 D
      - 704 Maki 1960 A
        - liz. Marko 1970 A
      - Monsun 15 1960 DDR
      - Mohikaner 1962 D
      - Aral 9/62 1962 TR
      - Hun 1/62 1962 TR
        - Hun 23 1968 TR
      - liz. Milan 1971 A
    - 407 Mobil 1956 A
      - 746 Mob 1961 A
      - 755 Merold 1961 A
      - 799 Muck 1962 A
      - 1045 Mohammed 1969 A
        - 1262 Midas 1977 A
        - Maiwind 1977 IND
        - May 1980 BT
        - 1370 Moos 1981 A
        - 1400 Matador 1982 A
        - 1431 Mordskerl 1983 A
        - Matthias 1983 DK
        - 1489 Moritz 1986 A
      - liz. Moritz 1971 A
      - liz. Motor 1971 A
    - 517 Marquis 1957 A
    - 518 Median 1957 A
    - 753 Marabu 1962 A
      - Rubikon 1966 I
      - 972 Mister 1967 A
      - 1038 liz. Meinhardus 1967 A
        - liz. Mangold 1972 A
      - Magnus 959 1967 D
        - Mano 24 1972 D
        - Macbeth 34 1974 D
        - Markus 32 1974 D
      - liz. Mozart 1970 T
      - GB. 3 Monar 1969 GB
        - (1028 S) Oxnead Majesty 1983 CAN 2158
      - 1130 Marko 1972 A
        - 1402 Magnat 1982 A
      - Mexico 1972 F
    - 798 Motor 1962 A
      - Major KH 20 1970 D
        - Maico 35 1975 D
        - Manolito 37 1975 D
    - Naturno 1962 I
      - 4139 Emissario 1976 I
      - 10594 Fascino 1977 I
      - 10591 Feltro 1977 I
    - Magnat 1965 PL
    - Moloch 427 1966 D
    - Milan 1966 D
      - Morris 1971 D
    - liz. Manta 1970 A
    - liz. Marco 1972 A
  - 1589 Medardus 1948 A
  - 1918 Maat 1951 A
    - *Fortsetzung Seite 276*
  - 1922 Munter 1951 A
    - 802 Mucki 1961 A
  - 85 Marein 1952 A
  - Mario 0002 1952 D
  - 189 Model 1953 A
  - 516 Mahr 1957 A
  - Savas 7/62 1962 TR

14. Generation	15. Generation	16. Generation	17. Generation

078 Markus 1970 A
102 Minos 1971 BR — 57 Marcelino 1978 BR
Mandl 747 1971 D
129 Martin 1972 A
Mikado 0022– D — Mecki 1974 D; Marschall 1975 D
G. Manitou du Fermont 1972 F

127 Marmor 1972 A — 12 Mars 1977 Y
163 Marquis 1973 A — Montana 1978 D — Menelas 1984 F; liz. Manfred 1982 A; 10/83 Meliksah 1983 TR; liz. Max 1986 A; 1552 Mandi 1989 A

188 Montafon 1974 A
189 Marathon 1974 A
190 Marker 1974 A
222 liz. Matador 1974 A

Mehrwald 68 1975 NL — Marschall von Schafferden HR 48 1980 B — Meteor van de Nevelhorst 7442 1984 NL HR 87; Midas HR 83 1988 B; Monarch HR 88 1988 B
Marschal van de Klingelbeecke 6277 1981 NL
Massimo van Schafferden 87 1981 F
Mehrwald van de Bosrand 6956 1983 NL
239 Manta 1976 A — liz. Ment 1982 A
Moritz 1976 D

Mephisto 1976 F — Marduck 1981 CH — Miuro 1987 CH
Montan 1981 L — Montafon 1987 D — Meran 1991 D; L 300004389 Mardi de L'Our 1989 D; L 300004590 Markus de L'Our 1990 D
Marduk 1984 F
Markant 1984 D
Matcho 1986 F

Magister 65 1974 DDR — Mano 85 1978 DDR; Magnet 103 1980 DDR
184 Marino 1974 A

liz. 128/T Marduck 1990 A
Mars 1988 D
liz. Klodskovgaard Mayday 1991 DK
1368 Malta 1981 A — 4621 liz. Mischa 1986 A
1377 Minister 1981 A — liz. 107/T Makasar 1989 A; liz. 108/T Macao 1989 A
Maro 1982 D
1432 Madrid 1983 A
1433 Mühlau 1983 A — 1537 Müller 1988 A

Midas-Clarina 1983 D — Midas-Hanja 1990 D; Milas 1987 D HR 92; Mendl 139 1989 NL; Marok 145 1990 D; Merlin 1989 D; Major 1990 D; Madjar HR 84 1988 B

Mithras 1983 D — Mitral 1987 D; Marinus 1988 D; Maraschino T 1991 D; Maifürst 1991 D; Monson 108 1991 A; Midas HR 77 1987 D; Milan 1987 D — Merlin 1992 D; Momo 1987 D; 420005689 Michael Angelo 1989 L; 501015190 Marvik 1990 L; Mister Mikado 1989 D; Mister 1991 D; My Lord 1990 D; Marvik 1990 D
1453 Maximus 1984 A

1526 Mistral 1984 CAN — 2156 Mozart Wulf 1989 USA; 2041 HBO 81 Magenta Wulf 1989 USA; 90043 Michael Wulf 1990 USA; 90246 Michi Wulf 1990 USA; 2049 S Madison of King Ridge 1992 USA
Meru du Bhoutan HR 56 1984 B

816 Midas Touch 1984 USA — 90225 Made to Order NTF 1990 USA; 90221 Major League NTF 1990 USA; 91239 Major Move NTF 1991 USA; 90057 Man about Town 1990 USA; 1916 Marchen NTF 1989 USA; 91368 Marquis APF 1991 USA; 90149 Mean Machine NTF 1990 USA; 1591 Marone van Midas Touch NTF 1988 USA — 2701 S Marone's Mack RWF 1992 USA; 1873 Michelob NTF 1989 USA; 1913 Meister Brau NTF 1989 USA; 1593 M. T. Magon NTF 1988 USA — 92503 Man of Gold 1992 USA; 2021 S Maxwell Smart RFH 1992 USA; 2065 S Maltese 4DA 1992 USA; 1599 M. T. Marcus NTF 1988 USA; 1596 M. T. Mersant NTF 1988 USA — 2178 S Mackinac YMF 1992 USA; 1559 M. T. Monti NTF 1988 USA; 2121 Mandus NTF 1992 USA
1510 Motta 1987 A
1511 Matcho 1987 A — liz. 163/T Moderno 1992 A
Midas van de Spoelberg HR 102 1991 B
Midas-Quirly
1551 Milano 1989 A

liz. 126/T Mahnstein 1990 A

1114 S Malachit 1987 USA
90379 Mc Lean Meadowbridge 1990 USA
2333 S Meadowbridge Mahyla 1992 CAN
2334 S Meadowbridge Maximillion 1992 CAN

Pr. H. Mithras 1983

816 Midas Touch 1984

M-Linie

Fortsetzung von Seite 272

9. Generation

1367 liz. Stürmer 1936 A

10. Generation

423 Midas 1940 A
424 Marschall 1940 A
425 Mahomed 1940 A
434 Mustang 1940 A
Meister 24 1940 D
576 Mai 1941 A
577 Magnus 1941 A
578 Magnat 1941 A
579 Mangold 1941 A
580 Mandant 1941 A
582 Major 1941 A
liz. Mur 1941 A
Moldau 1941 A
849 Mold 1942 A
1117 Mars 1945 A
1232 Mentor 1945 A
1233 Marder 1945 A
1234 Mikron 1945 A
1361 Martin 1946 A
Max 1946 A
liz. Maja 1947 A
1480 Marius 1947 A
1481 liz. Meteor 1947 A
Stüwer 56 1948 D
1580 Markant 1948 A
43 Stern 1948 A
1651 Magister 1949 A

11. Generation

1116 Markgraf 1945 A
1373 liz. Mascot 1946 A
liz. Michl 1947 A
1584 liz. Matador 1948 A
265 Mignon 1950 Y
1919 Mammon 1951 A
1927 Max 1951 A
331 Medikus 1955 A
Michael 1956 CH
451 Mild 1956 A
1591 Marko 1948 A
286 Mieming 1954 A
1366 Meister 1946 A
Merkur 46 1946 D
291 Mucki 1954 A
1652 Mikado 1949 A
372 Matrei 1955 A
Mut 1955 I
Mangold I 1947 A
liz. Mandarin (fr. Mandrill) 1947 A
Mangold 1953 A
liz. Magnat 1946 A
Mirko 1947 A
liz. Mars 1951 A
liz. Hepo 1949 A
1658 Madrigal 1949 A
1704 Markus 1949 A
1657 Mephisto 1949 A
1774 Molch 1950 A
285 Mils 1954 A
Stubay 1955 I
Marinus 72 1952 D
88 Muster 1952 A
149 Marsch 1953 A
187 Mals 1953 A
188 Marling 1953 A
251 Merkur 1954 A
252 Marbod 1954 A
284 Mühltal 1954 A
301 Maticek 1955 Y
302 Matjaz 1955 Y
373 Marmor 1955 A
443 Mellaun 1956 A
Magnus 0005 1957 D
Master 193 1958 D
Monarch 5 1958 NL
129 S Maestro 1958 USA
Micho 0011 1959 D
Köroglu 3/59 (Mert 2/59) 1959 TR
703 Mai 1960 A
754 Modus 1962 A
808 Magnus 1963 A
Stürzer 80 1953 D
Sturm 81 1953 D
Stuka 181 1958 D
Streber 516 1968 D
Strobel 1971 D

12. Generation

1653 Marathon 1949 A
Moder 1954 I
Marius 1952 A
Martin 2 1952 DDR
Markus 0006 1952 D
Artus 3 1955 DDR
374 Montan 1955 A
liz. Merkur 1956 A
liz. Maik 1971 A
liz. Mythos 1973 A
Medlig van Hubertushof 11 1962 NL
Muro 1964 CH
Milian 1967 CH
Marengo 1968 CH
250 Mohr 1954 A
329 Madras 1955 A
330 Makler 1955 A
Michel 1955 I
Markolf 1955 A
446 Monsun 1956 A
Mikado 1956 CS
509 Milan 1957 A
Strolch 66 1957 D
646 Mecky 1960 A
Märzwind 1960 USA
848 Milan 1963 A
Manon 1956 A
liz. Markgraf 1961 A
89 Muskat 1952 A
290 Mister 1954 A
Mairausch 1991 D
Mark 99 1956 D
Poldy 1963 D
580 Mentor 1958 A
579 Mareit 1958 A
Mercedes 112 1958 D
liz. Meiler (Mert 2) 1958 TR
Mandarin 40 1960 DDR
Maldo 1965 AL
Merkur I K 785 1967 D
1015 Malteser 22 1968 (A) Y
1046 Mentor 1969 A
1047 Mai 1969 A
1212 Mangon 1975 A
Mario 130 1960 D
Mandus 17 1964 NL
Milord 25 1965 NL
Melchior van de Stelle 31 1968 NL
Fortsetzung Seite 278
Köroglu 6/63 1963 TR
Köroglu 84/69 1969 TR
GB. 1 Maximilian 1967 GB
liz. Maxim 1967 A
Stromer 1980 D

13. Generation	14. Generation	15. Generation	16. Generation	17. Generation
Mars 8 1958 DDR				
Magnet 10 1959 DDR				
Maurice 16 1961 DDR				
Marco 12 1960 DDR	Malek 34 1967 DDR			
liz. Melchior 1975 A				
	Minor 1979 CH			
Montafon 1968 CH	Medrano 66 – 1299 1983 CH	Merkur 1988 CH		
Michel 79 1961 D				
	844 S Max's Mika 1984 USA			
1021 Max 1964 USA	935 S Macho Man 1985 USA	2490 S Martini FHS 1990 USA		
	1161 Mayten 1987 USA	2567 S Mighty Man FHS 1992 USA		
liz. Manner 1969 A				
	454/5 Mangart – 71 1976 Y			
liz. Merano 1966 A	liz. Madrigal II 1983 A			
Mexiko 171 1966 D				
	1105 Matzen 1971 A			
Merci 140 1962 D	1106 Maschalla 1971 A			
Meractor 144 1962 D				
Max 9 1963 D	Meister 48 1966 NL			
Medicus 6161/151 1963 D	Metrologe 1968 D	Metronom 28 1972 D	Meteor 1976 D	Metor 1986 D
Max 33 1964 D				
	Micha 485 H 1971 D			
Mert 3 1963 TR				
Mert 11 1964 TR	Mexiko 1973 CH			
Mert 26 1964 TR	Meno 1978 L			
Mert 30 1964 TR				
Mert 1 1965 TR				
Mert 10 1965 TR				
Mert 12 1965 TR				
Mert 9 1966 TR				
Mert 10 1966 TR				
Mert 10 1967 TR				
Mert 20 1967 TR				
Mert 25 1967 TR				
Mert 28 1967 TR				
Mert 5 1968 TR				
Mert 10 1968 TR				
Mert 14 1968 TR	liz. Miki 1981 A			
Mert 30 1968 TR				
Mert 31 1968 TR	Modell 84 1978 DDR	Modul 6805023-90 D		
Mert 27 1969 TR	Montag 97 1980 DDR			
	Montanist 101 1980 DDR			
1128 Mythos 1972 A	Monte Carlo 116 1983 DDR			
Mistral 1972 F				
Matador 1974 D	55 Montan – 259 1989 SLO			
Montanus 62 1974 DDR	57 Madrid – 269 1990 SLO			
1321 Markant 1979 A				
1382 Max 1981 A	44 Martuljek – 180 1985 Y			
41 Meran – 161 1985 Y				
	37 Markiz – 125 1984 Y			
liz. Marko 1981 A				
23 Marjan – 43 1981 Y	2023 Meran 1990 A			
1193 Mars 1974 A	Max HR 46 1981 B			
1366 liz. Maikönig 1979 A	Megchelino van den Hoefstal 97 1982 NL			
	Meteoor van Flevohof 7907 1984 NL			
Mirus 1980 BT				
1369 Mendel 1981 A	Moses van 't Ruitersgat 72 1977 NL			
1401 Mario 1982 A	Marco van de Molens 91 1981 NL			
1469 Master 1985 A				
	1026 S Merkur-NTF 1986 USA			
Mandus II 59 1974 NL	1255 S Morning Sun of MMF 1987 USA			
950 S Mando 1974 USA	90042 Mani W. K. H. 1990 USA			
	92135 Mark-Ka Fah 1992 USA			
Michael 43 1970 NL	1937 Mi Country Dutchman BF 1989 USA			
Marius 44 1970 NL	91400 Michel's Prince 1991 USA			
785 Michel of NTF (6214 NL)	90053 Mike's Country Kid KH 1990 USA			
1981 USA	90096 Mike's Marty FAH 1990 USA			
	2161 S Makado KC 1990 USA			
Köroglu 41/83 1983 TR	1248 S Myron 1988 USA	2397 S Muddy Mornin AKF 1992 USA		
Köroglu 54/85 1985 TR	2299 S Mike's Masterpiece FAH 1991 USA			
	2164 S Matthew DSJ 1992 USA			
GB. 8 Chatsworth Major 1972 GB	2246 S Milestone GHJ 1992 USA			
GB. 10 Chatsworth Magpie 1973 GB	2291 S Micah of Pinecrest PCA 1992 USA			
GB. 9 Chatsworth Mango 1973 GB	2298 S Mighty Duke CSH 1992 USA			
Edial Merlin 13 1973 GB				
Stagsden Millbrook 14 1974 GB	GB. 22 Ripym Managen 1978 GB			

M-Linie

Fortsetzung von Seite 274

10. Generation → 11. Generation → 12. Generation → 13. Generation

- 1918 Maat 1951 A
  - 408 Mark 1956 A
  - 448 Meeting 1956 A
  - Fiorello 1957 I
  - 623 Magnet 1959 A
  - Matrose 118 1959 D
    - Maat Heinrich 1965 D
    - Malteser 9 1966 D
      - Marmori 1973 D
    - Maitrank 10 1966 D
      - Monpetit 0026 1971 D
    - Marschall 177 1967 D
  - Linz 1960 I
    - Vermindo 1970 I
  - liz. Magus 1960 I
  - Mandl 203 1960 D
    - Mandler I 365 1964 D
      - Matador 641 1970 D
      - Matador 471 1973 D
      - Mako 902 1974 D
      - Manöver 1988 D
      - Mandy 1986 D
      - Markus 905 1974 D
      - Mirko 906 1974 D
      - Mike 1199 1979 D
      - Mart 1984 D
    - Mario 517 1968 D
      - Marschall 251 1972 D
      - Marduk 860 1973 D
    - Mandino 833 1973 D
      - Mandarin 1982 D
    - Mando 3077 RN 1973 D
    - Marokko 908 1974 D
    - Mandarin K 1006 1974 DK
      - Mozart 1981 D
    - Magier 1980 D
      - Martin 86 843 NL
      - Magnum 1984 D
      - Mikadus 1984 D
      - Musketier 9066 1984 NL
      - Magister (9662) 120 1985 NL
      - Maiko 1985 D
      - Master Imladris (9656) 117 1985 NL
      - Milano 1987 D
      - 1765 Mairausch 1987 CAN
      - Mader 1984 CH
      - Markant 1987 D
    - Mandler II 1981
      - Metternich 1988 D
      - Mando 1985 D
  - 700 Mandl 1961 A
    - 971 Müller 1967 A
    - 1044 Moritz 1969 A
      - liz. Motor 1973 A
      - Marmor 1974 BT
  - Maarschalk 8 1961 NL
  - Mahdi HR 2 1965 B
    - D. Match du Fermont 1969 F
    - Massimo 198 1969 D
    - Marko 1969 B
    - Mustang van Oostwinkel HR 8 1971 B
      - Moran van de Wittewal HR 27 1976 L
      - Merlijn van Oostwinkel HR 30 1977 B
    - Major HR 10 1972 B
      - Mik d'Isafrebeau 1976 HR 23 B
    - Maxime HR 33 1974 B
  - 1004 Martan 1968 A
    - 1157 Morgenstern 1973 A
    - liz. Markant 1974 A

14. Generation	15. Generation	16. Generation
Moses 1979 D		
Meiko 1987 D		
Mustafa van de Klaverweide HR 21 1975 B		
Major 1984 D		
Markant 1982 D	Mörgan Kastanjegård 1987 DK	
Maikel 1991 D		
Mandur 1990 D		
Marlon 106 1979 NL	Maraschino 1984 D 2043 Marvellon van Bermeteyn HF. 9792 1988 USA	 92212 Marvelous of Hylite 1992 USA 2075 S Marros of Hylite 1992 USA
Mark 1980 D	Mikado 1984 D	
Marvin 1983 D	Mercedes 1987 D Miral 1987 D	
Maarschalk 15302 1991 NL		
Maiko 1989 D		
Matcho 1989 D		
Mauritz Hf. 12543 1991 NL		
Menzo van de Enghoeve HR 99 1990 B		
Maestro van de Bosrand 138 1989 NL		
Martijn uit de Polder 144 1990 NL		
Milvester 153 1990 NL		
Magic van de Bosrand Hf. 13692 1992 NL		
Marnix van de Vuufwegen Hf. 13538 1992 NL		
Midas 12064 1991 NL		
Monsieur 1991 D		
91268 Marzog 1991 USA		
Samdrup 71 1983 BT		
Wangchuck 74 1983 BT		
Changdu 75 1983 BT		
Sam 97 1984 BT		
Marnix HR 63 1985 B		

OR gelten. Die M-Linie verfügt über den MORDSKERL-Stamm mit dem Hengst MIDAS in der 13. Generation, also nach 4 Generationen Aufbauarbeit, über einen hervorragenden Vererber. Dieser Hengst wird sicherlich, vielleicht auch qualitativ, aber auch quantitativ, der M-Linie in den nächsten Generationen eine besondere Stärkung geben. MIDAS stellte auf der Internationalen Haflinger-Zuchtschau im Jahr 1985 in Ebbs (achtjährig, nach fünf Deckperioden) eine Nachzuchtsammlung, die alle internationalen Fachleute in Staunen versetzte. 20 Jungstuten aus 3 Jahrgängen stellte der Hengst MIDAS auf dieser Schau.

Heute stehen von ihm bereits 20 Söhne im Deckeinsatz und lassen eine erfreuliche Verbesserung erwarten. Auch MIDAS selbst steht noch im Einsatz.

Der Hengst STÜRMER führt als einziger M-Linien-Hengst einen bedeutenden Stamm an, ohne einen Namen mit dem Anfangsbuchstaben M zu tragen, da diese Art der Einteilung erst im Jahr 1940 erfolgte, der Hengst STÜRMER jedoch vor dieser Zeit im Deckeinsatz stand. Leider wurde der im Jahr 1948 geborene Hengst STÜWER in Deutschland wieder nicht liniengemäß benannt, obwohl seit dem Jahr 1940, wie bereits oben erwähnt, die Linienbenennung mit dem Buchstaben M feststand. Mit Ausnahme Italiens wurde bis heute weltweit an der von Regierungsrat Dr. Thurner begonnenen Namensgebung der einzelnen Blutlinien festgehalten. Italien (Südtirol ausgenommen) benannte leider bis Mitte der achtziger Jahre die Hengste mit einem Buchstaben des Jahrganges – also nach militärischer Art – was leider eine Zuordnung der Blutlinien sehr erschwert hat und vermutlich auch das Aussterben von Linien durch diese leider nicht allgemein geläufige Methode begünstigt wurde. Heute fällt jedem Züchter die Schwächung einer Linie sofort auf, falls die Namen einer Hengstlinie weniger häufig auftreten. Drei bedeutende Linien sind schon verfrüht ausgestorben, wie beispielsweise jene des berühmten Hengstes MÖLTEN. Bayern erwarb in den fünfziger Jahren in Italien Hengste, alle aus der N-Linie. Den Nachkommen wurden in der Folge jedoch nicht Namen gemäß der zuzuordnenden Blutlinie gegeben; es wurde an den Anfangsbuchstaben der zur Zeit des Ankaufes der Väter in Italien verwendeten Namen festgehalten.

Der STÜRMER-Stamm ist stark zurückgegangen und vor allem in den USA noch vertreten. Bis vor zwei Jahren war in den USA kein Ausleseverfahren nach europäischem Muster gebräuchlich. Die Hengste in den USA waren daher keinem Körzwang unterworfen. Jeder Züchter konnte seinen Hengst bei der Vereinigung melden und in der Folge als Zuchthengst einsetzen, ohne zuvor eine wie auch immer geartete Kontrolle vornehmen zu müssen. Seit zwei Jahren müssen die Hengste, welche von Züchtern aus der HRNA, der größten amerikanischen Haflinger-Zuchtorganisation stammen, tierärztlich als Deckhengste freigegeben werden. Im Jahr 1993 wurde HBO gegründet, die erstmals in Amerika Körungen und Stutbuchaufnahmen nach europäischem Muster durchführt.

Der METEOR-Stamm ist nur in Italien vertreten und bedarf der Aufmerksamkeit. Vergleichsweise ist in Italien die A-Linie, die erst in den sechziger Jahren mit dem Hengst AMRAS wieder aus Tirol geholt wurde, inzwischen bereits stärker als die M-Linie. Der Versuch, die M-Linie mit dem MORDSKERL-Stamm im Italien zu erweitern, ist, nach verschiedenen Versuchen, nicht gelungen.

M-Linie

Fortsetzung von Seite 276

11. Generation	12. Generation	13. Generation
129 S Maestro 1958 USA	88 Marksman 1965 USA	198 Macao 1977 USA
	Nako 1965 USA	140 Mark 1977 USA
		262 S Malcolm 1978 USA
		448 S Manuel 1978 USA
		1114 Macintosh 1980 USA
		366 S Mailon 1980 USA
		344 S Mante 1980 USA
		470 S Mellow Falls Michael 1980 USA
		283 S Micky 1980 USA
		367 Mighty 1980 USA
		90 Marfield 1981 USA
		109 Marksman's Major 1981 USA
		406 Marlite 1981 USA
		1075 Marquis 1984 CAN
	711 Midas 1968 USA	387 Micha 1976 USA
		1209 Malibu RM 1987 USA
		2 Master-Dee-S 1977 USA
		781 Mr. Dan 1980 USA
		373 Mister (Mighty Mouse) 1981 USA
		366 Mark-Sill 1983 USA
		952 S Mac Donnal 1985 USA
		1158 S Matz' Champ 1987 USA
		1307 S Mortimer RM 1987 USA
		1483 Muffler RM 1988 USA
		1498 S Murphy's Law 1988 USA
	290 S Martin 1976 USA	607 S Matt 1980 CAN
	219 S Mack 1977 USA	151 Mitch 1980 USA
		510 S Messenger 1981 CAN
		508 S Mister X 1981 CAN
		635 S Major 1982 CAN
		756 S Malabur-Elmsdon 1983 CAN
		1631 Martin's Jake Sticky Lane 1984 USA
		2169 Marcus Sticky Lane 1988 USA
	74 Mohican 1980 USA	2151 Mladik Wulf 1989 USA
	930 Maestro II 1986 USA	91177 Monopoly J. J. T. 1991 USA

14. Generation	15. Generation	16. Generation
	90067 Manuel Dee-S 1990 USA	
1024 Macao's Mike 1982 USA	2435 S Man of War Dee-S 1990 USA	
126 Mason 1982 USA		
223 Magic 1983 USA		
206 Manchester 1983 USA		
196 Moorefield 1983 USA	90104 Myles T. H. 1990 USA	
837 S Menke 1984 USA	90105 Murphy T. H. 1990 USA	
472 Merlyn 1984 USA	2036 Macho Mack M & M 1989 USA	
838 S Mondary 1984 USA	90140 Macho Mickey M & M 1990 USA	
661 Monk 1984 USA		
1764 Mack-J. E. T. 1985 USA	92192 Mister Fritz 1992 USA	
667 Mucho Macho 1985 USA	2004 S Milo 1991 USA	
757 Marco Polo 1985 USA	2006 S Mahlon 1991 USA	
952 Majestic Major 1986 USA	2162 S McKinley 1992 USA	
	1149 S Montana 1987 USA	
703 S Magnus 1983 USA	2188 Macho 1989 USA	
		90359 Mighty Boy 1990 USA
159 Mickele 1983 USA	886 My Mighty Man 1986 USA	90156 Mighty Mike 1990 USA
		2242 S Michelob JLF 1992 USA
660 S Montague-W 1982 USA	362 Mitch Valmar 1984 USA	
429 Magic Man W 1983 USA	91344 Missourian 1991 USA	
433 Mickey Lee 1984 USA		
1676 Milligan W 1984 USA	2273 S Morton „T" 1992 USA	
924 S Mountain Dew 1985 USA		
922 S Muscat of Meadowlane 1985 USA		
1251 S Magic Man W 1983 USA		
1117 S Mickey Lee 1984 USA		
1031 S Martin of Meadowlane 1986 USA		
999 Michelob 1986 USA		
90347 Mac Morrow 1990 USA		
90013 Mc Morris F. A. F. 1990 USA		
321 Majesty 1982 USa		
1088 Mellow Falls Monte 1984 USA		
999 S Marcus-Z 1986 USA		
1056 S Mahoney-RH 1987 USA		
1491 Magnum 4 DA 1988 USA		
1814 Maxim 4 DA 1989 USA		
91078 Mc Intyre 4 D4 1991 USA		
2221 Morgan-W. G. T. 1988 USA	2569 S Mac-A-Doo MJE 1992 USA	
1229 S Mitch TJB 1988 USA	2568 S Mike-A-Lite MJE 1992 USA	
336 S Marigold-Jadoval 1980 USA	505 Mr. Chuckles 1984 USA	
824 MacJadoval 1981 USA		
578 McKeag L. D. C. M. 1981 USA	1087 S Macky 1985 USA	2265 S Marky 1992 USA
25 Mickey-Jadoval 1981 USA	2848 S McCloud 1987 USA	
2245 S Magical HHH 1992 USA	2109 S Mac 1992 USA	
365 S Mighty-Dee-S 1980 USA	1188 Majestic 1987 USA	2707 S Murphree Dean M&M 1992 USA
389 Miracle-Dee-S 1980 USA	1437 Merl 1988 USA	
418 Maxmillian 1981 USA		
115 Mac O. P. 1982 USA	589 Medaillon 1985 USA	1900 Mark-Dees 1989 USA
415 Magic Dan Dee-S 1984 USA		
1234 Magoo 1987 USA		
1980 Max W 1989 USA		
2367 S Murphy's Ted 1992 USA		
881 S Matt's Clint 1985 USA		
1768 Matt's Mac 1987 USA		
617 Marx Aafarm 1985 USA	2293 S Mighty Lite Bud P. 1992 USA	

N-Linie

Die N-Linie führt vom Hengst NIBBIO über zwei Hauptäste, und zwar über BACCO und NAZ sowie ILIO und NAUTILUS. Der Ast über BACCO und NAZ stellt die Tiroler Linie, ILIO und NAUTILUS die italienische Linie dar.

NAZ stärkte die N-Linie in Deutschland und Österreich, vor allem über die beiden Vollbrüder NASTOR und NERZ. In Italien wurde die N-Linie von NAUTILUS hauptsächlich über die beiden Hengste HAFLING und HOFRAT ausgebaut.

Bayern übernahm im Jahr 1954 den Hengst NASTOR von Tirol. Bereits im Jahr 1959 wies die bayerische Haflinger-Zucht eine erfreuliche Anzahl von N-Hengsten auf, unter anderem den Spitzenhengst NELSON.

In den Jahren 1959 bis 1962 folgte in Bayern eine Importwelle von N-Hengsten aus Südtirol, so beispielsweise die Hengste HOFMEISTER, HAFERLING, PRIMUS, MEISTER, MILIUS, wobei die Hengste MEISTER und MILIUS ein Stockmaß von 132 cm und 128 cm aufwiesen.

Die N-Linie ist heute mit ca. 320 im Deckeinsatz stehenden Hengsten die zweitstärkste Linie, wobei sie in fast allen Haflinger züchtenden Ländern vertreten ist. Dabei darf allerdings nicht übersehen werden, daß allein nahezu 200 N-Hengste in Italien und Deutschland in Deckverwendung stehen.

6. Generation — 7. Generation — 8. Generation

- Nibbio (Niggl 2) 1920 I
  - Fritz 1923 I
    - Fritz 1935 I
  - Blitz 1924 I
    - Cristallo 1937 I
  - Niggl 3 1925 I
    - Giacomo 1929 I
    - Max I 1931 I
    - Fino 1932 I
  - Mandl Valdurno 1926 I
  - liz. 1137 Riedl 1928 A
  - Balteo 1928 I
    - Fritz 2° 1934 I
  - Bacco 1928 I
    - .Rudi 1932 A
    - Held 2 1933 D
    - liz. Paznauner 1936 A
    - 997 liz. Naz. 1941 A
    - Northeim 1941 I
    - 995 liz. Neustift 1943 A
    - Nervus 1944 I
    - Nektor 1944 I
    - Cirill 1945 I
    - Villandro 1945 I
  - Cabalista 1929 I
    - Lidio 1935 I
    - Milone II 1936 I
  - Cacciatore 1929 A
    - Nigel (Niggl) 1933 I
    - Impero I 1934 I
    - Letto 1935 I
    - 1858 Nikolaus 1936 A
    - Italico 1936 I
    - Polo 1939 I
    - Letto II 1949 I
    - 1705 Nauders 1949 A
  - Caccimperio 1929 I
  - Pino 1930 I
    - Noce 1937 I
    - Poneto 1939 I
  - Destro 1930 I
    - Lesto 1935 I
    - Augusto 1935 I
  - Ferreo 1932 I
  - Fritz 1932 I
    - Balilla 1935 I
  - Felino 1932 I
  - Ilio 1934 I
    - Nautilus 1944 I
    - Anteno 1945 I
    - Daino 1948 I
    - Firn 1950 I
    - Ferl 1950 I
  - liz. Elvas (Nil) 1935 A
    - Niger 1941 A
  - Livio 1935 I
    - O. Naro 1943 I
    - O. Terlano 1943 I
    - Elmo 1947 I
  - Nobile 1935 I
    - Nobel 1940 I
  - liz. Stilfser 1936 A
    - liz. Neffe 1941 A
  - Angriff 17 1937 D
    - 574 Nadir 1941 A
  - Nando 1937 I
  - Nado 1937 I
  - Piero 1939 I
    - 846 liz. Niflheim 1942 A
    - Caruso 1947 I
    - Dino 1948 I
  - Paolino 1939 I
  - 298 Nimrod 1939 A
  - Primo 1939 I
  - Quadrato 1940 I
    - Epiro 1949 I

9. Generation	10. Generation	11. Generation	12. Generation
Fritz Racines 1943 I	Ermo 1949 I		
Faro 1948 I	Oratorio 1963 I		
Fritz 2 1948 I	Orsini 1963 I	Quick – I	Ussaro 1974 I
Nettuno 1957 I			
Niri 1957 I			
Nurmo 1937 I			
Marco Gratico 1940 I			
427 Nestor 1940 A	Negro 1945 A		
Suso 1942 I	Faustino 1956 I		
Rudolf 1936 D			
Herzbua 15 1937 D			
Helios 30 1941 D			
433 Notger 1940 A			

Fortsetzung Seite 282

9. Generation	10. Generation	11. Generation	12. Generation
Anzio 1945 I			
Bertold 1946 I	Destro 1950 I		
liz. 1594 Nervus 1948 A			
1595 Nautikus 1948 A			
1814 Nil 1950 A			
Ciro II 1952 I	Orione 1956 I	Boccanera 1966 I	
Nibelung 12 1937 D	Nashorn 40 1945 D		
	Nothung 59 1948 D	Norker 98 1956 D	
	Nikolaus 67 1950 D		
	Nimbus 76 1952 D		
Nigel II 1948 I	Talone 1958 I		
	Nigel 1964 I		
Garibaldi 1966 I			
Lenz 37 1944 D	Lenzfried 55 1948 D	Landfried 1953 D	
		Lando 164 1956 D	
		Sonny Boy 1957 D	
998 Nimmersatt 1944 A	191 Netto 1953 A		
	334 Niklas 1955 A	701 Nusser 1961 A	Nuko 1985 D
		Taraboshi 1964 AL	Vigani II 80 1977 AL
1485 liz. Notar 1944 A	1587 Nektar 1948 A		
	1706 Nothung 1949 A		
	1813 Nadun 1950 A		
Arno 1945 I			
1815 Nuto 1950 A			
Merano 1949 I			
Mao 1954 I	Topino 1958 I		
	Pippo 1963 I		
Pagello 1939 I			
Gaio 1949 I			
Fiordaliso 1957 I			
Giacinto 1958 I			
Lotto 1940 I	Lotto 2° – I	Morello 1957 I	
	Tirolo 1948 I		
	Moro 1957 I		
Maciste 1941 I	Barone 1947 I	Bracco 1973 I	
	Adrano 1960 I		

Fortsetzung Seite 286

9. Generation	10. Generation	11. Generation	12. Generation
Irio 1958 I			
Rio 1958 I			
Tufolo 1951 I			
Nello 1956 I			
Caprese 1957 I			
Giuliano 1962 I			
1588 Niko 1948 A			
Kibri 1954 I			

In Italien sind es drei Stämme der N-Linie, die sich besonders bemerkbar gemacht haben und heute eine große Stärke aufweisen. Es handelt sich dabei um die Hengste: Hofrat und Hafling, wobei Hofrat über den Hengst Hofmeister in Deutschland einen bedeutenden Stamm aufbauen konnte. Naz war in der Lage, mit den beiden Vollbrüdern Nastor in Deutschland und Nerz in Österreich, einen beachtlichen Stamm der N-Linie zu schaffen. Der von Österreich an die USA abgegebene Hengst Naxos konnte dort der N-Linie Halt geben.

In Österreich konnte die N-Linie über Nerz aufgebaut, in der Folge über Nenner, Norden und Nordwind verstärkt werden. Heute darf auch die österreichische N-Linie auf eine besondere Qualität mittels der Hengste Nordwind, Natan, Nabucco verweisen. In Deutschland konnte über den Hengst Neptun der Hengst Nissan für eine weitere Verbreitung der Linie sorgen.

N-Linie

Fortsetzung von Seite 280

8. Generation / 9. Generation / 10. Generation / 11. Generation

- 997 liz. Naz 1941 A
  - 1235 Nimbus 1945 A
    - Nicki 1946 A
    - Nebel 1955 I
  - 1362 Niebelung 1946 A
    - liz. 1928 Nobel 1951 A
      - Norton 1956 CS
  - 1363 Neptun 1946 A
  - 1484 Nautilus 1947 A
  - 1654 Nansen 1949 A
  - Nastor 68 1951 D
    - Narses 136 1955 D
    - Natan 2 1955 D
      - Nachbar 10 1961 D
      - Nachtwandler 14 1963 D
    - Nelson 90 1955 D
      - Nesthocker 128 1960 D
      - Nagold 428 1962 D
      - Nelander 138 1962 D
      - Nelmar 139 1962 D
      - Neluske 142 1962 D
      - Nerz 143 1962 D
      - Nepos 21 1963 D
      - Nektar 1009 1967 D
      - Nastor 1970 L
      - Nervus 46 1971 NL
      - Nelfried 236 1973 D
    - Nichtsnutz 91 1955 D
    - Nadir 2 1955 D
      - Nadler 7 1959 D
      - Nabob 8 1960 D
    - Nascher 156 1955 D
      - Nado 226 1961 D
      - Nando 224 1961 D
      - Nizam 743 1971 D
    - Napoleon 0003 1956 D
    - Nathan 97 1956 D
    - Nastorius 103 1957 D
      - Nazerius 162 1965 D
      - Nasko 1966 D
      - Nastro 169 1966 L
      - Nordpol 0015 1966 D
      - Nadir 1967 I
      - Natz 1967 I
      - Naz 1967 I
      - Nelusko 449 1967 D
      - Nasir 180 1968 D
      - Natos 186 1968 D
      - Nasseur 191 1969 D
      - Nabuko 226 1972 D
      - Ringo 1979 L
    - Nastl 104 1957 D
    - Nastral 107 1957 D
      - Nanga 135 1961 D
      - Narvik 0009 1961 D
      - Naseweis 168 1961 D
    - Nico 171 1957 D
      - Nibelung 412 1966 D
    - Nastrol H 1/581 1958 D
      - 702 Nicki 1970 L
      - Nick 3064 RN 1971 D
      - Naduk 837 1973 D
      - Nicolai 1038 1976 D
      - Nobody 1039 1976 D
      - Noel 1981 D
    - Nazl 111 1958 D
      - Nansen 154 1964 D
      - Nabob 158 1964 D
    - Napal 113 1958 D
      - Nordwind K 938 1970 D
    - Nagler 115 1958 D
    - Nero 185 1958 D
      - Nandu 277 1963 D
      - Nestler 386 1965 D
    - Nordkar 182 1958 D
      - Nestor 317 1964 D
      - Nordwind 971 1975 D
  - Naxos 1952 (A) USA — *Fortsetzung Seite 284*
  - 152 Nerz 1953 A — *Fortsetzung Seite 290*

997 liz. Naz 1941

152 Nerz 1953

12. Generation	13. Generation	14. Generation	15. Generation
Kozák – CS			
	Nasto K 944 D		
Nero K 789 1967 D	Nelson K 977 1973 D		
Nestor 772 1965 D			
	Naseweis K 999 1974 D	Nektar 1979 D	
	Neander K 1030 1975 D		
Neander 509 1968 D	Nimbus K 1036 1976 D		
Nico 5755 1977 NL	Namor 1979 D		
Natz 77 1978 NL			
	Nicco 700 1973 D		
Nelandus 170 1966 D			
Napoleon H 82 1968 D	Nemo 1984 D		
Nektar 181 1968 D	Nato 1978 L		
Nikita – D	C 002 Félix 1973 L		
Nathan 224 1972 D			
Nemo KH 33 1974 D			
Nero 392 1972 D			Narduk 1987 D
Narras 3078 RN 1975 D		Namur 1983 D	Oberg's Nougat 1988 D
Nestor 1975 D	Novo 1172 1979 D	Notker 1987 D	Nabo 1988 D
		Notar 1989 D	
Noro 61 1975 NL			
Nandoe 76 1977 NL			
Nico 1978 D			
Ergo 1978 L			
Nektar 1980 D			
Nathan 1984 F			
Nestroy 1986 CH			
Nymphenburg 1986 D			
Nimbus 1986 D			
Nathan 711 1963 D	Nado 620 1969 D		
VB 393 Nelson du Rayhis 1978 L			
Nelack 834 1973 D	Nelson 1978 S	Nepos 1991 S	
	Nautilus 1982 D		
		S 026 Salvador du Bann 1988 L	
Sacha B 647 (Norden H 196) 1972 B	F 011 Sacha de Contern 1976 L	N 033 Silvère 1984 L	
	Arascon Nobisco 1988 F	N 181 Eiko de Dudelange 1984 L	
Nero 1977 D			
	Sachem HR 24 1976 B		
Nasren 1986 D			
		Nurmi 1982 D	
Naron 1977 CH	Nuptse 1990 CH	Nuri 1985 D	
Nahum 1978 D			
		Nasser HR 25 1976 B	
	Namara 1971 D		
National 159 1965 D		Neutron van de Dendergalm HR 36 1978 B	
	Naras H 138 1971 D		
Nanking 175 1967 D		Nepal van de Dendergalm HR 39 1978 B	
	Natan HR 16 1971 B		
Nero 735 1970 D			
	Niko 0023 1971 D		
		Neptun 1976 D	
	Narci 235 1973 D		
Nobell 642 1970 D		Nerzer 1987 D	
	Naderer 1975 D		
Nadir 898 1973 D			
Nikolaus K 1063 1977 D		Nobbi 1991 D	
Nico 1980 D			
	Nelfried 1989 D		
Nibelung San 1989 D		11897 Non-Sara 1992 I	
Niggel 1980 D			
Nordstar 1991 D	Nebraska 1989 D	831507489 Nobel Horse 1989 D	
	Nepomuk 1985 D	832393588 Nobel 1988 L	
Nestor 1989 D			
	157x Nepomuk II 1988 I		
		Nobel Boy HR 104 1991 B	
	833823590 Nepomuk 1990 L		
Nagib 1985 D	Nikodemus 1984 L		
		Napolie 1990 A	
Mand II 1975 D			
	Nordstern 8383638 86 B	19 liz. Nicg 1991 A	
Herzbube 063 1969 D			
	Nestroy 1985 A	Nebelstein 99 1990 A	
Nabor 0020 1969 D			
	Norbert 1987 L	Nebelstreif 106 1991 A	
Nardus 196 1969 D			
		Nicola 1989 A	
Naras 648 1971 D			
	Napoli 1978 I	2044 Nessuno 1991 A	
Novalis 227 1972 D			
		160x Nordwald-P 1989 I	
Nerz 1973 D	Narius 1979 D		Narduk 3469533 90 D
Nandu 245 1974 D	Nastro de Pallen 1979 L		69072 liz. Nathan 1988 A
		Napo 1982 D	
Nico 1975 D	Nelson 1979 L		Nero 1987 D
		Nestro 1982 D	
Naupilus 3 1977 D	Nino 1980 CH		Nevado 1988 D
		14135 Nabucco-Q 1990 I	
Narvik 1977 D	Nandino 1983 D		
		15040 Nantes-R 1991 I	
Nathan 1977 CH			
		14439 Navajo-Q 1990 I	
Nabus 1985 I (F)	184x Nabolus-P 1989 I		
		14403 Nemo-Q 1990 I	
		13989 Niggl-P 1989 I	
Nordstern 248 1974 D	Normanne 1991 D		
		13725 Nino-P 1989 I	
Nordmark 1974 D			
		14418 Nobel-Q 1990 I	
		13873 Nordstern-P 1989 I	
Nordpol 512 1968 D			
Nachbar 972 1975 D			
		Nestor 1987 L	
		Nobel 1987 D	
Nordlicht 1161 1979 D			
		Nicki de Feldkirchen 1984 L	S 027 Nadur de Colpach 1988 L
		Nabucco 1988 CH	

N-Linie

Fortsetzung von Seite 282

9. Generation	10. Generation	11. Generation
	Native 1964 USA	6 Nasor-Libby 1971 USA
		18 S Nemo 1971 USA
	117 Norman (Nathan at Tempel Farms) 1969 USA	960 S Nipper 1986 USA
		1098 S Nichol 1987 USA
		646 S Nugget 1978 USA
	10 S Naldo 1969 USA	
		471 S Napoleon 1979 USA
		878 S Naldo's Nathan 1985 USA
Naxos 1952 (A) USA		35 Nicky 1980 USA
		468 S Narc 1981 USA
		214 Nobel 1981 USA
	167 Nairn 1969 USA	
		442 Noble Supreme 1981 USA
		543 Nate LF 1982 USA
		591 S Ned 1982 USA
		172 Notary 1983 USA
		425 Nole 1984 USA
		426 Noel 1984 USA
		869 Nutter AKH 1986 USA
		1004 Newport CBS 1986 USA
		596 Nacho AKH 1985 USA
	88 S Nathaniel 1970 USA	615 S Nathanielson 1982 USA

1258 liz. Nordwind 1974

1414 Nabucco 1987

12. Generation	13. Generation
1176 Nugget 1987 USA	
858 Navajo AKH 1986 USA	627 S Nader-Barrett 1982 USA
Nader B 59 1974 USA	652 S Nader Benson 1982 USA
48 Nicolas-Rex 1975 USA	188 Nader B'S Banner 1983 USA
819 Neptune-Candy 1976 USA	183 Nader Boy 1983 CAN
291 S Nassau-Dee-S 1979 USA	556 Ned 1985 USA
22 Nathan 1979 USA	90172 Neptune RR 1990 USA
127 Nicholas Pride 1982 USA	2308 S Note Worthy 1992 USA
180 Nubbins 1982 USA	
501 Nasor's Buck 1983 USA	2096 Night Cruiser HD 1989 USA
192 Nelson 1983 USA	1663 Nitrate 1988 USA
500 Nasor's Sampson 1984 USA	2143 S Nedrow's Rainman 1992 USA
301 Neal HFB 1984 USA	
403 Norton HFB 1984 USA	
604 Nevin HFB 1985 USA	
606 Nehemia HFB 1985 USA	
608 Nickel HFB 1985 USA	2138 S Nexus JMN 1992 USA
1270 Niko AKH 1987 USA	
996 S Nitro 1986 USA	
1034 S Nick-Nack 1986 USA	
1160 S Nubbin 1987 USA	
1057 S Napoleon-HF 1986 USA (1241)	1991 S Noah LF 1992 USA
804 S Nero 1984 USA	
803 S Nicky's Noble 1984 USA	
994 S Neiko 1986 USA	91312 Neno-Lau-v. Nickelkopf 1991 USA
372 Niklus 1984 USA	90196 Nikker v. Semmelklob 1990 USA
2204 S Nicky's New Moon NBH 1992 USA	
2294 S Noble Newsboy 1992 USA	
91451 Nelson AR-FES 1991 USA	
1692 Nero AR-FES 1988 USA	2090 S Nolan LE-LA 1992 USA
1691 Norbert AR-FES 1988 USA	
2369 S Noah AR-FES 1992 USA	
583 Nabby Supreme 1985 USA	90114 Newly Supreme 1990 USA
790 Naman 1985 USA	1808 Nektar Supreme 1989 USA
1662 Nimble Supreme 1988 USA	
91381 Nike HHA 1991 USA	
2082 S Nutter-Sparky 1992 USA	
2083 S Nicki 1992 USA	

liz. 152/T Nobelius 1992

liz. 141 Necho 1991

N-Linie

Fortsetzung von Seite 284

8. Generation – 9. Generation – 10. Generation – 11. Generation

- Nautilus 1944 I
  - Duca 1948 I
  - Erminio 1949 I
    - Pancrazio 1964 I
  - Enrico 1949 I
  - Genesius 1951 I
    - Furioso 1957 I
    - Faro 1957 I
    - Ilario 1959 I
    - Invader 1959 I
    - Maiuscolo 1961 I
  - Hafling 1952 I
    - Manfred 1956 I
      - Trovatore 1968 I
    - Meister 123 1956 I
      - Manderl 0007 1960 D
      - Rhythmus 1960 I
      - Meiselstein 161 1965 D
    - Neffe 108 1957 D
    - Nelson 1957 I
      - *Fortsetzung Seite 292*
    - Nasser 1957 I
      - Schlern 1961 I
    - 929 liz. Neuling 1959 A
      - 894 Neuner 1964 A
      - 380/1 Neckar 1966 Y
      - 967 liz. Nimrod 1966 A
      - 1037 Nelson 1969 A
      - Nikko 1969 CH
      - liz. Neuko 1971 A
      - liz. Nikolaus 1971 A
      - 1097 Neumond 1971 A
    - Haferling 119 1959 D
    - Primus 120 1959 D
    - Larice 1960 I
    - Steinmann 1961 D
    - Stramm 1961 I
    - Tango 1962 I
      - Tel di Falterona 1973 I
    - Uranus 1963 I
    - Ussuri 1963 I
    - Niggl IV 1964 I
      - Catone 1968 I
      - Nock 1968 I
      - Nicco 1969 I
    - Vispo 1964 I
    - Zanzi (Nissl) 1965 I
      - Nic 1969 D
      - Napoleon 1970 I
      - Nissian 1970 I
      - Nektar 1971 I
      - Nipper 1971 I
      - Nino 1972 I
    - Niggl V 1966 I
    - Birichino 1969 I
    - Netto 1969 I
      - Zorro 1976 I
      - 10815 Farinata Todaro 1982 I
      - 10824 Giscardo 1983 I
    - Pablo di Falterona 1969 I
    - Cerveteri 1970 I
    - Tindaro 1973 I
    - Tobaco 1973 I
    - Tulipano 1973 I
  - Hirzer 1952 I
  - Hofrat 96 1952 D
    - *Fortsetzung Seite 288*
  - Ifinger 1953 I
    - Nivo 1957 I
  - Kapitan 1954 I
    - Avellino 1958 I
  - Kontiki 1954 I
    - Strido 1962 I
    - Toto 1963 I
    - Ulisse 1964 I
    - Utis 1964 I
    - Villa 1965 I
    - Arno 1966 I
    - Ciullo 1968 I
  - Kronprinz 1954 I
  - Lodner 1955 I
  - Nautiker 116 1955 D
  - Elia 1956 I
  - Eros 1956 I
    - Calvo 1969 I
    - Domo 1970 I
  - Maso 1956 I
    - Leandro 1960 I
    - Masaniello 1961 I
    - Mastino 1961 I
  - Medoro 1956 I
  - Fritz Nave 1957 I
  - Nevarco 1957 I
  - Pianist 1959 I
    - Bergamo 1969 I
  - Nilios 124 1960 I
  - Riffel 1960 I
  - Sarner 1961 CH
  - Timbler 1962 I
  - Tenno 1963 I

12. Generation	13. Generation	14. Generation	15. Generation
Zocco 1965 I			
1107 Nurmi 1971 A			
416 Nanos 1971 Y	15 Nazir – 5 1979 Y	38 Nabob – 118 1984 Y	
447/4 Nektar – 61 1975 Y			
466/8 Nino 1978 Y	53 Nimbus – 243 1988 Y		
1073 Nikki 1970 A	17 Neven – 12 1980 Y		
liz. Napoleon 1972 A			
liz. Nimbus 1972 A	liz. Nero 1981 A		
liz. Niki 1973 A			
GB 12. Devon Napoleon 1973 GB	GB. 19 Silverton Noury 1978 GB		
	GB. 20 Devon Novara 1979 GB		
	98 Norbert van de Pollona	1129 S Nitty Gritty NTF 1987 USA	92175 Negotiator 6 HJ 1992 USA
	1018 Nikkolas of NTF 1985 USA		
	Naro 5524 1979 NL		
	Noldin 5752 1979 B		
	Narco van Coranny 83 1980 NL		
	Niek HR 57 1983 B		
	870 S Nikkolas NTF 1985 USA		
Simone 1972 I	1062 Nikon-NTF 1986 USA	90138 Nicklos AFH 1990 USA	
10862 Diego 1980 I	1064 Newt-NTF 1986 USA		
	1133 S No Nonsense NTF 1987 USA	91324 Nathan of NTF 1991 USA	
Tornado di Falterona 1973 I	1138 S Navahoe NTF 1987 USA	2033 S Nicholis WLF 1992 USA	
Norn 1974 I	1314 Newsmaker NTF 1987 USA	91405 Nelson News A. M. 1991 USA	
	1201 S Napolee MLF 1988 USA	2234 S Napson TRC 1992 USA	
1039 Napoleon Esq. 1975 USA			
5759/76 Noldin 1976 I	11140 Nimrod 1980 I	13664 Nordwind-P 1989 I	
10287 Nababbo 1977 I	11933 Nocker II 1983 I	10851 Narwhal-Penny 1989 I	
	12024 Nabob 1983 I	10828 Napoli-Pasquale 1989 I	
10575 Narrator 1978 I	liz. Noafer 1983 A	4601 liz. Norton 1987 A	
	12400 Nerz 1984 I	10138 Nein-Ras 1991 I	
	12830 Nelius 1986 I		
	13316 Neuhaus-O 1988 I		
10576 Nearco 1978 I	10969 N.-Martino 1986 I		
	11184 Nil-Red River 1991 I		
11424 Nissl II 1981 I	12597 Niron 1985 I	11118 Nice-Popy 1989 I	
11430 Nero 1981 I		11170 Nun E'-Quieto 1990 I	
10013 Fulmine 1982 I	13174 Nadù 1987 I		
11793 Naturns 1982 I			
11796 Nigo 1982 I	13434 Nusser-O 1988 I		
12361 Niriak 1984 I			
12413 Nobel 1984 I	91216 Nash JPH 1991 USA		
983 Nandus 1985 USA (12581)	1838 Natty 1989 USA		
	90044 Nowell JPH 1990 USA		
	2183 S Ned PJD 1992 USA		
10985 Neuter 1985 I	3028 S Norce JPH 1990 USA		
12805 Narziss 1986 I	Nero 1986 D		
13213 Neumarkt 1987 I			
10708 Mirko 1976 I	10872 Gagà 1983 I		
10707 Mustang 1976 I			
	10929 N.-Lampo del C. 1985 I		
10851 N.-Melidoro 1986 I			

N-Linie

Fortsetzung von Seite 286

9. Generation — 10. Generation — 11. Generation

- Hofrat 96
  - Ercole 1956 I
  - Hofmeister 101 1956 D
    - Hofherr 131 1960 D
    - Hofmann 127 1960 D
    - Hofrichter 12 1962 D
    - Hofberg 149 1963 D
  - Averlano 1958 I
    - Mose 1966 I
    - Mirtillo 1966 I
    - Mistral 1966 I
    - Moscato 1966 I
    - Nappo 1967 I
    - Neccio 1967 I
    - Omar 1968 I
    - Ombrone 1968 I
    - Olmo 1968 I
    - Onassis 1968 I
    - Pirro 1969 I
    - Pomo 1969 I
    - Scacco 1972 I
    - Simone 1972 I
    - Spello 1972 I
  - Putzer 1959 I
    - Sole 1965 I
  - Hofmarschall 6 1960 D
  - Hofnarr 125 1960 D
    - Herzog 0013 1964 D
    - Höfling 702 1965 D
    - Hochfelln 172 1967 D
  - Hofgeist 133 1961 D
  - Hofjunker 132 1961 D
    - Hofprinz 364 1965 D
  - Hochsitz 0010 1962 D
  - liz. Hannibal 1962 A
  - Hannibal 90 1963 D
  - Hofherr 1 S 1963 USA
    - 580 S Henry 1982 USA
  - Homer 29 1971 D

12. Generation — 13. Generation — 14. Generation — 15. Generation

- Hofgast 585 1965 D
  - Holder 907 1974 D
    - Hans HR 40 1979 B
  - Herzog 1041 1976 D
  - Hofgard 1120 1978 D
    - Holstein 1982 D
      - Hieronymus 2200233 1988 D
    - Hofjunge 1986 DK
  - Hofgraf 1980 D
    - Heiko 1987 D
  - Hofprinz 1981 D
    - Hofbube 1986 D
      - Hofkönig 1990 D
    - Hemingway 146 1990 NL
  - Haron 1983 D
    - Harlekin 1987 L
- Hoferbe 413 1966 D
  - Halunke (776) 114 1972 (D) NL
    - Hattrick 1977 (D) S
    - Heros 1043 1976 D
  - Handler 1077 1976 D
  - Hofmarschall 1042 1976 D
    - Herzbube 1981 D
    - Hofritter 1981 D
    - Hofmeister 1983 D
    - Hofburg 1984 D
    - Herzbube 1987 D
    - Hanjo 1988 D
  - Hofglanz 1976 D
  - Hondo 1976 CH
  - Hamlet 1081 1977 D
  - Hogo 1977 L
  - Hegemeister 1162 1979 D
  - Hofadel 1979 D
    - Harras 1986 D
  - Hofer 1979 L
    - Herzog 1986 D
  - Hofherr 1980 D
  - Hofjunge 1980 D
    - Holger 1987 D
  - Hofstaat 1980 D
    - Harry 1988 D
    - Herzbube 1984 D
    - Hofjäger 1984 D
    - Hägar 1985 D
      - Homer 1989 D
    - Happy 1989 D
    - Hermes 1986 D
    - Hofregent 1984 D
    - Hofstar 1988 D
  - Hofmacher 1981 D
  - liz. Hofregent 1981 A
    - 122/0356/90 Hoffürst 1990 A
    - 158XN Hofprinz 1988 I
    - 2025 Narol 1990 A
    - 22 liz. Hofmannsthal 1992 A
  - 1045 S Hofmeester-NTF 1982 USA
    - 1316 N Heavy Duty NTF 1987 USA
    - 2208 N Howitzer 1989 USA
    - 2220 S (N) Harlequin WAHF 1992 USA
    - 2071 S N. Hizzonor MLF 1992 USA
    - 1500 S N. Hannibal MLF 1990 USA
  - Hofmeister 1982 D
  - Hoferber 1983 D
  - Hofnarr van 't Broek 96 1983 NL
  - Hellios 1984 D
    - Hanniball 1991 D
- Hofherr 500 1967 D
  - Hormarschall HR 31 1972 B
- Hofrat 501 1967 D
- Holger 505 1967 D
- Hofrat 18 1968 D
- Hofgraf 831 1969 D
- Q. Rino 1970 I
- Augusto 1972 I
- Topazio 1973 I
- 8545 Zorba 1976 I
- 10841 Ghiro 1983 I
- 10845 Igor 1984 I
- Ramon 1971 I
- Remo 1971 I
  - 10835 Cedro 1979 I
- Tinello 1969 I
- Valente di Falterona 1975 I
  - 10817 Erik 1981 I
- Valentino di Falterona 1975 I
- Vladimiro di Falterona 1975 I
- Volfango di Falterona 1975 I
  - 10819 Como 1979 I
- Vulcano di Falterona 1975 I
  - 11067 Noto-Miro 1986 I
  - 10801 Caio 1979 I
  - 10849 C. Toledo 1979 I
  - 10855 Dero 1980 I
  - 10900 Domenico 1980 I
  - 10916 Edipo 1981 I
  - 11103 N.-Mingo 1986 I
  - 11165 Norio 1987 I
- 4159 Tex 1973 I
  - 10807 D. Rolando 1980 I
  - 10816 Flaminio Toma 1982 I
- Ugo 1974 I
  - 10821 Castore 1979 I
  - 10964 Giaggiolo 1983 I
  - 10966 Gladiolo 1983 I
- 1116 Vortice 1975 I

N-Linie

Fortsetzung von Seite 288

9. Generation	10. Generation	11. Generation
	Nobel 2 1958 NL	Nimbus 1464 1967 NL
	582 Nab 1958 A	
	585 Notker 1958 A	806 Neckar 1963 A Not Angus 1963 GB 854 Nestor 1964 A Nemrod 1965 PL 939 Nebel 1966 A
152 Nerz 1953 A	632 Nenner 1958 H	liz. Nasser 1964 I 902 Nil 1965 A 938 Norden 1966 A
	Neger 14 1960 DDR	Nestor 26 1966 DDR Niko 30 1966 DDR Nino 44 1969 DDR
	Nestor 81 1960 D	
	Nurmi 1961 CH	Nestor 1981 CH
	Nerus 3053 1967 D	
	973 Nepal 1967 A	liz. Niklas 1971 F 1100 Narwik 1971 A 1101 Navis 1971 A Nevada 1972 F
	1009 Necker 1968 A	liz. Negro 1973 A

938 Norden 1966

Nissan 1982

aufzustellen. Leider ging dieser Hengst bereits im Alter von acht Jahren ein. Trotz seines relativ kurzen Deckeinsatzes ist es diesem Hengst gelungen, einen bedeutenden, positiven Einfluß auf die ST-Linie zu nehmen. 13 STÜRMER-Söhne konnten in die Zucht gestellt werden, unter ihnen die Hengste STANDARD und STAR, über den der Hengst STERLANGO gezogen werden konnte.

Über STEINADLER, STEREO, STRUMER wurde der Hengst STROMBOLI gezogen, der in Deutschland für eine Verstärkung der ST-Linie gesorgt hat und heute in Dänemark in Deckverwendung steht.

Die ST-Linie hat immer zu den größten und bedeutendsten Linien in der Haflinger-Rasse gezählt. Kaum in einer anderen Linie sind so viele markante Seitenäste zu verzeichnen wie bei der ST-Linie. In Amerika konnte über STERN, STARWONDER und STAR ein erwähnenswerter Ast geschaffen werden.

ST-Linie

6. Generation – 7. Generation – 8. Generation – 9. Generation – 10. Generation

- 1074 Student 1927 A
  - 1451 Grüner 1932 A
  - 1535 liz. Summer 1933 A
  - 1536 Timmer 1933 A
  - 1632 Lot 1934 A
  - 1633 Siegmund 1934 A
    - 297 Sturm 1939 A
      - Steiger 1945 A
    - Statist 1939 A
  - 1738 Aldrian 1935 A
    - Steffel 1941 A
    - 1375 Steg 1944 A
      - Star 1951 A
      - 1899 Steffl 1951 Y
      - 1920 Starr 1951 A
    - Artus 1945 A
    - 1769 Armin 1960 A
    - liz. Amor 1950 A
    - 426 Stauffer 1940 A
      - liz. Strahl 1949 A
      - Sturm 1 1954 DDR
        - Steirer 1958 DDR
        - Stern 6 1958 DDR
        - Steffen 11 1959 DDR
        - Steppke 17 1960 DDR
    - 430 Steffel 1940 A
    - Steinberg 21 1940 D
      - Stein 71 1952 D
    - 585 Straß 1941 A
  - 1739 Hoisele 1935 A
  - 1740 Zatter 1935 A
  - Studio 13 1936 D
  - 1855 Staudach 1936 A
    - Stucka 5822/29 1941 D
      - Stukateur 66 1950 D
        - Stern 146 1954 D
        - Stuck 93 1955 D
        - Steiner 95 1955 D
  - 9 Kent 1937 A
  - 126 Stoffel 1938 A
  - 128 Stromer 1938 (A) I
    - Sterz 1943 A
    - 1364 Stubai 1946 A
    - 1365 Styx 1946 A
      - Stor 1954 I
    - liz. 1479 Stentor 1947 A
    - 1482 liz. Stolz 1947 A
      - Fortsetzung Seite 302
    - 1483 Steiger 1947 A
      - 49 Stattlich 1952 A
        - Fortore 1957 I
        - Stativ 3 1957 TR
        - Strateeg 4 1959 NL
        - Stachus 13 1960 DDR
        - 699 Stilfser 1961 A
        - 749 Start 1961 A
      - 7262 Stop 1955 I
      - 406 Stieglitz 1956 A
    - 1581 liz. Star 1948 A
      - Fortsetzung Seite 302
    - 264 Storno 1948 Y
    - Sturmwind 60 1948 D
      - Sirius 82 1953 D
      - Stürmling 86 1954 D
        - Stürmisch 6111/109 1958 D
      - Stutzer 100 1956 D
      - Stürmer 4 1958 D
        - Sternberg 1985 D
      - Sturmbote 122 1959 D
        - Sturmvogel 278 1963 D
      - Sturmvogel 3 1959 D
        - Sturm 624 1961 D
    - 1655 Standard 1949 A
      - Streber 1954 I
      - liz. Stark 1962 A
    - 1656 Strom 1949 A
      - 247 Sterling 1954 A
        - 696 Ster 1960 A
        - Stelvio 1968 I
      - 333 Stall 1955 A
      - 312 Stein 1955 Y
      - Storm 186 1955 D
      - 328 Strand 1955 A
        - liz. Strahl 1965 A
      - Stanzer 1955 I
        - Idilio 1959 I
      - Stimpfl 1955 A
      - 371 Stoff 1955 A
      - 7255 Steg 1955 Y
      - 444 Strub 1956 A
      - 445 Streich 1956 A
      - Stephan 1956 CH
      - Eremo 1956 I
      - 506 Strudel 1957 A
        - 801 Stumpf 1961 A
        - Strollo 1965 AL
        - Starker (Gramozi) 1965 AL
        - Staccato 35 1965 NL
        - GB. 2 Stormer 1966 GB
        - Stromboli 1971 F
        - Strauß 19 1971 NL
        - 1156 Sprudel 1972 A
      - 512 Strang 1957 A
      - liz. 581 Stutzer 1958 A
      - Student 6 1960 NL
        - Sardio 29 1964 NL
        - Steward van de Dekkers Hoeve 24 1966 NL
      - 745 Stropp 1961 A
      - Sturm 265 1961 D
      - Strolch 281 1963 D
        - Strand I 450 1967 D
        - Siegfried 515 1968 D
        - Strand II 518 1968 D
        - Strang 510 1968 D
        - Strudel 520 1968 D
        - Student 744 1971 D
        - Stromboli HR 37 1972 NL
        - Stroganov HR 20 1974 B
    - liz. Strom 1949 CH
      - Stirling 1967 CH
    - 1924 Stramm 1951 A
    - 87 Stoll 1952 A
    - 148 Stollberg 1953 A
    - 184 Stab 1953 A
    - Ebbs 1953 I
      - Patatrac 1964 I
      - Pericolo 1964 I
    - 267 Stock 1953 Y
    - 287 Steinberg 1954 A
      - liz. Sturm 1960 A
    - 288 Stallbach 1954 A
    - 370 Stein 1955 A
    - 505 Stüber 1957 A
      - Fortsetzung Seite 304
    - 510 Streif 1957 A
    - Stromboli 105 1957 D
      - Stratege 225 1961 D
      - Strom 141 1962 D
    - 1770 Status 1950 A
      - liz. Starost 1955 A
    - 1916 Stern 1951 A
      - Starwonder 1956 USA
        - Fortsetzung Seite 306
    - Junior Stromer 1959 I
      - Tione – I
        - Baldo 1972 I
    - Laurin 1960 I
      - Pirat 1964 I
  - 127 Strobel 1938 A
  - 847 liz. Start 1939 A
  - 429 Strick 1940 A
    - 1478 Stamm 1947 A
    - Barthel 1947 A
    - Strolch 1947 A
    - Stritzi 1948 A
    - Strigl 1950 A
    - liz. Strom 1951 A
    - Strolch 1953 I
  - Stefan 1940 A
  - 428 Strategie 1940 A
    - 1115 Strauß 1945 A
      - 1707 Stix 1949 A
      - 1708 Stahl 1949 A
      - 1812 Stern 1950 A
      - 1917 Stark 1951 A
        - Stepper 38 1960 DDR
      - 1923 Stans 1951 A
      - 44 liz. Stift 1951 A
      - 45 Steward 1952 A
        - 513 Strahl 1957 A
      - 5967 Stramm 1952 Y
      - 186 Stil 1953 A
      - Etrusco 1956 I
      - Steiger 4 1957 DDR
  - 584 Stauf 1941 A
  - Strauß 1941 A
  - 848 Stanz 1942 A
  - Stambul 1945 A
  - 1771 Streit 1950 A
  - 1811 Stark 1950 A

11. Generation — 12. Generation — 13. Generation — 14. Generation

- Steven 30 1969 DDR
  - Stolzer 75 1976 DDR
  - Sanny 77 1977 DDR
  - Staffet 463 1983 DDR
- Stereo 35 1967 DDR
  - Steyr 56 1973 DDR
    - Straben 80 1977 DDR
  - Stein 73 1976 DDR
    - Steinhard 1990 D
- Stückler 114 1958 D
- Salut 22 1964 DDR
- Saphir 25 1965 DDR
- Staffel 28 1966 DDR
  - Stan 50 1971 DDR
    - Stabil 446 1980 DDR
- Staps 29 1966 DDR
  - Stapel 51 1971 DDR
    - Start 70 1975 DDR
  - Stajo 57 1973 DDR
    - Sturm 89 1978 DDR
    - Stanjo 91 1979 DDR
      - Standard 117 1983 DDR
        - 15. Generation: Star 1987 D
    - Strom 447 1980 DDR
    - Statist 107 1981 DDR
    - Stratege 133 1986 DDR
  - Salto 423 1978 DDR
- Staket 31 1966 DDR
- Star 33 1967 DDR
- Sammy 39 1967 DDR
  - Saleur 52 1971 DDR
- Steward 329 1968 DDR
- Strups 347 1969 DDR
- Salamander 53 1971 DDR
  - Samson 1989 D
  - Saturn 93 1979 DDR
- Salm 60 1973 DDR
- Sallus 63 1974 DDR
  - Salino 123 1985 DDR
    - Stanus 1990 D
  - Siegmund 132 1986 (DDR) NL
    - Simson 13991 1990 NL
    - Sultan 15298 1991 NL
- Silvio 68 1974 DDR
- Salomon 74 1976 DDR
- 932 Staub 1966 A
- Stilett 174 1967 D

- David 1975 I
- 11014 Impetuoso 1984 I

- Vathi – 67 1975 AL
- Storax HR 9 1971 B
  - Stiouboll du Tombeu HR 26 1976 B
  - Strumpfchen van de Klaverweide HR 22 1976 B
  - Starsky van de Klaverweide HR 34 1978 B
- GB. 15 Wrekin Strauss 1975 GB
- GB. 16 Coombe Wood Stolz 1976 GB
  - GB. 28 Chevin Stollen 1986 GB
  - 2024 S Oxnead Style 1990 USA
- GB. 25 Wrekin Stormers Gold 1984 GB

- Sir HR 38 1971 B
- Sebastien 4019 1974 NL
- Sando 5310 1978 NL
- Stower 1981 D

- Stereo van de Haflinger Hoeve (9624) 126 1987 NL
  - Stravinsky van Werkhoven Hf. 13755 1992 NL
- Steven van de Haflinger Hoeve 142 1990 NL

- Sascha 58 1973 DDR
- Stern 71 1975 DDR
  - Steron 92 1979 DDR
    - Stöber 121 1984 DDR
    - Stentor 134 1986 DDR
  - Sterlett 119 1984 DDR
- Steptus 436 1979 DDR
- Stenek 104 1981 DDR
  - Stegreif 126 1985 DDR
    - Stegmann 1989 D
  - Streiter 1987 DDR
  - Safran 1988 D
  - Santos 1988 D
  - Stegreif II 1988 D

ST-Linie

Fortsetzung von Seite 300

8. Generation — 9. Generation — 10. Generation — 11. Generation

- 1482 liz. Stolz 1947 A
  - 1913 Strauch 1951 A
    - 697 liz. Stratege 1960 A
    - liz. Stadler 1962 A
  - 1914 Stich 1951 A
  - 1015 Styrax 1951 A
  - 1925 Stift 1951 A
  - 1926 Stoß 1951 A
    - liz. Sturm 1969 A
  - Stammer 1951 A
  - Stolzer 138 1951 D
    - Stolzenau 180 1958 D
    - Stromer 191 1958 D
  - 46 Starost 1952 A
  - 47 liz. Stachus 1952 A
  - 50 Straff 1952 A
  - 83 Stock 1952 A
  - 304 Sakal 1953 Y
    - 514 Stubs 1957 A
    - 515 Stöber 1957 A
    - Roby 1957 I
    - Sturm 1958 CH
      - Sonnyboy 1964 CH
    - Starost 1957 CS
    - Starter 7 1960 NL
    - St Asterix HR 1 1968 B
      - D 004 Axel 1974 L
      - Stradivarius de l' Ecurie HR 29 1976 B
      - Strasser vom Haflingerhof HR 60 1978 B
  - 147 Stabil 1953 A
    - 628 Stab 1959 A
    - Strax 117 1959 D
  - 185 Storm 1953 A
  - 289 Stoff 1954 A
    - liz. Sturm 1964 A
      - liz. Sturmgraf 1976 A
    - Stamm 1964 I
  - Strolch 89 1954 D
    - Stromboy 179 1968 D
    - Stop 190 1969 D
    - Stroller 193 1969 D
      - Strolicki 1974 D
  - Stopper 159 1956 D
    - Studiker 835 1973 D
    - Sturz 836 1973 D
    - Stromboli 957 1974 D
    - Salto 57 1974 NL
    - Strahl 65 1974 NL
  - Stolz 9 1957 DDR
    - Stephan 36 1968 DDR
    - Stopper 37 1968 DDR
    - Sterling 348 1969 DDR
    - Stollen 372 1970 DDR
  - 511 Steig 1957 A
  - 629 Stimmer 1959 A
  - 800 Stopp 1962 A

ST-Linie

Fortsetzung von Seite 300

8. Generation — 9. Generation — 10. Generation — 11. Generation

- 1581 liz. Star 1948 A
  - 266 Stolz 1952 Y
  - 248 Striegel 1954 A
  - 249 Strato 1954 A
    - 634 Strauß 1959 A
    - 702 Straß 1960 A
    - 698 Stams 1961 A
      - 930 Stainach 1966 A
      - 933 Stifter 1966 A
    - 809 liz. Strizzi 1961 A
      - liz. Stanislaus 1971 A
      - 1273 liz. Steiner 1971 A
      - liz. Styx 1975 A
    - 805 Stadl 1963 A
      - Sturmfalk 635 1969 D
    - 849 Staps 1963 A
  - 405 liz. Start 1955 A
    - 645 Stamperl 1960 A
    - 750 liz. Stachel 1960 A
    - liz. Strudl 1960 A
  - 449 Stutz 1956 A
    - Steven 10 1962 NL
      - Sandor 27 1966 NL
      - Sultan 33 1967 NL
  - Stapel 1956 A
  - Easter Sunday 8 1958 USA (128 S Student)
    - *Fortsetzung Seite 308*
  - Spirit of 76. 10 1959 USA (Starost)
    - 208 S Stanley 1967 USA
      - 308 S Sargent Stump 1979 USA
      - 367 S Stensil 1980 USA
      - 384 Strudel 1980 USA
      - 465 S Sammy 1981 USA
      - 495 S Scoot 1981 USA
      - 624 S Stranger 1982 USA
      - 625 S Stucco 1982 USA
      - 503 Status Symbol 1984 USA
      - 884 S Stokes 1985 USA
      - 953 S Steirer 1986 USA
      - 1065 S Stan 1987 USA
  - Star 4 (Sehzade 4/59) 1959 TR
    - Sehzade 27 1964 TR
    - Sehzade 5 1965 TR
    - Sehzade 6 1965 TR
    - Sehzade 7 1965 TR
    - Sehzade 3 1966 TR
    - Sehzade 11 1966 TR
    - Sehzade 12 1966 TR
    - Sehzade 13 1966 TR
    - Sehzade 26 1967 TR
    - Sehzade 20 1968 TR
      - Sehzade 88/84 1984 TR
      - Sehzade 49/85 1985 TR
    - Sehzade 32 1968 TR
  - 695 Sturm 1960 A
  - 803 Statthalter 1963 A
    - 974 Stahl 1967 A
    - Stino van Kapelle 39 1968 L
      - Siegfried 3824 1973 NL

12. Generation | 13. Generation | 14. Generation | 15. Generation

Stern 1971 I
- Stolz 1975 I
  - 11455 Strauß 1981 I
  - 11421 Strolch 1981 I
  - 12032 Stenmark 1983 I
  - 12781 Stuefer 1986 I
    - 15046 Stüber-R 1991 I
    - 15041 Steher-R 1991 I
    - 15025 Steffler-R 1991 I
    - 15648 Staber-S 1992 I
    - 14434 Stepper-Q 1990 I
    - 14399 Sterner-Q 1990 I
    - 15027 Strommer-R 1991 I
- 121/75 Sturm 1975 I
- 10281 Strong 1977 I
  - 10986 Stev 1985 I
    - 10089 St-Quick 1990 I
- 11498 Status 1981 I
  - 13168 Stromer 1987 I
    - 11326 St-Ricki 1991 I
- 11162 Sterzl 1980 I
  - 12409 Steifler 1984 I
  - 12408 Steiner 1984 I
  - 12407 Stelzer 1984 I
    - 11746 Sterling-Pay 1989 I
    - 11792 Stollen-Quarzo 1990 I
  - 12402 Stricker 1984 I
  - 12608 Stanis 1985 I
  - 12659 Steger 1985 I
  - 12787 Stadler 1986 I
  - 12948 Stürmer 1986 I
    - 14214 Steinmandl-Q 1990 I
  - 12954 Stanger 1986 I
    - 11932 Staat-Ranger 1990 I
  - 12965 Steffl 1986 I
    - 11794 Strano-Quadrifoglio 1990 I
  - 12970 Stenzl 1986 I
    - 11324 Star-Ramo 1991 I
  - 10850 Stupendo-Niki 1987 I
  - 14340 Stabil-Q 1990 I
  - 14917 Stacchus-R 1991 I
  - 14462 Stan-R 1991 I
  - 14358 Statur-Q 1990 I
  - 13546 Stein-O 1988 I
  - 13886 Stenmark-P 1989 I
  - 13609 Stoaner-O 1988 I
  - 14363 Strauss-Q 1990 I
  - 13552 Stromboli-O 1988 I

Sergo 1974 CH
- Serac 92–89 1984 CH
  - Scharon 1990 CH

12. Generation | 13. Generation | 14. Generation

Sterling 848 H 1970 D
- Siegfried 1973 D

1098 Stumm 1971 A

liz. Strammer 1971 BR

1133 Steiner 1972 A
- liz. Salomon 1983 A

liz. Streber 1972 A

liz. Strauß 1972 A

Stahl 1972 CH
- Sturmwind 66–1204 1982 CH

Stefan 1973 BT

Star HR 49 1974 B
- Starwil 6904 1982 NL
- Stern HR 50 1982 B
  - Stentor van het Zolikkenhof HR 78 1987 B
  - Step van de Leiweg 11029 1987 NL
  - Stewart van Hhet Vlinderhof HR 91 1989 B

Cukali 17 1975 AL

liz. Steirer 1975 A
- liz. Styria 1984 A
  - liz. Steiermark 1991 A (D)

liz. Steger 470/9 1975 Y

Sicco HR 32 1971 B

512 Shiner Jay 1985 USA

1232 St. Pat 1987 USA

1581 liz. Star 1948

ST-Linie

Fortsetzung von Seite 302

8. Generation

505 Stüber 1957 A

9. Generation

804 Stepper 1963 A
898 Streiter 1964 A

Streiter 1964 D
Stuart 23 1964 NL

901 Steinadler 1965 (A) DK

931 Stil 1966 A

Stanislaus 584 1967 D
1008 Stock 1968 A

Styx HR 6 1968 B
1074 Stein 1970 A

Quiz 1970 I

10. Generation

Stolz 1968 D

Strolch 0018 1968 D

Steinmarder 622 1969 DK

Storm 1969 F

Stern 1970 CO

GB. 4 Strudl 1970 GB
Stirling 1971 F

Straif 220 1971 D

1132 Stereo 1972 A

1136 Steger 1972 A
1168 liz. Stilist 1972 A

Stentor 1972 F

1165 Stukko 26 1973 (A) Y
1192 Star 1974 A
Stratus 1974 CH
1215 Stollberg 1975 A
1349 Stark 1980 A
1380 Sturm 1981 A
Klodskovgaards Steinbock 1984 (DK) S
R 10 Strauss 1984 DK
Starut 1986 DK
Status 1986 DK

1099 Stecher 1971 A
1139 Styx 1971 A

Sterz 1973 BT

Stanius K 1031 1975 D
Stapel 782 1972 D
Sultan 1977 D

Stentor de la Source HR 11 1972

Ungaro 1974 I
Urbano 1974 I
10912 Fano 1982 I
10418 Bixio 1978 I

11. Generation

Steiner 1016 1975 D
Steiger 1110 1975 D
Stentor 1977 CH

Mille Stabord 1978 F
Quick Storn 1982 F

Stefan 1975 CO

GB 30 Coombe Wood Strahl 1988 GB
Coombe Wood Stumper 1977 F

Stratos 252 1975 D

Sam 1975 L

1266 Sturmwind 1977 A

1318 Strumer 1979 A
1319 Sterzing 1979 A
Stone 1979 BT
1379 Stein 1981 A
818 Stolz II 1984 CAN

1243 Stanz 1976 A

1267 Start 1977 A
1268 Strolz 1977 A

1294 Stans 1978 A

Qui Sty 1982 F

64 Standard – 295 1992 SLO
Sturmwind 1977 BT
42 Storz – 170 1985 Y
47 Strok – 198 1986 Y
48 Strez'aj – 199 1986 Y

liz. Stalimann 1979 A

Stoffer 9101509 1991 DK

1214 Streif 1975 A
1265 Steeg 1977 A
Stichling 1978 D
Stromer 1989 D

1293 Stürmer 1978 A
1408 Strolch 1982 A

1409 Stuart 1982 A
1450 Sternblick 1984 A
1472 Stolz 1985 A
1517 Strato 1987 A

Nockchen 53 1982 BT
Norbu 55 1982 BT
Pholey 56 1982 BT
Burking 58 1982 BT
Nidup 65 1982 BT

Star 1978 L
Stern K 1100 1979 D
Stratege 1982 D
Steinway 1987 D

10822 Dribling 1980 I

10815 ST-Roky 1991 I

1491 Standard 1986

12. Generation	13. Generation	14. Generation
Stefan HR 59 1979 L Statim 1980 D Sturmius 1982 D Stuart 1983 D	Steinadler 1989 D	
Bismuth 1989 F		
Starboy 1984 D	Strax 1991 D	
J 034 Sarco 1980 L		
25 Stjenka – 57 1981 Y 1464 liz. Statist 1983 A	161x Sticciano Sultan-P 1989 I 2024 Starhemberg 1990 A	
Stromboli 1984 DK	Starost 1988 D Stephano 1989 D Studio 1989 D Stroganow 148 1990 NL 610073289 Sturm 1989 L Stratho 1988 D	
liz. Stolz 1986 A 91511 Stars'n Stripes T. O. F. 1991 USA liz. 130/T Stator 1990 A	Strong 112 1991 A	
1347 Stergus 1980 A Starter HR 58 1981 B	Starlite 1987 F Stanzer 1985 CH	
liz. Steinkauz 1981 A	170x Sturm-Q 1990 I	
1506 Steinbach 1986 A 125x Stern 1986 I	11900 Sterl-Sonny 1992 I	
59 Stojan – 284 1991 SLO		
1320 Stern 1979 A		
Stromer 1982 D Sterntaler 1984 D Stargard 1988 D 1410 Strogoff 1982 A	2115 HBO 61 Stubai 1988 USA 1518 Stein 1987 A 1519 Sterndeuter 1987 A	1992 S Stux of MMF 1992 USA 2095 S Stuben of MMF 1992 USA 2100 S Stardivarius – SHF 1992 USA
Stiklos van de Heksenkettel 128 1987 NL 1411 Stab 1982 A	liz. 104/T Starobin 1989 A	
1426 Star 1983 A	1540 Sterlango 1988 A Starlight 1989 D	liz. 164/T Steinbrech 1992 A
Strumer 1982 A	1464 Statist 1983 A	
Stuermidas 1987 L Stenz 1984 DK 1427 Stiglitz 1983 A 1428 Steiger 1983 A	liz. Steger 1987 A liz. Stadler 1989 A	2049 Steiner 1991 A
Star 105 1983 NL	Stallion van de Honosrug Hf. 13315 1992 NL Stallion van de Edelweiss Hf. 13837 1992 NL Stender van de Bosrand HR 98 1991 B Strizzi van de Heksenketel 131 1988 NL Strato 9128 1987 D 1354 Stubben NTF 1987 USA Stan HR 103 1991 B	Starlet van Ernstheem Hf. 13823 1992 NL Stern Hf. 16777 1992 NL
564 Sterling-Silver 1983 CAN	1134 Stanley M & B 1987 CAN	
Stern 1983 D	Strandvogt 1990 D	
1449 Steirer 1984 A 1491 Standard 1986 A	liz. 127/T Staniol 1990 A liz. 125/T Stegreif 1990 A	
1492 Stellit 1986 A 11632 Star 1989 BR liz. 143/T Sturmwind 1991 A 1493 Streif 1986 A 2019 Steirer (Steinadler) 1990 A liz. 117/T Stovik 1989 A liz. 116/T Steinberg 1989 A Steinadler 1989 D liz. 132/T Stearin 1990 A liz. 122/T Starkenbach 1990 A	5069 liz. Stern (Prinz) 1991 A	
liz. Steirerbua 1988 A liz. Sternflug 1990 A liz. 136/T Sternritt 1991 A		
Student 1984 D Stereo 1985 D Stephan 1986 D	Sterno 1990 D	

liz. 122/T Starkenbach 1990

1540 Sterlango 1988

ST-Linie

Fortsetzung von Seite 304

9. Generation	10. Generation	11. Generation
Starwonder 1956 USA	95 S America 1960 USA	
	212 S Sambar 1960 USA	
	153 Star-Lion 1962 USA	178 Star Buck 1982 USA
	475 Stampede 1970 USA	440 Samuel Levis 1976 USA
		708 S Skipper-W. P. 1983 USA
		732 S Stat 1983 USA
		733 S Sty 1983 USA
		1014 S Stimms 1986 USA
		2217 S Stuka WP 1992 USA
		(2166) 1052 S Starrheit 1986 USA
	30 S Static 1970 USA	32 S Storee 1975 USA
		186 S Stasha 1977 USA
		220 Striden 1979 USA
	19 S Stainless 1971 USA	
	55 S Stockley 1972 USA	
	56 S Stockton 1973 USA	933 Sunburst of Stockton 1980 USA
	47 S Stockwell 1973 USA	591 Stedman of Dolson Creek 1979 USA
		38 Stu of Dolson Creek USA
		1164 Sterling Meadow Bridge 1984 USA
		2200 S Stockard-Castle 1992 USA
		2259 S Stalwart-Castle 1992 USA
	4 S Stogey 1973 USA	374 Samson 1977 USA
		231 S Starduke 1979 USA
		28 Stogey's Dandy 1981 USA
		(1716) 702 S Scooter 1983 USA
		161 Stogey's Buckeye Boy 1983 CAN
		480 Strutter R. W. F. 1984 USA
	497 Storm 1973 USA	284 Stephen 1978 USA
		Sterling 1979 USA
		173 Samurai 1980 USA
		396 S Stuart M. B. 1980 USA
	248 S Star Morgana 1974 USA	
	91 S Stanwick 1974 USA	321 Samuel Austin 1980 USA
	142 State 1975 USA	606 S State's Shadow 1981 USA
		310 Statue 1981 USA
		144 Standby 1982 USA
		149 Starsky 1982 USA
		30 Stein 1982 USA
		477 Stay'in Alive 1984 USA
		595 Stihl Akh 1985 USA
		1253 State Senator of Hylite 1987 USA
		1105 S Stevenson's Start 1987 USA
		1871 Stately o Hylite 1989 USA
	387 S Stanwood 1975 USA	516 S Stasson 1981 USA
		671 S Starden 1982 USA
		1096 S Stanbae 1987 USA
		1990 S Stubbee 1992 USA
		2062 S Styhl 1992 USA
		2063 S Steev 1992 USA
	51 S Stutgart 1975 USA	(1378) 463 S Stanley-Stud 1980 USA
		34 Sidney 1981 USA
		137 Stumal 1982 USA
		1214 Sargent Dan 1982 USA
		794 S Stefen Joe 1984 USA
		1409 Stu Simmon 1987 USA
		2035 S Stputnik Stu 1992 USA
		2064 S Steinway WFF 1992 USA
	134 Story 1975 USA	1769 Story's Stormy 1989 USA

liz. 125/T Stegreif 1990

12. Generation	13. Generation	14. Generation
665 Sulton-One 1979 USA	799 S Sabre 1984 USA	
	846 S Scott 1985 USA	
	930 S Signal 1985 USA	
	931 S Schawn 1985 USA	
	1035 S Skyler 1986 USA	2235 S St. Patrick TRC 1992 USA
	1036 S Sisco 1986 USA	
432 Sir Ronald 1984 USA		
2217 S Stuka WP 1992 USA		
1705 Striden's Sundowner M. S. C. 1989 USA		
987 Striden's Simmie 1986 USA		
90392 Striden Sundance 1990 USA		
992 S Short Change 1986 USA		
1502 S Striden II L. D. C. M. 1987 USA		
1083 S Stiehl TJB 1987 USA		
245 Stannus 1980 USA	460 Star M. S. C. 1984 USA	
	461 Starskie M. S. C. 1984 USA	1710 Stoke W. K. H. 1989 USA
		2191 S Starkie WKH 1989 USA
490 S Striker 1981 USA		
520 Silver Mast Stable 1984 USA		
1292 Streif v. Der. Chateaux Mast Stables 1987 USA		
1221 Strudel von Lilien Feld 1987 USA		
1009 S Stinson Markley-L. B. 1986 USA		
1010 S Stocton-L. B. 1986 USA		
1448 S St. Oliver 1987 USA		
2112 S Stroke of Lightning LC 1992 USA		
405 Stoker 1984 USA	1999 S Stone Wall 1989 USA	
1194 Statue's Dream 1987 USA		
2032 Striden of Pine Crest PCA 1987 USA		
422 Stanza 1984 USA		
424 Staley 1984 USA		
1111 S Stuka 1987 USA		
1032 S Soleman 1986 USA		
1566 St. Seth 1988 USA		
2267 S Sebastian 1992 USA		

liz. 143/T Sturmwind 1991 A

ST-Linie

Fortsetzung von Seite 306

9. Generation | 10. Generation | 11. Generation

- Easter Sunday 8 1958 USA (128 S Student)
  - 9 Skitter 1977 USA
  - 1082 Short 1979 USA
  - 43 Son 1979 USA
  - 65 S Stanford 1967 USA
  - 355 Stacey 1969 USA
    - 627 Stacey Supreme 1979 USA
    - 315 S Stanley Supreme 1979 USA
    - 506 S Samson-L.D.C.M. 1981 USA
    - 67 Simon-L.D.C.M. 1982 USA
    - 179 Stacey II L.D.C.M. 1983 USA
    - 369 Stanton L.D.C.M. 1984 USA
  - 60 Stanislaus 1970 USA
    - 5 Sir Baron 1975 USA
  - 222 Strahan 1974 USA
    - 437 S Sam 1980 USA
    - 1652 Stucky 1988 USA
    - 760 Sumner 1980 USA
    - 461 S Sadler 1981 USA
    - 1514 Studious 1981 USA
    - 899 Starfire II 1982 USA
    - 849 S Stagehan 1984 USA
    - 890 Stepper J. J.T. 1986 USA
    - 953 Star Colonel 1986 USA
    - 1255 Stingray J.J.T. 1987 USA
  - 372 S Saint Citation 1975 USA
    - 558 Saint Sterling o' Strawberry Hill 1983 USA
    - 522 Stockade 1985 USA
    - 1013 S Saint Samuel 1986 USA
  - 97 Stardrift 1975 USA
    - 104 Stärke 1982 USA
    - 490 St. Peter 1984 USA
    - 489 Strauss 1984 USA
    - 860 Strum R.W.F. 1986 USA
    - 1102 S Star Shadow 1987 USA
    - 1014 Stereo R.W.F. 1987 USA
    - 1225 Starlite TMA 1987 USA
    - 1891 St. Sundance D.C.F. 1989 USA
    - 1400 Stand'n Tall MMH 1988 USA
    - 1843 Star of Might 1989 USA
    - 1539 Stardom TMA 1988 USA
    - 1569 Starky Troy 1988 USA
    - 1384 Starter AKH 1988 USA
    - 1637 Steven Star 1988 USA
    - 1844 Stocking Cap 1989 USA
    - 1750 Stop Sign MMH 1989 USA
    - 1492 Strive 4DA 1988 USA
    - 91044 Stunt Man CHF 1991 USA
    - 1409 Stu Simmon 1987 USA
    - 91005 St Seancy DAH 1991 USA
    - 90161 Samuel E.A.S.Y. 1990 USA
  - 52 S Stepee 1975 USA
    - 750 S Sailor Matt 1983 USA
  - 134 Story 1975 USA
    - 194 Storybook 1982 USA
    - 612 Stolz-Fuss von Lauscha 1985 USA
  - 73 S Solwey 1976 USA
  - 248 Spirit 1976 USA
  - 656 Sturdy 1977 USA
    - 404 S Starson 1981 USA
    - 740 S Silbert 1983 USA
    - 682 S Simple Simon 1983 USA
    - 797 S Sur-Fino 1984 USA
    - 652 Stanley F & W 1985 USA
    - 933 S Stuben 1986 USA
    - 961 S Sherwin 1986 USA
  - 881 Sturgis 1977 USA
    - 763 Sunny 1981 USA
    - 1638 Steller 1988 USA
  - 132 Sheik 1979 USA
    - 643 Stormy M.S.C. 1985 USA
    - 842 Stretch M.S.C. 1986 USA
    - 844 Stosh MSC 1986 USA
    - 848 Stouffer Candy M.S.C. 1986 USA
    - 90237 Studentis Solomon MSC 1990 USA
    - 2031 S Strider RTF 1992 USA
    - 2032 S Strudel 1992 USA
  - 698 S Sidney-D 1979 USA
    - 956 S Scott John 1984 USA
    - 1064 S Stanley-D 1986 USA
    - 1123 S Sonny J 1987 USA
  - 371 S Spencer 1979 USA
  - 517 S Stoni 1979 USA
    - 707 S Stadum 1983 USA
    - 774 S Starskey 1984 USA
  - 550 S Sloan 1980 USA
    - 975 S Solitaire 1986 USA
    - 976 S Staton 1986 USA
    - 1091 S Sanborn 1987 USA
  - 568 S Stanza 1981 CAN
    - 919 S Starfire 1985 CAN

12. Generation	13. Generation	14. Generation
251 Steel Kap 1981 USA	521 St. Stanley 1985 USA	2229 S St. Syclone HGC 1992 USA
	800 St. Spud 1986 USA	
37 Sam Dee-S 1982 USA		
41 Sir Robert 1983 USA		
91102 St. Buckaneer MLF 1991 USA		
423 Streem 1984 USA		
91220 Style Compact 1991 USA		
12 Sir Henry 1980 CAN	401 Striker HFB 1984 USA	
	762 St. George Dee-S 1986 USA	
	834 Steven HFB 1986 USA	
15 Sir Baron II 1983 USA		
1436 Senator 1988 USA		
Short Stuff 1985 USA		
2216 S St. Sound of Marso 1992 USA		
1602 Stage Erica 1988 USA		
2254 S Stace John 1992 USA		
2256 S Stanly John 1992 USA		
2729 S Stop it RP 1992 USA		
2091 S Stibil 1992 USA		
2092 S Starvin 1992 USA		
1872 Santana 1989 USA		
90182 St. Sky King DNH 1990 USA		
90146 St. Spanky DNH 1990 USA		
1585 Starson's Sonny Boy Dees 1988 USA	2096 S Star-Boy's Matt CBS 1992 USA	
	2098 S Star-Boy's Barjac CBS 1992 USA	
2726 S Stuffy GBT 1991 USA		
1993 S Stormy BMF 1992 USA		

W-Linie

5. Generation / 6. Generation / 7. Generation / 8. Generation / 9. Generation

- 401 liz. Willi 1921 A
  - liz. 941 Magnet 1926 A
    - Urban I 1931 D
      - Uranus 20 1939 D
      - 573 Wodan 1941 A
        - 1710 Wirt 1949 A
      - Urquell 53 1946 D
      - Uri 69 1951 D
    - 1546 Halltal 1933 A
      - 296 Werner 1939 A
      - 431 Wirbel 1940 A
        - Wolfram 1945 A
      - 435 Walter 1940 A
    - Prinz 1937 A
    - Wilfried 7 1934 D
      - 300 Wicht 1939 A
      - Winzer 18 1939 D
        - Widder 41 1945 D
      - Wieland 5807/25 1940 D
        - Wildling 35 1944 D
        - Wildfang 52 1946 D
        - Willibald H 60 1946 D
        - Wildberg 0004 1950 D
        - Wilderer 0001 1950 D
        - Wirbel 73 1952 D
        - Wicht 75 1952 D
        - Wendelstein 78 1953 D
        - Wieser 79 1953 D
        - Wiegand 84 1953 D
        - Wildbach 85 1954 D
        - Winnetou 150 1963 D
      - Wildschütz 51 1947 D
    - liz. Wichart 1937 A
  - liz. Willi 1928 A
    - liz. Venn 1935 A
      - Wicking 1945 A
    - 123 Wicho 1938 A
    - 130 Weiler 1938 A
    - Wanderer 1943 A
  - 1211 Wiesberg 1929 A
  - 1213 Hammer 1929 A
  - 1214 Stams 1929 A
  - 1287 Gurnau 1930 A
  - 1288 Silz 1930 A
    - Salurn 1937 CS
  - 1289 Arlberg 1930 A
    - 5 Serfaus 1937 A
      - liz. Wanderer 1947 A
    - liz. Aribert 1938 A
    - liz. Wulf Arno 1940 A
    - 583 Winzer 1941 A
      - 360 Viktor 1957 Y
  - 1362 Haiming 1931 A
  - 1363 Galtür 1931 A
  - 1364 Mathon 1931 A
    - 6 Gaflenz 1937 A
    - 293 Wolferl 1939 A
    - 294 Willram 1939 A
    - Mirko 25 1942 D
      - Mythos 157 1949 D
    - Moritz 34 1942 D
    - Wastl 1944 A
  - 1447 Martell 1932 A
  - 1448 Sieß 1932 A
  - 1449 Lotter 1932 A
    - Walter 1941 A
    - Peter 1943 A
    - Leander 1943 A
    - 1592 Wächter 1948 A
      - liz. Waldemar 1953 A
    - 1593 Wildvogel 1948 A
    - 1709 Wetter 1949 A
  - 1450 Lorch 1932 A
  - Wikinger 1934 A
  - 1851 Dorfer 1936 A
    - liz. Wilfried 1945 A
      - Walter 1953 A
      - 756 Wolferl 1961 A
    - 1772 Werter 1950 A
    - Wolf 1954 I
    - 376 Witting 1955 A
    - Welkom 1 1957 NL
      - Were-di van de Vrijthof 13 1963 NL
        - Wempire 123 1986 NL
        - Winston van Hoogenweg 130 1988 NL
        - Willow 154 1990 NL
        - Windor van de Rheunevallei 12373 1991 NL
        - Wachtmeester van de Wortel 140 1987 NL
        - Wilbur 36 1968 NL
        - Waldy van Veenlust 42 1970 NL
        - Winnetou van Veenlust 3274 1971 NL
        - Whender van het Ekenholt 53 1972 NL
        - Winner HR 49 1972 B
        - Walledi HR 15 1973 B
        - Waridor 4096 1974 NL
        - Wybe van de Blauwe Steentjeshoeve HR 55 1974 B
        - Wouter van de Kruisstraat 4643 1976 NL
        - Wing 5162 1977 NL
        - Weredi's Lente HR 41 1978 B
        - Weran van 't Broek 90 1981 NL
        - Wempire 123 1986 NL
        - Wilbert van de Wortel 1988 D
      - Wakker 14 1963 NL
      - Walter 15 1963 NL
        - Wervelwind 32 1967 NL
      - Winar 16 1964 NL
        - Wodan D. R. 56 B 1969 B
      - Wasa 21 1964 NL
      - Waldemar 20 1965 NL
        - 105 Wandor 1973 USA
        - Walter van het Hambroek 56 1973 PI
        - Walmero 4360 1975 NL
        - Willy van het Hambroek 67 1976 NL
        - Willem van Kerkhoven HR 42 1980 B
        - Wimpel van de Kleine Milt HR 47 1981 B
        - Wodan van Gemonde HR 44 1981 B
        - Wardein 6829 1982 NL
        - Wervelwind van de Villahoeve HR 54 1983 B
        - Wart van op de Bos HR 66 1986 B
      - Wisky 22 1965 NL
      - Wodan 580 1965 NL
      - Ward 26 1966 NL
      - Wouter van de Heiweg 30 1966 NL
        - Waro van de Haflinger Hoeve 94 1982 NL
      - Wodan 55 1973 NL
      - Widar 64 1974 NL
      - Wirk van de Molens 4003 1974 NL
      - Waxel HR 28 1974 B
    - 508 Wesir 1957 A
  - 4 Oswald 1937 A
    - Wind 1951 A
      - liz. Wieling 1957 A
        - liz. Wirbel 1963 A
        - liz. Winfried 1966 A
  - 121 Wall 1938 A
  - 122 Wardein 1938 A
    - *Fortsetzung Seite 312*
  - Wackerle 1939 CS
  - 291 Wildfang 1939 A
    - liz. Wildling 1944 A
    - Winfried 1944 A
    - Wildling I 1945 A
  - 432 Wastl 1940 A
    - Waldmann 1946 A

401 liz. Willi 1921

- Wilddieb 6028/57 1948 D
- Wilderer 65 1950 D
- Winkler 70 1951 D
- Wildfang 154 1955 D
  - Wunschtraum 1976 D
- Wildstamm 88 1954 D
  - Wildfang 1958 D
- Wingolf 106 1957 D
- Wülfling 637 1957 D
- Wieger 110 1958 D
- Wessel van't Lievers Hf. 12931 1992 NL
- Wido van de Norden Hf. 13735 1992 NL
- Wreker van de Milt 78 1978 NL
  - Wico-Vänmirpa 95 1982 NL
    - Winterberg 15309 1991 NL
  - Wico 1982 D
    - 501007589 Winsor 1989 L
    - 420074689 Wicko 1989 L
    - Waidmann 1988 D
    - Winner 1989 D
    - Winterstar 1990 D
    - Wanesco 1990 D
    - Wildfang 1988 D
  - Wendelinus van Schafferden 102 1983 NL
  - Waldie 108 HR 64 1984 B
  - 1618 Wilco Hf. 7693 1985 USa
- Wardein van de Hessenkamp 5208 1978 NL
- Wendo 7485 1984 NL
- Winner van Werkhoven HR 97 (8178) 115 1985 B
  - Wilbert van't Lievers 156 1990 NL
- Waldy van Abel HR 69 1983 B
- Warwick van de Villahoeve HR 70 1985 B
- Were-di van de Kriezel HR 86 1987 B
- Weredi's Wonder HR 85 1988 B
- Winner van't Hotland 12677 1991 NL
- Wesly van de Edelweiss 147 1990 NL
- Wilfried van Mereveld 150 1990 NL
- Ward HR 96 1990 B
- Waldo van de Hallegasten HR 14 1973 B
- Willem van de Hallegasten HR 12 1973 B
- 572 S Welkom II 1979 CAN
  - AB889 S Waldemar II 1982 CAN
- 523 S Woestina 1981 USA
  - 780 Wayne County 1986 USA
  - 872 Wilfried von Silberhof 1986 USA
- 106 Winzig 1982 USA
  - 1284 S Winsome W. S. A. H. 1986 USA
- 107 Weisheit 1982 USA
  - 1054 S Wendig 1986 USA
  - 1072 S Wild der Bube 1987 USA
  - 90270 WD-40 RRF 1990 USA
  - 1866 Wehrmacht 1988 USA
  - 1867 Wilhelm 1988 USA
  - 2336 S Warpath RRF 1992 USA
  - 2341 S Whistler RRF 1992 USA
  - 2337 S Wholehearted 1992 USA
  - 2338 S What-A-Whallop RRF 1992 USA
  - 2340 S Welkin RRF 1992 USA
- 108 Wayne 1982 CAN
  - 1128 S Elmsdon Willern 1987 CAN
- 228 Warnung 1983 USA
- 227 Willig 1983 USA
- 488 Walzen 1984 USA
- 2905 S Winchester Royal View 1978 CAN
- 1038 S Wingersheek 1986 USA
- 1039 S Washanda 1986 USA
- 2197 S Wildor PJD 1992 USA
- Walter van de Graspeel 5573 1979 NL
- Werner van het Hambroek 5379 1978 NL
- Wellington de Spy HR 90 1989 B
- Williams d'Henrichamps HR 68 1986 B
- Wieland van het Zolikkenhof HR 82 1985 B
- Walles van de Haflinger Hoeve 10625 1989 NL
- 777 Wiser JPH 1986 USA
- 1066 Warin-NTF (9068 NL) 1986 USA
  - 2171 S Whitney MSC 1990 USA
  - 90241 Weylin MSC 1990 USA
- Wimpel van de Beekenpieper 152 1990 NL
- Winzer 0208682 1986 D
  - Winzent 2200431 1990 D
  - Watzmann 1991 D
  - Wippo 2200496 1992 D
  - Winner van de Wortel Hf. 12983 1992 NL
- Westwind 1988 D
- Wikon 1988 D
- liz. Morold 1970 A

W-Linie

Fortsetzung von Seite 310

6. Generation → 7. Generation → 8. Generation → 9. Generation

- 122 Wardein 1938 A
  - Werner 1952 Y
  - 151 Wipp 1953 A
    - Wildfang 382 1957 D
    - 692 Wall 1960 A
    - Weer 1961 I
      - Willigis 1967 I
    - Wingold 259 1962 D
    - liz. 851 Wido 1963 A
    - Wiro 0012 1963 D
  - 190 Waldo 1953 A
  - 335 liz. Wendel 955 A
  - 375 Wild 1955 A
  - 7387 Vanek 1955 Y
  - Waldhorn 160 1955 D
    - Wichtl 256 1962 D
  - Wächter 161 1956 D
  - 450 Weit 1956 A
  - 507 Windus 1957 A
    - 747 Wurz 1961 A
      - Wim HR 4 1968 B
      - Wildschütz K 845 1970 D
      - Würzer 209 1970 D
      - liz. Wurzel 1971 A
    - Atak 3/62 1962 TR
    - Wenzel 13 1963 D
  - Winchester 5 1957 DDR
    - Windspiel 18 1961 DDR
    - Wildling 19 1962 DDR
    - Windsor 20 1963 DDR
      - Wimpel 41 1969 DDR
      - Wirko 47 1970 DDR
    - Widder 21 1963 DDR
    - Wilko 23 1964 DDR
      - Wildfang 326 1968 DDR
    - Winker 24 1964 DDR
      - Wirbel 42 1969 DDR
      - Wipfel 43 1969 DDR
      - Wirbelwind 96 1980 DDR
    - Windfürst 26 1965 DDR
    - Windfang 27 1965 DDR
      - Winfried 374 1970 DDR
  - 584 liz. Wart 1958 A
    - Winston 12 1962 NL
      - Wiro van de Crixhoek 38 1968 NL
      - Wladimir van Schafferden 47 1970 NL
      - Winston van Schafferden 52 1971 NL
    - 850 Waller 1963 A
      - Walter HR 7 1971 B
    - Wert 13 1963 D
    - Wigbold 18 1964 NL
  - 583 Welf 1958 A
  - Waaghals 3 1958 NL
  - 649 Wilten 1960 A
    - Watzmann 156 1964 D
    - Wotan 1965 PL
    - 936 Wildschütz 1966 (A) D
      - 1223 liz. Wintersturm 1970 A
      - Wanner 1988 D
      - Wolfgang 1970 F
      - 1104 Weidmann 1971 A
      - Wildschönau 1971 F
      - Wilfried 1971 F
      - 1137 Warrant 1972 A
      - Welcome 1972 F
      - 1 Wilrené 1972 DK
      - liz. Windspiel 1972 BT
      - Eris 4/74 1974 TR
      - 1217 Widukind 1975 A
    - 937 Westwind 1966 A
      - Evers Waldchen 5 1970 GB
      - Elegant-Willy 1970 F
      - Westling 1970 D
      - 1138 Weimar 1972 A
    - Wendelstein 1158 1966 NL
    - 975 Walli 1967 A
      - Wanchef 1971 F
      - 1135 Wald 1972 A
      - Sigfrido di Falterona 1972 I
      - 1166 Wächter 1973 A
      - 1167 Wacker 1973 A
      - Wotan 1973 D
      - Wehr 1973 BT
      - 1216 Wall 1975 A
      - Waliser K 1047 1976 D
    - 976 Winzer 1967 A
    - 1013 Walzer 10 1968 Y
      - 34 Vran – 106 1983 Y
      - 46 Vrisk – 193 1986 Y
    - 1016 Wedel 1968 A
      - liz. Walzer 1972 A
      - liz. Werner 1973 A
    - Wilhelm 1969 I
      - T. Asso 1973 I
      - Terry 1973 I
      - Teso 1973 I
      - Ulisse 1974 I
      - Urto 1974 I
      - Veleno 1975 I
      - 10305 Barbo 1978 I
      - 10309 Bartolo 1978 I
      - 10322 Wite-Bellino 1978 I
      - 10935 Freidy 1982 I
      - 11795 Wald-Quark 1990 I
    - 1079 Wolfgang 1970 A
    - 1080 Wilfried 1970 A
    - 1134 Wagrein 1972 A
  - Winnetou 297 1963 D
    - Windstoß 508 1968 D
      - Wirbel 781 1972 D
    - Wind 511 1968 D
    - Wastl I 514 1968 D
    - Wilten 519 1968 D
      - Waldspecht 783 1972 D
      - Ward 819 1972 D
      - Wick HR 13 1973 B
    - Winkel 589 1969 D
    - Wastl II 592 1969 D
    - Wirbelwind 621 1969 D
    - Wink 623 1969 D
    - Wimpel 643 1970 D
    - Wildgraf 746 1971 D
  - 855 Wirbel 1964 A
    - *Fortsetzung Seite 314*
  - 5941 Walter Hugo 1965 H
  - Walbo (Shpati) 1965 AL
    - Lishi 79 1976 AL
      - Lirak 186 1984 AL
      - Lindon 199 1984 AL
      - Libi 201 1984 AL
    - Lavdari 104 1979 AL

122 Wardein 1938

649 Wilten 1960

10. Generation

Wacker 76 1976 DDR
Winston 72 1976 DDR
Winter 454 1982 DDR

Wichtel 79 1977 DDR
Wintano 81 1977 DDR
Wiko 87 1978 DDR
Wildheger 102 1980 DDR
Wilmar 110 1981 DDR
Wanko 106 1981 DDR

Wilfried van de Kromveldhoeve HR 18 1975 B

liz. Wildfang 1974 BR
1218 Waldprinz 1975 A
1219 Waldfürst 1975 A
1269 Wald 1977 A

Kamikaze-Wolf 1976 F

16 Viktor-19 1980 Y

Jung Webe 1975 F
Mao Wild 1978 F

4 Wargrain 1979 DK

liz. Wilson 1976 A
liz. Walter 1976 A
Winter 1977 IND
Karma 1978 BT
Wangdi 27 1980 BT
Dorji 32 1981 BT

Eris 33/85 1985 TR

Werther 3877 1979 CH

Wolfgang 1975 D
Welf 1977 (L) S
Wendelin 1977 D

Zappata di Falterona 1976 I
Zebu' di Falterona 1976 I
Zelo di Falterona 1976 I
Zeus di Falterona 1976 I
Zorro di Falterona 1976 I
10129 Airone di Falterona 1977 I
10152 Anselmo di Falterona 1977 I
10169 Ascanio di Falterona 1977 I
10181 Augusto di Falterona 1977 I
10179 Attila di Falterona 1977 I
10882 Edolo 1981 I

Waldmeister 1979 D

60 Vardar – 285 1991 SLO

10830 Egitto 1981 I
10815 Wali-Dalaman 1980 I

11536 Gil 1983 I

10830 Delfo 1980 I

Windfang 1977 D

Winok de Heylissem HR 35 1978 B

11. Generation

Wilco 118 1983 DDR

William 1990 D
Wilder 1989 D
Wiland 1989 D
Winnetou 1991 D

139 Wimbledon BR
152 Waldyr BR
181 Waldmeister BR
169 Wiegant 1984 BR
132 Wagner 1981 BR
136 Windspiel 1983 BR
111 Waldherr 1982 BR

1317 Wälder 1979 A
Winter 1979 BT
1350 Wagrein 1980 A

Wildhüter 1980 (D) S
1407 Wild 1982 A
1436 Winner 1983 A
1473 Wildspitz 1985 A

1439 Weltmeister 1983 A
40 Wazzo 1984 Y
2022 Wolfsegg 1990 A
2050 Waldmann 1991 A

Wager 1980 BT

Wento 92–72 1984 CH

Wildfang 1983 D

Wessel 11848 1988 NL

10881 Elio 1981 I

10828 Danilo 1980 I
10805 Faiar 1982 I

10958 Ermes di Falterona 1981 I
10987 Fergus di Falterona 1982 I
10803 W-Iacopo 1984 I

10938 Efrem di Falterona 1981 I
10939 Egidio di Falterona 1981 I
10941 Elefante di Falterona 1981 I
10946 Eliseo di Falterona 1981 I
10950 Emilio di Falterona 1981 I
10952 Ennio di Falterona 1981 I
10953 Enrico di Falterona 1981 I
10954 Ercolano di Falterona 1981 I
10956 Erio di Falterona 1981 I
10957 Ermellino di Falterona 1981 I
10959 Ermete di Falterona 1981 I
10962 Eros di Falterona 1981 I
10963 Eschi di Falterona 1981 I
11046 Galante di Falterona 1983 I
11048 Garofano di Falterona 1983 I
11049 Gatto di Falterona 1983 I
11060 Germano di Falterona 1983 I
11062 Ghepardo di Falterona 1983 I
11069 Gim di Falterona 1983 I
11084 Giulio di Falterona 1983 I
11086 Gouble' di Falterona 1983 I
11096 Guittone di Falterona 1983 I
11123 Indro di Falterona 1984 I
11128 Inor di Falterona 1984 I
11159 Iulio di Falterona 1984 I
11164 Ivan di Falterona 1984 I
11190 Lauro di Falterona 1985 I
11194 Leno di Falterona 1985 I
11212 Lio di Falterona 1985 I
11220 Luca di Falterona 1985 I
11222 Lucio di F 1985 I
11223 Luis di Falterona 1985 I
11272 W-Montelleri di Falterona 1986 I
11273 W-Muschioso di Falterona 1986 I
11312 W-Napoleone di Falterona 1987 I
11325 W-Nettuno di Falterona 1987 I
11327 W-Nicola di Falterona 1987 I
11335 W-Nord di Falterona 1987 I
11341 W-Notturno di Falterona 1987 I
11371 Oliver di Falterona 1988 I

12. Generation

351 Wodan 1990 BR
344 Walnor 1989 BR
21645 Wildmoos 1992 BR

Wälder K 1132 1983 D
1455 Wind 1984 A
1495 Walbeck 1986 A

1454 Waidmann 1984 A
Waldfürst 1986 D
liz. 124/T Wirbelwind 1990 A
Wikinger 1989 D
liz. 160/T Wassergraf 1992 A

Waldgraf 1984 D
Wildhorn 1988 D

liz. 120/T Wintertraum 1990 A
liz. 135/T Wildkogel 1991 DK

2020 Wunschtraum 1990 A
Weltstar 100 1990 A

54 Vard – 266 1989 SLO
61 Vitez – 287 1991 SLO

10052 W-Nebbiolo 1987 I

10924 W-Marechiaro 1986 I

11181 W-Quercus di B. 1990 I

13. Generation

Windsor 1991 D

420670290 Whisky 1990 L

W-Linie

Fortsetzung von Seite 312

7. Generation – 8. Generation – 9. Generation

- 855 Wirbel 1964 A
  - William HR 3 1968 B
    - Wim HR 17 1974 B
    - Willem van Rhode HR 19 1975 B
  - 1014 Wörth 1968 A
  - 1051 Wotan 1968 A
    - 1220 Wildling 1975 A
    - 1295 Wildmoos 1978 A

Die W-Linie begründete der Hengst 401 Liz. Willi, der 23 Söhne und 196 Töchter zeugte. Von seinen 23 Söhnen waren es vier, die auch mutterstammäßig die notwendigen Voraussetzungen für eine erfolgreiche Weiterzucht nachweisen konnten. Einer dieser Hengste ist leider nach zwei Deckjahren eingegangen. Ein weiterer wurde in einem Zuchtgebiet eingesetzt, in dem an eine Nachzucht von Vatertieren nicht gedacht worden war.

Der dritte von ihnen, Liz. Willi I, hatte in der Steiermark sehr geringe Möglichkeiten, erfolgreich zu wirken; hingegen schien es seinem in Bayern eingesetzten Sohn Wilfried über dessen Sohn Wieland mit 12 Söhnen und seinen 8 Enkeln vorbehalten gewesen zu sein, die W-Linie auf ein breites und festes Fundament zu stellen.

Aber nirgends zeigt sich klarer und eindeutiger, was ein Vatertier ohne den Rückhalt eines durchgezüchteten und erfolgreichen Mutterstammes züchterisch wert ist. Es bleibt jedem Kritiker überlassen, darüber zu urteilen, warum der Wieland-Stamm in der zweiten Generation plötzlich aussetzte und in der dritten Generation einging: Die Mutter des Hengstes Wieland kann keine Abstammung nachweisen.

Wieland wurde wie ein »Landespascha« von Sieg zu Sieg geführt, nicht achtend, daß hinter seinem zweifellos bestechenden Exterieur züchterische Leere stand. Selbst das Hochzuchtland Tirol liebäugelte mit dem Gedanken, seinen damals führenden Hengst Stromer gegen den bayerischen Wieland einzutauschen, allerdings nur so lange, als man noch keinen Einblick in die Abstammung des Hengstes hatte.

Der Hengst 122 Wardein wurde, bereits 20jährig, im Zuchtgebiet Zams in Deckverwendung gestellt, um auf der dort vorhandenen Stutengrundlage, ähnlich wie mit dem Hengst Anselmo, der Linie einen neuen Auftrieb zu geben. Noch im Alter von 27 Jahren konnte der Hengst Wardein schwungvolle und federnde Bewegungen aufweisen, die von viel Nerv und Härte zeugten.

Von den Söhnen des Hengstes Wardein erwartete man sich besonders von Wilten, Wirbel, Winchester und Winnetou einen Fortschritt. Jedoch nur die Hengste Wilten, Wirbel und Winchester konnten die in sie gesetzten Hoffnungen erfüllen.

Nach Bekanntwerden der mangelnden Abstammung des vielgepriesenen Hengstes Wieland war es an der Zeit, sich dem letzten der vier übriggebliebenen guten Willi-Söhne zuzuwenden, nämlich dem Hengst Wardein.

122 Wardein führt über seine Mutter einmal Blut von 186 Elvas bzw. Jaggele und in der fünften Generation zweimal Blut von Liz. 42 Mandl und 252/233 Hafling. Über seine Großmutter führt er Blut nach 54 Genter und 23 Bruder. So sind in den Ahnenreihen des Hengstes Wardein von den sechs wertvollsten blutführenden Hengsten ab der dritten Generation fünf vertreten.

Der Hengst Winchester konnte sich in der ehemaligen DDR nicht durchschlagend vererben.
In Österreich gab es über die Hengste Wirbel und Wilten eine erfreuliche qualitative Aufwärtsentwicklung. Der Stamm über Wilten – Wildschütz – Wintersturm – Waldprinz – Wagrein hat der W-Linie besondere Werte gebracht. Ganz speziell die Nachkommen von Wirbel über Wotan – Wildmoos – Winterstein haben die W-Linie zu einer Spitzenblutlinie geführt, wobei vor allem in den beiden letzten Generationen von einem echten

1406 Winterstein 1982

Qualitätssprung gesprochen werden muß.

Italien versuchte auch bei der W-Linie, ähnlich wie bei den Linien S und B, mit allem Nachdruck eine breitere Basis zu schaffen. In Italien wurde die W-Linie über Wilten – Walli – Sigfriedo – Augusto aufgebaut. Nach der Auflage des Haflinger-Buches im Jahr 1980 wurden aus den Geburtsjahrgängen 1981 bis 1987 allein aus dem Hengst Augusto 40 W-Hengste in die Zucht gestellt, was leider auch in dieser Linie einer Massenproduktion gleichkommt.

Die Niederlande erwarben am Zuchtbeginn den Hengst Welkom aus Dorfer. Dorfer war ein derber Hengst, der bereits damals nicht in jenem Typ stand, um eine Haflinger-Zucht aufzubauen. Welkom wurde jedoch in den Niederlanden groß herausgebracht; von ihm wurden dort nicht weniger als 14 Söhne in die Zucht gestellt. In der 9. Generation wurden 13 seiner Nachkommen in Zuchtverwendung genommen, in der 10. Generation 11 und in der 11. Generation noch 4 Hengste.

In Amerika fand die W-Linie über den Hengst Wandor aus den Niederlanden Eingang.

10. Generation	11. Generation	12. Generation
Longpa 54 1982 BT		
1406 Winterstein 1982 A	1494 Wolf 1986 A	
	1060 Wall Street NTF 1986 USA	90150 Welkom NTF 1990 USA
		90222 Watch-N-Weep NTF 1990 USA
		90230 Wise Investor NTF 1990 USA
		91074 Wallna of Hylite 1991 USA
		91236 Windsor NTF 1991 USA
		91238 Wise Cracker NTF 1991 USA
		92218 Webster NTF 1992 USA
		92405 Warwick NTF 1992 USA
		2129 S Whiz Kid NTF 1992 USA
		2130 S Wise Choice NTF 1992 USA
		2192 S Worth The Money WBF 1992 USA
	2144 Waldeck Wulf 1988 USA	2304 S Waldmont 1992 USA
	HBO 34 Wintirol 1990 USA	
	liz. 121/T Walddorf 1990 A	
	liz. 133/T Wagner 1990 A	
	liz. 139/T Wacholder 1991 A	
	liz. 142/T Waldstadt 1991 A	
	Winter 1991 D	
	Winterstein 1991 D	
	Walzerkönig 1991 D	
	liz. 151/T Wildfire 1992 LUX	
	liz. 157/T Wildbach 1992 D	
	liz. 161/T Weltcup 1992 A	
1437 Willi 1983 A	2047 Wicki 1991 A	
1438 Winzer 1983 A	143X Walter 1987 I	10101 Winpy-Rasty 1991 I
		11044 Werde-Spino 1992 I
	1542 Waldfalk 1988 A	
	liz. 110/T Wakhan 1989 A	
	liz. 159/T Wechsler 1992 UNG	
Wiking 82/83 1983 TR		
Wildfürst HR 67 1986 B	William van het Leefdaalhof HR 101 1991 B	
Wintersun 1986 AUS	A88 Wilhelm 1990 AUS	
	A96 Wixon 1990 AUS	
1541 Wilderich 1988 A		
liz. 106/T Waldsee 1989 A		
Wildmoos-Bampi 1990 D		

Von dieser großen Anzahl an Hengsten scheinen in der Folgegeneration nur noch drei Nachkommen auf, was wohl die Bestätigung dafür sein dürfte, daß mit Masse keine Zucht aufgebaut werden kann. Als neuen Impuls hat Italien einen WINZER-Sohn erworben, von dem bereits zwei ansprechende Söhne in der italienischen Zucht stehen.

Der WINTERSTEIN-Sohn WALL STREET konnte die W-Linie in den USA weiter ausbauen. Die Nachzucht dieses Hengstes steht bereits in der 13. Generation.

Auch Australien hat mittels des WILDMOOS-Sohnes WINTERSUN die W-Linie auf diesem Kontinent gestärkt. Des weiteren stehen je ein WILDMOOS-Sohn in Belgien und in der Türkei.

liz. 161/T Weltcup 1992

liz. 120/T Wintertraum 1990

liz. 151/T Wildfire 1992

Wintirol 1990

liz. 160/T Wassergraf 1992

liz. 135/T Wildkogel 1991

Schlußwort

Wie diesem Buch entnommen werden kann, war der Weg des Haflingers und seiner Züchter nicht leicht. Die sich immer wieder ändernden Marktanforderungen verlangten des öfteren einen raschen Wandel der Zuchtrichtung. Speziell im Laufe der letzten 50 Jahre mußte jede Pferderasse, die überleben sollte, dem neuen Verwendungszweck angepaßt werden, wobei die Zuchtleitungen aber darauf bedacht sein mußten, das wertvolle Erbgut der jeweiligen Rasse nicht preiszugeben. Dem Haflinger kamen der starke Wille und der Stolz der Tiroler Bergbauern auf dieses bodenständige Pferd zu Hilfe. Nur durch die Kraft der Tiroler Züchter war es möglich, diese noch vor einigen Jahrzehnten unbedeutende, geographisch auf ein kleines Gebiet beschränkte Rasse zur heutigen weltweiten Verbreitung zu führen. Harte Zuchtförderungsbestimmungen im Rahmen rigoroser Reinzucht ermöglichten den Aufstieg der Haflinger-Rasse.

Im Zuchtgebiet des Haflinger Pferdezuchtverbandes Tirol und fast allen Nachzuchtgebieten kann man heute nicht ohne Stolz behaupten, daß die Haflinger-Rasse zu einer der wenigen europäischen Pferderassen zählt, die seit über 100 Jahren ohne fremde Blutzufuhr gezüchtet wird. Den immer wieder geänderten Marktanforderungen wurde auf dem Wege der Reinzucht Rechnung getragen. Die Haflinger-Zuchtleitungen aller Länder sollten sich bemühen, diesen Stand der Haflinger-Rasse abzusichern.

Der Haflinger sollte auch zukünftig ein Freizeit- und Familienpferd bleiben. Die Zuchtausrichtung beim Haflinger darf nicht auf einen Einsatz im Spitzensport bei Kleinpferden abgestimmt werden. Die Erhaltung der rassetypischen Eigenschaften, die einen Einsatz als Freizeit- und Familienpferd gewährleisten, müssen stets im Vordergrund des züchterischen Wirkens liegen.

Die Qualitäten des reingezogenen Haflingers werden es nicht schwermachen, für den Haflinger auch in Zukunft neue Absatzgebiete zu erschließen und seinen Lebensraum zu erweitern. Der Einsatz von Hunderten Haflinger-Pferden im Himalajagebirge in Höhen bis zu 5000 m erbringt den Beweis, daß der reingezogene Haflinger, trotz der Umzüchtung zum Freizeitpferd, nichts von seiner Eignung als Trag- und Zugtier eingebüßt hat; er ist in der Lage, die Aufgaben, die er vor mehr als hundert Jahren leisten mußte, und auch die des Freizeitpferdes, zu bewältigen. Die verschiedenen Haflinger-Zuchtorganisationen auf allen Kontinenten werden sich nicht mit dem bisher Erreichten zufriedengeben. Die Rasse zu erhalten, sie weiter zu verbessern und zu verbreiten wird das gemeinsame Ziel aller Haflinger-Züchter sein.

Hengst-Verzeichnis

2176 S	A-Invader HHF 1992 USA	12.G.
678	A-Little-Abe 1980 USA	11.G.
92471	A-Lot of Gold 1992 USA	14.G.
92380	A-Real Deal WBF 1992 USA	14.G.
1869	A-Round HFB 1989 USA	12.G.
2029 S	A-Star of Plain-Dealing 1992 USA	14.G.
852	Aar 1963 A	9.G.
	Aarden 1977 D	10.G.
liz.	Aaron 1981 A	10.G.
	Aaron 1987 D	11.G.
A 80	Aaron 1988 AUS	12.G.
90135	Aarp HHH 1990 USA	12.G.
	Abadan van de Golden Note Hoeve 1976 NL	10.G.
51	Abadon-231 1987 Y	13.G.
5	Abbas 1978 DK	11.G.
	Abbas de Nuv 1978 CH	12.G.
337 S	Abbott 1973 USA	10.G.
1780	Abbott MSC 1989 USA	13.G.
	ABC 1979 BT	10.G.
335	Abdul 1974 USA	10.G.
2089 S	Abe Le-La 1992 USA	11.G.
338	Abece da Gema 1989 BR	13.G.
936	Abel 1974 USA	10.G.
2003	Abelis Amos 1989 USA	11.G.
24	Abesin 27 1981 Y	11.G.
	Abgar 1974 F	9.G.
92673	Abishai Oxnead 1992 USA	14.G.
2069 S	Ablazing Attitude 1992 USA	12.G.
292	Abner 1980 USA	10.G.
1109 S	Abolero 1987 USA	11.G.
	Abonnent 1986 D	12.G.
513	Abraham 1972 USA	10.G.
	Abricot 1981 CH	11.G.
2270 S	Absalom of Serenity Acres 1992 USA	12.G.
12627	Absalon 1985 I	12.G.
647	Absam 1960 A	8.G.
	Absam van de Hertraksestraat HR 73 1983 B	11.G.
2085 S	Absolutely Charming RAH 1992 USA	13.G.
27	Abukir 29 1981 Y	12.G.
	Acal van Schawacht HR 51 1982 B	11.G.
	Acapulco 1991 D	14.G.
	Acatenango 773103189 1989 D	13.G.
	Accident MMH 1991 USA	13.G.
1490	Accurate 1988 USA	13.G.
1538	Accurate TMA 1988 USA	10.G.
10141	Acero-Regional 1991 I	12.G.
189x	Achab-S 1992 I	11.G.
	Achat 105 1981 DDR	11.G.
1182 liz.	Achat 1973 A	11.G.
liz.	Achates 1976 A	11.G.
	Achen Paß 145 020014589 A	12.G.
1159	Achensee 1973 A	11.G.
liz.	Achil 1982 A	12.G.
	Achill 974 1975 D	10.G.
636	Achill 1959 A	8.G.
	Achill 1969 D	10.G.
1125	Achill 1972 A	10.G.
1238	Achill 1976 A	11.G.
	Achill 1985 CH	12.G.
10124	Achille di Falterona 1977 I	12.G.
	Achilles 59 1973 DDR	10.G.
123X	Achim 1983 I	13.G.
124X	Achleiten 1985 I	13.G.
liz.	Achmed 1970 A	10.G.
liz.	Achmed 1973 A	10.G.
1286	Achter 1978 A	11.G.
1554	Acker 1984 A	13.G.
	Ackerly 46 S 1974 USA	10.G.
91262	Actor H.H.F. 1991 USA	12.G.
	Actueel 16642 92 NL	13.G.
	Ad van 't Vlier 84 1980 NL	12.G.
250 S	Adalbert 1973 USA	10.G.
833	Adalharry 1986 CAN	11.G.
liz.	Adam 1966 BT	9.G.
85 S	Adam 1973 USA	10.G.
1205	Adam MSC 1987 USA	13.G.
90322	Adam's Ale 1990 USA	12.G.
1119 S	Adam's Apple 1987 USA	11.G.
204 S	Adam-Amerika 1966 USA	9.G.
	Adama K 1025 1975 D	10.G.
90383 HBO 22	Adanac 1990 USA	12.G.
	Adel 588 1969 D	9.G.
	Adelbert 34 1966 NL	9.G.
liz.	Adi 1972 A	10.G.
	Adjutant 1976 D	10.G.
299 S	Adlai 1974 USA	10.G.
	Adlatus 1975 D	11.G.
253	Adler 1954 A	7.G.
	Adler 1988 CH	11.G.
1555	Adler 1989 A	13.G.
	Adler H 135 1970 D	10.G.
	Adler HR 72 1986 B	13.G.
	Adler van de Geuzendijk 6125 1981 NL	11.G.
	Adlerauge 101 1971 D	10.G.
	Adlerfang 319 1964 D	9.G.
	Adlerfarn 275 1963 D	9.G.
	Adlerfelsen 276 1963 D	9.G.
	Adlerflor 1970 CH	10.G.
	Adlerherz 644 1970 D	10.G.
	Adlerhorst 168 1966 D	9.G.
	Adlerhorst 279 1963 D	9.G.
	Adlerschild 192 1959 D	8.G.
	Adlersohn 1975 D	11.G.
	Adlerstein 280 1963 D	9.G.
	Adlerstolz 318 1964 D	9.G.
	Adlerstrolch 243 1974 D	11.G.
	Admiral 11 S 1974 USA	10.G.
751	Admiral 1962 A	8.G.
	Admiral 1974 I	10.G.
A 40	Admiral 1975 AUS	11.G.
	Admiral van het Zolikkenhof HR 94 1990 B	14.G.
	Admirus 206 1970 D	10.G.
	Admont 1982 D	11.G.
748	Ado 1961 A	8.G.
	Adol 513 1968 D	10.G.
	Adolar 100 1980 DDR	11.G.
	Adolino 1988 D	12.G.
	Adonis 832 1973 D	10.G.
	Adonis 1988 D	12.G.
L 300008191	Adonis 1991 L	12.G.
	Adonis van Kerkhoven HR 93 1989 B	12.G.
	Adonis van Schafferden HR 45 1981 B	10.G.
1612	Adonis YMF 1988 USA	11.G.
	Adrano 1960 I	10.G.
	Adrian 847 1972 D	10.G.
897	Adrian 1964 A	9.G.
421 S	Adrian 1974 USA	10.G.
1374	Adrian 1981 A	10.G.
142067091	Adrian 1991 L	12.G.
422 S	Adriel 1974 USA	10.G.
52	Adrijan 246 1988 Y	14.G.
	Adventure 1979 BT	12.G.
	Advokat 131 1986 DDR	11.G.
	Afghan 1040 1976 L	11.G.
liz.	Afghan 1969 A	10.G.
	Afghan 1976 D	11.G.
1338	Afghan II 1980 A	11.G.
	Afghan II 1982 F	12.G.
90360	Afghan III NTF 1990 USA	12.G.
	Afghan-Lavendel 1990 D	12.G.
317/272	Afing 1907 A	3.G.
101	Afing I 1913 A	4.G.
126	Afing I 1913 A	4.G.
	Afing I 1916 I	4.G.
liz. 940	Afing Jenner II 1926 A	5.G.
	Afras 1982 D	12.G.
	Afrat 1989 D	11.G.
	Afrik 1983 D	12.G.
	Afrika 1 1975 SA	11.G.
1283	Afrika MSC 1987 USA	13.G.
472 S	Aftan 1981 USA	11.G.
2180 S	Afton YMF 1992 USA	12.G.
	Aga Khan 1982 D	11.G.
210	Aga Khan de Sao Lourenco 1988 BR	13.G.
1467	Aga-Khan 1985 A	12.G.
	Agamemnon 1207 1967 NL	9.G.
	Agamemnon 1984 BR	12.G.
	Agar 1930 A	7.G.
	Agassi 1987 L	12.G.
	Agent 15277 1991 NL	12.G.
	Agib 1972 D	10.G.
30	Agil 40 1982 Y	12.G.
752	Agil 1962 A	8.G.
1397	Agra 1982 A	12.G.
	Agra 1987 D	12.G.
12886	Agreiter 1986 I	11.G.
L 300003092	Agro 1992 L	12.G.
62 S	Ahern 1974 USA	10.G.
2005 S	Ahern of PHF 1991 USA	11.G.
537	Ahern's Prince 1983 USA	11.G.
1290	Ahorn 1978 A	11.G.
	Ahorn II 1982 D	12.G.
13006	Aichner 1987 I	11.G.
66 S	Aidar 1972 USA	10.G.
	Aigle 1959 GB	8.G.
1311	Ainet 1979 A	12.G.
2176 S	A-Invader HHF 1992 USA	12.G.
10129	Airone di Falterona 1977 I	10.G.
2173 S	Airrick Luray 1992 USA	11.G.
	Ajax 62 1948 D	11.G.
	Ajax 448 1967 D	9.G.
liz. 137/T	Ajax du Tirol 1991 A	12.G.
1272	Ajax JMT 1987 USA	10.G.
10131	Akim 1977 I	14.G.
1371	Akkord 1981 A	12.G.
164	Akron 1977 USA	10.G.
	Akteur 83 1978 D	11.G.
	Aktief 103 1983 NL	12.G.
	Aktiv 1976 CH	10.G.
159X	Aktiv-P 1989 I	13.G.
1474 liz.	Aktuell 1984 A	13.G.
1534	Akzent 1988 A	12.G.
1148 S	Alabama 1987 CAN	11.G.
90001	Alabama CHF 1990 USA	10.G.
2271 S	Aladdin of Serenity Acres 1992 USA	12.G.
	Aladdin van de Peelkant 10287 1988 NL	13.G.
	Aladin 1974 D	11.G.
15705	Aladin-S 1992 I	12.G.
	Alain de Dudelange 1986 D	13.G.
174	Alaric 1972 USA	10.G.
900	Alarich 1965 A	9.G.
	Alarich H 12 1963 D	9.G.
	Alarm 590 1969 D	10.G.
954 S	Alarm 1976 USA	10.G.
1660	Alarquis GJF 1988 USA	12.G.
1373	Alban 1981 A	12.G.
liz.	Alban 1988 D	12.G.
29	Alban-42 1982 Y	13.G.
	Albanus 056006474 1974 DDR	10.G.
471	Albany 1984 USA	11.G.
119/T liz.	Albatros 1990 L	12.G.
	Albatros 420704392 1992 D	14.G.
B 353 S	Albedon 1980 USA	11.G.
	Alber van de Zomerhof 149 1900 NL	13.G.
1590	Albert 1948 A	7.G.
619 S	Albert P 1981 USA	11.G.
	Albertino 114 1982 DDR	11.G.
	Alberto 111 1982 DDR	11.G.
	Albertus 112 1982 DDR	11.G.
307 S	Albion 1976 USA	10.G.
N 210	Albion 1984 L	11.G.
392	Albion-King 1981 CAN	11.G.
	Albo 1970 F	9.G.
13097	Albrecht 1987 I	11.G.
90209	Alcron 1990 USA	13.G.
	Aldan 111 1992 A	14.G.
13223	Aldeiner 1987 I	11.G.
1161 S	Alden YMF 1987 USA	11.G.
	Aldino 17 1967 D	9.G.
	Aldo 91–95 1983 CH	13.G.
	Aldo 1991 CH	13.G.
1738	Aldrian 1935 A	7.G.
809	Alec Valmar 1986 USA	11.G.
1236	Alemanne 1976 A	11.G.
718 S	Alert 1979 USA	10.G.
	Alex 58 1948 D	11.G.
84	Alex 1952 A	7.G.
	Alex 1967 I	9.G.
	Alex 1974 D	10.G.
	Alex 1976 L	11.G.
1287	Alex 1978 A	11.G.
	Alex 1981 D	12.G.
11962	Alex 1983 I	12.G.
493	Alex 1984 USA	11.G.
560	Alex M & B 1978 CAN	10.G.
1172 S	Alex RS 1986 USA	12.G.
	Alex van de Heibloem 86 1980 NL	11.G.
	Alex van de Wilhelmina-Hoeve 157 1989 NL	11.G.
10820	Alex-Igor 1984 I	11.G.
191X	Alex-S 8350822792 1991 I	13.G.
2572 S	Alexander »T« 1991 USA	12.G.
1066	Alexander 464 1968 (A) Y	10.G.
	Alexander 1933 A	7.G.
	Alexander 1980 D	11.G.

406 S	Alexander 1980 USA	11.G.
1949	Alexander 1989 USA	12.G.
	Alexander 1991 D	14.G.
	Alexander van het Hambroek 976 NL	10.G.
	Alexis 1969 D	10.G.
3	Alexis 1978 DK	11.G.
liz. 162/T	Alexis 1992 A	13.G.
1076	Alf 1970 A	10.G.
	Alf 1973 D	11.G.
90072	Alf Her-Belle 1990 USA	10.G.
1634	Alf HFB 1988 USA	13.G.
1223	Alf vom Spiel-Hof 1987 USA	10.G.
VB 2826	Alfa du val Dieu HR 100 1990 B	11.G.
1554	Alfalfa HFB 1988 USA	12.G.
	Alfi 745 1971 D	10.G.
	Alfi 1979 D	12.G.
1103 S	Alfie 1987 USA	11.G.
	Alfo 219 D	9.G.
	Alfons 1978 DK	11.G.
	Alfonso 124 1985 DDR	11.G.
	Alfonso II 05 6012886 1986 D	11.G.
1158	Alfred 1973 A	11.G.
618 S	Alfred M 1981 USA	11.G.
	Alfred van de Maria-Hoeve 8365 NL	11.G.
2205 S	Alfred's Alan R5 1992 USA	12.G.
369 S	Alger 1979 USA	10.G.
2177 S	Alger's Adonis LM 1992 USA	11.G.
91141	Alger's Image (MAC) 1991 USA	11.G.
	Ali 120 1965 D	9.G.
	Ali 645 1970 D	10.G.
1187	Ali 1974 A	11.G.
61	Ali 1975 USA	10.G.
1237	Ali 1976 A	11.G.
liz.	Ali 1982 A	10.G.
	Ali 1987 DDR	11.G.
	Ali Khan 1985 D	11.G.
2201 S	Ali-Castle 1992 USA	11.G.
	Alibay 1980 BT	11.G.
	Alibi 1981 D	11.G.
2018	Alibi 1989 USA	12.G.
	Alioscha 959 1974 D	10.G.
1807	Alistair 1989 USA	12.G.
	Alkaid 1986 CH	12.G.
	Alko 897 1973 D	10.G.
2172 S	All Star 1992 CAN	12.G.
1261	Alland 1977 A	12.G.
90305	Allegheny OOS 1990 USA	11.G.
liz.	Allegro 1978 A	12.G.
696	Allegro 1980 USA	10.G.
230	Allegro 1983 USA	10.G.
	Allerich 1991 D	14.G.
	Alloro 1968 I	10.G.
68	Alm 1982 USA	10.G.
1007 S	Almar 1986 USA	11.G.
	Almboy 1988 D	12.G.
	Almenrausch 1991 D	12.G.
	Almfürst 1991 D	13.G.
liz.	Almiro 1987 A	12.G.
1556	Almjäger 1989 A	12.G.
	Almkönig 1982 D	12.G.
	Almkönig 1987 CH	13.G.
90098	Almonzo H.H.F. 1990 USA	12.G.
	Almprinz 23.637 022363789 A	12.G.
	Almprinz 1988 D	13.G.
	Almrausch 1982 D	12.G.
liz.	Almwind 1984 D	12.G.
	Almwind HR 80 1981 B	12.G.
	Alois 1975 I	9.G.
219	Alois Mandl I 1915 A	5.G.
TN 11475	Alois-S 1992 I	12.G.
2020 S	Aloysiris MSC 1989 USA	13.G.
1260	Alp 1977 A	11.G.
1124	Alpbach 1972 A	10.G.
90037	Alpen Gold MMH 1990 USA	10.G.
	Alpenkönig 591 1969 D	10.G.
	Alpenkönig 1968 USA	9.G.
1082 S	Alpenprinz-Andri 1986 CAN	11.G.
liz. 150/T	Alpenstein 1992 A	14.G.
	Alper 3/74 1974 TR	12.G.
	Alper 36/84 1984 TR	13.G.
	Alper 46/82 1982 TR	13.G.
liz. 123/T	Alpgraf 1990 A	12.G.
1247 liz.	Alpha 1973 A	11.G.
92005	Alpha Blue CHF 1992 USA	11.G.
1397	Alpha-U 1988 USA	10.G.
GB. 29	Alpine 1987 GB	13.G.
1947	Alpine Key 1989 USA	12.G.
407 S	Alpine MB 1980 CAN	10.G.
68 S	Alpine-Mist 1976 USA	10.G.

1257	Alpine-Peony 1974 US	10.G.
	Alpinist 1967 I	9.G.
1191	Alpinist 1974 A	11.G.
	Alpino 1151 1979 D	10.G.
	Alpinus 89 1980 NL	12.G.
	Alpquell 1977 IND	12.G.
	Alster 83 1976 D	10.G.
1339	Altan 1980 A	11.G.
	Altjo van de Kenterstreek 881981 NL	12.G.
11167	Altroche-Quinto 1990 I	14.G.
91204	Alvie MSC 1991 USA	13.G.
396	Alwin 1979 USA	10.G.
	Alwin van de Hoeve Werklust 7421 1984 NL	11.G.
	Aly 1973 A	10.G.
	Amadeus 1986 D	13.G.
1040 S	Amadeus 1986 USA	11.G.
liz. 101/T	Amadeus 1989 A	12.G.
	Amadeus 1990 D	13.G.
	Amadeus 501003984 1984 L	11.G.
13480	Amadeus-O 1988 I	11.G.
1452	Amalfi 1984 A	13.G.
90389	Aman WAHF 1990 USA	11.G.
	Amaretto 1989 D	11.G.
452	Amarquis 1984 USA	11.G.
1103	Amastar P.N.A. 1987 USA	11.G.
liz.	Amatus 1977 A	12.G.
2025 S	Amazing Fritz 1992 USA	11.G.
	Ambach 1991 D	13.G.
	Ambassadeur 9 1961 NL	8.G.
	Ambassador 30 HR 74 1970 F	10.G.
	Amber 156X 501000484 1984 I	13.G.
	Amber 1984 D	13.G.
	Ambo 1982	11.G.
1007	Ambos 1968 A	9.G.
	Amboß 155 1964 D	9.G.
	Amboß 1966 I	9.G.
	Ambros 973 1975 D	10.G.
1324 liz.	Ambros 1978 A	12.G.
1040 S	Amdeus 1986 USA	11.G.
95 S	America 1960 USA	10.G.
33	Ami 91 1983 Y	12.G.
	Ami 1971 F	10.G.
liz.	Ami 1981 A	12.G.
1875	Amicar JMT 1989 USA	10.G.
11167	Amico-Napoleone 1987 I	11.G.
1160	Amicus 1973 A	10.G.
11117	Amid-Persival 1989 I	14.G.
	Amigo 90-121 1982 CH	11.G.
	Amigo 1977 D	11.G.
	Amigo 1991 D	13.G.
23 liz.	Amigo 1992 A	13.G.
	Amigo van't Ruitersgat 11905 1991 NL	14.G.
173X	Amigo-O 1988 I	13.G.
455	Amika 1984 USA	11.G.
	Amleto 1966 I	9.G.
	Amleto 1975 I	10.G.
1314	Ammon 1979 A	12.G.
liz.	Amok 1982 A	12.G.
	Amon van de Peelkant 135 1989 NL	14.G.
	Amor 25 1972 A	10.G.
	Amor 102 1957 D	8.G.
	Amor 1945 I	10.G.
liz.	Amor 1950 A	8.G.
	Amor 1968 I	13.G.
liz.	Amor 1969 (A) L	10.G.
	Amor 1983 D	12.G.
	Amor 1984 L	11.G.
1535	Amor 1988 A	12.G.
	Amor 1989 D	14.G.
	Amor 1991 D	13.G.
	Amor van Schafferden 45 1970 NL	10.G.
13319	Amor-O 1988 I	11.G.
	Amore 1985 D	13.G.
	Amorno 6187/176 1967 D	9.G.
297	Amos 1983 USA	11.G.
	Amos Amerika 9 S 1974 USA	10.G.
1110 S	Amossen 1987 USA	11.G.
648	Amras 1960 I	8.G.
	Amtmann 15341 1991 NL	14.G.
	Amtsrichter 15 1964 D	9.G.
1183	Amur 1974 A	11.G.
1624	Amway 1988 USA	11.G.
72	Anbruit 1982 USA	11.G.
2697 S	Anbruit's C More 1992 USA	12.G.
242	Ancar 1983 USA	11.G.
1943	Ancar's Red Warrior FAH 1989 USA	12.G.
817	Ancora 1984 USA	12.G.

11248	Andalus-Paco 1989 I	10.G.
11744	Andels 1982 I	11.G.
1209	Ander 1975 A	11.G.
11741	Ander 1982 I	11.G.
1178	Anderholm 1987 USA	11.G.
12051	Anderl 1983 I	11.G.
11698	Anderle 1982 I	12.G.
	Andermatt 1981 D	11.G.
	Andernach HR 89 1989 B	12.G.
330	Anders 1971 USA	10.G.
	Anderson GB 11 1973 GB	10.G.
	Andi 1979 D	10.G.
liz.	Andi 1981 A	11.G.
1486	Andi 1986 A	13.G.
	Andi H 157 1972 D	10.G.
2088 S	Andio Le-La 1992 USA	11.G.
609 S	Andis 1982 USA	11.G.
2052	Andrä 1991 A	12.G.
	Andrang 1975 D	11.G.
	Andras 1985 D	12.G.
468	Andre 1984 USA	11.G.
1654	Andre's Amigo 1988 USA	12.G.
5741/76	Andreas 1976 I	11.G.
195 S	Andrew 1977 USA	10.G.
494	Andrew II 1984 USA	11.G.
1221 S	Andrew II 1984 USA	11.G.
1487	Andrit 1986 A	13.G.
	Andro 1984 L	12.G.
56	Andy 1980 USA	10.G.
	Andy 1981 D	11.G.
	Andy 1986 L	12.G.
923 S	Andy Adamson 1985 USA	11.G.
91186	Andy Boy 1991 USA	11.G.
90078	Andy Erica 1990 USA	11.G.
637	Andy's Augie 1985 USA	11.G.
1798	Andy's Budy Boy 1989 USA	11.G.
920	Andy's Two-Two 1986 USA	11.G.
	Angelo 134 1986 NL	12.G.
	Angelo 445548687 1987 D	13.G.
	Angelo HR 81 1986 B	12.G.
2046	Anger 1991 A	12.G.
13256	Angler 1987 I	11.G.
	Ango 1982 L	12.G.
	Angriff 17 1937 D	7.G.
	Angriff 544 H 1966 D	9.G.
	Angus 1963 GB	9.G.
1341	Anil 1980 A	12.G.
	Anker 1955 I	8.G.
631	Anker 1959 A	8.G.
	Anker 1979 D	12.G.
	Anker 1981 D	12.G.
	Ankha-Vilko 1987 D	12.G.
1259 liz.	Ankhan 1975 A	11.G.
	Ankhan 1979 D	12.G.
90202	Anlee of Hylite 1990 USA	13.G.
916	Anlis G.J.F. 1986 CAN	11.G.
450	Anluv 1984 USA	11.G.
	Anor 1974 L	11.G.
90024	Anrecht 1990 USA	13.G.
	Anselmino 1970 I	10.G.
10152	Anselmo di Falterona 1977 I	10.G.
999	Ansolmo 1926 A	6.G.
	Anstand 1991 D	13.G.
11630	Antares da Rosazul 1988 BR	13.G.
	Anteno 1945 I	8.G.
172/77	Anteno 1977 I	11.G.
	Anteus 127 1985 DDR	12.G.
1175 S	Anthony RS 1987 USA	12.G.
	Antimon 1971 CH	9.G.
liz. 156/T	Antinor 1992 I	12.G.
	Anton 38 1943 D	10.G.
12	Anton 1937 A	9.G.
	Anton 1985 F	11.G.
234/36	Anton Mandl I 1915 A	5.G.
	Antonello 1948 I	8.G.
1367	Antonio 1988 USA	12.G.
1429	Antor 1983 A	10.G.
	Antrieb 75-537 1981 CH	11.G.
807	Antrieb 1963 A	8.G.
	Antrieb 1982 D	12.G.
	Antrodoco 1957 I	8.G.
91287	Anvil HFB 1991 USA	12.G.
969	Anwalt 1967 A	9.G.
1124	Anwalt 1978 L	10.G.
	Anzio (Hans) 1921 I	6.G.
	Anzio 1945 I	9.G.
	Apache 1982 D	11.G.
91203	Apache Pal MSC 1991 USA	13.G.
1309 liz.	Apell 1978 A	12.G.
	Apikal 244 1974 D	10.G.
	Apoftilus 237 1973 D	10.G.

Apoll 187 1967 D 9.G.
Apollo 975 1975 D 11.G.
1583 Apollo 1948 A 7.G.
Apollo 1967 F 9.G.
Apollo 1967 I 12.G.
Apollo 1978 D 11.G.
432 Apollo 1981 USA 11.G.
Apollo 1989 CH 13.G.
175x Apollo 8383361 1986 I 11.G.
Apollo 445550688 1988 L 14.G.
10154 Apollo di Falterona 1977 I 12.G.
1291 S Apollo E 1986 CAN 11.G.
1633 S Apollo GJF 1987 USA 11.G.
Apollo van Schafferden HR 52 1980 B 10.G.
987 S Apollo-Castle 1986 USA 11.G.
1451 Appeal 1984 A 10.G.
liz. Appell 1984 A 13.G.
1123 Apple Joe 1983 USA 11.G.
1027 S Apple-Jack BCT 1986 CAN 11.G.
393 Applejack 1979 USA 11.G.
Apricot 1985 D 11.G.
2026 Apricot 1990 A 14.G.
liz. 138/T Apricot 1991 A 12.G.
1186 April 1974 A 9.G.
April 1980 BT 12.G.
1835 Arab TMA 1989 USA 10.G.
1686 Aragorn WMF 1988 USA 12.G.
Aral 9/62 1962 TR 12.G.
Aram 1974 F 11.G.
Aram van het Maathuis 125 1986 NL 13.G.
Aramis 1982 D 12.G.
PN 10960 Aramis-P 1989 I 12.G.
1340 Aras 1980 A 12.G.
Arascon Nobisco 1988 F 13.G.
Arber 1968 CH 10.G.
1855 Arby 1989 USA 12.G.
90207 Arcadia 1990 USA 11.G.
Arcello 1990 D 13.G.
1312 Archer 1979 A 11.G.
1928 Archer O.O.S. 1988 USA 11.G.
1221 Archibald 1975 A 11.G.
Archibald K 1116 1981 DK 12.G.
623 Archie 1984 USA 11.G.
1099 Archie II 1987 USA 12.G.
1948 Archie Key 1989 USA 12.G.
1509 Archimedes 1987 A 13.G.
970 Archivar 1967 A 9.G.
639 Archloran 1985 USA 11.G.
Arco 82 1977 DDR 11.G.
Arco 1945 I 11.G.
Arco 1970 L 10.G.
Arcole 1972 F 10.G.
Ares 1973 F 10.G.
liz. Ares 1983 A 12.G.
1185 Arett 1974 A 11.G.
TN 11371 Argan-R 1991 I 12.G.
1288 Argo 1978 A 11.G.
PN 10961 Argo-P 1989 I 12.G.
1040 Argon 1969 A 10.G.
1398 Argonaut 1982 A 12.G.
635 Argus 1959 A 8.G.
Argus K 881 1971 D 10.G.
liz. Aribert 1938 A 7.G.
liz. Ariel 1983 A 11.G.
2281 S Aries HNF 1992 USA 13.G.
liz. Arik 1982 A 12.G.
4125 Arino 1972 I 13.G.
Arino 1987 D 13.G.
Arion 180 1973 D 10.G.
Ariowist 211 L-D 10.G.
2048 Aris 1991 A 13.G.
Aristo 1983 D 12.G.
2243 S Aristocrat Hedgefield 1992 USA 11.G.
91512 Aristocrat T.O.F. 1991 USA 12.G.
220 S Arius 1977 USA 10.G.
Arjan van de Berkenhof 137 1989 NL 13.G.
1284 Ark 1978 IND 11.G.
91445 Arkwright CRB 1991 USA 11.G.
1289 Arlberg 1930 A 6.G.
934 Arlberg 1966 A 9.G.
1430 Arlberg 1983 A 12.G.
Arlberg 1986 D 13.G.
Arlberg Son 1991 D 14.G.
Arlequin 1989 D 13.G.
1921 Arman 1951 A 7.G.
Arman 1989 D 13.G.
1466 Armani 1985 A 12.G.
Armin 410 1966 D 9.G.
693 Armin 1960 A 8.G.
1769 Armin 1960 A 8.G.
Lo12 Armin 1982 L 12.G.
Armo 1964 AL 9.G.
Armond 1982 D 11.G.
2346 S Arney #1 Boy 1989 USA 11.G.
1083 Arney 1980 USA 10.G.
1505 Arnie J.M.T. 1988 USA 10.G.
liz. Arnim 1978 A 11.G.
Arno 70 1984 A 13.G.
Arno 1945 I 9.G.
Arno 1966 I 10.G.
Arno 1971 I 13.G.
liz. Arno 1973 A 10.G.
Arno 1981 D 10.G.
231 Arno 1983 USA 11.G.
Arno Dela L'Cur L 300004589 1989 D 13.G.
10163 Arno di Falterona 1977 I 12.G.
Arnold 31 1973 D 10.G.
1310 liz. Aron 1978 A 12.G.
11693 Aron 1982 I 11.G.
1313 Aros 1979 A 11.G.
liz. Aros 1985 DK 12.G.
1211 Arosa 1975 A 10.G.
1869 A-Round HFB 1989 USA 12.G.
Arpad 1023 1974 D 10.G.
Arpad 1991 D 13.G.
Arpino 1967 I 11.G.
1834 Arrow TMA 1989 USA 10.G.
850 S Artex 1984 USA 11.G.
Arthos 66-167 1984 CH 13.G.
liz. Arthos 1984 A 12.G.
Arthos van't Vlasven (9368) 127 1987 NL 13.G.
940 Arthritis 1986 USA 11.G.
Arthur 1967 I 9.G.
1372 Arthur 1981 A 12.G.
11721 Arthur 1982 I 11.G.
75 Artig 1982 USA 11.G.
Artist 911 1974 D 10.G.
853 Artist 1964 A 9.G.
Artist 1972 I 10.G.
Artist 1977 D 12.G.
Artist 1988 D 12.G.
10166 Artista di Falterona 1977 I 12.G.
Artos 1988 F 12.G.
TN 11315 Artu-R 1991 I 12.G.
10168 Arturo 1977 I 10.G.
Artus 3 1955 DDR 12.G.
Artus 1945 A 8.G.
liz. Artus 1981 A 11.G.
Artus H He 37 1981 D 11.G.
As de coeur 1974 CH 11.G.
As de Pic 91-112 1983 CH 13.G.
Asbach 192 1969 D 10.G.
Asbach 1991 D 14.G.
Ascan 1973 D 10.G.
10169 Ascanio di Falterona 1977 I 10.G.
liz. 153/T Aschau 1992 A 14.G.
12505 Aschbacher 1985 I 11.G.
Ascona 1984 D 11.G.
2007 S Ashes Le-La 1991 USA 11.G.
677 S Ashly 1982 CAN 11.G.
Asinus 1988 D 12.G.
Askal Imladris HR 62 1985 B 13.G.
Askan 91-27 1980 CH 11.G.
Askan 910 1974 D 10.G.
Askan 1991 D 13.G.
Askari 1980 D 11.G.
Asket 1990 D 14.G.
91258 Aspect 1991 USA 13.G.
547 Aspen 1982 USA 12.G.
2238 S Aspen's Abraham MSC 1989 USA 13.G.
1776 Aspen's Archie MSC 1989 USA 13.G.
Aspirant 1991 D 12.G.
Assan 1984 D 11.G.
91189 Asset 1991 USA 10.G.
10174 Asso di Falterona 1977 I 12.G.
2029 S A-Star of Plain Dealing 1992 USA 14.G.
Asten 1919 I 6.G.
Asterix 1972 F 10.G.
Asterix 1991 D 11.G.
12981 Astner 1985 I 11.G.
Aston 1977 D 11.G.
Astor 878 1966 NL 9.G.
48 Astor 1952 A 7.G.
1075 Astor 1970 A 10.G.
Astor 1976 D 10.G.
11691 Astor 1982 I 11.G.
Lo15 Astor 1982 L 12.G.
M 111 Astor 1983 L 11.G.
M 136 Astor de Contern 1983 L 12.G.
Astor K 871 1969 D 9.G.
11018 Astor-Romolo 1991 I 14.G.
10176 Astorre di Falterona 1977 I 12.G.
1210 Astral 1975 A 11.G.
Astro 1945 I 11.G.
84 Astro 1979 BR 12.G.
Astro 1980 D 12.G.
563 Astro 1983 CAN 11.G.
Astro Apollo 1988 F 13.G.
Astro de L'Or 1988 CH 14.G.
Astrologe 99 1980 DDR 11.G.
Aswin van Broekhuizen HR 95 1990 B 12.G.
Atak 3/62 1962 TR 8.G.
Atan K 777 1968 D 10.G.
Atari 1988 D 14.G.
538 Atari-Castle 1983 USA 11.G.
449 Atarin 1984 USA 11.G.
Athen 1985 D 13.G.
11166 Athlet-Quastor 1990 I 14.G.
Athos 476 H 1973 D 11.G.
Athos 1973 F 10.G.
Athos 1979 D 12.G.
1208 Atif 1975 A 11.G.
Atif 1984 D 13.G.
1123 Atilla 1972 A 11.G.
Atilla 1981 HR 79 B 11.G.
1536 Atlantik 1988 A 12.G.
2209 S Atlantik WCF 1992 USA 13.G.
1775 Atlas 1950 A 7.G.
Atlas 1965 PL 9.G.
11195 Atlas-Ringo 1991 I 14.G.
Atleth 1986 D 12.G.
Atmos 1934 A 6.G.
Atoll 104 1983 NL 12.G.
Atoll 1979 D 12.G.
Atoll 3063 RN 1971 D 9.G.
Attaché 1983 D 11.G.
2031 Attersee 1990 A 14.G.
Attila 163 1965 D 9.G.
Attila 568 1970 D 10.G.
150 Attila 1953 A 7.G.
1042 Attila 1969 A 10.G.
Attila 1969 F 10.G.
2 Attila 1978 DK 11.G.
10179 Attila di Falterona 1977 I 10.G.
890 S Attila I 1984 CAN 11.G.
Attila K 1037 1976 D 11.G.
388 S Attis 1979 USA 10.G.
2090 Attison 1988 USA 11.G.
2180 S Atton YMF 1992 USA 12.G.
liz. Atur 1983 A 13.G.
1845 Auble 1989 USA 11.G.
1101 S Audit 1987 CAN 12.G.
195/19 Auen 1917 A 5.G.
Auer (Hacker) I 1945 A 5.G.
474 S August 1978 USA 10.G.
758 August 1983 USA 10.G.
1104 S August Busch Jr. 1987 USA 11.G.
Augusto 1935 I 8.G.
Augusto 1972 I 12.G.
10181 Augusto di Falterona 1977 I 10.G.
liz. 129/T Auland 1990 A 12.G.
Aurel 130 1986 DDR 12.G.
Aurelio 1945 I 7.G.
863 Aurora 1986 USA 10.G.
1203 Autocar HFB 1987 USA 12.G.
Avellino 1958 I 10.G.
Avenir II 91-127 1984 CH 12.G.
Averlano 1958 I 10.G.
2207 S Avery 1992 USA 11.G.
2244 S Avery-Hedgefield 1992 USA 11.G.
Axel 94 1979 DDR 11.G.
D 004 Axel 1974 L 11.G.
1289 Axel 1978 A 11.G.
1095 S Axel 1987 USA 11.G.
1271 Axton AKH 1987 USA 10.G.
748 S Aza P 1982 USA 11.G.
Azar van de Zomerhof 12663 1991 NL 13.G.
Azionista 1966 I 9.G.
Aznavour D 11.G.
Azur 1984 D 12.G.
Azuro 1991 D 14.G.

1457 Baalim 1984 A 14.G.
10290 Baba' di Falterona 1978 I 12.G.

68/83	Babur 1983 TR	14.G.
	Baccara des Richelles HR 61 1984 B	15.G.
	Bacco 1928 I	7.G.
10293	Bacco di Falterona 1978 I	12.G.
1270	Bach 1977 A	13.G.
liz.332/9	Bacher 1918 A	5.G.
13388	Bacher-O 1988 I	14.G.
	Bachus 1965 I	9.G.
	Backpa 52 1982 BT	12.G.
	Bail A	5.G.
	Bajaan 122 1984 (NL) D	15.G.
	Baldo 1972 I	10.G.
	Balilla 1935 I	8.G.
1162	Balsam 36 1973 (A) Y	12.G.
	Balteo 1928 I	7.G.
49	Baltik-229 1987 Y	15.G.
10300	Bambu' di Falterona 1978 I	12.G.
10867	Banjo 1987 I	14.G.
10301	Barabba di Falterona 1978 I	12.G.
10305	Barbo 1978 I	9.G.
	Bari 1946 I	10.G.
15429	Barnabas-S 1992 I	14.G.
1399	Baron 1982 A	14.G.
182x	Baron-Q 1990 I	13.G.
	Barone 1947 I	10.G.
	Barthel 1947 A	8.G.
1078	Bartl 1928 A	6.G.
13633	Bartler-O 1988 I	14.G.
10309	Bartolo 1978 I	9.G.
1161	Basalt 1973 A	12.G.
10310	Bastiano di Falterona 1978 I	13.G.
	Bastjaan 1990 NL	16.G.
10582	Battista 1978 I	12.G.
12931	Bauer 1986 I	14.G.
11175	Bay-Sandokan 1992 I	15.G.
	Beat Nick 1989 F	12.G.
2189 S	Beau RBF 1992 USA	16.G.
10313	Bebel di Falterona 1978 I	12.G.
1126	Becket 1972 A	12.G.
13493	Beikircher-O 1988 I	14.G.
11280	Bel Quadro 1990 I	12.G.
11112	Bel-Morfeo 1986 I	14.G.
	Bello 1974 I	11.G.
91456	Bello Karino 1991 USA	16.G.
	Belmondo 1987 D	13.G.
1488	Bengal 1986 A	14.G.
	Benito 1933 A	4.G.
	Benito 1981 CH	14.G.
18 liz.	Benito 1990 A	15.G.
1342	Benjo 1980 A	14.G.
58	Benjo-279 1991 SLO	16.G.
liz. 253	Benno Jenner II 1922 A	5.G.
	Bergamo 1969 I	10.G.
1496	Bergbaron 1985 A	14.G.
2043	Bergfürst 1991 A	15.G.
35	Berggeist 1983 Y	14.G.
liz.	Bergkaiser 1986 DK	15.G.
liz. 112/T	Bergkristall 1989 A	16.G.
	Bergmandl 1977 IND	13.G.
liz.	Bergwind (D) 1987 D	15.G.
1468	Bergwind 1985	15.G.
	Bering 1968 I	11.G.
1322	Bernhard 1979 A	13.G.
GB. 24	Bernhard 1981 GB	14.G.
	Bernstein 1992 D	16.G.
1343	Berthol 1980 A	13.G.
liz.	Berthold 1984 A	14.G.
	Bertold 1946 I	9.G.
liz. 113/T	Beryll 1989 A	15.G.
90371	Best Fellow 1990 USA	16.G.
	Bill 1973 I	12.G.
71	Billig 1902 A	4.G.
15267	Bimbo-S 1992 I	15.G.
	Birichino 1969 I	10.G.
Liz. 115/T	Birma 1989 A	14.G.
	Bismuth 1989 F	12.G.
107	Bitter 1909 A	
176/64	Bitter 1909 A	
10418	Bixio 1978 I	10.G.
13387	Blauer-O 1988 I	14.G.
50	Blegoš-230 1987 Y	15.G.
	Blitz 1924 I	7.G.
1043	Blitz 1969 A	11.G.
1505	Blühnbach 1933 A	7.G.
	Boccanera 1966 I	11.G.
45	Bohinj-183 1986 Y	15.G.
188x	Bolero-R 1991 I	13.G.
	Bolzano 1915 I	5.G.
	Bongo 1946 I	10.G.
liz. 111/T	Bonus 1989 A	16.G.

62	Bor-290 1992 SLO	16.G.
	Bora 1/74 1974 TR	10.G.
11452	Borax 1981 I	13.G.
1484	Boris 1984 A	14.G.
12514	Boris 1985 I	13.G.
	Bosco 1966 I	9.G.
10350	Boscoso di Falterona 1978 I	13.G.
856	Bozen 1964 A	10.G.
63	Bozidar-291 1992 SLO	16.G.
	Bozner 1968 I	9.G.
	Bracco 1973 I	11.G.
11077	Bracco 1987 I	14.G.
10351	Bracco di Falterona 1978 I	12.G.
	Bramo 1946 I	9.G.
	Brando 1972 I	13.G.
2190 S	Brandon RBF 1992 USA	16.G.
11150	Brandy 1980 I	13.G.
	Bravo 1946 I	9.G.
liz.	Bravo Jenner III 1938 A	6.G.
15445	Breiten Berg-S 1992 I	15.G.
1012	Brenner 1968 A	11.G.
	Brenner 1970 I	9.G.
	Brilland 1990 D	16.G.
	Brillante 1934 I	8.G.
109/76	Brillante 1976 I	10.G.
406	Brioni I 1912 A	6.G.
180/110	Brioni II 1912 A	6.G.
117	Brioni III 1912 A	6.G.
10357	Brontolo di Falterona 1978 I	13.G.
10358	Bronzo di Falterona 1978 I	13.G.
23	Bruder 1901 A	4.G.
13363	Brunner-O 1988 I	14.G.
	Brusco 1967 I	10.G.
	Brusco 1968 I	10.G.
1246	Brutus 1976 (A) D	13.G.
	Bubi 1925 I	7.G.
	Bubi 1946 I	10.G.
	Bubi 1967 I	9.G.
12064	Bubi 1983 I	13.G.
	Buckingham L.G.F. 1989 USA	16.G.
10365	Bufalo di Falterona 1978 I	13.G.
10366	Bulbo 1978 I	9.G.
10921	Bull-Onorio 1988 I	14.G.
13643	Bumerang-O 1988 I	14.G.
11680	Bundschen 1982 I	13.G.
10960	Buon-Mosè 1986 I	13.G.
13067	Burgauner 1987 I	14.G.
12112	Burger 1983 I	13.G.
	Burgher 1966 I	9.G.
172x	Burgherr-P 1989 I	15.G.
	Burking 58 1982 BT	11.G.
14001	Bursche-P 1989 I	14.G.

RM 10801	C. Mizar 1979 I	10.G.
10849	C. Toledo 1979 I	13.G.
	Cabalista 1929 I	7.G.
	Cacciatore 1929 A	7.G.
	Caccimperio 1929 I	7.G.
	Caesar 1947 I	7.G.
	Caino 1961 I	12.G.
	Caio 1947 I	10.G.
10801	Caio 1979 I	13.G.
	Cairo 1954 I	11.G.
10804	Cale' di Falterona 1979 I	12.G.
10805	Califfo di Falterona 1979 I	13.G.
	Calvo 1969 I	10.G.
32	Campi 1896 A	3.G.
	Campi 1924 I	6.G.
liz.229/109	Campi I 1901 A	4.G.
	Campi II 1921 I	5.G.
	Campi II-10 1910 I	5.G.
	Campi-10 1917 I	4.G.
10810	Campione di Falterona 1979 I	13.G.
	Candido 1947 I	9.G.
	Canguro 1970 I	11.G.
	Capalbio 1970 I	10.G.
	Capitan 1954 I	11.G.
	Caprese 1957 I	9.G.
	Capriolo 1960 I	12.G.
	Cardinal 1990 F	13.G.
	Cari 1954 I	11.G.
	Carlo 1947 I	9.G.
10823	Caronte di Falterona 1979 I	13.G.
	Caruso 1947 I	8.G.
10826	Caruso di Falterona 1979 I	13.G.
10829	Caster di Falterona 1979 I	13.G.
10821	Castore 1979 I	13.G.
	Catone 1968 I	11.G.
10832	Catone di Falterona 1979 I	13.G.
	Catullo 1947 I	9.G.
	Cavolo 1970 I	10.G.
10835	Cedro 1979 I	13.G.
	Celso 1947 I	9.G.
	Cerveteri 1970 I	10.G.
10838	Cesare di Falterona 1979 I	13.G.
	Changdu 75 1983 BT	14.G.
GB.10	Chatsworth Magpie 1973 GB	13.G.
GB.8	Chatsworth Major 1972 GB	13.G.
GB.9	Chatsworth Mango 1973 GB	13.G.
GB.28	Chevin Stollen 1986 GB	12.G.
	Christl 1933 A	6.G.
10841	Ciclone di Falterone 1979 I	13.G.
	Cigno 1960 I	9.G.
	Cipro 1965 I	10.G.
	Cipro 1965 I	11.G.
	Cirano 1947 I	9.G.
	Ciriaco 1969 I	11.G.
	Cirill 1945 I	8.G.
	Ciro 1947 I	9.G.
	Ciro II 1952 I	9.G.
	Ciullo 1968 I	10.G.
1118 S	Clifton Brunel 1985 USA	15.G.
10860	Colombo di Falterona 1979 I	12.G.
10819	Como 1979 I	13.G.
	Condor 1947 I	10.G.
GB 32	Coombe Wood Niko 1990 GB	14.G.
GB.16	Coombe Wood Stolz 1976 GB	11.G.
GB 30	Coombe Wood Strahl 1988 GB	11.G.
	Coombe Wood Stumper 1977 F	11.G.
	Corano 1954 I	11.G.
10863	Coreador di Falterona 1979 I	12.G.
	Corinto 1947 I	9.G.
10828	Coriolano 1979 I	13.G.
10866	Corsaro di Falterona 1979 I	12.G.
	Cristallo 1937 I	8.G.
	Cukali-17 1975 AL	12.G.

	D. Match du Fermont 1969 F	12.G.
10807	D. Rolando 1980 I	13.G.
21	Dahoman VI 1889 A	
	Dahoman VI a. d. El'Bedavi XXI A	
	Daino 1948 I	8.G.
	Daino 1961 I	9.G.
10867	Daino di Falterona 1980 I	13.G.
10828	Danilo 1980 I	11.G.
	Dante 1974 I	11.G.
	Danubio 1948 I	10.G.
10827	Dario 1980 I	15.G.
10875	Dario di Falterona 1980 I	13.G.
	David 1975 I	11.G.
	Delfino 1955 I	8.G.
10881	Delfino di Falterona 1980 I	13.G.
10830	Delfo 1980 I	10.G.
10882	Delfo di Falterona 1980 I	12.G.
	Delizioso 1975 I	12.G.
	Dello 1959 I	12.G.
10855	Dero 1980 I	13.G.
11839	Desiderio 1980 I	11.G.
	Destro 1930 I	7.G.
	Destro 1950 I	10.G.
GB. 23	Devon Adler 1981 GB	11.G.
GB. 12	Devon Napoleon 1973 GB	12.G.
GB. 20	Devon Novara 1979 GB	13.G.
10724	Dialogo 1975 I	13.G.
	Diamante 1975 I	12.G.
10888	Diango di Falterona 1980 I	13.G.
	Diano 1975 I	13.G.
10805	Diavolo 1980 I	15.G.
10790	Dich di Falterona 1980 I	12.G.
97	Dick 1906 A	
	Diego 1975 I	13.G.
10862	Diego 1980 I	12.G.
	Dino 1948 I	8.G.
10895	Dino di Falterona 1980 I	13.G.
	Diverso 1971 I	13.G.
10898	Dollaro di Falterona 1980 I	13.G.
	Dolomit 1948 I	10.G.
10900	Domenico 1980 I	13.G.
10901	Domingo di Falterona 1980 I	13.G.
	Domo 1970 I	10.G.
1851	Dorfer 1936 A	6.G.
	Dorji 32 1981 BT	10.G.
	Doro 1948 I	9.G.
	Dotto 1961 I	9.G.
10846	Dotto 1980 I	13.G.
10909	Dracula di Falterona 1980 I	12.G.
10910	Drago di Falterona 1980 I	13.G.
10822	Dribling 1980 I	11.G.

	Duca 1948 I	9.G.
	Dumbo 1975 I	13.G.
10878	E. Caruso 1981 I	12.G.
10807	E. Valter 1981 I	14.G.
	Easter Sunday 8 (128 S Student) 1958 USA	9.G.
	Ebbs 1953 I	8.G.
	Eberhard 1948 A	10.G.
4136	Ebert 1976 I	12.G.
343/21	Ebner 1918 A	4.G.
581	Eckart 1941 A	9.G.
	Edial Merlin 13 1973 GB	13.G.
	Edipo 1962 I	9.G.
10916	Edipo 1981 I	13.G.
4137	Edisto 1976 I	12.G.
	Edolo 1956 I	11.G.
10882	Edolo 1981 I	10.G.
10938	Efrem di Falterona 1981 I	12.G.
liz.	Eggele 1941 A	9.G.
10939	Egidio di Falterona 1981 I	11.G.
10830	Egitto 1981 I	10.G.
	Egon 1947 A	9.G.
	Egon 1949 I	10.G.
N 181	Eiko de Dudelange 1984 L	14.G.
	El'Bedavi 2 1830 A	
	El'Bedavi ca. 1817 A	
	El'Bedavi I 1837 A	
	El'Bedavi XXII 1852 A	
133	El'Bedavi XXII 1868 A	
	Elan 8 1935 D	8.G.
10918	Elbo 1981 I	13.G.
	Elch 141 1953 D	11.G.
10941	Elefante di Falterona 1981 I	11.G.
	Elegant-Willy 1970 F	9.G.
	Elia 1956 I	9.G.
10944	Elia di Falterona 1981 I	12.G.
10881	Elio 1981 I	11.G.
	Elios 1949 I	8.G.
10946	Eliseo di Falterona 1981 I	11.G.
	Elkar 16 1938 D	9.G.
	Elmar 6 1935 D	8.G.
	Elmar 145 1966 D	8.G.
liz.1816	Elmar 1950 A	9.G.
	Elmo 1947 I	8.G.
1128 S	Elmsdon Willem 1987 CAN	11.G.
	Elrut 48 1946 D	10.G.
liz.	Elvas (Nil) 1935 A	7.G.
186	Elvas 1924 A	7.G.
1854	Elvrich 1936 A	8.G.
	Emil 49 1946 D	9.G.
	Emil 1943 A	9.G.
10950	Emilio di Falterona 1981 I	11.G.
575	Emir 1941 A	9.G.
	Emir 1955 D	10.G.
4139	Emissario 1976 I	12.G.
	Emmerich 1947 A	10.G.
1817	Emmerich 1950 A	9.G.
4138	Emulo 1976 I	11.G.
	Enea 1956 I	10.G.
liz.	Engelbert 1940 A	9.G.
10952	Ennio di Falterona 1981 I	11.G.
	Enrico 1949 I	9.G.
10953	Enrico di Falterona 1981 I	13.G.
	Enzian 1932 Y	7.G.
	Enzian 1945 A	7.G.
10892	Enzo 1981 I	13.G.
	Epiro 1949 I	8.G.
49	Epper 1902 A	4.G.
1519	Equador 1972 I	13.G.
10954	Ercolano di Falterona 1981 I	13.G.
	Ercole 1956 I	10.G.
10858	Ercole 1981 I	15.G.
10859	Ercole 1981 I	15.G.
	Eremit 1955 I	10.G.
	Eremo 1956 I	9.G.
	Ergo 1978 L	12.G.
	Eric 1968 D	10.G.
10817	Erik 1981 I	13.G.
10956	Erio di Falterona 1981 I	11.G.
	Eris 4/74 1974 TR	9.G.
	Eris 33/85 1985 TR	10.G.
10957	Ermellino di Falterona 1981 I	11.G.
10958	Ermes di Falterona 1981 I	11.G.
10959	Ermete di Falterona 1981 I	11.G.
	Erminio 1949 I	9.G.
	Ermo 1949 I	10.G.
	Ernst 1949 I	7.G.
11874	Erode 1981 I	11.G.
	Eroe 1949 I	7.G.
	Erol 56-77 1977 TR	13.G.
	Erol 56/84 1984 TR	14.G.
	Eros 1956 I	9.G.
10962	Eros di Falterona 1981 I	11.G.
	Erudito 1949 I	10.G.
10963	Eschi di Falterona 1981 I	11.G.
10899	Esopo 1981 I	13.G.
	Etrusco 1956 I	9.G.
liz.	Etsch 1945 A	7.G.
	Ettore 1949 I	9.G.
10863	Ettore 1981 I	11.G.
10908	Ettore 1981 I	13.G.
4141	Evandro 1976 I	12.G.
	Evers Waldchen 5 1970 GB	9.G.
	Ezio 1949 I	9.G.
10805	Faiar 1982 I	11.G.
	Falbo 1950 I	9.G.
	Falco 1957 I	11.G.
10595	Falco 1977	12.G.
10842	Falco 1982 I	13.G.
10910	Falco 1982 I	14.G.
10959	Falco della Lucania 1982 I	11.G.
10979	Falterona di Falterona 1982 I	12.G.
	Famulus 1950 I	10.G.
	Fanfon 1953 I	7.G.
10912	Fano 1982 I	10.G.
10914	Fante 1982 I	15.G.
10006	Fantomas 1982 I	11.G.
	Farabib-Aalik 1971 F	10.G.
10592	Faraone 1977 I	10.G.
10815	Farinata Todaro 1982 I	11.G.
	Faro 1948 I	9.G.
	Faro 1957 I	10.G.
10833	Faruk 1982 I	13.G.
10594	Fascino 1977 I	12.G.
	Faust 1936 A	9.G.
	Faustino 1956 I	10.G.
	Faustl 1928	7.G.
	Favorit 1950	9.G.
10835	Febo 1982 I	13.G.
10861	Felce 1982 I	14.G.
	Felino 1932 I	7.G.
	Felix 1923 A	6.G.
C 002	Felix 1973 L	13.G.
10591	Feltro 1977 I	12.G.
10987	Fergus di Falterona 1982 I	11.G.
	Ferl 1950 I	8.G.
	Ferreo 1932 I	7.G.
11011	Fiasco 1982 I	13.G.
10878	Fiero 1982 I	14.G.
10831	Fifi' 1982 I	13.G.
	Figaro 1950 I	9.G.
	Filivento 1957 I	11.G.
	Fino 1932 I	8.G.
	Fioravante 1950 I	9.G.
	Fiordaliso 1957 I	9.G.
10990	Fiore di Falterona 1982 I	12.G.
	Fiorello 1957 I	11.G.
	Fiorello 1973 I	11.G.
	Fiorito 1969 I	13.G.
	Firn 1950 I	8.G.
4	Flaas 1906 A	
329	Flaas 1908 A	
10816	Flaminio Toma 1982 I	13.G.
10880	Flero 1982 I	13.G.
10991	Flic di Falterona 1982 I	12.G.
11036	Flobert di Falterona 1982 I	12.G.
	Flock 1950 I	9.G.
10812	Floyd 1982 I	15.G.
10931	Focoso 1982 I	11.G.
10811	Focu 1982 I	14.G.
	Foich Schichallion 7 1972 GB	12.G.
249	Folie 1874 A	1.G.
14	Folie 1887 A	2.G.
229	Folie II 1896 A	3.G.
16	Folie III 1906 A	4.G.
10728	Forese 1977 I	13.G.
	Forst 1950 I	9.G.
	Forte 1950 I	7.G.
11891	Forte 1982 I	11.G.
	Fortore 1957 I	10.G.
10593	Fossato 1977 I	11.G.
10885	Francis 1982 I	13.G.
	Franco II 1963 I	11.G.
10935	Freidy 1982 I	9.G.
	Freiherr 1950 I	8.G.
	Fringuello 1959 I	10.G.
	Fritz 2 1948 I	9.G.
	Fritz 2° 1934 I	8.G.
255/298	Fritz 1909 A	
	Fritz 1919 I	6.G.
	Fritz 1923 I	7.G.
	Fritz 1925 A	4.G.
	Fritz 1932 I	7.G.
	Fritz 1934 I	8.G.
	Fritz 1935 I	8.G.
	Fritz 1951 I	8.G.
	Fritz 1960 I	9.G.
	Fritz Asten 1933 I	7.G.
	Fritz I	6.G.
	Fritz I 1921 I	6.G.
	Fritz Nave 1957 I	9.G.
	Fritz Racines 1943 I	9.G.
	Fritz-Haman 1938 I	9.G.
	Fritz-Meran 1943 I	9.G.
	Fritz-Stilves 1943 I	10.G.
	Fritz-Thaler 1934 I	8.G.
	Füchsl 1902 A	
10997	Full di Falterona 1982 I	12.G.
10013	Fulmine 1982 I	12.G.
11022	Fulo 1982 I	13.G.
10998	Fulvo di Falterona 1982 I	13.G.
	Furio 1943 I	7.G.
	Furioso 1950 I	9.G.
	Furioso 1957 I	10.G.
10928	Furioso 1982 I	13.G.
11025	Furioso 1982 I	13.G.
	G. Manitou du Fermont 1972 F	14.G.
6	Gaflenz 1937 A	7.G.
10872	Gaga' 1983 I	13.G.
	Gaio 1949 I	9.G.
10970	Gaio 1983 I	15.G.
11046	Galante di Falterona 1983 I	11.G.
	Galoppino 1933 I	6.G.
1363	Galtür 1931 A	6.G.
374/271	Gampen 1907 A	3.G.
	Gampen 1951 I	7.G.
	Garibaldi 1966 I	9.G.
	Garigliano 1958 I	11.G.
	Garofanino – I	6.G.
11048	Garofano di Falterona 1983 I	11.G.
GB 35	Garway Aladdin 1991 GB	14.G.
11901	Gatto 1983 I	11.G.
11049	Gatto di Falterona 1983 I	11.G.
10872	Gavarot 1983 I	13.G.
388/331	Geck Mandl I 1911 A	5.G.
	Genesio I	6.G.
	Genesius 1951 I	9.G.
54	Genter 1897 A	3.G.
liz.	Georg 1944 A	9.G.
332	Georg Mandl I 1911 A	5.G.
	Geranio Rosso 1951 I	8.G.
11060	Germano di Falterona 1983 I	11.G.
	Gesto 1958 I	11.G.
11062	Ghepardo di Falterona 1983 I	11.G.
10903	Gheros 1983 I	15.G.
10870	Ghibli 1983 I	13.G.
10841	Ghiro 1983 I	12.G.
	Giacinto 1958 I	9.G.
	Giacomo 1929 I	8.G.
10964	Giaggiolo 1983 I	13.G.
183	Gidran 1898 A	
217	Gidran A	
10983	Gigante 1983 I	13.G.
11536	Gil 1983 I	10.G.
11069	Gim di Falterona 1983 I	11.G.
	Gino 1966 I	10.G.
	Giorgio 1961 I	9.G.
10897	Giori 1983 I	13.G.
10987	Giosue' 1983 I	14.G.
10842	Giotto 1983 I	16.G.
11077	Giotto 1983 I	13.G.
64/233	Girg Mandl I 1911 A	5.G.
	Girlan 1951 I	9.G.
10824	Giscardo 1983 I	11.G.
	Giuliano 1962 I	9.G.
11084	Giulio di Falterona 1983 I	11.G.
	Gladiatore 1958 I	12.G.
10966	Gladiolo 1983 I	13.G.
	Glen-Adrar 1972 F	10.G.
10882	Golowin dei Pagliarelli 1983 I	13.G.
11086	Gouble' di Falterone 1983 I	11.G.
11092	Grandine 1983 I	13.G.
	Gregor 1919 A	7.G.
	Gries 1951 I	7.G.

	Gries 1951 I	8.G.
	Grifone 1951 I	11.G.
	Grillo 2° 1958 I	10.G.
	Grobian 1930 A	7.G.
380/156	Grog Mandl I 1911 A	5.G.
25	Gruber 1900 A	
1451	Grüner 1932 A	7.G.
	Guido 1923 I	6.G.
	Guido 1951 I	8.G.
11096	Guittone di Falterona 1983 I	11.G.
	Gunther 1951 I	8.G.
1287	Gurnau 1930 A	6.G.
	Gurt 1951 I	8.G.
	Gutedel 1951 I	10.G.
	Habile As 1973 F	10.G.
129	Hacker 1938 A	4.G.
1008	Haderlump 1927 A	6.G.
	Haferling 119 1959 D	10.G.
liz. 252/233	Hafling 1897 A	2.G.
	Hafling 1914 I	5.G.
	Hafling 1952 I	9.G.
	Hafling 1981 D	14.G.
liz.	Hafling I 1916 A	3.G.
1362	Haiming 1931 A	6.G.
	Hakan 2/74 1974 TR	10.G.
1114	Hallo 1945 A	8.G.
1546	Halltal 1933 A	7.G.
341/19	Halter 1918 A	4.G.
	Halunke (776) 114 1972 (D) NL	13.G.
	Hamlet 1081 1977 D	13.G.
1213	Hammer 1929 A	6.G.
	Handler 1077 1976 D	13.G.
	Hannibal 90 1963 D	10.G.
	Hannibal 1945 A	7.G.
liz.	Hannibal 1962 A	10.G.
	Hannibal 1991 D	14.G.
	Hans 1920 I	6.G.
	Hans 1935 A	8.G.
	Hans HR 40 1979 B	14.G.
	Hansel 1920 I	
	Hanserl 1936 A	7.G.
liz.	Hansl 1928 A	
	Hansl 1929 A	6.G.
	Hansl 1944 I	7.G.
	Hansl I 1938 A	
	Harlekin 1987 L	14.G.
	Haron 1983 D	13.G.
	Harras 1986 D	14.G.
	Hartl 1952 I	10.G.
	Hartmann 1952 I	9.G.
liz.	Hary 1946 A	5.G.
	Hassan 1930 A	8.G.
	Hauptmann 1952 I	11.G.
382/11	Hauser 1918 A	5.G.
A-90210	HBO 80 Arlin 1990 USA	13.G.
M-2041	HBO 81 Magenta Wulf 1989 USA	15.G.
1316 N	Heavy Duty NTF 1987 USA	14.G.
	Hegemeister 1162 1979 D	13.G.
	Heid 1952 I	11.G.
50	Heid Campi I 1912 A	4.G.
	Heiduck 1952 I	8.G.
	Hektor 1949 A	8.G.
	Held 2 1933 D	8.G.
	Helios 30 1941 D	9.G.
	Hellios 1984 D	13.G.
580 S	Henry 1982 USA	11.G.
liz.	Hepo 1949 A	11.G.
	Herbert 1930 A	6.G.
	Hermann 1927 CS	7.G.
	Herold 1952 I	10.G.
	Heros 1043 1976 D	14.G.
	Herzbua 15 1937 D	9.G.
	Herzbube 063 1969 D	12.G.
	Herzbube 1981 D	14.G.
	Herzbube 1984 D	14.G.
	Herzog 0013 1964 D	11.G.
	Herzog 1041 1976 D	13.G.
1631	Hintstein 1934 A	7.G.
356/72	Hirn-Mandl I 1912 A	5.G.
222/74	Hirt-Mölten II 1912 A	5.G.
	Hirzer 1952 I	9.G.
	Hochfelln 172 1967 D	11.G.
	Hochsitz 0010 1962 D	10.G.
	Hofadel 1979 D	13.G.
	Hofberg 149 1963 D	11.G.
	Hofburg 1984 D	14.G.
	Hofer 1979 L	13.G.
	Hoferbe 413 1966 D	12.G.

	Hoferber 1983 D	13.G.
122/0356/90	Hoffürst 1990 A	14.G.
	Hofgard 1120 1978 D	13.G.
	Hofgast 585 1965 D	12.G.
	Hofgeist 133 1961 D	10.G.
	Hofglanz 1976 D	13.G.
	Hofgraf 831 1969 D	12.G.
	Hofgraf 1980 D	13.G.
	Hofherr 1 S 1963 USA	10.G.
	Hofherr 131 1960 D	11.G.
	Hofherr 500 1967 D	12.G.
	Hofherr 1980 D	13.G.
	Hofjäger 1984 D	14.G.
	Hofjunge 1980 D	13.G.
	Hofjunge 1986 DK	14.G.
	Hofjunker 132 1961 D	10.G.
	Höfling 702 1965 D	11.G.
	Hofmacher 1981 D	13.G.
	Hofmann 127 1960 D	11.G.
22 liz.	Hofmannsthal 1992 A	14.G.
	Hofmarschall 6 1960 D	10.G.
	Hofmarschall 1042 1976 D	13.G.
	Hofmarschall HR 31 1972 B	13.G.
1045 S	Hofmeester-NTF 1982 USA	13.G.
	Hofmeister 101 1956 D	10.G.
	Hofmeister 1982 D	13.G.
	Hofmeister 1983 D	14.G.
	Hofnarr 125 1960 D	10.G.
	Hofnarr van 't Broek 96 1983 NL	13.G.
	Hofprinz 1364 1965 D	11.G.
	Hofprinz 1981 D	13.G.
158XN	Hofprinz 1988 I	14.G.
	Hofrat 18 1968 D	12.G.
	Hofrat 96 1952 D	9.G.
	Hofrat 501 1967 D	12.G.
liz.	Hofregent 1981 A	13.G.
	Hofregent 1984 D	14.G.
	Hofrichter 12 1962 D	11.G.
	Hofritter 1981 D	14.G.
	Hofstaat 1980 D	13.G.
	Hofstar 1988 D	14.G.
	Hogo 1977 L	13.G.
1739	Hoisele 1935 A	7.G.
	Holder 907 1974 D	13.G.
	Holger 505 1967 D	12.G.
	Holger 1987 D	14.G.
liz.	Holler 1940 A	7.G.
	Holstein 1982 D	14.G.
	Homer 29 1971 D	10.G.
	Homer 1989 D	15.G.
	Hondo 1976 CH	13.G.
47	Horn Mandl I 1912 A	5.G.
189/5	Hort Mölten II 1912 A	5.G.
2208 N	Howitzer 1989 USA	14.G.
liz.	Hubertus 1966 A	11.G.
	Humor 1952 I	9.G.
	Hun 1/62 1962 TR	12.G.
	Hun 23 1968 TR	13.G.
11104	Iassu di Falterona 1984 I	11.G.
1747 liz.	Ibis (fr. Lahnberg)1925 A	6.G.
10960	Icaro 1984 I	13.G.
11005	Icaro 1984 I	13.G.
	Ideal 1953 I	11.G.
	Idilio 1959 I	10.G.
11108	Idolo di Falterona 1984 I	11.G.
	Ifinger 1953 I	9.G.
	Ignaz 1921 A	6.G.
10845	Igor 1984 I	12.G.
10967	Igor 1984 I	13.G.
10820	Igor di Valleverde 1984 I	11.G.
	Ikàrus 1953 I	7.G.
	Ilario 1959 I	10.G.
	Ilio 1934 I	7.G.
1365	Imming 1931 A	8.G.
	Impavido 1959 I	10.G.
	Impero I 1934 I	8.G.
	Impero I 1954 I	10.G.
11014	Impetuoso 1984 I	11.G.
938	Imst 1926 A	6.G.
11121	Indiano di Falterona 1984 I	11.G.
11122	Indio di Falerona 1984 I	11.G.
11123	Indro di Falterona 1984 I	11.G.
	Ineo 1967 I	11.G.
	Inkas 1923 A	6.G.
	Innozenz 1921 A	6.G.
11128	Inor di Falterona 1984 I	11.G.
	Insorto 1959 I	11.G.
	Invader 1959 I	10.G.

11129	Ior di Falterona 1984 I	11.G.
11133	Iovine di Armena 1984 I	13.G.
10831	Iperione 1984 I	15.G.
10835	Ippomatte 1984 I	15.G.
	Iran 1926 A	6.G.
	Irio 1958 I	9.G.
11144	Iseo di Armena 1984 I	13.G.
11147	Isidoro di Armena 1984 I	13.G.
11146	Isidoro di Falterona 1984 I	11.G.
	Italico 1934 I	6.G.
	Italico 1936 I	8.G.
11156	Italo di Armena 1984 I	15.G.
11159	Iulio di Falterona 1984 I	11.G.
11039	Ivan 1984 I	14.G.
11164	Ivan di Falterona 1984 I	11.G.
	Jaggele 1919 I	6.G.
	Jaguar 28 1941 D	7.G.
	Jahn 11 1937 D	6.G.
367/187	Jakob Mandl II 1917 A	6.G.
	Jaufen 1953 I	7.G.
291	Jenner 1908 A	3.G.
	Jochl 1953 I	8.G.
150	Jöchl 1902 A	4.G.
liz.	Jockl (Mandl I) 1919 A	5.G.
874	Jockl I 1925 A	6.G.
64	Jockl Rudi 1924 A	6.G.
	Jodak 1953 I	11.G.
228	Johann Afing I 1915 A	4.G.
	Jonas 32 1943 D	7.G.
222/33	Josef Mandl I 1915 A	5.G.
	Josl 1940 A	6.G.
	Jubel 1953 I	8.G.
	Julier 1953 I	11.G.
844	Julius 1925 A	6.G.
	Jung Webe 1975 F	10.G.
	Junior Stromer 1959 I	8.G.
	Kaiser 87 1954 D	8.G.
	Kalif 1954 I	11.G.
559/97	Kallwang 1917 A	3.G.
	Kamikaze-Wolf 1976 F	10.G.
	Kämpfer 1954 I	7.G.
	Kapitan 1954 I	9.G.
	Karl 1954 I	11.G.
	Karma 1978 BT	10.G.
	Kastor 1954 I	11.G.
	Kennedy 1964 I	13.G.
9	Kent 1937 A	7.G.
	Kibri 1954 I	9.G.
	King Apollon 1976 F	11.G.
	Klinger 1962 I	12.G.
liz.	Klodskovgaard – Mayday 1991 DK	14.G.
283	Klodskovgaards Anjin 1983 DK	12.G.
	Klodskovgaards Steinbock 1984 DK	10.G.
	Knacker 1954 I	11.G.
	Knappe 1922 A	6.G.
	Knirps 1922 A	6.G.
	Ko Allan 1976 F	10.G.
	Kondor 1954 I	8.G.
	Kontiki 1954 I	9.G.
	Köroglu 3/59 (Mert 2/59) 1959 TR	11.G.
	Köroglu 6/63 1963 TR	12.G.
	Köroglu 41/83 1983 TR	13.G.
	Köroglu 54/85 1985 TR	13.G.
	Köroglu 84/69 1969 TR	12.G.
	Kozák – CS	12.G.
108/84	Krieß 1917 A	4.G.
	Krieß I 1928 A	5.G.
	Kronprinz 1954 I	9.G.
	Künigl 148 1963 D	9.G.
	Kuno 1954 I	10.G.
	Kurt 1946 I	10.G.
37	Laas 1896 A	2.G.
	Lampo 1968 I	12.G.
946	Landeck 1926 A	6.G.
	Landfried 1953 D	11.G.
	Lando 164 1956 D	11.G.
	Landrat 1955 I	7.G.
	Landzer 1955 I	10.G.
	Larice 1960 I	10.G.
	Latemar 2° 1966 I	11.G.
	Latemar 1955 I	9.G.

	Latemar 1955 I	10.G.
394/6	Latzi Mölten II 1916 A	5.G.
	Laugen 1955 I	10.G.
	Laurin 1955 I	7.G.
	Laurin 1960 I	8.G.
	Laurin II 1955 I	9.G.
11190	Lauro di Falterona 1985 I	11.G.
	Lavadri-10 1979 AL	8.G.
	Leander 1925 A	
	Leander 1943 A	7.G.
	Leandro 1955 I	9.G.
	Leandro 1960 I	10.G.
	Lechen-Max 1945 A	8.G.
4144	Lemon 1976 I	15.G.
11194	Leno di Falterona 1985 I	11.G.
	Lenz 37 1944 D	9.G.
	Lenz 1955 I	8.G.
10937	Lenz 1985 I	13.G.
	Lenzfried 55 1948 D	10.G.
	Leo 137 1955 D	10.G.
	Leo 1910 A	5.G.
liz. 363/144	Leo Mölten II 1016 A	5.G.
	Leonardo 235 1969 D	12.G.
	Leonhardi 164 1965 D	11.G.
	Leonidas 165 1966 D	11.G.
	Leopard 183 1968 L	11.G.
	Leopold 166 1966 D	11.G.
	Lesto 1935 I	8.G.
10860	Lesto 1985 I	16.G.
10861	Leto 1985 I	16.G.
	Letto 1935 I	8.G.
	Letto 1955 I	9.G.
	Letto II 1949 I	8.G.
	Leutnant 1955 I	10.G.
	Lezio 1935 I	6.G.
	Libi-201 1984 AL	9.G.
	Lidio 1935 I	8.G.
	Liegi 1965 I	13.G.
564/145	Lilliput Rudi I 1916 A	6.G.
	Limestre 1965 I	13.G.
	Lindon-199 1984 AL	9.G.
4081	Lindoro 1965 I	9.G.
	Linz 1960 I	11.G.
11212	Lio di Falterona 1985 I	11.G.
10838	Liocorno 1985 I	16.G.
979 liz.	Lion 1931 A	7.G.
	Lirak-186 1984 AL	9.G.
	Lishi-74 1976 AL	8.G.
	Liu 5 1972 I	13.G.
	Livio 1935 I	7.G.
	Lodner 1955 I	9.G.
	Lohengrin 217 1971 D	12.G.
	Loi 1966 D	11.G.
1139	Loisl 1928 A	6.G.
	Longpa 54 1982 BT	10.G.
1450	Lorch 1932 A	6.G.
11219	Loru di Armena 1985 I	13.G.
1632	Lot 1934 A	7.G.
92471 A	Lot of Gold 1992 USA	14.G.
1449	Lotter 1932 A	6.G.
	Lotto 2° - I	10.G.
	Lotto 1940 I	9.G.
11220	Luca di Falterona 1985 I	11.G.
10866	Lucido 1985 I	16.G.
10840	Lucidoro 1985 I	16.G.
11222	Lucio di Falterona 1985 I	11.G.
	Lucki 5 1934 D	6.G.
175/50	Ludwig Mandl II 1916 A	6.G.
11223	Luis di Falterona 1985 I	11.G.
	Lully 1970 CH	12.G.
liz. 541/27	Lump Mandl II 1916 A	6.G.
364/160	Lumpazi Mandl I 1916 A	5.G.
	Luppolo 1953 I	10.G.
	Lux Mandl I 1917 A	5.G.
11314	M.-Narciso di Falterona 1987 I	15.G.
1593	M.T. Magon NTF 1988 USA	15.G.
1599	M.T. Marcus NTF 1988 USA	15.G.
1596	M.T. Mersant NTF 1988 USA	15.G.
1559	M.T. Monti NTF 1988 USA	15.G.
11485	Ma-Quello di Arm. 1990 I	15.G.
	Maarschalk 8 1961 NL	11.G.
	Maarschalk 15302 1991 NL	14.G.
1918	Maat 1951 A	10.G.
	Maat Heinrich 1965 D	12.G.
	Mabub Ali 1978 F	10.G.
2109 S	Mac 1992 USA	15.G.
952 S	Mac Donnal 1985 USA	13.G.
90347	Mac Morrow 1990 USA	14.G.
115	Mac O.P. 1982 USA	14.G.
2569 S	Mac-A-Doo MJE 1992 USA	15.G.
198	Macao 1977 USA	13.G.
liz. 108/T	Macao 1989 A	15.G.
1024	Macao's Mike 1982 USA	14.G.
	Macbeth 34 1974 D	13.G.
2188	Macho 1989 USA	15.G.
2036	Macho Mack M & M 1989 USA	15.G.
935 S	Macho Man 1985 USA	14.G.
90140	Macho Mickey M & M 1990 USA	15.G.
1114	Macintosh 1980 USA	13.G.
	Maciste 1941 I	9.G.
824	MacJadoval 1981 USA	14.G.
219 S	Mack 1977 USA	12.G.
1764 (929 S)	Mack-J.E.T. 1985 USA	14.G.
2178 S	Mackinac YMF 1992 USA	16.G.
1087 S	Macky 1985 USA	15.G.
90225	Made to Order NTF 1990 USA	15.G.
	Mader 1984 CH	13.G.
2049 S	Madison of King Ridge 1992 USA	15.G.
	Madjar HR 84 1988 B	15.G.
329	Madras 1955 A	12.G.
935	Madras 1966 A	13.G.
1432	Madrid 1983 A	14.G.
57	Madrid – 269 1990 SLO	14.G.
1658	Madrigal 1949 A	11.G.
liz.	Madrigal II 1983 A	14.G.
	Madrigale 1961 I	9.G.
129 S	Maestro 1958 USA	11.G.
11046	Maestro 1986 I	14.G.
930	Maestro II 1986 USA	12.G.
	Maestro van de Bosrand 138 1989 NL	14.G.
	Maggio 1965 I	10.G.
223	Magic 1983 USA	14.G.
415	Magic Dan Dee-S 1984 USA	14.G.
429	Magic Man W 1983 USA	14.G.
1251 S	Magic Man W 1983 USA	14.G.
	Magic van de Bosrand Hf. 13692 1992 NL	14.G.
2245 S	Magical HHH 1992 USA	14.G.
	Magier 1980 D	12.G.
	Magister (9662) 120 1985 NL	13.G.
	Magister 65 1974 DDR	14.G.
1651	Magister 1949 A	10.G.
	Magister 9662 1985 NL	13.G.
578	Magnat 1941 A	10.G.
liz.	Magnat 1946 A	11.G.
	Magnat 1965 PL	11.G.
1402	Magnat 1982 A	13.G.
	Magnet 10 1959 DDR	13.G.
	Magnet 103 1980 DDR	15.G.
liz.941	Magnet 1926 A	6.G.
623	Magnet 1959 A	11.G.
	Magnifico 1961 I	10.G.
1491	Magnum 4 DA 1988 USA	14.G.
	Magnum 1984 D	13.G.
	Magnus 0005 1957 D	11.G.
	Magnus 959 1967 D	12.G.
577	Magnus 1941 A	10.G.
808	Magnus 1963 A	11.G.
703 S	Magnus 1983 USA	14.G.
1234	Magoo 1987 USA	14.G.
liz.	Magus 1960 I	11.G.
	Mahdi HR 2 1965 B	11.G.
2006 S	Mahlon 1991 USA	15.G.
liz. 126/T	Mahnstein 1990 A	14.G.
425	Mahomed 1940 A	10.G.
1056 S	Mahoney-RH 1987 USA	14.G.
516	Mahr 1957 A	10.G.
576	Mai 1941 A	10.G.
703	Mai 1960 A	11.G.
1047	Mai 1969 A	12.G.
	Maico 35 1975 D	13.G.
	Maifürst 1991 D	15.G.
liz.	Maik 1971 A	12.G.
	Maikel 1991 D	14.G.
	Maiko 1985 D	13.G.
	Maiko 1989 D	14.G.
1366 liz.	Maikönig 1979 A	13.G.
366 S	Mailon 1980 USA	13.G.
1765	Mairausch 1987 CAN	13.G.
	Mairausch 1991 D	12.G.
	Mais – I	13.G.
	Maitrank 10 1966 D	12.G.
	Maiuscolo 1961 I	10.G.
	Maiwind 1977 IND	13.G.
liz.	Maja 1947 A	10.G.
1188	Majestic 1987 USA	15.G.
952	Majestic Major 1986 USA	14.G.
321	Majesty 1982 USA	14.G.
582	Major 1941 A	10.G.
	Major 1956 I	9.G.
635 S	Major 1982 CAN	13.G.
	Major 1984 D	14.G.
	Major 1990 D	15.G.
	Major HR 10 1972 B	12.G.
	Major K 957 1970 D	13.G.
	Major KH 20 1970 D	12.G.
90221	Major League NTF 1990 USA	15.G.
91239	Major Move NTF 1991 USA	15.G.
2161 S	Makado KC 1990 USA	14.G.
liz. 107/T	Makasar 1989 A	15.G.
704	Maki 1960 A	12.G.
330	Makler 1955 A	12.G.
	Mako 902 1974 D	13.G.
756 S	Malabur-Elmsdon 1983 CAN	13.G.
1114 S	Malachi T 1987 USA	14.G.
1114 S	Malachit 1987 USA	14.G.
262 S	Malcolm 1978 USA	13.G.
	Maldo 1965 AL	12.G.
	Malek 34 1967 DDR	14.G.
1209	Malibu RM 1987 USA	13.G.
10835	Malik-Quinz 1990 I	16.G.
	Malles 1966 I	12.G.
10284	Mallo-Noce 1987 I	15.G.
187	Mals 1953 A	11.G.
1368	Malta 1981 A	14.G.
2065 S	Maltese 4DA 1992 USA	16.G.
	Malteser 9 1966 D	12.G.
1015	Malteser 22 1968 (A) Y	12.G.
1919	Mammon 1951 A	11.G.
90057	Man about Town 1990 USA	15.G.
92503	Man of Gold 1992 USA	16.G.
2435 S	Man of War Dee-S 1990 USA	15.G.
206	Manchester 1983 USA	14.G.
	Mand II 1975 D	12.G.
580	Mandant 1941 A	10.G.
liz.	Mandarin (fr. Mandrill) 1947 A	11.G.
	Mandarin 40 1960 DDR	12.G.
	Mandarin 1982 D	13.G.
	Mandarin K 1006 1974 DK	12.G.
	Manderl 0007 1960 D	11.G.
1552	Mandi 1989 A	15.G.
	Mandino 833 1973 D	12.G.
	Mandl 203 1960 D	11.G.
	Mandl 747 1971 D	14.G.
84/52	Mandl 1904 A	4.G.
liz. 42	Mandl 1904 A	4.G.
700	Mandl 1961 A	11.G.
126	Mandl I 1910 A	5.G.
161	Mandl I 1910 A	5.G.
576/234	Mandl I 1910 A	5.G.
	Mandl I-8 1914 I	5.G.
	Mandl II 1925 I	6.G.
	Mandl II 1926 A	6.G.
liz.	Mandl III 1930 A	7.G.
	Mandl Valdurno 1926 I	7.G.
15528	Mandl Völlan-S 1992 I	14.G.
10948	Mandl-Nino 1987 I	15.G.
12412	Mandler 1984 I	14.G.
	Mandler I 365 1964 D	12.G.
	Mandler II 1981 D	12.G.
950 S	Mando 1974 USA	13.G.
	Mando 1985 D	13.G.
	Mando 3077 RN 1973 D	12.G.
	Mandur 1990 D	14.G.
	Mandus 17 1964 NL	12.G.
11890	Mandus 1983 I	13.G.
	Mandus II 59 1974 NL	13.G.
2121	Mandus NTF 1992 USA	15.G.
	Mandy 1986 D	13.G.
	Manfred 14 1936 D	7.G.
	Manfred 1956 I	10.G.
liz.	Manfred 1982 A	15.G.
	Manfried 1948 I	10.G.
454/5	Mangart – 71 1976 Y	14.G.
579	Mangold 1941 A	10.G.
	Mangold 1953 A	11.G.
liz.	Mangold 1972 A	13.G.
	Mangold I 1947 A	11.G.
1212	Mangon 1975 A	12.G.
90042	Mani W.K.H. 1990 USA	14.G.
	Manix Acilion 1978 F	10.G.
liz.680	Mann 1919 A	3.G.
liz.	Manner 1969 A	13.G.
	Mano 24 1972 D	13.G.
	Mano 85 1978 DDR	15.G.
	Manolito 37 1975 D	13.G.
	Manon 1956 A	12.G.
	Manöver 1988 D	13.G.
liz.	Manta 1970 A	11.G.

1239 Manta 1976 A 14.G.
344 Mante 1980 USA 13.G.
Mantello 1936 I 9.G.
448 S Manuel 1978 USA 13.G.
90067 Manuel Dee-S 1990 USA 15.G.
Mao 1954 I 9.G.
Mao Wild 1978 F 10.G.
753 Marabu 1962 A 11.G.
Maraschino 1984 D 15.G.
Maraschino T 1991 D 15.G.
1653 Marathon 1949 A 12.G.
1189 Marathon 1974 A 14.G.
252 Marbod 1954 A 11.G.
57 Marcelino 1978 BR 15.G.
1916 Marchen NTF 1989 USA 15.G.
Marco 12 1960 DDR 13.G.
Marco 1918 I 6.G.
liz. Marco 1972 A 11.G.
Marco Gratico 1940 I 9.G.
757 Marco Polo 1985 USA 14.G.
Marco van de Molens 91 1981 NL 14.G.
Marcuccio 1936 I 7.G.
2169 Marcus Sticky Lane 1988 USA 13.G.
999 S Marcus-Z 1986 USA 14.G.
1233 Marder 1945 A 10.G.
L 300004389 Mardi de L'Our 1989 D 16.G.
Marduck 1981 CH 15.G.
liz. 128/T Marduck 1990 A 14.G.
Marduk 860 1973 D 13.G.
Marduk 1984 F 15.G.
85 Marein 1952 A 10.G.
579 Mareit 1958 A 12.G.
Marengo 1968 CH 12.G.
90 Marfield 1981 USA 13.G.
Margreit 1944 I 9.G.
336 S Marigold-Jadoval 1980 USA 14.G.
1184 Marino 1974 A 14.G.
Marinus 72 1952 D 11.G.
Marinus 1988 D 15.G.
Mario 0002 1952 D 10.G.
Mario 130 1960 D 12.G.
Mario 517 1968 D 12.G.
Mario 1956 I 8.G.
1401 Mario 1982 A 13.G.
Marion 1961 I 10.G.
Marius 44 1970 NL 13.G.
1480 Marius 1947 A 10.G.
Marius 1952 A 12.G.
23 Marjan – 43 1981 Y 13.G.
Mark 99 1956 D 12.G.
408 Mark 1956 A 11.G.
140 Mark 1977 USA 13.G.
Mark 1980 D 14.G.
1900 Mark-Dees 1989 USA 16.G.
92135 Mark-Ka Fah 1992 USA 14.G.
366 Mark-Sill 1983 USA 13.G.
1580 Markant 1948 A 10.G.
liz. Markant 1974 A 12.G.
1321 Markant 1979 A 13.G.
Markant 1982 D 14.G.
Markant 1984 D 15.G.
Markant 1987 D 13.G.
1190 Marker 1974 A 14.G.
1116 Markgraf 1945 A 11.G.
liz. Markgraf 1961 A 12.G.
37 Markiz – 125 1984 Y 14.G.
1591 Marko 1948 A 11.G.
Marko 1969 B 12.G.
liz. Marko 1970 A 13.G.
1130 Marko 1972 A 12.G.
liz. Marko 1981 A 13.G.
Markolf 1955 A 12.G.
10862 Markos-Quick 1990 I 16.G.
88 Marksman 1965 USA 12.G.
109 Marksman's Major 1981 USA 13.G.
Markus 0006 1952 D 12.G.
Markus 32 1974 D 13.G.
Markus 905 1974 D 13.G.
liz. Markus 1944 A 9.G.
1704 Markus 1949 A 11.G.
Markus 1956 I 10.G.
Markus 1956 I 11.G.
1078 Markus 1970 A 14.G.
L 300004590 Markus de L'Our 1990 D 16.G.
2265 S Marky 1992 USA 16.G.
Marlengo 1941 I 10.G.
Marling 1941 I 10.G.
188 Marling 1953 A 11.G.
406 Marlite 1981 USA 13.G.
Marlon 106 1979 NL 14.G.
373 Marmor 1955 A 11.G.
1127 Marmor 1972 A 14.G.
Marmor 1974 BT 13.G.
Marmori 1973 D 13.G.
Marnix HR 63 1985 B 14.G.
Marnix van de Vuufwegen Hf. 13538 1992 NL 14.G.
Maro 1982 D 14.G.
Marok 145 1990 D 15.G.
Marokko 908 1974 D 12.G.
1591 Marone van Midas Touch NTF 1988 USA 15.G.
2701 S Marone's Mack RWF 1992 USA 16.G.
517 Marquis 1957 A 11.G.
1163 Marquis 1973 A 14.G.
1075 Marquis 1984 CAN 13.G.
91368 Marquis APF 1991 USA 15.G.
2075 S Marros of Hylite 1992 USA 16.G.
Mars 8 1958 DDR 13.G.
49 Mars 1924 A 5.G.
1117 Mars 1945 A 10.G.
liz. Mars 1951 A 11.G.
1193 Mars 1974 A 13.G.
12 Mars 1977 Y 15.G.
Mars 1988 D 14.G.
149 Marsch 1953 A 11.G.
Marschal van de Klingelbeecke 6277 1981 NL 15.G.
Marschall 177 1967 D 12.G.
Marschall 251 1972 D 13.G.
424 Marschall 940 A 10.G.
1005 Marschall 1968 A 13.G.
Marschall 1975 D 15.G.
Marschall van Schafferden HR 48 1980 B 15.G.
13968 Marschall-P 1989 I 14.G.
Mart 1984 D 13.G.
1004 Martan 1968 A 11.G.
1447 Martell 1932 A 6.G.
Martell 1971 I 13.G.
Martijn uit de Polder 144 1990 NL 14.G.
Martin 2 1952 DDR 12.G.
Martin 86 843 NL 13.G.
1361 Martin 1946 A 10.G.
1129 Martin 1972 A 14.G.
Martin 1973 I 12.G.
290 S Martin 1976 USA 12.G.
1031 S Martin of Meadowlane 1986 USA 14.G.
Martin's Jake Sticky Lane 1984 USA 13.G.
2490 S Martini FHS 1990 USA 15.G.
44 Martuljek – 180 1985 Y 14.G.
2043 Marvellon van Bermeteyn HF. 9792 1988 USA 15.G.
92212 Marvelous of Hylite 1992 USA 16.G.
Marvik 1990 D 15.G.
501015190 Marvik 1990 L 15.G.
Marvin 1983 D 14.G.
617 Marx Aafarm 1985 USA 14.G.
Marzio 1955 I 10.G.
91268 Marzog 1991 USA 14.G.
Märzwind 1960 USA 12.G.
Masaniello 1961 I 10.G.
1106 Maschalla 1971 A 14.G.
1373 liz. Mascot 1946 A 11.G.
Maso 1956 I 9.G.
126 Mason 1982 USA 14.G.
Massimo 198 1969 D 12.G.
Massimo 1927 I 7.G.
Massimo 1971 I 12.G.
Massimo van Schafferden 87 1981 F 15.G.
Master 193 1958 D 11.G.
899 Master 1964 A 13.G.
1469 Master 1985 A 13.G.
Master Imladris (9656) 117 1985 NL 13.G.
Master Imladris 9656 1985 NL 13.G.
2 Master-Dee-S 1977 USA 13.G.
Mastino 1961 I 10.G.
Matador 471 1973 D 13.G.
Matador 641 1970 D 13.G.
1584 liz. Matador 1948 A 11.G.
1222 liz. Matador 1974 A 14.G.
Matador 1974 D 13.G.
1400 Matador 1982 A 13.G.
Matcho 1986 F 15.G.
1511 Matcho 1987 A 14.G.
Matcho 1989 D 14.G.
1364 Mathon 1931 A 6.G.
301 Maticek 1955 Y 11.G.
302 Matjaz 1955 Y 11.G.
Matrei 223 1971 D 14.G.
372 Matrei 1955 A 11.G.
Matrose 118 1959 D 11.G.
Matsch I 1968 I 12.G.
607 S Matt 1980 CAN 13.G.
881 S Matt's Clint 1985 USA 14.G.
1768 Matt's Mac 1987 USA 14.G.
13920 Matthäus-P 1989 I 14.G.
2164 S Matthew DSJ 1992 USA 14.G.
Matthias 1983 DK 13.G.
1158 S Matz' Champ 1987 USA 13.G.
1105 Matzen 1971 A 14.G.
Maurice 16 1961 DDR 13.G.
Mauritz Hf. 12543 1991 NL 14.G.
Mauro 1965 I 11.G.
Max (Matsch) 1921 I 5.G.
Max 9 1963 D 13.G.
Max 33 1964 D 13.G.
Max 1924 A 7.G.
liz. 8 Max 1924 A 5.G.
Max 1926 A 7.G.
Max 1933 I 8.G.
liz. Max 1934 A 7.G.
liz.1746 Max 1934 A 9.G.
Max 1944 I 10.G.
Max 1946 A 10.G.
1927 Max 1951 A 11.G.
1021 Max 1964 USA 13.G.
1382 Max 1981 A 13.G.
liz. Max 1986 A 15.G.
Max HR 46 1981 B 14.G.
Max I 1931 I 8.G.
Max Jockl 1937 A 7.G.
1980 Max W 1989 USA 14.G.
844 S Max's Mika 1984 USA 14.G.
1814 Maxim 4 DA 1989 USA 14.G.
liz. Maxim 1967 A 12.G.
Maxime HR 33 1974 B 12.G.
GB.1 Maximilian 1967 GB 12.G.
1453 Maximus 1984 A 14.G.
Maxl 1966 I 13.G.
418 Maxmillian 1981 USA 14.G.
2021 S Maxwell Smart RFH 1992 USA 16.G.
May 1980 BT 13.G.
1161 Mayten 1987 USA 14.G.
91078 Mc Intyre 4 D4 1991 USA 14.G.
90013 Mc Morris F.A.F. 1990 USA 14.G.
2848 S McCloud 1987 USA 15.G.
578 McKeag L.D.C.M. 1981 USA 14.G.
2162 S McKinley 1992 USA 15.G.
90379 McLean Meadowbridge 1990 USA 14.G.
2333 S Meadow Bridge Mahyla 1992 CAN 14.G.
2334 S Meadow Bridge Maximillion 1992 CAN 14.G.
90149 Mean Machine NTF 1990 USA 15.G.
Mecki 1974 D 15.G.
646 Mecky 1960 A 12.G.
589 Medaillon 1985 USA 15.G.
1589 Medardus 1948 A 10.G.
518 Median 1957 A 11.G.
Medicus 6161/151 1963 D 13.G.
331 Medikus 1955 A 11.G.
10573 Medio 1978 I 13.G.
Medlig van Hubertushof 11 1962 NL 12.G.
Medoro 1956 I 9.G.
Medrano 66-1299 1983 CH 14.G.
448 Meeting 1956 A 11.G.
Megchelino van den Hoefstal 97 1982 NL 14.G.
Mehrwald 68 1975 NL 14.G.
Mehrwald van de Bosrand 6956 1983 NL 15.G.
Meiko 1987 D 14.G.
liz. Meiler (Mert 2) 1958 TR 12.G.
1038 liz. Meinhardus 1967 A 12.G.
Meiselstein 161 1965 D 11.G.
Meister 24 1940 D 10.G.
Meister 48 1966 NL 14.G.
Meister 123 1956 I 10.G.
1366 Meister 1946 A 11.G.
1913 Meister Brau NTF 1989 USA 15.G.
liz. Melchior 1975 A 13.G.
Melchior van de Stelle 31 1968 NL 12.G.
10/83 Meliksah 1983 TR 15.G.
443 Mellaun 1956 A 11.G.
470 S Mellow Falls Michael 1980 USA 13.G.
1088 Mellow Falls Monte 1984 USA 14.G.
Memphis 1967 I 13.G.
1369 Mendel 1981 A 13.G.
Mendl 139 1989 NL 15.G.
Menelas 1984 F 16.G.
837 S Menke 1984 USA 14.G.
Meno 1936 I 9.G.

	Meno 1978 L	14.G.
liz.	Ment 1982 A	15.G.
1232	Mentor 1945 A	10.G.
580	Mentor 1958 A	12.G.
1046	Mentor 1969 A	12.G.
7211	Mentor 1981 L	14.G.
	Menzo van de Enghoeve HR 99 1990 B	14.G.
1657	Mephisto 1949 A	11.G.
	Mephisto 1976 F	14.G.
	Meractor 144 1962 D	13.G.
liz.	Meran 1959 A	12.G.
	Meran 1991 D	17.G.
895 liz.	Meran I 1964 A	13.G.
41	Meran-161 1985 Y	13.G.
	Merano 1949 I	9.G.
liz.	Merano 1966 A	13.G.
	Merano 1975 I	14.G.
	Merano I	
	Mercedes 112 1958 D	12.G.
	Mercedes 1987 D	15.G.
	Merci 140 1962 D	13.G.
	Mercurio 1969 I	13.G.
	Merkur 46 1946 D	11.G.
	Merkur 1921 A	
251	Merkur 1954 A	11.G.
liz.	Merkur 1956 A	12.G.
	Merkur 1968 I	13.G.
	Merkur 1988 CH	15.G.
	Merkur I K 785 1967 D	12.G.
1026 S	Merkur-NTF 1986 USA	14.G.
1437	Merl 1988 USA	15.G.
	Merlijn van Oostwinkel HR 30 1977 B	13.G.
	Merlin 1989 D	15.G.
	Merlin 1992 D	16.G.
	Merlot 1968 D	13.G.
472	Merlyn 1984 USA	14.G.
755	Merold 1961 A	12.G.
	Mert 1 1965 TR	13.G.
	Mert 3 1963 TR	13.G.
	Mert 5 1968 TR	13.G.
	Mert 9 1966 TR	13.G.
	Mert 10 1965 TR	13.G.
	Mert 10 1966 TR	13.G.
	Mert 10 1967 TR	13.G.
	Mert 10 1968 TR	13.G.
	Mert 11 1964 TR	13.G.
	Mert 12 1965 TR	13.G.
	Mert 14 1968 TR	13.G.
	Mert 20 1967 TR	13.G.
	Mert 25 1967 TR	13.G.
	Mert 26 1964 TR	13.G.
	Mert 27 1969 TR	13.G.
	Mert 28 1967 TR	13.G.
	Mert 30 1964 TR	13.G.
	Mert 30 1968 TR	13.G.
	Mert 31 1968 TR	13.G.
	Meru du Bhoutan HR 56 1984 B	14.G.
12802	Mesner 1986 I	14.G.
510 S	Messenger 1981 CAN	13.G.
	Metello 1967 I	10.G.
	Meteoor van Flevohof 7907 1984 NL	14.G.
	Meteor 1942 I	9.G.
1481 liz.	Meteor 1947 A	10.G.
	Meteor 1956 I	9.G.
1077	Meteor 1970 A	13.G.
liz.	Meteor 1970 A	14.G.
	Meteor 1976 D	16.G.
	Meteor 1982 D	15.G.
	Meteor van de Nevelhorst 7442 1984 NL	16.G.
	Metor 1986 D	17.G.
	Metrologe 1968 D	14.G.
	Metronom 28 1972 D	15.G.
	Metternich 1988 D	13.G.
	Mexico 1972 F	12.G.
	Mexiko 171 1966 D	13.G.
	Mexiko 1973 CH	14.G.
1937	Mi Country Dutchman BF 1989 USA	14.G.
2291 S	Micah of Pinecrest PCA 1992 USA	14.G.
	Micha 485 H 1971 D	14.G.
387	Micha 1976 USA	13.G.
	Michael 43 1970 NL	13.G.
	Michael 1956 CH	11.G.
420005689	Michael Angelo 1989 L	15.G.
90043	Michael Wulf 1990 USA	15.G.
	Michel 79 1961 D	13.G.
	Michel 1955 I	12.G.
	Michel of NTF (6214 NL) 1981 USA	13.G.
91400	Michel's Prince 1991 USA	14.G.
999	Michelob 1986 USA	14.G.
2242 S	Michelob JLF 1992 USA	16.G.
1873	Michelob NTF 1989 USA	15.G.
10825	Michi 1986 I	15.G.
90246	Michi Wulf 1990 USA	15.G.
994 liz.	Michl 1940 A	9.G.
liz.	Michl 1947 A	11.G.
	Micho 0011 1959 D	11.G.
159	Mickele 1983 USA	14.G.
433	Mickey Lee 1984 USA	14.G.
1117 S	Mickey Lee 1984 USA	14.G.
25	Mickey-Jadoval 1981 USA	14.G.
283 S	Micky 1980 USA	13.G.
423	Midas 1940 A	10.G.
711	Midas 1968 USA	12.G.
1262	Midas 1977 A	13.G.
10864	Midas 1979 I	15.G.
	Midas 12064 1991 NL	14.G.
	Midas HR 77 1987 B	15.G.
	Midas HR 83 1988 B	16.G.
816	Midas Touch 1984 USA	14.G.
	Midas van de Spoelberg HR 102 1991 B	14.G.
	Midas-Clarina 1983 D	14.G.
	Midas-Hanja 1990 D	15.G.
	Midas-Quirly D	14.G.
286	Mieming 1954 A	11.G.
367	Mighty 980 USA	13.G.
90359	Mighty Boy 1990 USA	16.G.
2298 S	Mighty Duke CSH 1992 USA	14.G.
2293 S	Mighty Lite BUD P. 1992 USA	15.G.
2567 S	Mighty Man FHS 1992 USA	15.G.
90156	Mighty Mike 1990 USA	16.G.
365 S	Mighty-Dee-S 1980 USA	14.G.
265	Mignon 1950 Y	11.G.
	Mik d'Isafrebeau 1976 HR 23 B	13.G.
	Mikado 0022-D	14.G.
1652	Mikado 1949 A	11.G.
	Mikado 1956 CS	12.G.
	Mikadus 1984 D	13.G.
	Mike 1199 1979 D	13.G.
D 003	Mike de Kirchberg 1974 L	11.G.
90053	Mike's Country Kid KH 1990 USA	14.G.
90096	Mike's Marty FAH 1990 USA	14.G.
2299 S	Mike's Masterpiece FAH 1991 USA	14.G.
2568 S	Mike-A-Lite MJE 1992 USA	15.G.
liz.	Miki 1981 A	14.G.
1234	Mikron 1945 A	10.G.
509	Milan 1957 A	12.G.
848	Milan 1963 A	12.G.
	Milan 1966 D	11.G.
liz.	Milan 1971 A	12.G.
	Milan 1987 D	15.G.
	Milano 1987 D	13.G.
1551	Milano 1989 A	14.G.
	Milas 1987 D	15.G.
	Milas 1987 D HR 92	15.G.
451	Mild 1956 A	11.G.
2246 S	Milestone GHJ 1992 USA	14.G.
	Milian 1967 CH	12.G.
	Mille Stabord 1978 F	11.G.
1676 (841 S)	Milligan W 1984 USA	14.G.
2004 S	Milo 1991 USA	15.G.
	Milone II 1936 I	8.G.
	Milord 24 1965 NL	12.G.
285	Mils 1954 A	11.G.
	Milthi I	
	Milvester 153 1990 NL	14.G.
	Mindu 1979 BT	13.G.
	Minister 147 1946 D	9.G.
1377	Minister 1981 A	14.G.
	Minor 1979 CH	14.G.
1102	Minos 1971 BR	14.G.
	Miofalco 1957 I	12.G.
389	Miracle-Dee-S 1980 USA	14.G.
	Miral 1987 D	15.G.
	Mirasole 1961 I	10.G.
10878	Mirco 1986 I	15.G.
	Mirko 25 1942 D	7.G.
	Mirko 906 1974 D	13.G.
	Mirko 1947 A	11.G.
	Mirko 1956 I	9.G.
10708	Mirko 1976 I	12.G.
	Mirtillo 1966 I	11.G.
	Mirtillo 1966 I	12.G.
	Mirto 1961 I	10.G.
	Mirus 1980 BT	13.G.
4621 liz.	Mischa 1986 A	15.G.
91344	Missourian 1991 USA	15.G.
	Mistel 1931 A	6.G.
373	Mister (Mighty Mouse) 1981 USA	13.G.
290	Mister 1954 A	12.G.
972	Mister 1967 A	12.G.
	Mister 1991 D	15.G.
92192	Mister Fritz 1992 USA	15.G.
	Mister Mikado 1989 D	15.G.
508 S	Mister X 1981 CAN	13.G.
10946	Mister-Narciso 1987 I	15.G.
	Mistral 1966 I	11.G.
	Mistral 1972 F	13.G.
1526	Mistral 1984 CAN	14.G.
151	Mitch 1980 USA	13.G.
1229 S	Mitch TJB 1988 USA	14.G.
362	Mitch Valmar 1984 USA	15.G.
	Mithras 1983 D	14.G.
	Mitral 1987 D	15.G.
10853	Mitridate 1986 I	16.G.
	Miuro 1987 CH	16.G.
2151	Mladik Wulf 1989 USA	13.G.
liz.	Mob 1952 A	9.G.
746	Mob 1961 A	12.G.
407	Mobil 1956 A	11.G.
189	Model 1953 A	10.G.
	Modell 84 1978 DDR	14.G.
	Moder 1954 I	12.G.
liz. 163/T	Moderno 1992 A	15.G.
	Modul 6805023-90 D	15.G.
754	Modus 1962 A	11.G.
10270	Mohamed 1977 I	14.G.
1045	Mohammed 1969 A	12.G.
74	Mohican 1980 USA	12.G.
	Mohikaner 1962 D	12.G.
250	Mohr 1954 A	12.G.
1774	Molch 1950 A	11.G.
849	Mold 1942 A	10.G.
	Moldau 1941 A	10.G.
10	Mölk 1937 A	6.G.
	Moloch 427 1966 D	11.G.
108	Mölten 1897 A	3.G.
	Mölten 1955 I	11.G.
214	Mölten I 1906 A	4.G.
273/40	Mölten I 1907 A	4.G.
203	Mölten I 1908 A	4.G.
	Mölten II 1974 I	12.G.
liz.1006	Mölten Mandl II 1927 A	6.G.
11139	Molvedo 1980 I	15.G.
630	Moment 1959 A	12.G.
11486	Momo 1981 I	14.G.
	Momo 1987 D	15.G.
332	Monaco 1955 A	11.G.
GB. 3	Monar 1969 GB	12.G.
	Monarch 5 1958 NL	11.G.
1582 liz.	Monarch 1948 A	10.G.
	Monarch HR 88 1988 B	16.G.
838 S	Mondary 1984 USA	14.G.
661	Monk 1984 USA	14.G.
91177	Monopoly J.J.T. 1991 USA	13.G.
	Monpetit 0026 1971 D	13.G.
	Monsieur 1991 D	14.G.
	Monson 108 1991 A	15.G.
	Monsun 15 1960 DDR	12.G.
446	Monsun 1956 A	12.G.
	Montafon 1968 CH	13.G.
1188	Montafon 1974 A	14.G.
	Montafon 1987 D	16.G.
	Montag 97 1980 DDR	14.G.
660 S	Montague-W 1982 USA	14.G.
374	Montan 1955 A	12.G.
	Montan 1981 L	15.G.
55	Montan – 259 1989 SLO	14.G.
	Montana 1978 D	15.G.
1149 S	Montana 1987 USA	15.G.
	Montanist 101 1980 DDR	14.G.
	Montanus 62 1974 DDR	13.G.
	Monte Carlo 116 1983 DDR	14.G.
	Montecchio 1956 I	9.G.
196	Moorefield 1983 USA	14.G.
1370	Moos 1981 A	13.G.
	Moran van de Wittewal HR 27 1976 L	13.G.
850	Mordskerl 1938 A	9.G.
1431	Mordskerl 1983 A	13.G.
	Morello 1957 I	11.G.
	Morgan Kastanjegård 1987 DK	15.G.
2221	Morgan-W.G.T. 1988 USA	14.G.
1118	Morgen 1954 A	10.G.
1157	Morgenstern 1973 A	12.G.
	Moritz 34 1942 D	7.G.
	Moritz 302 1969 D	13.G.

	Moritz 1922 I	6.G.
	Moritz 1954 I	11.G.
1044	Moritz 1969 A	12.G.
liz.	Moritz 1971 A	12.G.
	Moritz 1976 D	14.G.
1489	Moritz 1986 A	13.G.
1255 S	Morning Sun of MMF 1987 USA	14.G.
	Moro 1957 I	10.G.
liz.	Morold 1970 A	10.G.
	Morris 1971 D	12.G.
1307 S	Mortimer RM 1987 USA	13.G.
2273 S	Morton »T« 1992 USA	15.G.
	Moscato 1966 I	11.G.
	Mose 1966 I	11.G.
11781	Moser I 1982 I	13.G.
	Moses 1979 D	14.G.
	Moses van't Ruitersgat 72 1977 NL	14.G.
798	Motor 1962 A	11.G.
liz.	Motor 1971 A	12.G.
liz.	Motor 1973 A	13.G.
1510	Motta 1987 A	14.G.
924 S	Mountain Dew 1985 USA	14.G.
liz.	Mozart 1970 T	12.G.
	Mozart 1981 D	13.G.
2156	Mozart Wulf 1989 USA	15.G.
505	Mr. Chuckles 1984 USA	15.G.
781	Mr. Dan 1980 USA	13.G.
667	Mucho Macho 1985 USA	14.G.
799	Muck 1962 A	12.G.
291	Mucki 1954 A	11.G.
802	Mucki 1961 A	11.G.
2397 S	Muddy Mornin AKF 1992 USA	15.G.
1483	Muffler RM 1988 USA	13.G.
	Mugello 1967 I	13.G.
1433	Mühlau 1983 A	14.G.
284	Mühltal 1954 A	11.G.
971	Müller 1967 A	12.G.
1537	Müller 1988 A	15.G.
1922	Munter 1951 A	10.G.
liz.	Mur 1941 A	10.G.
331/8	Muri 1917 A	6.G.
	Muri 1974 I	13.G.
liz.	Murli 1957 A	11.G.
	Muro 1964 CH	12.G.
2707 S	Murphree Dean M & M 1992 USA	16.G.
90105	Murphy T.H. 1990 USA	15.G.
1498 S	Murphy's Law 1988 USA	13.G.
2367 S	Murphy's Ted 1992 USA	14.G.
922 S	Muscat of Meadowlane 1985 USA	14.G.
89	Muskat 1952 A	12.G.
	Musketier 9066 1984 NL	13.G.
	Mustafa van de Klaverweide HR 21 1975 B	14.G.
434	Mustang 1940 A	10.G.
10707	Mustang 1976 I	12.G.
	Mustang van Oostwinkel HR 8 1971 B	12.G.
88	Muster 1952 A	11.G.
	Mut 1955 I	11.G.
	My Lord 1990 D	15.G.
886	My Mighty Man 1986 USA	15.G.
90104	Myles T.H. 1990 USA	15.G.
	Myran 1975 D	14.G.
1248 S	Myron 1988 USA	14.G.
	Mythos 157 1949 D	8.G.
1128	Mythos 1972 A	13.G.
liz.	Mythos 1973 A	12.G.
14833	Mythos-R 1991 I	14.G.
2220 S	N-Harlequin WAHF 1992 USA	14.G.
11711	N-Oscar 1987 I	13.G.
11427	N-Polifemo di Armena 1989 I	14.G.
10330	N-Remo Dis.Trice 1991 I	13.G.
11515	N-Romeo di Armena 1991 I	14.G.
10872	N-Ross 1991 I	13.G.
11513	N-Ross di Armena 1991 I	14.G.
11110	N-Sonny 1992 I	15.G.
1500 S	N. Hannibal MLF 1990 USA	15.G.
2071 S	N. Hizzonor MLF 1992 USA	14.G.
10929	N.-Lampo del C. 1985 I	13.G.
10969	N.-Martino 1986 I	13.G.
10851	N.-Melidoro 1986 I	12.G.
11103	N.-Mingo 1986 I	13.G.
11267	N.-Mirco di Falterona 1986 I	14.G.
11297	N.-Mirko di Armena 1986 I	13.G.
582	Nab 1958 A	10.G.
10287	Nababbo 1977 I	12.G.
583	Nabby Supreme 1985 USA	12.G.
	Nabo 1988 D	15.G.
	Nabob 8 1960 D	11.G.
	Nabob 158 1964 D	11.G.
12024	Nabob 1983 I	13.G.
38	Nabob – 118 1984 Y	14.G.
184x	Nabolus-P 1989 I	13.G.
	Nabor 0020 1969 D	12.G.
	Nabucco 1957 I	9.G.
	Nabucco 1962 I	9.G.
1514	Nabucco 1987 A	14.G.
	Nabucco 1988 CH	14.G.
14135	Nabucco-Q 1990 I	14.G.
	Nabuko 226 1927 D	11.G.
	Nabus 1985 I (F)	12.G.
	Nachbar 10 1961 D	11.G.
	Nachbar 972 1975 D	12.G.
596	Nacho AKH 1985 USA	11.G.
	Nachtwandler 14 1963 D	11.G.
	Nader B 59 1974 USA	12.G.
652 S	Nader Benson 1982 USA	13.G.
183	Nader Boy 1983 Can	13.G.
627 S	Nader-Barrett 1982 USA	13.G.
	Naderer 1975 D	13.G.
188	Naders B'S Banner 1983 USA	13.G.
	Nadir 2 1955 D	10.G.
	Nadir 898 1973 D	12.G.
574	Nadir 1941 A	8.G.
	Nadir 1967 I	11.G.
10280	Nadir 1977 I	12.G.
11309	Nadir di Armena 1987 I	13.G.
	Nadler 7 1959 D	11.G.
	Nado 226 1961 D	11.G.
	Nado 620 1969 D	13.G.
	Nado 1937 I	7.G.
13174	Nadù 1987 I	13.G.
	Naduk 837 1973 D	11.G.
1813	Nadun 1950 A	10.G.
S 027	Nadur de Colpach 1988 L	15.G.
	Nagib 1985 D	12.G.
	Nagler 115 1958 D	10.G.
	Nagler 1975 I	12.G.
	Nagold 428 1962 D	11.G.
13918	Naifer-P 1989 I	15.G.
167	Nairn 1969 USA	10.G.
	Nako 1965 USA	12.G.
10 S	Naldo 1969 USA	10.G.
878 S	Naldo's Nathan 1985 USA	11.G.
11765	Nalser 1982 I	14.G.
790	Naman 1985 USA	12.G.
	Namara 1971 D	13.G.
1344	Namibia 1980 A	13.G.
	Namibia 1989 D	14.G.
	Namor 1979 D	13.G.
	Namorado 1981 BR	13.G.
	Namur 1983 D	14.G.
	Nandewar A 14 1976 AUS	13.G.
1367	Nandi 1981 A	13.G.
	Nandino 1983 D	13.G.
	Nando 224 1961 D	11.G.
	Nando 1937 I	7.G.
	Nandoe 76 1977 NL	12.G.
	Nandu 245 1974 D	12.G.
	Nandu 277 1963 D	11.G.
983	Nandus 1985 USA (12581)	12.G.
	Nanga 135 1961 D	11.G.
	Nanking 175 1967 D	12.G.
416	Nanos 1971 Y	12.G.
	Nansen 154 1964 D	11.G.
1654	Nansen 1949 A	9.G.
15040	Nantes-R 1991 I	14.G.
	Napal 113 1958 D	10.G.
	Napo 1982 D	14.G.
1201 S	Napolee MLF 1988 USA	13.G.
	Napoleon 0003 1956 D	10.G.
	Napoleon 1970 I	11.G.
1131	Napoleon 1972 A	12.G.
liz.	Napoleon 1972 A	12.G.
471 S	Napoleon 1979 USA	11.G.
2072	Napoleon 1992 A	14.G.
1039	Napoleon Esq. 1975 USA	12.G.
	Napoleon H 82 1968 D	12.G.
1057 S	Napoleon-HF 1986 USA (1241)	12.G.
	Napoleone 1962 I	10.G.
	Napoli 1978 I	13.G.
10828	Napoli-Pasquale 1989 I	14.G.
	Napolie 1990 A	14.G.
	Nappo 1967 I	11.G.
2234 S	Napson TRC 1992 USA	14.G.
11247	Nar-Primo 1989 I	14.G.
	Naras 648 1971 D	12.G.
299	Naras de Sao Lourenco 1987 BR	14.G.
	Naras H 138 1971 D	13.G.
468 S	Narc 1981 USA	11.G.
	Narci 235 1973 D	13.G.
	Narco van Coranny 83 1980 NL	13.G.
	Nardo 1962 I	10.G.
11315	Nardò di Armena 1987 I	13.G.
	Nardone 1962 I	10.G.
	Narduk 1987 D	15.G.
	Narduk 3469533 90 D	15.G.
	Nardus 196 1969 D	12.G.
5763/76	Nardus 1976 I	13.G.
	Narius 1979 D	13.G.
	Naro 155 1990 NL	15.G.
	Naro 1937 I	8.G.
	Naro 5524 1979 NL	13.G.
14318	Naro-Q 1990 I	14.G.
20	Narod – 16 1980 Y	13.G.
2025	Narol 1990 A	14.G.
	Naron 1977 CH	12.G.
	Narras 3078 RN 1975 D	12.G.
10575	Narrator 1978 I	12.G.
	Narrogal A 1 1971 AUS	12.G.
	Narses 136 1955 D	10.G.
	Narvik 0009 1916 D	11.G.
	Narvik 1977 D	12.G.
1513	Narvis 1987 A	14.G.
11508	Narwal 1981 I	12.G.
10851	Narwhal-Penny 1989 I	14.G.
1100	Narwik 1971 A	11.G.
12805	Narzis 1986 I	12.G.
	Nasall 1986 D	14.G.
	Nascher 156 1955 D	10.G.
	Naseweis 168 1961 D	11.G.
	Naseweis K 999 1974 D	13.G.
91216	Nash JPH 1991 USA	13.G.
2167 S	Nash RWF 1991 USA	15.G.
	Nashorn 40 1945 D	10.G.
	Nasir 180 1968 D	11.G.
11995	Nasir 1983 I	14.G.
	Nasko 1966 D	11.G.
501	Nasor's Buck 1983 USA	12.G.
500	Nasor's Sampson 1984 USA	12.G.
6	Nasor-Libby 1971 USA	11.G.
	Nasren 1986 D	12.G.
291 S	Nassau-Dee-S 1979 USA	12.G.
	Nasser 1957 I	10.G.
liz.	Nasser 1964 I	11.G.
	Nasser HR 25 1976 B	14.G.
	Nasseur 191 1969 D	11.G.
	Nassin 1987 DK	14.G.
	Nastl 104 1957 D	10.G.
	Nasto K 944 D	13.G.
	Nastor 68 1951 D	9.G.
	Nastor 1970 L	11.G.
	Nastorius 103 1957 D	10.G.
11499	Nastorius 1981 I	12.G.
	Nastral 107 1957 D	10.G.
	Nastral 1990 D	15.G.
	Nastro 169 1966 L	11.G.
	Nastro de Pallen 1979 L	13.G.
	Nastrol H 1/581 1958 D	10.G.
	Natan 2 1955 D	10.G.
1404	Natan 1982 A	13.G.
	Natan HR 16 1971 B	13.G.
543	Nate LF 1982 USA	11.G.
	Nathan 97 1956 D	10.G.
	Nathan 224 1972 D	12.G.
	Nathan 711 1963 D	12.G.
	Nathan 1967 I	12.G.
	Nathan 1977 CH	12.G.
22	Nathan 1979 USA	12.G.
	Nathan 1984 F	12.G.
69072 liz.	Nathan 1988 A	15.G.
91324	Nathan of NTF 1991 USA	14.G.
88 S	Nathaniel 1970 USA	10.G.
615 S	Nathanielson 1982 USA	11.G.
	Natina 1988 D	14.G.
	National 159 1965 D	12.G.
	Native 1964 USA	10.G.
	Nato 1978 L	13.G.
	Natos 186 1968 D	11.G.
1838	Natty 1989 USA	13.G.
	Natural 1972 I	12.G.
	Naturno 1962 I	11.G.
11793	Naturns 1982 I	12.G.
20 liz.	Natus 1991 A	14.G.
	Natz 77 1978 NL	12.G.
	Natz 1967 I	11.G.
	Natz 1988 D	14.G.
995	Nauder 1985 USA	14.G.
12667	Nauderer 1985 I	15.G.

1705	Nauders 1949 A	8.G.
	Naupilus 3 1977 D	12.G.
	Nautiker 116 1955 D	9.G.
1595	Nautikus 1948 A	9.G.
14003	Nautikus-P 1989 I	14.G.
	Nautilus 1944 I	8.G.
1484	Nautilus 1947 A	9.G.
	Nautilus 1982 D	13.G.
1138 S	Navahoe NTF 1987 USA	13.G.
	Navajo 1977 CH	13.G.
	Navajo 1979 F	12.G.
	Navajo 1988 D	14.G.
858	Navajo AKH 1986 USA	12.G.
14439	Navajo-Q 1990 I	14.G.
	Navarino 1988 CH	13.G.
	Navigare 1991 A	14.G.
1101	Navis 1971 A	11.G.
liz. 109/T	Nawai 1989 A	14.G.
	Naxos 1952 (A) USA	9.G.
1435	Naxos 1983 A	13.G.
997 liz.	Naz 1941 A	8.G.
	Naz 1967 I	11.G.
1292	Naz 1978 A	13.G.
	Nazarin 1990 CH	14.G.
	Nazerius 162 1965 D	11.G.
15	Nazir - 5 1979 Y	13.G.
	Nazl 111 1958 D	10.G.
18	Nazor - 13 1980 Y	12.G.
	Nebelstein 99 1990 A	14.G.
	Nebelstreif 106 1991 A	14.G.
	Nebraska 1989 D	13.G.
	Nebraska 7711011 1990 D	14.G.
liz. 141/T	Necho A 120 1991 AUS	14.G.
2183 S	Ned PJD 1992 USA	13.G.
11217	Ned-Rover 1991 I	14.G.
2143 S	Nedrow's Rain Man 1992 USA	13.G.
92175	Negotiator GHJ 1992 USA	15.G.
10138	Nein-Ras 1991 I	14.G.
1808	Nektar Supreme 1989 USA	13.G.
	Nelfried 1989 D	13.G.
GB 31	Nelson 1990 GB	14.G.
91451	Nelson AR-FES 1991 USA	12.G.
91405	Nelson News A.M. 1991 USA	14.G.
	Nemo 1984 D	13.G.
11246	Nemo-Poseidone 1989 I	14.G.
14403	Nemo-Q 1990 I	14.G.
	Nemus 1984 D	13.G.
91312	Neno-Lau-v. Nickelkopf 1991 USA	13.G.
14950	Neper-R 1991 I	14.G.
	Nepomuk 1985 D	13.G.
1538	Nepomuk 1988 A	14.G.
833823590	Nepomuk 1990 L	13.G.
157x	Nepomuk II 1988 I	13.G.
	Nepos 1991 S	14.G.
	Neptun 1987 CH	13.G.
164X	Neptun-P 1989 I	14.G.
13990	Neptun-P 1989 I	14.G.
1998 S	Neptune of Hylite 1989 USA	16.G.
90172	Neptune RR 1990 USA	13.G.
	Nero 1986 D	13.G.
	Nero 1987 D	15.G.
1692	Nero AR-FES 1988 USA	12.G.
	Nerzer 1987 D	14.G.
2044	Nessuno 1991 A	14.G.
	Nestor 1987 L	14.G.
	Nestor 1989 D	12.G.
	Nestroy 1986 CH	12.G.
1129 S	Nethy Witty NTF 1987 USA	15.G.
2074	Neu Bach 1992 A	15.G.
13316	Neuhaus-O 1988 I	13.G.
14578	Neukirch-R 1991 I	14.G.
2051	Neumann 1991 A	15.G.
14863	Neumond-R 1991 I	14.G.
13404	Neuner-O 1988 I	14.G.
	Nevado 1988 D	15.G.
liz.	Nevada 1991 A	13.G.
90114	Newly Supreme 1990 USA	13.G.
2138 S	Nexus IMN 1992 USA	13.G.
	Nibelung San 1989 D	12.G.
11118	Nice-Popy 1989 I	14.G.
90138	Nicklos AFH 1990 USA	14.G.
11164	Nick-Ofanto 1988 I	14.G.
2083 S	Nicki 1992 USA	12.G.
	Nicki De Feldkirchen 1984 L	14.G.
2033 S	Nicholis WLF 1992 USA	14.G.
2204 S	Nicky's New Moon NBH 1992 USA	12.G.
	Nicola 1989 A	14.G.
liz. 114/T	Nicosia 1989 A	14.G.
liz. 131/T	Nidran 1990 A	13.G.

11696	Niedrist 1982 I	14.G.
19 liz.	Nigg 1991 A	14.G.
	Niggel 1980 D	12.G.
13989	Niggl-P 1989 I	14.G.
13854	Niggler-P 1989 I	15.G.
2096	Night Cruiser HD 1989 USA	13.G.
1963 S	Night Ranger 1989 USA	16.G.
91381	Nike HHA 1991 USA	12.G.
90196	Nikker v. Semmelklob 1990 USA	13.G.
1018	Nikkolas of NTF 1985 USA	13.G.
	Nikodemus 1984 L	13.G.
	Nikolaj 1986 CH	14.G.
65	Nikotin – 296 1992 SLO	13.G.
10960	Niky-Romeo 1990 I	14.G.
11184	Nil-Red River 1991 I	13.G.
1662	Nimble Supreme 1988 USA	12.G.
	Nimbus 1986 D	12.G.
53	Nimbus – 243 1988 Y	13.G.
11016	Nimor-Mimo 1986 I	15.G.
14334	Nindl-Q 1990 I	14.G.
13725	Nino-P 1989 I	14.G.
1922 S	Nip & Nod of Hylite 1989 USA	16.G.
1003	Nippel 1985 USA	15.G.
	Nippon 1985 D	15.G.
	Nippon 1992 J	14.G.
12361	Niriak 1984 I	12.G.
14941	Niro-R 1991 I	14.G.
12657	Nischer 1985 I	15.G.
1663	Nitrate 1988 USA	13.G.
1129 S	Nitty-Gritty NTF 1987 USA	14.G.
12972	Nitz 1986 I	14.G.
10871	Niv-Peter 1989 I	16.G.
13296	Nixon II 1987 I	15.G.
13102	Niz 1987 I	14.G.
liz. 102/T	Noah 1989 A	14.G.
2369 S	Noah AR-FES 1992 USA	12.G.
1991 S	Noah LF 1992 USA	13.G.
	Nobbi 1991 D	14.G.
	Nobel 1987 D	14.G.
832393588	Nobel 1988 L	14.G.
	Nobel Boy HR 104 1991 B	14.G.
831507489	Nobel Horse 1989 D	14.G.
14418	Nobel-Q 1990 I	14.G.
liz. 152/T	Nobelius 1992 A	15.G.
2294 S	Noble News Boy 1992 USA	12.G.
liz.	Nobody 1986 A	14.G.
175	Nobre de Sao Lourenco 1985 BR	14.G.
liz. 140/T	Nockspitz 1991	15.G.
12980	Noflaner 1986 I	15.G.
10837	Noir-Quincy 1990 I	14.G.
2090 S	Nolan Le-La 1992 USA	13.G.
14004	Nolter-P 1989 I	15.G.
	Non Stop 1986 L	14.G.
11897	Non-Sara 1992 I	14.G.
10829	Nonno-Laser 1985 I	14.G.
182	Nonson de Sao Lourenco 1986 BR	14.G.
1691	Norbert AR-FES 1988 USA	12.G.
98	Norbert van de Pollona	13.G.
13699	Norbert-P 1989 I	14.G.
3028 S	Norce JPH 1990 USA	13.G.
2309 S	Nordan 1990 USA	14.G.
HBO 11	Nordan 1990 USA	13.G.
liz. 154/T	Nordenwind 1992 D	15.G.
14008	Nordlicht-Q 1990 I	15.G.
	Nordstar 1991 D	12.G.
liz.	Nordstern 1992 D	13.G.
	Nordstern 8383638 86 B	13.G.
13873	Nordstern-P 1989 I	14.G.
160x	Nordwald-P 1989 I	14.G.
liz. 145/T	Nordwind II 1988 E	13.G.
	Nordwind van de Villahoeve HR 105 1990 B	15.G.
13664	Nordwind-P 1989 I	14.G.
	Normanne 1991 D	13.G.
4601 liz.	Norton 1987 A	14.G.
10990	Norton-Sirio 1992 I	14.G.
	Notar 1989 D	14.G.
2308 S	Note Worthy 1992 USA	13.G.
	Notker 1987 D	14.G.
	Nova 1989 D	14.G.
1539	Novum 1988 A	13.G.
90044	Nowell JPH 1990 USA	13.G.
1176	Nugget 1987 USA	12.G.
	Nuko 1985 D	12.G.
11170	Nun E'-Quieto 1990 I	14.G.
	Nuptse 1990 CH	13.G.
13434	Nusser-O 1988 I	13.G.
11156	Nusser-OK 1988 I	13.G.
2082 S	Nutter-Sparky 1992 USA	12.G.
	Nymphenburg 1986 D	12.G.

	O. Naro 1943 I	8.G.
	O. Terlano 1943 I	8.G.
	Oberg's Nougat 1988 D	15.G.
	Oberst 1958 I	12.G.
	Odino 1938 I	7.G.
liz. 913	Olaf 1926 A	6.G.
	Olimpico 1958 I	12.G.
11371	Oliver di Falterona 1992 D	11.G.
	Olmo 1968 I	11.G.
980 liz.	Omar 1940 I	7.G.
	Omar 1968 I	11.G.
	Ombrone 1963 I	10.G.
	Ombrone 1968 I	11.G.
	Onassis 1968 I	11.G.
	Oratorio 1963 I	10.G.
	Orelan Normand 1980 F	12.G.
	Orione 1956 I	10.G.
	Oristano 1968 I	11.G.
	Oriundo 1958 I	9.G.
	Orsini 1963 I	10.G.
	Ortler 1958 I	12.G.
	Oskar 1958 I	11.G.
	Osvald 1958 I	8.G.
4	Oswald 1937 A	6.G.
	Oswald 1958 I	9.G.
liz.	Otmar 1937 A	7.G.
	Ottavio 1963 I	10.G.
	Otto 1958 I	11.G.
1007	Ötztaler 1927 A	4.G.
	Ouistiti Normand 1980 F	12.G.
GB 34	Oxnead Adam 1991 GB	14.G.
GB 33	Oxnead Alpha 1991 GB	14.G.
GB. 21	Oxnead Ambassador 1979	11.G.
GB. 26	Oxnead Aristocrat 1984 GB	12.G.
(1028 S)	Oxnead Majesty 1983 CAN 2158	13.G.
2024 S	Oxnead Style 1990 USA	12.G.
	Oyo Nax 1980 F	12.G.
	Pablo di Falterona 1969 I	10.G.
	Pacha Nich 1981 F	12.G.
	Pagello 1939 I	9.G.
	Palio 1925 I	
	Pallino 1921 I	6.G.
	Pancrazio 1964 I	10.G.
	Pandur 1959 I	9.G.
	Panico 1959 I	12.G.
	Paolino 1939 I	7.G.
	Paolo 1939 I	7.G.
	Paris 1910 A	
	Pascal 1959 I	10.G.
liz.	Pascha Leo I 1918 A	6.G.
	Passang Dorji 1980 BT	13.G.
	Pastor 1959 I	10.G.
	Patatrac 1964 I	9.G.
	Paul 1934 A	7.G.
liz.	Paznauner 1936 A	8.G.
	Pedro 1969 I	11.G.
	Pen Narvik 1981 F	12.G.
	Pendolo 1967 I	11.G.
	Penegal 1959 I	12.G.
87	Pens 1897 A	3.G.
242/192	Pens I 1906 A	4.G.
802	Pens II 1926 A	5.G.
	Penser 1959 I	9.G.
	Pericolo 1964 I	9.G.
liz. 255	Perner 1922 A	6.G.
	Perner I 1928 A	7.G.
liz.	Persch 1935 A	7.G.
300	Peter 1909 A	
liz. 781	Peter 1934 A	9.G.
	Peter 1943 A	7.G.
400/89	Peter Jenner I 1915 A	4.G.
	Petit Nicolas 1981 F	12.G.
	Petrus 1959 I	12.G.
	Pholey 56 1982 BT	11.G.
	Pianist 1959 I	9.G.
	Piccolo (Ex Fritz) 1946 I	9.G.
	Picerno 1964 I	10.G.
	Piero 1939 I	7.G.
	Piero II 1940 I	7.G.
	Pietro 1922 I	6.G.
	Pingl 1918 I	
360/17	Pinkl 1904 A	4.G.
43/55 liz.	Pinkl I 1913 A	5.G.
liz.	Pinkl II 1918 A	6.G.
147 liz.	Pinkl I 1920 A	6.G.
	Pino 1930 I	7.G.
	Pionier 1959 I	12.G.

	Pippo 1963 I	10.G.
	Pippo 1965 I	10.G.
	Pippo 1969 I	14.G.
	Pirat 1959 I	11.G.
	Pirat 1959 I	12.G.
	Pirat 1964 I	9.G.
	Pirro 1969 I	11.G.
	Planet 1959 I	12.G.
164	Platzl 1903 A	4.G.
1599	Plesch 1934 A	7.G.
	Pluto 1959 I	12.G.
	Pluto di Falterona 1969 I	9.G.
292	Plutokrat 1939 A	8.G.
	Pluton 1944 A	9.G.
	Poldy 1963 D	12.G.
	Polo 11 1966 D	13.G.
	Polo 1939 I	8.G.
	Pomo 1969 I	11.G.
	Poneto 1939 I	8.G.
	Pontlatz 1938 A	9.G.
	Primo 1939 I	7.G.
	Primus 120 1959 D	10.G.
	Principe 1974 I	15.G.
	Prinz 1917 A	6.G.
	Prinz 1920 I	
	Prinz 1937 A	7.G.
	Privat Benno Jenner I 1918 A	4.G.
	Pullo 1979 I	7.G.
	Puppi 1917 I	6.G.
125	Pust 1938 A	8.G.
1215	Pusterwald 1929 A	7.G.
3	Putzen 1896 A	3.G.
	Putzer 1959 I	10.G.

	Q. Rino 1970 I	12.G.
	Quaddo 1970 I	14.G.
	Quadrato 1940 I	7.G.
	Quadro di Falterona 1970 I	11.G.
	Qualiano 1965 I	10.G.
	Quartetto 1965 I	11.G.
	Quarto 1970 I	10.G.
	Quarto di Falterona 1970 I	11.G.
	Quarzo 1970 I	10.G.
4115	Quarzo 1970 I	10.G.
	Quarzo di Falterona 1970 I	11.G.
	Quebek 1970 I	10.G.
	Quedro 1970 I	14.G.
	Qui Sty 1982 F	11.G.
	Quick Storn 1982 F	11.G.
	Quick – I	11.G.
	Quinto 1970 I	10.G.
	Quirino di Falterona 1970 I	11.G.
	Quito Nik 1982 F	12.G.
	Quivi 1970 I	10.G.
	Quiz 1970 I	9.G.
	Quoco 1970 I	14.G.
	Quoletto 1965 I	12.G.
	Quoram 1970 I	14.G.

	Ramirez 1971 I	8.G.
	Ramon 1971 I	12.G.
	Rapido di Falterona 1971 I	14.G.
92380 A	Real Deal WBF 1992 USA	14.G.
	Refe 1971 I	14.G.
	Rekrut 1944 A	7.G.
	Rektor 1959 I	11.G.
	Remo 1971 I	10.G.
	Remo 1971 I	12.G.
	Renon 1930 I	7.G.
	Rhythmus 1960 I	11.G.
4/71	Ribelle 1971 I	14.G.
liz. 1137	Riedl 1928 A	7.G.
	Riffel 1960 I	9.G.
	Rinchen 102 1982 BT	13.G.
5765/67	Ringo 1967 I	9.G.
	Ringo 1979 I	11.G.
	Rio 1958 I	9.G.
	Rio Bianco 1945 I	9.G.
GB. 22	Ripym Managen 1978 GB	14.G.
	Riso 1971 I	14.G.
1286	Roaner 1930 A	8.G.
	Roberto 1962 I	10.G.
	Roby 1957 I	10.G.
	Rocco 1971 I	14.G.
	Roch 1965 I	11.G.
	Rodano 1968 I	11.G.
	Roi Nominde 1983 F	12.G.
	Roland 1944 A	7.G.
	Roland 1960 I	12.G.
	Rom-Arin 1983 F	12.G.
	Romeo Nuevo 1983 F	12.G.
	Romito 1966 I	12.G.
	Romolo 1966 I	12.G.
	Romolo 1971 I	10.G.
	Rondello 1957 I	10.G.
	Rondello 1967 I	10.G.
liz. 1735	Rosemer 1935 A	6.G.
1736	Rosiwal 1935 A	6.G.
	Rubikon 1966 I	12.G.
	Rudi 2 1926 I	6.G.
357/75	Rudi 1909 A	5.G.
	Rudi 1932 A	8.G.
	Rudi I	5.G.
	Rudi I 1920 I	6.G.
	Rudolf 1936 D	9.G.
	Ruello 1966 I	13.G.

10818	S. Conte 1979 I	15.G.
10878	S.-Mirco 1986 I	16.G.
1272	Saalbach 1977 A	12.G.
	Sabot 1947 I	7.G.
	Sabotino 1967 I	12.G.
799 S	Sabre 1984 USA	13.G.
	Sacha B 647 (Norden H 196) 1972 B	12.G.
F 011	Sacha de Contern 1976 L	13.G.
	Sachem HR 24 1976 B	13.G.
11589	Sades-Marco 1986 I	17.G.
10285	Sadik 1977 I	15.G.
461 S	Sadler 1981 USA	11.G.
	Safran 1988 D	12.G.
10284	Sahib 1977 I	15.G.
11944	Sailer 1983 I	15.G.
750 S	Sailor Matt 1983 USA	11.G.
372 S	Saint Citation 1975 USA	10.G.
1013 S	Saint Samuel 1986 USA	11.G.
	Saint Stering o'Strawberry Hill 1983 USA	11.G.
304	Sakal 1953 Y	9.G.
	Salamander 53 1971 DDR	11.G.
12401	Salegger 1984 I	16.G.
	Salem 1971 I	14.G.
	Saleur 52 1971 DDR	12.G.
	Salino 123 1985 DDR	12.G.
13229	Sallrainer 1987 I	16.G.
	Sallus 63 1974 DDR	11.G.
	Salm 60 1973 DDR	11.G.
	Salomon 74 1976 DDR	11.G.
11417	Salomon 1981 I	15.G.
liz.	Salomon 1983 A	13.G.
	Salten 1961 I	10.G.
	Salten 1961 I	12.G.
11718	Saltner 1982 I	15.G.
	Salto 57 1974 NL	10.G.
	Salto 423 1978 DDR	12.G.
	Salto 588/26 1940 D	8.G.
	Salto 1971 I	14.G.
	Salurn 1937 CS	7.G.
857	Salurn 1964 A	10.G
	Salurn 1974 I	14.G.
	Salut 22 1964 DDR	11.G.
1381	Salut 1981 A	13.G.
	Salut K 918 1972 D	12.G.
S 026	Salvador du Bann 1988 L	14.G.
	Salvatore 1967 I	10.G.
	Sam 97 1984 BT	14.G.
	Sam 1975 L	11.G.
437 S	Sam 1980 USA	11.G.
37	Sam-Dee-S 1982 USA	12.G.
10871	Sam-Marinaro 1986 I	16.G.
5774/76	Samanto 1976 I	14.G.
13251	Samanto II 1987 I	16.G.
212 S	Sambar 1960 USA	10.G.
1516	Sambo 1987 A	14.G.
	Samdrup 71 1983 BT	14.G.
11705	Samer 1982 I	15.G.
50/83	Sami 1983 TR	13.G.
1210	Sammer 1929 A	8.G.
	Sammy 39 1967 DDR	11.G.
465 S	Sammy 1981 USA	11.G.
	Samson 1973 I	14.G.
374	Samson 1977 USA	11.G.
	Samson 1989 D	12.G.
506 S	Samson-L.D.C.M. 1981 USA	11.G.
	Samuel 1972 I	13.G.
321	Samuel Austin 1980 USA	11.G.
90161	Samuel E.A.S.Y. 1990 USA	11.G.
440	Samuel Levis 1976 USA	11.G.
173	Samurai 1980 USA	11.G.
1091 S	Sanborn 1987 USA	11.G.
1296	Sand 1978 (A) BT	12.G.
	Sandhofer 1973 I	14.G.
	Sando 5310 1978 NL	11.G.
	Sandokan 1975 I	11.G.
	Sandor 27 1966 NL	11.G.
11992	Sandor 1983 I	15.G.
10980	Sandro-Munari 1986 I	15.G.
	Sanny 77 1977 DDR	12.G.
	Sansone di Falterona 1972 I	13.G.
1872	Santana 1989 USA	12.G.
	Santner 1965 I	13.G.
	Santos 1988 D	12.G.
	Saphir 25 1965 DDR	11.G.
	Saraceno 1967 CH	13.G.
J 034	Sarco 1980 L	12.G.
	Sardio 29 1964 NL	10.G.
	Sarentino 1974 I	14.G.
1214	Sargent Dan 1982 USA	11.G.
308 S	Sargent Stump 1979 USA	11.G.
	Sarn 1915 I	4.G.
	Sarner 1961 CH	9.G.
13030	Sarner 1987 I	15.G.
	Sascha 58 1973 DDR	11.G.
	Satellite di Falterona 1972 I	11.G.
11440	Satir 1981 I	16.G.
1471	Satrap 1985 A	14.G.
11703	Sattler 1982 I	15.G.
1050	Saturn 11 1969 (A) Y	11.G.
	Saturn 93 1979 DDR	12.G.
	Saturn – I	13.G.
	Saturno 1967 I	12.G.
	Saturno di Falterona 1972 I	13.G.
1011	Saul 1968 A	11.G.
	Savas 7/62 1962 TR	10.G.
	Scacco 1972 I	11.G.
12725	Scharif 1986 I	15.G.
1216	Scharnitz 1929 A	7.G.
	Scharon 1990 CH	14.G.
931 S	Schawn 1985 USA	13.G.
825	Scheiderer 1920 A	3.G.
11791	Schlaneid 1982	16.G.
	Schlern 1961 I	11.G.
11478	Schlern II 1981 I	15.G.
1138	Schneider Mandl II 1928 A	6.G.
1534	Schoner 1933 A	8.G.
liz. 912	Schönwies 1926 A	6.G.
767	Schreiber 1920 A	3.G.
12404	Schwabl 1984 I	16.G.
495 S	Scoot 1981 USA	11.G.
702 S	Scooter (1716) 1983 USA	11.G.
846 S	Scott 1985 USA	13.G.
956 S	Scott John 1984 USA	11.G.
2267 S	Sebastian 1992 USA	12.G.
	Sebastien 4019 1974 NL	11.G.
	Seefeld 1972 BT	12.G.
	Seehof 1926 A	
1470	Seespitz 1985 A	14.G.
	Sehzade 3 1966 TR	10.G.
	Sehzade 5 1965 TR	10.G.
	Sehzade 6 1965 TR	10.G.
	Sehzade 7 1965 TR	10.G.
	Sehzade 11 1966 TR	10.G.
	Sehzade 12 1966 TR	10.G.
	Sehzade 13 1966 TR	10.G.
	Sehzade 16 1967 TR	10.G.
	Sehzade 20 1968 TR	10.G.
	Sehzade 27 1964 TR	10.G.
	Sehzade 32 1968 TR	20.G.
	Sehzade 49/85 1985 TR	11.G.
	Sehzade 88/84 1984 TR	11.G.
	Seiser 1973 I	14.G.
1490	Senator 1986 A	14.G.
1436	Senator 1988 USA	12.G.
301	Sepp 1909 A	5.G.
	Sepp 1916 A	6.G.
11163	Sepp 1980 A	15.G.
	Serac 92-89 1984 CH	13.G.
5	Serfaus 1937 A	7.G.
1271	Serfaus 1977 A	12.G.
	Sergio 38 1969 BT	11.G.
	Sergio 1964 I	10.G.
	Sergo 1974 CH	12.G.
	Shalom Alechem 1984 F	11.G.
132	Sheik 1979 USA	10.G.
961 S	Sherwin 1986 USA	11.G.
512	Shiner Jay 1985 USA	12.G.
1082	Short 1979 USA	11.G.
992 S	Short Change 1986 USA	12.G.

	Short Stuff 1985 USA	12.G.
	Sicco HR 32 1971 B	12.G.
34	Sidney 1981 USA	11.G.
698 S	Sidney-D 1979 USA	10.G.
	Sieger 1917 A	5.G.
	Siegfried 515 1968 D	10.G.
	Siegfried 1973 D	13.G.
	Siegfried 3824 1973 NL	11.G.
	Siegmund 132 1986 DDR	12.G.
1633	Siegmund 1934 A	7.G.
1448	Sieß 1932 A	6.G.
	Siffian 1944 I	7.G.
	Sigfrido di Falterona 1972 I	9.G.
	Signal 1966 I	10.G.
930 S	Signal 1985 USA	13.G.
13234	Silas 1987 I	16.G.
1010	Silber 1968 A	11.G.
	Silbersee 1972 HR 75 B	12.G.
740 S	Silbert 1983 USA	11.G.
	Siljan 1981 D	13.G.
87/69	Silvaner 1969 I	13.G.
520	Silver Mast Stable 1984 USA	12.G.
N 033	Silvère 1984 L	14.G.
GB. 19	Silverton Noury 1978 GB	13.G.
	Silvio (Stegmann) 1933 I	7.G.
	Silvio 68 1974 DDR	11.G.
	Silvio 440 1966 D	10.G.
	Silvius 1973 I	14.G.
1288	Silz 1930 A	6.G.
	Simandel 1976 D	13.G.
	Simandl 1929 A	6.G.
10981	Simil-Muri 1986 I	15.G.
liz. 1079	Simon 1928 A	4.G.
67	Simon-L.D.C.M. 1982 USA	11.G.
	Simone 1972 I	11.G.
	Simone 1972 I	12.G.
12750	Simoner 1986 I	16.G.
682 S	Simple Simon 1983 USA	11.G.
	Simson 13991 1990 NL	13.G.
13076	Singer 1987 I	16.G.
5	Sir Baron 1975 USA	11.G.
15	Sir Baron II 1983 USA	12.G.
12	Sir Henry 1980 CAN	12.G.
	Sir HR 38 1971 B	11.G.
41	Sir Robert 1983 USA	12.G.
432	Sir Ronald 1984 USA	12.G.
	Sirius 82 1953 D	9.G.
11320	Sirmian 1981 I	15.G.
1036 S	Sisco 1986 USA	13.G.
1285	Sixtus 1930 A	8.G.
	Skip 1972 I	10.G.
708 S	Skipper-W.P. 1983 USA	11.G.
9	Skitter 1977 USA	11.G.
1035 S	Skyler 1986 USA	13.G.
550 S	Sloan 1980 USA	10.G.
12082	Sobek 1983 I	16.G.
	Socrate 1972 I	9.G.
11700	Sohler 1982 I	15.G.
43	Sokol – 171 1985 Y	12.G.
	Sole 1965 I	11.G.
	Sole 5809/27 1940 D	8.G.
1032 S	Soleman 1986 USA	12.G.
	Solimano 1972 I	14.G.
	Solista 1967 I	11.G.
975 S	Solitaire 1986 USA	11.G.
73 S	Solwey 1976 USA	10.G.
43	Son 1979 USA	11.G.
	Sonny Boy 1957 D	11.G.
1123 S	Sonny J 1987 USA	11.G.
12784	Sonny-Mark 1986 I	16.G.
	Sonnyboy 1964 CH	11.G.
1366	Sparchen 1931 A	8.G.
	Specht 54 1948 D	9.G.
	Spello 1972 I	11.G.
371 S	Spencer 1979 USA	10.G.
248	Spirit 1976 USA	10.G.
	Spirit of 76, 10 (= Starost) 1959 USA	9.G.
1156	Sprudel 1972 A	10.G.
10964	Spumone-Merigo 1986 I	15.G.
91005	St Seancy DAH 1991 USA	11.G.
10089	St-Quick 1990 I	15.G.
11326	St-Ricki 1991 I	15.G.
10815	ST-Roky 1991 I	11.G.
	St. Asterix HR 1 1968 B	10.G.
91102	St. Buckaneer MLF 1991 USA	12.G.
762	St. George Dee-S 1986 USA	13.G.
1448 S	St. Oliver 1987 USA	12.G.
1232	St. Pat 1987 USA	12.G.
2235 S	St. Patrick TRC 1992 USA	14.G.
490	St. Peter 1984 USA	11.G.
1566	St. Seth 1988 USA	12.G.
90182	St. Sky King DNH 1990 USA	12.G.
2216 S	St. Sound of Marso 1992 USA	12.G.
90146	St. Spanky DNH 1990 USA	12.G.
800	St. Spud 1986 USA	13.G.
521	St. Stanley 1985 USA	13.G.
1891	St. Sundance D.C.F. 1989 USA	11.G.
2229 S	St. Syclone HGC 1992 USA	14.G.
11932	Staat-Ranger 1990 I	15.G.
184	Stab 1953 A	8.G.
628	Stab 1959 A	10.G.
1411	Stab 1982 A	12.G.
15648	Staber-S 1992 I	15.G.
	Stabil 446 1980 DDR	13.G.
147	Stabil 1953 A	9.G.
14340	Stabil-Q 1990 I	14.G.
	Staccato 35 1965 NL	10.G.
14917	Stacchus-R 1991 I	14.G.
2254 S	Stace John 1992 USA	12.G.
355	Stacey 1969 USA	10.G.
179	Stacey II L.D.C.M. 1983 USA	11.G.
627	Stacey Supreme 1979 USA	11.G.
750 liz.	Stachel 1960 A	10.G.
	Stachus 13 1960 DDR	10.G.
47 liz.	Stachus 1952 A	9.G.
805	Stadl 1963 A	10.G.
liz.	Stadler 1962 A	10.G.
12787	Stadler 1986 I	14.G.
liz.	Stadler 1989 A	13.G.
707 S	Stadum 1983 USA	11.G.
	Staffel 28 1966 DDR	11.G.
	Staffet 463 1983 DDR	12.G.
849 S	Stagehan 1984 USA	11.G.
1602	Stage Erica 1988 USA	12.G.
	Stagsden Millbrook 14 1974 GB	13.G.
1708	Stahl 1949 A	9.G.
974	Stahl 1967 A	10.G.
	Stahl 1972 CH	12.G.
930	Stainach 1966 A	11.G.
19 S	Stainless 1971 USA	10.G.
	Stajo 57 1973 DDR	12.G.
	Staket 31 1966 DDR	11.G.
424	Staley 1984 USA	12.G.
liz.	Stalimann 1979 A	11.G.
333	Stall 1955 A	9.G.
288	Stallbach 1954 A	8.G.
	Stallion van de Edelweiss Hf. 13837 1992 NL	13.G.
	Stallion van de Honosrug Hf. 13315 1992 NL	13.G.
2259 S	Stalwart-Castle 1992 USA	11.G.
	Stambul 1945 A	7.G.
1478	Stamm 1947 A	8.G.
	Stamm 1964 I	10.G.
	Stammer 1951 A	9.G.
475	Stampede 1970 USA	10.G.
645	Stamperl 1960 A	10.G.
1214	Stams 1929 A	6.G.
698	Stams 1961 A	10.G.
	Stan 50 1971 DDR	12.G.
1065 S	Stan 1987 USA	11.G.
	Stan HR 103 1991 B	13.G.
14462	Stan-R 1991 I	14.G.
1096 S	Stanbae 1987 USA	11.G.
1400	Stand'n Tall MMH 1988 USA	11.G.
	Standard 117 1983 DDR	14.G.
1655	Standard 1949 A	8.G.
1491	Standard 1986 A	12.G.
64	Standard – 295 1992 SLO	11.G.
144	Standby 1982 USA	11.G.
65 S	Stanford 1967 USA	10.G.
12954	Stanger 1986 I	14.G.
liz. 127/T	Staniol 1990 A	13.G.
12608	Stanis 1985 I	14.G.
	Stanislao di Falterona 1972 I	12.G.
	Stanislaus 584 1967 D	9.G.
60	Stanislaus 1970 USA	10.G.
liz.	Stanislaus 1971 A	11.G.
	Stanius K 1031 1975 D	10.G.
	Stanjo 91 1979 DDR	13.G.
208 S	Stanley 1967 USA	10.G.
652	Stanley F & W 1985 USA	11.G.
1134	Stanley M & B 1987 CAN	13.G.
315 S	Stanley Supreme 1979 USA	11.G.
1064 S	Stanley-D 1986 USA	11.G.
463 S	Stanley-Stud (1378) 1980 USA	11.G.
2256 S	Stanly John 1992 USA	12.G.
245	Stannus 1980 USA	12.G.
10227	Stanny 1977 I	15.G.
1923	Stans 1951 A	9.G.
1294	Stans 1978 A	11.G.
369	Stanton L.D.C.M. 1984 USA	11.G.
	Stanus 1990 D	13.G.
91 S	Stanwick 1974 USA	10.G.
387 S	Stanwood 1975 USA	10.G.
848	Stanz 1942 A	7.G.
1243	Stanz 1976 A	11.G.
568 S	Stanza 1981 CAN	10.G.
422	Stanza 1984 USA	12.G.
	Stanzer 1955 I	9.G.
	Stanzer 1985 CH	13.G.
	Stapel 51 1971 DDR	12.G.
	Stapel 782 1972 D	10.G.
	Stapel 1956 A	9.G.
	Staps 29 1966 DDR	11.G.
849	Staps 1963 A	10.G.
	Star 4 (Sehzade 4/59) 1959 TR	9.G.
	Star 33 1967 DDR	11.G.
	Star 105 1983 NL	12.G.
1581 liz.	Star 1948 A	8.G.
	Star 1951 A	9.G.
1192	Star 1974 A	10.G.
	Star 1978 L	11.G.
1426	Star 1983 A	12.G.
11632	Star 1989 BR	12.G.
178	Star Buck 1982 USA	11.G.
953	Star Colonel 1986 USA	11.G.
	Star HR 49 1974 B	12.G.
460	Star M.S.C. 1984 USA	13.G.
248 S	Star Morgana 1974 USA	10.G.
1843	Star of Might 1989 USA	11.G.
1102 S	Star Shadow 1987 USA	11.G.
2098 S	Star-Boy's Barjac CBS 1992 USA	13.G.
2096 S	Star-Boy's Matt CBS 1992 USA	13.G.
153	Star-Lion 1962 USA	10.G.
11324	Star-Ramo 1991 I	15.G.
	Starboy 1984 D	12.G.
671 S	Starden 1982 USA	11.G.
2100 S	Stardivarius – SHF 1992 USA	14.G.
1539	Stardom TMA 1988 USA	11.G.
97	Stardrift 1975 USA	10.G.
231 S	Starduke 1979 USA	11.G.
919 S	Starfire 1985 CAN	11.G.
899	Starfire II 1982 USA	11.G.
	Stargard 1988 D	12.G.
2024	Starhemberg 1990 A	13.G.
1811	Stark 1950 A	7.G.
1917	Stark 1951 A	9.G.
liz.	Stark 1962 A	9.G.
1349	Stark 1980 A	10.G.
104	Stärke 1982 USA	11.G.
liz. 122/T	Starkenbach 1990 A	12.G.
	Starker (Gramozi) 1965 AL	10.G.
2191 S	Starkie WKH 1989 USA	14.G.
1569	Starky Troy 1988 USA	11.G.
	Starlet van Ernstheem Hf. 13823 1992 NL	14.G.
	Starlight 1989 D	13.G.
	Starlite 1987 F	13.G.
1225	Starlite TMA 1987 USA	11.G.
liz. 104/T	Starobin 1989 A	13.G.
46	Starost 1952 A	9.G.
liz.	Starost 1955 A	9.G.
	Starost 1957 CS	10.G.
	Starost 1959 USA (Spirit of 76,10)	9.G.
	Starost 1988 D	13.G.
1920	Starr 1951 A	9.G.
1052 S	Starrheit (2166) 1986 USA	11.G.
91511	Stars'n Stripes T.O.F. 1991 USA	12.G.
774 S	Starskey 1984 USA	11.G.
461	Starskie M.S.C. 1984 USA	13.G.
149	Starsky 1982 USA	11.G.
	Starsky van de Klaverweide HR 34 1978 B	12.G.
404 S	Starson 1981 USA	11.G.
1585	Starson's Sonny Boy DEES 1988 USA	12.G.
	Start 70 1975 DDR	13.G.
847 liz.	Start 1939 A	7.G.
405 liz.	Start 1955 A	9.G.
749	Start 1961 A	10.G.
1267	Start 1977 A	11.G.
	Starter 7 1960 NL	10.G.
1384	Starter AKH 1988 USA	11.G.
	Starter HR 58 1981 B	12.G.
	Starut 1986 DK	10.G.
2092 S	Starvin 1992 USA	12.G.
	Starwil 6904 1982 NL	13.G.
	Starwonder 1956 USA	9.G.
186 S	Stasha 1977 USA	11.G.
516 S	Stasson 1981 USA	11.G.
732 S	Stat 1983 USA	11.G.
142	State 1975 USA	10.G.

	State Senator of Hylite 1987 USA	11.G.
606 S	State's Shadow 1981 USA	11.G.
1871	Stately o Hylite 1989 USA	11.G.
30 S	Static 1970 USA	10.G.
	Statim 1980 D	12.G.
	Statist 107 1981 DDR	13.G.
	Statist 1939 A	8.G.
1440 liz.	Statist 1983 A	12.G.
1464	Statist 1983 A	13.G.
	Stativ 3 1957 TR	10.G.
976 S	Staton 1986 USA	11.G.
liz. 130/T	Stator 1990 A	12.G.
803	Statthalter 1963 A	9.G.
49	Stattlich 1952 A	9.G.
310	Statue 1981 USA	11.G.
1194	Statue's Dream 1987 USA	12.G.
14358	Statur-Q 1990 I	14.G.
1770	Status 1950 A	8.G.
11498	Status 1981 I	13.G.
	Status 1986 DK	10.G.
503	Status Symbol 1984 USA	11.G.
932	Staub 1966 A	11.G.
1855	Staudach 1936 A	7.G.
118	Stauder 1901 A	4.G.
	Stauder 1961 I	11.G.
584	Stauf 1941 A	7.G.
426	Stauffer 1940 A	8.G.
477	Stay'in Alive 1984 USA	11.G.
liz. 132/T	Stearin 1990 A	12.G.
1099	Stecher 1971 A	10.G.
	Stedman of Dolson Creek 1979 USA	11.G.
1265	Steeg 1977 A	11.G.
251	Steel Kap 1981 USA	12.G.
61	Steet 1896 A	3.G.
2063 S	Steev 1992 USA	11.G.
	Stefan 1940 A	7.G.
	Stefan 1973 BT	12.G.
	Stefan 1975 CO	11.G.
	Stefan HR 59 1979 L	12.G.
794 S	Stefen Joe 1984 USA	11.G.
430	Steffel 1940 A	8.G.
	Steffel 1941 A	8.G.
	Steffen 11 1959 DDR	10.G.
1899	Steffl 1951 Y	9.G.
12965	Steffl 1986 I	14.G.
15025	Steffler-R 1991 I	15.G.
1375	Steg 1944 A	8.G.
7255	Steg 1955 Y	9.G.
liz.	Steger 470/9 1975 Y	12.G.
170	Steger 1906 A	4.G.
1136	Steger 1972 A	10.G.
12659	Steger 1985 I	14.G.
liz.	Steger 1987 A	13.G.
	Stegmann 1989 D	13.G.
	Stegreif 126 1985 DDR	12.G.
liz. 125/T	Stegreif 1990 A	13.G.
	Stegreif II 1988 D	12.G.
15041	Steher-R 1991 I	15.G.
liz.	Steiermark 1991 A (D)	14.G.
12409	Steifler 1984 I	14.G.
511	Steig 1957 A	9.G.
	Steiger 4 1957 DDR	9.G.
	Steiger 1110 1975 D	11.G.
	Steiger 1945 A	9.G.
1483	Steiger 1947 A	8.G.
1428	Steiger 1983 A	12.G.
	Stein 71 1952 D	9.G.
	Stein 73 1976 DDR	12.G.
370	Stein 1955 A	8.G.
312	Stein 1955 Y	9.G.
1074	Stein 1970 A	9.G.
1379	Stein 1981 A	11.G.
30	Stein 1982 USA	11.G.
1518	Stein 1987 A	13.G.
13546	Stein-O 1988 I	14.G.
901	Steinadler 1965 (A) DK	9.G.
	Steinadler 1989 D	12.G.
	Steinadler 1989 D	13.G.
1506	Steinbach 1986 A	12.G.
	Steinberg 21 1940 D	8.G.
287	Steinberg 1954 A	8.G.
liz. 116/T	Steinberg 1989 A	12.G.
liz. 164/T	Steinbrech 1992 A	14.G.
	Steiner 95 1955 D	10.G.
	Steiner 1016 1975 D	11.G.
1273 liz.	Steiner 1971 A	11.G.
1133	Steiner 1972 A	12.G.
12408	Steiner 1984 I	14.G.
2049	Steiner 1991 A	14.G.
	Steinhard 1990 D	13.G.
liz.	Steinkauz 1981 A	12.G.
14214	Steinmandl-Q 1990 I	15.G.
	Steinmann 1961 D	10.G.
	Steinmarder 622 1969 DK	10.G.
	Steinway 1987 D	11.G.
2064 S	Steinway WFT 1992 USA	11.G.
2019	Steirer (Steinadler) 1990 A	12.G.
	Steirer 1958 DDR	10.G.
liz.	Steirer 1975 A	12.G.
1449	Steirer 1984 A	12.G.
953 S	Steirer 1986 USA	11.G.
liz.	Steirer Bua 1988 A	12.G.
liz.	Steirer Mandl III 1948 A	7.G.
1638	Steller 1988 USA	11.G.
1492	Stellit 1986 A	12.G.
	Stelvio 1923 I	6.G.
	Stelvio 1946 I	10.G.
	Stelvio 1968 I	10.G.
	Stelvio 1975 I	11.G.
12407	Stelzer 1984 I	14.G.
	Stender van de Bosrand HR 98 1991 B	13.G.
	Stenek 104 1981 DDR	11.G.
	Stengel 39 1941 D	9.G.
12032	Stenmark 1983 I	14.G.
13886	Stenmark-P 1989 I	14.G.
	Steno 1955 I	11.G.
367 S	Stensil 1980 USA	11.G.
	Stentor 134 1986 DDR	13.G.
liz. 1479	Stentor 1947 A	8.G.
	Stentor 1972 F	10.G.
	Stentor 1977 CH	11.G.
	Stentor de la Source HR 11 1972 B	10.G.
	Stentor van het Zolikkenhof HR 78 1987 B	14.G.
	Stenz 1984 DK	12.G.
1209	Stenzer 1929 A	8.G.
12970	Stenzl 1986 I	14.G.
	Step van de Leiweg 11029 1987 NL	14.G.
52 S	Stepee 1975 USA	10.G.
	Stephan 36 1968 DDR	10.G.
	Stephan 1956 CH	9.G.
	Stephan 1986 D	12.G.
	Stephano 1989 D	13.G.
284	Stephen 1978 USA	11.G.
	Stepper 38 1960 DDR	10.G.
804	Stepper 1963 A	9.G.
890	Stepper J.J.T. 1986 USA	11.G.
14434	Stepper-Q 1990 I	15.G.
	Steppke 17 1960 DDR	10.G.
	Steptus 436 1979 DDR	11.G.
696	Ster 1960 A	10.G.
	Stereo 35 1967 DDR	11.G.
1132	Stereo 1972 A	10.G.
	Stereo 1985 D	12.G.
1014	Stereo R.W.F. 1987 USA	11.G.
	Stereo van de Haflinger Hoeve (9624) 126 1987 NL	11.G.
1347	Stergus 1980 A	12.G.
11900	Sterl-Sonny 1992 I	13.G.
1540	Sterlango 1988 A	13.G.
	Sterlett 119 1984 DDR	12.G.
	Sterling 348 1969 DDR	10.G.
	Sterling 848 H 1970 D	12.G.
247	Sterling 1954 A	9.G.
	Sterling 1979 USA	11.G.
1164	Sterling Meadow Bridge 1984 USA	11.G.
11746	Sterling-Pay 1989 I	15.G.
564	Sterling-Silver 1983 CAN	12.G.
5069 liz.	Stern (Prinz) 1991 A	13.G.
	Stern 6 1958 DDR	10.G.
	Stern 71 1975 DDR	11.G.
	Stern 146 1954 D	10.G.
43	Stern 1948 A	10.G.
1812	Stern 1950 A	9.G.
1916	Stern 1951 A	8.G.
	Stern 1970 CO	10.G.
	Stern 1971 I	12.G.
1320	Stern 1979 A	12.G.
	Stern 1983 D	12.G.
125X	Stern 1986 I	12.G.
	Stern Hf. 16777 1992 NL	14.G.
	Stern HR 50 1982 B	13.G.
	Stern K 1100 1979 D	11.G.
	Sternberg 1985 D	10.G.
1450	Sternblick 1984 A	11.G.
1519	Sterndeuter 1987 A	13.G.
14399	Sterner-Q 1990 I	15.G.
liz.	Sternflug 1990 A	12.G.
	Sterno 1990 D	13.G.
liz. 136/T	Sternritt 1991 A	12.G.
	Sterntaler 1984 D	12.G.
	Steron 92 1979 DDR	12.G.
	Sterz 1943 A	8.G.
	Sterz 1973 BT	10.G.
1319	Sterzing 1979 A	11.G.
11161	Sterzl 1980 I	13.G.
10986	Stev 1985 I	14.G.
	Steven 10 1962 NL	10.G.
	Steven 30 1969 DDR	11.G.
	Steven an de Haflinger Hoeve 142 1990 NL	11.G.
834	Steven HFB 1986 USA	13.G.
1637	Steven Star 1988 USA	11.G.
1105 S	Stevenson's Start 1987 USA	11.G.
	Steward 329 1968 DDR	11.G.
45	Steward 1952 A	9.G.
	Steward van de Dekkers Hoeve 24 1966 NL	10.G.
	Stewart van Hhet Vlinderhof HR 91 1989 B	14.G.
	Steyr 56 1973 DDR	12.G.
2091 S	Stibil 1992 USA	12.G.
161x	Sticciano Sultan-P 1989 I	13.G.
1914	Stich 1951 A	9.G.
	Stichling 1978 D	11.G.
406	Stieglitz 1956 A	9.G.
1083 S	Stiehl TJB 1987 USA	12.G.
44 liz.	Stift 1951 A	9.G.
1925	Stift 1951 A	9.G.
933	Stifter 1966 A	11.G.
1427	Stiglitz 1983 A	12.G.
595	Stihl Akh 1985 USA	11.G.
	Stiklos van de Heksenkettel 128 1987 NL	12.G.
186	Stil 1953 A	9.G.
931	Stil 1966 A	9.G.
	Stilett 174 1967 D	11.G.
liz.	Stilfser 1936 A	7.G.
699	Stilfser 1961 A	10.G.
1168 liz.	Stilist 1972 A	10.G.
	Stilves 1954 I	7.G.
629	Stimmer 1959 A	9.G.
1014 S	Stimms 1986 USA	11.G.
	Stimpfl 1955 A	9.G.
1255	Stingray J.J.T. 1987 USA	11.G.
	Stino van Kapelle 39 1968 L	10.G.
1009 S	Stinson Markley-L.B. 1986 USA	12.G.
	Stiouboll du Tombeu HR 26 1976 B	12.G.
	Stirling 1967 CH	9.G.
	Stirling 1971 F	10.G.
1707	Stix 1949 A	9.G.
25	Stjenka – 57 1981 Y	12.G.
13609	Stoaner-O 1988 I	14.G.
	Stöber 121 1984 DDR	13.G.
515	Stöber 1957 A	10.G.
83	Stock 1952 A	9.G.
267	Stock 1953 Y	8.G.
1008	Stock 1968 A	9.G.
522	Stockade 1985 USA	11.G.
2200 S	Stockard-Castle 1992 USA	11.G.
1844	Stocking Cap 1989 USA	11.G.
55 S	Stockley 1972 USA	10.G.
56 S	Stockton 1973 USA	10.G.
47 S	Stockwell 1973 USA	10.G.
1010 S	Stocton-L.B. 1986 USA	12.G.
289	Stoff 1954 A	9.G.
371	Stoff 1955 A	9.G.
126	Stoffel 1938 A	7.G.
	Stoffer 9101509 1991 DK	11.G.
4 S	Stogey 1973 USA	10.G.
161	Stogey's Buckeye Boy 1983 CAN	11.G.
28	Stogey's Dandy 1981 USA	11.G.
59	Stojan – 284 1991 SLO	12.G.
1710	Stoke W.K.H. 1989 USA	14.G.
405	Stoker 1984 USA	12.G.
884 S	Stokes 1985 USA	11.G.
87	Stoll 1952 A	8.G.
148	Stollberg 1953 A	8.G.
1215	Stollberg 1975 A	10.G.
	Stollen 372 1970 DDR	10.G.
11792	Stollen-Quarzo 1990 I	15.G.
	Stolz 9 1957 DDR	9.G.
1482 liz.	Stolz 1947 A	8.G.
266	Stolz 1952 Y	9.G.
	Stolz 1968 D	10.G.
	Stolz 1975 I	13.G.
1472	Stolz 1985 A	11.G.
liz.	Stolz 1986 A	12.G.
818	Stolz II 1984 CAN	11.G.
612	Stolz-Fuss von Lauscha 1985 USA	11.G.
	Stolzenau 180 1958 D	10.G.
	Stolzer 75 1976 DDR	12.G.

	Stolzer 138 1951 D	9.G.
	Stone 1979 BT	11.G.
1999 S	Stone Wall 1989 USA	13.G.
517 S	Stoni 1979 USA	10.G.
	Stop 190 1969 D	10.G.
7262	Stop 1955 I	9.G.
2729 S	Stop It RP 1992 USA	12.G.
1750	Stop Sign MMH 1989 USA	11.G.
800	Stopp 1962 A	9.G.
	Stopper 37 1968 DDR	10.G.
	Stopper 159 1956 D	9.G.
	Stor 1954 I	9.G.
	Storax HR 9 1971 B	11.G.
32 S	Storee 1975 USA	11.G.
	Storm 186 1955 D	9.G.
185	Storm 1953 A	9.G.
	Storm 1969 F	10.G.
497	Storm 1973 USA	10.G.
GB. 2	Stormer 1966 GB	10.G.
1993 S	Stormy BMF 1992 USA	12.G.
643	Stormy M.S.C. 1985 USA	11.G.
264	Storno 1948 Y	8.G.
134	Story 1975 USA	10.G.
1769	Story's Stormy 1989 USA	11.G.
194	Storybook 1982 USA	11.G.
42	Storz – 170 1985 Y	11.G.
844	Stosh MSC 1986 USA	11.G.
1926	Stoß 1951 A	9.G.
848	Stouffer Candy M.S.C. 1986 USA	11.G.
liz. 117/T	Stovik 1989 A	12.G.
	Stower 1981 D	11.G.
2035 S	Stputnik STU 1992 USA	11.G.
	Straben 80 1977 DDR	13.G.
	Stradivarius de l'Ecurie HR 29 1976 B	11.G.
50	Straff 1952 A	9.G.
222	Strahan 1974 USA	10.G.
	Strahl 65 1974 NL	10.G.
liz.	Strahl 1949 A	9.G.
513	Strahl 1957 A	10.G.
liz.	Strahl 1965 A	10.G.
	Straif 220 1971 D	10.G.
1924	Stramm 1951 A	8.G.
5967	Stramm 1952 Y	9.G.
	Stramm 1961 I	10.G.
liz.	Strammer 1971 BR	12.G.
328	Strand 1955 A	9.G.
	Strand I 450 1967 D	10.G.
	Strand II 518 1968 D	10.G.
	Strandvogt 1990 D	13.G.
	Strang 510 1968 D	10.G.
512	Strang 1957 A	9.G.
624	Stranger 1982 USA	11.G.
11794	Strano-Quadrifoglio 1990 I	15.G.
585	Straß 1941 A	8.G.
702	Straß 1960 A	10.G.
	Strasser vom Haflingerhof HR 60 1978 B	11.G.
	Strateeg 4 1959 NL	10.G.
	Stratege 133 1986 DDR	13.G.
	Stratege 225 1961 D	9.G.
697 liz.	Stratege 1960 A	10.G.
	Stratege 1982 D	11.G.
428	Strategie 1940 A	7.G.
	Stratho 1988 D	13.G.
249	Strato 1954 A	9.G.
1517	Strato 1987 A	11.G.
	Strato 9128 1987 NL	13.G.
	Stratos 252 1975 D	11.G.
	Stratus 1974 CH	10.G.
1913	Strauch 1951 A	9.G.
R 10	Strauss 1984 DK	10.G.
489	Strauss 1984 USA	11.G.
	Strauß 19 1971 NL	10.G.
	Strauß 1941 A	7.G.
1115	Strauß 1945 A	8.G.
634	Strauß 1959 A	10.G.
liz.	Strauß 1972 A	12.G.
11455	Strauß 1981 I	14.G.
14363	Strauss-Q 1990 I	14.G.
	Stravinsky van Werkhoven Hf. 13755 1992 NL	12.G.
	Strax 117 1959 D	10.G.
	Strax 1991 D	13.G.
48	Strežaj-199 1986 Y	11.G.
	Streber 516 1968 D	11.G.
	Streber 1954 I	9.G.
liz.	Streber 1972 A	12.G.
423	Streem 1984 USA	12.G.
445	Streich 1956 A	9.G.
510	Streif 1957 A	8.G.

1214	Streif 1975 A	11.G.
1493	Streif 1986 A	12.G.
1771	Streit 1950 A	7.G.
898	Streiter 1964 A	9.G.
	Streiter 1964 D	9.G.
	Streiter 1987 DDR	12.G.
842	Stretch M.S.C. 1986 USA	11.G.
429	Strick 1940 A	7.G.
12402	Stricker 1984 I	14.G.
220	Striden 1979 USA	11.G.
1502 S	Striden II L.D.C.M. 1987 USA	12.G.
2032	Striden of Pine Crest PCA 1987 USA	12.G.
2031 S	Strider RTF 1992 USA	11.G.
	Strido 1962 I	10.G.
248	Striegel 1954 A	9.G.
	Strigl 1950 A	8.G.
490 S	Striker 1981 USA	12.G.
401	Striker HFB 1984 USA	13.G.
	Stritzi 1948 A	8.G.
1492	Strive 4DA 1988 USA	11.G.
809 liz.	Strizzi 1961 A	10.G.
127	Strobel 1938 A	7.G.
	Strobel 1971 D	11.G.
	Ströcker 1961 I	12.G.
	Stroganov HR 20 1974 B	10.G.
	Stroganow 148 1990 NL	13.G.
1410	Strogoff 1982 A	12.G.
47	Strok-198 1986 Y	11.G.
2112 S	Stroke of Lightning LC 1992 USA	12.G.
	Strolch 0018 1968 D	10.G.
	Strolch 66 1957 D	12.G.
	Strolch 89 1954 D	9.G.
	Strolch 281 1963 D	9.G.
	Strolch 1947 A	8.G.
	Strolch 1953 I	8.G.
11421	Strolch 1981 I	14.G.
1408	Strolch 1982 A	11.G.
	Strolicki 1974 D	11.G.
	Stroller 193 1969 D	10.G.
	Strollo 1965 AL	10.G.
1268	Strolz 1977 A	11.G.
	Strom 141 1962 D	9.G.
	Strom 447 1980 DDR	13.G.
1656	Strom 1949 A	8.G.
liz.	Strom 1949 CH	8.G.
liz.	Strom 1951 A	8.G.
	Stromboli 105 1957 D	8.G.
	Stromboli 957 1974 D	10.G.
	Stromboli 1971 F	10.G.
	Stromboli 1984 D	12.G.
	Stromboli HR 37 1972 NL	10.G.
13552	Stromboli-O 1988 I	14.G.
	Stromboy 179 1968 D	10.G.
	Stromer 191 1958 D	10.G.
128	Stromer 1938 (A) I	7.G.
	Stromer 1980 D	12.G.
	Stromer 1982 D	12.G.
13168	Stromer 1987 I	14.G.
	Stromer 1989 D	11.G.
15027	Strommer-R 1991 I	15.G.
	Strong 112 1991 A	13.G.
10281	Strong 1977 I	13.G.
745	Stropp 1961 A	9.G.
444	Strub 1956 A	9.G.
	Strudel 520 1968 D	10.G.
506	Strudel 1957 A	9.G.
384	Strudel 1980 USA	11.G.
2032 S	Strudel 1992 USA	11.G.
liz.	Strudl 1960 A	10.G.
GB. 4	Strudl 1970 GB	10.G.
860	Strum R.W.F. 1986 USA	11.G.
1318	Strumer 1979 A	11.G.
	Strumer 1982 A	12.G.
	Strumpfchen van de Klaverweide HR 22 1976 B	12.G.
	Strups 347 1969 DDR	11.G.
480	Strutter R.W.F. 1984 USA	11.G.
38	Stu of Dolson Creek USA	11.G.
1409	Stu Simmon 1987 USA	11.G.
	Stuart 23 1964 NL	9.G.
1409	Stuart 1982 A	11.G.
	Stuart 1983 D	12.G.
396	Stuart M.B. 1980 USA	11.G.
1364	Stubai 1946 A	8.G.
2115 HBO 61	Stubai 1988 USA	13.G.
	Stubay 1955 I	11.G.
1990 S	Stubbee 1992 USA	11.G.
1354	Stubben NTF 1987 USA	13.G.
933 S	Stuben 1986 USA	11.G.
2095 S	Stuben of MMF 1992 USA	14.G.
505	Stüber 1957 A	8.G.

15046	Stüber-R 1991 I	15.G.
514	Stubs 1957 A	10.G.
625 S	Stucco 1982 USA	11.G.
	Stuck 93 1955 D	10.G.
	Stucka 5822/29 1941 D	8.G.
	Stückler 114 1958 D	11.G.
1652	Stucky 1988 USA	11.G.
	Student 6 1960 NL	9.G.
	Student 744 1971 D	10.G.
1074	Student 1927 A	6.G.
128 S	Student 1958 USA (Easter Sunday 8)	9.G.
	Student 1984 D	12.G.
90237	Studentis Solomon MSC 1990 USA	11.G.
	Studiker 835 1973 D	10.G.
	Studio 13 1936 D	7.G.
	Studio 1989 D	13.G.
1514	Studious 1981 USA	11.G.
12781	Stuefer 1986 I	14.G.
	Stuermidas 1987 L	12.G.
2726 S	Stuffy GBT 1991 USA	12.G.
	Stuka 181 1958 D	11.G.
1111 S	Stuka 1987 USA	12.G.
2217 S	Stuka WP 1992 USA	12.G.
	Stukateur 66 1950 D	9.G.
1165	Stukko 26 1973 (A) Y	10.G.
137	Stumal 1982 USA	11.G.
1098	Stumm 1971 A	12.G.
801	Stumpf 1961 A	10.G.
91044	Stunt Man CHF 1991 USA	11.G.
10850	Stupendo-Niki 1987 I	14.G.
656	Sturdy 1977 USA	10.G.
881	Sturgis 1977 USA	10.G.
	Sturm 1 1954 DDR	9.G.
	Sturm 81 1953 D	11.G.
	Sturm 89 1978 DDR	13.G.
	Sturm 265 1961 D	9.G.
	Sturm 624 1961 D	10.G.
297	Sturm 1939 A	8.G.
	Sturm 1958 CH	10.G.
695	Sturm 1960 A	9.G.
liz.	Sturm 1960 A	9.G.
liz.	Sturm 1964 A	10.G.
liz.	Sturm 1969 A	10.G.
121/75	Sturm 1975 I	13.G.
1380	Sturm 1981 A	10.G.
610073289	Sturm 1989 L	13.G.
204	Sturm Nor. 1893 A	
170x	Sturm-Q 1990 I	13.G.
	Sturmbote 122 1959 D	9.G.
	Stürmer 4 1958 D	9.G.
1367 liz.	Stürmer 1936 A	9.G.
1293	Stürmer 1978 A	11.G.
12948	Stürmer 1986 I	14.G.
	Sturmfalk 635 1969 D	11.G.
liz.	Sturmgraf 1976 A	11.G.
	Stürmisch 6111/109 1958 D	10.G.
	Sturmius 1982 D	12.G.
	Stürmlich 86 1954 D	9.G.
	Sturmvogel 3 1959 D	9.G.
	Sturmvogel 278 1963 D	10.G.
	Sturmwind 60 1948 D	8.G.
	Sturmwind 66-1204 1982 CH	13.G.
1266	Sturmwind 1977 A	11.G.
	Sturmwind 1977 BT	11.G.
liz. 143/T	Sturmwind 1991 A	12.G.
	Sturz 836 1973 D	10.G.
	Stürzer 80 1953 D	11.G.
51 S	Stutgart 1975 USA	10.G.
449	Stutz 1956 A	9.G.
	Stutzer 100 1956 D	9.G.
liz. 581	Stutzer 1958 A	9.G.
	Stüwer 56 1948 D	10.G.
1992 S	Stux of MMF 1992 USA	14.G.
733 S	Sty 1983 USA	11.G.
2062 S	Styhl 1992 USA	11.G.
91220	Style Compact 1991 USA	12.G.
1915	Styrax 1951 A	9.G.
liz.	Styria 1984 A	13.G.
1365	Styx 1946 A	8.G.
1139	Styx 1971 A	10.G.
liz.	Styx 1975 A	11.G.
	Styx HR 6 1968 B	9.G.
	Sultan 33 1967 NL	11.G.
	Sultan 1977 D	10.G.
	Sultan 15298 1991 NL	13.G.
665	Sulton-One 1979 USA	12.G.
1535 liz.	Summer 1933 A	7.G.
760	Sumner 1980 USA	11.G.
933	Sunburst of Stockton 1980 USA	11.G.

763 Sunny 1981 USA 11.G.
10872 Super-Maestro 1986 I 16.G.
11616 Super-Mosco 1986 I 17.G.
797 S Sur-Fino 1984 USA 11.G.
Suso 1942 I 9.G.
Sylvaner 1974 I 14.G.

T. Asso 1973 I 9.G.
Taiers 1923 I 6.G.
30 Tajar I or. Halbblut 1891 A
25 Tajar or. V. 1895 A
Tajar or. Vollblut 1885 A
liz. Talfer (Stürmer 2) 1950 A 9.G.
Talone 1958 I 10.G.
Tambur 1941 I 9.G.
Tango 1962 I 10.G.
Tango de Novy 1985 F 12.G.
Tann 1940 A 8.G.
Tarabiscot 1985 L85117275 X 11.G.
Taraboshi 1964 AL 11.G.
Tashila 62 1982 BT 14.G.
Tasso 1933 A 6.G.
Tat 1954 I 9.G.
Tato 1973 I 10.G.
Tel di Falterona 1973 I 11.G.
Tenebroso di Falterona 1973 I 14.G.
Tenno 1963 I 9.G.
1231 Tenor 1945 A 8.G.
Teofilo 1973 I 11.G.
Terno 1940 I 9.G.
Terry 1973 I 9.G.
Teso 1973 I 9.G.
4179 Tex 1973 I 12.G.
274 Thaler 1907 A 4.G.
165 Thaler 1908 A
liz. 1533 Thaler 1933 A 8.G.
299 Theo 1939 A 8.G.
Tiberio 1968 I 10.G.
1490 Till 1948 A 8.G.
Timbler 1962 I 9.G.
1536 Timmer 1933 A 7.G.
Tindaro 1973 I 10.G.
Tinello 1969 I 12.G.
Tione – I 9.G.
Tirol 1952 I 9.G.
Tiroler 1962 I 11.G.
Tirolo 1948 I 10.G.
Tito 1963 I 10.G.
996 Tizian (Animo) 1943 A 7.G.
Tobaco 1973 I 10.G.
Toblach 4 1933 D 7.G.
Tole' di Falterona 1973 I 14.G.
Tomi 3067 RN 1972 D 10.G.
Topazio 1973 I 12.G.
Topino 1958 I 10.G.
Tornado di Falterona 1973 I 12.G.
Toronto 1962 I 11.G.
1586 Totila 1948 A 8.G.
Toto 1963 I 10.G.
Toto 1973 I 10.G.
Toto di Falterona 1973 I 14.G.
Traminer 1962 I 11.G.
329/5 Traxl 1917 A 5.G.
Trento 1909 I
Tribulaun 1962 I 11.G.
Trovatore 1968 I 11.G.
Tsar Ambassa 1985 F 11.G.
Tshering 1974 BT 10.G.
Tufolo 1951 I 9.G.
Tulipano 1973 I 10.G.

Uberto di Falterona 1974 I 14.G.
Uderigo 1974 I 13.G.
Ugo 1974 I 10.G.
Ugo 1974 I 12.G.
Ulan 1963 I 13.G.
Ulisse 1964 I 10.G.
Ulisse 1974 I 9.G.
Ulisse di Falterona 1974 I 14.G.
Unesco 1963 I 11.G.
Ungaro 1974 I 10.G.
Ungaro di Falterona 1974 I 12.G.
Unno di Falterona 1974 I 12.G.
Urach 1963 I 12.G.
Uran 1963 I 13.G.
Urano di Falterona 1974 I 12.G.
Uranus 20 1939 D 8.G.
Uranus 1963 I 10.G.
Urban 1063 I 11.G.
Urban I 1931 D 11.G.
Urbano 1974 I 10.G.
Uri 69 1951 D 8.G.
Urquell 53 1946 D 8.G.
Urto 1974 I 9.G.
Uruguay 1969 I 12.G.
Ussaro 1974 I 12.G.
Ussuri 1963 I 10.G.
Utis 1964 I 10.G.
Utrillo 1963 I 13.G.

Valente di Falterona 1975 I 12.G.
Valentino di Falterona 1975 I 12.G.
Vandoro 1937 I 8.G.
7387 Vanek 1955 Y 7.G.
Vanesio (Balzer) 1975 I 12.G.
Varallo 1970 I 10.G.
54 Vard – 266 1989 SLO 12.G.
60 Vardar – 285 1991 SLO 10.G.
Vathi-67 1975 AL 11.G.
Veleno 1975 I 9.G.
liz. Venn 1935 A 7.G.
Vermindo 1970 I 12.G.
Vero 1965 I 11.G.
Vesir 1969 I 9.G.
Vesuvio di Falterona 1975 I 15.G.
Vettore 1965 I 10.G.
Vigani II 80 1977 AL 12.G.
360 Viktor 1957 Y 8.G.
16 Viktor-19 1980 Y 10.G.
Villa 1965 I 10.G.
Villandro 1945 I 8.G.
85 Villar 1908 A
342/20 Vilpian 1918 A 6.G.
Virko Atram 873328618 1988 L 13.G.
Virus 1964 I 11.G.
Visone 1965 I 10.G.
Vispido 1970 I 10.G.
Vispo 1964 I 10.G.
Vital Alhi 1987 D 13.G.
Vital Alhi 1987 F 13.G.
61 Vitez – 287 1991 SLO 12.G.
Vittore di Falterona 1975 I 15.G.
Vladimiro di Falterona 1975 I 12.G.
Volante 1964 I 13.G.
Volfango di Falterona 1975 I 12.G.
Volkan 5/74 1974 TR 12.G.
Volkan 92/85 1985 TR 13.G.
1116 Vortice 1975 I 12.G.
34 Vran – 106 1983 Y 9.G.
46 Vrisk-193 1986 Y 9.G.
Vulcano di Falterona 1975 I 12.G.

10803 W-Iacopo 1984 I 11.G.
10924 W-Marechiaro 1986 I 12.G.
11272 W-Montelleri di Falterona 1986 I 11.G.
11273 W-Muschioso di Falterona 1986 I 11.G.
11312 W-Napoleone di Falterona 1987 I 11.G.
10052 W-Nebbiolo 1987 I 12.G.
11325 W-Nettuno di Falterona 1987 I 11.G.
11327 W-Nicola di Falterona 1987 I 11.G.
11335 W-Nord di Falterona 1987 I 11.G.
11341 W-Notturno di Falterona 1987 I 11.G.
11181 W-Quercus di B. 1990 I 12.G.
Waaghals 3 1958 NL 7.G.
liz. 139/T Wacholder 1991 A 11.G.
Wächter 161 1956 D 7.G.
1592 Wächter 1948 A 7.G.
1166 Wächter 1973 A 9.G.
Wachtmeester van de Wortel 140 1987 NL 9.G.
Wacker 76 1976 DDR 10.G.
1167 Wacker 1973 A 9.G.
Wackerle 1939 CS 6.G.
Wager 1980 BT 11.G.
132 Wagner 1981 BR 11.G.
liz. 133/T Wagner 1990 A 11.G.
1134 Wagrein 1972 A 8.G.
1350 Wagrein 1980 A 11.G.
1454 Waidmann 1984 A 12.G.
Waidmann 1988 D 12.G.
liz.110/T Wakhan 1989 A 11.G.
Wakker 14 1963 NL 8.G.
1495 Walbeck 1986 A 12.G.
Walbo (Shpati) 1965 AL 7.G.
1135 Wald 1972 A 9.G.
1269 Wald 1977 A 10.G.
11795 Wald-Quark 1990 I 9.G.
liz. 121/T Walddorf 1990 A 11.G.
2144 Waldeck Wulf 1988 USA 11.G.
Waldemar 20 1965 NL 8.G.
liz. Waldemar 1953 A 8.G.
AB 889 S Waldemar II 1982 CAN 11.G.
1317 Wälder 1979 A 11.G.
Wälder K 1132 1983 D 12.G.
1542 Waldfalk 1988 A 11.G.
1219 Waldfürst 1975 A 10.G.
Waldfürst 1986 D 12.G.
Waldgraf 1984 D 12.G.
111 Waldherr 1982 BR 11.G.
Waldhorn 160 1955 D 7.G.
Waldie 108 HR 64 1984 B 11.G.
Waldmann 1946 A 7.G.
1454 Waldmann 1984 A 12.G.
2050 Waldmann 1991 A 11.G.
Waldmeister 1979 D 10.G.
181 Waldmeister BR 11.G.
2304 S Waldmont 1992 USA 12.G.
190 Waldo 1953 A 7.G.
Waldo van de Hallegasten HR 14 1973 B 10.G.
1218 Waldprinz 1975 A 10.G.
liz. 106/T Waldsee 1989 A 10.G.
Waldspecht 783 1972 D 9.G.
liz. 142/T Waldstadt 1991 A 11.G.
Waldy van Abel HR 69 1983 B 10.G.
Waldy van Veenlust 42 1970 NL 9.G.
152 Waldyr BR 11.G.
10815 Wali-Dalaman 1980 I 10.G.
Waliser K 1047 1976 D 9.G.
121 Wall 1938 A 6.G.
692 Wall 1960 A 8.G.
1216 Wall 1975 A 9.G.
1060 Wall Street NTF 1986 USA 11.G.
Walledi HR 15 1973 B 9.G.
850 Waller 1963 A 8.G.
Walles van de Haflinger Hoeve 10625 1989 NL 10.G.
975 Walli 1967 A 8.G.
91074 Wallna of Hylite 1991 USA 12.G.
Walmero 4360 1975 NL 9.G.
344 Walnor 1989 BR 12.G.
Walter 15 1963 NL 8.G.
435 Walter 1940 A 8.G.
Walter 1941 A 7.G.
Walter 1953 A 8.G.
Walter 1963 I 9.G.
liz. Walter 1976 A 10.G.
143X Walter 1987 I 11.G.
Walter HR 7 1971 B 9.G.
5941 Walter Hugo 1965 H 7.G.
Walter van de Graspeel 5573 1979 NL 10.G.
Walter van het Hambroek 56 1973 PI 9.G.
488 Walzen 1984 USA 10.G.
1013 Walzer 10 1968 Y 8.G.
liz. Walzer 1972 A 9.G.
Walzerkönig 1991 D 11.G.
Wanchef 1971 F 9.G.
Wanderer 1943 A 7.G.
liz. Wanderer 1947 A 8.G.
105 Wandor 1973 USA 9.G.
Wanesco 1990 D 12.G.
Wangchuck 74 1983 BT 14.G.
Wangdi 27 1980 BT 10.G.
Wanko 106 1981 DDR 10.G.
Wanner 1988 D 9.G.
2336 S War Path RRF 1992 USA 11.G.
Ward 26 1966 NL 8.G.
Ward 819 1972 D 9.G.
Ward HR 96 1990 B 10.G.
122 Wardein 1938 A 6.G.
Wardein 6829 1982 NL 9.G.
Wardein van de Hessenkamp 5208 1978 NL 10.G.
4 Wargrain 1979 DK 10.G.
Waridor 4096 1974 NL 9.G.
1066 Warin-NTF (9068 NL) 1986 USA 10.G.
228 Warnung 1983 USA 10.G.
Waro van de Haflinger Hoeve 94 1982 NL 9.G.
1137 Warrant 1972 A 9.G.
584 liz. Wart 1958 A 7.G.
Wart van op de Bos HR 66 1986 B 9.G.
92405 Warwick NTF 1992 USA 12.G.

	Warwick van de Villahoeve HR 70 1985 B	10.G.
	Wasa 21 1964 NL	8.G.
186	Waschi 1900 A	
1039 S	Washanda 1986 USA	10.G.
liz. 160/T	Wassergraf 1992 A	12.G.
432	Wastl 1940 A	6.G.
	Wastl 1944 A	7.G.
	Wastl I 514 1968 D	8.G.
	Wastl II 592 1969 D	8.G.
1224 liz.	Wastl Mandl II 1929 A	6.G.
90222	Watch-N-Weep NTF 1990 USA	12.G.
	Watzmann 156 1964 D	8.G.
	Watzmann 1991 D	11.G.
	Waxel HR 28 1974 B	8.G.
108	Wayne 1982 CAN	10.G.
780	Wayne County 1986 USA	11.G.
40	Wazzo 1984 Y	11.G.
90270	WD-40 RRF 1990 USA	11.G.
92218	Webster NTF 1992 USA	12.G.
liz. 159/T	Wechsler 1992 UNG	11.G.
1016	Wedel 1968 A	8.G.
	Weer 1961 I	8.G.
	Wehr 1973 BT	9.G.
1866	Wehrmacht 1988 USA	11.G.
1104	Weidmann 1971 A	9.G.
130	Weiler 1938 A	7.G.
1138	Weimar 1972 A	9.G.
107	Weisheit 1982 USA	10.G.
450	Weit 1956 A	7.G.
	Welcome 1972 F	9.G.
583	Welf 1958 A	7.G.
	Welf 1977 (L) S	10.G.
2340 S	Welkin RRF 1992 USA	11.G.
	Welkom I 1957 NL	7.G.
572 S	Welkom II 1979 CAN	10.G.
90150	Welkom NTF 1990 USA	12.G.
	Wellington de Spy HR 90 1989 B	10.G.
liz. 161/T	Weltcup 1992 A	11.G.
1439	Weltmeister 1983 A	11.G.
	Weltstar 100 1990 A	12.G.
	Wempire 123 1986 NL	9.G.
335 liz.	Wendel 1955 A	7.G.
	Wendelin 1977 D	10.G.
	Wendelinus van Schafferden 102 1983 NL	11.G.
	Wendelstein 78 1953 D	9.G.
	Wendelstein 1158 1966 NL	8.G.
1054 S	Wendig 1986 USA	11.G.
	Wendo 7485 1984 NL	10.G.
	Wento 92 – 72 1984 CH	11.G.
	Wenzel 13 1963 D	8.G.
	Weran van 't Broek 90 1981 NL	9.G.
11044	Werde-Spino 1992 I	12.G.
	Were-di van de Kriezel HR 86 1987 B	10.G.
	Were-di van de Vrijthof 13 1963 NL	8.G.
	Weredi's Lente HR 41 1978 B	9.G.
	Weredi's Wonder HR 85 1988 B	10.G.
296	Werner 1939 A	8.G.
	Werner 1952 Y	7.G.
liz.	Werner 1973 A	9.G.
	Werner van het Hambroek 5379 1978 NL	10.G.
	Wert 13 1963 D	8.G.
1772	Werter 1950 A	7.G.
	Werther 3877 1979 CH	10.G.
	Wervelwind 32 1967 NL	9.G.
	Wervelwind van de Villahoeve HR 54 1983 B	9.G.
508	Wesir 1957 A	7.G.
	Wesly van de Edelweiss 147 1990 NL	10.G.
	Wessel 11848 1988 NL	11.G.
	Wessel van't Lievers Hf. 12931 1992 NL	10.G.
	Westling 1970 D	9.G.
937	Westwind 1966 A	8.G.
	Westwind 1988 D	10.G.
1709	Wetter 1949 A	7.G.
90241	Weylin MSC 1990 USA	11.G.
2338 S	What-A-Whallop RRF 1992 USA	11.G.
	Whender van het Ekenholt 53 1972 NL	9.G.
420670290	Whisky 1990 L	13.G.
2341 S	Whistler RRF 1992 USA	11.G.
2171 S	Whitney MSC 1990 USA	11.G.
2129 S	Whiz Kid NTF 1992 USA	12.G.
2337 S	Wholehearted 1992 USA	11.G.
liz.	Wichart 1937 A	7.G.
123	Wicho 1938 A	7.G.
	Wicht 75 1952 D	9.G.
300	Wicht 1939 A	8.G.
	Wichtel 79 1977 DDR	10.G.
	Wichtl 256 1962 D	8.G.
	Wick HR 13 1973 B	9.G.
2047	Wicki 1991 A	11.G.
	Wicking 1945 A	8.G.
420074689	Wicko 1989 L	12.G.
	Wico 1982 D	11.G.
	Wico-Vänmirpa 95 1982 NL	11.G.
	Widar 64 1974 NL	8.G.
	Widder 21 1963 DDR	8.G.
	Widder 41 1945 D	9.G.
liz. 851	Wido 1963 A	8.G.
	Wido van de Norden Hf. 13735 1992 NL	10.G.
1217	Widukind 1975 A	9.G.
	Wiegand 84 1953 D	9.G.
169	Wiegant 1984 BR	11.G.
	Wieger 110 1958 D	10.G.
	Wieland 5807 1940 D	8.G.
	Wieland van het Zolikkenhof HR 82 1985 B	10.G.
liz.	Wieling 1957 A	8.G.
1211	Wiesberg 1929 A	6.G.
	Wieser 79 1953 D	9.G.
	Wigbold 18 1964 NL	8.G.
	Wiking 82/83 1983 TR	10.G.
	Wikinger 1934 A	6.G.
	Wikinger 1989 D	12.G.
	Wiko 87 1978 DDR	10.G.
	Wikon 1988 D	10.G.
	Wiland 1989 D	11.G.
	Wilbert van de Wortel 1988 D	9.G.
	Wilbert van't Lievers 156 1990 NL	11.G.
	Wilco 118 1983 DDR	11.G.
1618	Wilco Hf. 7963 1985 USA	11.G.
375	Wild 1955 A	7.G.
1407	Wild 1982 A	11.G.
1072 S	Wild der Bube 1987 USA	11.G.
	Wildbach 85 1954 D	9.G.
liz. 157/T	Wildbach 1992 D	11.G.
	Wildberg 0004 1950 D	9.G.
	Wildbur 36 1968 NL	9.G.
	Wilddieb 6028/57 1948 D	10.G.
	Wilder 1989 D	11.G.
	Wilderer 0001 1950 D	9.G.
	Wilderer 65 1950 D	10.G.
1541	Wilderich 1988 A	10.G.
	Wildfang 52 1946 D	9.G.
	Wildfang 154 1955 D	10.G.
	Wildfang 326 1968 DDR	9.G.
	Wildfang 382 1957 D	8.G.
291	Wildfang 1939 A	6.G.
	Wildfang 1958 D	11.G.
liz.	Wildfang 1974 BR	10.G.
	Wildfang 1983 D	11.G.
	Wildfang 1988 D	12.G.
liz. 151/T	Wildfire 1992 LUX	11.G.
	Wildfürst HR 67 1986 B	10.G.
	Wildgraf 746 1971 D	8.G.
	Wildheger 102 1980 DDR	10.G.
	Wildhorn 1988 D	12.G.
	Wildhüter 1980 (D) S	11.G.
liz. 135/T	Wildkogel 1991 DK	12.G.
	Wildling 19 1962 DDR	8.G.
	Wildling 35 1944 D	9.G.
liz.	Wildling 1944 A	7.G.
1220	Wildling 1975 A	9.G.
	Wildling I 1945 A	7.G.
1295	Wildmoos 1978 A	9.G.
21645	Wildmoos 1992 BR	12.G.
	Wildmoos-Bampi 1990 D	10.G.
2197 S	Wildor PJD 1992 USA	10.G.
liz. 1284	Wildschönau 1930 A	8.G.
	Wildschönau 1971 F	9.G.
	Wildschütz 51 1947 D	8.G.
936	Wildschütz 1966 (A) D	8.G.
	Wildschütz K 845 1970 D	9.G.
1473	Wildspitz 1985 A	11.G.
	Wildstamm 88 1954 D	10.G.
1593	Wildvogel 1948 A	7.G.
	Wilfried 7 1934 D	7.G.
liz.	Wilfried 1945 A	7.G.
1080	Wilfried 1970 A	8.G.
	Wilfried 1971 F	9.G.
	Wilfried van de Kromveldhoeve HR 18 1975 B	10.G.
	Wilfried van Mereveld 150 1990 NL	10.G.
872	Wilfried von Silberhof 1986 USA	11.G.
	Wilhelm 1969 I	8.G.
1867	Wilhelm 1988 USA	11.G.
A 88	Wilhelm 1990 AUS	11.G.
	Wilko 23 1964 DDR	8.G.
	Willem van de Hallegasten HR 12 1973 B	10.G.
	Willem van de Hallegasten HR 12 1973 B	10.G.
	Willem van Kerkoven HR 42 1980 B	9.G.
	Willem van Rhode HR 19 1975 B	9.G.
401 liz.	Willi 1921 A	5.G.
1437	Willi 1983 A	10.G.
liz.	Willi I 1928 A	6.G.
	William 1990 D	11.G.
	William HR 3 1968 B	8.G.
	William van het Leefdaalhof HR 101 1991 B	11.G.
	Williams d'Henrichamps HR 68 1986 B	10.G.
	Willibald H 60 1946 D	9.G.
227	Willig 1983 USA	10.G.
	Willigis 1967 I	9.G.
	Willow 154 1990 NL	9.G.
294	Willram 1939 A	7.G.
	Willy 1964 I	10.G.
	Willy van het Hambroek 67 1976 NL	9.G.
	Wilmar 110 1981 DDR	10.G.
	Wilo 118 1983 DDR	11.G.
1	Wilrené 1972 DK	9.G.
liz.	Wilson 1976 A	10.G.
	Wilten 519 1968 D	8.G.
649	Wilten 1960 A	7.G.
	Wim HR 4 1968 B	9.G.
	Wim HR 17 1974 B	9.G.
139	Wimbledon BR	11.G.
	Wimpel 41 1969 DDR	9.G.
	Wimpel 643 1970 D	8.G.
	Wimpel van de Beekenpieper 152 1990 NL	10.G.
	Wimpel van de Kleine Milt HR 47 1981 B	9.G.
	Winar 16 1964 NL	8.G.
	Winchester 5 1957 DDR	7.G.
2905 S	Winchester Royal 1975 CAN	10.G.
	Wind 511 1968 D	8.G.
11	Wind 1897 A	
	Wind 1951 A	7.G.
1455	Wind 1984 A	12.G.
	Windfang 27 1965 DDR	8.G.
	Windfang 1977 D	10.G.
	Windfürst 26 1965 DDR	8.G.
	Windor van de Rheunevallei 12373 1991 NL	9.G.
	Windsor 20 1963 DDR	8.G.
	Windsor 1991 D	13.G.
91236	Windsor NTF 1991 USA	12.G.
	Windspiel 18 1961 DDR	8.G.
liz.	Windspiel 1972 BT	9.G.
136	Windspiel 1983 BR	11.G.
	Windstoß 508 1968 D	8.G.
507	Windus 1957 A	7.G.
	Winfried 374 1970 DDR	9.G.
	Winfried 1944 A	7.G.
liz.	Winfried 1966 A	9.G.
	Wing 5162 1977 NL	9.G.
1038 S	Wingersheek 1986 USA	10.G.
	Wingold 259 1962 D	8.G.
	Wingolf 106 1957 D	10.G.
	Wink 623 1969 D	8.G.
	Winkel 589 1969 D	8.G.
	Winker 24 1964 DDR	8.G.
	Winkler 70 1951 D	10.G.
1436	Winner 1983 A	11.G.
	Winner 1989 D	12.G.
	Winner HR 49 1972 B	9.G.
	Winner van de Wortel Hf. 12983 1992 NL	11.G.
	Winner van Werkhoven (8178) 115 1985 B HR 97	10.G.
	Winner van't Hotland 12677 1991 NL	10.G.
	Winnetou 150 1963 D	9.G.
	Winnetou 297 1963 D	7.G.
	Winnetou 1991 D	11.G.
	Winnetou van Veenlust 3274 1971 NL	9.G.
	Winok de Heylissem HR 35 1978 B	10.G.
10101	Winpy-Rasty 1991 I	12.G.
1284	Winsome W.S.A.H. 1986 USA	11.G.
501007589	Winsor 1989 L	12.G.

	Winston 12 1962 NL	8.G.
	Winston 72 1976 DDR	10.G.
	Winston van Hoogenweg 130 1988 NL	9.G.
	Winston van Schafferden 52 1971 NL	9.G.
	Wintano 81 1977 DDR	10.G.
	Winter 454 1982 DDR	10.G.
	Winter 1977 IND	10.G.
	Winter 1979 BT	11.G.
	Winter 1991 D	11.G.
	Winterberg 15309 1991 NL	12.G.
	Winterstar 1990 D	12.G.
1406	Winterstein 1982 A	10.G.
	Winterstein 1991 D	11.G.
1223 liz.	Wintersturm 1970 A	9.G.
	Wintersun 1986 AUS	10.G.
liz. 120/T	Wintertraum 1990 A	12.G.
HBO 34	Wintirol 1990 USA	11.G.
	Winzent 2200431 1990 D	11.G.
	Winzer 18 1939 D	8.G.
583	Winzer 1941 A	7.G.
976	Winzer 1967 A	8.G.
1438	Winzer 1983 A	10.G.
	Winzer 0208682 1986 D	10.G.
106	Winzig 1982 USA	10.G.
	Wipfel 43 1969 DDR	9.G.
151	Wipp 1953 A	7.G.
2200496	Wippo 1992 D	11.G.
	Wirbel 42 1969 DDR	9.G.
	Wirbel 73 1952 D	9.G.
	Wirbel 781 1972 D	9.G.
431	Wirbel 1940 A	8.G.
liz.	Wirbel 1963 A	9.G.
855	Wirbel 1964 A	7.G.
	Wirbelwind 96 1980 DDR	9.G.
	Wirbelwind 621 1969 D	8.G.
liz. 124/T	Wirbelwind 1990 A	12.G.
	Wirk van de Molens 4003 1974 NL	8.G.
	Wirko 47 1970 DDR	9.G.
	Wiro 0012 1963 D	8.G.
	Wiro van de Crixhoek 38 1968 NL	9.G.
1710	Wirt 1949 A	9.G.
2130 S	Wise Choice NTF 1992 USA	12.G.
91238	Wise Cracker NTF 1991 USA	12.G.

90230	Wise Investor NTF 1990 USA	12.G.
777	Wiser JPH 1986 USA	10.G.
	Wisky 22 1965 NL	8.G.
10322	Wite Bellino 1978 I	9.G.
376	Witting 1955 A	7.G.
A 96	Wixon 1990 AUS	11.G.
	Wladimir van Schafferden 47 1970 NL	9.G.
	Wodan 55 1973 NL	8.G.
	Wodan 580 1965 NL	8.G.
573	Wodan 1941 A	8.G.
351	Wodan 1990 BR	12.G.
	Wodan D.R. 56 B 1969 B	9.G.
	Wodan van Gemonde HR 44 1981 B	9.G.
523 S	Woestina 1981 USA	10.G.
	Wolf 1954 I	7.G.
1494	Wolf 1986 A	11.G.
293	Wolferl 1939 A	7.G.
756	Wolferl 1961 A	8.G.
1079	Wolfgang 1970 A	8.G.
	Wolfgang 1970 F	9.G.
	Wolfgang 1975 D	10.G.
	Wolfram 1945 A	9.G.
2022	Wolfsegg 1990 A	11.G.
2192 S	Worth the Money WBF 1992 USA	12.G.
1014	Wörth 1968 A	8.G.
	Wotan 1965 PL	8.G.
1051	Wotan 1969 A	8.G.
	Wotan 1973 D	9.G.
	Wouter van de Heiweg 30 1966 NL	8.G.
	Wouter van de Kruisstraat 4643 1976 NL	9.G.
	Wreker van de Milt 78 1978 NL	10.G.
GB. 25	Wrekin Stormers Gold 1984 GB	11.G.
GB. 15	Wrekin Strauss 1975 GB	11.G.
liz.	Wulf Arno 1940 A	7.G.
	Wülfling 637 1957 D	10.G.
	Wunschtraum 1976 D	11.G.
2020	Wunschtraum 1990 A	12.G.
747	Wurz 1961 A	8.G.
liz.	Wurzel 1971 A	9.G.
	Würzer 209 1970 D	9.G.
	Wybe van de Blauwe Steentjeshoeve HR 55 1974 B	9.G.

	Xandl 3 1934 D	7.G.
1140 liz.	Xandl Jockl I 1928 A	6.G.
	Xaverl 19 1939 D	8.G.
	Zaffiro di Falterona 1976 I	12.G.
	Zambo 1966 I	11.G.
939	Zams 1926 A	6.G.
	Zander 47 1942 D	8.G.
	Zanzi (Nissl) 1965 I	10.G.
8534	Zanzibar 1976 I	13.G.
	Zappata di Falterona 1976 I	10.G.
	Zar di Falterona 1976 I	12.G.
1740	Zatter 1935 A	7.G.
	Zebro 1976 I	13.G.
	Zebu' di Falterona 1976 I	10.G.
	Zelger 1965 I	12.G.
	Zelo 1965 I	12.G.
	Zelo di Falterona 1976 I	10.G.
	Zendalino 1971 I	9.G.
	Zenit di Falterona 1976 I	12.G.
	Zeno 1965 I	10.G.
	Zeno 1966 I	11.G.
	Zeus 1976 I	9.G.
	Zeus di Falterona 1976 I	10.G.
	Zigolo 1976 I	13.G.
	Zigot 1965 I	9.G.
	Zinco di Falterona 1976 I	12.G.
	Zingaro di Falterona 1976 I	14.G.
	Zito di Falterona 1976 I	12.G.
	Zocco 1965 I	12.G.
	Zodiaco di Falterona 1976 I	14.G.
8545	Zorba 1976 I	12.G.
	Zorro 1945 I	8.G.
	Zorro 1976 I	11.G.
	Zorro di Falterona 1976 I	10.G.
	Zuavo 1965 I	9.G.
	Zuffo 1965 I	13.G.
	Zunder 1965 I	13.G.

Quellenangaben und Bildnachweis

Fachmagazine:

Bayerns Pferde Zucht + Sport

Haflinger Aktuell

Haflinger Magazin

Haflinger Pferde

Fehlings, Robert/Krippl, Josef/Pirchner Franz: Diplomarbeit. Technische Universität München. Weihenstephan.

Gentner, Franz: Der Haflinger und seine Zucht. Bayerischer Landwirtschaftsverlag. München 1957, 1965.

Gravert, Hans-Otto: Einführung in die Züchtung. Fütterung und Haltung landwirtschaftlicher Nutztiere. Verlag Paul Parey. Hamburg 1979.

Gründel, Andreas: 50 Jahre Haflinger Zucht in Bayern. 1986.

Heling, Martin: Das vollendete Pferd. DLG-Verlag. Frankfurt am Main 1974.

Löwe/Meyer: Pferdezucht und Pferdefütterung. Verlag Eugen Ulmer. Stuttgart 1944, 1974.

Pretz, Leo: Die Haflinger Pferdezucht. Universitäts-Verlag Wagner. Innsbruck 1925.

Ruckstuhl, Monika: Der Haflinger in der Schweiz. St. Gallen 1984.

Schilke, Fritz: Trakehner Pferde – einst und jetzt. BLV Verlagsgesellschaft. München 1974, 1982.

Schlie, Arnold/Löwe, Hans: Der Hannoveraner. BLV Verlagsgesellschaft. München 1975, 1985.

Schwark, Hans Joachim: Das Haflinger Pferd. A. Ziemsen Verlag. Wittenberg Lutherstadt 1965.

Schweisgut, Otto: Der Haflinger in Tirol. Das Universalpferd. Universitätsverlag Wagner. Innsbruck 1954.

Schweisgut, Otto: Haflinger – ein Pferd erobert die Herzen der Völker. Universitätsverlag Wagner. Innsbruck 1965.

Schweisgut, Otto A./Aubele, Franz: Die wirtschaftliche Bedeutung der Haflinger-Zucht in Tirol. Leopold-Franzens-Universität. Innsbruck 1977.

Thurner, Karl: Der Haflinger und seine Zuchtgebiete. Kommissions-Verlag Felizian Rauch. Innsbruck/Leipzig 1938.

Thurner, Karl: Der Haflinger – unser Deutsches Bergpferd. Verlag F. Bruckmann. München 1942.

Barry Brown: 285

Archiv Fohlenhof Ebbs: 9, 12, 16, 17, 20, 21, 24, 25, 37, 74, 146, 168, 170, 186, 201, 202, 205 (oben), 208, 211, 217, 226, 229, 232, 236, 240, 242, 252, 253, 256, 258, 260, 263, 267, 269, 271, 272, 282, 284, 285, 290, 291, 296, 297, 298, 304, 305, 306, 311, 312, 314, 315

Dr. Karl P. Benedetto: 14/15, 18/19, 68, 171

Presse-Bild Erich Birbaumer: 148

Edition Boiselle: 8

Tom Crane: 259 (unten)

Angela Dewhurst: 231 (oben)

Feddersen: 307

Heike Hablik: 210

AG Haflinger Schweiz: 259 (oben)

Erich Hall: 237 (oben)

Heeresbild- und Filmstelle HBF Hartl: 165

Hele: 243

Maria Hižnanovà: 228

HRH The Duke of York: 231 (unten)

Jürgen Kemmler: 61, 78, 80/81, 88/89, 93, 107, 119, 127, 141, 147, 150 (re.), 151, 152, 172, 179, 205 (unten)

Wolfgang Kreikenbohm: 297

Robert Löbl: 123

Alfred Maier: 83

M. Manzl/A. Jarc: 145, 173, 184, 188/189, 194/195, 197, 295, 296

Jürg Messeni: 220

John u. Judy Miller: 260 (unten), 262

Manfred Modl: 181

Reportages Photographiques J. H. Mourreau: 175

J. Nobel: 224

Ole Sahl: 126

Hubert Sauper: 167

Norbert Schamper: 214

Hannes Schweisgut: 10, 11, 38, 47, 58, 62, 67, 73, 76, 77, 84, 96, 114, 115, 129, 142/143, 146 (oben), 149, 150 (li), 153, 154, 155, 161, 174, 199, 216, 223, 225, 234, 235, 237 (unten), 315

Ing. Otto Schweisgut: 22, 23, 27, 28, 29, 31, 32, 33, 34, 35, 41, 43, 44, 45, 46, 48, 49, 50, 51, 52, 53, 54, 55, 56, 60 (oben), 108, 120, 125, 128, 130/131, 132, 133, 134, 135, 136, 139, 150 (li.), 156, 157, 160, 177, 178, 183, 207, 222, 238, 239 (unten), 265

Mag. Otto A. Schweisgut: 239 (oben)

Ch. und T. Tchir, Sport Horse Studio Hawthorne: 152

Sallye Anne Thompson, Animal Photography Ltd.: 230

Hubert Walterskirchen: 60 (unten)

Elisabeth Weiland: 219

Westfälischer Haflingerverein e.V.: 183

Bild Seite 14/15: Mit freundlicher Genehmigung der Hofburg-Verwaltung, Innsbruck.

Bild Seite 18/19: Mit freundlicher Genehmigung der Raiffeisen-Zentralkasse, Tirol.

Grafiken:
Gerhard Kapitzke: 79 – Barbara Ruppel: 142

Pferde verstehen – besser reiten

Handbuch Pferd
Zucht • Haltung • Ausbildung • Sport • Medizin • Recht
Das Standardwerk der Pferdekunde – konkurrenzlos kompetent: präzise, umfassende Informationen und fachliches Know-how von 42 hochqualifizierten Fachautoren zu den Bereichen Zucht, Haltung, Ausbildung, Sport, Medizin und Recht.

Gerhard Kapitzke
Du und Dein Pferd
Über das Reiten und den Umgang mit Pferden
Für den jugendlichen Reitanfänger: komprimierte Information über Verhalten, Wesen und Bedürfnisse des Pferdes, über Haltung, Pflege, Fütterung und erste Reitausbildung.

Selma Brandl
Die Moderne Reitschule
Der richtige Weg zur Harmonie im Sattel
Die moderne Reitlehre: der richtige Umgang mit dem Pferd, seine artgerechte Haltung, die Ausbildung von Pferd und Reiter in allen Reitweisen – mit vielen Abbildungen, die die Faszination der Pferde und des Reitsports eindrucksvoll vermitteln.

Colin J. Vogel
Was fehlt denn meinem Pferd?
Ratgeber für Erste Hilfe, Behandlungspraxis, Notfälle
Die wichtigsten Erkrankungen – z.B. von Haut, Atemwegen, Kreislauf, Bewegungsapparat oder Nervensystem – selbst erkennen und behandeln; Sofortmaßnahmen im Notfall, Inanspruchnahme tierärztlicher Hilfe.

Tom Ainslie/Bonnie Ledbetter
So verstehen Sie Ihr Pferd
Körpersprache und Verhalten
Fundiertes Praxisbuch über Natur, Bewußtsein und Sozialverhalten des Pferdes: viele Beispiele zu Körpersprache und Problemlösungen, Anleitungen zur Erziehung des Fohlens, Tips zum Kauf eines Pferdes oder Rennpferdes.

Elwyn Hartley Edwards
Pferdeausbildung
Von der Weide zum Turnier
Grundkenntnisse über Anatomie und Psychologie des Pferdes, Kauf und Ausrüstung, Ausbildungsprogramme vom Longieren bis zum Dressur- und Springreiten.

Susan McBane
Das große Buch der Pferdeausrüstung
Sattel, Zaumzeug und Geschirr
Die komplette Ausrüstung für Reit- und Fahrpferde im Detail mit vielen Zeichnungen: funktionell richtiger, dem Verwendungszweck angemessener Einsatz sowie Pflege und Wartung der einzelnen Ausrüstungsteile.

Elwyn Hartley Edwards
Pferderassen
Über 100 Pferde- und Ponyrassen weltweit
Abstammung, Merkmale, Zucht
Kompakter, übersichtlicher und fundierter Ratgeber: die wichtigsten Pferderassen der Welt mit hervorragenden Farbfotos und alles Wissenswerte zu Entwicklungsgeschichte, Exterieur, besonderen Merkmalen, Lebensbedingungen und züchterischen Besonderheiten.

Kerstin Diacont
Bodenarbeit mit Pferden
Der neue Weg, Pferde selbst auszubilden und zu korrigieren
Alle Aspekte der Bodenarbeit – vom psychologischen Grundwissen über das Pferdeverhalten bis zur Ausbildungsanleitung mit Übungen aus den Bereichen Dressur und Westernreiten sowie Beispielen zur Korrektur verrittener Pferde.

Im BLV Verlag finden Sie Bücher zu folgenden Themen: Garten und Zimmerpflanzen • Natur • Heimtiere • Jagd • Angeln • Pferde und Reiten • Sport und Fitneß • Tauchen • Reise • Wandern, Bergsteigen, Alpinismus • Essen und Trinken • Gesundheit, Wohlbefinden, Medizin

BLV

Wenn Sie ausführliche Informationen wünschen, schreiben Sie bitte an:
BLV Verlagsgesellschaft mbH • Postfach 40 03 20 • 80703 München
Telefon 089/12705-0 • Telefax 089/12705-543

Die weltweite Verbreitung des Haflingers